第一部

国防军

折戟沉沙，1942年德军历次战役

[美] 罗伯特·M. 奇蒂诺（ROBERT M. CITINO） 著

胡毅秉 译

台海出版社

DEATH OF THE WEHRMACHT: THE GERMAN CAMPAIGNS
OF 1942 By ROBERT M. CITINO
Copyright: © 2007 by the University Press of Kansas
This edition arranged with UNIVERSITY PRESS OF KANSAS
through BIG APPLE AGENCY, INC., LABUAN, MALAYSIA.
Simplified Chinese edition copyright:
2019 ChongQing Vertical Culture communication Co., Ltd.
All rights reserved.

版权所有，侵权必究
版贸核渝字（2019）第 067 号

图书在版编目（CIP）数据

国防军：第一部 . 折戟沉沙，1942 年德军历次战役 . /
（美）罗伯特·M. 奇蒂诺著；胡毅秉译 . -- 北京：台海
出版社 , 2019.5
书名原文：Death of the Wehrmacht：The German
Campaigns of 1942
ISBN 978-7-5168-2324-8

Ⅰ . ①国… Ⅱ . ①罗… ②胡… Ⅲ . ①第二次世界大
战 - 战争史 - 史料 - 德国 Ⅳ . ① E516.9

中国版本图书馆 CIP 数据核字 (2019) 第 065661 号

国防军：第一部 . 折戟沉沙，1942 年德军历次战役

著　　者：[美] 罗伯特·M. 奇蒂诺　　　　译　　者：胡毅秉

责任编辑：俞滟荣　　　　　　　　　　　　策划制作：指文文化
视觉设计：王　涛　　　　　　　　　　　　责任印制：蔡　旭

出版发行：台海出版社
地　　址：北京市东城区景山东街 20 号　　邮政编码：100009
电　　话：010 - 64041652（发行，邮购）
传　　真：010 - 84045799（总编室）
网　　址：www.taimeng.org.cn/thcbs/default.htm
E - mail：thcbs@126.com

经　　销：全国各地新华书店
印　　刷：重庆长虹印务有限公司
本书如有破损、缺页、装订错误，请与本社联系调换

开　　本：787mm×1092mm　　　1/16
字　　数：412 千　　　　　　　　印　　张：24
版　　次：2019 年 5 月第 1 版　　　印　　次：2019 年 5 月第 1 次印刷
书　　号：ISBN 978-7-5168-2324-8

定　　价：119.80 元　　　　　　版权所有　翻印必究

引言

让我们先想象一下德国军事史上的一个戏剧性的场面。时间是 1942 年，对德国军队来说这是宿命的一年：

"不可思议，"费多尔·冯·鲍克元帅（Marshal Fedor von Bock）喃喃自语，"真是绝了。"他站在洛佐瓦（Lozovaia）城东南郊外一个小山丘上的观察所里，看着眼前的景象不住地摇头。历史上有幸目睹他脚下这种壮观场面的将领可谓是凤毛麟角：敌人的整整一支大军被包围在区区几千平方米的狭小包围圈中。鲍克不断调整着双筒望远镜的视野，来回扫视这个包围圈。整片区域东西宽不过 3.2 千米，南北长大概 16.1 千米左右，其中的每一寸土地都在沸腾。被尘土染成棕色的步兵成群结队，密密麻麻的坦克纵队或许能让人脚不沾地在车辆之间转移，各种大小和型号的火炮令人目不暇接——这一切都在漫无目的地乱跑，虽然在不断移动，却没有明显的计划或目标。在这些步兵、坦克和车辆的头上，有成百上千架德国空军的对地攻击机发出轰鸣，这些是里希特霍芬（Richthofen）的小伙子们："斯图卡"、Bf–109、Ju–88 正在轰炸、扫射和驱赶着敌人。因为有如此众多的人员、坦克、火炮和骡马挤在如此狭小的空间中，飞行员们根本不可能错失目标。鲍克心想，他们或许正在幸灾乐祸地大笑，而他的炮兵们可能也是一样——在观察战场时，他能看到四面八方都有炮火射向他脚下这些正在无助地挣扎的人们。到处都在爆炸，包围圈里的每一寸土地都翻腾着火焰和烟雾。

鲍克想起了许多年前自己作为学员在军校里学到的一个术语：Kesselschlacht（包围战），字面意思是"大锅战"。用这个字眼来描述脚下发生的事情真是再合适不过：敌人的整整一支大军正在大锅里被生煎活煮。他记得自己曾学习过大选帝侯（Great Elector）、腓特烈大帝（Frederick the Great）、布吕歇尔（Blücher）和毛奇（Moltke）等人的战例——他们在各自所处的年代都堪称赌徒：擅长大胆机动，从侧翼和后方发动勇猛攻击，打出一场场包围战。由此他又想起了另一个术语：Vernichtungsschlacht，意思是"歼灭战"。

这时，下面的修罗场中发生了一次大规模的爆炸——鲍克并不知道原因其实是一架"斯图卡"投下的一枚 500 磅（约合 226.8 千克）炸弹刚好命中了苏军的一支弹药车队。炸弹的爆炸和随之而来的殉爆造成了 300 多人死伤。自己听到的惨叫声是怎么回事？是人？是马？或许都无关紧要了。鲍克又回到了沉思中。他又想起了多年前的课程，还有那些红色封面的精装教材——它们的名字是 Der Schlachterfolg，意思是"胜利之战"——它们介绍了历代伟大德国统帅的征战，是第一学年的必读教材。伟大的骑兵指挥官塞德利茨（Seydlitz）在罗斯巴赫（Rossbach）截断倒霉的法军的行军路线，并在一个小时之内就将其歼灭。约克（Yorck）在瓦滕堡（Wartenburg）渡过易北河（Elbe River）机动到了拿破仑大军的后方，使这位法国皇帝陷入了困境，并直接导致他在莱比锡（Leipzig）的败北。这一战之后普鲁士国王有没有赐给约克一个新的头衔？有，鲍克想道，叫"约克·冯·瓦滕堡"。最精彩的是毛奇在柯尼希格雷茨（Königgrätz）的那次机动，他冒着一路军队被歼灭的风险，沉着地等待另一路大军痛击奥地利军队的侧翼。鲍克很早就记住了所有这些战役的细节，不仅能够背诵每一战中的双方序列，还能凭记忆在黑板上画出每一战的示意图。

虽然鲍克已经 61 岁了，但此时他感觉自己又恢复了青春。他忽然意识到，这些永垂青史的战役没有一场能和此时在他脚下发生的这一场战役相比。以顺利程度、速度和决定性意义来衡量，这可能是德国军队历史上最伟大的胜利。"他们会在那份名单上再添一个名字。"他咯咯轻笑。也许他甚至能得到一个头衔，就像老约克一样，鲍克窃笑着将它从舌尖吐出："费多尔·冯·鲍克·翁德·哈尔科夫（Fedor von Bock und Kharkov）。"

在鲍克元帅脚下，一支敌人的大军正在死去。

上述场景可能显得有些奇怪。对精通二战历史的研究者而言，1942 年的全部意义就在于它是这场战争的转折点[1]，这一年发生了阿拉曼战役和斯大林格勒战役（在太平洋上还发生了瓜达尔卡纳尔岛战役和中途岛战役），历史潮流从此逆转——用温斯顿·丘吉尔（Winston Churchill）那令人印象深刻的措辞来说，就是"命运之枢机"。[2] 这是德国国防军（Wehrmacht）折戟沉沙的一年，也是德国人的征服梦想破灭的一年。但同样是在这一年，德军一开始却取得了至少五场在其悠久的军事史中可以名列前茅的大胜：在苏联的刻赤（Kerch）、哈尔科夫（Kharkov）

和塞瓦斯托波尔（Sevastopol），以及北非的贾扎拉（Gazala）和托布鲁克（Tobruk）。国防军在其本就辉煌的胜利纪录中写下了新的篇章。

在战略层面上，1941 年 12 月的局势已经开始逐渐变得对德国不利。德国早就已经和英国处于交战状态，德国在 1940 年夏秋两季尝试以敷衍的态度结束战争未果后，非但无所作为，反而又给自己增添了新的敌人。1941 年 6 月，在仍未征服英国的情况下，德国又发动了"巴巴罗萨行动"，全面入侵苏联。在最初几个星期的战斗中，国防军将苏联军队一支接一支地碾成齑粉：在比亚韦斯托克（Bialystok），在明斯克（Minsk），在斯摩棱斯克（Smolensk），特别是在基辅（Kiev），概不例外。只是，随着夏去秋来，"巴巴罗萨行动"也被进军莫斯科的"台风行动"取代。到了同年 12 月，虽然苏联的首都已经在望，但是苏联红军发动的大规模反攻，导致德军发生了一定程度的混乱，不得不仓皇后撤。接下来，日本人轰炸了珍珠港（Pearl Harbor），德国元首希特勒决定与他们一起对美国开战。在 1941 年的上半年，德国的敌人只有英国一家。而此时，仅仅过了六个月，德国就要面对一个庞大而富有的敌国联盟。丘吉尔为了向他伟大的先祖马尔伯勒公爵（Duke of Marlborough）致敬，特地给这个联盟冠以"大同盟"（Grand Alliance）之名。[3]

大同盟控制着全世界的大半资源，囊括了首屈一指的海军和殖民强国（英国）、最大的陆军强国（苏联）和睥睨全球的金融和工业巨人（美国）——这样的战争潜力碾压德国是绰绰有余的。好在事实证明，驾驭这股强横的力量并非易事。尤其是美国，它在加入这场战争时对于要如何作战只有极为模糊的认识。相关各方都将会明白，有潜力击败德国与在战场上真正击败德国军队之间有着天壤之别。

问题：德式兵法

事实将会证明，实现击败德国军队这一目标的难度超出了任何人的想象。如果说这个世界上有一支军队长期习惯于在劣势物质条件下作战，那么它一定就是德国军队。早在德意志国家的初创时代，就发展出了一种独特的军事文化，即德式兵法。从 17 世纪的大选帝侯腓特烈·威廉（Frederick William）开始，普鲁士的历代统治者都认识到，他们统治的这个小国地处欧洲边缘，比较贫困，必须"短促而活跃"（kurtz und vives）地作战。[4] 这个国家身处中欧的四战之地，被人力物力远超自己的国家所环绕，不可能打赢旷日持久的消耗战。从一开始，普鲁士面临的军事问题就是找到一种方法来进行短暂而激烈的战争，并以决定性的战场胜利而告结束。也就是说，必须在冲突中以狂飙突进之势攻击敌人，施以快速而沉重的打击。

普鲁士的战略问题的解决办法就是德国人所谓的"Bewegungskrieg"，意即"运动战"。这种战争方式强调战役层面的机动，它并非仅仅着眼于战术机动性或更快的行军速度，更是着眼于师、军和集团军等大部队的运动。普鲁士的指挥官，以及后来他们的德国继承者，都追求通过巧妙的机动使这些部队尽可能迅速地对敌军重兵集团实施猛烈的，乃至毁灭性的打击。这可能涉及对敌军的一个或两个缺乏保护的侧翼发动突袭。在多个著名的战例中，这种做法甚至使普鲁士或德国的整支大军进至敌军的后方，达成了任何钻研过战争艺术的将领都梦寐以求的态势。德国人的目标就是"Kesselschlacht"——其字面意思是"大锅战"，但更准确的含义是包围战，即从四面八方合围敌军，然后通过一系列向心攻击歼灭之。

这种积极进取的作战方式对德国军队提出了若干要求，这里仅举两例：水平极高的战场攻击能力，以及无论机会大小都倾向于发起进攻的军官团。经过多年实践后德国人还发现，实施战役级别的运动战需要一套给下级指挥官提供大量主动权的灵活指挥体系。今天人们习惯将这套指挥体系称为"任务式策略"（Auftragstaktik）：上级指挥官拟定一个大致的任务（Auftrag），然后让身处一线的军官决定完成任务的方法。但是用德国人自己的说法来描述其实更为准确，那就是"下级军官的独立性"（Selbständigkeit der Unterführer）。[5] 指挥官评估局势和自主行动的能力可以帮助在数量方面处于劣势的军队弥补一定实力差距，并使这支军队不会因为等待报告和命令在指挥链中上行下达而错失战机。

这种指挥体系不见得就是精妙非凡的。在普鲁士—德意志军事史上，充斥着下级指挥官犯错的例子：他们会不合时宜地推进，在极为不利，甚至匪夷所思的条件下发起进攻，而且通常喜欢自找麻烦——至少在上级指挥机关看来是如此。例如，爱德华·冯·弗利斯将军（General Eduard von Flies）在 1866 年的朗根萨尔察之战中对有工事依托、人数几乎两倍于他的汉诺威军队发起了军事史上最愚蠢的正面突击之一[6]；卡尔·冯·施泰因梅茨将军（General Karl von Steinmetz）在 1870 年普法战争中对第 1 集团军的鲁莽指挥几乎打乱了整个作战计划[7]；赫尔曼·冯·弗朗索瓦将军（General Hermann von François）在 1914 年的抗命不从，几乎使东普鲁士会战毁于一旦。[8] 虽然这些事件如今几乎已被遗忘，但它们代表了德国军事传统中积极与好斗的一面，和卡尔·马里亚·冯·克劳塞维茨（Karl Maria von Clausewitz）、阿尔弗雷德·冯·施利芬伯爵（Alfred Graf von Schlieffen）或老毛奇（Helmuth von Molkte the Elder）所代表的较为缜密与理智的思路截然相反。换言之，这些战场上的猛将倾向于将指挥官的精神力量置于对目的和手段的理性思考之上。

虽然"运动战"（Bewegungskrieg）也许是普鲁士的战略问题的合理解决方案，但它确实不是什么万灵药——它的优点和缺点在七年战争（1756—1763 年）中都体现得淋漓尽致。腓特烈大帝以一场经典的先发制人式战役开始了这场战争，他集结起一支大军入侵奥地利的波希米亚（Bohemia）行省，在布拉格城下以一系列极为大胆的攻击沉重打击了奥地利军队，从而夺取了战略主动权。但不巧的是，在这个过程中腓特烈的军队也遭受了重创。当奥地利人派出一支军队为布拉格解围时，腓特烈又在科林（Kolin）攻击了他们。[9] 可能是因为腓特烈自己犯的错，也可能是他手下某个野心过大的指挥官的错（一个碰巧叫冯·曼斯坦因的将军），总之腓特烈计划中对奥军右翼的攻击变成了对准备充分的敌军的正面突击，而且他与敌军的兵力对比是 35000 对 50000。结果自然是普军遭受重创，仓皇败退。

此时腓特烈陷入了严重的困境——奥军恢复了元气，俄军正从东方推进（虽然步伐缓慢），法军也从西方朝他进逼。好在腓特烈通过几场在那个年代最具决定性的胜利挽回了局势。首先，他在罗斯巴赫击溃了法军（1757 年 11 月），此战中他手下另一个雄心勃勃的将领——骑兵指挥官弗里德里希·威廉·冯·塞德利茨（Friedrich Wilhelm von Seydlitz）（和曼斯坦因一样，在第二次世界大战中也将有一个与他同名的将军）发挥了至关重要的作用，将自己的整支骑兵部队机动到了法军的行军路线上。[10] 随后，在 12 月的洛伊滕（Leuthen），腓特烈凭借自己在战术机动方面的敏锐天赋，使整支普鲁士军队戏剧性地出现在了奥军防守薄弱的左翼侧面，令奥军指挥官方寸大乱。最后，在 1758 年 8 月，腓特烈在曹恩道夫（Zorndorf）使整支军队绕过俄军侧翼从后方发起进攻，并在经过一场短兵相接的惨烈战斗后击退了对手。

通过几次经典的、短促而活跃的战役，腓特烈暂时挽救了自己。但是因为他的敌人拒绝与他讲和，整体局势依然严峻。腓特烈面对的是一个巨大的同盟，拥有比他多了数倍的兵员、火炮和马匹。此时他唯一的出路就是立足于中心位置战斗[11]，用小部队（往往由他的弟弟亨利亲王指挥[12]）控制次要地段，将主力快速机动到任何看起来受威胁最大的地段，在那里迫使敌人接受战斗并将其击溃。但是，尽管普鲁士整体上处于战略防御态势，其军队的任务依然是充当一种精锐的攻击力量，必须随时准备急行军，发起凌厉的突击，然后又要再度急行军。普鲁士的军队无法消灭腓特烈的对手，无论是个别消灭还是全体歼灭都做不到，他们只能尽量对其中一个对手施以沉重打击，使得——姑且以法国为例——路易十五感到继续耗费金钱、时间或精力与腓特烈为敌得不偿失，从而退出战争。对普鲁士军队来说这并不是一个轻松的任务，更何况战争头两年持续不断的进攻战已经使他们"刀锋变钝"，军官和精锐兵团的伤亡尤其严重。

此后普鲁士的所有战争都是以类似方式进行的，它总是在战争初期尝试通过运动战迅速取胜。不过，在一些战争中它败得特别惨，1806 年 10 月对拿破仑的战事就是一例。此战中普鲁士军队摆出一副咄咄逼人的架势，在西线和南线都是孤军深入。或许腓特烈大帝会认为这是发起进攻作战的理想态势，但遗憾的是，此时腓特烈早已作古，他手下的将领大多也到了耄耋之年，而普鲁士军队现在面对的是法兰西皇帝和他的大军团（这两者都处于各自的巅峰时期）。普鲁士在耶拿（Jena）和奥尔施泰特（Auerstädt）的两场大战中付出了沉重代价——在某种程度上，这两场战役都可算得上是"运动战"（Bewegungskrieg），但可惜这些"运动战"（Bewegungskrieg）都是由法国人实施的。[13]

不过，普鲁士军队的另一些战役却成功地超出了其指挥官最狂野的想象。1866 年，赫尔穆特·冯·毛奇在柯尼希格雷茨之战中大获全胜，在与奥地利的战争爆发仅八天后就奠定了胜局。[14] 在 1870 年与法国的战争中，主要的战事也同样短暂。普军在 8 月 4 日越过法国边境，两个星期后就在圣普里瓦—格拉沃洛特（St. Privat–Gravelotte）打了一场大战。而随着整整一支法国大军与皇帝拿破仑三世一同在色当（Sedan）陷入重围，并在四面八方同时发起的进攻下烟消云散，这场战争的主要战事也告一段落，这可能是"Kesselschlacht"理念（即前文所述的"包围战"）有史以来最纯粹的体现。

在 1914 年，普鲁士军队（此时已经是德国军队）的战争学说经受了一次大规模检验。首战是动员和部署了不少于八个野战集团军的大规模战役，提出这一构想的人就是担任总参谋长至 1906 年的阿尔弗雷德·冯·施利芬伯爵。和所有德国指挥官一样，他制定了一个大体的作战纲要（通常被错误地称作"施利芬计划"）[15]，他绝对没有拟定过任何具体或指令性的机动方案。按照德式兵法的惯例，那是由一线指挥官决定的。西线的首战仅以毫厘之差未能赢得决定性的胜利。德军粉碎了法国的五个野战集团军中的四个，并且差一点在那慕尔（Namur）包围了那最后的一个。他们距离赢得战争要比历史学家通常认为的近得多，但最终还是在1914年9月的马恩河战役中功亏一篑。

马恩河的失败是第一次世界大战中的决定性时刻。在德国总参谋部的军官和前线指挥官看来，他们仿佛又回到了七年战争的时代。所有的不利因素都凑齐了，同样是被强大的敌国组成的联盟包围，军队的实力也同样不可能恢复到战争第一年秋天的大流血之前。新任司令官埃里希·冯·法金汉将军（General Erich von Falkenhayn）甚至对德皇威廉二世说，德国军队已经成为一台"运转失灵的机器"，无力赢得任何歼灭战的胜利。而最大的问题是，西线陷入了由战壕、铁丝网、机枪和支援火炮的拦阻网组成的僵局。再也没有机动灵活的运动战（Bewegungskrieg），只有与之截然相反的所谓Stellungskrieg——即静态的阵地战。随着双方的军队都龟缩在战壕里互射炮弹，这场战争就成了标准的消耗战，而按照这种打法德国是绝对不可能赢的。

可即便在此时，德国人仍然认为，德国的唯一希望就在于迫使某个对手退出战争。虽然德国人确实成了防御战的专家，曾将协约国几乎从未间断的系列攻势一一化解，但他们自己也反复发动进攻，试图重开依旧被德国军官视作金科玉律的运动战。这些进攻战大多以俄军为目标，但在1916年和1918年，西线也曾有过超大规模的攻势——分别是凡尔登战役和1918年春所谓的"皇帝会战"（Kaiserschlacht）。此外，还有1916年针对罗马尼亚人和1917年在卡波雷托（Caporetto）针对意大利人的大规模进攻战。值得注意的是，1918年以后德军的专业期刊《军事周刊》（Militär-Wochenblatt）对罗马尼亚会战（这是一个快速Bewegungskrieg的经典战例）的研究之多几乎不亚于它对规模远大于此的西线历次阵地战的研究。[16]四年漫长的堑壕战耗尽了德国军队的元气，并最终使他们屈服，却并未改变德国军官团对军事行动的看法。

读者此时应该已经明白，1914年之后国防军被拥有巨大数量优势的强敌包围的局面在德国军事史上并不是什么新鲜事。当然，这场战争也有其独特之处，例如希特勒关于欧洲和世界帝国的宏大计划、他的种族主义思想和对种族灭绝的热忱，以及国防军自身在希特勒政权的罪行中的自愿参与。但是，从作战层面上讲，这场战争一如既往。国防军及其指挥机构和军官团所做的事也就是普鲁士军队在腓特烈大帝领导下和德意志第二帝国军队在保罗·冯·兴登堡（Paul von

Hindenburg）及埃里希·鲁登道夫（Erich Ludendorff）领导下所做的事。直到战争结束为止，德国国防军一直在千方百计对自己的某个敌人施以重击——希望这样的打击足以拆散敌国联盟，或者至少让同盟国认清为了胜利需要付出的代价。虽然这套战略确实失败了，但在战争的最后四年它确实给同盟国造成了一定损失，而且直到最后都足以让英、苏、美等国的指挥官们愁白头发。

虽然以破坏敌国联盟为目标而发动反复进攻的战略以失败告终，但在当时和后世，始终没有人能对德国面临的战略难题提出更好的解决办法。打赢战争的战略？在这场战争中显然不存在。对于和世界为敌的德国来说这就是最佳战略吗？也许是，也许不是。那么，它是与几个世纪以来德国的军事历史和传统一致的作战策略吗？或许这一点是毫无疑问的。

关于本书

在 1942 年，国防军对"如果闪电战失败了该怎么办？"这个问题做了很有德国特色的回答：再发动一场闪电战。在 1941 年，通过一场闪电战击败苏联的尝试在莫斯科城下以失败告终，随之而来的冬天则成了德国军队历史上最难熬的时期之一。虽然最终德国军队挺了过来，但是却蒙受了巨大的人员伤亡（超过100 万人）和武器装备的损失，直到次年春天都没有恢复元气。尽管人力短缺、后勤补给匮乏，德国最高指挥机关——阿道夫·希特勒、陆海空三军的首脑和总参谋长弗朗茨·哈尔德将军（General Franz Halder）却立即开始谋划在苏联发动新一轮攻势。他们选择了南方战线，并把目标定为高加索（Caucasus）的油田。如果能够攫取这个具有战略意义的目标，德国就将获得大量石油资源，不仅几乎能把战争无止境地继续下去，还能使苏联的战时经济永久瘫痪。在进攻这一目标的途中，德国军队必须通过封锁或占领伏尔加河（Volga River）畔的城市——斯大林格勒（Stalingrad）来阻止苏联的援军到达该地区。在发动这个代号为"蓝色行动"（Operation Blue）的攻势之前，还必须实施某些预备性作战：例如肃清克里米亚（Crimea）的苏军，或是消除极不规整的战线上的若干突出部。[17] 对一支好不容易熬过上一个冬天的军队来说，这是一次大动干戈。由于这些作战对国防军提出的要求实在太大，德军总司令部别无选择，只能依靠盟国和卫星国提供大量人力：包括意大利人、匈牙利人，尤其是罗马尼亚人。

虽然这年春天国防军的主力将会在东线征战，但德国还有一重兵已经在北非与英军接触。"西部沙漠"（因为位于"埃及以西"）对埃尔温·隆美尔将军（General Erwin Rommel）的非洲装甲集团军来说是一块很不寻常的战场。这个集团军本身也是一支联军：拥有两个德国装甲师（合编为非洲军）、德国第 90 轻装师（一支特别针对沙漠环境而装备和训练的摩托化部队），以及众多意大利师。意大利军队中包括少数摩托化部队（"公羊"装甲师就是一例），但大部分是靠两条腿机动的步兵。当 5 月来临时，隆美尔的军队面对的是规模大得多、装备也更好的英国第 8 集团军，而且该部已经在深入贾扎拉以南沙漠中的坚固阵地布防。在沙漠战中有许多独特的作战问题，但也有一些不变的规律。一如在蓝色行动中国防军要出兵攻击远比自己庞大和富有的敌军，隆美尔在面对拥有数量优势和工事依托的敌军时，也做出了很有德国特色的选择：针对贾扎拉发起代号为"忒修斯行动"（Operation Theseus）的攻势，而这一仗将成为他军事生涯的顶峰。

我打算将本书作为我的上一本书《德式兵法：从三十年战争到第三帝国》的续作之一。《德式兵法：从三十年战争到第三帝国》论述了 300 年的军事历史，而本书将分析德国军队在大约七个月时间里的作战，始于蓝色行动和忒修斯行动发起，止于非洲装甲集团军在阿拉曼之战中覆灭和第 6 集团军在斯大林格勒被围。本书将详细论述这决定性的几个月内德国军队在包括东线和北非战线的所有战场上的军事行动。首先，我们将概述 1941 年发生在巴尔干半岛和苏联境内的战役，然后讲述东线重燃的战火，即德国人所谓的"第二次会战"的发起。[18] 战斗首先在与其他地区近乎隔绝的克里米亚半岛打响，埃里希·冯·曼斯坦因将军（General Erich von Manstein）将在那里书写他个人军事生涯中的又一新篇章。他将首先在具有很高机动性的刻赤战役中粉碎克里米亚东部的苏军，取得一场如今几乎被遗忘的奇迹般的大胜，然后对当时世界上最坚固的要塞——塞瓦斯托波尔（Sevastopol）发起一次虽然代价高昂但还是以胜利而告终的进攻。

然后我们将把视线转向北面。"弗里德里库斯行动"（Operation Fridericus）是蓝色行动开始前调整东方战线的预备性攻势之一。这一行动针对的是在德军控制的哈尔科夫和苏军控制的伊久姆（Izyum）之间指向德军防线的一个尖锐突出部（即"伊久姆突出部"），但就在德军万事俱备、枕戈待旦之际却发生了异乎寻常的情况。苏联红军主动从伊久姆突出部向哈尔科夫发动了进攻。这是一支新式的苏军部队，其基干力量是坦克和更多的坦克，与德军自 1941 年以来习惯对抗的大步兵集团大不相同。双方装甲部队的碰撞是截至此时规模最大的坦克战之一，而结果则是德国军队历史上最辉煌的歼灭战胜利之一。

刻赤和哈尔科夫的大胜仅仅过去几周，隆美尔就将在贾扎拉发动他自己的大规模攻势。他面临的局面似乎特别不适合进攻，人力水平、坦克与火炮的数量、防御工事的固有强度——所有这些关键要素都明确倾向于英军。但非洲装甲集团军也有一些优势：不仅包括一个精明强干的指挥官，还包括一种提倡寻找战役层面突破口的兵法，这种兵法对"普通的胜利"不屑一顾，而是追求实现歼灭性的胜利。隆美尔解决贾扎拉问题的方法很简单：趁夜深人静之时出动他的全部机械化部队，穿越一片地形单调的沙漠，绕过敌人的侧翼。当英军一早醒来喝上午茶时，才发现整整一支坦克大军出现在了他们精心构筑的防线后方。结果自然是英国第8集团军被击溃，隆美尔占领了在上一年令他饮恨的托布鲁克要塞，而非洲装甲集团军则进入埃及境内，气势汹汹地杀向亚历山大港（Alexandria）、尼罗河（Nile River）和苏伊士运河（Suez Canal）。

虽然这是一个令人惊叹的5月，但是国防军决策圈中的每一个人都知道，重头戏还在后面。蓝色行动以大胜开局，以惨败收场，可以说是德国在两次世界大战中作战全程的一个缩影。行动计划非常复杂，最初的进攻至少有五个德国集团军，以及来自卫星国的三个集团军（后来增加到四个）参加，而希特勒和哈尔德等人下定决心要自始至终牢牢把控行动进程。他们最希望避免的是上一年秋天向莫斯科进军过程中发生的行动混乱，这一因素对德军的失败起了不小的作用。

最初的进攻大获成功，似乎足以证明他们这种做法的正确性。参加蓝色行动的部队在短短几天内就撕开苏军防线，向着沃罗涅日（Voronezh）一路东进，然后又挥师南下，并以左翼突破了顿河（Don River）。苏联红军似乎被打得不知所措，他们的大部分精锐部队根本不在这一地段，而是在莫斯科西南布防，准备应对从未发生的攻击。德军兵锋所指之处，一支又一支苏军部队消失得无影无踪。有些人认为苏军采用了一种灵活的新式战法，另一些人则认为他们只不过是望风而逃，而真相可能介于这两者之间：上级指挥机关的撤退命令传达到前线的普通士兵时已经失去了本意。无论如何，这一过程本身就包含着一定程度的混乱。

从德军的角度来看，苏军的逃跑无论是有计划的还是自发的，都会威胁到蓝色行动的整个作战进程。在米列罗沃（Millerovo）和罗斯托夫（Rostov），德军的装甲铁钳先后两次在总司令部认为有大量苏军集结的地方合拢——结果却扑了个空。正如众所周知的"林中树倒无人闻"，国防军也打了一场没有敌人存在的包围战（Kesselschlacht）。[19] 本书将用大量篇幅分析德军在这一机动计划失败后的反应。读者将可想象一幅反映德方苦恼心情的画面：一排被撤职的将军，一个咆哮的元首，一堆被临时修改的作战计划，而在背景中是匆忙推进、离自己的给养和弹药基地越来越远的百万大军。到了9月，德军已经陷入困境，两支强大的攻击箭头在斯大林格勒和高加索被死死拖住，既无力到达其攻击目标，也无法或不愿后退。运动战（Bewegungskrieg）在俄罗斯南部陷于停顿，取而代之的正是德国军队有史以来一直想要避免的战争形式：静态的阵地战（Stellungskrieg）。几乎与此同时，隆美尔的"进攻战车"也同样掉掉了链子，他发现自己也被优势的敌军捆住了手脚。结果在两个战场都将发生决定性和灾难性的失败。在充满希望的开局阶段结束之后，德军的 1942 年攻势将会产生一对难兄难弟：斯大林格勒和阿拉曼。

在这一调查过程中，我们将尝试回答一些关于国防军的基本问题。一支为了攻势运动战和速胜战而配置、武装和训练的军队是如何应对急转直下的军事局面的？希特勒对这场灾难要承担多大责任？德国总参谋部和前线指挥官又该分担多少责任？有多少是由个人决策造成的？又有多少是客观的系统性因素，也就是德式兵法所蕴含的军事文化、传统和历史的复杂组合造成的？纯粹的运气因素究竟占多大比例？

我在写作本书时尽量避免企图说明"德国军队究竟怎样才能在斯大林格勒取胜"或"国防军为了赢得战争该做什么"的论证。这是一本历史书。它不会针对 1942 年的战局提出一系列完美计划——仿佛这些计划现在还能改变历史；也不打算成为一本总结经验教训的手册。那种以 16 世纪的宗教改革家分析圣经语句时的自信对各种决策评头论足的做法[20]在本质上是与历史学无关的（尽管这对士兵和军官的训练或许很有意义）。这种做法就好比关于法国大革命的史书把所有篇幅都用来讨论路易十六可以如何避免革命。一部作战行动史（也就是说明在战役过程中实际发生的事件和原因的史书）即使不费任何笔墨来推演历史人物应该如何操作，也已经足够复杂了。[21]

我必须承认，有时要做到这一点是很困难的。希特勒在 1942 年 7 月下旬分兵两路同时进攻斯大林格勒和高加索的决定（第 45 号指令）就是个经典的例子。另一个例子是各级权力机关共同做出的决定：派隆美尔进攻埃及，却没有征服依然卡在他的后勤补给线上的马耳他。但无论如何，在这两个战例中，德军都是功败垂成。国防军在斯大林格勒、高加索和北非都曾非常接近其战略目标，某些情况下只有区区数百码的距离，因此任何人都无法将 1942 年的历史单纯地视作过眼烟云。

注释

1. 在关于第二次世界大战的历史研究中，最常见的字眼莫过于"转折点"。明确将它与 1942 年联系在一起的作品包括杰弗里·朱克斯（Geoffrey Jukes）所著的《斯大林格勒：转折点》（Stalingrad: The Turning Point，纽约：Ballantine，1968 年），艾伦·威克斯（Alan Wykes）所著的《1942——转折点》（1942—The Turning Point，伦敦：Macdonald，1972 年）和唐纳德·格林伍德（Donald J. Greenwood）设计的商业化兵棋游戏（对这类游戏的老玩家来说是"冲突模拟"）《转折点——斯大林格勒》（Turning Point—Stalingrad，巴尔的摩：Avalon Hill Game Company，1989 年）等。另一些著作中也暗示了这个概念，例如"美国陆军历史丛书"中关于苏德战争的两卷丛书：厄尔·齐姆克（Earl F. Ziemke）和马格纳·鲍尔（Magna E. Bauer）所著的《从莫斯科到斯大林格勒：决战东线》（Moscow to Stalingrad: Decision in the East，华盛顿哥伦比亚特区：Center of Military History，1987 年），厄尔·齐姆克所著《从斯大林格勒到柏林：德军在东线的失败》（Stalingrad to Berlin: The German Defeat in the East，华盛顿哥伦比亚特区：Center of Military History，1968 年），以及约翰·埃里克森（John Erickson）关于东线的两卷史书《通往斯大林格勒之路》（The Road to Stalingrad，纽约：Harper & Row，1975 年）和《通往柏林之路：斯大林对德战争史续编》（The Road to Berlin: Continuing the History of Stalin's War with Germany，科罗拉多州博尔德：Westview Press，1983 年）。要想了解治学严谨、细致入微的德方观点，请参见安德烈亚斯·孔茨（Andreas Kunz）的《六十年前：第 6 集团军在斯大林格勒的毁灭》（Vor sechzig Jahren: Der Untergang der 6. Armee in Stalingrad），《军事历史》（Militärgeschichte）2002 年第 4 期：第 8—17 页，特别是第 13 页的边栏小文《斯大林格勒——第二次世界大战的转折点？》（Stalingrad—Wendepunkt des Zweiten Weltkrieges?）。

2. 见温斯顿·丘吉尔著，《第二次世界大战回忆录》第 4 卷《命运之枢机》（一译《命运的关键》）（The Second World War, vol. 4, The Hinge of Fate，波士顿：Houghton Mifflin，1950 年）。如果想看对丘吉尔这六卷巨著的源起、构成和历史背景的精妙分析，请参见戴维·雷诺兹（David Reynolds）所著《掌控历史：丘吉尔在第二次世界大战中的战斗和写作》（In Command of History: Churchill Fighting and Writing the Second World War，纽约：Random House，2005 年）。

3. 温斯顿·丘吉尔所著，《第二次世界大战回忆录》第 3 卷《伟大的同盟》（The Second World War, vol. 3, The Grand Alliance，波士顿：Houghton Mifflin，1951 年）。想了解丘吉尔对其先祖伟绩的考证，另请参见《马尔伯勒：生平与时代》（Marlborough: His Life and Times，芝加哥：University of Chicago Press，2002 年），该书将 1933 年到 1938 年发行的原四卷本著作合并成了两卷。译注：大同盟原指 17 世纪末 18 世纪初奥地利、荷兰、西班牙和英国等国家为反对路易十四的法国而建立的同盟。马尔伯勒公爵作为反法联军的著名统帅，为大同盟最终击败法国立下了汗马功劳。

4. 有关这一观点的讨论，见罗伯特·奇蒂诺（Robert M. Citino）所著的《德式兵法：从三十年战争到第三帝国》（The German Way of War: From the Thirty Years' War to the Third Reich，劳伦斯：University Press of Kansas，2005 年），特别是第 4—5 页。

5. 例如，可参见比格少校（Major Bigge）的《论下级指挥官在战争中的自主行动》（Über Selbstthätigkeit der Unterführer im Kriege），载于《军事周刊副刊》（Beihefte zum Militär-Wochenblatt，柏林：E. S. Mittler，1894 年），第 17—55 页，以及冯·布卢默将军（General von Blume）的《指挥官在战争中的自主行动》（Selbstthätigkeit der Führer im Kriege），载于《军事周刊副刊》（柏林：E. S. Mittler，1896 年），第 479—534 页。有关这个问题的讨论，请参见奇蒂诺所著的《德式兵法》，第 308 页。

6. 要了解几乎已被遗忘的朗根萨尔察之战，见杰弗里·瓦夫罗（Geoffrey Wawro）所著的《普奥战争：1866 年奥地利与普鲁士和意大利的战争》（The Austro-Prussian War: Austria's War

With Prussia and Italy in 1866，剑桥：Cambridge University Press，1996 年），第 75—81 页。瓦夫罗治学严谨、文笔优美，他的这本书是当今最好的著作之一，在很大程度上可以取代先前关于 1866 年战争的权威著作：戈登·克雷格（Gordon A. Craig）所著的《柯尼希格雷茨之战：1866 年普鲁士对奥地利的胜利》（The Battle of Königgrätz: Prussia's Victory over Austria, 1866，费城：Lippincott，1964 年）。另外还可以参见至今仍有帮助的旧文献，例如奥斯卡·冯·莱托－福贝克（Oscar von Lettow-Vorbeck）所著的《1866 年德意志战争史》第 1 卷《加施泰因—朗根萨尔察》（Geschichte des Krieges von 1866 in Deutschland, vol. 1, Gastein-Langensalza, 柏林：E. S. Mittler，1896 年），这是一位总参谋部军官所做的分析，而且附有精美的地图。此外，还有特奥多尔·冯塔内（Theodor Fontane）所著的《1866 年德意志战争》第 2 卷《德国中西部的战役》（Der deutsche Krieg von, 1866, vol. 2, Der Feldzug in West- und Mitteldeutschland, 柏林：R. v. Decker，1871 年），这是普鲁士最著名的作家和小说家之一的通俗记述。如果只想了解大概，请参见奇蒂诺著，《德式兵法》，第 153—160 页。

7. 当今历史学家关于普法战争的最佳记述也是出自杰弗里·瓦夫罗之手。请参见《普法战争：1870—1871 年德国对法国的征服》（The Franco-Prussian War: The German Conquest of France in 1870 - 1871，剑桥：Cambridge University Press，2003 年），它在很大程度上可以取代先前关于这场战争的权威著作：迈克尔·霍华德（Michael Howard）所著的《普法战争》（The Franco-Prussian War，纽约：Macmillan，1962 年）。有关普军高层对施泰因梅茨几乎造成的灾难的应对，见瓦夫罗著的《普法战争》第 110 页。丹尼斯·肖沃尔特（Dennis Showalter）的《德国统一战争》（Wars of German Unification，伦敦：Arnold，2004 年）以经常出人意料的写法将德国统一过程中的三场战争与其历史背景紧密结合，延续了他在《腓特烈大帝的战争》（Wars of Frederick the Great，伦敦：Longman，1996 年）中开创的传统，对军人的动机问题给予了前所未有的关注。阿登·布霍尔茨（Arden Bucholz）的《毛奇与德国的战争，1864—1871》（Moltke and the German Wars, 1864 - 1871，纽约：Palgrave，2001 年）也不可不读，它是一本立足于组织和管理理论问题的作战史。主要的史料则是赫尔穆特·冯·毛奇（Helmuth von Moltke）所著的《1870—1871 年普法战争》（The Franco-German War of 1870 - 71，纽约：Howard Fertig，1988 年）。另见丹尼尔·休斯（Daniel J. Hughes）所编的《毛奇军事文选》（Moltke on the Art of War: Selected Writings，加利福尼亚州诺瓦托：Presidio，1993 年），这是一本不可不读的毛奇著作选集，翻译流畅且注释精准。

8. 应该有人为赫尔曼·冯·弗朗索瓦写一本英文的军人传记。目前只有兰迪·塔尔博特（Randy R. Talbot）所著的《赫尔曼·冯·弗朗索瓦将军与 1914 年 8 月坦嫩贝格战役中的军级作战》（General Hermann von François and Corps-Level Operations during the Tannenberg Campaign, August 1914，硕士论文，东密歇根大学，1999 年）提供了严密的战役层面分析。关于坦嫩贝格战役的总体情况，公认的杰作是丹尼斯·肖沃尔特所著的《坦嫩贝格：两个帝国的较量》（Tannenberg: Clash of Empires，华盛顿哥伦比亚特区：Brassey's，2004 年），该书考据详尽，读起来令人不忍释卷，而且其深刻见解（肖沃尔特的所有战史著作的真正价值）中敏锐地把握了推动军官和士兵在巨大压力下行动的因素。诺曼·斯通（Norman Stone）所著的《东线 1914—1917》（The Eastern Front, 1914 - 1917，伦敦：Hodder and Stoughton，1975 年）也是任何想了解中欧强国与沙俄之间战争的读者不可不读的佳作，还有霍尔格·赫维希（Holger H. Herwig）所著的《第一次世界大战：德国与奥匈，1914—1918》（The First World War: Germany and Austria-Hungary, 1914 - 1918，伦敦：Arnold，1997 年）也是如此。在波纳特中校（Lieutenant Colonel Ponath）的作品《战史、战术和教学评价中的 1914 年坦嫩贝格战役》（Die Schlacht bei Tannenberg 1914 in kriegsgeschichtlicher, taktischer, und erzieherischer Auswertung），《军事周刊》（Militär-Wochenblatt）第 124 辑，第 8 期（1939 年 8 月 18 日）：第 476—482 页中可以找到德国一方的详细作战记录，并附有重要地图。

9. 关于科林之战，见奇蒂诺所著的《德式兵法》，第 69—71 页。

10. 肖沃特尔著，《腓特烈大帝的战争》，第 186 页。要了解罗斯巴赫战役，首先请参见德国总参谋部所著的《腓特烈大帝的战争》，第 3 部，《七年战争》，第 5 卷，《哈斯滕贝克与罗斯巴赫》（Die Kriege Friedrichs des Grossen, pt. 3, Die siebenjährige Krieg, vol. 5, Hastenbeck und Rossbach，柏林：Ernst Mittler，1903 年），以及库尔特·雅尼（Curt Jany）所著的《普鲁士王家军队史（截至 1807 年）》，第 2 卷，《腓特烈大帝的军队 1740—1763》（Geschichte der königlich preussischen Armee bis zum Jahre 1807, vol. 2, Die Armee Friedrichs des Grossen 1740 bis 1763，柏林：Karl Siegismund，1928 年）第 426—445 页中有益的总结。胡戈·冯·弗赖塔格 – 洛林霍芬男爵（Hugo Freiherr von Freytag-Loringhoven）所著的《指挥官的重要意义：名将的思考与行动》（Feldherrengrösse: Von Denken und Handeln hervorragender Heerführer，柏林：E. S. Mittler，1922 年），第 65—67 页提供了德国总参谋部的另一种观点。另见奇蒂诺所著的《德式兵法》，第 72—82 页。要了解任何涉及腓特烈大帝的征战的主题，都还应该参考克里斯托弗·达菲（Christopher Duffy）的著作，他长期研究分析这位国王的人生和时代，成果颇丰。特别值得参阅的是《腓特烈大帝的军队》（The Army of Frederick the Great，伦敦：David & Charles，1974 年）和《腓特烈大帝的军事生涯》（Frederick the Great: A Military Life，伦敦：Routledge and Kegan Paul，1985 年）。

11. 要了解德国人对"内"线和"外"线的看法，见路德维希将军（General Ludwig）的文章《考虑时间因素的内线和外线作战》（Die Operation auf der inneren und der äusseren Linie im Lichte underer Zeit），它刊登在《军事周刊》第 126 辑，第 1 期（1941 年 7 月 4 日）：第 7—10 页。

12. 亨利亲王曾被其兄誉为"从不犯错的将军"，要了解他的事迹，请参见里夏德·施密特（Richard Schmitt）所著的二卷本《七年战争中统兵作战的亨利亲王》（Prinz Heinrich als Feldherr im Siebenjährigen Kriege，格赖夫斯瓦尔德：Julius Abel，1885—1899 年）。如果想了解近代对这位亲王的看法（他也确实是值得作家们重新写传记的重要人物），请参见切斯特·伊萨姆（Chester V. Easum）所著的《普鲁士的亨利亲王：腓特烈大帝的弟弟》（Prince Henry of Prussia: Brother of Frederick the Great，康涅狄格州韦斯特波特：Greenwood Press，1971 年），这是 1942 年原著的再版。

13. 和拿破仑一世时期的其他任何事件一样，要了解耶拿战役，应该先阅读戴维·钱德勒（David G. Chandler）的《拿破仑战记》（The Campaigns of Napoleon，纽约：Macmillan，1966 年），特别是第 479—488 页和第 502—506 页。罗伯特·阿斯普雷（Robert B. Asprey）的《拿破仑·波拿巴统治时期》（The Reign of Napoleon Bonaparte，纽约：Basic Books，2001 年），第 20—34 页也很有用。另见奇蒂诺所著的《德式兵法》，第 109—119 页。虽然如今关于耶拿的专题著作多为老书，但绝没有过时。请参见莫德上校（Colonel F. N. Maude）所著的《1806：耶拿会战》（1806: The Jena Campaign，伦敦：Swan Sonnenschein，1909 年）的再版《耶拿会战 1806》（The Jena Campaign, 1806，伦敦：Greenhill，1998 年），以及洛雷纳·彼得（F. Loraine Petre）所著的《1806 年拿破仑征服普鲁士》（Napoleon's Conquest of Prussia, 1806，伦敦：John Lane，1914 年）。要了解耶拿之后的战役，见科尔马·冯·德·戈尔茨男爵（Colmar Baron von der Goltz）所著的《从耶拿到埃劳：旧普鲁士军队的耻辱与洗雪》（Jena to Eylau: The Disgrace and the Redemption of the Old-Prussian Army，纽约：E. P. Dutton，1913 年）。

14. 要了解柯尼希格雷茨之战，见瓦夫罗所著的《普奥战争》，第 208—273 页，既写了"贝内德克在比斯特日采地区的抵抗"，也写了"毛奇的合围"。另见克雷格所著的《柯尼希格雷茨之战》第 87—164 页，罗伯特·奇蒂诺所著的《追求决定性胜利：从僵持到欧洲的闪电战，1899—1940》（Quest for Decisive Victory: From Stalemate to Blitzkrieg in Europe, 1899–1940，劳伦斯：University Press of Kansas，2002 年）第 21—25 页，以及罗伯特·奇蒂诺所著的《德式兵法》第 160—173 页。

15. 特伦斯·朱伯（Terence Zuber）的著作对于纠正关于施利芬计划的老生常谈大有帮助。读者尤其应该参阅他的《发明施利芬计划：1871—1914 年德军的战争策划》（Inventing the Schlieffen Plan: German War Planning, 1871–1914，牛津：Oxford University Press，2002 年），

以及作为此书写作基础的开创性文章《施利芬计划反思》（The Schlieffen Plan Reconsidered），这篇文章刊登在《历史上的战争》（War in History）第 6 辑，第 3 期（1999 年 7 月）第 262—305 页，以及最近由他编辑的资料集《1871—1914 年德军的战争策划：史料和解读》（German War Planning, 1891‑1914: Sources and Interpretations，纽约州罗切斯特：Boydell Press，2004）。朱伯认为"施利芬计划"是战后被杜撰出来的。他指出，直到 1920 年为止，没有关于该计划的任何书面引用，而瑞士历史学家赫尔曼·施特格曼（Hermann Stegemann）撰写的最早的一战战史《大战史》（Geschichte des Krieges，斯图加特：Deutsche Verlags‑Anstalt，1918）更是对它只字未提，它实际上是战后的军官团为了解释德国战败原因而编造的谬论。他们声称施利芬制定了战胜敌人的完美计划，但遗憾的是，无能的小赫尔穆特·冯·毛奇将军 [General Helmuth von Moltke (the Younger)] 给这个计划"打了个折扣"。朱伯的著作很有说服力，但并非无懈可击。因为他始终在尝试完成证伪的困难任务，所以他必然无法将自己的立论建立在档案基础上，而只能以档案的缺失为基础。正如一位学者所指出的，如今可以认为"关于施利芬计划存在着一定的争论"。请参见安图利奥·埃切瓦里亚二世（Antulio J. Echevarria II）对朱伯的《德军的战争策划》的书评，《军事历史期刊》（Journal of Military History）第 69 辑，第 4 期（2005 年 10 月）的第 1228—1229 页，以及埃切瓦里亚与朱伯在该杂志 2006 年 4 月号"书信"部分的激烈笔战（第 70 辑，第 2 期，第 584—585 页）。

16. 要了解罗马尼亚会战，请参见主要史料：埃里希·冯·法金汉将军所著的《1916/1917 年第 9 集团军对罗马尼亚和俄国军队的战役》（Der Feldzug der 9. Armee gegen die Rumänen und Russen, 1916/17，柏林：E. S. Mittler，1921 年）。其他德国资料包括分两部分刊载的《陆军战史，战例 9：塞维林堡 1916》（Truppen‑Kriegsgeschichte, Beispiel 9: Turnu Severin 1916），《军事周刊》第 123 辑，第 17—18 期（1938 年 10 月 21 日，1938 年 10 月 28 日）第 1078—1081 页与第 1146—1150 页，波纳特中校的《针对合算的即时目标的火力急袭：罗马尼亚会战中 1916 年 11 月 20 日至 12 月 6 日皮希特营在塞维林堡和旧堡的战斗》[Feuer überfälle gegen lohnende Augenblicksziele: Kämpfe der Abteilung Picht (verst. I./I.R. 148) vom 20.11. bis 6.12. 1916 bei Turnu‑Severin und am Alt in der Schlacht in Rumänien]，《军事周刊》第 112 辑，第 35 期（1928 年 3 月 18 日）第 1344—1346 页，以及同一位作者的《二十年前的大事：突入罗马尼亚平原》（Aus grosser Zeit vor zwanzig Jahren: Der Einbruch in die rumänische Ebene），《军事周刊》第 121 辑，第 21 期（1936 年 12 月 4 日）第 1101—1103 页。要了解现代的综述，见雅各布·李·哈姆里克（Jacob Lee Hamric）的《德国的决定性胜利：1916 年法金汉的罗马尼亚之战》（Germany's Decisive Victory: Falkenhayn's Campaign in Romania, 1916，硕士论文，东密歇根大学，2004 年）。

17. 要了解蓝色行动的策划、执行和溃败的概述，见罗伯特·奇蒂诺著，《从闪电战到沙漠风暴：作战演变》（Blitzkrieg to Desert Storm: The Evolution of Operational Warfare，劳伦斯：University Press of Kansas，2004 年），第 83—93 页。

18. 要了解希特勒的"第二次会战"，请参见由德国军事历史研究所（Militärgeschichtliches Forschungsamt）主持编纂的德国官方二战史《德国与第二次世界大战》，第 6 卷，《全球战争：战争的扩大和主动权的易手，1941—1943》（Das Deutsche Reich und Der Zweite Weltkrieg, vol. 6, Der Globale Krieg: Die Ausweitung zum Weltkrieg und der Wechsel der Initiative, 1941‑1943，斯图加特：Deutsche Verlags‑Anstalt，1990 年），尤其是贝恩德·魏格纳（Bernd Wegner）撰写的第 761—815 页。其实给这套史书加上"官修历史"的标签并不公平，因为这个字眼通常暗示着各种诡辩、对争议性话题的讳莫如深和对个人与机构名誉的刻意维护。这套德国官方历史是德国一些最著名的学者的集体创作结晶，而且极少使用春秋笔法。它是一部广义的"战争史"（Kriegsgeschichte），涉及读者所能想象的最全面的话题，从潜艇战的战术细节到苏联锰产量的精确计算无所不包。此外它也是一部杰出的作战行动史。它应该得到更广泛的流传和阅读。

19. 译注：作者在这里提到的是一个在西方哲学中很有名的命题："如果一片无人的树林中有一棵树倒下，那么它会不会发出声音？"

20. 关于这一点的更多论述，请参见肖沃特尔所著的《腓特烈大帝的战争》，第 1 页关于传统军事史学中两个争执不下的学派的精彩讨论。他称这两派为"辉格党"和"加尔文派"。前者将战争作为"进步力量与反动力量的较量"来分析，后者则认为"胜败是评判军事上正确与否的标准"。

21. 要了解介绍作战行动史的持久社会实用性的讨论，请参见贝恩德·魏格纳所著的《为何需要作战行动史？》（Wozu Operationsgeschichte），和丹尼斯·肖沃尔特所著的《作战行动史形式的军事史：德国范式和美国范式》（Militärgeschichte als Operationsgeschichte: Deutsche und amerikanische Paradigmen），这两篇文章都收录在本亚明·齐曼（Benjamin Ziemann）和托马斯·屈内（Thomas Kühne）编纂的《何为军事史？》（Was ist Militärgeschichte?，帕德博恩：Ferdinand Schöningh，2000 年）中。

目 录

第一章
由胜转败：1941 年

　　在第二次世界大战最初的几年里，德国军队势如破竹的连胜与人们记忆犹新的战争有显著差异。与战线很快稳定、战场僵持成为常态的第一次世界大战不同的是，在这场战争中德军接二连三地取得辉煌的胜利。国防军有可怕的坦克部队（或者叫装甲部队）充当锐不可当的矛头，有强大的空军在头顶不断盘旋，一路上冲破、绕过和飞越了所有挡道的防御阵地。在波兰进行的首场战役 [行动代号是"白色方案"（Case White）] 中，德军仅用 18 天就粉碎了波兰军队，只不过为了攻克波兰首都华沙又进行了短暂的战斗。[1] 同样令人印象深刻的是对丹麦和挪威的入侵 [行动代号是"威悉演习"（Exercise Weser）]，两个敌国的首都（奥斯陆和哥本哈根）在战役的第一天就被德军的地面部队、海上登陆部队和空降部队的联合突击攻陷。[2]

　　不过，截至此时，欧洲一些国家的最高指挥机关里仍然有人以国防军打败的不过是弱小的邻国为由安慰自己。只是，1940 年 5 月西线的大规模攻势 ["黄色方案"（Case Yellow）] 很快就让他们如梦方醒。这一次德国装甲部队挑战并击溃了法国和英国陆军的精锐，打得前者片甲不留，并迫使后者从其控制的最后几个港口之一——敦刻尔克（Dunkirk）匆忙撤离欧洲大陆。尽管大部分英军逃之夭夭，德军还是俘虏了大约 200 万名法国、英国、荷兰和比利时的军人。再考虑到德军自身的轻微损失，黄色方案堪称是有史以来最辉煌的军事胜利之一。[3]

　　次年的战斗延续了这一模式。德军在 1941 年 4 月闪击巴尔干半岛，横扫了南斯拉夫和希腊。当一支英国军队赶到当地保护希腊时，德军将他们打得节节败退，并完全赶出大陆。倒霉的英国人在不到一年时间里不得不又实施了一次大撤退，这一次是撤到克里特岛，结果他们在那里又遭到了真正的雷霆一击：历史上第一次纯空降作战——"墨丘利行动"（Operation Mercury）。[4] 德军通过这次作战快速从守军手中夺取了克里特岛，并迫使英国和英联邦守军再度撤离，逃到埃及。事实上，在这场战争的开局阶段，有时给人的感觉是撤退已经成了英国军事行动的特色，世界上其他任何军队肯定都没有如此多的撤退实践。

人们在分析第二次世界大战中德军的这几次军事行动时，一贯将它们粉饰为新奇事物，认为这是一种被称为 blitzkrieg（即"闪电战"）的新战法的实例。据说闪电战是在两次世界大战之间的时期发明的，它通过机械化手段使战争形态发生了改变。[5] 步兵和骑兵被各种机器所取代，其中坦克和飞机的作用尤为突出。第一次世界大战所特有的堑壕僵持战也让位于大规模的突破、包围和机动战。实际上，blitzkrieg 一词本身就是个很不恰当的称谓。德国军队并没有发明这一词汇，而且他们在使用该词时很少不加引号。这似乎是从 1930 年起流传于国际军事界的一个术语，用于描述任何迅速且决定性的胜利，与不久前刚结束的漫长而可怕的消耗战相对。

不过，即便德国人没有发明闪电战，他们在"间战时期"显然仍有所成就。那一定是他们不断反思和试验的时代，可以说同时代的各国军队都是如此。英国人发明了坦克，而且早在 1928 年就着手组建了一个激进的试验性机械化旅。[6] 同样，如果说当时世界上只有一支军事力量在如痴如醉地钻研坦克、飞机和伞兵的潜力，那么这只能是苏联红军。"间战时期"的德国军队 [截至 1934 年一直是护国军（Reichswehr），此后更名为国防军（Wehrmacht）] 活动的特点是，这支军队并没有尝试发掘任何新战法。德国军队觉得自己已经有了一套切实可行的作战学说：战役层面的运动战（即 Bewegungskrieg）。[7] 德国人发现坦克和飞机都可以在这套战法中发挥作用。这些新式武器必须在战略层面上得到应用——也就是说，以师以上的大部队为单位投入战斗。于是装甲师应运而生，这是一种围绕坦克而建立的部队，但包含了各式各样的兵种：步兵、炮兵、侦察兵、后勤部队和舟桥部队等，所有这些兵种的机动性都提高到了与坦克相当的水平。一个装甲师的战斗力凌驾于 1939—1941 年的任何一个集团军之上，能够攻击和突破敌军防线，在敌军后方长驱直入，摧毁和歼灭任何企图阻止他们的防御阵地或部队，然后重整旗鼓，将这些行动从头再来一遍。虽然装甲部队并不是什么神器或魔弹，但是在波兰枪骑兵或比利时反坦克炮兵眼里，或许他们就是如此。[8]

与坦克和飞机同等重要的是国防军高度严密的指挥和控制体系。这套体系中有些要素沿袭自德军的旧传统，尤其是让下级指挥官独立决策的理念（经常被错误地称作"Auftragstaktik"，即任务式策略）。[9]这一理念起源于旧普鲁士特有的社会契约——国王手下的将佐无一例外都出身于贵族（容克地主）阶层，国王对他们的作战行动只具备有限的干预权——经过几个世纪的发展，这已经成为普鲁士和德国军队与众不同的指挥特色。在德意志统一战争的胜利者——陆军元帅赫尔穆特·冯·毛奇看来，当代的战场行动已经变得过于复杂，无法预先进行严密的安排。影响作战的因素实在太多：庞大的部队、复杂的武器和巨大的后勤需求，更何况还有任何时代的战争都不会缺少的号令不畅和战争迷雾等问题。普鲁士军队自毛奇以下都为这样的传统而自豪：上级指挥官只对下级交代大概的任务，让下级指挥官自行决定完成任务的最佳方式。在各个指挥层面，命令都要做到简洁明了。最理想的命令是以口头方式下达的，普鲁士-德意志军队对书面命令的使用要比同时期的任何其他军队都少。最后，普鲁士-德意志军队还提倡指挥官少用地图，尽可能以在实地指示的方式下达命令。领受命令者要认真聆听，当着上级的面大声复述命令，然后出发，以尽可能好的方式执行命令。

从表面上看来，普鲁士的指挥体系似乎是制造混乱的"配方"，在这一体系中每个师长、军长和集团军司令都可以随心所欲地按照自己的想法打仗。但事实上，有两个促使这一指挥体系发挥积极作用的先决条件。首先是参谋制度。在战役中，每个指挥官都配有一个参谋长，为其充当作战顾问和左膀右臂。参谋长并不是联合指挥官，事实上部队主官始终要为自己的决定和部队的表现承担最终责任。但参谋长都是军官中的精英，曾经在著名的柏林军事学院中通过了极为严格的选拔，并研习了难于登天的战争艺术课程。不同的参谋往往会以颇为相似的方式看待作战问题，并对其主官提出如出一辙的建议。其次，另一个使任务式策略行之有效的因素是普鲁士-德意志军官团高度崇尚进攻的本质。纵观德国军事史，军官团的作战信条基本上总是包含这样一条原则：快速接近离得最近的敌军部队，然后对其发动进攻。很少有延缓或搁置这种行动的时候。普鲁士-德意志军队自17世纪以来打过数十场大会战，几乎在所有这些会战中这支军队都会发起战役进攻，谋求对敌人进行沉重打击，使其陷入混乱。"短促而活跃"的战法要求他们采取这种积极主动的姿态。腓特烈大帝就是这方面的典范，他可能是整个 18 世纪中攻击精神最旺盛的指挥官，他的"攻击性"在从古到今的历史上则肯定可以跻身前十。腓特烈大帝并不认为战争是多么复杂的事，他曾经这样说过："普鲁士军队永远都在进攻。"普鲁士在拿破仑战争中走过了一条充满艰辛的道路，那时候他们的统帅是格布哈特·莱贝雷希特·冯·布吕歇尔元帅（Marshal Gebhard Leberecht von Blücher），一个年逾古稀、天生喜爱冲锋陷阵，又发自肺腑地仇恨法国敌人的怪老头。格布哈特·莱贝雷希特·冯·布吕歇尔元帅的指挥艺术也没有多少智谋的成分，因此他的部下给他起了个前进将军（Marschall Vorwärts）的绰号。[10] 在统一战争期间，毛奇或许充当了军队的大脑，为其设计了各种条令和行政管理措施。但这支军队的肝胆则是以"红亲王"腓特烈·卡尔（Frederick Charles）为代表的集团军指挥官，此人在 1866 年攻击了一支人数比他多一倍的奥地利军队，揭开了柯尼希格雷茨之战的序幕。[11] 如果我们在历史的长河中审视普鲁士－德意志军队的战法，就不会觉得第二次世界大战中古德里安和曼斯坦因这样的猛将有多特别。这种攻击精神并不是德国军队在 1935 年某个下午突发奇想的产物。

对"短促而活跃"的战法的偏好；战役层面的运动战（Bewegungskrieg）；可以在战场上相机行事而不会受到上级大力干预，并且以鲜血换取这种特权的军官团（有时他们自己要流血，但大多数时候是在他们指挥下的士兵流血）；在无线电通信创造的现代奇迹下接受指挥和控制、密切协同的坦克和飞机——在以上因素的共同作用下，德军在第二次世界大战的最初几年完成了一系列令人印象深刻且高度成功的作战。和所有军事文化一样，这是一套独一无二的特质组合，用当时德国首屈一指的军事期刊《军事周刊》的话来说，这是一种只有国防军才会说的"与众不同的语言"。[12] 和德国参与的所有战争一样，主要的（其实也是唯一的）问题是，德国的对手是否能够及时学会破解它。

登峰造极的运动战：巴尔干1941

如果战争就是一种看谁能在第一次交锋中最彻底地羞辱对手的简单较量，那么德国国防军将会轻而易举地赢得第二次世界大战。波兰、丹麦、挪威、法国、南斯拉夫、希腊、英国和苏联的军队全都以痛苦的方式缴纳了昂贵的"学费"——前六个国家的军队都未能在德国国防军的一击之下幸存，与他们要保卫的国家一起灭亡了。英国军队不仅在与德国国防军的第一次交手（在法国境内）中遭到迎头痛击，而且此后又连败三次（分别是在北非、在希腊和在克里特岛）。英国能幸免于难是因为有英吉利海峡的存在，这道坚固的水障自1066年以来已经阻挡了许多想要入侵英国的敌人。最后，在1941年6月至12月的第一个恐怖的交战阶段中，苏联军队遭受了不亚于历史上任何溃败之师的沉重打击。对苏联军队来说这是一段倒霉透顶的经历，在短短六个月时间里，就损失了令人难以置信的400万人，其中大部分是在一个接一个的大规模包围战（Kesselschlacht）中当了俘虏。最后，我们也不要忘记，美国军队在突尼斯一个名叫卡塞林山口（Kasserine Pass）的偏僻山区与德国国防军初次交手的结果也是一次耻辱的经历，能让所有美国人庆幸大西洋的存在。

因此，我们可以看出，和国防军的第一次交锋必定是充满危险的。这支军队每战都喜欢精心策划、先发制人，旨在造成尽可能大的冲击。由此可以得出推论，挺过第一次交锋的对手都经受过了德国人所能实现的最强打击。对国防军而言，在完成第一次的毁灭性打击之后，他们的战斗力必然会每况愈下。持久性的优势始终是在同盟国一方，在1941年美国加入战争之后就更是如此。把这个问题归咎于纳粹领导层中的个别人物固然能令人接受，但实际上的根本原因并不是希特勒的蹩脚谋划或德国总参谋部有据可查的对后勤的严重漠视。真正的原因其实就是德式兵法，是他们自17世纪以来一贯的战争方式。而且如果德国在第二次世界大战结束时依然是个军事强国，那么直到今天这仍然会是他们的战争方式。如果德国总参谋部还在，他们的军事学说照样会立足于通过勇猛的机动作战施加沉重打击，从而快速击败对手。

在第二次世界大战中有一个运动战（Bewegungskrieg）的经典战例，那就是1941年春天德军在巴尔干半岛实施的战役。[13] 德军在此战中把先发制人的三板斧式策略运用得臻于完美，他们的第2集团军和第12集团军在4月6日同时发起两路作战，分别侵入希腊和南斯拉夫。入侵希腊的"玛丽塔行动"（Operation Marita）筹备了数月之久，起因是意大利军队在1940年下半年入侵希腊的作战中遭受了可耻的失败。英勇的希腊军队不仅在边境上挡住了意军，还趁势发动反攻将战线推进到了阿尔巴尼亚境内，使轴心国在巴尔干半岛的布局有土崩瓦解的危险。与之形成鲜明对比的是，对南斯拉夫的入侵可以说是在一夜之间组织起来的，目的是应对1941年3月26日夜间至27日晨间发生在贝尔格莱德的亲同盟国政变。

入侵南斯拉夫是一次仓促发起的作战行动，而德军在历史上就长于此道。短暂的构想和策划时间确实使计划有些疏漏之处，事实上，这次作战的代号也是简简单单的"25号行动"，几乎等同于没有名字。

这样的战役很容易被低估。毕竟考虑到人口和资源优势，德国军队应该能够不费吹灰之力地先后或同时击败希腊军队和南斯拉夫军队。对于1939年的波兰会战，或者1940年入侵丹麦和挪威的作战行动，我们也可以做这样的断言。然而那些在巴尔干会战中只看到一个强大的国家击败两个弱小参战国的人完全忽视了其中的关键：德国国防军快速完胜希腊和南斯拉夫军队的事实，准确地反映了这支军队在战争中和每个敌手初次较量时无一例外的成就。

25号行动：南斯拉夫

几个世纪以来，普鲁士－德意志军事作战的理想形式一直是向心攻击，即以多路纵队从各个方向会聚攻击守军，使其无法建立任何连贯的防线。从这个意义上来讲，25号行动标志着德国战争艺术的巅峰。由于当时匈牙利、罗马尼亚和保加利亚都坚定地站在轴心国阵营中，德国和德国盟友（匈牙利和意大利）的进攻部队可以在近643.7千米（400英里）长的战线上展开，摆出一个北起亚得里亚海畔的的里雅斯特（Trieste）、南至保加利亚—南斯拉夫边境的巨大半月形阵势。这些部队自右至左依次是意大利第2集团军、马克西米利安·冯·魏克斯将军（General Maximilian von Weichs）指挥的德国第2集团军（下辖第49山地军、第51军、第52军和第46装甲军）、匈牙利第3集团军、独立的德国第41装甲军，最后是埃瓦尔德·冯·克莱斯特元帅（Field Marshal Ewald von Kleist）指挥的德国第1装甲集群。因为只有靠哄骗和利诱才能使意大利人和匈牙利人的行动不仅仅局限于观战，所以担当重任的只能是三支德国军队。魏克斯的集团军部署在奥地利的卡林西亚州（Carinthia）和施蒂里亚州（Styria），围绕着南斯拉夫北部的斯洛文尼亚－克罗地亚弯曲部；第41装甲军部署在罗马尼亚西部的蒂米什瓦拉（Timosoara）附近；克莱斯特装甲集群则远在北面的保加利亚西部。

德军的主要突击方向（即Schwerpunkt）上至少有三支强大的机械化部队，他们的任务是直取南斯拉夫的首都贝尔格莱德。在右路，第46装甲军（第2集团军）将部署在匈牙利境内的瑙吉考尼饶（Nagykanizsa），位于巴拉顿湖（Lake Balaton）西南侧。这支军队将渡过德拉瓦河（Drava River）进入南斯拉夫，然后向东南做一个急转弯，攻向贝尔格莱德。在中路，独立的第41装甲军在格奥尔格－汉斯·莱因哈特将军（General Georg-Hans Reinhardt）的指挥下，将以包括党卫军第2摩托化师、"大德意志"摩托化步兵团、"赫尔曼·戈林"装甲团在内的部队沿最短路线进攻贝尔格莱德，也就是基本上朝正南方向直线推进。最后，在最左侧，第1装甲集群将派两个军（第14装甲军和第11军）越过保加利亚边境向尼什（Nis）前进，然后向北做一个急转弯。按照德军作战的惯例，这种多路分进合击的目的不仅仅是夺取南斯拉夫的首都，更是为了确保威胁南斯拉夫军队不敢放弃、必定要坚守的战略目标。和1870年的普法战争一样，以敌国首都作为进攻的大方向是确保与敌国主力野战军决战的最佳方法。[14]

南斯拉夫军队的所作所为与战争头两年德国的各路敌人别无二致，他们试图防御国家的每一寸边境，建立德国人所谓的"警戒阵地"（Kordonstellung）。第1集团军群部署在北部，下辖在斯洛文尼亚面对德国和意大利边境的第7集团军和沿匈牙利边境布防的第4集团军。第2集团军群部署在右侧，其第2集团军沿多瑙河（Danube）布防，第1集团军则位于伏伊伏丁那（Vojvodina）西部。在东侧还有独立的第6集团军，沿罗马尼亚边境布防，保卫着名为巴纳特（Banat）的地区以及贝尔格莱德的北方接近地。最后，第3集团军群（第5集团军和第3集团军）负责守卫南斯拉夫南部的广大区域，其中第5集团军沿保加利亚边境布防，第3集团军则在阿尔巴尼亚边境上警戒意大利军队。不过，上述这些"集团军"无一达到现代化标准，他们通常包含二到四个贫弱的步兵师，外加一个骑兵师或骑兵旅。此外，由于他们显然是按一线防御的模式部署的，所以预备队严重不足。例如，南方的第3集团军群只有一个步兵师在斯科普里（Skoplje）充当预备队，而南斯拉夫全国的预备队只有三个步兵师和一个骑兵师。[15]虽然每个集团军的正面都有一些天险[通常是南斯拉夫的众多河流之一，如德拉瓦河、萨瓦河（Sava）、摩拉瓦河（Morava）和多瑙河]，但这种部署也使他们失去了实施战役机动的希望。在线性防御态势下要根据出现的威胁调整战略部署本来就很麻烦，而在这个战例中更是毫无可能。无论公路网还是铁路网都不允许南斯拉夫军队这样做。

值得注意的是，直到此时这种部署竟仍然是各国军队应对德国国防军机动战法的惯例。波兰人在1939年9月也是这样做的，他们将军队沿着大德意志国和斯洛伐克的边境排成了超过约1408千米（875英里）长的警戒线。[16]1940年在西欧，法军和英军也企图进行线性防御，结果防线在三天之内就被突破。南斯拉夫军队并不是一支无足轻重的力量：这支军队拥有 17 个现役步兵师和 12 个预备役步兵师，还有 3 个骑兵师和若干独立旅，在全面动员之后，人数可达近 100 万人[17]。不过，排成一线防守约 3057 千米（1900 英里）长的边境还是远远超出了这支军队的能力。

公平地讲，南斯拉夫军队的最高统帅杜尚·西莫维奇将军（General Dušan Simović）（他也是引发德军入侵的那场政变的策动者之一）所能选择的几种方案都是一样糟糕的。正如波兰战役的分析家们倾向于谈论波兰军队后撤至纳雷夫河（Narew）、维斯瓦河（Vistula）和桑河（San）防线的方案，当时和后来评判南斯拉夫战役的分析家们都主张南斯拉夫军队从边境后撤，集中防御一些核心阵地，或者干脆只防守贝尔格莱德本身。一线防御确实很容易被机动灵活的敌军突破和摧毁，而且考虑到南斯拉夫军队几乎完全没有装甲部队、反坦克或航空武器，这种部署就是为德军高速机械化的运动战（Bewegungskrieg 战法）量身定做的。但是军事历史学家们必须承认，任何一枪未放就放弃 90% 以上国土的策略都是不可能被采纳的。换言之，这只是一种书生之见，完全脱离了政治现实。现代社会的任何政府都不曾做过这种事，也无法承担选择这种方式所会付出的代价。[18] 更何况，南斯拉夫国内的形势使得任何策略都不容易成功。当时这个国家已经被民族对立所撕裂，斯洛文尼亚人和克罗地亚人对于为塞尔维亚人主宰的政权卖命都没有多少热情，因为在他们看来，这个政权一直把他们当成二等公民对待。在德国宣传机构的大力煽动下，将会有大量克罗地亚人在战斗打响后临阵脱逃。[19]

考虑到德军可调用的部队数量、参战武器和德国军事学说的要求，25 号行动的过程在相当大的程度上是可以预见的。在普鲁士—德意志的历史上，其他任何战役都没有需要如此迅速结束的紧迫要求。[20]25 号行动的策划是在一夜之间完成的，必须从德国和被占领土的各个角落将参战部队调动到这个偏远而欠发达的战场，而且至少其中的装甲部队必须在完成任务后做好立即向东转移的准备。巴巴罗萨行动再过两个半月就要发动了，一支习惯于快速机动的军队将把自己的行动节奏再加快一个档次。

在一个早晨，对几乎不设防的贝尔格莱德的大规模空袭揭开了这场战役的序幕。这一天是 4 月 6 日，正是东正教的复活节星期天。在这场"惩罚行动"（Operation Punishment）中，国防军做了一件日后的许多军事冒险中都曾有人尝试，但却无人能够成功的事：对敌方的指挥机构进行"斩首"。德国空军分成三个波次攻击，总共出动了大约 500 架次，主要从东方边疆区（Ostmark）[21] 和罗马尼亚西部的基地起飞。德军不仅消灭了南斯拉夫过时的空军和贝尔格莱德贫弱的防空力量，将大片城区化为瓦砾堆，炸死成千上万平民，还摧毁了南斯拉夫最高统帅部与野战部队之间的通信线路。这是一个史无前例的事件，是制空权鼓吹者们梦寐以求的结果，它使得南斯拉夫军队几乎所有的作战单位在国防军的铁流滚滚涌过边境时都接不到上级的指示和命令，而德国空军总共只损失了两架飞机。可以毫不夸张地说，惩罚行动在最初的 20 分钟内就奠定了南斯拉夫战役的胜局。不过这场空袭，尤其是大量的平民死亡，也将成为日后德国第 4 航空队司令亚历山大·勒尔将军（General Alexander Löhr）被指控犯下的战争罪行之一——他于 1947 年在贝尔格莱德被处决。[22]

此时地面战斗开始了，第 1 装甲集群于 4 月 8 日在南线越过边境。克莱斯特的部队以第 14 装甲军为先锋，让第 11 军尾随其后，直奔尼什而去。在突破南斯拉夫第 5 集团军的防御之后，德军于 4 月 9 日攻占该城。此时装甲部队按计划掉头北上，沿摩拉瓦河谷快速扑向贝尔格莱德。南斯拉夫军队本就不强的抵抗变得越发微弱，德军总司令很快就决定让第 5 装甲师退出以南斯拉夫首都为目标的主攻。[23] 这个师转而向西南方向进攻，成为少数既参加了针对南斯拉夫的 25 号行动，又参加了针对希腊的玛丽塔行动的部队之一。截至 4 月 12 日，第 1 装甲集群已进至贝尔格莱德以南仅 56 千米的地方。此时，第 1 装甲集群已经处于依然部署在罗马尼亚边境上的南斯拉夫第 6 集团军的深远后方。

向贝尔格莱德进军的第二支部队是第 2 集团军下辖的第 46 装甲军。第 2 集团军的进攻原计划在 4 月 12 日开始，但后来提前到了 4 月 10 日。至今仍有一些分析家认为，这是一开始就精心计划的攻势之一，目的是进一步迷惑敌方首脑，使其难以判断德军的主攻方向。[24] 但更合理的解释是，德国人在将攻击部队运输到进攻发起地时遇到了困难。南斯拉夫边境很长，而且整个地区的公路和铁路建设水平严重不足。以第 2 集团军为例，当德国轰炸机出现在贝尔格莱德上空时，士兵们还在陆续抵达战场。尽管如此，完成部署的德军部队还是发动了一系列小规模进攻，而且很多是当地指挥官的自作主张之举。这些行动包括占领包尔奇（Barcs）的一座公路桥和科普里夫尼察（Koprivnica）附近的一座铁路桥。[25] 南斯拉夫军队对这些挑衅行动反应迟缓，这无疑是因为当地的主要守军——南斯拉夫第 7 集团军中克罗地亚人占很大比例的原因。早在正式战斗开始前，德军就已知道敌军阵中军心不稳。

🔺地图1.25号行动：在南斯拉夫的向心攻击。

　　当第46装甲军在4月10日开始正式进攻时，几乎立刻就在南斯拉夫军队的防线上撕开了一个口子。随后该军的主力朝东南方向挺进，加入了对贝尔格莱德的进攻，其第14装甲师则直取克罗地亚首府萨格勒布 [德国人称该城为 "阿格拉姆"（Agram）]。对萨格勒布的进军本身就充满传奇色彩。以最大速度前进的第14装甲师因为进展过快，在当天的大部分时间里都与军指挥部和集团军指挥部中断了通信联系。该师横扫一道又一道阻击阵地，抓获了15000名俘虏，其中包括22个南斯拉夫将军。第14装甲师从早上开始行军近160千米，到入夜时就抵达了萨格勒布。当这一天结束时，该师得到了成千上万狂热的克罗地亚人的款待，后者将德国人到来之日视作摆脱塞尔维亚人压迫的解放日。[26]

第三支向贝尔格莱德进军的部队是第41装甲军。4月11日，莱因哈特的这个军在蒂米什瓦拉以南越过罗马尼亚—南斯拉夫边境后，几乎立刻就突破了南斯拉夫第六集团军的防御，并向纵深高速挺进。这支部队实力相对较弱，除了"大德意志"团和党卫军第2摩托化步兵师外没有什么值得一提的部队。这支部队只用一天时间就走完了到贝尔格莱德的一半路程，于傍晚时抵达潘切沃（Pančevo），准备在次日继续向贝尔格莱德进军。此时局势对南斯拉夫军队而言已经极度恶化，西莫维奇将军不得不命令他的三个集团军群"不要等待上级机关的特别命令，不管在什么方向上与敌军接触，都要发扬主动性，就地抗击"。[27]

即使到了今天，人们也很难判断究竟是哪一支德军部队最先到达贝尔格莱德。由于三路大军都派出了机动分遣队在主力部队之前急速挺进，所以就连德军总司令部对谁先到达贝尔格莱德这个问题也不是十分确定。党卫军第2摩托化步兵师（第41装甲军）的先头部队在4月12日傍晚乘坐冲锋舟渡过多瑙河进入贝尔格莱德，第8装甲师（第2集团军）的尖兵大约在同一时间从北面进城，而第11装甲师（第1装甲集群）也从南面实施了同样的行动。虽然这些装甲部队进军时都没有遇到多少抵抗，但他们都必须克服一些欧洲最难通行的地形，而实践也证明对一支训练有素、攻击精神旺盛的装甲部队而言，并没有真正"不适合坦克的地形"。虽然说如果换一种背景，派装甲部队在敌国领土长驱直入可能是很冒险的举措，但在这个战例中，德军遇到的主要难题是处理大批主动投降的南斯拉夫士兵。

随着首都贝尔格莱德落入德军之手，南斯拉夫军队的防线开始土崩瓦解，意大利和匈牙利军队也终于越过南斯拉夫边境，这场战役也就只剩下了最后的追击。德军司令部中有人担心，被击败的敌军残部可能退入南斯拉夫南部，尤其是波斯尼亚的山中据点。为了消除这个威胁，德军此时将几乎所有的机动部队都用于进攻萨拉热窝。以第14装甲师为先锋的一个追击集群从西面发动进攻，以第8装甲师为首的另一路部队则从东面接近该城。在两路夹击下，这座城市于4月15日，也就是战斗打响的第十天陷落——这标志着主要作战行动结束。[28] 停战协定将在4月17日签字。

国防军以史无前例的速度轻松征服了南斯拉夫。国防军在这场短暂的战役中击溃百万敌军，抓获了至少25万名俘虏，而自身的损失仅仅是151人死亡、392人负伤和15人失踪。敌军一败涂地的原因是显而易见的。在德国人这边，有优秀的训练水平和武器、全面的制空权，以及高超的机械化水平（至少其尖刀部队是如此）。而南斯拉夫人这边，迟到的动员令导致许多部队还没有完成战斗准备就被击溃，飞机和装甲车辆严重短缺，防守每一寸边境的决定使长长的国境线布满漏洞，而最重要的原因或许是国内民族矛盾严重（尤其是在克罗地亚境内）。有一个德国参谋军官认为，25号行动与其说是一场战役，不如说是一次"武装游行"[29]，从很多方面来看，这是对这场"十二天战争"[30]的公平评价。

不过，25号行动的意义并不止于此。对南斯拉夫的征服是德式兵法经过几个世纪发展之后获得升华的表现形式之一。正如一份德方资料中所述，在边境防线被突破之后，南斯拉夫军队"被追击的德国步兵通过急行军拖住，被机动部队超越和包围，在行军和铁路运输过程中被不间断的空袭击溃，最后在旷野中被粉碎"。[31]这是一场"闪电胜利"（Blitzsieg），它将德军作战套路体现得淋漓尽致。集结大量部队；按照作战计划，从一开始就以凶残地空袭贝尔格莱德的形式造成猛烈打击；地面部队的机动方案强调冲击力和快速性，对敌人心脏地带的关键目标发起向心攻击——以上这些在毛奇的时代就已经是运动战（Bewegungskrieg）的要素。虽然考虑到双方相差悬殊的实力，国防军本就能够击败南斯拉夫军队并快速征服这个国家（这一点是显而易见的），但是正如普鲁士和德国军队已经在其他时间和地点向其他军队所证明的，当运动战按照设想顺利实施时，它可以使许多战役变得就像"武装游行"。

在南斯拉夫的这场近乎零伤亡的速胜还有最后一个方面值得一提，特别是在我们反思德式兵法的时候。虽然德军取得完胜，但是这场战役却留下了极为严重的后遗症。等到战斗结束时，在南斯拉夫境内的莫斯塔尔（Mostar）和达尔马提亚（Dalmatia）地区的其他地方，塞尔维亚人与克罗地亚人之间的冲突已经爆发。因为德军主力被迅速调往东方，只留下一些规模相对较小的部队来占领该地，所以即使德国人有心阻止这些冲突也无能为力。此外，只要看一眼这场战役的统计数据（一支全面动员后有将近100万兵力的军队只有25万人被俘）就会明白，南斯拉夫军队有大批人员逃过了德军布下的天罗地网。德军推进得太远也太快，因此留下了大量空隙。与上级部队失去联系的南斯拉夫士兵很快就躲进山区成立了抵抗组织，而德军将会发现自己卷入了一场一直持续到战争结束时的反游击战役。[32] 这些抵抗组织对于在解放国土之后要重建怎样的南斯拉夫意见不一，他们花在内斗上的时间将不会比与德军战斗的时间少。为了争夺南斯拉夫的未来，德拉扎·米哈伊洛维奇上校（Colonel Draža Mihailović）领导的保皇派"切特尼克"将与约瑟普·布罗兹（Josip Broz，化名铁托）领导的游击队展开血腥的争斗（不过这是题外话）。无论如何，这种依靠高机动小部队和航空兵的冲击力、强调速胜重于一切的战争方式确有不完善之处，在战后要重新整合被征服的国家时将会困难重重。

玛丽塔行动：希腊

与南斯拉夫类似，在希腊也发生了相同的战况。在这里，国防军遇到的不仅仅是另一个二流强国的弱小军队，还有英军和英联邦军队。玛丽塔行动遭遇了"光彩行动"（Operation Lustre），后者是来自北非的英国远征军进入巴尔干半岛作战的行动。[33] 这支被称为W部队的英国远征军，下辖第2新西兰师和第6澳大利亚师、第1坦克旅（隶属于第2装甲师），以及少数航空力量。一个德国评论家对这支军队的形容是："按照大陆战争的标准，这就是掉进大海里的一滴水。"[34] 这支远征军的指挥官亨利·梅特兰·威尔逊将军（General Henry Maitland Wilson）面对的是一个几乎不可能完成的任务，他不得不用一支小部队迎击从四面八方潮水般涌来的德国国防军。因此，这支军队的具体部署地点就变得至关重要，这在同盟国阵营中引发了一场争论。基本上，希腊军队的最高统帅亚历山大·帕帕戈斯将军（General Alexander Papagos）认为英军部署的地点越偏北越好，而梅特兰·威尔逊希望却在他力所能及的范围内让英军的部署地点尽可能南移。[35] 和南斯拉夫人一样，希腊人既不打算在本国相对狭窄的腰部（例如奥林匹斯山或更南面的位置）建立防线，也不会考虑任何意味着将大片国土拱手让给侵略者的防御阵地。事实上，帕帕戈斯还在打着进攻的主意，打算一劳永逸地解决阿尔巴尼亚的意大利军队。

最终盟军的防御计划成了一个典型的两面不讨好的方案。如果德军仅仅从保加利亚方向进攻，那么将W部队部署到沿韦尔米奥山（Vermion Mountains）和阿利阿克蒙河（Aliakmon River）呈西北—东南走向的防御阵地（称它为"韦尔米奥防线"是夸大其词的说法，因为当地根本没有现成的工事）也许是合理之举。但是当梅特兰·威尔逊率部北上时，他遇到的局面却与此大不相同。

德军又一次策划了大胆的战役级攻势，并为此动用了第12集团军的机械化部队。虽然第30军的各个步兵师将翻越罗多彼山脉（Rhodope Mountains）进入西色雷斯（Thrace），而第18山地军领受了突破保加利亚边境上坚固的梅塔克萨斯防线（Metaxas Line）的苦差，但第2装甲师将穿越南斯拉夫国土直扑斯特鲁米察（Strumica），并在那里做一个急转弯，贴着希腊—南斯拉夫边境上的多伊兰湖（Lake Doiran）西侧南下，然后尽快奔向重要港口塞萨洛尼基（Thessaloniki）。占领该城将会从战略上沉重打击希腊军队，切断仍在东方战斗的整个希腊第2集团军的后路。

与此同时，德军还将实施另一个更为沉重的打击，由第40军（第9装甲师、党卫军"阿道夫·希特勒警卫旗队"摩托化步兵团和第73步兵师）向西杀入南斯拉夫南部。该军将在斯科普里和韦莱斯（Veles）之间进至瓦尔达尔河（Vardar River），然后同样向南急转弯，穿过莫纳斯提尔隘口（Monastir Gap），从北面进入希腊中部。通过这一系列机动，德军将与意大利军队连成一片，孤立仍在阿尔巴尼亚作战的希腊第1集团军。此时阿尔巴尼亚的战事仍然牵制着希腊陆军的主力，包括大约12个步兵师、1个骑兵师和3个步兵旅。不仅如此，德军的机动还将对盟军的防御阵型造成致命破坏。无论将W部队部署到哪条防线上，这支军队都将面临侧翼被迂回的危险。[36]

战斗按照德国人的计划展开了。和25号行动一样，玛丽塔行动也有一个标志其开始的事件。4月6日，几乎就在贝尔格莱德化为火海的同时，德国空军对比雷埃夫斯（Piraeus）港发动了空袭，并直接命中了12000吨级的军火船"弗雷泽部落"号（Clan Fraser）。这艘船发生了壮观的大爆炸，并导致整个港湾中发生了多次殉爆，比雷埃夫斯城区大半被毁，停泊在港口中的27艘船和大量港口设施化为乌有。爆炸冲击波甚至震碎了约11千米外的雅典城中的窗户。[37]几个小时之后，德国军队就大举越过希腊边境。因为西色雷斯地区过于突出，那里的希腊守军大多在德军刚进入保加利亚时就已疏散，所以最左路的第30军推进得相当顺利。在中路，第18山地军发现梅塔克萨斯防线以及据守其中的希腊步兵与炮兵的顽强不亚于这场战争中他们遇到过的任何敌人。因此，德军在这里的损失

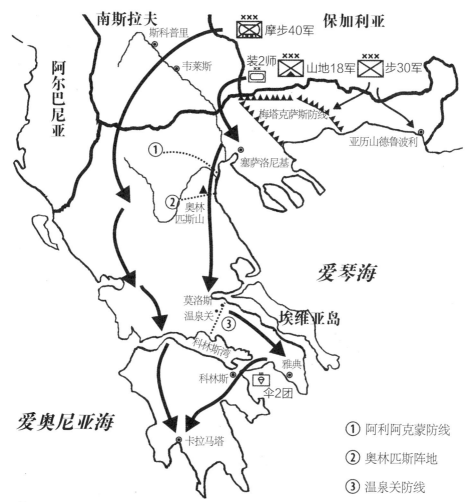

① 阿利阿克蒙防线

② 奥林匹斯阵地

③ 温泉关防线

🔺 地图2. 玛丽塔行动：希腊的Bewegungskrieg，1941年4月。

很大，至少有一个团不得不撤下战线。不过，在鲁佩尔峡谷（Rupel Gorge）两侧，德军依靠大量火炮支援和"斯图卡"不间断的空袭，终于在希腊军队的铁丝网、掩体和混凝土地堡之间中杀开了一条血路。[38]

只是梅塔克萨斯防线的战斗很快就变得毫无意义了起来，因为西边的第2装甲师击破了当面的轻微抵抗，在4月9日抵达了塞萨洛尼基。第2装甲师在短暂的南下途中横扫了刚刚进入阵地的希腊第 19 师一部。希腊军队的"摩托化"徒有其表，以希腊第 19 师为例，其只有少量的布伦装甲车和一些缴获的意大利坦克和卡车。[39] 塞萨洛尼基的陷落使得在其东方的所有希腊军队都没有了存在的价值，希腊第 2 集团军在 4 月 9 日向德军投降。

不过，这场战役的主攻任务还是由格奥尔格·施图姆将军（General Georg Stumme）的第 40 装甲军所承担的。这支部队在 4 月 6 日清晨 5:30 发起进攻，几乎立刻就遭遇了南斯拉夫军队（南斯拉夫第 5 集团军一部）。在击溃南斯拉夫军队之后，第 40 装甲军的主力于次日抵达目标（斯科普里—韦莱斯一线）。施图姆的先头部队在这一天推进了约 96 千米，并大规模横渡了瓦尔达尔河。第 40 装甲军在 4 月 8 日和 4 月 9 日先后经过普里莱普（Prilep）和莫纳斯提尔，做好了在次日入侵希腊的准备。4 月 10 日，第 40 装甲军越过边境，分遣第 9 装甲师与阿尔巴尼亚的意军取得联系，主力继续南进，直扑希腊小城弗洛里纳（Florina）。[40]

虽然效果并没有立即显现，但德军对弗洛里纳的进军和随后杀入希腊中部的行动使盟军在该战区的整个战略形势急转直下。这一机动不仅使阿尔巴尼亚境内希腊第 1 集团军的交通线失去掩护，也使一支强大的德军机动部队穿插到了英军原计划在韦尔米奥防线上占领的防御阵地的深远后方。梅特兰·威尔逊当然看得懂地图，全体英联邦军队一接到前线的噩耗就匆忙沿原路返回南方，拼命逃脱两路追击的德军正在合拢的铁钳。澳大利亚和新西兰士兵以他们惯常的坚韧精神战斗，后卫部队也顽强地打了一些阻击战，但是在战役层面上，整条战线始终在不断向南移动。原定的韦尔米奥防线换成了阿利阿克蒙防线（4 月 11 日），接着又先后换成了奥林匹斯山阵地（4 月 16 日）和温泉关防线（4 月 24 日），最后一道防线实际上是东起莫洛斯（Molos），南至科林斯湾（Gulf of Corinth），斜穿希腊中部的月牙形防线。[41] 这一连串地名使得战后报告读来犹如希罗多德（Herodotus）所写的一些失传篇章，给整场战役罩上了某种它根本配不上的史诗光环。实际上英军的撤退行动是在"斯图卡"近乎不间断的密集空袭下进行的，完全是一场噩梦。这种情况已经在挪威和敦刻尔克发生过，此时又在希腊重演。

不过，英联邦军队的后卫充分利用险要的地形和他们的 25 磅炮，成功拖住了德军，勉强争取到了让主力逃脱的时间，其功绩不容忽视。而德军方面，则全靠派出轻装追击部队先于主力推进才保持了对敌人的压力。在战役的这一阶段，德军肯定无法投入完整装甲师。但即使是规模较小的追击部队，也发现多山的地形给自己造成了重重困难。他们曾一度试图让一队坦克排成一列纵队通过温泉关的隘口，结果未能成功——这也许是在欧洲前所未见的战术应用。[42] 在 4 月 26 日还发生了这场战役中最著名的事件，德国第 2 伞兵团的两个营被空投到了科林斯地峡，有一发流弹刚好引爆了运河大桥上的炸药，不仅炸塌大桥，还杀死了正在过桥的大部分德国伞兵，以及正在拍摄夺桥纪录片的德国战地记者。[43] 不过，即便是大桥有没有爆炸也与战事的进展无关了。因为 W 部队的大部分人马此时已经离开了欧洲大陆，从阿提卡（Attica）的拉斐那（Rafina）和拉夫蒂港（Porto Rafti）或伯罗奔尼撒半岛（Peloponnesus）的莫奈姆瓦夏（Monemvasia）和卡拉马塔（Kalamata）撤至海上。

雅典在 4 月 27 日陷落，狂突猛进的德军在 4 月 28 日和 29 日迅速占领了伯罗奔尼撒半岛。到了 4 月 30 日，战斗就告一段落。威廉·利斯特将军（General Wilhelm List）的第 12 集团军表现出色，不仅击溃了希腊军队，还让英军再次蒙受战败之耻，迫使他们又一次仓皇撤退并登船疏散（虽然保住了部分人员，却丢弃了几乎所有重装备）。而且，英军的人员损失也不小：最初开赴欧洲大陆的 53000 多人中损失了 11840 人。撤退和疏散行动都是在德国空军不间断的空袭下进行的，英军有很大一部分伤亡来源于此。一位来自南非的装甲兵指挥官罗伯特·克利斯普（Robert Crisp）这样描述了当时的情景："从清晨到黄昏，头顶上看不到敌机的时间从来不超过半个小时。飞机的噪声和毁灭的威胁每个小时都无情地施加着压力，使不断撤退带来的心理影响进一步放大。许多人因此变得神经过敏，刚一听到远处传来的嗡嗡声就会跳下驾驶座和卡车（往往连车都不停），逃离公路……直到天空中看不见敌机、脑海中不再回响爆炸声，他们才会停止狂奔。随后他们会在担惊受怕中慢慢回到公路上，重新上车再行进几英里，直到下一次空袭或是空袭的威胁使他们再度逃跑。"[44]

虽然在"从大陆上撵走汤米"[45] 的过程中，德军蒙受的损失要比在南斯拉夫战役中高得多，但总体而言仍然少得令人吃惊，更何况还要考虑到他们在这场战役中的敌人是他们最强的对手之一：德军总共只有 1100 人死亡，4000 人负伤（大部分伤亡是在第 30 军强攻梅塔克萨斯防线时出现的，就连某些德国分析家也认为这次进攻完全没有必要）。

运动战（Bewegungskrieg）及其缺点

巴尔干会战是德国战争艺术的一次经典展示。大胆而快速的机动再一次造就了决定性的胜利。但是，在我们观察巴巴罗萨行动前夕的国防军时，正好可以讨论这种战法的缺点。如今这样的观点已经是司空见惯：德国人过于关注机动，结果对战争形成了相当狭隘，甚至是很潦草的认识，正是这种认识使德国军队在两次世界大战中都存在了严重的弱点。[46] 在第二次世界大战中，虽然德国的参谋们规划出了比以往更为漂亮的机动方案（很可能代表了这种战争艺术的巅峰），但是他们的对手做的却远不止于此：动员了大半个世界的资源，在人力、技术革新、生产和物流的竞争中轻松压倒德国，而且在情报和反间谍领域的暗战中赢得了决定性的胜利。[47]

请考虑这一事实：在第二次世界大战中，同盟国实际上已经破解了德国的密码系统，即所谓的"埃尼格玛"密码机。[48] 此后一直到战争结束，同盟国方面始终在刻意减少根据以这一手段获得的情报而做出的应对，以免德国人意识到密码被破解，而改用更安全的新系统。即便如此，同盟国享有的情报优势在军事史上依然无出其右者。此外，从东京的里夏德·佐尔格（Richard Sorge），到胡安·普霍尔·加西亚（Juan Pujol Garcia），再到罗斯福总统为了筹备"火炬"登陆行动而遣往北非的"十二使徒"[49]，同盟国拥有一大批成绩突出的谍报人员。即使到了今天，普霍尔·加西亚的故事看起来依然像是想象力过于丰富的好莱坞剧作家的杜撰。代号"嘉宝"的他以在英国工作的德国特工身份为掩护，源源不断地将假情报发送到德国情报机构的最高层，甚至直达希特勒本人。他在诺曼底登陆行动之前发送的情报使他获得了第三帝国的各种最高荣誉和嘉奖，甚至包括铁十字勋章。[50] 可以说，德国人在情报领域上没有任何成就能与同盟国的成功相比。虽然纳粹以狂热盲从而著称，但是西方民主国家和苏维埃俄国在培养死士方面显然要成功得多，有无数英雄儿女自愿为国家深入敌后，冒着死亡和伤残的危险收集情报。与之形成鲜明对比的是，德国军方的情报机构（即"阿勃维尔"）却在战争中的大部分时间密谋推翻乃至刺杀希特勒。在这场战争中，真正忠于信仰的人大多站在了同盟国一边。

换言之，德国国防军是一支对围歼战情有独钟，却极少关心长远计划的军事力量。德国军方的策划人员几乎完全不关心战略问题，他们的战略思维充其量只相当于世界上其他国家在进入现代社会以前的水平。对于个别战役的胜利（哪怕是决定性的胜利）究竟要如何促使敌人投降，他们都很少考虑。例如在1940年5月，德军在短时间内击溃了四个敌对国家的军队，并占领了荷兰、比利时和法国。但是当英国拒绝了投降，甚至不屑于妥协让步时，希特勒和整个德国领导层就完全没有了方向，不知该如何将战争继续下去。从某种意义上来讲，就是德国国防军在连战连胜中走进了一条战略死胡同。

当然，德国人也清楚这一点，于是在次年四处出击，企图找到出路。不过，这种犹豫不决（希特勒和德军总司令部都是如此）导致德军做出的计划多得惊人。在"黄色方案"之后的一年里，德国总参谋部至少做出了15个大规模行动计划：海狮行动（登陆英国）、向日葵行动（向北非派遣德军部队）、仙客来行动（占领阿尔巴尼亚）、玛丽塔行动（进攻希腊）、菲利克斯行动（占领直布罗陀）、伊莎贝拉行动（占领西班牙和葡萄牙）、可能的入侵瑞士行动、针对加纳利群岛和亚速尔群岛的作战、针对南斯拉夫的25号行动、针对克里特岛的墨丘利行动、占领维希法国的计划，以及派驻罗马尼亚和伊拉克的军事代表团的组建等。[51] 看来德军策划部门在这一时期没有多少休息时间。而且所有这些忙乱的策划工作都是他们在心神不定之下做完的，因为与此同时他们一直在筹划着军事史上规模最大的作战行动：巴巴罗萨行动。而且读者请注意，我们所说的并不是拥有庞大官僚机构、炮制的计划文件可以车载斗量的五角大楼。德国军队的策划机构规模很小——事实上，它只是一个微型部门。德国总参谋部一贯自视为德国军队中真正的精英，保持小规模正是其制度的核心之一。[52]

虽然战争的胜负是在战略层面决定的，但德国人却实实在在地被其理念的牢笼所困。自始至终，他们思考的都是一场场作战行动。他们面临的不是需要跳出既有框架思考的问题——也许德国的参谋军官们根本没意识到有这样的框架。几个世纪以来，运动战（Bewegungskrieg）的效果都足够好，德国人似乎完全不知道还有其他可行的选择——对他们来说这就是默认的战法。

巴巴罗萨

显而易见，入侵苏联是一次对战役级别的运动战（Bewegungskrieg）的终极考验。[53] 这次，一种专为在经济高度发达的西欧赢得短促激烈的战役而设计的战争方式离开了使它如鱼得水的富裕地区，来到与之相差甚远的陌生环境中。在这里它面对的是一头巨兽，其回旋余地和人力资源至少按德国标准来看都是无穷无尽的。不仅如此，这里的铁路和公路网络对于一支极度依赖坦克和其他车辆的机械化军队来说，是完全不能令人满意的。如果说德国总参谋部的策划人员对这些情况一无所知，那肯定是不可能的。而且德国总参谋部的策划人员也知道，这场会战必须在冬季来临之前结束。但另一方面，这些策划人员中的大多数人也几乎不可能想象自己会失败。战争即将进入第三个年头，而截至此时没有一支陆军实现，甚至是接近过阻止德军这一目标。虽然在德军将领们的战后回忆录中充满了对希特勒的东征决定的怀疑，但实际上在当时没有什么人争论这一举措是否明智。总参谋部的大多数人觉得打败苏联只不过是一次"沙盘推演"——一场军事演习而已。[54]

事实上，苏联红军差一点就会落得和南斯拉夫人一样的下场。1941 年 6 月21 日，300 多万德国和仆从国军队越过苏联边境。他们组成了三个庞大的集团军群（北方、中央和南方集团军群，分别向列宁格勒、莫斯科和乌克兰进军），在苏军情报部门眼皮底下成功完成集结，不仅实现了战略或战役的突然性，还实现了战术突然性。因此，巴巴罗萨行动刚一开始，德国国防军就无情地重创了苏联红军，在比亚韦斯托克和明斯克有条不紊地包围并歼灭了苏军的重兵集团。在这一开局阶段，德军打出了完美的包围战（Kesselschlacht），抓获了数以十万计的俘虏，并占领了与英国一样大的广袤领土。巴巴罗萨行动的计划要求在尽量靠近边境的地方歼灭尽可能多的苏联红军部队，以防止其后撤到苏联深不可测的腹地，而这个执行结果可以说是好得不能再好了。苏联遭受的灾难在军事史上是空前绝后的：世界上规模最大的军队基本被消灭，世界上面积最大的国家被夺去了国土中最富饶的一部分。

虽然德军在此时已经有了一整套战法（甚至细致到包括成熟的训练条令），但我们还是必须承认，斯大林要为他们初期的胜利承担很大一部分责任。斯大林忽视了自己办公桌上堆积如山（这样的说法并不夸张）的情报，这些情报的来源甚至包括南斯拉夫驻莫斯科大使和温斯顿·丘吉尔，它们全都指出德军正在边境上集结重兵。斯大林不仅在海外拥有一个规模和积极性都无与伦比的谍报网，还有在巴巴罗萨行动开始前源源不断地越过边境的德国叛逃者，他至少应该提醒边境上的部队防备德军迫在眉睫的打击。可是，в о ж д ь（意思是"领袖"，斯大林喜欢被人这么称呼）对这些情报一概不信。他断言这一切都是阴谋——要么是西方想把他拖入和德国的战争，要么是纳粹想引诱他先动手，以此为德国的反击制造借口。"你不要老是相信情报"，他曾这样斥责小心翼翼地试图劝导他的朱可夫将军（General G. K. Zhukov）。[55] 尽管证据的数量与日俱增，但斯大林还是不为所动，而他的手下也学会了三缄其口，生怕在报告中说出自己掌握的实情会激怒他。当派驻东京的王牌间谍里夏德·佐尔格试图告诉斯大林真相时，却被斯大林不屑一顾地称为"小废物"。当国家安全人民委员梅尔库洛夫（Merkulov）呈交关于德国空军准备发动空袭的内幕报告时，斯大林勃然大怒。"梅尔库洛夫同志，"他低声怒喝，"你可以让你的'线人'从德国空军指挥部滚回他老娘的 * 里去。"[56] 因此，苏联红军在战争初期不仅要抗击德军，还必须"抗击"本国政权中被一位现代作家恰如其分地形容为"无能得出奇"的本质。[57]

因此，当时苏军的混乱程度至今看来仍乎很多人的想象。莫斯科和前线的通信联络一开战就中断了，但也许更准确的说法是，这种通信联络从未真正建立过。[58] 斯大林在技术问题上一贯持保守态度，而且以留着八字胡的骑兵将领谢苗·布琼尼元帅（Marshal Semen Budenny）为代表，一众内战老弟兄都和他的意见相同，这就导致了苏联红军的通信网络几乎完全由有线通信组成，没有多少无线电器材。因此，只需要一小撮的德国潜伏特工就能在军队主力越过边境之前使苏军通信彻底瘫痪。此外，苏联的后勤问题也同样严重，苏军要到几个月以后才能建立并运行有效的后勤体系。在开战之初那段可怕的日子里，有些苏军士兵在开赴前线时除了小鱼干之外没有任何食物，而这种东西在缺乏饮用水的炎炎夏日是特别难以下咽的。[59] 有一个事件或许可以作为巴巴罗萨行动整个开局阶段的代表：苏联第8机械化军沿着唯一的道路从德罗戈贝奇（Drogobych）前往桑博尔（Sambor），不幸和正从桑博尔赶往德罗戈贝奇的苏联第13机械化军撞个正着。结果自不待言，发生了超大规模的交通堵塞。[60] 若不是德军将这两个军一起歼灭，说不定他们至今还在纠缠不清。

在以上种种因素的作用下，德军在初期的进展快得令人目眩。6月22日清晨，他们出其不意地发动了空袭，此时这种行动几乎已是惯例。德国空军造成了巨大的破坏，将成百上千架苏军飞机摧毁在地面上，并迅速解决了零散升空迎战的少数敌机。在重创苏联红空军之后，德国空军将注意力转向其他目标。他们阻断苏军的公路和铁路运输，对敌人的集结地进行狂轰滥炸，并彻底破坏了苏军的指挥和通信设施。和这场战争中截至此时的所有战役一样，当德军地面部队发动进攻时，他们将拥有在锐不可当的空中力量的保护下作战的优势。

德军的进攻几乎处处得手。陆军元帅威廉·里特尔·冯·勒布（Field Marshal Wilhelm Ritter von Leeb）指挥的北方集团军群几乎立刻撕开了苏军在新占领的波罗的海国家边境上的防线，杀向了列宁格勒。勒布的集团军群以埃里希·霍普纳将军（General Erich Hoepner）的第4装甲集群为先锋，在会战的头五天就走完了到列宁格勒的一半的路程。[61]这支机动部队中的头号主力当属埃里希·冯·曼斯坦因将军麾下的第56装甲军，这支部队在第一天就深入波罗的海国家境内80千米，打得苏军晕头转向。到第四天结束时，曼斯坦因不仅朝德文斯克（Dvinsk）方向推进了约298千米，还夺取了当地德维纳河（Dvina River）上的重要桥梁，克服了通向列宁格勒的道路上的主要天堑之一。曼斯坦因左邻的第41装甲军也不比他落后多少，该军越过边境后不久就在拉塞尼艾（Raseynyay）以北与苏军坦克部队大战了一场，随后推进到德维纳河，并于6月30日在河对岸建立了桥头堡。过了德维纳河就是纵深约249千米的奥斯特罗夫（Ostrov）—普斯科夫（Pskov）地区，这是通往列宁格勒之路上的第二个中间地带。装甲军的先头部队在7月4日攻占奥斯特罗夫，并于次日抵达普斯科夫。到了7月14日，第41装甲军已经站在卢加河（Luga）下游，并在萨布斯克（Sabsk）过河并建立了桥头堡。德军在三个星期之内推进了约756千米，此时距列宁格勒只有约100千米。一如既往，德军的目的并非仅仅是攻占列宁格勒，而是还要确保苏军投入重兵来保卫它，这样一来德军就能以经典的向心攻击模式将这些部队围而歼之。为了实现这个目标，勒布催促他的另两个集团军——格奥尔格·冯·屈希勒将军（General Georg von Küchler）率领的第18集团军和恩斯特·布施将军（General Ernst Busch）率领的第16集团军——在霍普纳装甲集群的左右两翼快速跟进。在整个巴巴罗萨行动中，126个德军步兵师跟随乘坐坦克的友军前进的能力将起到至关重要的作用。对步兵和炮兵来说，这是要豁出命来做事的节奏，更别提随国防军入侵苏联的300000匹军马了。[62]

德军在前往莫斯科的道路上取得了更为辉煌的胜利。在这里，陆军元帅费多尔·冯·鲍克指挥的中央集团军群将实施一系列沉重打击，除了他们面对的敌人之外，世界上没有任何一支军队遭受过这样的打击。鲍克确实掌握着一支强大的力量：他的部队承担整个东线德军的主攻任务，其中包括投入巴巴罗萨行动的半数装甲力量。[63]他手下共有四支庞大的机动部队：两个集团军[阿道夫·施特劳斯将军（General Adolf Strauss）指挥的第9集团军和金特·冯·克鲁格元帅（Field

Marshal Günther von Kluge）指挥的第 4 集团军]，外加两个装甲集群 [赫尔曼·霍特将军（General Hermann Hoth）指挥的第 3 装甲集群和著名的装甲指挥官海因茨·古德里安将军（General Heinz Guderian）指挥的第 2 装甲集群（该部也常被称作古德里安装甲集群）]。[64] 德军装甲部队开战第一天就在苏军防线上撕开一个大缺口，位于集团军群北翼的霍特和南翼的古德里安随即挥师疾进。这两位装甲指挥官的目标位于敌后纵深——事实上他们一路冲到了明斯克城。然后他们指挥部队向内旋转，霍特南下而古德里安北上，将大批苏军封闭在了一个巨大的包围圈中。与此同时，两个步兵集团军也在进行着他们自己的包围战，只是攻击距离较短而已。第 9 集团军在左，第 4 集团军在右，两路攻势使另一个巨大的包围圈在比亚韦斯托克成型。这是德式兵法的新里程碑。传统围歼战的杀伤力大大增强了：敌人的整支集团军实实在在地落入了它的天罗地网之中。世界上从来没有一支军队能同时打出两场范围如此之广的包围战，也从来没有一支军队曾经在一次交战中就抓获 417000 名俘虏。

此时，霍特和古德里安几乎马不停蹄地向苏联国土纵深进发。就在斯摩棱斯克（Smolensk）西郊，他们再一次封闭了包围圈，打出了开局阶段的第三个大规模包围（Kesselschlacht）。7 月 16 日，霍特的装甲部队以一次大胆的突袭占领了斯摩棱斯克市区。常见的说法是，德军没能完全封闭这里的包围圈，使得相当一部分被围苏军逃出生天，或是回到苏军控制区，或是逃到德军战线后方成为游击队。这种说法当然是正确的，因为强调以尽可能快的速度完成作战，德国式战法始终会遗留不少未解决的问题。但是国防军给敌人造成的浩劫无疑已经足够大：截至 8 月中旬，德军手中至少已有了 895000 名苏军战俘，无论在当时还是现在，这都是令人难以置信的数字。[65]

只有南线的战果令人失望，至少暂时是这样的。在这里，苏军投入的部队要比其他地方强大得多，他们实施的作战准备也至少有一定的预见性。[66] 此外，地形和边境的走向也对南方集团军群不利。指挥这个集团军群的格尔德·冯·龙德施泰特元帅（Field Marshal Gerd von Rundstedt）拥有两个集团军——瓦尔特·冯·赖歇瑙元帅（Field Marshal Walter von Reichenau）指挥的第 6 集团军和卡尔·海因里希·冯·施蒂尔普纳格尔将军（General Carl Heinrich von Stülpnagel）指挥的第 17 集团军，以及刚在南斯拉夫取得大胜的埃瓦尔德·冯·克莱斯特指挥的第 1 装甲集群。但是，这三支部队都必须挤在苏联边境上最难通行的瓶颈地带进攻，也就是说，他们要通过北面的普里皮亚季沼泽（Pripet Marshes）与南面的喀尔巴阡山脉（Carpathian Mountains）之间的狭窄通道。由于用兵空间有限，欧根·冯·朔贝特将军（General Eugen von Schobert）指挥的第11集团军，不得不从罗马尼亚境内开始进攻——要在主力部队深入乌克兰之后才能与南方集团军群会师。遗憾的是，为此花的时间要长于预期。由于苏军在整条战线上都部署了重兵，而且从第一天起就打得很顽强，龙德施泰特不得不放慢进攻速度。事实上，直到6月30日，德军才拿下了战略重镇利沃夫（Lvov），随着苏联守军开始撤向广阔的乌克兰腹地，龙德施泰特终于有了一些机动空间。

在会战打响一个月后，德国人终于可以满意地审视自己的进展了。苏联红军似乎正在土崩瓦解。中央集团军群已经到达斯摩棱斯克，按照原本的作战计划，他们可以在那里休整补充，为进军莫斯科做好准备。虽然还没有攻克列宁格勒，但既然北方集团军群已经取得了惊人的战果，那么这似乎只是时间问题。德国装甲部队已经突入乌克兰，在这个一马平川的国度，撤退中的苏军要过很久才能到达合适的防御阵地。德国陆军总参谋长弗朗茨·哈尔德将军认为全面胜利即将到来，在他7月3日的战争日记中，留下了一段在军事史上极为著名的"吹爆的牛皮"：

> 纵观全局，已经可以说我们完成了在德维纳河和第聂伯河（Dnieper）粉碎苏联军队主力的任务。某个被俘的苏联将军说，在德维纳河和第聂伯河以东，我们只需要对付一些零星的部队，他们自身的实力不足以对德军的行动进行任何像样的抵抗。我相信他说的是对的。因此我可以毫不夸张地说，对苏战争已经在十四天内打赢了。

公平地说，弗朗茨·哈尔德确实给自己夸下的海口留了一点余地，因为他又做了一些补充。"当然了，这一仗现在还没有结束。"这是因为战场实在太过辽阔了，而且"敌人正在用其掌握的一切手段顽强抵抗"，所以还需要几个星期的时间来肃清残敌。但是就在同一篇日记里，我们发现哈尔德已经讨论起了对英战争的未来行动，"准备针对尼罗河和幼发拉底河（Euphrates）之间的陆桥发动一场攻势，部队将从昔兰尼加和安纳托利亚出发，或许还要从高加索出发进攻伊朗。"[67] 显然，此时德军总司令部正在考虑某些大动作。

在整个7月，前方依然捷报频传。截至这个月的月底，在斯摩棱斯克的第三个大规模包围战又使苏军战俘增加了 348000 人。北方集团军群继续朝着列宁格勒的南方接近地推进，只不过由于密林和沼泽相间的地形难以通行，再加上该集团军群在东南方暴露的侧翼感受到了苏军越来越大的压力，勒布的推进速度开始放缓。而另一方面，南方集团军群终于开始大踏步前进，在乌曼（Uman）附近封闭了一个规模相当大的包围圈。[68] 结果，按照此时已经寻常得令人郁闷的惯例，又有 103000 名苏联红军战士走进了恐怖的纳粹战俘营。

然而就在这个节骨眼上——在苏维埃俄国似乎命悬一线，苏联红军显然已经溃不成军的时候——巴巴罗萨行动却开始分崩离析。国防军的机动方案一如既往地漂亮，完全挫败了苏军的任何对抗企图。地面部队和德国空军的协同也在两年成功实践的基础上做到了尽善尽美。但是，巴巴罗萨行动在几乎所有其他方面却都变得一团糟，它已经完全不同于先前的会战。德军正在进攻的这个国家幅员辽阔，各个集团军群要到达原定的目标都必须走很长很长的路：例如，北方集团军群到列宁格勒要走约 789 千米，而中央集团军群到莫斯科要走约 990 千米。而这些数字都是指直线距离，并未考虑装甲部队在一系列包抄机动中要走的弧线、抛物线和回头路。不仅如此，路况的恶劣程度所带来的影响也相当的大，长途跋涉不仅使人员不堪重负，还使装备的损耗大大超过了黄色方案（姑且以此为例）中穿越法国北部的约 241 千米进军。而且，德军在入侵前的情报工作即使按他们惯常的低标准来衡量也是糟糕透顶的。说德国人"低估"了苏联军队的规模都算是轻的了，更准确的说法是，德国人根本就没有意识到苏联军队的规模有多大。截至 6 月底，已经有 500 多万苏联预备役人员接到了动员令。写下宣布战争结束的著名断言后，只过了几个星期，哈尔德将军就在 8 月 11 日的战争日记中写下了一段同样著名的哀叹：

从整体局势中可以越来越清楚地看出，我们低估了这个俄罗斯巨人，它以极权主义国家特有的肆无忌惮为这场战争做好了准备。在组织、经济和交通运输方面都是如此，但最重要的是它在纯军事力量方面的准备。在战争开始时，我们估计敌军有大约 200 个师，而现在我们已经统计出了 360 个师。虽然这些师的武器装备水平达不到我们的水平，而且他们的战术指挥在很多方面都很糟糕，但他们毕竟是存在的。

当然，哈尔德将军又补充说，"如果我们歼灭了十个师，苏联人就会再派十个师补充上来。"与此同时，"他们正在撤向他们的后勤基地，而我们却离自己的基地越来越远。"[69] 最为重要的是，这些新的部队也并非只会消极防守。例如 7 月下旬，苏军就在斯摩棱斯克附近对德军发动了一系列猛烈的反击，参战部队有库罗奇金将军（General P. A. Kurochkin）率领的第 20 集团军、科涅夫将军（General I. S. Konev）率领的第 19 集团军和库兹涅佐夫将军（General F. I. Kuznetsov）率领的第 21 集团军。[70] 大部分反击都是匆忙策划的，部队的协同做得很差。以科涅夫的部队为例，士兵们基本上是刚下运兵列车就投入了进攻。但是这些连续不断的反击，以及苏军针对古德里安在杰斯纳河（Desna River）对岸叶利尼亚（Yelnya）的桥头堡发动的一次特别猛烈的攻势，确实使国防军的装甲部队蒙受了一定损失。[71]

此时苏军的装备质量已经让德军大惊失色，尤其是他们的 T-34 中型坦克和 KV-1 重型坦克。曾有一辆 KV-1 坦克单骑杀入进军列宁格勒的德军部队后方，挡在主要的后勤补给路线上，使第 6 装甲师摩托化旅被孤立了整整两天。德国人调动了他们能够找到的一切武器，先是派出几个 50 毫米反坦克炮连，继而又动用数门高初速的 88 毫米高射炮，在极近距离对这辆坦克实施直瞄射击。过了很长时间之后，步兵接近这辆坦克，爬上了它的车顶。德国士兵这样描述了当时的场景："突然间，它的炮管又开始转动，我们的士兵在惊恐中四散跑开。工兵们迅速拿出几个手榴弹，将它们塞进炮塔下部被炮弹打出的破洞里。随着一声爆炸的闷响传来，舱盖被气浪冲开了。在坦克内部，躺着几个勇敢的坦克手的尸体，显然他们先前只是被震晕了。"[72] 此外，苏军的 T-34 坦克也要优于战场上的德军坦克，而且这种优势将会保持到很久以后德国的五号"黑豹"坦克出现为止。德军士兵当时留下的几乎每一份记录都会用同样的语言描述他们第一次遭遇 T-34 坦克时的印象：飞快的速度、独特的倾斜装甲，以及他们目睹反坦克炮弹被弹飞时的震惊。这里以汉斯·基塞尔（Hans Kissel）为例，他是第 101 轻装步兵师的一名反坦克炮手，10 月初在波尔塔瓦（Poltava）附近首次遭遇了 T-34：

我们能够看到我们的曳光弹在空中飞行。每一发炮弹似乎都直接命中了目标。但到底是怎么回事？炮弹都被弹开了，碎裂的跳弹飞得到处都是，有的垂直飞向空中，有的飞向两边，用肉眼就能清清楚楚地看到它们。那些坦克根本就不在乎这些炮火，飞快地朝我们冲过来。距离 200 米，在一座集体农庄的房子旁边，他们离开街道，向北转弯。然后就冲进我们的左翼阵地，直奔村子中心而去。虽然反坦克炮掉转炮口再次开火，但是又出现了同样的现象……

由于此处描述的 37 毫米炮对 T–34 几乎毫无效果，基塞尔和他的战友们叫来了威力大得多的 50 毫米炮。但是他们发现这种武器也不够分量，即使在 50 米的距离上对着一辆 T–34 一发接一发地射击，依然不起作用。要不是一门 50 毫米炮打中了装甲比较薄弱的车体后部，那辆坦克也许至今尚在。[73]

不仅如此，国防军虽然连战连捷，但人员和物质上的损失仍然远远超过了先前的其他战役。[74] 随着战线日渐深入苏联腹地，补充物质损失的需求也超出了德军的补给能力。因为公路网建设不足，德军总参谋部的策划人员只给每个集团军群分配了两条公路主干道用于补给。可是，当战争进行到这个时候，标准的做法是给每个军分配一条主干道。由于每个集团军群包含 8 到 10 个军，德军的补给远远无法满足后勤需求。[75] 截至 8 月下旬，前线部队的短缺物资清单中已经包括各种对现代机械化战争至关重要的物品：坦克、坦克发动机、卡车和牵引车等。不仅如此，对任何现代化军队来说，在距离铁路终点站 724 千米远的地方作战都不是明智之举。不过由于按西欧标准改造苏联铁路的工作进展极为缓慢，中央集团军群的大半部队都只能出此下策。

后勤、情报、生产、人力，到了 8 月，德军遇到的困难已经遍及许多方面。任何对德国军事行动的长期运作模式略知一二的人都不会对他们处理这些问题的方式感到惊讶。国防军总司令部既没有选择大力加强后勤供应体系，也没有选择无情地将帝国境内每个体格健全的男子征召入伍，更没有整顿日益混乱的经济，而是决定采用传统的德国式解决方法：笨拙地修补原来的机动作战计划。8 月，元首与来自总参谋部和各个前线司令部的高级将领会商，认定巴巴罗萨行动面临的真正问题是进军莫斯科的部队进展过快，超过了两翼的部队。勒布确实还在向列宁格勒推进，但是因为当地湖泊众多，密林中毫无道路，沼泽无边无际，而且东南方沃尔霍夫河（Volkhov River）沿岸薄弱的侧翼越拉越长，所以他面临的困难很大。勒布手下的两个装甲军合计只包含三个装甲师，无法实施集中装甲力量的有力突击，因此除了击退苏军之外难有大的作为。而且，大规模包围战是不在考虑范围之内的。例如，第 41 装甲军到达距离列宁格勒只有约 97 千米的卢加河之后，就停顿了三个半星期之久，一定程度上动弹不得。第41 装甲军一方面是在等待友邻的第 56 装甲军从右翼条件恶劣得多的地形中脱身，另一方面也是在等待足够的步兵师到达，支援自己向列宁格勒发起最后的突击（结果未能如愿）。[76] 整条战线上苏军的抵抗都在不断加强，而北方集团军群始终未能解决右翼暴露的问题。同样，龙德施泰特此时也已深入乌克兰腹地，正在逼近第聂伯河弯曲部并不断取得战果，但显然当面敌军的数量远比他多，不能指望他独立取得任何决定性的胜利。

正是因为如此，当时的德军总司令部才会决定从进军莫斯科的部队中抽调古德里安的第 2 装甲集群，用于协助友军包围乌克兰的苏军部队。克莱斯特（第 1 装甲集群）在 9 月 12 日从他位于第聂伯河对岸克列缅丘格（Kremenchug）的桥头堡发起进攻，同时古德里安从北面的罗斯拉夫尔（Roslavl）快速南下，两支装甲大军在洛赫维察（Lokvitsa）会师，形成了基辅周边只能用"超大"两个字来形容的包围圈。被困在这个包围圈里的是苏军的四个完整的集团军——第 5、37、26 和 21 集团军，合计约有 665000 人被俘。[77] 此时，德军手中的苏军战俘已接近200 万人。

关于这一决策的历史文献已经多如牛毛，而且几乎所有著作都对它大加抨击。基辅包围战被称为导致德军输掉战争的转折点之一，尤其是战后德国总参谋部军官所写的文字，都将它看作是为希特勒的经典大错。他们认为，希特勒在这里终于暴露了自己业余的战略眼光。在通向莫斯科的道路对德国军队敞开之时，他却把宝贵的时间浪费在次要的乌克兰战场上。[78]

这种论点固然可以自圆其说，但我们同样可以提出另一种合理的论点。当时通向莫斯科的道路绝非门户大开。斯摩棱斯克城下的战斗打得很艰苦，德军各部在杰斯纳河边停留了两个星期以等待物资补给和人员补充。虽然事后反对声众多，但当时总参谋部和前线各指挥部里有许多人支持将部队调往乌克兰。这种情况并不奇怪。在这个国家的军官团里，任何大胆的行动方案或者极可能为胜利者带来荣耀的决策总是能找到大量支持者。德军在基辅城下取得的成果是令人震惊的。按照歼灭战的思路（大多数德国军官的唯一思路），基辅包围战是一步妙棋，使一系列辉煌的围歼战记录又增添了新的一页，而任何人在用"大错"一词形容一场俘虏敌军整个集团军群的战役前都应该三思。事实上，通过严令中央集团军群和南方集团军群合作聚歼战场上仍存在的敌军重兵集团，希特勒使日益混乱和散漫的巴巴罗萨行动出现了一次难得的战役级协同。这是德军历史上规模最大的胜利。

台风行动：进军莫斯科

基辅的大胜使作战形势终于开始明朗化。再也不存在任何争议了。国防军将要直扑莫斯科，并粉碎一路上遇到的所有苏联军队，赶在冬季之前占领这座城市。这就是"台风行动"（Operation Typhoon），它在 9 月 30 日古德里安从乌克兰返回后就立即发动了。这一战并不能证明苏军"作战艺术"的有效性，尽管苏联红军花了两个月时间来积聚用于保卫莫斯科的力量，并以能够想到的一切方式在各条道路上构筑工事，但是在台风行动的开局阶段，他们还是遭受了丝毫不亚于巴巴罗萨行动中各次战斗的惨败。对苏联红军而言，10 月的战况与 6 月非常相似，甚至更糟，因为这次大败就发生在首都附近。

参加台风行动的德军包括三个集团军（自北向南依次是第 9 集团军、第 4 集团军和第 2 集团军），以及三个装甲集群（第 3 装甲集群、第 4 装甲集群和古德里安的第 2 装甲集群，后者此时已正式更名为"第 2 装甲集团军"）。在这里，国防军又采用了屡试不爽的战法：将各支部队摆成巨大的半月形阵势，对莫斯科发起向心攻击。从南面出发的古德里安向东北方向一路挺进，收获了巨大战果——苏军三个完整的集团军（第 3、15 和 50 集团军）。而在他北面，国防军终于实现了德国军队自施利芬时代起就孜孜不倦地追求的目标：一次完美的"坎尼会战"。和先前一样，这一仗发生在明斯克—莫斯科公路沿线。第 3 装甲集群南下进攻，第 4 装甲集群北上推进，两股铁钳在维亚济马（Vyazma）以东合拢。苏军又有六个集团军被装入"口袋"（根据相关记录，是第 19、24、29、30、32 和 43 集团军）。布良斯克（Bryansk）和维亚济马两个包围圈合计使苏军战俘又增加了 750000 人。[79]

当然了，雨季基本上就在此时开始了。在俄罗斯中部，下雨就意味着泥泞，因此大规模作战行动就开始变得难以为继了。等到德军肃清布良斯克－维亚济马包围圈中的敌人时，本就不敷使用的道路已经变成了烂泥的海洋。中央集团军群司令鲍克在 10 月 21 日抱怨，"潮湿和泥泞给我们造成的困难比苏联人的抵抗还大！"[80]确实，正如鲍克在 10 月 24 日所指出的一样，在一门大炮需要 24 匹马牵引的情况下，还怎么打运动战？[81]

此时距离入冬只剩下几个星期，对德军而言，明智的做法也许是缩短战线，进入适合过冬的营地，等到来年开春再做尝试。当然，出于当时德军认为合理的理由，他们没有这么做。旗开得胜的台风行动已经在莫斯科前方的苏军防线上撕开了约 482 千米宽的大缺口，大多数德军指挥官都认为斯大林无法在他们叩响克里姆林宫的办公室大门前将这个缺口堵上。即便是苏联，人力资源也终究是有限的。更何况，叫停进攻的意见是与德国军队信奉的一切理念背道而驰的：他们都相信意志和攻击精神的重要性，尤其是毕其功于一役的重要性。

于是德国人选择了继续进攻，一半是由于他们对德式兵法坚信不疑，另一半是由于受到地平线上隐约可见的莫斯科幻景的诱惑。德军将会坚定不移地推进，直到兵员、火炮和坦克消耗殆尽为止。11 月里，寒流终于袭来。虽然常有分析家指出，正是寒流使机械化的德国军队又恢复了机动能力，但是无论寒流提供了什么好处，它都会索取更多东西作为代价，尤其是前线部队的士气。每一个受过教育的德国军人，无论军官还是普通士兵，都知道俄罗斯的冬天意味着什么。俄罗斯的冬天不仅意味着拿破仑的下场，还意味着一些永远不会成为标准作战程序的新操作（比如利用弹药点燃篝火，以及早晨在坦克下面烧火以融化油底壳中的机油）。然而，即使到了这个时候，作战仍在继续。哈尔德本人在 11 月 18 日对鲍克表示，"我们必须明白，敌人的情况比我们困难得多，这些战斗与其说是战略指挥问题，不如说是意志力的问题。"[82]

气温低至零下 45 摄氏度的严寒，只不过是导致台风行动失败的原因之一。另一个原因是行动本身的日益混乱。从普鲁士军队一脉相承的德国军官团就好比是一群斗犬，总是把任何用来限制他们行动自由的皮带绷得紧紧的，在靠近猎物时往往还会互相撕咬。这个团体多年来确实表现得相当好，但是在从科林到坦嫩贝格的历次战役中，其自身也造成了不少问题，甚至有不少荒唐举动。因此，台风行动到了 11 月底已经退化成一系列毫无战略一致性的分散战斗。在右翼，古德里安在图拉（Tula）城下一味猛攻。在最左翼，霍特也对加里宁（Kalinin）做着同样的事。指挥整个集团军群的鲍克宁愿解甲归田，也不愿命令部队在通向莫斯科的道路上停下脚步。鲍克在波兰和法国都扮演了配角（主角都是龙德施泰特），他最好的装甲部队曾经在 9 月被抽调（又是去给龙德施泰特帮忙），莫斯科将会是他进入德国军界万神殿的敲门砖。坦率地讲，很难想象有哪个德军指挥官的想法会与鲍克有一丝一毫的不同，而这本身就是德军自身的问题之一。

　　此时国防军在最糟糕的时间落入了最糟糕的境地。前线的兵力与应有的实力相比已变得微不足道，没有任何援军，补充兵员已经被彻底榨干。在将近一个月的时间里，后勤部门一直在优先运送弹药和燃油，并为此牺牲了冬装与补给品等其他所有项目的运输。仅仅为了走到莫斯科城下，这支军队就耗尽了所有的气力。攻占这座城市变得毫无可能，推进到其后方更是痴心妄想。在深入苏联国土约966 千米之后，德军的战争机器出了故障，运动战已经陷于停顿。

　　因此，苏军在 12 月的第一个星期发动的大反攻是另一回事。德军在此之前已经输掉了莫斯科战役，他们通过一场大会战毁灭苏联的企图也显然没有得逞。不过我们几乎可以肯定，即使他们拿下了莫斯科，与苏联的战争也将继续。截至此时，斯大林和他的政权已经从 6 月里暂时的慌乱中恢复过来。苏联的很大一部分工业区已经迁移到乌拉尔山脉以东，处于德军鞭长莫及的区域。这个国家的欧洲部分的许多工业区也冒着德军的航空炸弹和炮弹在坚持生产——例如在高尔基（Gorki）、斯大林格勒和莫斯科的工厂都是如此。就连被重重包围的列宁格勒也在源源不断地产出枪炮、坦克和炮弹。当 1941 年进入尾声时，苏维埃社会主义共和国联盟还远远没有被毁灭。

　　不过，对一支自 6 月以来连续遭受重创的军队来说，12 月 5 日开启的反攻依然是一次令人惊叹的重振。虽然苏军的损失总数已达到骇人听闻的 400 万人，而且其中有 200 万人是台风行动开始后的损失，但他们还是成功集结起了一支庞大的打击力量：西北、加里宁、西方和西南这四个方面军（苏俄军队中相当于集团军的编制），总共包括 17 个集团军和 2 个大型骑兵军（别洛夫骑兵集群和第 11骑兵军）。[83] 虽然苏军也有许多部队严重缺编，但相对于在天寒地冻中几乎动弹不得的空架子国防军而言，他们仍然具备巨大优势。

　　更重要的是，苏联红军的指挥员也不再是夏天里那些倒霉的无能之辈，而是一批从过去六个月中吸取了很多教训的，年富力强与积极主动的军人（指挥全局的朱可夫、加里宁方面军的司令员科涅夫，以及第 16 集团军的司令员罗科索夫斯基）。这次攻势并不是这一时期在苏联红军中依然流行的鲁莽的正面强攻，而是巧妙结合了正面和侧翼攻击的战役行动——目标是包围莫斯科城下的德军部队。加里宁方面军负责消除从北面威胁莫斯科的克林（Klin）突出部。第 29 集团军和第 31 集团军攻击了突出部的北侧，第 20 集团军和第 1 突击集团军攻击了它的尖端，还有三个集团军（第 20 集团军、第 16 集团军和第 5 集团军）则攻击了它的南侧。机动部队（大多是骑兵军和小型的坦克旅）通过步兵攻击造成的突破口冲进了敌军后方。在南面也有另一个大规模突击，目标是图拉城下古德里安的装甲集群。在这里，第50集团军和一个"骑兵机械化集群"打得古德里安的部队节节败退——后者曾经锐不可当，此时却已耗尽元气。[84] 在苏军不可思议的猛烈攻势下，德军防线不断后退，而且有多个地方被完全突破。斯大林被德军崩溃的迹象所鼓舞，命令西北方面军也参与进攻。这个方面军对德军防线左翼和后方发动了一系列进攻，朝大卢基（Velikiye Luki）和斯摩棱斯克（Smolensk）方向长驱直入。与此同时，斯大林还下令在北方发动为列宁格勒解围的攻势（最后徒劳无功），在南方发动收复奥廖尔（Orel）和哈尔科夫的攻势（同样未能得手）。[85] 这是一次不折不扣的战略进攻。德军在苏军全线猛攻下伤亡惨重，中央集团军群处于土崩瓦解的边缘。

何去何从？巴巴罗萨行动之后的国防军

当然，德国国防军并未瓦解，而希特勒在这方面可谓是功不可没。希特勒的Haltbefehl（通常被译作"就地坚守令"）命令德军士兵和部队坚守阵地、战斗到底，即使被迂回或包围也不例外。基本上可以肯定，这就是正确的选择。既然敌军施加的压力是如此巨大，更何况还有冬季的严酷条件，那么任何撤退的企图都会带来灾难。在此又可以用拿破仑的情况来进行类比：法兰西大军不是毁于向莫斯科的进军，而是毁于从莫斯科的撤退。如果德军要撤退，那不可能是机械化的撤退。此时就连装甲师也已成为"靠两条腿行动的步兵"。事实也的确证明希特勒的直觉是正确的。到了1942年1月，苏军的攻势就成了强弩之末——既没有完善的后勤供应体系，也没有既定的指挥和控制程序，因而无法进一步发展攻势。也就是说，苏联红军还没有做好对德军穷追猛打的准备。

即便如此，国防军还是遭到了毁灭性的打击。让我们先看看1941年11月的一期《军事周刊》上的文章。即使考虑到它有所夸张，这依然是一段令人震惊的文字：

11月22日标志着德国国防军对抗苏联进攻威胁的战斗满五个月。在这段时间里，国防军占领了170万平方公里的苏联领土，其中包含了该国四分之三的工业区和7500万居民。与此同时，国防军还抓获了3792600名俘虏，歼灭了389个师。

如果计入战斗伤亡，我们可以估计苏军的总损失已经超过 800 万人。此外，苏军的物资损失也和人员损失一样巨大：22000 多辆坦克、27453 门火炮、16912 架飞机被摧毁或缴获……。这份清单既代表了德国国防军值得骄傲的胜利，也代表了敌人极为惨烈的失败。[86]

的确，根据一份估算，在巴巴罗萨与台风行动期间，从比亚韦斯托克到布良斯克，德军共打出了 12 场大规模包围战。[87] 在东线的会战中，德军使运动战（Bewegungskrieg）的破坏性达到了空前绝后的程度，这相当于它又打赢了 12 次黄色方案作战。

然而细究起来，德军却没有实现任何目标。德军不仅在莫斯科城下被挫败，还几乎遭到灭顶之灾。在 1940 年战胜法国之后，希特勒曾以批发元帅军衔的方式犒赏他的将军们，而此刻他又将他们成批撤换：三个集团军群的司令（勒布、鲍克和龙德施泰特）不久后都将去职，还有一些名将也将步其后尘，例如比任何人都更适合担当德国装甲部队代言人的"急先锋古德里安"。OKH（德国陆军总司令部）的掌门人瓦尔特·冯·布劳希奇将军（General Walter von Brauchitsch）也黯然离去。由于既要调解希特勒与前线指挥官之间的矛盾，又要应对苏联红军的巨大压力，他的心脏病发作了。希特勒从此取代了布劳希奇，亲自指挥军队作战，这对德军来说是个不祥之兆。除了就地坚守的命令外，这位元首以后还能玩出什么花招（如果有的话），是很值得我们深究的。

德军输掉的不仅仅是一场会战。以快速的决定性胜利和独立自主处理战局的军官团为基础的德式兵法本身也遭受了一次沉重的，甚至可能是致命的打击。在这场战争的余下时间里，这个军官团将会在两条战线上孤军奋战，一条战线是为了德国的未来，另一条战线则是为了他们自己的未来。军官团将会与第三帝国的现实生活发生冲突，因为在这个"元首之国"，领袖的意志就是法律，在这样的环境里维持"下级军官的独立性"显然是咄咄怪事。此外，军官团还要与一个庞大的敌对联盟战斗，尤其是在 12 月希特勒对美国宣战以后，他们就要面对一个绝不可能被一招制服的多头巨兽。

在这场战争中，国防军的军官团成员们很清楚，自己最不愿采取的行动就是转入防御。这个团体中几乎每一个人都相信，这就是德军在第一次世界大战中所犯的根本性错误：采取消极被动的阵地战（Stellungskrieg），并试图打一场最终将把自己完全吞噬的消耗战。而说到应该采取怎样的行动，他们会自然而然地想到一个榜样。在 1942 年年初，当苏军的冬季攻势现出疲态，东线的德军虽遭重创却已有重整旗鼓的迹象时，新的一期《军事周刊》发行了。这份杂志刊载各种战况报道、当代和历史战役分析、战术演练和书评，军官团成员们在每个星期五都会热切期盼它的到来。杂志文章中的讨论总是具有很强的学术气氛，当然各种思想的交锋也确实很激烈，而杂志编辑们的评语也是同样重要，至少代表了半官方的观点。

新的一期《军事周刊》是 1 月 23 日发行的。[88] 它的封面提醒读者注意德国军官团的传统和伟大，或许也是在为德国当时面临的困局指明出路。这是一个老绅士的画像，他头戴假发，身穿朴素的深色束腰大衣，胸前佩戴一枚黑鹰勋章。此人圆睁的双眼闪出睿智的光芒，抿紧的双唇也许反映了内心的紧张，也许是在表现一种愤世嫉俗的微笑。画像上注明了此人的身份，但是任何一个德国军官都不需要阅读这些文字，也不会对这幅肖像被选作杂志封面的原因抱有任何疑虑。画像上的这个人曾经在一场漫长而艰苦的战争中领导德意志军人对抗一个庞大的敌对联盟，他是一个从未停止过进攻的将领，被公认为在他那个时代最有攻击精神的前线指挥官。正是这个人，而不是其他任何人，发明了以运动战（Bewegungskrieg）作为解决普鲁士的战略困境的方法。他是一个绝对有资格佩戴黑鹰勋章的人，毕竟这种勋章中有一些就是他亲手授予他人的，他就是"老弗里茨"本人，也就是腓特烈大帝，他曾经把自己的用兵之道归纳为一句简单格言："普鲁士军队永远都在进攻。"

注释

1. 要了解白色方案，首先请阅读迟来的德国军事历史研究所"官修历史"《德国与第二次世界大战》，第 2 卷，《欧洲大陆上霸权的建立》（Das Deutsche Reich und Der Zweite Weltkrieg, vol. 2, Die Errichtung der hegemonie auf dem Europäischen Kontinent，斯图加特：Deutsche Verlags-Anstalt, 1979 年），尤其是第 79—156 页的"希特勒的第一次'闪电战'及其对北欧的影响"（Hitler's Erster 'Blitzkrieg' und seine Auswirkungen auf Nordosteuropa）。给这本史书加上"官修历史"的标签是有误导性的，它是由一群优秀的学者撰写的批判性历史，研究的细致程度远超一般的官方史书。罗伯特·肯尼迪（Robert M. Kennedy）著，《1939 年德军在波兰的会战》，美国陆军部宣传册 20—255（The German Campaign in Poland, 1939, Department of the Army Pamphlet 20-255, 华盛顿哥伦比亚特区：陆军部，1956 年）至今仍是这一专题的翘楚之作。马修·库珀（Matthew Cooper）著，《德国军队 1933—1945》（The German Army, 1933‑1945, 密歇根州切尔西：Scarborough House, 1978 年），第 169—176 页也很有价值。帕特·麦克塔格特（Pat McTaggart）所著，《波兰 1939》（Poland '39），刊登在《指挥》（Command）第 17 期（1992 年 7—8 月）第 57 页，以及达维德·宗贝茨基（David T. Zabecki）的《入侵波兰：一场战争的首次战役》（Invasion of Poland: Campaign that Launched a War），刊登在《二战》（World War II）第 14 辑，第 3 期（1999 年 9 月）：第 26 页起都是为普通读者而写的，但也颇有见地。另外还可参见几本回忆录：海因茨·古德里安（Heinz Guderian）著，《闪击英雄》（Panzer Leader, 纽约：Ballantine, 1957 年），第 46—63 页；埃里希·冯·曼斯坦因著，《失去的胜利》（Lost Victories, 加利福尼亚州诺瓦托：Presidio, 1982 年），第 22—63 页；弗里德里希·威廉·冯·梅林津（Friedrich Wilhelm von Mellenthin）著，《坦克战：第二次世界大战装甲兵运用研究》（Panzer Battles: A Study of the Employment of Armor in the Second World War, 纽约：Ballantine, 1956 年），第 3—9 页。史蒂文·扎洛加（Steven Zaloga）和维克特里·马德伊（Victory Madej）著，《波兰战役》（The Polish Campaign, 纽约：Hippocrene, 1991 年）也不可不读，它至今仍是英语世界中唯一依据波方资料写成的关于专题的著作。想要了解此战过程的详尽记录，请参阅《1939 年德国的自卫战争》（Deutschlands Abwehrkrieg von 1939），第 1 部分，"9 月 1—9 日东线战事"（Die Ereignisse im Osten vom 1. bis 9. September），《军事周刊》第 124 辑，第 12 期（1939 年 9 月 15 日）：第 729—733 页；第 2 部分，"9 月 9—16 日东线战事"（Die Ereignisse im Osten vom 9. September bis 16. September），《军事周刊》第 124 辑，第 13 期（1939 年 9 月 22 日）：第 769—774 页；第 3 部分，"9 月 17—24 日波兰战事"（Die Ereignisse in Polen vom 17. bis 24. September），《军事周刊》第 124 辑，第 14 期（1939 年 10 月 1 日）：第 809—813 页。最新的学术著作将德国军队的作战行动与希特勒对波兰的种族屠杀计划融会成一段令人心惊胆寒的记述，那就是亚历山大·罗西诺（Alexander B. Rossino）所著的《希特勒闪击波兰：闪电战、意识形态与暴力》（Hitler Strikes Poland: Blitzkrieg, Ideology, and Atrocity, 劳伦斯：University Press of Kansas, 2003 年）。

2. 关于威悉演习行动，亚当·克拉森（Adam R. A. Claasen）所著的《希特勒的北方战争：德国空军注定失败的战役，1940—1945》（Hitler's Northern War: The Luftwaffe's Ill-Fated Campaign, 1940‑1945, 劳伦斯：University Press of Kansas, 2001 年）至今仍是描写这场海陆空联合会战的决定性著作。詹姆斯·科勒姆（James S. Corum）也以一篇精彩的文章丰富了他本就令人钦佩的德军研究著作集，他的《德军在挪威的三军联合作战》（The German Campaign in Norway as a Joint Operation）刊登在《战略研究杂志》（Journal of Strategic Studies）第 21 辑，第 4 期（1998 年）：第 50—77 页将德军的多军种协同作战记录与盟军的相应记录做了对比，指出前者大大优于后者。埃里希·雷德尔（Erich Raeder）的回忆录《海军元帅》（Grand Admiral, 纽约：Da Capo Press, 2001 年）是一本宝贵的一手资料的修订版，尤其是第 300—318 页。要了解丹麦战役的详细作战终结，见马赫尔少校（Major Macher）的作品《占领丹麦》（Die Besetzung

Dänemarks），《军事周刊》第 125 辑，第 45 期（1941 年 5 月 9 日）：第 1791—1793 页，该文是为纪念丹麦战役一周年而写的。

3. 关于黄色方案，最好的学术著作是卡尔 - 海因茨·弗里泽尔（Karl-Heinz Frieser）著，《闪电战传说：1940 年西线会战》（The Blitzkrieg Legend: The 1940 Campaign in the West，安纳波利斯：Naval Institute Press，2005 年），这是 1995 年的原作 "Blitzkrieg-Legende: Der Westfeldzug 1940" 大受欢迎的英译本。它不仅细致而全面地研究了这场现代军事史上最成功的战役，而且提出了大胆的修正派观点，颠覆了此前关于黄色方案的所有公认常识。弗里泽尔认为 1940 年会战很难说是一支追求闪电战的军队的必然胜利，而是充满了侥幸和偶然性的一场战役，双方都被战争迷雾严重影响。几乎所有的德国坦克性能都显着逊色于盟军坦克，所以将它简单归结为德国坦克的胜利是错误的，它其实是先进的军事学说的胜利。弗里泽尔由此将讨论从硬件因素转向软件领域：策划、指挥、控制、后勤和情报。这位作者是联邦德国国防军的学者型军官，在位于波茨坦（Potsdam）的官方军事历史研究所赞助下出版作品。他能够查阅档案馆中保存的全套记录，并对其了如指掌。要了解这次进攻作战的策划，请参见汉斯 - 阿道夫·雅各布森（Hans-Adolf Jacobsen）的重要文章《希特勒关于西线作战的计划》（Hitlers Gedanken zur Kriegführung im Westen），刊登在《军事科学评论》（Wehrwissenschaftliche Rundschau）第 5 辑，第 10 期（1955 年 10 月）：第 433—446 页。关于这一专题的所有后续著作都是对该文的评注，其中包括汉斯 - 阿道夫·雅各布森著，《黄色方案：围绕 1940 年德军西线进攻作战计划的争斗》（Fall Gelb: Der Kampf um den deutschen Operationsplan zur Westoffensive 1940，威斯巴登：F. Steiner，1957 年）。另见官方历史，德国军事历史研究所，《德国与第二次世界大战》，第 2 卷，《欧洲大陆上霸权的建立》，特别是汉斯·翁布赖特（Hans Umbreit）执笔的《西欧霸权争夺战》（Der Kampf um die Vormachtstellung in Westeuropa），第 233—327 页。公认的英语杰作是杰弗里·冈斯堡（Jeffrey A. Gunsburg）著，《分裂与战败：法军最高指挥部与 1940 年西线的失败》（Divided and Conquered: The French High Command and the Defeat in the West, 1940，康涅狄格州韦斯特波特：Greenwood Press，1979 年），以及特别值得一读的罗伯特·道蒂（Robert A. Doughty）著，《崩溃点：色当与法国的沦陷，1940》（The Breaking Point: Sedan and the Fall of France, 1940，康涅狄格州哈姆登：Archon，1990 年）。要了解古德里安的装甲部队在这场战役中的作用，见弗洛里安·罗森布鲁斯特（Florian K. Rothbrust）的专题著作《古德里安的第 19 装甲军与法兰西之战：1940 年 5 月在阿登的突破》（Guderian's XIXth Panzer Corps and the Battle of France: Breakthrough in the Ardennes, May 1940，康涅狄格州韦斯特波特：Praeger，1990 年）。最后，虽然有了以上种种学术巨著，但总是有人更愿意阅读阿利斯泰尔·霍恩（Alistair Horne）创作的优秀通俗读物《如何输掉一场战役：法国 1940》（To Lose a Battle: France, 1940，波士顿：Little, Brown，1969 年）。

4. 克里特岛战役的相关文献极多。最好的学术著作是伊恩·麦克杜格尔·格思里·斯图尔特（Ian McDougall Guthrie Stewart）著，《1941 年 5 月 20 日 - 6 月 1 日克里特岛争夺战：一个错失良机的故事》（The Struggle for Crete 20 May - 1 June 1941: A Story of Lost Opportunity，伦敦：Oxford University Press，1966 年）。出版于 36 年前的该书历久弥新。它行文清晰简明，对进攻的德军和防守的英联邦军的批评都非常中肯。第 481—483 页的讨论尤其值得一读。介绍此战的最佳短篇是汉森·鲍德温（Hanson Baldwin）著，《胜仗与败仗：第二次世界大战中的重大战役》（Battles Lost and Won: Great Campaigns of World War II，纽约：Harper & Row，1966 年），第 57—113 页，它可能也是关于此战流传最广的记述。另见达文（D. M. Davin）著，《克里特：新西兰第二次世界大战正史，1939—1945》（Crete: Official History of New Zealand in the Second World War，新西兰惠灵顿：War History Branch，1953 年），它至今仍是权威著作，尤其有助于讨论第 5 新西兰旅在马莱迈（Maleme）战斗中扮演的不幸角色；弗里德里希·奥古斯特·冯·德·海特男爵（Baron Friedrich August von der Heydte）著，《代达罗斯归来：克里特 1941》（Daedalus Returned: Crete, 1941，伦敦：Hutchinson，1958）这是德军一名空降兵营长的记述；还有汉斯 - 奥托·米莱森（Hans-Otto Mühleisen）著，《克里特 1941:1941 年 5 月至 6 月 1 日的墨丘利行动》（Kreta,

1941: Das Unternehemen Merkur, Mai‐1. Juni 1941，弗赖堡：Rombach，1968年），它是德意志联邦共和国军事历史研究所出版的一部鞭辟入里的史书，其中包括大量德方的第一手史料。最后，要了解德国军官的战后分析（"德军报告"丛书的一部分），请参见《空降作战：德方评价》（Airborne Operations: A German Appraisal，华盛顿哥伦比亚特区：Center of Military History，1989年）。还有一份至今仍然少人问津的德方第一手资料，就是康拉德·赛布特（Conrad Seibt）未发表的手稿《1941年5月克里特作战》（Einsatz Kreta Mai 1941），"德军报告"丛书B-641（驻欧美军司令部：外军研究处，日期不详）。作者在此战役中任第11空降师的军需主任。这份报告和该系列中的其他大量资料都存放在宾夕法尼亚州卡莱尔（Carlisle）的美国陆军军事历史研究所。

5. 虽然blitzkrieg一词常被认为是美国新闻记者创造的，但实际上它在战前的专业文献中时有出现。它指的是任何快速而彻底的胜利，只不过德国人使用它的时候从来都没有精确的定义。我在出版物上找到的该词最早出处是布劳恩中校（Lieutenant Colonel Braun）所作的《战略进攻》（Der strategische Überfall），刊登在《军事周刊》第123辑，第18期（1938年10月28日）的第1134—1136页，但该文指出这个词已经在别处被人用过了："根据报载新闻，今年法军演习的目的是考察战略进攻——又称为'闪电战'——的意义（Nach dem Zeitungsnachrichten hatten die diesjährigen französischen Manöver den Zweck, die Bedeutung des strategischen Überfalls—auch 'Blitzkrieg' genannt—zu prüfen）"（第1134页）。要了解后来使用该词的文章，请参见科恩中校（Lieutenant Colonel Köhn）所作的《"闪电战"中的步兵》（Die Infanterie im 'Blitzkrieg'），它刊登在《军事周刊》第125辑，第5期（1940年8月2日）的第165—166页，文中所有"blitzkrieg"都加上了引号，并称它是一个"时髦词"（Schlagwort）。还有鲁道夫·泰斯上校（Colonel Rudolf Theiss）的《世界历史中的坦克》（Der Panzer in der Weltgeschichte），它刊登在《军事周刊》第125辑，第15期（1940年10月11日）的第705—708页，文中的该词也加了引号。到了1941年，德国人在文献中使用该词时已经不加引号，但它依然没有任何准确的技术含义。请参见高尔中校（Lieutenant Colonel Gaul）的《在法国的闪电战》（Der Blitzkrieg in Frankreich），它刊登在《军事周刊》第125辑，第35期（1941年2月28日）的第1513—1517页。

6. 要了解关于试验性机械化部队的最佳学术讨论，见哈罗德·温顿（Harold R. Winton）著，《改变一支军队：陆军上将约翰·伯内特－斯图亚特爵士与英国装甲兵军事学说，1927—1938》（To Change an Army: General Sir John Burnett-Stuart and British Armored Doctrine, 1927‐1938，劳伦斯：University Press of Kansas，1988年），第72—94页；罗伯特·拉森（Robert H. Larson）著，《英国陆军与装甲战理论》（The British Army and the Theory of Armored Warfare，纽瓦克：University of Delaware Press，1984年），第133—147页；哈里斯（J. Harris）著，《人员、理念和坦克：英国军事思想与装甲兵，1903—1939年》（Men, Ideas, and Tanks: British Military Thought and Armoured Forces, 1903‐1939，曼彻斯特：Manchester University Press, 1995年）的第217—219页也很有价值。

7. 阿道夫·赖尼克上尉（Captain Adolph Reinicke）回顾自己在间战时期德国军队（护国军）中服役的经历时，指出军官的训练都着眼于"Bewegungskrieg和诸兵种之间的密切协同"原则。详见阿道夫·赖尼克所著的《德国陆军，1921—1934：目的、训练与教学方法以及勤务安排》（Das Reichsheer, 1921‐1934: Ziele, Methoden der Ausbildung und Erziehung sowie der Dienstgestaltung，奥斯纳布吕克：Biblio Verlag，1986年），第220页。

8. 要了解德国装甲师的起源，请参见罗伯特·奇蒂诺的两部作品：《装甲部队：历史与原始资料》（Armored Forces: History and Sourcebook，康涅狄格州韦斯特波特：Greenwood Press，1994年），第50—57页，以及《追求决定性胜利：从僵持到欧洲的闪电战，1899—1940》，第193—210页。要了解装甲师首次亮相的1937年秋季大演习，见奇蒂诺著，《通向闪电战之路：1920—1939年德国军队的军事学说与训练》（The Path to Blitzkrieg: Doctrine and Training in the German Army,

1920 – 1939，科罗拉多州博尔德：Lynne Rienner，1999 年），第 236—242 页。理查德·奥戈凯维奇（Richard M. Ogorkiewicz）的作品也不容错过，尤其是《装甲部队：装甲兵及其车辆的历史》（Armoured Forces: A History of Armoured Forces and Their Vehicles，纽约:Arco，1970 年）。在间战时期几乎所有关于装甲兵的德方资料都强调各兵种与坦克配合的重要性。这里仅从《军事周刊》的成百上千篇文章中列举一例，见赫尔穆特·布尔克哈特（Helmut Burckhardt）所作的《使用大型坦克还是大量装甲防护不足的坦克进攻》（Grosstanks oder Massenangriff mit unzureichend gepanzerten Tanks），刊登于《军事周刊》第 122 辑，第 3 期（1937 年 7 月 16 日）的第 143—144 页：“坦克终究不能单独作战……，而应该在各种武器的支援下战斗（Schließlich kämpfen die Panzer ja nicht allein…，sondern werden von allen möglichen Waffen unterstützt)”（第 143 页）。另见海因茨·古德里安当年和后来撰写的两部著作，《注意——坦克！装甲兵的发展、战术和作战潜力》（Achtung—Panzer! The Development of Armored Forces, Their Tactics, and Operational Potential，伦敦：Arms and Armour Press，1992 年）是古德里安发表于 1937 年的重要著作的英译本，而古德里安的《闪击英雄》是他战后的回忆录。另见构成《注意——坦克！装甲兵的发展、战术》一书基础的两篇文章，《摩托化部队》（Kraftfahrtruppen）刊登于《军事科学评论》（Militärwissenschaftliche Rundschau）第 1 辑，1936 年第 1 期的第 52—77 页，《装甲部队及其与其他兵种的协同》（Die Panzertruppen und ihr Zusammenwirken mit den anderen Waffen）刊登于《军事科学评论》第 1 辑，1936 年第 5 期的第 607—626 页。不过，讨论这些概念的德国军官远不止古德里安一人。例如，请参见路德维希·冯·艾曼斯贝格尔将军（General Ludwig von Eimannsberger）的作品《装甲战术》（Panzertaktik）——第一部分，刊登于《军事周刊》第 120 辑，第 23 期（1935 年 12 月 18 日）的第 981—985 页，第二部分刊登在《军事周刊》第 120 辑，第 24 期（1935 年 12 月 25 日）的第 1027—1030 页。此外，还有瓦尔特·施潘嫩克雷布斯上校（Colonel Walter Spannenkrebs）的著作，《战车攻击》（Angriff mit Kampfwagen，奥尔登堡：Gerhard Stalling，1939 年）和《步兵与坦克》（Infanterie und Panzer）——刊登于《军事周刊》第 123 辑，第 7 期（1938 年 8 月 12 日）的第 402—404 页。最后，要了解无线电通信对于装甲师的重要性，见弗里德里希·贝尔特考（Friedrich Bertkau）的《机械化合成集团的通信技术指导》（Die nachrichtentechnische Führung mechanisierter Verbände），《军事周刊》第 120 辑，第 15 期（1935 年 10 月 18 日）的第 611 页，以及一篇未署名的文章《师的管理和指挥技巧》（Divisionsführung und Befehlstechnik），它刊登在《军事周刊》第 116 辑，第 44 期（1932 年 5 月 18 日）的第 1540—1542 页。

9.Auftragstaktik 有着复杂的历史。它曾被学者视作德国军火库中的一种神奇武器，又被现代西方军界（尤其是美国陆军）的当权者当作法宝。和 blitzkrieg 一样，它也是墙内开花墙外香的德语词汇之一。根据现有记录，它在 20 世纪德国军队的专业文献中几乎从未出现。要了解该词的起源，请参见安图利奥·埃切瓦里亚二世著，《克劳塞维茨之后：第一次世界大战前的德国军事思想家》（After Clausewitz: German Military Thinkers before the Great War，劳伦斯：University Press of Kansas，2000 年），第 32—42 页和第 94—103 页。作者提醒我们，“Auftragstaktik 一词在近年的军事出版物中已被严重滥用”。另请参见 1980 年代后期《军事评论》（Military Review）上铺天盖地的相关文章，该杂志是位于美国堪萨斯州利文沃思堡（Fort Leavenworth）的美国陆军指挥与参谋学院的期刊，地位相当于《军事周刊》或《军事科学评论》：罗杰·博蒙特（Roger A. Beaumont）的《论德国国防军的秘诀》（On the Wehrmacht Mystique），《军事评论》第 66 辑，第 7 期（1986 年）的第 44—56 页；安图利奥·埃切瓦里亚二世的《正确看待 Auftragstaktik》（Auftragstaktik: In Its Proper Perspective），《军事评论》第 66 辑，第 10 期（1986 年 10 月）；丹尼尔·休斯《关于德国军事历史的迷思》（Abuses of German Military History），《军事评论》第 66 辑，第 12 期（1986 年 12 月）的第 66—76 页；以及马丁·范克勒韦尔德（Martin van Creveld）的《关于借鉴德国国防军及其他》（On Learning from the Wehrmacht and Other Things），《军事评论》第 68

辑，第 1 期（1988 年）的第 62—71 页。休斯的文章尤其能帮助我们认清对外语知之甚少的美国军官团在借用他国语言的词汇时遇到的困难。如果想作更进一步了解，请参见罗伯特·奇蒂诺（Robert M. Citino）著，《德式兵法：从三十年战争到第三帝国》，第 32—33 页、61—62 页、170—172 页和 306—311 页。

10. 见纪念这位元帅诞辰 200 周年的文章。埃伯哈德·克塞尔（Eberhard Kessel）的《纪念 12 月 16 日布吕歇尔诞辰 200 周年》（Blücher: Zum 200. Geburtstag am 16. Dezember），《军事科学评论》第 7 辑，第 4 期（1942 年）：第 303—313 页。

11. 读者尤其应该参见伟大而尖刻的德国军事历史学家汉斯·德尔布吕克（Hans Delbrück）的散文《腓特烈·卡尔亲王》（Prinz Friedrich Karl），收录于他的《历史和政治随笔》（Historische und Politische Aufsätze，柏林：Georg Stilke，1907 年），第 302—316 页。另见弗尔斯特中尉（Lieutenant Foerster）的《腓特烈·卡尔亲王》（Prinz Friedrich Karl），《军事科学评论》第 8 辑，第 2 期（1943 年）：第 89—94 页。

12.“从那时起，随着冬季结束，德国武装部队又开始用他们的语言发出清晰可辨的声音”（Seitdem mit dem Ende des Winters die deutschen Waffen wieder ihre vernehmliche Sprache zu reden begonnen haben），引自《大德意志解放战争》（Grossdeutschlands Freiheitskrieg）第 145 节，《德军在克里米亚的春季作战》（Die deutsche Frühjahrsoperation auf der Krim），《军事周刊》第 126 辑，第 47 期（1942 年 5 月 22 日）：第 1345—1348 页。此句出自第 1345 页。

13. 巴尔干会战在当时和战后最初几年得到了应有的关注，但此后似乎就退出了历史学家的视野。现代的学者应该以多种语言为它撰写专题著作。按照研究二战德军的惯例，读者最好首先参见德国军事历史研究所编纂的官方历史，第 3 卷，《地中海与东南欧：从意大利的“非参战”到美国加入战争》（Der Mittelmeerraum und Südosteuropa: Von der “non-belligeranza” Italiens bis zum Kriegseintritt der Vereinigten Staaten， 斯图加特：Deutsche Verlags-Anstalt，1984 年），尤其是德特勒夫·福格尔（Detlef Vogel）执笔的第三部分，“德国在巴尔干的干涉行动”（Das Eingreifen Deutschlands auf dem Balkan），第 417—511 页。雅努什·皮耶卡尔凯维奇（Janusz Piekalkiewicz）的《巴尔干之战》（Krieg auf dem Balkan，慕尼黑：Südwest Verlag，1984 年）的文字和照片都很有价值。在英语著作中，乔治·布劳（George E. Blau）著，《德军在巴尔干的战役（1941 年春）》，美国陆军部宣传册 20—260[The German Campaign in the Balkans (Spring 1941), Department of the Army Pamphlet 20–260，华盛顿哥伦比亚特区：美国陆军部，1953 年] 长期以来一直是必读之作——只是这个“长期”或许太长了。它作为宝贵的“德军报告”丛书的一部分，汇集了多位参加此战的德国军官的证言；前言中提到的人员有赫尔穆特·格赖纳（Helmut Greiner）、布克哈德·米勒-希勒布兰德将军（General Burkhard H. Mueller-Hillebrand）和汉斯·冯·格赖芬贝三世将军（General Hans von Greiffenberg iii）。该书具有该丛书的一切优点（第一手的证言）和缺点（接受讯问的德国军官往往无法查阅他们的战争日记、通信和地图），其中详细得令人发指的证言经常与肤浅得出奇的分析相伴。它需要其他资料的补充。要了解“德军报告”丛书及其对战后美军的影响，请参见凯文·索特尔（Kevin Soutor）的《遏制赤潮：‘德军报告’丛书及其对美军防御学说的影响，1948—1954》（To Stem the Red Tide: The German Report Series and its Effect on American Defense Doctrine, 1948 – 1954），《军事历史期刊》第 57 辑，第 4 期（1993 年 10 月）：第 653—688 页。要了解战时德方对“这场精彩程度可与 1940 年夏季法国会战媲美的作战”的观点，见冯·蒂朔维茨将军（General von Tieschowitz）的《东南欧会战》（Der Feldzug im Südosten）和匿名作者的《奥林匹斯山—温泉关—雅典》（Olymp—Thermopylen—Athen），这两篇文章都收录在德国国防军总司令部编纂的《国防军：为了欧洲的自由》（Die Wehrmacht: Um die Freiheit Europas，柏林：Verlag “Die Wehrmacht”，1941 年）中，页码分别是第 154—167 页和第 186—197 页。此外还有战时的连载系列《大德意志解放战争》（Grossdeutschlands Freiheitskrieg）中的相关文章，即第 88 节《一周的胜利》（Eine Woche der Siege），它刊登在《军事周刊》第 125 辑，第 42 期（1941 年 4 月 18 日）的第 1705—1709

页；第 89 节《南斯拉夫的投降·克罗地亚的独立·希腊前线的突破》（Kapitulation Jugoslawiens. Kroatien selbständig. Durchbruch durch die Front in Griechenland），它刊登在《军事周刊》第 125 辑，第 43 期（1941 年 4 月 25 日）的第 1731—1736 页；第 90 节《希腊军队主力投降·占领雅典和科林斯》（Kapitulation der griechischen Hauptarmee. Athen und Korinth besetzt），它刊登在《军事周刊》第 125 辑，第 44 期（1941 年 5 月 2 日）的第 1759—1764 页；第 91 节《结束在希腊的战斗》（Abschluss der Kämpfe in Griechenland），它刊登在《军事周刊》第 125 辑，第 45 期（1941 年 5 月 9 日）的第 1787—1791 页。要了解此战中特种部队的运用，见金特·海辛中尉（Lieutenant Günther Heysing）的《战斗工兵在巴尔干》（Pionere auf dem Balkan）和汉斯·雷兴贝格（Hans Rechenberg）的《空降兵在东南欧》（Fallschirmjäger im Südösten），这两篇文章都收录在《国防军》一书中，页码分别是第 168—174 页和第 198—207 页。此外还有埃吉德·格林（Egid Gehring）所编的《雪绒花部队在南斯拉夫：一个山地师的经历》（Unterm Edelweiss in Jugoslawien: Aus den Erlebnissen einer Gebirgsdivision，慕尼黑：Franz Eher，1941 年）。要了解两位德国战地记者虽煽情过度但仍能反映时代情绪的新闻报道，请参见海因茨·欣格尔（Heinz Hünger）和恩斯特·埃里希·施特拉斯尔（Ernst Erich Strassl）著，《在希腊的斗智斗勇》（Kampf und Intrige um Griechenland，慕尼黑：Franz Eher，1942 年）。要了解德方对南斯拉夫军队作战情况的观点，见《1941 年 4 月南斯拉夫军队作战概况（根据南斯拉夫资料）》[Ein Überblick über die Operationen des jugoslawischen Heeres im April 1941 (Dargestellt nach jugoslawischen Quellen)] 的第 1 部分，《动员和 4 月 6—8 日的战斗》（Die Mobilmachung und die Kämpfe vom 6. bis 8. April），刊登在《军事科学评论》第 7 辑，第 3 期（1942 年）的第 276—288 页；第 2 部分《从 4 月 9 日至 4 月 17 日停战时的战斗》（Die Kämpfe vom 9. April bis zum Abschluss des Waffenstillstandes am 17. April），刊登在《军事科学评论》第 7 辑的第 4 期（1942 年）的第 387—399 页。要了解德方对希腊军队作战情况的观点，见《1941 年 4 月希腊军队和英国远征军作战概况》（Ein Überblick über die Operationen des griechischen Heeres und des britischen Expeditionskorps im April 1941）的第 1 部分《希腊军队的防御计划，联军的动员和部署》（Die griechischen Verteidigungspläne, die Mobilmachung und der Aufmarsch der verbündeten Streitkräfte），它刊登在《军事科学评论》第 8 辑，第 1 期（1943 年）的第 67—87 页；第 2 部分《截至英国远征军撤离希腊为止的联军作战》（Die Operationen der verbündeten Streitkräfte bis zum Rückzuge des britischen Expeditionskorps aus Griechenland），它刊登在《军事科学评论》第 8 辑，第 2 期（1943 年）的第 167—178 页。希腊军队总司令的回忆录也不可不读，亚历山大·帕帕戈斯将军（General Alexander Papagos）所著的《希腊之战，1940—1941》（The Battle of Greece, 1940‑1941，雅典：Hellenic Publishing；1949），还有希腊官方历史的节略本，希腊陆军总参谋部所编的《1940—1941 年希意和希德战争史略：陆地作战》（An Abridged History of the Greek-Italian and Greek- German War, 1940‑1941: Land Operations，雅典：Army History Directorate，1997 年）。1945 年后西德军界对这场战役有着浓厚的兴趣。例如，可参见库尔特·冯·蒂佩尔斯基将军（General Kurt von Tippelskirch）的《1941 年德军的巴尔干会战》（Der deutsche Balkanfeldzug 1941），它刊登在《军事科学评论》第 5 辑，第 2 期（1955 年 2 月）的第 49—65 页；莱奥·黑普（Leo Hepp）的《1941 年巴尔干会战中的第 12 集团军》（Die 12. Armee im Balkanfeldzug 1941），它刊登在《军事科学评论》第 5 辑，第 5 期（1955 年 5 月）的第 199—216 页；西格弗里德·亨里齐（Sigfrid Henrici）的《萨拉热窝 1941：一个摩托化师的奔袭式进攻》（Sarajevo 1941: Der raidartiger Vorstoss einer mot. Division），它刊登在《军事科学评论》第 10 辑，第 4 期（1960 年 4 月）的第 197—208 页；埃德加·勒里希特（Edgar Röhricht）的《1941 年巴尔干会战》（Der Balkanfeldzug 1941），它刊登在《军事科学评论》第 12 辑，第 4 期（1962 年 4 月）。另见为祝贺陆军元帅利斯特（Field Marshal List）八十寿辰而写的短文，赫尔曼·弗奇的《陆军元帅利斯特 80 华诞》（Generalfeldmarschall List 80 Jahre Alt），它刊登在《军事科学评论》第 10 辑，第 5 期（1960 年 5 月）的第 235—236 页。英语著作多倾向于关注英军在希腊的干涉行动，而对南斯拉夫战役视而不见。罗宾·海厄姆（Robin Higham）著，《灾难日记：英国援希作战，1940—

1941》(Diary of a Disaster: British Aid to Greece, 1940－1941, 列克星敦：University Press of Kentucky, 1986 年) 是关于这一主题的最佳著作, 研究细致 (采用日记体叙事, 而且事件记录常常精确到分钟), 立论精到。它在很大程度上可以取代此前的权威著作——查尔斯·克鲁克香克(Charles Cruickshank) 著,《希腊 1940—1941》(Greece, 1940－1941, 伦敦：Davis-Poynter, 1976 年), 不过后者在某些细节方面仍然很有用。另见克里斯托弗·巴克利 (Christopher Buckley) 著,《希腊与克里特 1941》(Greece and Crete, 1941, 伦敦：H. M. Stationery Office, 1952 年), 它是 "1939—1945 年第二次世界大战" (The Second World War, 1939－1945) 丛书的一部分, 而该丛书是 "多位作者撰写的八卷本通俗军事史"。巴克利此作的优点在于对比了英军在希腊的失败干涉和在克里特的奋战。马修·威林厄姆 (Matthew Willingham) 著,《危险的承诺：争夺希腊与克里特岛的战斗, 1940—1941》(Perilous Commitments: The Battle for Greece and Crete, 1940－1941, 肯塔基州斯泰普尔赫斯特：Spellmount, 2005 年) 是另一本兼具实用价值和优秀文笔的通俗史书。在普遍对希腊战役情有独钟的英美史学界也有例外, 那就是约翰·安塔尔 (John F. Antal) 的《25 号行动：国防军对南斯拉夫的征服》(Operation 25: The Wehrmacht's Conquest of Yugoslavia), 收录于小理查德·胡克 (Richard D. Hooker Jr.) 编辑的《机动作战战例选编》(Maneuver Warfare: An Anthology, 加利福尼亚州诺瓦托：Presidio, 1993 年) 的第 391—404 页中。

14. 蒂佩尔斯基希著《1941 年德军的巴尔干会战》, 第 54 页；黑普的《第 12 集团军》, 第 54 页。

15.《1941 年 4 月南斯拉夫军队作战概况 (根据南斯拉夫资料)》的第 1 部分《动员和 4 月 6—8 日的战斗》, 刊登在《军事科学评论》第 7 辑, 第 3 期 (1942 年) 的第 276—278 页；布劳著,《德军在巴尔干的战役》的第 36—37 页。

16. 尼斯·彼得森的《德军装甲部队在西线的绝妙突破使波军像幼童一样被歼灭》(Polens Vernichtung als Vorschule für den genialen Durch- bruch der deutschen Panzerwaffe im Westen), 刊登在《军事周刊》第 125 辑, 第 10 期 (1940 年 9 月 6 日) 的第 377 页。

17. 译注：原文误作 1000 万人。

18. 例如, 可参见约翰·基根 (John Keegan) 著,《第二次世界大战》(The Second World War, 纽约：Penguin, 2005 年)："但是也许任何国家都不曾像 1941 年 4 月的南斯拉夫那样不合理地分散军队, 指望用老式步枪和骡子拉的山炮守卫欧洲最长的陆地边境之一, 抵挡德国的装甲师和 2000 架现代化飞机" (第 155 页)。

19.《1941 年 4 月南斯拉夫军队作战概况 (根据南斯拉夫资料)》的第 2 部分《从 4 月 9 日至 4 月 17 日停战时的战斗》, 刊登在《军事科学评论》第 7 辑, 第 4 期 (1942 年)：第 392 页提到了南斯拉夫第 7 集团军的克罗地亚部队的 "哗变" (Meuterei)。

20. 要了解巴尔干会战与巴巴罗萨行动之间错综复杂的关系, 尤其是前者是否造成了后者延期这一难题, 请参见安德鲁·扎潘蒂斯 (Andrew L. Zapantis) 的细致研究,《希特勒的巴尔干会战与对苏联的入侵》(Hitler's Balkan Campaign and the Invasion of the USSR, 博尔德：East European Monographs, 1987 年)。他的答案是："希特勒的巴尔干会战, 尤其是玛丽塔和墨丘利行动, 也就是入侵希腊和进攻克里特岛的作战, 使进攻苏联的开始时间推迟了大约五个星期" (第 205 页)。

21. 这是被并入德国的奥地利在 1938—1942 年的名称。

22. 要了解德国空军 (Luftwaffe)、意大利王家空军 (Regia Aeronautica) 和南斯拉夫王家空军 (Kraljevsko Ratno Vazduhoplovstvo) 的战斗序列, 请参见克里斯托弗·肖尔斯 (Christopher Shores)、布赖恩·卡尔 (Brian Cull) 和尼古拉·马利齐亚 (Nicola Malizia) 所著的《1940—1941 年南斯拉夫、希腊和克里特岛的空中作战》(Air War for Yugoslavia, Greece and Crete, 1940－41, 伦敦：Grub Street, 1987 年) 的第 180—190 页。肖尔斯和卡尔给出的空袭贝尔格莱德的部队序列是："第 77 俯冲轰炸机联队的 74 架 Ju87 在约 2438—3048 米的高度接近, 160 架第 4 轰炸机联队第 1 大队的 He111 和第 2、第 3 轰炸机联队的 Do17Z 与护航的 Bf110 一起在约 3352—3657 米的高度飞行, 100 架 Bf109E (包括第 77 战斗机联队司令部、第 2 大队和第 3 大队

的 56 架飞机）在 4572 米的高度提供高空掩护"（第 195 页）。皮耶卡尔凯维奇著，《巴尔干之战》则称"第 4 航空队第 2、第 3 和第 51 轰炸机联队"的飞机参加了空袭，总数是 486 架（第 100 页）。

23. 布劳著，《德军在巴尔干的战役》，第 50 页。

24. 例如，请参见安塔尔的《25 号行动》，第 397 页。

25. 蒂佩尔斯基希的《1941 年德军的巴尔干会战》，第 60—61 页。

26. 福格尔的《德国在巴尔干的干涉行动》，第 479 页；布劳著，《德军在巴尔干的战役》的第 59—60 页。

27. 《1941 年 4 月南斯拉夫军队作战概况》第 2 部分的第 389 页。

28. 亨里齐的《萨拉热窝 1941》，第 205—206 页。

29. 弗里德里希·威廉·冯·梅林津著，《坦克战：第二次世界大战装甲兵运用研究》。

30. 这个名词出自艾伦·帕尔默（Alan Palmer）的《惩罚行动》（Operation Punishment），刊登在《第二次世界大战史》（History of the Second World War），第 14 期（1978 年）的第 374—391 页。引文在第 391 页。

31. 《南斯拉夫的投降》第 1731 页。

32. 见克劳斯·施米德尔（Klaus Schmider）著，《南斯拉夫游击战，1941—1944》（Partisanenkrieg in Jugoslawien, 1941‑1944, 汉堡：Hamburg: E. S. Mittler, 2002 年），它精彩地描述了尾大不掉的克罗地亚"乌斯塔沙"运动如何反过来影响德国的战略方针。英语世界中关于德国在南斯拉夫的反游击战的权威著作依然是罗伯特·肯古迪著，《1941—1944 年德军在巴尔干半岛的反游击战》，美国陆军部宣传册 20—243（German Antiguerrilla Operations in the Balkans, 1941‑44, Department of the Army Pamphlet 20‑243, 华盛顿哥伦比亚特区：陆军部，1954 年）。有大量著作记述了后来发生在苏联的反游击战争，尤其是战斗如何变得越来越残酷，国防军又如何一步步走上依靠大屠杀镇压反抗者的不归路。例如，可参见本·谢泼德（Ben Shepherd）著，《野蛮东线的战争：德国军队与苏联游击队》（War in the Wild East: The German Army and Soviet Partisans, 马萨诸塞州坎布里奇：Harvard University Press, 2004 年）和爱德华·韦斯特曼（Edward B. Westermann）著，《希特勒的保安队：东线的种族战争》（Hitler's Police Battalions: Enforcing Racial War in the East, 劳伦斯：University of Kansas, 2005 年）。

33. 要了解"光彩"和"W"的由来，见克鲁克香克著《希腊 1940—1941》的第 105—117 页，以及海厄姆著《灾难日记》的第 94—117 页。

34. 梅林津著，《坦克战》第 39 页。

35. 希腊陆军总参谋部，《史略》的第 173 页提到"将所有希腊与英国部队部署在韦莱斯（Veles）—奈斯托斯（Nestos）筑垒地域"——真是深入北方部署了。相比之下，英国人"支持放弃韦莱斯—奈斯托斯地区，而提议占领韦尔米奥防线"。另见第 164 页对页的简略地图 21。关于这个问题，还可参见帕帕戈斯著，《希腊之战》的第 322—323 页和第 325—326 页。

36. 蒂佩尔斯基希著，《1941 年德军的巴尔干会战》，第 54—55 页。

37. 威林厄姆著，《危险的承诺》，第 73—74 页。

38. 蒂朔维茨著名，《东南欧会战》，第 158—159 页。

39. 威林厄姆著，《危险的承诺》，第 74 页。另见帕帕戈斯著，《希腊之战》，第 355—356 页。

40. 布劳著，《德军在巴尔干的战役》，第 86—87 页。

41. 要了解这场撤退行动，最好的入门著作莫过于英国装甲兵指挥官罗伯特·克里斯普（Robert Crisp）所写的《诸神不仁》（The Gods Were Neutral, 伦敦：Frederick Muller, 1960 年），这本书是他关于西部沙漠战斗的经典之作《黄铜战车》（Brazen Chariots, 纽约：Ballantine, 1961 年）

的姐妹作，但知名度不如后者，尤其请参见第138—156页。

42. 威林厄姆著，《危险的承诺》，第90—91页。要了解温泉关战斗的详细情况，请参见新西兰官方战史，麦克利蒙特（W. G. McGlymont）著，《出征希腊》（To Greece，新西兰惠灵顿：War History Branch，1959年），特别是第384—399页。关于德军坦克以一列纵队进攻的记述，见第390—393页。

43. 要了解科林斯空降行动，见皮耶卡尔凯维奇著，《巴尔干之战》，第110—111页。书中有一张令人惊胆战的照片，就是与桥上伞兵一起被炸死的战地记者在爆炸前拍摄的。

44. 克里斯普著，《诸神不仁》，第142—143页。

45. 这是一个德国战地记者格特·哈贝丹克（Gert Habedanck）的文章标题，该文章《我们从大陆上撵走了汤米》（Wir fegten den Tommy vom Kontinent），收录在《国防军》一书中的第175—185页。

46. 按照这种思路而写的一篇经典论文是威廉·戴斯特（Wilhelm Deist）的《通向意识形态战争之路：德国1918—1945》（The Road to Ideological War: Germany, 1918‑1945），收录于威廉森·默里（Williamson Murray）、麦格雷戈·诺克斯（MacGregor Knox）和阿尔文·伯恩斯坦（Alvin Bernstein）编纂的《战略的形成：统治者、国家与战争》（The Making of Strategy: Rulers, States, and War，剑桥：Cambridge University Press，1994年）一书的第352—392页。他指出，德国军队的将帅们"完全忽视了"他们在希特勒领导下所进行的战争的类型。"在他们看来，战争仍然仅限于实际的战斗，而工业化战争的政治和战略方面对他们的吸引力非常有限"（第392页）。另见埃里克·多恩·布罗泽（Eric Dorn Brose）著，《德皇的军队：机器时代德国军事技术的政治因素，1870—1918》（The Kaiser's Army: The Politics of Military Technology in Germany during the Machine Age, 1870‑1918，牛津：Oxford University Press，2001年），该书批评了德国军官团在技术领域的落伍和蒙昧。伊莎贝尔·赫尔（Isabel V. Hull）著，《绝对毁灭：德意志帝国的军事文化与战争实践》（Absolute Destruction: Military Culture and the Practices of War in Imperial Germany，纽约州伊萨卡：Cornell University Press，2005年）是一本更复杂的作品，研讨了军事文化的某些方面。赫尔批评了德国军队中被她称为"作战部门霸权"的现象（第168页），指出德国总参谋部倾向于利用这种霸权将复杂的战争压缩成一场具有高度毁灭性的战役。她认为，这种做法使德国总参谋部不得不逼着自己忽视物质现实——力量平衡、技术变革的重大意义和后勤困难等问题——代之以"意志、极致的勇气（Kühnheit）、乐观的鲁莽和片面的行动主义"等似是而非的概念。作为对德国军官团的文化研究，该书是一流的。不过它基本上对作战行动方面没有任何涉猎，而它关于19世纪晚期军事学说的讨论也可能令专家蹙眉。不仅如此，它还将所有这些有害的操作倾向都归因于毛奇和施利芬的时代，腓特烈大帝只是在索引中被无关紧要地提到一次。最后，为了证实自己的论断，布罗泽和赫尔都不得不将施利芬计划说成是不可避免的失败——如此断言可能不会让所有研究作战的历史学者都满意。例如，特伦斯·朱伯最近就主张施利芬计划根本不存在。而且，德军在那慕尔离胜利之近要大大超过一般历史学家的认识。见奇蒂诺著，《德式兵法》的第208—218页。此外，要了解在许多方面与布罗泽和赫尔的观点截然相反的论断，见安图利奥·埃切瓦里亚二世著，《克劳塞维茨之后：第一次世界大战前的德国军事思想家》。

47. 在这方面，威廉森·默里和杰弗里·梅加吉（Geoffrey Megargee）的工作非常重要。前者成功地戳穿了各种吹嘘德国军事优越性的观点。例如，可参见威廉森·默里著，《德国空军，1933—1945：失败的战略》（The Luftwaffe, 1933‑45: Strategy for Defeat，华盛顿哥伦比亚特区：Brassey's，1996年）。在《德国军队效能》（German Military Effectiveness，巴尔的摩：Nautical & Aviation Publishing Company of America，1992年）中，他承认德国人在某些方面确实做得非常好（不同兵种的协同、作战策划），但在另一些方面却极为糟糕。他指出，尤其严重的是，德国人在整个第二次世界大战中都没有任何大战略的视野。在他的《1940年5月：德国RMA的偶然性和脆弱性》（May 1940: Contingency and Fragility of the German RMA），麦格雷戈·诺克斯和威廉森·默里编，《军事革命动态，1300—2050》（The Dynamics of Military Revolution, 1300‑2050，剑桥：Cambridge University Press，2001 年）的第 154—174 页中，他贬低了德军胜利的水平，提醒我们注意"偶然性"（在这个战例中，就是法军战力的低下）在德军胜利中所起的作用。默里的前门生杰弗里·梅加吉（Geoffrey Megargee）在自己的两部成功之作《希特勒总司令部揭秘》（Inside Hitler's High Command，劳伦斯：University Press of Kansas，2000 年）和《灭绝战争：东线的战斗和种族屠杀，1941 年》（War of Annihilation: Combat and Genocide on the Eastern Front, 1941，纽约：Rowman & Littlefield，2006 年）中延续了对德军的这种抨击，前一本书可以说是真正破除了德国总参谋部算无遗策的神话，后一本书则将东线战争的作战策划与希特勒的种族灭绝政策紧密联系起来。如今已有大量文献论述德国国防军在这场战争中，尤其是在东线的犯罪行为。例如，请参见汉堡社会研究所编，《国防军的罪恶：灭绝战的方方面面，1941—9144》（Verbrechen der Wehrmacht: Dimensionen des Vernichtungskrieges, 1941‑1944，汉堡：Hamburger Edition，2002 年），这是伴随曾轰动一时的同名展览而大量印发的记录册；还有汉内斯·黑尔（Hannes Heer）和克劳斯·瑙曼（Klaus Naumann）编，《灭绝战：国防军的罪恶，1941—1944》（Vernichtungskrieg: Verbrechen der Wehrmacht, 1941‑1944，汉堡：Edition，1995 年），它的英文译本叫《灭绝战：第二次世界大战中的德国军队，1941—1944》（War of Extermination: The German Military in World War II, 1941‑1944，纽约：Berghahn，2000 年），不过德文版和英文版中收录的文章并不完全一致，所以对这一课题有兴趣的研究者应该将两者都翻阅一遍。在英文版中，尤其应该参见扬·菲利普·雷姆茨马（Jan Philipp Reemtsma）的《灭绝战争的概念》（The Concept of the War of Annihilation），第 13—38 页；曼弗雷德·梅塞施密特（Manfred Messerschmidt）孜孜不倦地揭露国防军历史的这一方面，做了比其他任何德国学者都多的工作，可以参见他的《前进防御：纽伦堡法庭的"将军备忘录"》（Forward Defense: The 'Memorandum of the Generals' for the Nuremberg Court）的第 381—399 页。奥默·巴尔托夫（Omer Bartov）是美国学者中当得起同样评价的人，他的《究竟是谁的历史？国防军与德国史学》（Whose History Is it Anyway? The Wehrmacht and German Historiography），第 300—416 页以批判的眼光审视了德国的官修战争史。还有克劳斯·瑙曼的《"清白"的国防军：关于某个神话的苏方历史》（The 'Unblemished' Wehrmacht: The Soviet History of a Myth），第 417—429 页。要了解关于所有这些问题的最佳综述，请参见沃尔夫拉姆·韦特（Wolfram Wette）著，《国防军：历史、神话、现实》（The Wehrmacht: History, Myth, Reality，马萨诸塞州坎布里奇：Harvard University Press，2006 年）："在 1941 年，国防军的将军们做好了对苏联发动一种史无前例的战争的准备，这种战争以意识形态为动机，旨在灭绝苏联人口中的特定民族群体。如今关于这些事实已经不存在争议"（第 1 页）。

48. 温特博特姆（F. W. Winterbotham）著，《超级机密》（The Ultra Secret，纽约：Dell，1974 年）和罗纳德·卢因（Ronald Lewin）著，《超级机密参战：基于官方档案对第二次世界大战中最大秘密的首次论述》（Ultra Goes to War: The First Account of World War II's Greatest Secret Based on Official Documents，纽约：McGraw-Hill，1978 年）最早揭示了战时情报战中的这一关键方面。关于同盟国破解"埃尼格玛"机器过程的最佳记述是拉特克利夫（R. A. Ratcliff）著，《智力的妄想：埃尼格玛、超级机密与安全密码的终结》（Delusions of Intelligence: Enigma, Ultra, and the End of Secure Ciphers，剑桥：Cambridge University Press，2006 年），书中充满了各种技术细节。拉特克利夫的著作很好地解释了德国的制度和组织文化是如何被同盟国所利用的。要了解同盟国掩盖情报来源的例子，可参见尼尔·巴尔（Niall Barr）著，《战争的钟摆：三次阿拉曼战役》（The Pendulum of War: The Three Battles of El Alamein，纽约：Overlook Press，2005 年），他在书中指出，在轰炸机根据超级机密的指引轰炸护航船队之前，都必须首先"让一架飞机目击到"船队（第 223 页）。

49. 哈尔·沃恩（Hal Vaughan）著，《罗斯福的十二使徒：为北非登陆铺平道路的间谍们》（FDR's 12 Apostles: The Spies Who Paved the Way for the Invasion of North Africa，康涅狄格州吉尔福德：Lyons Press，2006 年）。

50. 要了解"嘉宝"不可思议的传奇故事，请参见赫尔维·豪夫勒（Hervie Haufler）著，《从未存在的间谍网：伪装成纳粹间谍的同盟国双面间谍的真实故事》（The Spies Who Never Were: The True Story of the Nazi Spies Who Were Actually Allied Double Agents，纽约：NAL Caliber，2006年），尤其是第190—202页。

51. 梅加吉著，《希特勒总司令部揭秘》，第93页。

52. 出处同前，第142—169页有这一危机时期总参谋部工作的生动描述，尤其是第168—169页。

53. 要了解巴巴罗萨行动和此后的东线战役，必须首先阅读德国官方战史—德国军事历史研究所，《德国与第二次世界大战》，第4卷，《进攻苏联》（Das Deutsche Reich und Der Zweite Weltkrieg, vol. 4, Der Angriff auf die Sowjetunion，斯图加特：Deutsche Verlags-Anstalt，1983年），尤其是于尔根·弗斯特（Jürgen Förster）执笔的《作为征服与灭绝战争的"巴巴罗萨"行动》（Das Unternehmen 'Barbarossa' als Eroberungs- und Vernichtungskrieg），第413—447页；恩斯特·克林克（Ernst Klink）的《作战指示：陆军与海军》（Die Operationsführung: Heer und Kriegsmarine）（第451—652页）；和霍斯特·博格（Horst Boog）的《作战指示：空军》（Die Operationsführung: Die Luftwaffe），第652—712页。要了解当代德国史学界的研究，见罗尔夫-迪特尔·米勒（Rolf-Dieter Müller）和格尔德·于贝舍尔（Gerd R. Überschär）著，《希特勒的东方战争，1941—1945：研究报告》（Hitlers Krieg im Osten, 1941 - 1945: Ein Forschungsbericht，达姆施塔特：Wissenschaftliche Buchgesellschaft，2000年）。有两部英语作品对后来的所有相关著作都产生了深远影响，它们都是"美国陆军历史丛书"中的一部分：厄尔·齐姆克和马格纳·鲍尔著，《从莫斯科到斯大林格勒：决战东线》和厄尔·齐姆克著《从斯大林格勒到柏林：德军在东线的失败》。这两部作品至今仍是关于德军作战细节的最佳资料。约翰·埃里克森关于东线的两卷史书《通往斯大林格勒之路》和《通往柏林之路：斯大林对德战争史编》则是最早提供苏方作战细节的英语作品。特别值得一提的是，埃里克森的文字可读性很强，甚至颇能给人启发。另一本影响特别大的书是乔治·布劳曼，《德军在俄国的战役——策划与作战，1940—1942》，美国陆军部宣传册20-261a（The German Campaign in Russia—Planning and Operation, 1940 - 1942, Department of the Army Pamphlet 20-261a，华盛顿哥伦比亚特区：美国陆军部，1955年），它也是"德军报告"丛书的一部分，具有该丛书的一切优点和缺点。书中表达观点的军官有担任总参谋长至1942年的弗朗茨·哈尔德将军、戈尔德哈德·海因里西将军（General Gotthard Heinrici）"等人"（第iii页）。有关的回忆录数不胜数，但几乎全部来自德国一方。例如，可参见古德里安的《闪击英雄》，埃里希·冯·曼斯坦因的《失去的胜利》和梅林津的《坦克战》。最近出版的还有艾哈德·劳斯（Erhard Raus）原著，史蒂芬·牛顿（Stephen H. Newton）编译的《装甲司令：艾哈德·劳斯大将东线回忆录》（Panzer Operations: The Eastern Front Memoir of Erhard Raus, 1941 - 1945，纽约：Da Capo，2003年），以及彼得·楚拉斯（Peter G. Tsouras）的《坦克在东线：艾哈德·劳斯大将和他的装甲师在俄国，1941—1945》（Panzers on the Eastern Front: General Erhard Raus and His Panzer Divisions in Russia, 1941 - 1945，伦敦：Greenhill，2002年）。至于说到现代的学术研究，无论在苏联军事还是苏德战争领域，戴维·格兰茨（David M. Glantz）都是当今西方首屈一指的权威。如今他还在继续耕耘着他的成功事业，发掘大部分历史学者闻所未闻的苏联史料，将它们汇编成严谨的记述并配上时常闪耀智慧光芒的分析，以令人咋舌的速度推出一部部杰作。这里可以列个不完整的书单：《巨人的碰撞：苏联红军如何打败希特勒》（When Titans Clashed: How the Red Army Stopped Hitler，劳伦斯：University Press of Kansas，1995年）是他与乔纳森·豪斯（Jonathan M. House）合写的，其优点在于打破了传统的写作模式，不再完全从国防军如何失败的角度分析巴巴罗萨行动；《泥足巨人：苏德战争前夕的苏联军队》（Stumbling Colossus: The Red Army on the Eve of World War II，劳伦斯：University Press of Kansas，1998年）；《巨人重生：战争中的苏联红军，1941—1943》（Colossus Reborn: The Red Army at War, 1941 - 1943，劳伦斯：University Press of Kansas，2005年）；还有为那些看了近800页叙述、注释和表格还不过瘾的读者准备的《巨人重生姊妹篇》（Companion to Colossus Reborn，劳伦斯：University

Press of Kansas, 2005 年），其中包含了比前作"更丰富、更完整的基础档案"。他针对具体战役的专题著作包括同样与乔纳森·豪斯合写的《库尔斯克战役》（The Battle of Kursk, 劳伦斯：University Press of Kansas, 1999 年），《朱可夫的最大失败：1942 年红军在火星行动中的史诗级惨败》（Zhukov's Greatest Defeat: The Red Army's Epic Disaster in Operation Mars, 1942, 劳伦斯：University Press of Kansas, 1999 年），以及《列宁格勒战役，1941—1944》（The Battle for Leningrad, 1941‑1944, 劳伦斯：University Press of Kansas, 2002 年）。不用说，他还将推出更多杰作。

54. 梅加吉著，《灭绝战争》，第 24 页。

55. 见康斯坦丁·普列沙诺夫（Constantine Pleshakov）著，《斯大林的蠢行：第二次世界大战在东线悲剧的头十天》（Stalin's Folly: The Tragic First Ten Days of the World War II on the Eastern Front, 波士顿：Houghton Mifflin, 2005 年），第 2 页。这是一部将学术研究与通俗历史巧妙结合的杰作，唯一的缺点是它鼓吹所谓的"预防性战争"理论，认为斯大林本打算在 1941 年 6 月进攻德国，结果被德国人抢先了一步。如今已有许多学者的研究指出，这一观点并没有真正的档案证据支持。请参见格尔德·于贝舍尔和列夫·别济缅斯基（Lev A. Bezymenskij）编，《1941 年德国对苏联的进攻：关于预防性战争理论的争论》（Der deutsche Angriff auf die Sowjetunion, 1941: Die Kontroverse um die Präventivkriegsthese, 达姆施塔特：Primus, 1998 年）。其中价值特别大的几篇文献是沃尔夫拉姆·韦特的《纳粹宣传的预防性战争理论的强盗实质》（Die NS-Propagandathese vom angeblichen Präventivkriegscharakter der Überfalls）的第 38—47 页，尼古拉·罗曼尼切夫（Nikolaj Romani⊠ev）的《反击苏联的军事计划》（Militärische Pläne eines Gegenschlags der UdSSR）的第 77—89 页，以及列夫·别济缅斯基的《苏联情报机关与 1941 年战争的开端》（Der sowjetische Nachrichtendienst und Kriegsbeginn von 1941）的第 103—115 页。

56. 约翰·卢卡奇（John Lukacs）著，《1941 年 6 月：希特勒与斯大林》（June 1941: Hitler and Stalin, 康涅狄格州纽黑文：Yale University Press, 2006 年），第 74—75 页。

57. 普列沙诺夫著，《斯大林的蠢行》，第 11 页。

58. 全面审视战争开局阶段的混乱情况的最佳著作是凯瑟琳·梅里戴尔（Catherine Merridale）的《伊万的战争：苏联红军中的生与死，1939—1945》（Ivan's War: Life and Death in the Red Army, 1939‑1945, 纽约：Metropolitan Books, 2006 年），尤其是第 82—115 页。

59. 普列沙诺夫著，《斯大林的蠢行》，第 216—217 页。

60. 出处同前，第 169—171 页。

61. 要了解北方集团军群向列宁格勒的进军，请参见不可不读的"战斗中的国防军"（Die Wehrmacht im Kampf）丛书第 29 卷，由第 4 装甲集群参谋长夏尔·德博利厄将军（General W. Charles de Beaulieu）执笔的《第 4 装甲集群对列宁格勒的进军》（Der Vorstoss der Panzergruppe 4 auf Leningrad, 内卡格明德：Kurt Rowinckel Verlag, 1961 年）。该书的一个简要英文译本是《进军列宁格勒：波罗的海国家，1941 年 6—9 月》（Drive to Leningrad: The Baltic States, June‑September 1941），《第二次世界大战史》（History of the Second World War），第 23 期（1978 年）：第 617—628 页。

62. 要了解军马对于德军的"机械化"战争的重要意义，理查德·迪纳尔多（Richard L. DiNardo）的著作必不可少。请参见《机械化铁军还是不合时宜的军队？军马与第二次世界大战中的德国军队》（Mechanized Juggernaut or Military Anachronism? Horses and the German Army of World War II, 康涅狄格州韦斯特波特：Greenwood, 1991 年）；还有他与奥斯汀·贝（Austin Bay）合写的"德国军队中的畜力运输"（Horse-Drawn Transport in the German Army），《现代史杂志》（Journal of Contemporary History）第 23 辑，第 1 期（1988 年）：第 129—142 页。另

见梅加吉著，《灭绝战争》，第 29 页。

63. 关于中央集团军群的直接资料是费多尔·冯·鲍克著，《费多尔·冯·鲍克元帅战争日记，1939—1945》(Generalfeldmarschall Fedor von Bock: The War Diary, 1939 - 1945，宾夕法尼亚州阿特格伦：Schiffer Military History，1996 年)。

64. 要了解第 2 装甲集群在巴巴罗萨行动开局阶段的作用，见古德里安著，《闪击英雄》，尤其是第 120—152 页。

65. 奇蒂诺著，《德式兵法》，第 293—294 页。

66. 要了解南方集团军群在巴巴罗萨行动开局阶段的情况，请参见魏尔纳·豪普特（Werner Haupt）编，《南方集团军群：国防军在俄国，1941—1945》(Army Group South: The Wehrmacht in Russia, 1941 - 1945，宾夕法尼亚州阿特格伦：Schiffer，1998 年)，尤其第 7—108 页。

67. 这段著名的论断是在弗朗茨·哈尔德将军著，《战争日记》第 3 卷《到进军斯大林格勒为止的对俄作战》(Kriegstagebuch, vol. 3, Der Russlandfeldzug bis zum Marsch auf Stalingrad，斯图加特：W. Kohlhammer Verlag, 1964) 1941 年 7 月 3 日的日记中，第 38—39 页。

68. 要了解乌曼包围战，见豪普特编，《南方集团军群》，第 30—47 页。

69. 见哈尔德著，《战争日记》中 1941 年 8 月 11 日的记录，卷 3 第 170 页。

70. 要了解这些发生在斯摩棱斯克城下的、至今仍鲜为人知的战斗及其影响，见格兰茨和豪斯著，《巨人的碰撞》，第 58—61 页。

71. 要了解杰斯纳河畔的战斗，以及获取特别有帮助的地图，请参见帕特·麦克塔格特的《斯摩棱斯克—叶利尼亚:抗击闪电战》(Smolensk-Yelnia: Blunting the Blitzkrieg)，《指挥》第 21 期(1993 年 3—4 月)：第 52—59 页。

72. 劳斯著，《装甲司令》，第 26—33 页。

73. 汉斯·基塞尔著《初遇 T-34》(Die ersten T-34)，《军事科学评论》第 5 辑，第 3 期（1955 年 3 月）：第 130—132 页。

74. 哈尔德在他的战争日记中一丝不苟地记录了损失数字。例如，可参见哈尔德著，《战争日记》卷 3 中 1941 年 8 月 4 日（第 151 页）、8 月 7 日（第 161 页）和 8 月 17 日（第 182 页）的记录。他在 8 月 4 日给出的数据是国防军在东线已经伤亡 213301 人，到了 8 月 17 日这个数字已经上升到 318333 人 [几乎占整个东线部队（Ostheer）的 10%]。

75. 梅加吉著，《希特勒总司令部揭秘》，第 123 页。这场会战中的后勤问题应该受到更多关注。见克劳斯·弗里德里希·许勒尔（Klaus A. Friedrich Schüler）著，《对俄战争中的后勤：铁路在德军进攻苏联的策划、准备和截至莫斯科城下冬季危机为止的执行过程中所起的作用，1941—1942》(Logistik im Russlandfeldzug: Dsie Rolle der Eisenbahn bei Planung, Vorbereitung und Durchführung des deutschen Angriffs auf die Sowjetunion bis zur Krise vor Moskau im Winter, 1941 - 42，法兰克福：Peter Lang, 1987)，笔者参考的是用电脑打印的版本。

76. 见德博利厄著，《第 4 装甲集群对列宁格勒的进军》，第 75—76 页、89—108 页。

77. 要了解基辅包围战，请参见豪普特编，《南方集团军群》，第 48—86 页。杰弗里·朱克斯的《进军基辅：乌克兰，1941 年 6 月 23 日—9 月 18 日》(Drive to Kiev: Ukraine, June 23 - September 18, 1941)，《第二次世界大战史》，第 22 期（1978 年）：第 605—616 页，是一篇特别出色的作战记述。

78. 例如，读者可以参见迄今为止关于巴巴罗萨行动的最有趣的著作之一：斯托尔菲（R. H. S. Stolfi）著，《希特勒的装甲部队在东线：第二次世界大战新解》(Hitler's Panzers East: World

War II Reinterpreted，诺曼：University of Oklahoma Press，1992 年）。斯托尔菲以大量档案为证据，指出国防军在 8 月完全有能力向莫斯科进军，它的后勤和作战力量都足以支持它抵达该目标，而希特勒"对德国军队进攻能力的根本性低估"和他将战争看作"攻城战"的解读才是德军在这场会战中真正的问题。在斯托尔菲看来，希特勒挥师进攻基辅的决定可谓是 20 世纪"意义重大的决断"（第 201 页）。

79. 要了解台风行动，请参见奇蒂诺著，《德式兵法》，第 297—301 页。要了解关于台风行动的操作缺陷的犀利讨论，见克林克的《作战指示：陆军与海军》，第 575—579 页。

80. 鲍克著，《鲍克战争日记》，10 月 21 日的记录（第 337 页）。

81. 出处同前，10 月 24 日的记录（第 340 页）。

82. 出处同前，10 月 28 日的记录（第 362 页）。

83. 关于莫斯科战役，有一份很好的第一手史料，那就是瓦西里·索科洛夫斯基元帅（Marshal Vasili Sokolovsky）的《莫斯科战役》（The Battle of Moscow），收录于《希特勒的败仗：东线俄国将领关于第二次世界大战的第一手记述》（Battles Hitler Lost: First-Person Accounts of World War II by Russian General on the Eastern Front，纽约：Richardson & Steirman，1986 年）的第 50—61 页。要了解普通人视角的记述，请参见罗德里克·布雷思韦特（Rodric Braithwaite）著，《莫斯科 1941》（Moscow, 1941，纽约：Knopf，2006 年），该书利用各种回忆录、日记和访谈，成功反映了那段史诗般的岁月。

84. 有关莫斯科反攻的专家叙述和分析——考虑到其广大的范围和混乱的性质，这绝非易事——请参见格兰茨和豪斯的《巨人的碰撞》第 87—97 页和梅加吉的《灭绝战争》第 99—115 页。

85. 要了解斯大林将莫斯科攻势扩大为"战略进攻"的尝试，见格兰茨和豪斯的《巨人的碰撞》第 91—97 页。

86. 《大德意志解放战争》，第 120 节，"东线作战五个月以后"（Nach fünf Monaten Ostfeldzug），刊登在《军事周刊》第 126 辑，第 22 期（1941 年 11 月 28 日）的第 595—598 页。这段引文来自第 595 页。

87. 德尼克尔上校（Colonel Däniker）的《两年来德国的战略》（Zwei Jahre deutsche Strategie），刊登在《军事周刊》第 126 辑，第 23 期（1941 年 11 月 25 日）的第 637—643 页。

88. 《大德意志解放战争》，第 128 节，"防御中的攻击精神"（Offensivgeist in der Defensive），刊登在《军事周刊》第 126 辑，第 30 期（1942 年 1 月 23 日）。

第二章
国防军的复苏：克里米亚战役

对德军总司令部中的许多人来说，1942 年是个"新起点"[1]，是深吸一口气、尽情品味劫后余生的喜悦的时刻。事实上，这应该也是德国人进行痛苦检讨的时刻。在 1941 年夏天，德军企图通过一场大会战（巴巴罗萨行动）击溃苏联，结果在初期取得了巨大的成功，沉重地打击了苏联红军。但这个行动还是失败了。当一系列不同寻常的条件使国防军得以卷土重来时，他们在 10 月发起了进军莫斯科的台风行动。这次行动在沉重打击敌人后又失败了。事实上，这一行动在苏联首都城下遭遇了苏联红军声势浩大的冬季反攻，最终以灾难性的结局而告终。在新年的头几个月里，面临苏联红军发起的最终遍及整个东线的战略大反攻，首先是中央集团军群，然后是国防军的其他部队，都发现自己将不得不为生存而战。一支以善于进行战役级别的快速机动战而自豪的军队此时分散成一股股身心俱疲的"步兵小分队"，在他们所能找到的任何可怜的过冬避难所里咬牙坚守。但他们还是挺过了冬天，此时该展望以后的战斗了。

1942 年的战略问题与上一年有很大不同。第三帝国此时面对的是史无前例的强国大同盟。从我们所处的时代来看，很难想到有什么能让德国打赢这场战争的合理方案，这是任何研读过大量"架空历史"类著作的人都可以证明的。[2] 但是请读者务必记住，在 1942 年，这场战争的未来走向确实存在着几种可能。从理论上讲，德国人有很多事可做。他们可以研制出更加先进的潜艇，打一场针对同盟国海上运输的破交战[3]；他们可以全力发展自己的战略轰炸机部队，而不是像历史上那样偶尔才做并不认真的考虑[4]；他们可以在 1941 年年底就转入总体战模式，而不是在 1943 年斯大林格勒战役结束后才想到这么做（到那时一切都太晚了）。[5] 当时德国军队基本上占领了整个欧洲，将欧洲大陆的大部分工业地区都纳入帝国版图，而且德国本土也尚未感受到同盟国的轰炸攻势所带来的痛苦，因此他们确实有资源做出许多选择。比如说，如果德国在 1941 年就大大增加高射炮的产量，到 1944 年能产生多大的影响？ 德制高射炮的杀伤力是足够的，这一点有 B-17 和 B-24 机组人员用鲜血付出的代价为证。[6] 或者，如果在生产安排中将 U 艇的优先级排在坦克之上又会怎样？ 同盟国在大西洋反潜战中的胜利是军事史上常见的险胜战例之一，或许也是希特勒错过的机会之一。只要在某些方面多加注意，在另一些方面做些调整，德国就很有可能赢得战争，或者将失败延缓到足以使自己虽败犹胜。

所以，德国赢得战争的可能性是存在的。只是在现实中，指望德国通过潜艇战、防空武器或改进的通信情报赢得战争，或者哪怕只是改善它在战后的处境，都是忽视了历史的观点。德国作为一个强国，其实力的基础始终是它的陆军。由于地处欧洲中央，边境基本上无险可守，资源又远远少于其邻国，德国没有资本执行可能在长远带来胜利的战略。因为从任何潜在战争的第一天起，德国在边境上面临的威胁就远远超过美国，所以无论诞生了多少才华横溢的核物理学家，像曼哈顿计划这样风险大、周期长的研究项目都不太可能在这个国家诞生并获得拨款。这就是德国人从未真正大力发展远程轰炸机的原因——战略轰炸也许有效，但它无疑需要时间；这也是德国海军从未全力开展破交战的原因——无论破交战在长期能对英国人构成多大威胁，它都不是一种为了快速见效而设计的战略。只有陆军人仍然有可能赢得一次足以拆散敌对联盟的决定性胜利。

德国在 1942 年年初面临着严重的战略困难，在陆上、海上和空中都要以寡敌众。德国被敌国团团包围，其陆军主力在莫斯科城下以及整个冬季的战斗中刚刚遭受了可怕的、几乎是毁灭性的打击，自身在东线的伤亡总计已有 100 万人出头。尽管如此，在当年春季德军的决策过程中，或许最值得注意的一点就是：当希特勒决定在苏联再发动一次大规模攻势时，军中竟然少有异议。纵向参照漫长的德国军事史就可知道，这种看似绝望的局面只给了国防军一个选择：进攻。

前奏：克里米亚

希特勒和他的总司令部坚信，1941 年兵败莫斯科的最主要原因是冬天，只要天气转暖、地面干燥，苏联红军依旧不是国防军的对手，因此他们下令在 1942 年夏季再次发动大规模攻势。这场攻势将被称为"蓝色行动"（Operation Blue）。在巴巴罗萨行动期间，关于目标曾发生过令人苦恼的争论，希特勒要求用兵于侧翼（乌克兰和列宁格勒），而他的将军们大多主张先攻取莫斯科。这一次，这个问题变得无关紧要了。曾与希特勒争执的人大多不是解甲归田就是被临时弃用。既然总参谋部里没有多少成员还热衷于再次进攻莫斯科，而列宁格勒前线又在苏联最难通行的部分地段陷入阵地战（Stellungskrieg）僵局，蓝色行动当然就要在南方发动。

不过，国防军方面也很清楚，在这个行动开始前，必须先实施一些预备性战役，解决上一次战役的遗留问题。在这些问题中，最突出的就是克里米亚的局势。[7] 在彻底粉碎这个半岛上苏军恼人的抵抗之前，德国军队不可能放心东进。"只要克里米亚半岛在敌人手中，在实施如此深远的推进时，我军的南方侧翼就将面临极大的危险，"一个德国军官写道，"敌军随时可以从克里米亚半岛北上，对南方集团军群的南方侧翼或后方发动特别危险的进攻。克里米亚半岛上强大的敌军集团对于在亚速海以北作战的德军部队的后方交通和补给线构成了永久的威胁。"[8] 即使能封锁这个半岛狭窄的颈部，只要克里米亚在苏军手中，以该半岛为依托的两栖部队就始终能够与以塞瓦斯托波尔为基地的黑海舰队配合，通过登陆作战的方式威胁德军。此外，从克里米亚起飞的苏军飞机还可能对普洛耶什蒂（Ploesti）的罗马尼亚油田构成严重威胁，而这些油田正是德国最容易遭受攻击的后勤节点之一。[9]

克里米亚战役是现代战争史上最耐人寻味、最不同寻常的战役之一。双方都将大量部队塞进一块狭小局促的地域中，有时兵力密度达到了笔墨难以形容的地步。此役的德方指挥官埃里希·冯·曼斯坦因称它为"一场不间断地打了十个月的战役，其中既有进攻战也有防御战，有具备充分行动自由的运动战，有迅猛的追击战，有掌握制海权的敌军发起的登陆战，还有游击战和针对一个重兵把守的要塞的攻坚战"。[10] 此外，克里米亚战役还包括了曾经在普鲁士 – 德意志传统中司空见惯，但此时却日渐稀少的要素：一支"以超过东线战场上其他任何军队的独立性作战了九个多月"的部队。[11] 按照曼斯坦因本人的话说，这是"很罕见的情况，一个集团军在一个孤立的战区内，只能依靠自身的力量，在没有总司令部干预的情况下仍能独立作战"。[12]

这在很大程度上是克里米亚半岛本身的独特性质导致的。克里米亚的主体部分近似于菱形，它的四个角大致指向东南西北四个方向：彼列科普（Perekop）在北，阿克梅切特（Ak-Mechet）在西，塞瓦斯托波尔在南，巴尔巴赫（Parpach）在东。辛菲罗波尔（Simferopol）城恰好坐落在这个菱形的中心点。这个半岛似乎是在很久以前的大地震影响下从大陆分离出来的，仅仅通过彼列科普地峡与乌克兰的主体保持连接，这个地峡本身是一条不足 8 千米宽的狭长陆地，而且其中还分布着大量湖泊。彼列科普地峡的西边是大海，东边是一片军队几乎不可能通行的咸水沼泽——"锡瓦什湖"（Sivash）。在锡瓦什湖东边还有一条狭长的陆地，就像连接两地的一条丝线，从大陆上的海尼切斯克（Genichesk）通往辛菲罗波尔的铁路就穿行于其中。塞瓦斯托波尔是这个半岛上的重要港口、海军基地和要塞，它坐落于半岛的西南海岸，在任何涉及克里米亚的战役中都是显而易见的兵家必争之地。不过，德军只能暂缓考虑征服塞瓦斯托波尔的问题。光是打进克里米亚半岛就够困难了。

克里米亚的复杂地形还不止于此，它还从菱形向东的尖端伸出了另一条狭长的陆地。这就是刻赤半岛，它从西边的巴尔巴赫延伸出来，像箭头一样指向东方的库班（Kuban）地区，与其只相隔一条最窄处仅有 4.8 千米左右的海峡。任何从北面突入克里米亚并攻向塞瓦斯托波尔的军队都有充分理由担心自己的侧翼和后方，因为刻赤海峡可以成为敌人援军进入克里米亚的捷径，而刻赤半岛本身也可以充当一个一夫当关万夫莫开的关口。

总而言之，克里米亚似乎就是战神亲自设计的，旨在对进攻方和防守方提出各种时间和空间上的棘手难题。首先，进攻方光是为了进入这个半岛，就必须发起一场精心准备的攻坚战。即使突破成功，防守方也可以分别向两个方向撤退，即南撤至塞瓦斯托波尔和东撤至刻赤半岛。进攻方如果集中兵力攻打刻赤，就很容易遭到来自塞瓦斯托波尔的打击，反之亦然。但防守方也不能高枕无忧：由于防守方天生具有在塞瓦斯托波尔或刻赤固守的倾向，这就给进攻方提供了内线机动和自由选择目标的优势。而如果进攻方幸运地突入刻赤半岛，就可以利用跨越海峡的捷径进入高加索西北端的塔曼（Taman）半岛，从而杀入南线苏军战略要地的深远后方。

德军曾在 1941 年秋季尝试征服克里米亚，结果未能得逞。[13] 随着南方集团军群向罗斯托夫东进，一个集团军（第 11 集团军，指挥官原本是欧根·冯·朔贝特将军）准备南下进入该半岛。但是冯·朔贝特将军还没来得及执行这一机动，就坐着他的菲泽勒"鹳"式指挥通信机倒霉地降落在苏军新布设的一片雷场，当场被炸身亡。[14] 继任的新指挥官冯·曼斯坦因将军在德国军官团中早已名声大噪，是他为 1940 年西线那场极为成功的战役制定了作战计划——黄色方案。那是一个大胆的计划——当时曾被某些人批评为过于大胆——要求集中装甲兵力，穿过地形复杂的阿登森林（Ardennes Forest）发起突击。当地林木茂密、路径蜿蜒、深谷纵横，根本不是适合坦克机动的地区，因此也几乎没有法国和比利时军队布防。当时在格尔德·冯·龙德施泰特将军的 A 集团军群司令部任职的曼斯坦因在向上级推荐这个计划时遇到重重阻力，而他过激的态度和傲慢的个性也触碰了不少高级军官的逆鳞。按照毛奇时代留下的传统，参谋军官不应有扬名立万的非分之想——他们工作的唯一目的应该是为其指挥官追求更大的荣耀。[15] 但是希特勒听说了此事，并且认定曼斯坦因的计划正好符合他的需要，而顽固保守的将军们却拒绝为他制定的计划：对西方列强的强大军队发动闪电般的奇袭，有可能取得决定性的胜利。当然，这个计划确实让希特勒梦想成真，但曼斯坦因本人作为第 38 军（一支步兵部队）的军长，在这场战役里只扮演了一个比较不起眼的小角色。[16]

随着巴巴罗萨行动开始，曼斯坦因获得了向往已久的装甲部队指挥权，成为第 56 装甲军的军长。他作为北方集团军群的先锋，在战役最初的几天里猛打猛冲、势如破竹，一路杀到了德文斯克。后来曼斯坦因写道，那是一段"实现了坦克部队指挥官的一切梦想"的经历。[17] 但此后他就收获了失望。在德文斯克，曼斯坦因接到自己的装甲集群司令埃里希·霍普纳将军的命令，要他停止前进，等待第 41 装甲军和左翼的第 16 集团军与他靠拢。这个停顿使德军丧失了快速突破德维纳河所带来的真正良机。曼斯坦因一直等到 7 月 2 日才继续向列宁格勒进军，曼斯坦因几乎从一开始就遭遇了激烈抵抗，因为苏联红军已经利用这段时间集结起了预备队，并在一定程度上重建了防线。此后问题更是层出不穷：地形难以通行，攻击方向一变再变，霍普纳和北方集团军群司令冯·勒布将军的命令自相矛盾，而最重要的是，苏军的兵力越来越强，尤其对集团军群暴露的东南侧翼造成了严重压力。

既然对列宁格勒的进攻已经陷入僵局，当曼斯坦因接到上级要他接替命丧黄泉的朔贝特指挥第11集团军的命令时，他也许没有任何不满。事实上，对任何德国军官来说，这都是另一种梦寐以求的任命：一个多少可以独立指挥的岗位，具有真正的机动作战机会，而且与柏林隔着千山万水。他在9月17日到达了位于布格河（Bug River）入海口的尼古拉耶夫（Nikolayev）的新指挥部。他指挥着整条俄国战线的最南端，同时负责克里米亚和第聂伯河下游流域。他还有一个并非所有德国指挥官都需要承担的责任：与盟国军队联合作战，具体说来就是与彼得·杜米特雷斯库将军（General Petre Dumitrescu）指挥的罗马尼亚第3集团军联手。[18]

和那年秋天的许多德军部队一样，曼斯坦因接到了同时向两个方向进攻的命令，他从走马上任的那一刻起，就决定优先进攻克里米亚。他的原计划是让由埃里希·汉森将军（General Erich Hansen）担任军长的第54军（下辖第46和第73步兵师）担当突击彼列科普阵地的主力。[19] 这一带的地峡是一片盐碱地草原，平坦得就像一块煎饼，一点可作为掩护的地形都没有，而苏军把守着纵深约为40千米的防御地带。两个主攻师将会得到重炮支援，还有第4航空队的"斯图卡"俯冲轰炸机相助。后者将发挥关键作用，因为在这片一马平川的地方，炮兵基本上没有任何观测手段。说实话，步兵需要获得所能得到的一切帮助。一位参谋军官表示，这是一次赌博，"我们所能仰仗的唯有已经被反复证明的部队指挥水平的优越性，以及德国士兵的勇敢和进攻精神"。[20] 如此夸张，甚至有些浪漫的辞令很容易招人嘲笑，但它确实应该被写进历史档案。无论其中内容是否真实，国防军的军官团确实对此深信不疑。

此外，曼斯坦因还准备了两支部队，一旦第54军达成突破，就用它们向克里米亚半岛纵深发展：由路德维希·屈布勒将军（General Ludwig Kuebler）率领的第49山地军（下辖第170步兵师，以及第1和第4山地师）和党卫军第1装甲师（"阿道夫·希特勒警卫旗队"）。与此同时，为了填补因为分兵克里米亚而在大陆上形成的空隙，曼斯坦因部署了杜米特雷斯库将军指挥的罗马尼亚第3集团军。此时罗马尼亚人对于渡过第聂伯河作战依然有相当大的抵触情绪，这是因为罗马尼亚已经实现了其参战的主要目的，也就是收复一度失去的比萨拉比亚省（后来的摩尔达维亚苏维埃社会主义共和国，现在已独立的摩尔多瓦共和国）。

这次行动在9月24日发起后，开局就打得很不顺利。[21] 第54军以第73师居右、第 46 师居左，必须经彼列科普地峡杀开一条血路。虽然这支部队得到了大炮、高射炮和飞机的强力支援，但战斗依然打成胶着状态，敌我双方都伤亡惨重（一如这种短兵相接的阵地战的常态）。两个主攻师在乌克兰鏖战数月，本已元气大伤，而苏军阵地又修筑得很坚固（包括一系列混凝土地堡，并以几乎无法发现的堑壕系统相连）。用一个德军战斗工兵的话来说，地峡中的两个主要城镇彼列科普和普列奥布拉任卡（Preobrashenka）之间事实上连接着"连房子都串联起来的、令人惊叹的地道系统"。[22] 而且，德军在战斗打响时对这些地道的存在一无所知。最后，这里还有所谓的"鞑靼城墙"（德军习惯用这个名称指代他们在苏联南部遇到的几乎每一个古老防御工事），它其实是一条开凿于 18 世纪的壕沟，深 10 到 15 米不等，横穿地峡最狭窄的部分。[23] 苏军的主要防线就设置于此，防守它的是三个步兵师：第 156、第 271 和第 276 师。[24]

既然防守的苏军依托既设阵地战斗，那么最初阶段的进攻在很大程度上就得由工兵主导了。他们接近敌军阵地，施放烟幕，用炸药包对付地堡，用手榴弹扫清战壕。他们也和步兵部队的许多下级指挥官一起成批地死去。在最初的三天，德军只能取得有限的进展，缓慢地向着"鞑靼城墙"推进。然后，他们又花了三天时间才越过这条壕沟，接着又艰难地突破亚美尼亚斯克（Armyansk）城下的苏军防线。由于此时在几乎无遮无掩的开阔地上防守的苏军遭到"斯图卡"的猛烈打击，抵抗强度逐渐减弱（有一份德方资料形容在空中打击下死去的苏军士兵"尸积如山"）。[25] 苏军为了巩固阵地，曾经做了孤注一掷的尝试，用第 5 坦克团发起突击。第 5 坦克团突破了元气大伤的德军的前沿阵地，推进到"鞑靼城墙"以北，事实上突入了德军第 73 师的后方。但是区区一个团的孤军深入不足以挽回战局，而苏军的坦克也遭到德军炮兵和已经在这片小战场上赢得制空权的德国空军无情打击。最终第 5 坦克团损失惨重，不得不撤退。这是这场战役的转折点。过了亚美尼亚斯克，半岛地势渐显开阔，也就多了一些机动的余地。至此德军已经穿越地峡。但遗憾的是，这样的成就却没有任何意义。曼斯坦因此时处境尴尬，因为他手头没有部队来利用步兵经过苦战以后赢得的突破。原计划用于追击的两支部队此时都已无法调用。例如，他本打算在条件允许的情况下，动用党卫军第 1 装甲师快速突击塞瓦斯托波尔。然而天有不测风云，"警卫旗队"师刚刚接到上级要他们原地待命的命令，以便随时加入克莱斯特的第 1 装甲集群，向罗斯托夫进军。不仅如此，两个先头步兵师的损失也已经很大，都需要一定时间休整补充，才能继续向克里米亚腹地进攻。

　　另一方面,当德军步兵艰难穿越彼列科普地峡时,切列维琴科将军(General I. T. Cherevichenko)指挥的苏联南方面军也在亚速海以北主动对德国第11集团军发起了进攻。[26] 他手下有三个集团军(自北至南,依次是第12集团军、第18集团军和第9集团军),全都是苏军调上前线的新一波步兵部队的一部分,很快就会让德国南方集团军群陷入困境。这次进攻开始于9月26日,参战苏军猛攻德军阵地,在多处突入防御纵深,使整条防线有被彻底突破的危险。曼斯坦因的回忆录[27] 按照德方回忆录的惯例,把过错全都推给了罗马尼亚军队,还特地点名批评了罗军第4山地旅,但实际上,苏军的这次突击把第11集团军全军都打得措手不及。就连曼斯坦因也承认,在德国第30军的整个防区"形势变得十分危急"。[28] 为了挽回局面,已经在前往彼列科普的道路上走了一大半路程的德国第49山地军不得不原路返回。随着这个德国山地军重回前线,北方的战局很快稳定下来。但在最初的突击受挫之后,苏军依然对第11集团军防线上的相同地点发起反复攻击,尽管每一次都在付出沉重代价之后被击退,也不肯罢休。这也将成为此后四年东线战斗的常见模式。最终结果是苏军三个集团军都被牵制在该地,并且耗尽了所有预备队,这两种情况在与德国国防军对垒时都是非常危险的。

　　此时苏军还无法知道,对他们的威胁正在北方酝酿。克莱斯特装甲集群的一部正在赶赴这片战场,他们从位于扎波罗热(Zaporozhye)的第聂伯河桥头堡蜂拥而出,直接穿插到了切列维琴科的南方面军后方。克莱斯特的进攻是在9月30日开始的,第二天他的坦克就切断了南方面军的主要后勤补给线——哈尔科夫 – 扎波罗热铁路。切列维琴科试图挽回局面,千方百计想让他的战线以海岸线为轴心向后回转一定角度,但无论是他的命令下达速度,各集团军指挥体系的反应速度,还是部队本身的行动速度,全都不够快。而且,此时切列维琴科也没有能用来稳定战局的预备队,因为他已经把预备队全都投入到进攻中了。当第12集团军和第18集团军还在尝试重建面向后方的防线时,克莱斯特的前锋已经把他们完全分割开来。再加上"警卫旗队"师和第49山地军也从位于伯利兹拉夫(Berislav)的第聂伯河桥头堡沿亚速海西北海岸发起进攻[29],德军在奥列霍夫(Orekhov)和海滨小城奥西片科(Osipenko)之间合围了相当多的苏军部队,第18集团军和第9集团军基本上都在包围圈内。在南方面军右翼,第12集团军成功逃出包围,并为了与苏军主力保持接触而撤向东北方。当包围圈中的苏军被肃清时，德军共俘虏了 65000 人。

回头再说克里米亚，曼斯坦因已经做了一些认真的反思。他已经拿下了彼列科普，可是却没有能用于继续进攻的生力军。虽然这一事实说明在战争进行到这一阶段时苏联军队的素质还很低下，即使据守在大自然提供的最完美的瓶颈地带之一，依然无力自保，但曼斯坦因也从中发现，克里米亚的苏军部队远远超过了他先前预估的数量。曼斯坦因原先得到的情报说这里只有三个师，可此时他至少发现了七个师[30]，而且还有一个师正在被运往克里米亚，这是因为苏军已经开始从海路疏散被围困在敖德萨（Odessa）的部队——这座城市将在 10 月 16 日陷落。克里米亚的兵力问题再一次证明了德国情报机关的效能低下，而这样的事例真是数不胜数。更糟糕的是，曼斯坦因在地图上看到，亚美尼亚斯克以南还有一个瓶颈地带，也就是位于依雄（Ishun）城北郊的一个指状湖系。这里的地形构造使他只能让各师分头推进，相互之间既无法进行任何支援，也无法实施任何机动方案。而且，此时第 54 军显然已经筋疲力尽。这支部队损失了很多士兵和军官，突击部队的损失尤其大，而且军长汉森将军发现有些人员在战斗过程中已经出现了崩溃的征兆。

亚速海之战和彼列科普的惨烈战斗至少已经让德军总司令部的官员们明白，以第 11 集团军的能力，可以完成东进罗斯托夫和南下克里米亚这两个任务中的任何一个，却无法两者兼顾。曼施坦因此时接到了明确的命令：进入克里米亚，清除在那里抵抗的所有苏军。进军罗斯托夫的任务将由第 1 装甲集群单独完成，此时第 49 山地军已经正式划归该集群。[31] 而为了执行新的任务，曼斯坦因的集团军也得到了加强。除了此前一直在亚速海边作战的第 30 军（军长是汉斯·冯·扎尔穆特将军）和第 54 军（此时又增加了一个第 50 师，不过该师刚刚攻克敖德萨，还在前往克里米亚的途中），曼斯坦因又向 OKH（德国陆军总司令部）要来了一个军——第 42 军（下辖第 24 步兵师和第 132 步兵师）。他与罗马尼亚人的交涉也很成功，说服了扬·安东内斯库元帅（Marshal Ion Antonescu）将罗马尼亚山地军（下辖第 1 山地旅、第 8 骑兵旅和第 19 炮兵团）派遣到克里米亚半岛，不过这个调动只有在第 11 集团军突破北部瓶颈地带之后才会执行。[32]

因此，在曼斯坦因第二次尝试突入并征服克里米亚时，第 11 集团军的实力已经大大加强。由于需要整合这些新的部队，并积蓄物资，这次进攻直到 10 月 18 日才发动。这是一场从一开始就使彼列科普之战相形见绌的惨烈战斗。曼斯坦因将第54军下辖的第73师\第46师以及第30军下辖的第22师一字排开，并命令他们齐头并进。地形构造也确实令曼斯坦因别无选择，他的另几个师都留在后方，与其说是在提供支援，不如说是在等待先头部队为他们创造出机动空间。在如此不同寻常的地形条件下，也不可能有真正的主攻方向，双方的一线兵力对比（攻方的三个师对守方的三个师）也是纯粹的正面强攻战斗的典型配置。

此时苏军在依雄阵地的兵力共有八个师和四个骑兵旅，而且苏联红空军在这里也有不少兵力。这两个事实都表明斯大林对克里米亚所受到的威胁有多重视。苏军的战斗机和战斗轰炸机在最初几天的战斗中令国防军士兵苦不堪言——他们最重要的工作就是匆忙挖掘射击掩体和战壕。而且不仅是前线部队，后方梯队也需要修筑工事，就连军马的工事也不能少。[33] 德国空军也派出了第4航空军助战，他们又一次出色地执行了打击苏军前沿阵地以及后勤补给线、指挥部和后方设施的任务。尽管如此，第11集团军在战斗时无疑没有获得国防军部队已经习以为常的空中优势。

德军又一次遭受了巨大损失，军官的伤亡尤其严重，部队根本无法长期持续这样的战斗。曼斯坦因本人也表示，他"对部队战斗力下降之快感到焦虑"，怀疑在这样的条件下"争夺狭窄走廊的战斗有没有成功的可能"[34]。他手下的师长和团长们发来的报告去哪都是坏消息。但是，苏军的损失同样惨重。由于地形狭窄，德军的火炮对苏军造成了重大杀伤。防守方在阵地战中面临的困难往往会被低估，但这种战斗也可能对他们很残酷，尤其是在敌军拥有优势炮兵的情况下，而这一仗无疑就是如此。和以往一样，德军的优势不一定是在物质方面——例如，他们的火炮在威力和射程方面都不比苏军的强——而是在灵活性、射击控制，以及与步兵的联络等方面。

身经百战的德军步兵在这种战斗中无疑拥有优势。从某种意义上来讲，在这场战斗之前，他们已经在波兰的莫德林防线、法国的马其诺防线或希腊的梅塔克萨斯防线等坚固阵地前积累了经验。他们的小部队战术和部队之间的协同已经很成熟，而且他们在这场战争中截至此时的伤亡都不是很大，使得军官和士兵之间结成了牢固的、往往已持续数年的关系。在连长战死以后，士官会冷静地接替他们的职位，而不出几天，德军就有好几个营实际上已是由中尉指挥了。[35] 相比之下，依雄阵地上的苏军部队是被匆忙武装起来的应征步兵，他们既没有经历过实战，也没有随之而来的凝聚力。渐渐地，他们在德军的优势火力和更胜一筹的小部队训练水平面前开始变得力不从心。战线逐渐向南推移，沿着看起来不过是堤道的狭窄小路每次移动数百米。

到了10月25日，德军的攻击势头已经几近衰竭，但苏军的抵抗也在明显减弱。第51集团军已经将自己的12个师全部投入战斗，再也没有预备队了。这是在这类突击战中很常见的情况。苏军的前沿阵地遭到德军炮兵和航空兵几乎不间断的狂轰滥炸，而它在湖泊之间的防御阵地与彼列科普防线上的筑垒地域不可同日而语。最糟糕的是，每一个士兵和指挥员都清楚自己身后是什么：一片广阔的平原，中间没有一处阵地是德军无法轻易迂回或绕开的。10月28日，苏军在依雄城下的抵抗彻底崩溃，这最后一个因素所起的作用可能比其他任何因素都大。

虽然这是一次艰苦的强攻，但曼斯坦因终于杀进了克里米亚半岛。在这痛苦难熬的12天里，他无情地拒绝了将更多师团投入突破阶段的请求。虽然这也许增加了部队完成突破的难度，但也使第11集团军的其他部队得以在实力完好的情况下投入追击阶段。[36] 此时德军部队开始快速向纵深发展，三个军迅速席卷了整个半岛。在左路是新近赶到的第42军（下辖第170、第73和第46师），目标是东方的费奥多西亚（Feodosia），而最终目标是拿下刻赤；中路是第30军（下辖第72师和第22师），基本上径直南下，直奔雅依拉山脉（Yaila Mountains）和海岸[37]；右路是第54军（下辖第50师和第132师），向塞瓦斯托波尔进发。德军进展很快。此时此刻，在战争的这一阶段，还不是苏联红军所擅长的指挥和控制环节已经分崩离析。事实上，德军各师并不是完整地执行追击的，而是以"临时拼凑的小规模摩托化部队"[38] 对向南方和东方败逃的苏军部队紧追不舍，大雨和泥泞的道路对他们的迟滞作用远比苏军的作用大。位于半岛中央的辛菲罗波尔城在11月1日被一个摩托化反坦克（装甲歼击）营攻占，而另一个营也拿下了西海岸的叶夫帕托里亚（Eupatoria）。[39] 三天以后，半岛东南的重要港口费奥多西亚也告沦陷。刻赤在11月16日被攻占，败退的苏军第51集团军残部被通过海路疏散。除了塞瓦斯托波尔之外，曼斯坦因已经征服了整个克里米亚。

当然，缺了塞瓦斯托波尔，征服克里米亚的意义也就大打折扣了。事实上，占领塞瓦斯托波尔正是整个作战行动的存在理由，在攻克这座城市之前，这场战役不会结束。曼斯坦因原本的作战计划要求第54军实施奇袭，"保持追击的势头，紧随逃跑的敌军突入塞瓦斯托波尔，占领这个要塞"。[40] 但是大雨和松软的路面使第54军无法积聚起足够的速度或冲劲来完成这个任务，而且事实证明，在辛菲罗波尔和叶夫帕托里亚极为有效的机动先遣部队根本没有突破筑垒防线的作战能力，即使防守方兵力空虚也不例外，而这正是塞瓦斯托波尔在 10 月最后一个星期的情况。到了 11 月 8 日，第 54 军的追击已经在这座城市北面和东面约 9.7 千米外的防线上陷入停顿。此时双方都开始投入援军，塞瓦斯托波尔成了战役的焦点。德国第 30 军从东面迂回，迫使苏军退守巴拉克拉瓦（Balaklava），也使对塞瓦斯托波尔的包围圈逐渐收紧。苏军此时已经用精锐的海军陆战队部队据守外围防御工事，并且正在从敖德萨和高加索调兵遣将，增援这个要塞。等到围城战正式开始时，守军共有大约 52000 人和 170 门火炮，另外还有许多援军正在路上。[41] 虽然将这些战斗力参差不齐的人员整合成足以一战的部队尚需时日，但是这支被冠以"独立滨海集团军"之名的部队很快就在塞瓦斯托波尔周边建立了一条坚固的防线。

既然未能在行进中夺取塞瓦斯托波尔，曼斯坦因便开始认真策划强攻。但是就在第 11 集团军司令部研究计划时，却接连发生了很可能使攻城战从一开始就注定失败的变故，险些导致这一作战行动胎死腹中。首先是冬天的来临，它在克里米亚表现为阴雨连绵，继而是刺骨的严寒和大雪，这种气象条件曾在 1854 年对英法远征军造成了毁灭性的影响。单是天气因素就使德军不可能在 12 月中旬以前完成炮兵集结和开始炮火准备。其次，前线其他地段的战况导致第 11 集团军失去了一个师，当时南方集团军群正在经历自开战以来第一次真正的危机。克莱斯特的第 1 装甲集群的先头部队——埃伯哈德·冯·马肯森将军（General Eberhard von Mackensen）指挥的第 3 装甲军在 11 月 19 日攻占了位于顿河入海口的罗斯托夫。罗斯托夫是高加索的门户，对双方来说都是必争之地。因此马肯森几乎立刻就遭到了苏军的猛烈反击，这是苏联红军集中压倒优势兵力围攻长驱直入、锐气渐失的德军部队的最早战例之一。苏军第 56 集团军在南、第 9 集团军在东，通过两路夹击，在 11 月 28 日将第 3 装甲军赶出了这座城市。[42] 这是国防军在东线第一个真正的败仗。

此时克莱斯特将整个第 1 装甲集群向西后撤了大约 56 千米，并沿米乌斯河（Mius River）建立起了一条防线。这是一个非常明智的决定，也得到了他的集团军群司令格尔德·冯·龙德施泰特元帅的批准。虽然这一地段的战线得以重建，但希特勒对龙德施泰特的"奖赏"却是撤职，这年冬天著名将帅的丢官潮也将由此开始。不过，即使到了这个时候，局势依然岌岌可危。德军的实力已经下降，而苏军的实力却在不断增强。随着德军总司令部四处搜刮部队增援前线，占领塞瓦斯托波尔的需求突然之间就变得不是那么紧迫了。因此，曼斯坦因不得不交出第 73 步兵师，而他本打算将这个师作为进攻塞瓦斯托波尔的主要预备队。[43] 该师就此向东开拔，而且确实帮助稳定了米乌斯河沿岸的局势。

当对塞瓦斯托波尔的总攻终于在 12 月 17 日开始时，德军似乎还是厄运缠身。这是一次由两个军参与的简单作战行动，第 54 军在北线攻击，第 30 军在南线攻击。这两个军将在基本没有预备队的情况下发起正面强攻。事实上，参加攻城的两个军各自只有一个师还有战斗力，很多作战行动只能依靠一支部队来完成：第 54 军第 22 师，师长是路德维希·沃尔夫将军（General Ludwig Wolff）。[44] 曼斯坦因在他的回忆录中特别表扬了这支部队的优秀[45]，但实际上其主要优势在于并未参与彼列科普和依雄的战斗，因此是第 11 集团军少数实力完整的部队之一。虽然在克里米亚还有其他部队，但为了防范苏军的登陆行动，他们基本都被牵制在约 965 千米长的海岸线上，所以无法参加攻城。位于最东端的是第 42 军（第 170 师、第 73 师和第 46 师，外加罗马尼亚第 8 骑兵旅），防守从刻赤到费奥多西亚的地段；罗马尼亚山地军在雅依拉山脉和南海岸之间的滨海平原，负责防守阿希斯塔（Ahista）和费奥多西亚之间的地段。此时整个半岛的天气都非常恶劣，日间淫雨霏霏，夜间寒霜袭人，后勤物资只能一点一滴地运到前线，疾病导致的减员数量一直在稳步上升。

因此，这次距离胜利竟然只有一步之遥作战行动，足以证明战争这一阶段德军步兵的战斗素质。塞瓦斯托波尔被三道筑垒地带环绕，而从北面推进的第 22 师在进攻开始后的头两天就在前两道筑垒地带中杀开一条血路，苏军的防御据点、机枪火力点、配备中型和重型火炮的装甲炮塔以及在洞穴和石头山坡中修筑的防御阵地都没能阻挡这支部队的前进。[46] 到了 12 月 20 日，该师的先头部队距离谢韦尔纳亚湾（Severnaya Bay）北岸已经不过一箭之地。那里的高地是个至关重要的目标，是整个防御阵地的"锁钥"。德军只要拿下了它，就可以引导炮兵轰击塞瓦斯托波尔城本身。第二天，第 22 师的突击队就突破了这一地段最后的苏联守军（第 40 骑兵师）的防御，前进到距离海岸只有 1.6 千米左右的地方。塞瓦斯托波尔到了生死关头。但几乎就在同一时刻，苏军的一支增援部队（独立第 79 海军步兵旅）戏剧性地赶到。他们是被一支小舰队运进港湾的，匆匆上岸后就火速赶往所受威胁最大的地段。千钧一发之际，他们顶住了此时已成强弩之末的第

22 师。在此后的几天里，从高加索的图阿普谢（Tuapse）登船的苏军第345步兵师也赶到城内。苏军在塞瓦斯托波尔遇到的危机至少暂时过去了[47]，德军对塞瓦斯托波尔的第一次总攻完全符合"偶然事件"的定义。只要符合众多条件中的任何一个——德军投入的兵力再多一点，或者有一个师担任预备队，或者出现一天的好天气让进攻日期略微提前——这座要塞就很有可能会在12月陷落。

从刻赤-费奥多西亚登陆行动到苏军进攻

不过历史没有假设，塞瓦斯托波尔并没有陷落，而且德国人很快就会明白，这座不屈的要塞并不是第11集团军所面临的唯一问题。[48]12月26日，苏军在刻赤半岛各地实施了一系列两栖登陆行动，利沃夫将军（General V. N. Lvov）指挥的第51集团军一部在刻赤城两翼的多个登陆场上岸。两天以后，在费奥多西亚又发生了规模比前者大得多的登陆行动，上岸的是佩尔武申将军（General A. N. Pervushin）指挥的第44集团军的前锋。截至12月29日，共有大约41000人、236门火炮和43辆坦克登上了刻赤半岛。在1月里，苏军又有一个集团军上岸，这是科尔加诺夫将军（K. S. Kolganov）指挥的第47集团军。[49]1月28日，斯大林正式下令将这三个集团军组成克里米亚方面军，由科兹洛夫将军（D. T. Kozlov）出任方面军司令员。

从表面上看来，这是苏军统帅部的一招妙棋，在刻赤德国守军的眼皮底下将三个完整的集团军送上了岸。一支从未将两栖登陆作战视作头等要务的军队完成如此壮举确实令人钦佩。这并不是一次袭扰，也不是旨在将德军从塞瓦斯托波尔引开的佯攻，刻赤－费奥多西亚登陆行动在斯大林眼中的重要性要比这高得多。这是苏军一次大规模反攻的一部分，这场反攻始于莫斯科城下，此时已经扩大到整条苏德战线，而这一部分苏军的目标就是消灭德国第11集团军并收复克里米亚全境。[50]

尽管如此，这些登陆行动还是实施得混乱至极。这一仗比"霸王行动"（Operation Overlord）早了几年，而苏军根本不具备顺利而安全地实施如此复杂的作战行动所需的专用设备和技术。步兵和坦克都没有专用的登陆舰艇，而且苏军也从来没有认真研究过确保登陆部队上岸后立刻做好战斗准备的复杂指挥和控制技巧。这次登陆更像是1915年的加利波利登陆，差别只是在于遇到了恶劣的天气：刻赤登陆是在8级大风下进行的，而费奥多西亚登陆过程中的风力为5级，温度为零下20摄氏度。这完全是一次仓促组织的行动，虽然这次行动被认为是"精明狡猾，别出心裁，而且在某些方面非常出色"[51]，但终究是仓促组织的，这在要求精心策划和准确拿捏时间的行动中是致命的缺陷。苏军士兵和装备被简单地装上任何可以浮在海面上的船只（包括形状和尺寸五花八门的驳船和海军舰艇），然后往往被卸载在远离海岸的地方。蹚过冰冷刺骨、深及脖颈的海水上岸是常有的事，冻伤乃至冻死的案例比比皆是。因此，第一波上岸的士兵根本不是睁着炯炯有神的双眼投入战斗的。他们在多数情况下瑟瑟发抖地上岸组队，竭力想让自己暖和一点，并在离岸不远的地方挤成一团。这也难怪此次登陆行动中的十个登陆场除了四个之外都被当地的德军守备部队扫清[52]——其中还包括了1月5日苏军在叶夫帕托里亚另外实施的一次登陆。[53]

不过，苏联红军还是大规模地重返了克里米亚半岛，并收复了刻赤半岛。而且，这次突如其来的进攻使防守刻赤的德国第42军陷入了恐慌，该军的军长汉斯·冯·施波内克将军（General Hans von Sponeck）当时在刻赤半岛只部署了一个师（第46师）。虽然他在刻赤登陆行动开始后一度想坚守阵地，而且非常成功地遏制了苏军的进攻，但是由于苏联第44集团军在位于他右翼深远后方的费奥多西亚登陆，大有将他与主力部队切断之势，于是他的神经崩溃了。汉斯·冯·施波内克立即向曼斯坦因发报，请求准许他从自己过于突出的阵地上撤退。曼斯坦因拒绝了他的请求，命令他尽可能将苏军登陆部队赶下大海，并对立足已稳的苏军部队加以控制。施波内克三次提出请求，三次都被曼斯坦因回绝。此时施波内克自作主张，命令手下的部队后退到位于刻赤半岛狭窄的西部瓶颈地带的巴尔巴赫。对第46师来说，这是一次颇具传奇色彩的行动，是一次在冰点以下的气温和呼啸的寒风中向西方进行的艰苦的强行军，在此过程中被冻伤的士兵数以千计，而且不得不丢弃几乎所有重型武器和装备。最后，这次撤退几乎变成了溃逃。用德军总参谋长弗朗茨·哈尔德将军的话来说，12月29日是"非常艰难的一天！"[54]虽然该师的全体官兵最终在这次磨难中得以幸免，但施波内克却没能逃脱惩罚，他立刻被撤了职。虽然他声称按照普鲁士传统，军官有在战场上临机决断的特权，但到头来还是被送上了军事法庭，并以违反上级军官明确命令的罪名被判入狱服刑。[55]

很显然，对塞瓦斯托波尔的进攻只能推迟到等东边的局势稳定之后再进行了。在罗马尼亚山地军一部和从海尼切斯克火速南下驰援的德国第213步兵团配合下，第46师终于在巴尔巴赫以西建立了一条单薄的防线，其阵地恰好沿对角线从西南方的旧克里木（Stary Krim）延伸到东北方的阿克莫纳伊（Ak–Monaj）。这条防线显然无法长期维持。这不仅是因为这条防线太长，需要太多部队来把守，还因为它使费奥多西亚落入苏军之手，而这个优良的港口可以用来调集大量增援。曼斯坦因认为，必须立即用第30军发动反击来进行改善。

于是，第30军的两个师（第132师和第170师）也不得不实施强行军了。他们冒着恶劣的天气自西向东穿越克里米亚，在1月15日发起突击。对苏军来说，德军进攻来临的时间坏得不能再坏，因为此时他们自己正忙于准备突破刻赤和收复克里米亚的大规模攻势。德军击退了发生一定混乱的苏军，在1月18日重夺费奥多西亚，重新推进到巴尔巴赫瓶颈地带，使防线大大缩短。苏联第44集团军的司令员佩尔武申将军也在开阔地上遭到空袭，身负重伤，而当时与他在一起的参谋军官中则有好几人不幸身亡。[56]

虽然苏军可能还略占优势，但克里米亚的局势此时基本陷入了僵持状态。德军依然控制着半岛主体部分和作为半岛门户的彼列科普与巴尔巴赫瓶颈地带，而苏联红军控制着外围的两个战略要点——塞瓦斯托波尔和刻赤。曼斯坦因还在围攻塞瓦斯托波尔，但此时苏军有三个集团军在东边虎视眈眈，就像一把准备刺向他后背的巨型匕首。虽然克里米亚显然不是解决"欧洲霸权问题"（这是希特勒的说法）的决战之地，但它在双方的战略谋划中都占据着越来越重要的位置。对斯大林来说，这里是他计划中在1942年进行第一场消灭德国侵略者的大规模歼灭战的地方。对苏联红军来说，这里将再一次验证他们相对较新的"大纵深作战"学说（即以大纵深梯队实施进攻）是不是运用现代机械化作战力量的有效手段。对德军来说，克里米亚则是一个向自己也向全世界证明他们的传统战争方式（即运动战，Bewegungskrieg）依然有效的机会。

因此双方都在准备新的进攻，但苏军抢先了一步。由于苏军从塔曼半岛运兵的路程很短——此时海峡已经封冻，他们只需在冰上行军即可——增援部队源源不断地涌入刻赤，其中还包括了几个装备T–34的坦克旅。科兹洛夫接到的命令是经巴尔巴赫突破至位于费奥多西亚以西48千米的卡拉萨巴沙（Karasubazar），然后向依然将主力集中在塞瓦斯托波尔周边的德国第11集团军后方发起深远突击。科兹洛夫的兵力无疑足以完成这个任务。他的第一梯队有两个集团军：左翼是第44集团军（在南），右翼是第51集团军（在北）。而第47集团军在这两个集团军结合部的后方担任第二梯队，随时准备从第一梯队实现突破的地段向纵深发展。在突破德军前沿防线之后，科兹洛夫将"包围并歼灭敌费奥多西亚集团"。[57] 为了强调这次进攻的重要性，斯大林甚至派出了他最信任的政坛亲信之一列夫·梅赫利斯（Lev Mekhlis）担任最高统帅部大本营的正式代表。梅赫利斯在克里米亚待了四个月，对一切事务都横加干预，并招摇地写下各种记录（很可能是为了提醒所有人，他有直接向斯大林报告的权力），基本上把苏军这三个集团军的所有军官都逼得忍无可忍。因为梅赫利斯对打仗的问题一窍不通，完全是个"军事盲"[58]，所以他只能起到添乱的作用。虽然在这场战争中，斯大林最终将会放手让他的将军们指挥作战，相对减少政治监察人员的干预，但这个时刻尚未到来。

2月27日，科兹洛夫挥师西进，发动了大规模进攻。然而，他却一无所获。虽然苏军三个集团军在如此狭窄的战场上发动的进攻不可能不给敌人造成损失，但是除了巨大的伤亡和在战线北段造成约11千米的突出部外，这场攻势没有取得任何成果。由于梅赫利斯极力催促，而且其言语中肯定含有威胁的意味，科兹洛夫在3月13日和3月26日先后两次恢复进攻，在4月9日又做了最后一次尝试，结果全都徒劳无功。和这年春天的其他战事一样，这一仗表明苏联红军还在提高专业水准的道路上艰难摸索，而且时不时表现出惊人的无能。4月的那一次进攻尤其糟糕，坦克、大炮和卡车全都在泥泞中动弹不得，炮弹只能靠人力运往前线，对此各级军官和士兵连最简单的预防措施都不曾做过。《红星报》记者、苏联最著名的军事文学作家之一康斯坦丁·西蒙诺夫（Konstantin Simonov）被他在第51集团军地段所看到的景象惊呆了：

这么多人不是在混战或进攻中死去，而是在敌人系统性的炮火打击下死去，这种情况我在这以前和以后都从未见过。毫无疑问，在那里每隔十米就有一个人在炮火下命悬一线。人们相互践踏，全不知道自己该干什么。附近既没有散兵坑，也没有战壕——什么都没有。一切都发生在这片荒凉的开阔地和泥泞中，而这是四面八方都空旷无边的原野。[59]

到了4月15日，科兹洛夫已经后退到他发起进攻时的位置。连续三次进攻打下来，他的方面军的伤亡率已经超过40%。

防守的德军以第42军居左、第30军居右，以他们习以为常的专业素养进行着防御战斗，而他们的罗马尼亚盟友也成功守住了防线最南端的阵地。曼斯坦因在自己的回忆录《失去的胜利》中，专门花几页篇幅谈了自己眼中的罗马尼亚军队在克里米亚的表现，当然他的观点永远是老一套。他形容罗马尼亚人是一群劣等的、不会独立思考的懒汉，而且始终生活在对苏联人的恐惧中："在局势困难时，这很容易造成恐慌。"[60] 实际上，在这场战役中罗马尼亚人不仅是第11集团军中一支主要的战斗力量，而且他们的表现也十分可靠，有时其表现甚至能超越其他人的心理预期。此外，如果我们考虑到曼斯坦因的另一个观察结论，即罗马尼亚人严重缺乏重武器和反坦克炮（这倒很符合事实），那么他们的表现就更令人钦佩了。

曼斯坦因能击败苏军的刻赤攻势，还应该感谢德国空军。自1941年秋季起，德军在克里米亚投入的空中力量就一直在稳步增长。在这里的德国空军从一支兵力不足的部队（库尔特·普夫卢格拜尔将军指挥的第4航空军）扩大为一个专门为克里米亚临时组建的集群 [克里米亚特别司令部，司令是罗伯特·里特尔·冯·格赖姆将军（General Robert Ritter von Greim）]，继而又扩编为南方空军司令部 [司令是沃尔夫冈·冯·维尔德上校（Colonel Wolfgang von Wild）]。[61] 苏军进攻期间，维尔德的司令部就在当地，他的飞机（Ju-87式俯冲轰炸机、Ju-88式轰炸机、HE-111式轰炸机和Bf-109式战斗机）不仅使苏军每占领一寸土地都要付出血的代价，还把苏军的后方地域变成了地狱。这里的一个关键因素是：进攻的苏军兵力密度极高。当苏军的卡车在一条孤零零的补给公路上首尾相连排成长龙时，Ju-87式俯冲轰炸机用炸弹命中目标的难度自然会大大降低，而在攻击以如此密集的队形战斗的坦克时也是如此。[62]

不过，在苏军这三次进攻的过程中，德军还是多次遇到了险情。这是因为德军在任何一处的兵力都远不足以保证胜利。3月20日，在科兹洛夫的第二次攻势中，曼斯坦因一度感到局势严重，不得不将刚刚抵达的第22装甲师投入反击，帮助支撑摇摇欲坠的防线。这个师不仅对这片战场很陌生，而且还是一支主要使用缴获的法军装备新组建的部队。这支部队的表现不出所料，在既没有友邻步兵支援，也没有空中支援的情况下开进战场，在泥泞中举步维艰，遭到了苏军坦克、反坦克炮和支援火炮的无情蹂躏。当这支部队在几个小时后被撤下前线时，已经遭受重创，损失了30多辆坦克。德军第132步兵师的一个老兵曾经目瞪口呆地看着第22装甲师的车队驶过，该师的人员全穿着挺括的新制服，而坦克也全是法国设计的，他把这个师戏称为"古龙香水师"，因为"它来自西方，而且挥发得很快"。[63] 追悔莫及的曼斯坦因此时做了他应该在第22装甲师刚到达时就该做的事：把这支部队派到后方进行训练和演习。

猎鸨行动：扫清刻赤半岛

　　既然科兹洛夫已经失败，那就轮到曼斯坦因进攻了。不过，曼斯坦因的任务并不比他的苏联对手轻松。事实上，两人的任务是一模一样的，都是一系列非同寻常，且有可能独一无二的工作。现代军事史上已经有许多在类似于巴尔巴赫的瓶颈地带进行的战斗。自从步枪、机枪和速射炮主宰了 19 世纪后期的战场之后，防守方最精明的选择就是找到一些不会被迂回的阵地，挖掘一条战壕，然后对着潮水般涌来的敌人倾泻火力。在日俄战争期间的 1904 年 5 月，俄军就是这样占据了大自然中最令人惊叹的瓶颈阵地之一：金州南山阵地。[64] 虽然他们最终还是放弃了这个阵地，但已经使日军的攻击部队付出了极大代价。事实上，俄军用一个团把守该阵地，连续三天顶住了日方大半个军的猛攻。在 1912 年的第一次巴尔干战争中，保加利亚军队在柯克基利塞（Kirk Kilisse）之战中大败土耳其军队，然后向着君士坦丁堡方向一路追击。土耳其军队及时稳住阵脚，在这座历史名城以西约 32 千米的恰塔尔贾（Chatalja）建立起一道防线。由于依托堑壕作战的土耳其士兵不必再担心保加利亚军队的侧翼包抄机动（在先前的战斗中，保加利亚步兵已经证明自己精于此道），结果成功地保住了他们的首都。[65]

　　因此，德军的任务就是做苏军在之前没能做到的事：突破巴尔巴赫瓶颈地带。从参战部队的实力来看，苏军在人员和物资方面对德军至少有二比一的优势。因此，德军面对的应该是一个不可能完成的任务。苏军有坚固的前沿阵地和大纵深部署的后方梯队，进攻部队将会遇到的第一个障碍是一条很宽的反坦克壕。这条壕沟是苏军在 1941 年挖掘的，此时他们已经给它增加了混凝土炮位，更不用说还有若干失去机动能力的坦克充当有装甲防护的机枪火力点。[66] 在这条壕沟后方约 8 千米是第二道防御阵地（纳西尔防线），再往后是第三道防线（苏丹诺夫卡防线），它依托被德军称为"突厥城墙"的旧工事建立，守卫着半岛最宽敞的部分。刻赤位于前沿防线以东约 64 千米外——考虑到在其前方苏军防御阵地的坚固程度，德军拿下它的难度确实很大。

　　只是，有两个要素不能不提。首先，由于希特勒和斯大林一样渴望肃清整个克里米亚半岛的敌军部队，德国空军部署在此地的兵力最终将达到只能用骇人听闻来形容的程度。此时希特勒已经亲自干预兵力部署，将整个第 4 航空队都派遣到了克里米亚。[67] 德军的航空队相当于第二次世界大战中美国陆军航空兵的航空队，通常负责满足整个集团军群对空中力量的需求。将如此庞大的机队专门用于一个小小的刻赤半岛是令人难以置信的。这样做的风险显而易见：在曼斯坦因进攻刻赤时，南方集团军群将得不到任何空中支援。苏军在乌克兰发动的任何进攻都可能造成严重后果。而且希特勒似乎觉得动用了整个第4航空队还不够，又指定沃尔夫拉姆·冯·里希特霍芬将军（General Wolfram von Richthofen）指挥的第8航空军支援克里米亚的进攻。里希特霍芬是第一次世界大战中举世闻名的"红男爵"曼弗雷德·冯·里希特霍芬的堂弟，也是德国空军中公认的对地支援作战专家。当德军的装甲师在1940年5月疯狂突向英吉利海峡时，他的航空军为友军撑起了牢不可破的空中力量保护伞。在那之后，他又在巴尔干半岛和巴巴罗萨行动的开局阶段表现突出。里希特霍芬的对地攻击机将在刻赤发挥巨大作用，尤其是在最初的突破阶段，用曼斯坦因的话来说，可以帮助"推动步兵前进"[68]，使主攻师穿越绝不可能独立突破的防线。

德军的第二个优势是在地面上。科兹洛夫的几次进攻最终只在战线北段小有收获，形成了一个指向德军阵地的突出部。曼斯坦因这样的沙场宿将自然能看出在此处的机会。苏军肯定希望保住他们在北段得来不易的收获。空中和地面侦察很快确认，科兹洛夫确实将他的主力部署在此处，这就导致瓶颈地带南部的防守相对薄弱。曼斯坦因感到有可能在南部实现突破，而且每当他注视降落在克里米亚的成百上千架飞机（其中有些飞机使用的机场就在他的前沿阵地后方几千米处），就会感到信心大增。不仅如此，只要有一支机动部队在南部突破，接下来只要推进三四千米，在浅近纵深打出一个左勾拳，就能包围敌军两个集团军的大半兵力：曾经担任科兹洛夫在北部的主攻部队的第51集团军，以及紧随其后担任第二梯队的第47集团军。曼斯坦因感到，在前沿防线被撕开大突破口，主力部队又被包围的情况下，苏军必定会土崩瓦解。他从巴巴罗萨行动的第一天起就在和苏军打交道，知道他们最擅长的是在严密控制下，进行高度程序化的作战行动。在开阔战场上的快速穿插机动并非苏军所长，就算他们尝试做这样的机动，在已经挤进了这么多部队的刻赤半岛上，也很可能会被自己人挡住去路。出于以上这些原因，虽然兵力远不及对方，但曼斯坦因在发起进攻时却有着相当程度的自信。开始于5月8日的这次作战代号是"猎鸨行动"（Operation Trappenjagd），其中的"鸨"是指一种在克里米亚大量栖息、人畜无害的黑羽禽类，经常成为猎人捕猎的对象。如果让一个和曼斯坦因有相同感想的美国将军来为这次行动取名，可能会把行动代号定为"猎火鸡"。[69]

　　猎鸨行动是一次精心策划、先发制人的行动，具有典型的德式兵法特点。行动中动用了大量航空兵，而且具有巧妙的机动和被历代德国军官视作运动战（Bewegungskrieg）的最高表现形式的围歼战。曼斯坦因的计划要求第42军 [此时这支部队的指挥是弗朗茨·马滕克洛特将军（General Franz Mattenklott）] 负责战线北段。马滕克洛特手下只有一个德国师（第46师）和三个罗马尼亚师，因此不会担任此次进攻的主攻任务。但是在5月9日之前的几天时间里，德军采取了多种行动，包括设立假炮兵阵地，进行明显的部队调动，发送虚假的电报信息，从而使马滕克洛特所处的地段看起来像是主攻方向，让苏军确信自己加强右翼的做法是正确的。而德军真正的主攻方向是在南部，这里有马克西米利安·弗雷特 – 皮科将军（General Maximilian Fretter–Pico）指挥的规模超大的第30军：下辖第28轻装师、第50步兵师、第132步兵师和第170步兵师，以及此时训练水平已大大提高的第22装甲师。[70] 计划是让步兵在密集的航空兵和炮兵火力支援下打头阵。他们将穿越壕沟，为坦克开辟道路。第22装甲师在越过第一道障碍后，将向左急转，北上冲向海岸，横穿苏联第51集团军和第47集团军的后方。因为这段路程很短，所以坦克部队实际上沿途始终有步兵跟随——这是此次作战的又一个不同寻常之处。如果一切顺利，将在进攻发起后的第二天合围北部突出部中的苏军部队。

　　最后，猎鸨行动还有两个要素值得一提。在第22装甲师和第30军的其他部队形成包围圈时，苏军有可能在后方的纳西尔或苏丹诺夫卡这两道阵地上重建防线。为了防止这种情况发生，曼斯坦因用第11集团军的少数机动部队组建了一支特遣队。这支部队由格罗代克上校（Colonel Grodeck）指挥，因此被命名为格罗代克旅，下辖一个德国侦察营（第22侦察营）、乘坐卡车机动的“勃兰登堡”团第6连、第560反坦克连，以及两个完整的罗马尼亚摩托化骑兵团 [即科内分遣队，因为其指挥官是拉杜·科内上校（Colonel Radu Korne）]。[71] 一旦第30军开始北上，这支特遣队就要脱离大队，尽快东进行进，挫败苏军增援突破地段的所有尝试，破坏其后方设施，一路冲向刻赤。从格罗代克旅微不足道的规模就可看出曼斯坦因对于苏军在前线被突破后发生崩溃的把握有多大：按照德军标准，这支特遣队的人数仅比一个加强团多一点，却要对付相当于一个集团军的敌人。

　　此外，这次行动还有一个出人意料、狡猾诡诈的开端，足以让人联想起在1940年的会战中德军对埃本埃马尔要塞发起的滑翔机突击。5月9日凌晨，一个

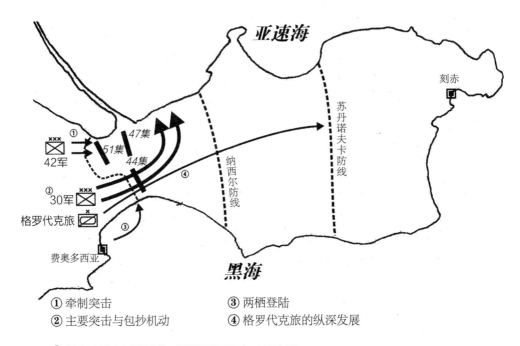

地图3. 刻赤半岛的运动战：曼斯坦因进军刻赤，1942年5月。

混成步兵营（第346步兵团第5营）离开了位于达利尼卡梅什（Dalniy Kamyshi）的港湾，登上30艘冲锋舟。这个步兵营的目标是在苏军防御阵地——贯穿巴尔巴赫南北的反坦克壕沟后方登陆。当他们消失在夜幕中以后，德军就在整条前线开始了大规模的炮火准备。此刻，时间是凌晨3:15。[72] 十分钟以后，一波又一波德军飞机呼啸着掠过，开始进行对地攻击。

当地面部队真正开始行动时，从某种意义上说，倒是远不如策划阶段精彩，而这正是德国军队传统战法的又一特点。随着德军炮兵对苏军前沿阵地进行大规模集中炮轰，里希特霍芬的"斯图卡"俯冲轰炸机对任何能够移动或开火的目标倾泻弹药，苏军对德军的进攻几乎无法做出任何反应。曼斯坦因在一线排开了三个师参加进攻，第50师居左，第28轻装师居中，第132师则在最右端沿海岸进攻。就在第132师到达反坦克壕时，第346步兵团第5营勇猛的登陆部队乘坐冲锋舟来到岸边，一跃而起进入壕沟，开始对被惊呆的守军大开杀戒。很快第132师就越过了壕沟，随后第28轻装师和第50步兵师也先后越过壕沟。[73] 当天夜里，第22装甲师和格罗代克旅已前进到他们的出发阵地。经过航空兵和炮兵又一次令人窒息的火力准备之后，他们投入了战斗。德军在壕沟上新架的桥梁此时还不能承受坦克的重量，因此格罗代克旅首先越过壕沟，消失在远方。在下午，第22师终于也能过沟了，其迅速追上第28轻装师，与该部一起转向北方，直奔大海而去。

当然，和任何大规模攻势一样，到处都有戏剧性的时刻。第22装甲师的进军仅开始两小时，就因为一场突如其来的倾盆大雨戛然而止，整条战线上的部队运动也都因大雨暂停。毫无疑问，正是这样的事件使得世界各地的将领们都为战争的不确定性苦思冥想。在最左端攻击的第123步兵团（第50步兵师）之前一切进展顺利，直到大雨落下，"在几个小时内使地面化为一片沼泽"，"我们的部队和指挥所此时都在俄国人的战壕和散兵坑里，那里面的泥水已经能淹到膝盖。松软的草地尤其潮湿，躲在弹坑和散兵坑中的连队真的都趴在水里了……所有东西上都盖了一层湿泥：地图、电话曲柄、口粮，等等。每个人身上从头到脚都覆盖着厚厚的一层泥巴。"[74] 泥浆带来的不仅仅是不便：它导致无线电设备无法使用，而且由于坦克已经"摧毁了几乎所有的电话线，使它们散落在淤泥里"，从而让许多部队在当天晚上完全没有指挥和控制可言。

在第三天下午，大雨终于停歇，第22装甲师得以完成穿插到苏军两个集团军后方的壮举。事实上，这两个集团军在泥泞中也和国防军一样举步维艰。在德军打出浅近纵深的左勾拳之后，这一切就结束了。第22装甲师在两天时间里或许只前进了11千米，然而这却完成了整场战争中最成功的装甲突击之一。由于德国空军在这片比较狭小的战场上每天出动几千个架次，包围圈成了名副其实的、充满火焰和毁灭的沸腾油锅。所以，德军很快就在包围圈里俘虏了成千上万的苏军士兵。

虽然这些事件颇有戏剧性，但它们没有一个能够与格罗代克旅的传奇相比。当机动车辆较少的友军还在有条不紊地合拢对第51集团军和第47集团军的包围圈时，该旅已经开始了有史以来最精彩的追击行动之一。格罗代克和他小小的机械化车队在车流中穿梭前进，避开任何自己无法消灭的敌人，同时消灭任何自己能够对付的敌军，向着东方一路挺进。格罗代克旅先后突破了纳西尔防线和苏丹诺夫卡防线，在猎鸨行动中发挥了与其小小的规模完全不相称的作用。虽然各类战史总是把追击行动写得像是在原野中的简单进军，但实际上这个旅在途中与敌人进行了无数次交火。因此，对这支由薄皮车辆组成的部队来说，扫荡后方设施还是有一定危险性的。在突破纳西尔防线时，纯粹因为运气好，格罗代克旅遇到了一段恰好无人防守的阵地（如今我们已经知道，这条防线的其他地段当时是有重兵把守的）。在穿越苏丹诺夫卡防线之后，格罗代克旅的好运到头了。格罗代克旅是在 5 月 10 日晚些时候到达那里的，当时作战才进行到第二天，可燃油已经所剩无几，弹药也消耗殆尽。而空中支援是有利也有弊的。由于格罗代克旅把集团军的其他部队甩得太远，以至于在空中徘徊的"斯图卡"俯冲轰炸机将该旅当成了敌人进行轰炸，导致格罗代克上校受了重伤（他将在几天以后死去）。在指挥官换成罗马尼亚人科内上校之后，格罗代克旅又陷入了泥泞，只能坐等第 4 航空队的运输机在 5 月 11 日为其空投弹药。格罗代克旅没能率先抵达刻赤，但是却为集团军的其他部队铺平了道路。[75]

此时，整个第 11 集团军都投入了追击。马滕克洛特的第 42 军（连同配属的罗马尼亚第 6 军）扫清了北部的包围圈，穿过敌军留下的一堆堆残骸，向刻赤挺进（第 30 军也在南路向同一方向进发）。苏军克里米亚方面军已经分崩离析。包围圈外面的部队纷纷向后方逃跑，沿途不惜践踏任何挡道的人马，而后者往往是正被调往前线的部队。科兹洛夫在德军突破后就变得六神无主——或许也是因为斯大林的某个心腹正在他头顶捧着尚方宝剑——不过他早已证明自己完全没有打运动战的能力。当然，事实上在进攻发起的第一分钟，德军的炮击和空袭就切断了他的指挥部和前线部队的通信联络，又增加了他指挥的难度。而几分钟以后，"斯图卡"俯冲轰炸机还轰炸了科兹洛夫的前进指挥部。虽然经常被不公正地评价为是纯"战术"空军，但在这一仗中德国空军按照其建设者的目的发挥了作用：遂行战役级别的空中作战（operativer Luftkrieg）。[76]

最后，在 5 月 10 日最高统帅部大本营要求科兹洛夫将第 51 集团军和第 47 集团军后撤到苏丹诺夫卡防线的时候，他对这些命令又能如何理解呢？ 到了这个时候，这两个集团军已经陷入重围，而格罗代克旅也已越过苏丹诺夫卡防线。至于梅赫利斯，他已经不能用一无是处来形容了——对德军来说，他的作用很可能超过了一个军。有一位历史学家将这场战役描述为"曼斯坦因大战梅赫利斯"，这是一个毫无争议的公正评价。虽然斯大林将在此役之后将梅赫利斯降职，但是他本应得到更严厉的惩罚[77]，一生杀人如麻的斯大林无疑枪毙过不少罪名比他轻的人。

当德国第 11 集团军到达海岸时，目睹了令人震惊的场景：苏军三个拥有现代化装备的集团军的残部成群结队地挤在岸边，为了逃到对岸，不惜一切代价地想要登上任何船只。德军将苏军薄弱的后卫部队逐一解决，朝着海滩步步逼近。如果说，有一个时刻可以证明德军将超大规模的空中力量集中于此地确实是合理之举，那么它显然就是此时此刻。但不幸的是，历史似乎总是由一个个巧合所构成的——恰好在此时，位于遥远北方的国防军部队遇到了很大的困难，因为铁木辛哥元帅（Marshal S. K. Timoshenko）刚刚从伊久姆突出部向德军控制的哈尔科夫发动了大规模的装甲攻势。因此，希特勒召回了里希特霍芬手下一部分最精锐的部队。德国空军在刻赤半岛上空的活动明显减弱，从数千架次猛降到数百架次。眼看飞行员所能期盼的最诱人的目标之一似乎即将逃脱，里希特霍芬本人也感到怒火中烧：“我不知道应该哭泣还是咒骂。”他发出了这样的哀叹。[78] 苏军似乎有可能逃脱厄运。

对德军来说很幸运的是，曼斯坦因还有自己的炮兵。他命令将大炮拉上悬崖，从那里可以将下方的刻赤港口和大海一览无余。随后他下令对苏军的撤退船队发动一波又一波的猛烈炮击。由于苏军的人员、车辆和船只实在过于集中，没有一发炮弹不会造成杀伤。这场杀戮是骇人听闻的，是“战争之神”的悠久历史中最恐怖也最具决定性的时刻之一。刻赤城本身将在 5 月 16 日被第 170 步兵师攻陷，清除城中残敌的战斗又持续了两天。

猎鸨行动结束了。不过，在刻赤半岛东海岸的洞穴中，依然有小群苏联红军士兵在继续抵抗。德国和罗马尼亚的治安部队将会在此后的这几个月里对他们展开猎杀，并将他们斩草除根，这是轴心国在此后的岁月中在克里米亚全境展开的大规模反游击战的一部分，其中也伴随着各种残忍和暴虐。正如我们已经在南斯拉夫看到的那样，德国式的速胜总是会留下这样的后遗症。尽管如此，这一仗已经是德国军队历史上最具辉煌的胜利之一。当硝烟散尽之时，苏军的损失已经可以和 1941 年的大规模包围战相比：17 万人、1100 多门火炮和 250 辆坦克。苏军的三个集团军在短短十天内就被打垮。德军的损失要比对手少得多：总计伤亡不过是 7588 人。

虽然火力自始至终都是基本要素——从在巴尔巴赫的苏军阵地上砸开缺口，到对苏军的撤离舰队降下弹雨——但德军胜利的真正关键还是其战役机动。虽然德军只动用了一个装甲师，但我们还是要再次指出，这个师也不需要推进多远。

在这个装甲师完成浅近的左勾拳之后,半岛上的苏军主力就只能"走进战俘营了",而国防军证明了自己依然具备德国军队的传统优点 : 能够独立思考的军官团,具有高度干劲和热情的士兵,以及几个世纪以来都令其获益匪浅的进攻精神。奔向刻赤的闪电追击是一次令人钦佩的行动,可与布吕歇尔在滑铁卢之战后奔向巴黎门户的追击相比。在这两个战例中,指挥官都要求部队以最大努力突进一段不长的距离,结果都取得了极大的战果。

再攻塞瓦斯托波尔

此时德军的问题就只剩塞瓦斯托波尔要塞了,曼斯坦因已经可以将他强大的炮兵和航空兵力量全部用于攻击这个要塞。他已经在去年 11 月(那次在行进中夺取它的失败尝试)和 12 月(那次正面强攻的失败尝试)充分领教了这个要塞的防御强度,而他有充分理由认为在第三轮攻城中它还会进一步加强。俄国人打围城战和构筑野战工事的本领是举世公认的,而塞瓦斯托波尔城中拥兵 106000 人的那个集团军 [彼得罗夫将军(General I. E. Petrov)指挥的独立第一滨海集团军] 并没有虚度这六个月的时光。要塞外围已经由成批的新支撑点、地堡、坦克陷阱和雷场,组成三道筑垒防线。第一道防线从南边黑海沿岸的巴拉克拉瓦延伸到北边的别耳别克高地(Belbek heights),它分布在崎岖难行、几乎没有道路的地形上。第二道防线起自柳比莫夫卡(Ljubimovka),沿萨彭高地(Zapun Heights)向南转了一个大弯后,经过一个名叫风车山(Windmill Hill)的高地,一直延伸到海边。第三道防线是一条庞大的反坦克壕,有大量支撑点保护。但是,称这三道堡垒防线为"线"并不能正确反映它们的坚固程度。前沿阵地的某些地段——例如谢韦尔纳亚湾的北岸——密密麻麻布满了坚固的混凝土碉堡和火炮阵地。整条防御地带都是被地道串联起来的,可以说塞瓦斯托波尔既是要塞,也是迷宫。不仅如此,奥克佳布里斯基将军(Admiral F. S. Oktyabrsky)指挥的苏联黑海舰队也将在即将打响的战斗中扮演极为活跃的角色——运送守军急需的物资,以舰炮支援守军,以及像上一年 12 月那样,时不时抽调海军步兵增援有陷落危险的据点。虽然在军事史上,被冠以最高级形容词的事物往往难以得到实践证明,但 1942 年的塞瓦斯托波尔可能确实是"全世界最坚固的要塞"。[79]

曼斯坦因明白,攻破这个要塞需要大量"毁天灭地的火力"。到了 6 月初,因为哈尔科夫的危机已经得到控制(我们将在下文看到此战),里希特霍芬的航空兵又全部回到了他手上，同时各种类型和大小的火炮也被纷纷运进此时已被德军牢牢控制的克里米亚。这些火炮包括了德国军火库中的真正巨兽：305 毫米、350 毫米和 420 毫米的榴弹炮。当然，还有大得至今仍令人着迷的"三巨头"：两门代号为"卡尔"的 600 毫米大炮，和一门代号为"多拉"的全世界最大口径的 800 毫米巨炮。"多拉大炮"是一门移动不便的固定火炮，但这样的形容实在是太轻描淡写了。"多拉大炮"是火炮中的恐龙，它有一条长约 27.4 米、口径 800 毫米的炮管，只能通过铁路运输，而且需要用 25 节车皮来装载其设备，操作人员多达 2000 名。因为外形巨大，很容易遭到空袭，所以"多拉大炮"只能在拥有绝对空中优势的条件下部署，而且一旦安置就位，就无法经常移动：光是将它组装起来就需要长达六个星期的时间。虽然我们可以说"多拉大炮"是通过牺牲通用性换来了巨大的威力，但它的全部作战生涯就是在塞瓦斯托波尔城下的 13 天时间，而且实际上只发射了 48 发炮弹。很可能今后我们也不会再见到类似的武器了。[80]

从进攻塞瓦斯托波尔的"捕鲟行动"（Operation Störfang）中可以得出几条经验教训，首先当然是显而易见的那一条：如果把一支庞大的现代化航空兵和炮兵部队的全部火力集中起来对付像塞瓦斯托波尔这样相对较小的目标，那么即便对方有最顽强的守卫者和最坚固的阵地，依然会被打垮。虽然我们将这类战斗称为"围城战"，但这种说法并不恰当。事实上，它是一种大规模的进攻战。自从现代化武器出现以来，各国军队都学会了利用城市作为坚固据点，因为它们不怕敌人迂回，也不可能被敌人绕过，正适合作为防御的基础。1877—1878 年俄土战争中的普列文（Plevna），日俄战争中的旅顺港，以及第一次巴尔干战争中的哈德良堡（Adrianople），都是这一类据点的经典实例。[81] 在这类战斗中，双方都无法实施机动，至少无法实施战役层面的机动。只要攻城一方的火力足够强大，那么城市终将陷落，上面提到的三座城市都是如此。但是由于步兵必须冲上每一个坚固阵地，并将盘踞其中的守军肃清，所以双方的伤亡必定都是巨大的。

塞瓦斯托波尔也是如此。德军的火力准备始于 6 月 2 日。里希特霍芬的第 8 航空军的对地支援飞机此时又恢复到了 600 多架，此外德军在仅有 34 千米左右长的正面还集中了 611 门大炮，平均每千米就有近 18 门大炮。如此高的火力密度大大超过了德军此前创下的纪录，使塞瓦斯托波尔及其郊区化作一片熊熊燃烧的废墟，而且这样的狂轰滥炸持续了大半个月。"我们眼前的景象是不可名状的"[82]，曼斯坦因这样写道，而里希特霍芬后来将称其为一片"火海"。[83] 被德军冠以"棱堡""莫洛托夫"和"西伯利亚"等名称的个别苏军阵地和地堡或许是以现代筑垒技术和俄国人的天才所能造出的最强工事，但是对德军的火力来说，它们都是非常庞大的静止靶。两个被称作"马克西姆·高尔基一号"（在塞瓦斯托波尔城北约 5 千米处）和"马克西姆·高尔基二号"（在城南约 2 千米外）的巨型堡垒或许也是如此，尽管它们各有两个配备厚重装甲的炮塔，每个炮塔中各装了两门 305 毫米大炮。[84] 例如，"多拉"射出的一发炮弹似乎就完全摧毁了谢韦尔纳亚湾北岸一个构筑于 27 米岩壁中的弹药库。尽管苏军有将这些阵地串联起来的综合地道网络和地堡（塞瓦斯托波尔城的平民在战斗中就藏身于其中），但它们在德军释放的火焰风暴之下也只能提供有限的保护。

因此，对于此战的结果德军没有任何怀疑。和 12 月时一样，德军又是由第 54 军在北面负责主攻，该部在 6 月 7 日发起进攻，直指谢韦尔纳亚湾方向，同时第 30 军也在东南方发起次要突击。在这两个军之间，罗马尼亚山地军负责中路的拦截作战，并保护这两个友邻德国军的内部侧翼。第 54 军下属各师在 6 月冒着苏军的顽强抵抗一步步推进。到了 6 月 13 日，德军第 22 步兵师的先头部队已经到达谢韦尔纳亚湾北岸，扫清了这一地区的多个坚固阵地，包括曾在 12 月顶住其猛攻的"斯大林堡垒"。到 6 月 2 日，在第 22 步兵师右侧的友邻部队第 24 步兵师和第 132 步兵师才会肃清整个海岸。与此同时，在南面，第 30 军却成功杀开一条血路，到达了该军的第一个目标——萨彭高地，也就是塞瓦斯托波尔三道防线中的第二道。

塞瓦斯托波尔战役即将进入高潮。按照正统战法，此时曼斯坦因应该把他的大部分炮兵和航空兵支援火力调给南面的第 30 军，使其能够与第 54 军会师，包围塞瓦斯托波尔的内层防御阵地。但是，这需要时间。由于当地的横向交通线路状况极差，这样的调动可能会长达两个星期。考虑到北方的"蓝色行动"正在紧锣密鼓地展开，第 11 集团军根本没有这样的余裕。

曼斯坦因采用了经典的德国式解决方法：他设计了一个巧妙的战术机动，用他的话来说，就是"解开"了整条萨彭防线。6 月 29 日 0 点刚过，第 50 步兵师（第 54 军）一部就乘坐一百艘冲锋舟大胆横渡谢韦尔纳亚湾，一举拿下了陡峭的南岸。[85] 这次登陆行动完全出乎要塞守军的意料，因此德军只遇到了轻微抵抗，这在塞瓦斯托波尔战役中是绝无仅有的一次。到了黎明时，第 50 步兵师已经深入萨彭防线后方，摸到了城区边上。在这一天，这支部队将攻下英克曼岭（Inkerman Ridge）和古老的马卡洛夫棱堡（Malakov bastion），这两个阵地在 1855 年的塞瓦斯托波尔保卫战中都具有举足轻重的意义。与此同时在南面，第 30 军也发起了对萨彭高地的突击。这里的功勋部队当数第 170 步兵师，该师取得了决定性的突破，并朝南北两个方向卷击苏军防线，随后又向西实施纵深突击，继续对士气日渐低落的守军施加压力。

曼斯坦因的这次打击对塞瓦斯托波尔最内层的防线造成了致命破坏，也决定了这座城市的命运。由于第 11 集团军已经兵临城下，而他们的飞机和火炮还在继续蚕食着守军已成废墟的工事，塞瓦斯托波尔城中的苏军指挥员在 6 月 30 日晚间接到了斯大林要他们撤离这座城市的命令。但是，在这一个月里面对压倒优势的敌人至少已尽到职责的独立第 1 滨海集团军的指战员们就没有这么幸运了。他们接到的命令是撤向西面呈楔形的赫尔松涅斯半岛（Chersonese peninsula），然后等待船只将他们从海路撤走。不过，由于岸边布满了德军部队和大炮，上级许诺的船只始终没来，而随着一波又一波的德军攻击机在头顶出现，苏军出现了巨大伤亡。最终将有 3 万多人在此地被俘，另外还有 6 万人在塞瓦斯托波尔城中成为俘虏。德国第 11 集团军在 7 月 1 日进入该城，曼斯坦因将军在当天晚上心满意足地从收音机里听到了元首决定将他晋升为陆军元帅的消息。他完成了希特勒给他的所有任务。他打了一场漂亮的歼灭战，攻克了一座被敌人重兵把守的要塞，此外，他也并非偶然地监督了将克里米亚犹太人屠杀大半的行动。按照纳粹的标准，曼斯坦因是一个模范的元帅。

春季大复苏

克里米亚的战斗结束了，只是也留下了典型的遗留问题。许多苏军士兵还留在连接这座城市和各个防御堡垒的地道网中，需要逐一清剿。虽然这些战斗几乎不会被史书提及，但它们的激烈程度可能是令人惊讶的，要持续几个月才会结束。在塞瓦斯托波尔保卫战中，苏军的损失几乎是百分之百：战斗打响前总计约有 15 万守军，最终有 9 万人被俘，可能还有 5 万人在战斗中伤亡。不过，德军的损失也极为惨重。虽然当时德军自认共伤亡 24000 人（4000 人阵亡、18183 人负伤、1591 人失踪），外加罗马尼亚军队大约 8000 人的伤亡，但是研究此战的专家几乎无人相信这个数字。苏方宣称击毙了 15 万德军，而另一份可靠的资料显示德军战死了 75000 人，还有一位威望很高的的权威学者认为应该是 10 万人，不过也有一个权威人士认为是 25000 人——用这样的牺牲换取一个元帅的权杖和颁发给参战者的战役纪念盾章（"克里木"盾章），代价确实很高昂。[86]

代价虽然高昂，但肯定没有一个德国军官会感到意外。如果说柏林军事学院多年来只教给毕业生一条知识，那就是交战双方都没有机动的静态阵地战（Stellungskrieg）必定是缓慢而血腥的"绞肉机"。这也是为什么几个世纪以来德国军队的传统就是想方设法避免这种战斗，以及为什么德国军官都相信从这类战斗中可以得出的有益经验也比较少的原因之所在。我们也确实可以说，在塞瓦斯托波尔战中唯一的运动战（Bewegungskrieg）要素，也就是由区区几个营实施的夜渡谢韦尔纳亚湾的小规模行动——这是德军获得胜利的决定性因素，它使德军突破了曾经抵挡了整整一个集团军一个月之久的坚固阵地。

按照德国的军事思想，刻赤战役（曼斯坦因的猎鸨行动）的价值要比塞瓦斯托波尔战役大得多。在这里，国防军发动了一次符合其偏好和训练内容的进攻，运用战役层面的机动，使一支数量处于劣势的部队在创纪录的短时间内以相对较少的伤亡取得了决定性胜利。这是运动战（Bewegungskrieg）的经典战例，可以跻身于德国军队最伟大的胜利之列，与罗斯巴赫、洛伊滕和柯尼希格雷茨相媲美。这一战击溃了苏军至少三个集团军，抓获了大量俘虏，并迫使残敌匆忙实施了敦刻尔克式的大撤退——而这种临时准备的行动正是最让苏联红军和红海军（更不用说还有带偏执狂色彩的整个苏联制度）头疼的。刻赤的苏联军队也和曾经与国防军为敌的众多军队（主要是英军）一样，冒着火力打击仓皇逃离大陆上的某个阵地。

在经历上一年冬天几近灭亡的失败之后，国防军不仅如此迅速地完成了复苏，而且重新发扬了自己最根本的传统。国防军不仅证明了自己依然能够发动迅速而具有决定性的运动战和机动战，还证明自己依然能够发起声势浩大的进攻。国防军的默认战法就是运动战（Bewegungskrieg），一种天生具有侵略性的战争方式。"建立稳固防线只能被视作回归攻击性运动战过程中的临时步骤。"在 1942 年年初，当东线的德国军队还在为生存而战时，《军事周刊》就如此断言。早在那个时候，作者就期待德军的各个部队本着攻击精神开展防御作战，"这类作战应该表现为一系列成功的反击。"[87] 国防军有可能输掉在苏联的这场战争，但即使要失败，也应该败在机动战中，而不是干坐在战壕里或龟缩在筑垒防线后面等死。

　　在德军内部，刻赤战役引发的狂喜在某些方面可与波兰和法国的战役，或者巴巴罗萨行动开局阶段的大胜相比。其中既有相同的欢欣之情，也有某种因为终于被证明正确而产生的洋洋得意。当曼斯坦因在刻赤的战果还未得到全面统计之时，5 月 22 日发行的《军事周刊》就宣称这是一次不折不扣的"伟大突破战"。在这"春季的第一场大胜"中，国防军在一个星期之内做到了苏联军队苦战一个月都未做到的事：突破巴尔巴赫瓶颈地带。"我们的敌人指望漫长艰苦的冬天能削弱德国军队的进攻能力，但是这一仗粉碎了他们的希望。"尽管躲在"成千上万颗地雷和一条宽广的反坦克壕"后面，一支庞大的苏联军队还是在阿克莫纳伊被"包围并彻底歼灭"（eingekesselt und restlos vernichtet），德军的战果（68000 人、235 辆坦克和 864 门火炮）足以令人回想起"秋季的大规模包围战"。[88]

　　不过，这份通常文风相当严肃的期刊的自夸还只是刚刚开始。到了 5 月 29 日发行的下一期，在刻赤的大突破已经成为"春季的第一场歼灭战"。"歼灭战"（Vernichtungsschlacht）这个字眼的使用非同小可，它在德国军事界有特定的含义。在德国历史上，或许只有五六场战役可以毫无争议地使用这个词。不过此时期刊作者已经得到了更准确的报告，详细说明了"敌军所受毁灭的彻底程度"：17 万人、284 辆坦克和 1397 门火炮。除非有宏大的计划，否则苏军指挥机构本来绝不会将规模如此庞大的部队塞进如此狭小的地域：实现突破，北上彼列科普，对德军的整个南方战线施以致命打击。如今这支部队被德军几乎毫不费力地包围，大半灰飞烟灭。虽然逃过了即刻毁灭的命运的部队接到了撤退的命令，但是为时已晚。在获胜的进攻者不依不饶的追击下，尽管苏军显然已经尽了一切努力来挽救"他们的重炮，以及他们的政委"，可刻赤的苏联军队还是被彻底消灭了。[89]

　　如此看来，刻赤战役对国防军来说不啻是一针兴奋剂，而且恰好在其最需要的时候到来。正如另一位参谋军官所言，"刻赤在 1941 年就曾经落到德国人手中。那个严酷的冬天，以及随之而来的千倍的艰难困苦和残酷无情，使我们没有机会夺回这个非常重要的地区。与此同时，我们的敌人的宣传机构串通一气，喋喋不休地向全世界宣告'德国的力量已经耗尽了！德国人再也没法进攻了！主动权现在是俄国人的了！'"但此一时彼一时，如今"德国军人突然又站了起来，表现出了丝毫不逊于从前的杰出作战能力。"在这场进攻的准备和实施过程中，德军指挥机关开启了"经典模式"："这一仗堪称典范。在作为主攻方向的右翼集中特别强大的兵力，突破后立即向纵深发展，包围敌军一翼并卷击另一翼。然后快速形成包围圈，同时以机动部队发起不知疲倦的追击。凭借顶尖的参谋工作和第一流的部队，这次进攻就像精密钟表一样完美执行。"结果是"一直在数量上处于严重劣势的部队粉碎了敌人三个集团军的主力"。西方同盟国不得不从他们刚刚看到的事件中，尤其是德军展现的空中优势中得出结论。国防军确实经历了一个艰苦的冬天，但是刻赤战役证明他们已经恢复原有的精神力量。在有望决定战争胜负的一年开始时，这对德国来说是个喜讯，但对其敌人来说却是"一个痛苦的教训"。[90]

从宏观角度来看，刻赤进攻战并不是东线规模最大的战役，也没能决定战争最终的胜负。即使仅就该战役本身来看，再客观的分析也必须承认，德军获胜的一个至关重要的因素是一位现代权威学者指出的苏军指挥体制中的"官僚主义、意识形态和外行"性质。[91] 不过，如果我们不是站在现在的角度来看待这次战役，而是把它放在当时的背景下进行审视，那么这场在战线最南端的小小半岛上发生的战斗依然呈现出了新的意义。通过德国军官团的心理状态来进行透视，刻赤战役的真正意义是显而易见的。在1942年夏季来临之时，国防军以引人注目的方式向世界证明了自己依然有一战之力，国防军依然能够使用属于自己的"独特语言"。这场战争或许已经注定失败，但是它还远未结束。

虽然刻赤战役有力地证明了这一点，但是对那些或许还未被说服的人来说，还有一次更大规模的"证明"。就在曼斯坦因和德军总参谋部为刻赤的决定性胜利举杯相庆之时，在北方，德军占领的哈尔科夫城附近，一场残酷的坦克大战正打得热火朝天。

注释

1. 这一说法转引自国防军总司令部作战部副部长瓦尔特·瓦尔利蒙特将军（General Walter Warlimont）著，《希特勒指挥部内幕，1939—1945》（Inside Hitler's Headquarters, 1939‑45, 加利福尼亚州诺瓦托：Presidio，1964 年），第 226—240 页。

2. 要阅读此类著作中的上品，特别是由严肃的学者查尔斯·瓦齐（Charles Vasey）、约翰·普拉多斯（John Prados）、戴维·伊斯比（David C. Isby）、帕迪·格里菲斯（Paddy Griffith）和斯蒂芬·巴德西（Stephen Badsey）等人考虑了比大多数方案更合理的选择而进行的架空历史著作，请参见彼得·楚拉斯所编的《希特勒获胜：第二次世界大战的另类决策》（Hitler Triumphant: Alternate Decisions of World War II，伦敦：Greenhill，2006 年）。例如，格里菲斯设想了 1941 年秋针对高加索油田的空降作战，见《高加索上空的铁翼：莱昂纳多行动》（Wings over the Caucasus: Operation Leonardo），第 169—188 页；普拉多斯描述的 1941 年 1 月针对直布罗陀的海陆空三军联合作战，见《经略西班牙：菲利克斯行动》（The Spanish Gambit: Operation Felix），第 58—86 页。不过，在有些书里有着更多的幻想色彩。例如，参见戴维·基思利（David M. Keithly）的《铁十字·绿新月·黑金：进军印度河》（Black Cross, Green Crescent, Black Gold: The Drive to the Indus），第 124—167 页。

3. 例如，请参见凯思琳·布鲁姆·威廉斯（Kathleen Broome Williams）著，《秘密武器：大西洋之战中的美国高频测向装置》（Secret Weapons: U.S. High‑Frequency Direction Finding in the Battle of the Atlantic，安纳波利斯：Naval Institute Press，1996），它介绍了高频无线电测向仪，这是使同盟国在大西洋上取得胜利的关键技术手段之一。

4. 要了解包括"美洲轰炸机"和"大气层飞跃者"在内的各种纳粹战略轰炸计划，请参见詹姆斯·达菲（James Duffy）著，《目标美国：希特勒攻击美国的计划》（Target America: Hitler's Plan to Attack the United States，康涅狄格州韦斯特波特：Praeger，2004 年），以及曼弗雷德·格里尔（Manfred Griehl）著，《美国上空的德国空军：第二次世界大战中轰炸美国的秘密计划》（Luftwaffe over America: The Secret Plans to Bomb the United States in World War II，伦敦：Greenhill，2004 年）。要了解 1943 年德国针对苏联发动战略轰炸攻势的计划"铁锤行动"（Operation Eisenhammer），请参见理查德·马勒（Richard Muller）著，《德国的对俄空中战争》（The German Air War in Russia，巴尔的摩：Nautical and Aviation Publishing，1992 年），第 170—177 页。

5. 在 1943 年 2 月 18 日，也就是斯大林格勒包围圈中的德军被消灭的数周之后，纳粹国民教育与宣传部长约瑟夫·戈培尔（Josef Goebbels）在柏林体育宫向经过精挑细选的 14000 名听众发表了一次演说。这是一次极为蛊惑人心的表演，他在讲话中向听众提出一连串反问，最后以"你们想要总体战吗？"收尾。要了解这次演讲令人失望的结果，请参见伊恩·克肖（Ian Kershaw）著，《希特勒传》的第 2 卷，《天罚》（Hitler, vol. 2, Nemesis，纽约：Norton，2000 年），第 561—577 页。

6. 见爱德华·韦斯特曼著，《高射炮：德国的对空防御，1914—1945》（Flak: German Anti‑Aircraft Defenses, 1914‑1945，劳伦斯：University Press of Kansas，2001 年）。这本书细节丰富，评析中肯，很可能不会再有足以取代它的作品出现。读者尤其应该注意书中关于"击落"代价的讨论（第 292—294 页）和对所谓"损失的师团"（即认为高射炮部队占用了过多陆军补充兵资源的观点）的讨论（第 294—295 页）。要了解盟军飞行员在轰炸城市目标时为了突破德军高射炮的密集防御而付出的代价，最好的著作当数唐纳德·米勒（Donald L. Miller）著，《空中英豪：美国第八航空队对纳粹德国的空中之战》（Donald L. Miller, Masters of the Air: America's Bomber Boys Who Fought the Air War against Nazi Germany，纽约：Simon & Schuster，2006 年），书中有不少读来令人毛骨悚然的描述。

7. 要了解克里米亚战役，读者首先必须阅读的直接史料是埃里希·冯·曼斯坦因著，《失去的胜利》，尤其是第 204—259 页。当今历史专业学者已形成共识：引用德国军官团成员炮制的回忆录时需要多加小心。尤其要注意的是，这类作者普遍倾向于将战争中的一切错归咎于希特勒，开脱自己的罪责，杜撰自己与希特勒的分歧，乃至于编造自己与希特勒的当面争论。而且，所有这类著作都只字不提所谓的"捐赠"—元首赏赐给忠诚的指挥官们的巨款和大片土地，这些赏赐无疑能坚定他们在这类土地上死战不退的决心。曼斯坦因的回忆录也不例外。但是，所有此类书籍在讨论实际作战行动时（如战斗序列、部队调动何战术机动等），或许都是极为诚实的，本书对它们的引用也就仅限于此。另两篇重要的直接史料是弗里德里希·舒尔茨将军（General Friedrich Schulz）的《争夺克里米亚》（Battle for Crimea）和赫尔穆特·莱因哈特将军（General Hellmuth Reinhardt）的《德国军队东线作战选编（战役）》[Selected German Army Operations on the Eastern Front (Operational)]。以上两份报告可以在"外国军事研究丛书"（手稿 T-20），以及"外国军事研究丛书"（手稿 P-143a）的第 187—212 页中找到。这两份报告以及这个庞大丛书的其余部分都收藏在位于宾夕法尼亚州卡莱尔市的卡莱尔军营中的美国陆军军事历史研究所。虽然克里米亚战役并没有专题学术著作，但其实应该有人写一本。研究者应该首先参阅出色的德国官方正史，《德国与第二次世界大战》，第 6 卷，《全球战争：战争的扩大和主动权的易手，1941—1943》（Das Deutsche Reich und Der Zweite Weltkrieg, vol. 6, Die Ausweitung zum Weltkrieg und der Wechsel der Initiative, 1941‑1943，斯图加特：Deutsche Verlags-Anstalt，1990 年），尤其是贝恩德·魏格纳撰写的第 6 部分，"对苏战争，1942—1943 年"（Der Krieg gegen die Sowjetunion, 1942‑43）的第 840—852 页。在治学严谨程度上与其极为接近的作品是乔尔·海沃德（Joel S. A. Hayward）著，《兵败斯大林格勒：德国空军与希特勒在东方的失败，1941—1943》（Stopped at Stalingrad: The Luftwaffe and Hitler's Defeat in the East, 1941‑1943，劳伦斯：University Press of Kansas，1998 年）。虽然这部作品的重点是空军，尤其是沃尔夫拉姆·冯·里希特霍芬将军（General Wolfram von Richtofen）的活动，但书中的分析部分涉及面很广，将 1942 年全年的陆战、海战和空战都囊括其中。要了解海沃德关于克里米亚的记述，见第 27—119 页。斯威廷（C. G. Sweeting）著，《鲜血与钢铁：德军征服塞瓦斯托波尔》（Blood and Iron: The German Conquest of Sevastopol，华盛顿哥伦比亚特区：Brassey's，2004 年）写得很精彩，而且有丰富的插图。但是正文只有 94 页—考虑到照片和地图的数量，就更令人觉得不过瘾了。多亏了大量的附录，这部作品才能达到一本书的厚度。虽然这些附录很有趣，但和克里米亚的战斗关系不是特别大。其中值得一提的是附录 B，"军衔、制服"（Ranks, Uniforms）。

8. 舒尔茨著《争夺克里米亚》，第 1 页。

9. 有关罗马尼亚油田及其重要性的讨论，见海沃德著，《兵败斯大林格勒》，第 3—4 页、7—9 页、18—21 页和第 29 页。

10. 曼斯坦因著，《失去的胜利》，第 204 页。

11. 舒尔茨，《争夺克里米亚》，第 204 页。

12. 曼斯坦因著，《失去的胜利》，第 204 页。

13. 关于这场秋季战役，最好的资料是舒尔茨所著的《争夺克里米亚》，第 1—18 页，比曼斯坦因的记述要详细得多。舒尔茨当时担任第 11 集团军的参谋长（见曼斯坦因著，《失去的胜利》，第 236 页）。

14. 斯威廷著，《鲜血与钢铁》，第 14 页。

15. 请参见威廉·福格茨-雷茨将军（General William Voigts-Rhetz）的《说明》（Erklärung），刊登在《军事周刊》第 84 辑，第 37 期（1889 年 4 月 26 日）的第 1013 页上。

16. 要了解曼斯坦因的军事履历，见罗伯特·奇蒂诺著，《装甲部队：历史与原始资料》，第 252—256 页。

17. 曼斯坦因著，《失去的胜利》，第 203 页。

18. 关于德军在与其轴心国伙伴建立牢固的战场关系过程中遭遇的困难，最新的研究成果可参见理查德·迪纳尔多著，《德国与轴心阵营诸国：从联盟到崩溃》（Germany and the Axis Powers: From Coalition to Collapse，劳伦斯：University Press of Kansas，2005 年）。关于 1941 年的情况，见第 109—115 页。另见亚历山德鲁·迪蒂（Alesandru Dutu）的《塞瓦斯托波尔围城战中的罗马尼亚军队（1941 年 10 月—1942 年 7 月）》（The Romanian Troops in the Siege of Sevastopol (October 1941–July 1942)），它刊登在《国际军事史杂志》（Revue International-ed' Histoire Militaire）第 77 辑（1992 年）上。

19. 曼斯坦因著，《失去的胜利》，第 212—215 页。

20. 舒尔茨的《争夺克里米亚》，第 3 页。

21. 要了解这场激战的亲历者描述，见克里斯托弗·舍勒（Christopher Scheller）的《步兵攻击彼列科普》（Infanterie vor Perekop）和迪特里希上尉（Captain Dittrich）的《鞑靼壕沟与彼列科普》（Tartaren-Graben und Perekop），这两篇文章都收录在《我们征服了克里米亚：克里米亚集团军士兵报告》（Wir erobern die Krim: Soldaten der Krim-Armee berichten，诺伊施塔特：Pfälzische Verlagsanstalt，1943 年）中，分别位于第 14—19 页和第 29—22 页。

22. 魏尔纳·豪普特编，《南方集团军群：国防军在俄国，1941—1945》。

23. 斯威廷著，《鲜血与钢铁》称它开凿于 15 世纪，见第 34 页。

24. 豪普特编，《南方集团军群》，第 89—90 页。

25. 出处同前，第 90 页。

26. "亚速海之战"（也叫"奥列霍夫－奥西片科包围战"）得到的关注很少，但即使只看苏军被俘人数，它也应该得到更多关注。要了解此战的简介，可以参见斯威廷著，《鲜血与钢铁》，第 36—37 页；曼斯坦因著，《失去的胜利》，第 214—216 页；杰弗里·朱克斯著，《巴巴罗萨：进军哈尔科夫：乌克兰，1941 年 9—12 月》（Barbarossa: Drive to Kharkov: Ukraine, September–December 1941），它刊登在《第二次世界大战史》第 23 期（1978 年）的第 634—640 页。要了解详细的直接资料，见汉斯·斯蒂茨（Hans Steets）著，《山地兵在诺盖草原》（Gebirgsjäger in der nogaischen Steppe，海德堡：Kurt Vowinckel，1956 年），它是"战斗中的国防军"丛书的第 8 卷。作者在此战中任第 1 山地师（第 49 山地军）的参谋长。

27. 曼斯坦因著，《失去的胜利》，第 214 页。维克托·尼楚（Victor Nitu）的《曼斯坦因的罗马尼亚军队在克里米亚》（Manstein's Romanians in the Crimea，可在 http://www.feldgrau.com/articles.phpID=75 下载）的第 1 页中提到，编入罗马尼亚军队的德国第 170 师在苏军进攻下"败退"。

28. 曼斯坦因著，《失去的胜利》，第 214 页。

29. 斯蒂茨著，《山地兵在诺盖草原》，第 15—21 页。

30. 舒尔茨的《争夺克里米亚》，第 5 页。

31. 斯威廷著，《鲜血与钢铁》，第 36—37 页。

32. 尼楚的《曼斯坦因的罗马尼亚军队》，第 1—2 页。

33. 曼斯坦因著，《失去的胜利》，第 219 页；斯威廷著，《鲜血与钢铁》，第 38 页。

34. 曼斯坦因著，《失去的胜利》，第 219—220 页。

35. 豪普特编，《南方集团军群》，第 96 页。

36. 要了解第 11 集团军的快速追击，见舒尔茨的《争夺克里米亚》第 6—9 页。

37. 关于向南方高歌猛进的德军的心情，可参见克吕曼下士（Corporal Klümann）的《向黑海进军》（Marsch ans Schwarze Meer），收录于《我们征服了克里米亚》的第 62—64 页："我的战友们纷纷穿过防波堤，笑着说，'我就是整个东线的右翼！'"（第 64 页）。

38. 舒尔茨的《争夺克里米亚》，第 6 页。

39. 斯威廷著，《鲜血与钢铁》，第 43 页。不久工兵也赶到当地，修复被爆破的桥梁。见匿名文章《作为先头部队中的工兵》(Als pioniere bei der Vorausabteilung)，收录于《我们征服了克里米亚》，第 62—64 页。

40. 舒尔茨的《争夺克里米亚》，第 7 页。

41. 约翰·埃里克森著，《通往斯大林格勒之路》，第 256 页。

42. 见埃伯哈德·冯·马肯森著，《从布格河到高加索：对苏作战中的第 3 装甲军，1941—1942》(Vom Bug zum Kaukasus: Das III. Panzerkorps im Feldzug gegen Sowjetrussland, 1941 - 42，内卡格明德：Kurt Vowinckel, 1967 年)，这是 "战斗中的国防军" 丛书的第 42 卷。尤其是关于罗斯托夫得而复失的战斗，请参见第 41—48 页。

43. 曼斯坦因著，《失去的胜利》，第 223 页。

44. 第 22 师的师长原本是汉斯·冯·施波内克将军 (General Hans von Sponeck)，在进攻依雄的战斗开始的几天前，他升任第 42 军的军长，而将这个师移交给了沃尔夫。见豪普特编，《南方集团军群》，第 96 页。

45. 曼斯坦因著，《失去的胜利》，第 223—224 页。

46. 斯威廷著，《鲜血与钢铁》，第 45 页。

47. 埃里克森著，《通往斯大林格勒之路》，第 289—290 页。

48. 关于苏军在克里米亚发起的进攻，主要的资料来源是戴维·格兰茨的《苏德战争中被遗忘的战役 (1941—1945)》，第 6 部分 "冬季会战 (1941 年 12 月 5 日至 1942 年 4 月)：克里米亚反攻及其影响" [Forgotten Battles of the German-Soviet War (1941 - 45), Part 6: The Winter Campaign (5 December 1941 - April 1942): The Crimean Counteroffensive and Reflections]，刊登在《斯拉夫军事研究杂志》(Journal of Slavic Military Studies) 第 14 辑，第 1 期 (2001 年 3 月) 的第 121—170 页。这篇文章是一个长期写作工程的一部分，格兰茨通过这一系列煞费苦心地重构了许多大小战役的历史叙事，这些战役都以苏联红军的惨败告终，因此在战后岁月中被系统性地丢进了斯大林主义者制造的记忆黑洞中。他的《朱可夫的最大失败：1942 年红军在火星行动中的史诗级惨败》也可被视作该工程的一部分。

49. 要了解德军视角下的苏军战斗序列和作战行动，见高尔上校 (Colonel Gaul) 的《1941 年 10 月至 1942 年 7 月苏俄军队在克里米亚和塞瓦斯托波尔一带作战行动简述》(Kurze Darstellung der sowjetrussischen Kämpfe auf der Krim und um Sewastopol vom Oktober 1941 bis July 1942)，这篇文章刊登在《军事科学评论》第 8 辑，第 2 期 (1942 年) 的第 179—188 页，文中还附有四幅地图。

50. 本段文字援引了格兰茨《克里米亚反攻及其影响》的第 122—140 页，该文引用了实施登陆行动的高加索方面军司令员科兹洛夫将军 1942 年 1 月 1 日的作战详报、苏联最高统帅部大本营 1 月 2 日的指令，以及科兹洛夫、斯大林和苏军总参谋长华西列夫斯基将军 (General A. M. Vasilevsky) 在 1 月 5 日的电话交谈记录，所有这些资料都提到这是一次旨在解放克里米亚全境的决定性作战行动。

51. 埃里克森著，《通往斯大林格勒之路》，第 291 页。

52. 海沃德著，《兵败斯大林格勒》，第 32 页。

53. 要了解记忆犹新的德方人员关于叶夫帕托里亚的胜利的叙述，见战地记者赫伯特·拉达 (Herbert Ladda) 的文章《高加索集团军的大流血》(Der Aderlass der Kaukasusarmee)，这篇文章刊登在《国防军》(Die Wehrmacht) 第 6 辑，第 5 期 (1942 年 3 月) 的第 16—17 页。另见科尔贝中尉 (Lieutenant Kolbe) 的《……赶回海里》(… ins Meer zurückzuwerfen)，这篇文章收录于《我们征服了克里米亚》的第 88—90 页。

54. 弗朗茨·冯·哈尔德将军 1941 年 12 月 29 日的日记，见《战争日记》第 3 卷《到进军斯大林格勒为止的对俄作战》，第 369 页。另见海沃德著，《兵败斯大林格勒》，第 33 页，他对这句话的翻译更有感染力："非常沉重的一天！"

55. 见戈特洛布·赫伯特·比德曼（Gottlob Herbert Bidermann）著，《致命打击：一个德国士兵的苏德战争回忆录》（In Deadly Combat: A German Soldier's Memoir of the Eastern Front, 劳伦斯：University Press of Kansas，2000 年），第 93—94 页。另见网上的《施波内克传记》，网址是 http://www.historic.de，这是一个专门登载 "Militärgeschichte: Bremen und Umland（不来梅及周边地区军事史）" 的网站。

56. 埃里克森著，《通往斯大林格勒之路》，第 329 页。

57. 可参见科兹洛夫向他的方面军下达的作战命令，收录于格兰茨的《克里米亚反攻及其影响》第 138 页。

58. 这个说法来自苏联战地记者康斯坦丁·西蒙诺夫，见魏格纳的《对苏战争，1942—1943 年》第 844 页。

59. 转引自格兰茨的《克里米亚反攻及其影响》第 163 页。另见凯瑟琳·梅里戴尔著，《伊万的战争：苏联红军中的生与死，1939—1945》，第 148 页。读者如果要了解西蒙诺夫的大体情况，可参见罗德里克·布雷思韦特著，《莫斯科 1941》，尤其是第 92—93 页，以及第 240 页后面那张帅气的照片。

60. 曼斯坦因著，《失去的胜利》，第 207 页。

61. 要了解克里米亚特别司令部，见海沃德著，《兵败斯大林格勒》，第 34—42 页；要了解南方空军司令部，见第 55—64 页。有关德军在刻赤的空中力量，请参见海沃德发表在期刊上的两篇文章《冯·里希特霍芬的 "巨型火魔法"：1942 年德国空军在刻赤战役中的作用》（Von Richtofen's 'Giant Fire-Magic': The Luftwaffe's Contribution to the Battle of Kerch, 1942），《斯拉夫军事研究杂志》第 10 辑，第 2 期（1997 年 6 月）的第 97—124 页；《早期联合作战案例研究：对国防军 1942 年克里米亚会战的分析》（A Case Study in Early Joint Warfare: An Analysis of the Wehrmacht's Crimean Campaign of 1942），《斯拉夫军事研究杂志》第 22 辑，第 4 期（1999 年 12 月）的第 103—130 页。

62. 海沃德著，《兵败斯大林格勒》，第 58 页。

63. 比德曼著，《致命打击》，第 97—98 页。

64. 要了解南山之战，见罗伯特·奇蒂诺著，《追求决定性胜利：从僵持到欧洲的闪电战，1899—1940》，第 72—76 页。

65. 关于恰塔尔贾之战的资料出处同前，见第 125—127 页。

66. 请参见直接史料，金特·迈因霍尔德将军（General Günter Meinhold）的《1942 年 5 月 8—11 日突破巴尔巴赫防线战斗中的第 123 步兵团》（123rd Infantry Regiment in the Breakthrough Battle for the Parpach Position, 8 - 11 May 1942），这篇文章收录于 "外国军事研究" 丛书（手稿 D-264）第 2 页。

67. 海沃德著，《兵败斯大林格勒》，第 68—69 页。

68. 厄尔·齐姆克和马格纳·鲍尔著，《从莫斯科到斯大林格勒：决战东线》，第 264 页。

69. 见海沃德著，《兵败斯大林格勒》，第 67 页，这是唯一一注意到这个名称的戏谑意味的资料。

70. 有关第 30 军的讨论，见莱因哈特的《德国军队作战选编》，第 191—192 页。

71. 尼楚的《曼斯坦因的罗马尼亚军队》，第 4—5 页。

72. 齐姆克和鲍尔著，《从莫斯科到斯大林格勒：决战东线》，第 266 页。

73. 要了解巴尔巴赫阵地的突破战斗，见迪特里希上尉的《巴尔巴赫阵地的突破》（Einbruch in

die Parpatsch-Stellung），和卡勒特下士（Corporal Kahlert）的《巴尔巴赫阵地被突破了》（Die Parpatsch- Stellung wird durchbrochen），两篇文章都收录在《我们征服了克里米亚》中，分别位于第 102—105 页和第 123—127 页。另见康斯坦丁尼上校（Colonel Constantini）的《1942 年 5 月至 7 月在克里米亚的作战》（Operations en Crimée de mai à juillet 1942），这篇文章刊登在《军史评论》（Revue Historique de l'Armée）第 21 辑的第 1 期（1965 年）上。

74. 迈因霍尔德的《第 123 步兵团》，第 4—5 页。

75. 见海沃德著，《兵败斯大林格勒》，第 81 页。

76. 要了解 operativer Luftkrieg，可参见马勒著，《德国的对苏联空中战争》，第 1 章，"对一场正规战争的准备"（Preparations for a Proper War）的第 1—24 页。要了解这个概念在 1930 年的起源和战争第一年的情况，见詹姆斯·科勒姆著，《德国空军：创造战役级空中作战，1918—1940》（The Luftwaffe: Creating the Operational Air War, 1918‑1940, 劳伦斯：University Press of Kansas, 1997）。尤其应该参见书中对关于德国空军的文献的评论（第 10—12 页），包括科勒姆对马勒的著作的评价（第 11 页）。

77. 约翰·埃里克森著，《通往斯大林格勒之路》，第 349 页。

78. 海沃德著，《兵败斯大林格勒》，第 84 页。

79. 要查看德方使用这一说法的资料，见《大德意志解放战争》的第 152 节——"攻克塞瓦斯托波尔"（Der Fall von Sewastopol），《军事周刊》第 127 辑，第 2 期（1942 年 6 月 19 日）的第 31—34 页。引文在第 32 页。

80. 要了解"卡尔"和"多拉"的情况，请参见斯威廷著，《鲜血与钢铁》的第 148—171 页。

81. 要了解旅顺之战，见奇蒂诺著，《追求决定性胜利》的第 76—83 页。要了解哈德良堡之战，见《追求决定性胜利》的第 127—128 页。

82. 曼斯坦因著，《失去的胜利》的第 248 页。

83. 海沃德著，《兵败斯大林格勒》的第 109 页。

84. 斯威廷著，《鲜血与钢铁》的第 74—75 页。

85. 见该团团长冯·肖尔蒂茨上校（Colonel von Choltitz）的《一个勃兰登堡团在谢韦尔纳亚湾》（Ein Brandenburgisches Regiment an der Ssewernaja-Bucht），还有第二波渡过海湾的部队中的一名士兵，格罗塞尔中士（Sergeant Grosser）的《渡过谢韦尔纳亚湾》。这两篇文章都收录在《我们征服了克里米亚》中，分别位于第 217—220 页和第 207—210 页。

86.75000 人的死亡数字见于海沃德著，《兵败斯大林格勒》，第 117 页；10 万人的数字见于格哈德·魏因贝格（Gerhard Weinberg）著，《战火中的世界：第二次世界大战全史》第二版（A World at Arms: A Global History of World War II, 2nd ed., 剑桥：Cambridge University Press, 2005 年）的第 413 页；德军死亡 25000 人的数字见于魏格纳的《对苏战争，1942—1943 年》中的第 844 页："单是德军方面就有近 25000 名士兵死亡（allein auf deutscher Seite fielen fast 25,000 soldiers）"。

87.《大德意志解放战争》，第 128 节，"防御中的攻击精神"（Offensivgeist in der Defensive），《军事周刊》第 126 辑，第 30 期（1942 年 1 月 23 日）的第 835—838 页。引文在第 836 页。

88. 见《大德意志解放战争》，第 145 节，"德军在克里米亚的春季作战"（Die deutsche Frühjahrsoperation auf der Krim），《军事周刊》第 126 辑，第 47 期（1942 年 5 月 22 日）的第 1345—1348 页中洋洋自得的片段。

89.《大德意志解放战争》，第 146 节，"刻赤，春季的第一场歼灭战"（Kertsch, die erste Vernichtungsschlacht des Frühjahrs），《军事周刊》第 126 辑，第 48 期（1942 年 5 月 29 日）的第 1375—1379 页。

90. 布劳恩（M. Braun）的《刻赤及珊瑚海战斗的精神意义》（Die Schlachten auf Kertsch

und im Korallenmeer in ihrer mor- alischen Bedeutung ），这篇文章刊登在《军事周刊》第 126 辑，第 49 期（ 1942 年 6 月 5 日 ）的第 1412—1414 页。另见威廉·罗斯巴赫（ Wilhelm Rossbach ）的《刻赤—哈尔科夫：制空权在进攻和防守中的作用》（ Kertsch—Charkow: Luftherrschaft aus dem Angriff und aus der Verteidigung ），这篇文章刊登在《军事周刊》第 126 辑，第 52 期（ 1942 年 6 月 26 日 ）的第 1503—1506 页。

91. 魏格纳著的《对苏战争，1942—1943 年》，第 844 页。

第三章
国防军的再次复苏：哈尔科夫的歼灭战

　　哈尔科夫战役的背景（这一仗的起因、时间和地点）是整个二战历史中最有意思的章节之一。1942 年春天，在东线对抗的两位独裁者，他们各自身边的一小群谋士，以及双方总参谋部中两批训练有素的职业军人，全都凝视着同一幅地图。在这幅地图上，他们可以研究双方军队当时对峙的长约 2736 千米的战线，它从北极圈的摩尔曼斯克（Murmansk）港一直延伸到克里米亚，德方将这片辽阔的战区划分为若干个"集团军群"地段，而苏方则按"战略方向"划分。

　　这是一个极其复杂的局面。战线并不是以河流、山脉等天然地形特征为基准的平滑曲线，反而是参差不齐的，布满了形形色色的突出部和狭长区域。例如，国防军在勒热夫（Rzhev）一带占据着一个弯钩状的突出部，以至于相当多的部队不得不防守着面朝西方（换言之，就是面朝德国）的前沿阵地。[1] 在勒热夫西南方，德军还有一个伸向苏军控制区域，末端位于小城别雷（Belyy）的细长突出部，防守该地确实是一个耐人寻味的问题。在伊尔门湖（Lake Ilmen）东南方的杰米扬斯克（Demyansk），甚至有一部分德军被团团包围，不过后方通过空运向包围圈中的德军送去了足够的物资，而当地的局势似乎也足够稳定，因此德军指挥部中没有多少人感到焦虑。[2] 在列宁格勒以南，德军也将苏军的第 2 突击集团军装进了"口袋"。这里的被围部队状况似乎很糟，但是在 4 月，苏军最高统帅部将派军中少数经过战火考验的将才之一弗拉索夫将军（General A. A. Vlasov）进入包围圈主持大局，因此他们似乎也有一定把握坚持下来。[3] 如此犬牙交错的战线并不是冷静的思考或明智的战略造成的，没有一个理智的指挥官会选择这样的排兵布阵。事实上，这种情况只不过是1941—1942年冬天的漫长苦战结束时，两支筋疲力尽的军队碰巧形成的对峙战线。

在研究这幅很有意思的地图时，两支军队的领导者们都在寻找同一样东西：适宜发动进攻的地点。双方都考虑了以大规模行动攻克列宁格勒或为其解围的可能性，而且都放弃了这样的想法：可供机动的空间太少、沼泽太多、森林太多，已经被敌人包围的部队也太多。那是一片让人喘不过气来的战场。莫斯科呢？经过去年冬天的战斗，德军当然不想重蹈覆辙。虽然笔者怀疑他们不管进攻哪里都不愿再攻莫斯科，但是当时的苏军依然相信他们会再做一次尝试，为此已经部署了用于迎击的大量兵力。南方呢？也许可以，斯大林就是这么想的。这里有广阔的空间可供他正开始部署的大部队机动，地形平坦、条件良好，而且由于第聂伯河、顿涅茨河（Donets）和顿河大弯曲部的构造，可供德军用于防御的天险很有限。虽然许多参谋人员力劝他谨慎行事，但斯大林手下也有一位勇悍好斗的指挥官——铁木辛哥将军，此人正请求批准他对德国国防军再发动一次突击。

值得一提的是，同样的描述几乎可以原封不动地套用到另一方阵营里的希特勒身上。南方蕴藏着苏联的大部分自然资源，或许也是德国殖民者的"生存空间"。在希特勒看来，顿涅茨盆地（或者叫"顿巴斯"）的煤炭和工业，以及高加索的石油，似乎是粉碎苏军抵抗的关键。他认为只要控制了它们，苏联就会崩溃，而德国可以利用这些资源无限期地对抗西方同盟国。这个想法并非是希特勒所独有的，他的总参谋长弗朗茨·哈尔德将军以及上下各级指挥官对此都表示支持。对国防军来说，南方能提供的不仅仅是工业和石油，那里还有非常适合坦克机动的原野（广阔的空间即使不能让装甲部队的指挥官随心所欲地驰骋，也至少能让他们少受一些约束）。不过，无论参谋人员立场如何，希特勒肯定明白，自己还有前线将领们的支持。那些好斗的指挥官都在嗷嗷叫着要求他批准发动进攻。希特勒豢养了一大群这样的鹰犬，而这种个性成为德国军官团的标志也已经很久很久了。

于是，双方都决定在南方开打。但是，具体在什么地方开始呢？从双方军事机构在1942年5月拿出的答案或许可以看出，自工业革命以来西方各国军队的同质化达到了何种程度，它或许也反映了苏联红军和德国国防军的参谋军官们在职业教育和训练制度上的相似性。无论如何，当这两支伟大机械化军队的智囊团凝视面前的地图时，尽管战线迂回曲折、复杂得不可思议，他们却不约而同地说出了一个鲜为人知的名字："伊久姆突出部"。

我们或许还应该注意到，在战争的这一阶段，德军和苏军在很多问题上的看法是一致的。双方都感到敌人在前几次战役中遭受了重创，双方都确信对方已经拿出了最后的预备队，自己距离彻底击败对方只差一步，只要不失时机地发动一次打击就可以了。大部分德国军官，包括总参谋部和一线的军官，都觉得在深秋时节就能取得最终胜利。他们将在战后时代的回忆录中普遍提出这种观点，并且痛心疾首地表示，要不是希特勒的这个或那个昏了头的决策，他们早就把胜利攥在手心里了。而在苏军看来，在那年冬天斯大林的第一次战略进攻中，机会就已经来了。当然，双方都严重低估了对方的恢复能力和真正实力。最后，双方都觉得战争将会在 1942 年结束，这一年将是取得决定性的全面胜利的一年。事实上，哈尔德已经将它称为"伟大的决战之年"（der grosse Entscheidigungsjahr）。[4] 当今用来形容战争的时髦词"不对称性"貌似还真不适合用在这个局面上，因为它给人的感觉实在是"对称过头"了。

双方针对哈尔科夫的谋划

伊久姆突出部是 1942 年大战开始时前线存在的奇特突出部之一。[5] 通常的突出部在地图上看起来就像是一个凸向敌方前线的圆形肿包，但是伊久姆突出部却要怪异得多。它实际上接近于正方形，正面宽约 97 千米，纵深也是约 97 千米。这个突出部中的苏军部队同时面向南方 [从博戈罗季茨科耶（Bogorodichnoye）向西延伸到洛佐瓦（Lozovaia）]、西方 [从洛佐瓦向北延伸到别列卡（Bereka）] 和北方 [从别列卡再回到顿涅茨河畔的列科夫卡（Lekowka）]。德军控制的城镇巴拉克列亚（Balakleya）和斯拉维扬斯克（Slavyansk）分别在北面和南面构成该突出部的两个肩部，而北顿涅茨河畔的工业城市伊久姆位于该突出部底部的中央。[6]

这个突出部源起于斯大林在 1942 年年初的决定，他想把他的莫斯科反攻扩大为遍及整个战区、旨在一劳永逸地粉碎整个国防军的大规模攻势。在 1 月 18 日，苏军的三个集团军劈入了伊久姆附近日益薄弱的德军防御阵地。这是一次凌厉的攻势，苏联第 6 集团军在右路，第 57 集团军在中路，第 9 集团军在左路，将防守顿涅茨河防线的德国第 11 军的前沿阵地撕开了一个大口子。[7] 而且，苏军还楔入了德国第 6 集团军和第 17 集团军的结合部。对德军总司令部而言，这在一连串看似无休无止的紧急险情中又增添了一出。德军的这两个集团军此时还在冬季危机中苦熬,不仅在后方没有任何预备队,战斗序列中也没有一支生力军能用来堵住缺口。哈尔德的日记反映了他在这些日子里的郁闷心情:

1月19日:预测中针对哈尔科夫的大规模攻势开始了,首先遭到冲击的是第17集团军的前沿阵地北段和第6集团军前沿阵地上的多个位置。最困难的地段是第6集团军和第17集团军的结合部。在克服这些压力之前将会有一段难熬的日子。

1月20日:针对南方集团军群(第17集团军)的进攻在某些方面造成了非常严重的形势。首要的问题是,我们没有办法对付敌人的坦克。

1月21日:第17集团军陷入一片大乱(grosse Schweinerei)。经过三天的战斗,前沿阵地有两处被突破(伊久姆和与第6集团军交界处)。这两个局部突破口现在已经被连成了一个大突破口。[8]

到了1月21日,苏军的推进已经威胁到了德国军队在南方的整个形势。用一位德军参战人员的话来说就是,守军"久战疲惫,失去了机动能力,没有冬季装备,又冷又饿。他们能用来对抗敌人的只有一样东西:勇气。但是光有这个是不够的"。[9]到了1月23日,苏军已经在顿涅茨河沿岸的德军防线上撕开了约80千米宽的突破口。两天以后,他们攻占了第17集团军位于洛佐瓦的主要后勤仓库(不过,冬季战斗打到这个时候,能在仓库里缴获的物资已经相当稀少了),而到了1月28日,他们的前锋距离第聂伯罗彼得罗夫斯克(Dnepropetrovsk)已经只有约19千米,而那里正是过了第聂伯河的三个德国集团军共同的铁路终点站。[10]

不过,和第一年冬天苏军的所有作战行动一样,突破之后的发展最终令人失望。在几乎所有这些冬季战斗中,都有两个因素对苏联红军特别不利:纵深发展部队的机动性有限,而苏军的后勤网络也不够完善。在这次进攻中,苏军第二梯队是由许多机动能力各异的部队混编而成,主力是滑雪部队和三个骑兵军(第6骑兵军、第5骑兵军和第1骑兵军)。[11]这支部队能够在局部取得进展,但是苏军发现,即便是受到重创的德军部队也能组织起足够的排级和营级战斗群(Kampfgruppen),从而重新建立虽脆弱却连贯的防线。[12]这些防线为德军争取到了足够的时间,使德国第1装甲集团军(尤其是第3装甲军)的机动部队得以北上驰援，劈入进攻苏军的南方侧翼。与此同时，德国第 11 军也从第聂伯罗彼得罗夫斯克发起了进攻。虽然这支部队是由一些新赶到的杂牌军混编而成的（其中包括了治安部队、多个罗马尼亚师和几个尚在重组中的德国团）[13]，但却将苏军前锋从第聂伯罗彼得罗夫斯克近郊击退，从而终止了这次危机。到了 2 月 2 日，战斗已经告一段落。这一仗最终被苏军最高统帅部命名为"巴尔文科沃（Barvenkovo）– 洛佐瓦战役"，而它的结果也很典型：又形成了一个凸向德军防线的突出部，却并无真正的战略效果。

和所有突出部一样，伊久姆突出部给双方都带来了诱惑、机遇、危险和优势。斯大林和铁木辛哥可以将它视作深入德军防线的大突破口。对一支钟情于"大纵深作战"的军队来说，伊久姆突出部看起来自然是发动进攻的完美地点：部署在这个突出部中的苏军部队已经位于德国南方集团军群的纵深，威胁着德军控制的哈尔科夫城。哪怕只是实现浅近的突破，然后向西跃进，例如推进至克拉斯诺赫拉德（Krasnograd），都很可能产生战略影响。但是，我们也要在这里再次指出，希特勒和他的总参谋部也是这么想的。对一支把包围战视作至高无上的宗旨的军队来说，伊久姆自然是一个特别诱人的目标。因为在战斗打响之前，这个突出部里的苏军已经被三面包围了。

因此，1942 年 5 月，两支军队都策划在该地区作战也就不足为奇了。身兼西南战略方向总指挥和西南方面军司令员两职的铁木辛哥成功地使斯大林相信，以整个西南战略方向的部队大胆发动进攻将大有成功希望。这一打击将会粉碎整个德国南方集团军群，推进到第聂伯河中游，收复戈梅利（Gomel）、基辅和切尔卡瑟（Cherkassy）。铁木辛哥在 3 月 22 日的一份报告中告诉斯大林，他需要的只是一些增援而已：三十多个步兵师（合计 25 万生力军）和二十七八个坦克旅。[14] 斯大林很喜欢铁木辛哥报告的前半部分，也就是以一次大规模进攻粉碎乌克兰的全部德军的建议，不过他看到后半部分时很可能没忍住笑。如果他这时候有 28 个完整的坦克旅还没动用，那么战争早就能结束了，而他也可以坐在柏林了。于是他命令铁木辛哥转而寻求在这一地区发动有限作战的机会，这也符合大本营此时的方针，也就是鼓励整条战线上的各支部队分别发动一系列局部进攻：例如，列宁格勒方面军和沃尔霍夫方面军计划解救在列宁格勒以南被德军包围的第 2 突击集团军，西北方面军则打算消灭被孤立在杰米扬斯克包围圈中的德国第 2 军。

铁木辛哥和他的参谋长巴格拉米扬将军（I. K. Bagramyan）就是从此时开始考虑在伊久姆突出部发动进攻的。缩小作战规模是对斯大林的要求的慎重回应，而且这样一来也可以用较为现实的兵力投入来实施相关作战计划，而这样的作战仍然有可能取得决定性的胜利（这也符合他们的初衷）。这不是一次简单的破坏性进攻。作战计划在 3 月 30 日开始起草，并在 4 月 20 日最终定稿，它明确说明了此次作战的意图："包围并歼灭敌哈尔科夫集团。"[15]

为此，西南方面军将发起几路向心进攻，旨在从两面包抄位于哈尔科夫的德军部队。[16] 包围圈的北路包抄部队将是里亚贝舍夫将军（General D. I. Riabyshev）指挥的第 28 集团军，将从顿涅茨河对岸的沃尔昌斯克（Volchansk）桥头堡发起进攻，这个桥头堡是位于哈尔科夫东南战线上的一个位置很便利的突出部。里亚贝舍夫将把由六个步兵师和四个坦克旅组成的突击机群集中于只有 20 千米宽的狭窄正面，突击德国第 17 军（德国第 6 集团军）的部分孤立阵地。一旦第 28 集团军击破德军防线，打开突破口，由近卫第 3 骑兵军组成的第二梯队就要从突破口进入纵深，向左转弯，从北面包抄哈尔科夫。与此同时在南路，戈罗德尼扬斯基将军（General A. M. Gorodniansky）指挥的苏联第 6 集团军的八个步兵师和四个坦克旅将会同一支被命名为"博布金集群"的特别部队，突破德国第 8 军的防线。博布金集群是由两个步兵师和一个骑兵军组成的混合部队，得名于其指挥员博布金将军（General L.V. Bobkin），他在冬季战斗中曾经出色地指挥了这类机动作战。和北路一样，机动部队将做好随时向纵深发展的准备。一旦第 6 集团军和博布金突破了德军阵地，第 21 坦克军和第 23 坦克军就将从突破口蜂拥而入，然后向右转一个大弯，与从北面南下的近卫第 3 骑兵军会师，完成合围。第 6 骑兵军也将利用博布金集群打开的缺口向纵深发展，这支部队的任务是向正西挺进，夺取克拉斯诺赫拉德，并形成包围圈的外层，为刚形成的哈尔科夫包围圈抵挡任何企图从外解围的德军部队。另一方面，铁木辛哥手下的第三支大部队——南方方面军，也将担负防守进攻部队左（南）翼的任务，阻止德军在这个方向的任何进攻。为此，该方面军将第 57 集团军部署在洛佐瓦前方，以第 9 集团军防守巴尔文科沃，全都面朝南方。

斯大林和最高统帅部大本营一如既往地对铁木辛哥的原计划做了修改。包括苏军总参谋长沙波什尼科夫元帅（Marshal B. M. Shaposhnikov）在内的一些人都认为铁木辛哥疯了，竟然把如此庞大的兵力塞进如此狭小的区域，还从"口袋"

形的阵地发起进攻。以第 28 集团军的左侧友邻部队——第 38 集团军司令员莫斯卡连科将军（General K. S. Moskalenko）为代表的另一些人则质疑了铁木辛哥对北路主攻部队的选择。第 28 集团军是一支新组建的部队，完全没有经历过实战考验。虽然从前还有另一个第 28 集团军，但是这支部队早在 1941 年 8 月，就在斯摩棱克以南被古德里安装甲集群包围歼灭了。重建的新第 28 集团军是 1941 年 11 月成立的，但是从那时起就一直在担任预备队。相比之下，莫斯卡连科手下的几个师已经与德军打了几个月的交道，对其惯例、规程和战斗技巧了解甚多。莫斯卡连科在担任苏军第 6 集团军副司令员时，曾帮助策划了 1942 年 1 月成功的巴尔文科沃 - 洛佐瓦战役。他对铁木辛哥提出的反对意见似乎起了一定作用，使原计划中的北路进攻又扩大了。第 28 集团军将不会单独发动进攻，而是会得到在其右翼的第 21 集团军或左翼的第 38 集团军支援。而随着策划工作的推进，进攻时间表也发生了变化。铁木辛哥原本将进攻时间定在 5 月 4 日，但是为了集结突击部队而进行的长距离调动始终困难重重，因此他不得不将进攻时间推迟到了 5 月 12 日。[17]

就在苏军开展各种准备活动之时，德军也在拟定他们自己针对这个突出部的进攻计划。到了 1942 年 3 月，希特勒和德军总参谋部都在费尽心思地策划预定于 6 月在南方发起的大规模攻势——蓝色行动。这次进攻的任务是对两个目标进行致命打击：一是苏联的战时经济；二是南方的苏军部队。德军将会深入顿巴斯，占领顿河大弯曲部，然后渡过顿河，夺取斯大林格勒城，再向右转弯，朝着高加索的油田长驱直入。但是在南方集团军群的主力向东挺进之前，德国人必须先解决两个麻烦的问题。首先，第 11 集团军必须征服克里米亚。其次，第 6 集团军和第 1 装甲集群必须铲平伊久姆突出部。后一个作战将会把蓝色行动的出发线推进到顿涅茨河一线，从而减少部署和后勤供给的困难。此外，它还可以把此时被牵制在该突出部周围的大批德军部队解放出来。

这就是"弗里德里库斯行动"（"Fridericus"就是"腓特烈"的拉丁文拼写）的基本理念。它最初构想于 3 月，在此后的两个月时间里经过了反复修改，是德方针对突出部的独特诱惑做出的反应。以伊久姆突出部为例，国防军要做的无非是针对突出部的底部发动推进距离比较短的两路突击。一路从北面的巴拉克列亚向南推进，另一路从南面的斯拉维扬斯克向北进军。同时发起的这两路突击将在中间会师，切断这个突出部，包围其中的所有苏军部队。南路的突击将由"冯·克莱斯特集团军群"（埃瓦尔德·冯·克莱斯特元帅）承担。这是一支临时组建的部队，下辖同样由克莱斯特指挥的第 1 装甲集团军和由里夏德·劳夫将军（General Richard Ruoff）指挥的第 17 集团军（这缘起于冬季危机，当时这两支部队似乎眼看就要被向第聂伯罗彼得罗夫斯克推进的苏军部队切断）。北路的进攻任务将交给保卢斯（Paulus）指挥的第 6 集团军，该部将从巴拉克列亚向南进攻，为此还加强了几个装甲师。

　　和铁木辛哥的计划一样，弗里德里库斯行动计划在最终确定前也经过了几番修改。最初的计划很快被命名为"弗里德里库斯一号"，它出自南方集团军群司令部之手，此时这个集团军群的指挥官已经换成了陆军元帅费多尔·冯·鲍克。[18] 希特勒在莫斯科大败之后曾将这位原中央集团军群的司令打入冷宫，但仅过了一个月又重新起用，让他负责另一个同样具有决定意义的战区。这一系列事件肯定曾令这位野心勃勃的军人困惑不已。虽然鲍克认为南路的突击大有成功希望，但他对第 6 集团军自北面发起的突击颇为担忧。这里的主要问题是顿涅茨河的地理条件很不利，这条河在伊久姆西郊绕了一个不大但又很急的弯。因此，德军与苏军在这一地段的前线蜿蜒贯穿于这条河的两岸。从操作角度讲，最简明的方案是两路德军都朝苏军阵地纵深挺进，即第 6 集团军向东南方向前进，第一装甲集团军向东北方向进攻，然后在顿涅茨河对岸的某个地方会师——也许是奥斯科尔河（Oskol River）沿岸。这个行动的优点在于，从作战一开始就不必考虑渡过顿涅茨河的问题。但遗憾的是，这一行动等于邀请苏军在第 6 集团军南下时对其暴露的东方（左）侧翼实施反击。鲍克曾经在上一年 12 月指挥德军进军莫斯科的行动，他可不想让自己的部队在这样的侧翼打击下吃亏。因此，他的计划要求实施距离短得多的突击，利用顿涅茨河本身来保护侧翼，让第 6 集团军沿着它的西（右）岸南下。不过，即便是这条路线，也不像听起来那么简单。由于顿涅茨河蜿蜒曲折，沿河岸进军将会使这个短距离跃进的路程达到直线距离的两倍，而且两路大车要想在伊久姆会师，就必须渡过这条至少严格说来国防军已经"渡过"的河流。尽管如此，这个方案看起来还是比较保险的：在第 6 集团军进军时，位于其左侧的顿涅茨河将恰好处于汛期，因而可以有效阻止苏军的干扰企图。[19] 鲍克的计划将行动开始日期定在 4 月 22 日，因为这一天顿涅茨河将达到最大水位。[20]

　　只是当这个日期到来时，国防军却没有发动进攻。当时国防军正在为蓝色行动做准备，只能在其一贯不可靠的后勤补给网络中挤出一点点宝贵的运力用于积蓄弗里德里库斯行动所需的资源。不仅如此，希特勒和哈尔德也对鲍克的原计划百般挑剔、横加批评。虽然德国军队的前线指挥官本可以自行拟定作战计划，事后再交给上级指挥机关过目，但这样的时代早就过去了。希特勒和哈尔德对地图研究得越多，就越觉得鲍克的计划令人失望。他们主张采取被鲍克放弃的、风险更高的方案，并且在进攻开始前就将第 6 集团军的主力转移到顿涅茨河东岸。从理论上讲，按这个方案机动的第 6 集团军容易遭到苏军的侧翼攻击，但前提是苏联红军能够以足够快的速度做出反应，而希特勒和哈尔德等人对此很是怀疑。在顿涅茨河对岸发动更大纵深的打击意味着，当两路部队会师时可以抓到更多俘虏、缴获更多战利品。[21] 鲍克从来就不是唯命是从的下属，他极不情愿地接受了这个修改。不过，虽然他屈服于不可抗力，按照指示拟定了新的计划，但却始终心怀怨气。"整个计划很不漂亮。"他抱怨说，"但是只要元首坚持他的要求，就没法更改。"[22] 新的作战行动此时被命名为弗里德里库斯二号，预定在 5 月 18 日开始。

有意思的是，在这场大战的前夜，任何一方都没有将伊久姆突出部本身视作此战的目标。斯大林将进攻伊久姆突出部视作一次规模有限的作战，是在整条战线上发动的众多类似攻击之一，目的是消耗在他预料之中国防军将用于再次进攻莫斯科的兵力。等到德国人锐气丧尽，他就可以在下半年对其发动致命一击。而希特勒也一样，认为这次作战的意义不大不小，只是蓝色行动的一次必要的预备性作战。

即便如此，在作战计划进入实施阶段后，这两个强大的国家都开始在该突出部内部和周围集结大量兵力。在即将发起的这次作战中，铁木辛哥将动用四个完整的集团军，共有 925 辆坦克、29 个步兵师、9 个骑兵师、1 个摩托化步兵师、4 个摩托化步兵旅、19 个坦克旅和 4 个独立坦克营。如果将铁木辛哥指挥的两个方面军合计，那么苏联红军在这一地段总共部署了 64 万人、1200 辆坦克、13000 门火炮和 926 架飞机。[23] 德军则集中了南方集团军群的多支部队，分别是第 6 集团军、第 17 集团军和第 1 装甲集团军，合计可能有 50 万人、600 辆左右的坦克，还有德国空军部署在南方战线的主力部队。照此计算，双方即将展开有 100 多万人和近 2000 辆坦克参加的大战。这就是 1942 年春天在苏德前线一次"目标有限的进攻战"[24] 的规模。

这场对局最令人惊讶的地方依然是它的对称性。两支强大的军队都计划在地图上的同一片狭小区域展开进攻，双方计划中开始进攻的日期相差不过六天。最强大的苏军部队——按照德军说法，就是作战中负责主要突击（Schwerpunkt）的部队是苏联红军第6集团军。那么，苏联红军第6集团军的作战目标是哪支德国部队呢？德国的第6集团军！

哈尔科夫攻势：震撼国防军

德军指挥机构中关于弗里德里库斯行动的两套方案的热烈讨论最终变得无关紧要。因为在5月12日，铁木辛哥就发动了进攻。德军情报机关几乎算准了这次进攻的日期和时间。德军总参谋部东线外军处（Fremde Heere Ost）的负责人莱因哈特·盖伦上校（Colonel Reinhardt Gehlen）几个月来一直预测敌军将从伊久姆突出部发动"消耗式进攻"（Zermürbungsangriff）。[25]直到5月1日，他还在重申自己的警告。四天以后，哈尔德和鲍克讨论了"俄国人赶在我们之前，在哈尔科夫两翼发动进攻"的可能性。[26]但是一如既往，德军的情报机构与前线部队的意见之间似乎存在很宽的鸿沟。德国人对自己即将遭到的打击完全没有做准备。前线的两个集团军（第6集团军和第17集团军）分散部署在长长的战线上，而且步兵奇缺（尤其是第6集团军，至少需要补充16000人）。[27]此外，这两个集团军的结合部也几乎没有任何掩护。把守该地段的是科赫集群，而这是一支仅由两个步兵团组成的轻装掩护部队。[28]除此之外，第6集团军前沿阵地上的部队，也就是在苏军进攻中首当其冲的部队，有很大一部分是其盟友的部队——例如匈牙利第108轻装步兵师。第17集团军的前沿阵地监视着突出部的西南面，因此在铁木辛哥攻势的突破阶段将遭到重点攻击，而防守那里的主要是罗马尼亚第6军（仅有两个装备较差的师）。在整个突出部约长达97千米的周边，德军没有布置任何纵深梯次防御。国防军的兵力不足以实现这样的部署，更何况德国人正在准备进攻，而不是准备抵御苏军的突破尝试。

以上种种原因使得铁木辛哥的进攻起初势如破竹。[29]他的突击集群至少达成了战术突然性（可能还不止于此），结果几乎处处都取得成功。在早晨6:30，苏军在南北两处战线都开始了持续一小时的集中炮火轰击，随后是15分钟的大规模空袭，目标是主要防御地带的德军炮兵和阵地。当火力准备结束时，苏联红军开始进攻，使国防军遭受了截至此时在这场战争中最沉重也最有效的打击之一。用"恐慌"来形容前沿阵地上德国守军的情况可能并不准确，但是肯定相差不远。

按照一个分析家的说法，德军体验到的震撼可以和上一年12月在莫斯科城下的情况相提并论。[30] 最初从德军前线送到各级指挥部的报告都描述了飓风般的炮击，布满清晨天空的苏军飞机，以及从晨雾中向他们的防线隆隆驶来的，包括数千辆坦克在内的的敌装甲集群。实际上，苏军的坦克数量要比这少得多：北路第28集团军的突击集群中打头阵的坦克可能有300辆，而在南路进攻的第6集团军可能也出动了200辆。不过，一支在前线平静地段无所事事、毫无准备地度日的部队，在突然被自己从未经历过的狂轰乱炸震撼之后，很可能高估敌军兵力。

苏军在南路的进攻尤其成功，戈罗德尼扬斯基将军的第6集团军担任了这一路的先锋。下辖八个步兵师和四个坦克旅，还得到了两支强大的机械化部队（第21坦克军和第23坦克军）支援的第6集团军是这次作战的主攻部队。在火力准备结束之后，突击群以一波波密集的装甲车辆发起冲锋，一鼓作气撕开了德军的第一条和第二条防线。在苏军的这第一次大规模坦克进攻中倒霉地成为打击对象的是德国第454治安师——这是一支主要以缴获的装备武装起来的轻装部队，显然丝毫不适应这种战斗。苏军的T–34坦克几乎毫不在意地碾过第454治安师的阵地，到中午时分，已经突破至西北方的开阔地带。第二天，第6集团军又拓宽突破口，先后粉碎了德国第62步兵师和匈牙利第108轻装步兵师。戈罗德尼扬斯基此时已经从出发阵地推进了16到19千米，在德军防线上撕开一个约48千米宽的大口子。[31] 次日他的部队继续前进，将这个战役突破口拓宽到至少56千米，在顿涅茨河以西的德军防御阵地突入纵深达48千米。[32] 而且，在第6集团军推进路线上的每一个德国和轴心盟国师都遭到了重创。

位于戈罗德尼扬斯基左翼的是博布金集团军级集群（两个步兵师和第6骑兵军），他们也在第一天中午以前干净利落地实现突破，撕开了在这场战役中饱受摧残的第454治安师的右翼阵地，又扫荡了罗马尼亚第1步兵师。德军在博布金面前重建防线的所有尝试都因为苏军机动部队的及时打击而失败。由于通向目标城市克拉斯诺赫拉德的道路已经打通，博布金开始向西北方向狂奔，一路横扫德军的各种后方设施。他将在5月15日占领这座城市。而到了次日，他的前锋部队已经在克拉斯诺赫拉德以西推进了很远，逼近卡尔洛夫卡（Karlovka）。此时该集群距离波尔塔瓦只有40千米，而南方集团军群和德国第6集团军的指挥部都设在那座城市。[33]

哈尔科夫攻势的开局阶段对苏联红军来说确实是一个转折点，只不过由于这场战役的灾难性结局而普遍被人遗忘了。自 1941 年以来，苏联红军已经吸取了一些关于现代战争、德国敌人和自身的沉痛教训。因此，这一支苏军已经不同于德军在上一年秋冬两季的对手。旧苏军是凭数量打仗的，尤其依赖匆忙训练的应征步兵的大规模突击。而这支新的苏军减少了对步兵的依赖，代之以大大扩充的支援兵种：装甲兵、航空兵和炮兵。[34] 这种改变的起源可以追溯到 1942 年 1 月 10 日，在这一天，朱可夫元帅发布了最高统帅部大本营第 3 号指令，那是一份将会定义苏军在战争余下时间里的作战方式的文件。[35] 它强调了在集团军级或方面军级进攻作战中，"突击集群"作为先锋的作用。指挥员应该将兵力集中在极为狭窄的正面，旨在取得对一支弱小德军部队的压倒优势。方面军级的进攻正面应该仅有 30 千米宽，而集团军只能有 15 千米宽。每次进攻之前都应该集中大量炮兵进行火力打击，密度要高达每千米 80 门火炮。首要打击目标是预有准备的防御阵地，然后应将火力转移到纵深目标来支援突破，接着进一步向纵深延伸以支援发展，而对地支援飞机也应该照此模式行动。这种作战模式构成了一种全新的苏联式战争方式，它要求苏军具备远远高于那支旧军队的训练水平和协同水平，而且它在铁木辛哥发动哈尔科夫攻势之时肯定还有待完善。尽管如此，笔者怀疑如果对德国第 454 治安师前哨阵地上那些倒霉的守军，或者对匈牙利第 108 轻装师的预备队士兵（他们在战役第二天被投入战斗，几乎立刻就四散溃逃）做一个调查，他们很可能会给这种战法的效力、机动力和最重要的冲击力打出高分。虽然这可能还算不上"大纵深作战"，但是已经极为有效。

北路苏军的进展要慢一些。因为这里的地形不如南边开阔，所以守军的兵力密度也比较大。此外，这里的德军背靠大城市哈尔科夫，与南边相比，他们从后方调兵增援前线要方便得多。在同样通过炮击和空袭削弱敌军防御后，里亚贝舍夫的第 28 集团军（六个步兵师和四个坦克旅）在上午 7:30 开始进攻。这次突击幸运地赶上了德军前沿阵地换防，当时第 294 步兵师第 513 团正在接管第 71 步兵师第 211 团把守的地段。[36] 因此苏军在这一地方的进展很不错，第 28 集团军左翼由罗季姆采夫将军（General A. I. Rodimtsev）指挥的近卫第 13 步兵师打得尤其出色，遗憾的是战果还算不上惊人。这可能也反映出该集团军的经验相对欠缺，而这正是前期策划阶段苏方的忧虑之一。不过，更重要的原因可能是情报失误。

苏军本以为在这个地段只需要对付德军的一个步兵师，但是不久之后就发现他们的敌人是两个师（第 71 师和第 294 师）。在第 28 集团军两翼，经验丰富的第 21 集团军和第 38 集团军的表现要好得多。尤其是第 21 集团军，取得了初期最深远的突破。该部在前一天晚上就渡过了顿涅茨河，并在别兹柳多夫卡（Bezliudovka）夺取了一块桥头堡，因此第 21 集团军在当天成功地向北方突进了约 10 千米，向西北方突进了约 8 千米。第 38 集团军的地段也取得了类似进展，该集团军最右翼的第 226 步兵师突破得最远。

有趣的是，当这一天结束时，交战双方都对北部战局感到了忧虑，这正是战争迷雾的经典例证。虽然苏军已经实施了大规模的炮击和空袭，但却没能实现明显的突破。德军一方则只有震惊，这倒是很自然的反应，毕竟士兵和指挥官们一早醒来，还没喝上咖啡就遭到了飓风般的火力打击，而他们的收音机里甚至传出了铁木辛哥威胁要将他们全部毁灭在烈火中的刺耳宣传。可以肯定的是，德军在这一地段伤亡惨重。据第 29 军的参谋长称，该军下辖的第 294 师已经"基本被消灭"。[37] 虽然德军还是稳固地维持着连续的防线，但这里毕竟是通往哈尔科夫的最短路线，自然需要从保卢斯的第 6 集团军以及南方集团军群的预备队中抽调大量兵力增援。事实上，在这可怕的第一天结束时，心慌意乱的保卢斯将军已经在向鲍克要援军了。

鲍克及时派出了第 23 装甲师，以及他原计划在弗里德里库斯行动中用作先锋的第 71 步兵师和第 113 步兵师。[38] 这些部队在第二天早上开始陆续到达前线，并拼尽全力稳定局势，抵挡攻势如潮的苏军坦克。保卢斯尤其担心第 38 集团军进攻地段的威胁，因此将第 23 装甲师的主力部署到了这里。尽管如此，在接下来的两天里，北路苏军还是在继续推进。他们的前进步伐虽缓慢但稳定，到 5 月 14 日黄昏时，第 28 集团军进展最快的部队（这个荣誉依然属于罗季姆采夫的近卫第 13 步兵师）距离哈尔科夫已经只有 16 千米。北路突击集群撕开了一个 48 千米宽的大口子，而且前进了 24 千米，但是由于德军的增援不断到达，显然该集群也已经失去了机动的自由。北路德军在距离哈尔科夫市区不远的地方顶住了苏军的攻势。

因此，当第三天结束时，正是两军将帅评估前一阶段战况的时候。对铁木辛哥来说，投入装甲预备队（第 21 坦克军和第 23 坦克军）的时机已经到来。截至此时，他一直将这两支坦克军作为预备队控制在第 6 集团军后方。这些实力完整的生力军或许可以完成戈罗德尼扬斯基在南路已经开了个好头的任务：突破到德军阵地纵深，从西南方向哈尔科夫发起突击。德军或许在北边顶住了攻势，但是在南边，他们还远没有重新建立稳固的防线。如果苏军这支规模如此庞大的援军及时杀到，德军在这一地段的防御很可能会被搅得天翻地覆。

不幸的是，铁木辛哥犹豫了，而有关哈尔科夫战役的文献（至今依然很少）都不惜用大量笔墨来探讨一个问题："为什么铁木辛哥会如此犹豫？"虽然这位元帅没有留下回忆录，但后人可以确定的是，这个结果是多种因素综合造成的：德军的抵抗强于预期，在德军的北方侧翼以外存在整整一个装甲师，而且有报告称强大的德军装甲部队正在伊久姆突出部以北的兹米耶夫（Zmiev）集结。[39] 前两条情报是正确的，但最后一条却是子虚乌有，只不过苏军的侦察部门很可能将匈牙利第 108 轻装步兵师的一个预备团当成了德军部队。这类情况在各种层面的战争中都很典型，尤其是在战役层面的机动战中。战场上的情况瞬息万变，而情报总是很粗略。

最后，由于南路的突击打得太成功，进展太快，以至于铁木辛哥的预备队在后方被甩得太远，无法及时投入战斗。当地的道路已经被火力准备和地面战斗踩蹂过了一遍，此时又被坦克和卡车挤得水泄不通，如何通过它们将预备队调上前线是个出人意料的严重问题。苏军总参谋部关于哈尔科夫战役的研究明确指出了这一点：

> 截至 5 月 14 日入夜时，第二梯队的坦克军（共有 260 辆坦克）和步兵师距离前线还有很长路程要走。库兹明将军（General Kuzmin）的第 21 坦克军距离第 6 集团军的先头部队有 42 千米，普希金将军（General Pushkin）的第 23 坦克军距离先投部队 20 千米，而组成第 6 集团军第二梯队的第 248 步兵师和第 103 步兵师在 20 到 40 千米开外。第二梯队以及用于发展胜利的部队脱节如此严重，导致他们难以及时投入战斗，而在当时的形势下这恰恰是最重要的。[40]

这就是大纵深作战蕴含的悖论：既然前线每小时都在远离后方，如何才能沿着同一方向不断让部队投入到战斗中去？

对德军而言，同样到了做出一些根本决策的时候。虽然之前情报部门已提供了一些关于此次攻势的预测，但苏军的突击还是造成了沉重打击。在战役的第一天，当南方的德军防线被撕开一个大口子，大批苏军坦克距离哈尔科夫只有区区几英里，而且还在继续猛攻之时，鲍克与哈尔德通了电话。鲍克汇报了一长串坏消息，还要求"投入所有可用的预备队"来恢复局势，但总参谋长听过之后却要求他的集团军群司令保持镇定，不要再为防线上的每个小"缺口"忧心忡忡。这下可把鲍克惹恼了，他愤然低声抗辩说，此时的问题不是局部的缺口，而是第6集团军的生死——甚至可能是整个集团军群的生死："我们的生存正受到威胁。"[41]

德方指挥官也面临一些根本的抉择。原定于四天以后开始的弗里德里库斯行动还要实施吗？希特勒和哈尔德对此的回答都是肯定的，但是鲍克却拿不定主意，至少他不敢确定是否要按此时的兵力部署发起该行动。要怎么做呢？原计划负责北路进击的第6集团军此时在苏军压制下，正背靠哈尔科夫进行着顽强的防御战。如果单靠南路的克莱斯特第1装甲集团军发动进攻，那就根本算不上钳形攻势，鲍克担心"可以调用的兵力很难取得理想的结果"。如果克莱斯特至多只能在伊久姆突出部的底部打出一个缺口，那么南方集团军群就要同时面临两场失败的战

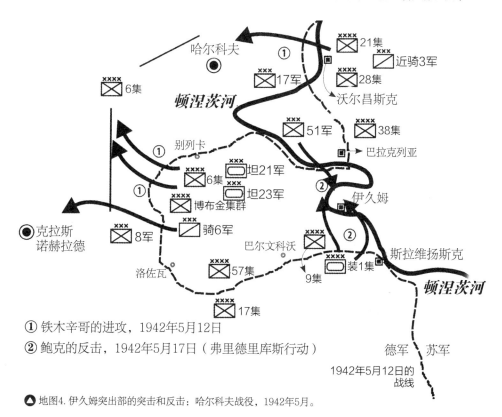

① 铁木辛哥的进攻，1942年5月12日
② 鲍克的反击，1942年5月17日（弗里德里库斯行动）

▲ 地图4. 伊久姆突出部的突击和反击：哈尔科夫战役，1942年5月。

役。"如果克莱斯特的进攻在半途受阻，那么这一失败必定会严重影响东线作战的所有后续计划。"鲍克争辩道。除非援军赶到，并且大规模投入航空力量，否则鲍克充其量只能追求一个"因规模较小，而变得不那么完整的解决方案"：将克莱斯特集群调到突出部以西，在那里阻止苏联第6集团军，将其击退，并重夺克拉斯诺赫拉德。这并不能令人满意，鲍克自己也表示他是"怀着沉重的心情"提出这个建议的，但他竭尽全力也只能做到这么多。向希特勒建议"小解决"显然是行不通的，事实上这似乎是鲍克在以退为进，诱使希特勒采取行动的方法。就在鲍克向哈尔德提出要求并挂断电话的那一刻，他转过身来，对自己的参谋长格奥尔格·冯·佐登施特恩将军（General Georg von Sodenstern）得意地一笑："这下元首会下令实施'大'解决方案了。"[42]

事实上，此时实施"大解决"也正是时候。随着刻赤战役的硝烟逐渐散去，德国空军有大量兵力可用于哈尔科夫，而沃尔夫拉姆·冯·里希特霍芬将军的第8航空军已经成批赶到这片战场。此外，鲍克在地面上也得到了增援：第24装甲师、第305步兵师和第88师一部。总司令部对于仅仅保住克拉斯诺赫拉德的方案没有兴趣，他们的胃口要比这大得多：歼灭伊久姆突出部中的所有苏军部队。如此诱人的机会是不容错过的。弗里德里库斯行动原本只要求通过钳形攻势切断恰好位于该突出部中的苏军部队。而由于铁木辛哥的西进攻势进展迅速，一旦德军攻击得手，不仅能包围苏军的多个步兵集团军（这在任何情况下都是很了不起的战果），还能包围一个强大的装甲机械化重兵集团：配属了两个完整坦克军的一整个突击集群。这将是截至此时这场战争中规模最大的胜利之一，而且看起来它是那样唾手可得。为了实施蓝色行动，德军已经在这一地区集中了庞大的装甲部队。说实话，如果第1装甲集团军连切断伊久姆这样的小突出部底部的短途跃进都做不到，那么德国还是趁早在这场战争中认输为好。

德国空军的部队及时从克里米亚转移到大陆上，到了5月15日，德国战机已经开始出现在战场上空。和刻赤战役一样，在哈尔科夫战役中，南方集团军群几乎所有的战术航空兵也都集中在了一个相对较小的战场上。此战中德军飞机的数量是惊人的：有第77俯冲轰炸机联队的三个大队、第27轰炸机联队的两个大队，以及第51"雪绒花"轰炸机联队的三个大队。合计起来，在此次作战中承担空中支援任务的第4航空队动用了十个轰炸机大队、六个战斗机大队和四个俯冲轰炸机大队，共有五六百架飞机。突然之间，苏军装甲部队就发现在战场上空机动需要付出代价了。由于屡屡遭到战斗机的窥探和扫射，"斯图卡"的单机轰炸以及轰炸机的集群轰炸，冲向哈尔科夫的苏军先头部队开始变得步履蹒跚，最后终于止步不前。德军的步兵，尤其是那些在突出部肩部的巴拉克列亚和斯拉维扬斯克承受苏军猛攻的部队，只要向后方发出空中支援请求，通常就能在20分钟内等来己方的飞机。[43] 此外，德国空军高射炮部队发挥的作用至今未被普遍认识，他们在距离前线不远的机场使用他们的88毫米高射炮作为反坦克武器，有效遏止了苏军的突击。T–34对于任何德国坦克来说都是很难缠的对手，但是在"88炮"的打击下它们也会和其他所有坦克一样熊熊燃烧。用某权威学者的话来说就是：哈尔德将军是一个在战争日记中"极少关注空军活动"的指挥官[44]，但是从留下的记录中可以明显看出，他此时必定感到了宽慰。哈尔德写道："总而言之，敌人的进攻部队看来是被我们空军的行动打垮了。"[45]

德军的反击：弗里德里库斯行动

在哈尔科夫战役中，可以说战局从来就没有真正稳定下来的时候。当德军开始准备发起弗里德里库斯行动（开始日期定于5月17日）时，苏军还在南北两路反复猛攻。在北路，苏军已经失去了曾经有过的任何突破机会。突击集群陷入苦战、元气大伤，作为第二梯队的近卫第3骑兵军也是如此。不懂得及时止损，无法判断作战行动在何时陷入被动、需要终止，这个问题将困扰苏军指挥机关直至战争结束。这种"无意义的蛮干"[46]模式将会令苏军付出巨大的伤亡代价。不过在南路，苏联第6集团军依然表现活跃，虽然其推进速度已经放缓，而且遭到了德军飞机的沉重打击，但却始终滚滚向前，不断击溃德军截至此时组织起来的弱小阻击部队。这些防守部队当然都是默默无闻的杂牌军：不是治安部队就是德国盟友的部队，是从不同的师旅中东抽一个营、西调一个团拼凑起来的。即使到了5月16日，也就是德方发起进攻的前夜，国防军仍未在这一地段重新建立起稳固的防线。确实有报告称，鲍克元帅直到最后一刻还在紧张地盯着地图，盘算是否应该放弃弗里德里库斯行动。[47]

在参谋们的劝说下鲍克还是实施了原计划，但是他表现出的紧张不安很能说明问题：鲍克明白，他在这里对付的是一支新型的苏联红军，而他比任何人都清楚对付这支军队有多难。相比之下，国防军却几乎没有任何改变，或许已变得更加成熟和明智一些，但是依然明白自己最擅长的是什么。弗里德里库斯行动在5

月 17 日展开，地面部队得到了大规模的航空力量支援（数以百计的俯冲轰炸机出动了成千上万个架次）和炮兵的集中火力支援。按照计划，这次行动打击了苏军防线上最薄弱的环节：位于原突出部南面的苏联第 9 集团军。这一地段此前一直风平浪静，可以说克莱斯特的进攻对前沿阵地上的苏军士兵造成的冲击不亚于五天前铁木辛哥给德军造成的冲击。

克莱斯特的第 1 装甲集团军包括三个军，位于最右侧的是第 52 军（下辖两个步兵师和第 101 轻装步兵师），在该军左侧是第 46 军（下辖三个步兵师、第 97 轻装步兵师和第 16 装甲师），在集团军最左侧担任先锋的是第 3 装甲军。仿佛是为了强调德国军事行动的历史传承，第 3 装甲军的军长不是别人，正是埃伯哈德·冯·马肯森将军，他的父亲就是精通运动战（Bewegungskrieg）的名将奥古斯特·冯·马肯森元帅（Field Marshal August von Mackensen）。[48] 小马肯森的装甲军包括第 14 装甲师、第 60 摩托化师、第 100 轻装步兵师、第 1 山地师和罗马尼亚第 20 步兵师。位于第 1 装甲集团军右侧的第 17 集团军在此战中也归克莱斯特统一指挥，从严格意义上说来，在讨论哈尔科夫的战斗时，"冯·克莱斯特集团军群"这个名称是完全正确的。第 17 集团军下辖两个军，即罗马尼亚第 11 军和第 6 军（这两个军一共有五个师）。因此，克莱斯特总共指挥着 18 个师，其中包括两个装甲师和一个摩托化师。按照国防军的标准来看，这是一支强大的突击力量。

第一天的进攻不出意料地取得了压倒性的胜利。马肯森的尖刀师是第 14 装甲师，该师轻松劈入苏军防线，直扑巴尔文科沃。用马肯森的话来说，该师在左翼的第 1 山地师和右翼的第 100 轻装师支援下，"一鼓作气突破了敌军的主要防御阵地"[49]，到黄昏时，已经进入巴尔文科沃。在同一天，第 17 集团军也开始从位于原突出部南侧肩部的斯拉维扬斯克发起进攻，同时第 16 装甲师也沿着顿涅茨河的河岸进军。战役期间气温基本上始终在 90 华氏度上下徘徊，对德军来说这种酷暑闷热几乎和此地的苏军一样棘手，而河岸一带的地形也带来了种种问题。例如，负责在顿涅茨河沿岸保护克莱斯特的东方侧翼的第 101 轻装步兵师就不得不克服一连串湖泊和密林的阻拦，经过大量小型村庄、花园和果园，缓慢地向北移动。[50] 事实上，到了 5 月 18 日黄昏时，克莱斯特的突击部队已经使整个突出部的南面向北凹陷。和刻赤战役一样，苏军的指挥和控制能力在这场机动战中最先遭到破坏。由于苏联红军使用的通信中心缺乏防护，指挥部毫无伪装，德国空军可以轻松找到目标。实际上，在德国空军的空袭影响下，伊久姆突出部中苏军几乎每个师在战役的余下阶段都失去了与上级指挥部的联系。

此时一支庞大的苏军部队正位于遥远的西方。如果不将这支部队立即召回，那么他与后方的联系必然会被切断。然而，事实再次证明，让苏联红军发起进攻是一回事，而在进攻开始后控制这支军队则是另一回事。戈罗德尼扬斯基的第6集团军和博布金集群实际上又向西方和西北方继续进攻了两天。即使他们的后方是安全的，面对地面德军不断增强的抵抗和德国空军从空中投射的弹雨，自身的锐气也已消耗殆尽。而事实上，由于德军的铁骑合围即将切断这些苏军与大后方的联系，他们向西方每前进一步都会使自身的危险增加一分。

和铁木辛哥未能趁有利时机投入装甲军的问题一样，究竟谁应该为这两支部队的继续进攻承担责任，至今仍有争论。当然，是铁木辛哥向这些部队下达了继续推进的命令。他曾经请求斯大林给他发动哈尔科夫攻势的机会，他亲自策划了这次进攻，而他也明白，这一仗无论打成什么样，都会永远和他的名字联系在一起。取消进攻对铁木辛哥意味着痛苦的个人失败，他需要承担此事在斯大林政权中可能产生的一切后果。于是铁木辛哥不仅拒绝召回自己的攻击部队，还偏偏选择在此时将他的两支预备队（第21坦克军和第23坦克军）投入战斗，命令他们向西方开进。

可是，铁木辛哥并不能完全自主地行事，这些命令只能是他在与斯大林和最高统帅部大本营商讨后发出的。以副总参谋长华西列夫斯基（A. M. Vasilevsky）为例，斯大林身边的大部分军官对地图的判读能力都不比任何人逊色，而在德军进攻的第一天，也就是5月17日结束时，他们都能清楚地看出，苏联第6集团军和突出部中的其他部队即将遭受灭顶之灾。但是，斯大林仍然保持着乐观的态度。就在几天前，他还为伊久姆突出部传来的好消息欢欣鼓舞：德军的防线被撕开大口，敌人的师旅一个接一个地遭到歼灭性打击，哈尔科夫眼看就要像熟透的苹果一样被摘下。斯大林甚至一度有些沾沾自喜，无情嘲笑着大本营里在战役策划阶段曾经不看好这次战役前景的人。对一个有着"先入为主的观念和天生的乐观主义性格"的人来说，认清在那之后短短几天里发生的情况恐怕是不可能的。[51] 无论如何，斯大林决定不插手阻拦铁木辛哥，而在斯大林主义的制度中，这就意味着进攻将会继续。直到5月19日夜间，也就是德军发起突击48小时之后，铁木辛哥才决定面对现实，命令第6集团军和博布金集群撤退。然而，此时这两支部队已经离安全地带太远，或许已经可以被视作远征军了。

虽然苏方领导人的主观因素无疑在逐渐逼近的灾难中起了关键作用，但是研究者千万不能将哈尔科夫战役这样庞大而复杂的事件简化为某人的个性问题。而就苏方在哈尔科夫战役中的决策而言，水还不是一般地浑。铁木辛哥的政委是一个名叫尼基塔·赫鲁晓夫（Nikita Khrushchev）的人，他后来爬上了斯大林的宝座，并在他的去斯大林化运动中将斯大林在哈尔科夫战役中的失职表现当作一根有效的大棒来挥舞。[52] 考虑到截至此时的战斗过程，以及交战双方军队的能力，关于这个问题的争论完全有可能是无关紧要的。德军的打击来得太快，进展又太过顺利，无论铁木辛哥或斯大林在德军发起反击后的头两天做了什么，或者没有做什么，位于西方的苏军大兵团很可能都难逃覆灭的厄运。虽然任何人在阅读哈尔科夫战役的史料时都会忍不住喊出"取消进攻！"，但我们也必须认识到，这说起来要比做起来容易得多。铁木辛哥必须让一支机械化大兵团在极为狭小的空间里掉头，转向来时的方向，重新安排其后勤机关并重新组织后方区域，然后以最大速度向东方前进。而且，这一路上还会不断受到来势汹汹的德国第 1 装甲集团军的猛攻。以上种种因素相加，很可能会酿成另一场灾难。至于说逃脱包围，从 5 月 17 日起就已经没有可能了：突出部的底部正在不可逆转地收缩，而且在西方奋战的大批苏军日益缩窄的后勤生命线上还有德国空军的战机在不断徘徊，就连用卡车将物资送进突出部的简单任务都成了一去不回的自杀之旅。此时，将庞大的坦克部队带出包围圈只能是幻想。

5 月 20 日的战斗使突出部的颈部缩窄到区区 19 千米，第 14 装甲师继续北上，占领了普洛托波夫卡（Protopovka）村。到了第二天，突出部最窄处已经只有约 13 千米了。顿涅茨河上六座维系西岸苏军部队生存的桥梁一座接一座地落入德军之手。就在同一天，德国空军的侦察机报告，发现苏军两路密集的人员和车辆纵队正在运动。其中一路依然经阿列克谢耶夫卡（Alexeyevka）向前线运动，这应该就是作为铁木辛哥的预备队的两个坦克军。另一路则朝着完全相反的方向运动，即从克拉斯诺赫拉德向东运动：这就是原来的突击部队。[53] 在 5 月 22 日，这两路纵队迎头相撞，而苏军的指挥和控制也就在此刻完全崩溃，顿涅茨河以西的庞大军队完全乱作一团。

幸运女神已经对德军露出了微笑，而国防军可不是会任由大好机会溜走的军队。此刻，正是调整计划的时候。德国第 6 集团军原本的任务是留在原地，防守哈尔科夫周边宽广的弧形阵地，被动地等待与全力猛攻的第 1 装甲集团军会师。但是，由于哈尔科夫城下的局势趋于稳定，苏军部队又出现了瓦解的迹象，总司令部遂命令保卢斯发起进攻。于是保卢斯命令第 51 军（下辖第 44 师、第 3 装甲师和第 23 装甲师）从巴拉克列亚出发，向南发动短距离突击。在 5 月 22 日，第 14 装甲师（隶属于马肯森的第 3 装甲军）在巴拉克列亚西南近郊与第 51 军会师，从而正式封闭了伊久姆以西的包围圈。

事实上，接下来还有一番苦战。对国防军而言，封闭包围圈本身并不是结束，仅仅是对被围部队发起向心突击的开始。德军的装甲部队刚在巴拉克列亚会师，就马不停蹄地共同转弯，插入仍在西方战斗的苏军部队后方。而包围圈内的苏军部队也没有消极被动地等待投降，他们不顾一切地实施了多次尝试，企图突出不断缩紧的包围圈。包围圈内的苏军步兵很可能就像 1941 年时一样，高喊着"乌拉"并肩冲向最近的德军阵地，结果被机枪火力成片屠杀。至少有一份德方报告是这么说的。不过可以确定的是，这个包围圈与 1941 年时的包围圈有很大不同。在 1941 年被包围的大多是步兵，而现在这个包围圈里有一支尚未投入战斗的主力装甲部队，包括两个完整的坦克军，他们在接下来的几天里实施了一系列突围尝试。最接近成功的一次突围可能是 5 月 25 日他们向正东彼得罗夫斯科耶（Petrovskoye）方向发起的突围，突围部队成功冲开了包围圈，但随后被俯冲轰炸机和马肯森的坦克联手歼灭。到了次日，包围圈可能只剩下了南北长 16 千米、东西宽 3 千米左右的一小块区域，其中遍地都是爆炸、死亡和毁灭。鲍克元帅站在小山丘上的一个观察所里，用他的双筒望远镜观察到了这一切。他为自己目睹的景象震惊不已：

到处都是同样的场景。在越收越紧的包围圈里，虽然敌人还在各处进行着突破的尝试，但是他们已经到了崩溃的边缘。我从洛佐瓦东南方的一座小山上望去，能看到浓烟滚滚的包围圈正被我军炮兵从四面八方射来的炮火打击，而俄国人只能做出微弱的还击。成批的俘虏排成长龙被押往后方，我军的坦克和第 1 山地步兵师的部队则经过他们身边，开往前方进攻。[54]

用鲍克的话来说就是"那场面真是绝了"。[55]

到了 5 月 28 日，一切都结束了。又一支庞大的苏军部队向包围他们的德军投降，走向经常被称为"充满不确定性的俘虏生涯"，不过在纳粹德国，他们的命运实在是太确定了。人数众多的被俘者几乎包括了第 6 集团军、第 57 集团军、博布金集群、第 21 坦克军和第 23 坦克军的全部人马：至少有 24 万人、1200 多辆坦克和 2600 多门火炮。最能清晰地反映德军胜利之全面和战斗之激烈的是苏军指挥和参谋人员惊人的阵亡数量。牺牲者中包括南方方面军的司令员科斯坚科将军（General F. I. Kostenko），他的方面军下辖的第 9 集团军在克莱斯特的突击中首当其冲；第 57 集团军的司令员波德拉斯将军（General K. P. Podlas），以及他的参谋长、政委和炮兵主任；第 47 步兵师、第 150 步兵师和第 337 步兵师的师长；博布金将军。这个名单上的名字还有很多很多。[56] 不过，考虑到在这次战役中扮演的角色，最值得一提的牺牲者可能就是第 6 集团军的司令员，一手导演了 5 月 12 日的苏军大突破的戈罗德尼扬斯基将军。在取得一生中最大的胜利之后，仅过了 17 天他的人生就戛然而止，他显然是因为不愿被德国人俘虏而饮弹自尽的。[57]

对这一切的任何事后分析都必须承认，苏军在这场战役中的拙劣指挥是促成这场大屠杀的重要原因。一份战后的德方分析确实承认了这场胜利的"特殊性质"："敌人大体上实施了以往使德国军队得以展开歼灭性攻击（Vernichtungsangriff）的战役机动（operativen Bewegungen）。由于刚刚熬过艰苦的冬季，参战的德军部队今年很难这么早就实施这样的机动。"苏军从冬季攻势开始，首先通过 1 月的巴尔文科沃－洛佐瓦战役制造了这个突出部。接着苏军对哈尔科夫发动两路夹击，以"俄国人即使在 5 月 17 日以后也顽强继续的进攻"为高潮，它"消耗了敌军主力的太多打击力量，或者将他们吸引到了距离克莱斯特集团军群的危险打击太远的地方，以至于他们没有足够的时间对后者进行干预。"[58]

然而，即便苏军达到了这样出人意料的协同水平，哈尔科夫依然是德国军队的悠久历史中最伟大的胜利之一。虽然突出部战斗的特殊性为德军带来了一些优势，但更重要的是国防军又一次展现了精湛的作战技能和与之相比毫不逊色的攻击精神。国防军至少顶住了苏军最初的大规模攻击之一，也就是苏军从北部的沃尔昌斯克突出部向哈尔科夫实施的进攻，从而争取到了足够的时间对另一路攻击加以集中绞杀。克莱斯特从南路发起的进攻必须速战速决，赶在苏军集中兵力对付他之前达成目标。幸运的是，他拥有冯·马肯森将军和第 3 装甲军，这是德军战斗序列中最勇猛的部队之一。马肯森是个颇有古风的人，这并非仅仅体现在他的血统上（虽然血统确实很重要），更是体现在他的攻击精神和进取心上，体现在他对敌人和自己人一视同仁的残酷无情上，在旧普鲁士军队里，他将会和他的父亲一样如鱼得水。在大多数时候，克莱斯特允许马肯森随心所欲地指挥作战，而马肯森基本上总是能报答这份信任，结果他打出了干净利落得不亚于德国军队历史上任何战役的包围战。代价并非微不足道，单是马肯森的第3装甲军就伤亡了近7000人。但是这样的代价看起来完全在歼灭战的合理范围内，而哈尔科夫之战也是德国历史上最符合歼灭战标准的战役之一。

实际上，在哈尔科夫战役之后仅过了几天，马肯森就继续挺进东方，开始了新的冒险。顿涅茨河防线一带的战斗并未随着这场大规模包围战而结束，蓝色行动开始前还有另外几次预备性作战需要实施。在取得又一次可以载入史册的大胜之后，希特勒和哈尔德都感到应该趁此机会粉碎尽可能多的苏军重兵集团，随后就可以放心地向着伏尔加河和高加索发起大进军。首先发动的是"威廉行动"（Operation Wilhelm），目标是包围并歼灭位于沃尔昌斯克的苏联第28集团军。它预定在6月7日开始，但因为大雨而推迟到了6月10日，计划由第8军从北面南下，马肯森的第3装甲军从南面北上，实施向心攻击。这两路大军将在布尔卢克河（Burluk River）畔会师，封闭又一个巨大的包围圈。此时马肯森已经掌握了一柄特别锋利的长剑：第14装甲师、第16装甲师和第22装甲师，以及第60摩托化师；他还同时指挥着第51军（这些部队组成临时的"冯·马肯森集群"）。这次行动进行得很顺利，马肯森发起的夜袭完全出乎苏联第28集团军的意料。他以机动部队突破当面苏军的防线，第51步兵军提供侧翼保护，在6月13日和第8军成功会师。随后仅仅过了两天战斗就告一段落，又有21000名俘虏落入德军之手。但是天气一直恶劣，路况更是糟糕，第28集团军的主力显然逃脱了被包围的命运。[59] 威廉行动在德军看来是一次令人失望的行动，而且直到今天人们也普遍持这样的看法，但这只能反映出国防军的期望值已经被抬到了多高，而历史学家们又多么容易人云亦云。倘若换作异时异地，一次使用有限兵力发起的进攻占领了敌方大片土地并俘虏了21000人，无论如何都会被视作重大的胜利。

对德军的下一次作战我们也可以做出类似的评价。希特勒和哈尔德依然惦记着让第6集团军越过顿涅茨河进军——换句话说，也就是在被铁木辛哥搅局之前，他们的弗里德里库斯二号计划的原定意图。在威廉行动结束之后，苏联第38集团军占据着奥斯科尔河前方的一个浅近突出部，位于北面的库皮扬斯克

（Kupyansk）和南面的伊久姆之间。到了这个时候，德军一线指挥官们已经对这种连续不断、零敲碎打的作战行动产生了一定的焦虑情绪，尤以南方集团军群司令鲍克为甚。蓝色行动的准备工作已经进行了很长时间，前线的各支部队都焦急地等待着它的开始，鲍克警告说，行动每推迟一天都是损失，是永远无法补充的"伤亡"。[60]

尽管如此，在6月22日，弗里德里库斯二号行动还是开始了。担任主攻的又是马肯森的第3装甲军，这支部队从北面一路杀进苏军突出部，直扑库皮扬斯克和戈罗乔夫瓦特卡（Gorochovatka）。南路的攻击箭头由第44军负责，该军在伊久姆两侧渡过了顿涅茨河。两天后两路前锋会师，马肯森的进军距离占了80%。战斗在6月26日结束。奥斯科尔河西岸的苏军都被肃清，而战斗过程也出乎意料地轻松。虽然苏联第38集团军大部逃脱，但弗里德里库斯二号行动还是使苏军战俘又增加了13000人。[61]

哈尔科夫：德方观点

冯·克莱斯特元帅在哈尔科夫战役结束后不久实地调查了包围圈中令人惊叹的毁灭景象，结果令他大开眼界："战场证明了这场战斗的残酷性。在战斗最激烈的地方，目力所及的地面密密麻麻覆盖着人员和马匹的尸体，要费很大功夫才能找到一条可以让坦克通行的道路。"[62]德国方面关于哈尔科夫包围战的官修正史是《德国与第二次世界大战》（Das Deutsche Reich und der Zweite Weltkrieg）丛书的第6卷（直到1990年才写成）。尽管时过境迁多年，作者还是表示自己能从冯·克莱斯特的评论中找到某种"心理冲击"[63]的迹象，表明这位元帅当时已经隐隐感到苗头不对。他同时指出，马肯森也注意到敌人在作战时的行动比1941年"更狂热、更无情、更统一"。马肯森还认为，"苏联红军的领导人不惜冒任何风险。他们做出宏大而明确的决策，然后就竭尽所能来执行。此外，指挥官和士兵的韧性也远强于上一年。苏联红军的装甲兵和骑兵表现出了不可思议的勇气（Schneid）和死战到底的意志。"最后马肯森总结道，这一仗看似赢得轻松，但是亲身经历战斗的人都知道，它是"我们拼尽了最后一分力气"才赢下来的。[64]

毫无疑问，克莱斯特和马肯森都对这场战役的激烈程度和破坏程度印象深刻。但是，把他们的评论解读为任何焦虑的先兆都是从"事后诸葛亮"的角度来看历史。我们不仅知道斯大林格勒的灾难将在不久以后降临到德军头上，还生活在一个心理学分析大行其道的时代，对以往被人们完全忽略的各种忧虑心理和潜台词都非常敏感。就连这本德国官方正史也不得不承认，"很难通过史料来确定"[65] 德军将领们的内心情绪。事实上，我们或许可以认为，克莱斯特只不过是做了许多德军指挥官在不同的时间和地点都做过的事：他参观了自己最近一次胜利的歼灭战的战场，调查了各种毁灭场面，甚至可能陶醉于这种形象地展示自己权力的方式。虽然可能与触及当今颇多顾忌的潮流格格不入，但在 1942 年人们往往倾向于夸大包围圈中的杀伤和破坏，而不是将其淡化。更重要的是，在克莱斯特的评论中确实无论如何都找不到能证明所见景象令他特别不安的证据。至于马肯森那些所谓的预见，只不过是他为了讨论这场胜利而做的铺垫。实际上他还是按照传统的德式观念分析了此战，将胜利归结于德国士兵高昂的士气和勇敢精神、指挥官的独立性、突袭的影响和专门安排的大规模空中支援。

当德军的指挥官们快马加鞭进一步深入苏联腹地时，他们肯定是感觉自己成了身高十英尺的巨人，远远谈不上对日后的厄运有所预见。看一看他们当时发表的意见就会发现，这些意见都与官方正史作者感觉到的绝望情绪根本就是两回事。虽然哈尔科夫战役很可能曾令德国军官团大受震动（所有的战役都有令人痛苦的一面，而苏军在这一战开始时的突袭肯定使它比大多数战役更令人痛苦），但是由此产生的所有疑虑都淹没在了战役结束时的狂喜之中。

《军事周刊》关于哈尔科夫战役的报道就有典型意义。该杂志在 5 月 29 日的那一期中第一次提到此战，主要的篇幅都用于颂扬德军防守部队的英雄主义。这一基调与当时前线吉凶未卜的情绪完全一致，毕竟这是数量居于劣势的德军防守部队面对战争中苏军的第一次大规模坦克进攻："这次进攻的强大冲击力使德军防御的强度展现得淋漓尽致。"防守者在艰难的六天时间里顶住了苏军的突击，为德军的反攻争取到了时间：

> 仅仅将苏军正面击退并恢复德军防线是不能令人满意的。相反，从一开始我军就致力于包围（Einkesselung，字面意思是"放入锅中"）并歼灭敌军。截至 5 月 20 日，决定性的作战行动取得成功，从而切断了苏联红军的主力攻击集群的后勤补给线。此时，可以开始向心攻击（即旨在歼灭被包围的大批敌军的攻击）了。[66]

铁木辛哥怀着巨大希望发起的、被视作"东线对德作战结束的开端"的哈尔科夫战役，就这样简单地转变成了苏军的惨痛失败。

在下一期杂志上，读者可以了解到这场战斗的全部影响。它是一场不折不扣的"德国式歼灭战新胜利"，是"哈尔科夫包围战"。[67]此战使敌军遭受了沉重打击，铁木辛哥"又一次面对他在上一年的老对手鲍克元帅"，结果损失了三个集团军（20个步兵师、7个骑兵师和14个坦克旅）。苏军的损失包括24万人被俘，1249辆坦克损失，还有数量不详的战斗伤亡。虽然俘虏人数并不像上一年的包围战那么多，但缴获的坦克数量相对于俘虏人数大大增加。

《军事周刊》指出，这反映了一种新型的苏联战争方式，它表明"即便是苏联红军的人力储备也不是无穷无尽的"。但是这种进攻方式也没什么大不了的。德军防守部队成功顶住了铁木辛哥粗枝大叶的"包围机动和钳形运动"（Umfassungsmanövern und Zangenbewegungen），与此同时德军总司令部"正在做着将一场有望实现的胜利转变为坎尼式歼灭战的准备"。

当苏联红军的主力被南北两路铁钳牢牢钳制，难以扩大突破口时，冯·克莱斯特元帅的装甲部队以迅雷不及掩耳之势从克拉马托尔斯克（Kramatorsk）突破至巴拉克列亚，与自北方南下的装甲部队连成一片。他们切断了苏军突破部队的生命线，在其后勤路线的大门上放下一道铁闸，阻止了苏军的一切解围尝试。随着德军部队从克拉斯诺赫拉德发起反击，苏联红军便陷入包围（eingekesselt），只能接受毁灭的命运。[68]按照《军事周刊》的说法，这是一次执行得非常娴熟的作战，"与其巧妙的设计相称，而且超越了原计划的高期望"。

另一个反映出这种得意心态的例子出现在《国防军》（Die Wehrmacht）上，该杂志更为大众化，读者群体更广。在《随同某装甲师在哈尔科夫征战：今年的第一场包围战》一文中[69]，著名的随军记者维尔弗里德·冯·奥芬（Wilfried von Oven）描写了自己随同克莱斯麾下的一支机动部队参加战斗的经历。他将这场战役视作对全世界的一个表态，表明"刚刚过去的严冬并未将德国国防军的打击力量夺去一星半点"：

这是一次伟大的胜利。德国的坦克仿佛是从地里冒出来一样，突然出现在被敌人视作自己后方的区域，这些坦克不是来自前线，而是来自更深远的后方。这次行动达成了完全的突然性，彻底扰乱了对方的判断能力……对方被笼罩在混乱乃至恐慌之中。他们漫无目的地掉头向北，然后又向南面和西面乱窜。敌人在哪？他们根本搞不清。

　　奥芬突然意识到，对面的苏联军队根本不知道自己遭遇了什么，他们无法对德军的机动作战形成任何总体的认识："德国的坦克迅速出现，又同样迅速地消失。这个装甲师接到了一个新任务，它是形成包围圈的第三个，也是最后一个阶段。一个由侦察部队和装甲部队组成的战斗群向北疾驰，主力在后面跟进。该战斗群将与从北面的哈尔科夫南下的部队取得联系。"接着，胜利的一刻便到来了："在激烈的炮战中，我们看到北方升起了信号弹。它们来自我方部队。稍后我们就用电台和他们取得联系，接着来了一辆装甲汽车，上面坐着从北边过来的先遣队的指挥官。随着他将手伸向我们的将军，包围圈便象征性地合拢了。"此时距离这个师投入战斗刚好过去六天。奥芬写道，德军的优势就是在指挥水平上，它"大大高于苏联红军的指挥水平"。奥芬表示，这一优势就体现在"对敌我形势冷静而清晰的评估，大胆的策划，以及闪电般快速的执行"上。

结论：这是属于国防军的春季？

　　我们很难反驳奥芬的任何辞令，甚至很难将它们视作过度夸张之语。在一个已经够令人惊异的春天里，哈尔科夫战役又画下了一个大大的惊叹号。在刻赤，曼斯坦因已经证明，德军依然能够在对抗苏联军队的战斗中打出包围战和歼灭战。在哈尔科夫，鲍克和克莱斯特证明这种战斗依然可以打得很轻松——就像1941年夏天，国防军看似随心所欲地吃掉苏联红军重兵集团时一样轻松。这两场战役合计歼灭了苏联的六个集团军，至少俘虏了41万人，如果再加上攻克塞瓦斯托波尔之战，这个数字将会上升到50万人。在经历莫斯科城下的打击和漫长的冬季磨难之后，德国式的兵法中的"大胆的策划，以及闪电般快速的执行"，似乎又能完美发挥了。

　　漫长的冬天终于结束，春天已经重返人间，而古老的真理显然依旧适用。一支为了打运动战（Bewegungskrieg）而装备并训练起来的军队终于得以重操旧业，追求通过"短促而活跃"的会战以尽可能小的己方损失取得决定性的战役级胜利。在刻赤半岛的曼斯坦因和哈尔科夫的克莱斯特双双实现了德式兵法的理想：Vernichtungssieg，也就是歼灭性胜利。这是一种特定的胜利，其结局是胜利方俘虏失败方的大部分指挥机构并埋葬未能活捉的敌方人员，或者用猛烈的炮火轰击大批无助的、正在不顾一切地撤离的敌军士兵。在这样的胜利中，胜利方不仅击败了敌方军队，还将其打得一败涂地，然后悠然自得地站在一片残骸中调查。

当然，如今我们可以细致地研究战局，并从中发现针对德军的明显警示。这几场胜利都有一个不可或缺的前提，那就是将南方战线上几乎所有的德国空军部队部署在三个相对狭小的空域：刻赤半岛、伊久姆突出部和克里米亚西南角。然而蓝色行动是一场旨在占领整个顿河大弯曲部，然后进军伏尔加河和高加索山脉的大会战，在此过程中怎么可能重复这一操作？此外，德军的后勤状况也和以往一样糟糕，而这方面的问题从来就不是德军关注的重点。人员和物资的补充数量完全不能和损失相比，几乎每一支参加蓝色行动的部队都是在编制未满的情况下开始作战的。铁路网作为东线德国军队的生命线，其状况只能用糟糕来形容。而与之相对的是，苏军已经吸取了一些经验教训。他们对于诸兵种联合作战的运用无疑有了一定进步，尤其是在对装甲兵、航空兵和炮兵的运用上。铁木辛哥在哈尔克夫的机械化进攻在一开始曾把下至普通士兵、上至高级指挥官的国防军吓得不轻。随着完成搬迁的苏联工厂在乌拉尔山以东开始加速生产，德军在这方面遇到的困难将会大大加剧。

这些迹象无疑都是警示，但我们必须抵制诱惑，切不可将其视作不可避免的失败的先兆。问题在于：德国人能看到这些警示吗？并非源自数十年的教育，而是源自数百年传统的军事思想真能冲破这种背景的束缚吗？德国人能否认清自己所处困境的实质，构想出不同的解决之道？毕竟，这是一支用腓特烈一世、腓特烈二世和威廉皇帝之名来命名作战行动的军队。这支军队最近的开路先锋，也就是能征善战的第3装甲军，是由一个名叫马肯森的将军指挥的。南下与马肯森部会师并封闭哈尔科夫包围圈的部队是第51军，该军指挥官又是一个有着普鲁士名将姓氏的男人：瓦尔特·冯·塞德利茨-库尔茨巴赫将军（General Walther von Seydlitz-Kurzbach）。因此，研究者偶尔提出这样的问题也是情有可原的："好吧，这究竟是一场什么样的战争？"答案是："这是一场德国式战争。它按照有着深厚传统的作战路线，在一个深深扎根于普鲁士-德意志历史的军人阶层指导下展开，而截至此时它似乎进行得很是顺利。"事实上，正当德军坦克为了执行蓝色行动而加注燃油时，在这个已经非常美妙的作战季节里又出现了新的喜讯。当希特勒参加完自己的某个"老战士"的葬礼后从慕尼黑（Munich）乘坐元首专列返回柏林时，继一连串决定性胜利之后的又一份捷报令车上众人弹冠相庆。[70] 按照近期的惯例，纳粹元首当场决定再发放一根元帅权杖来表达自己的喜悦之情。相比之下，在华盛顿，人们听到消息时多少有些冷场。当时两大帝国的统治者、反德联盟的两位伟大奠基人正在白宫会谈，讨论击败希特勒的战略，但是一份令人震惊的电报突然传来，打乱了他们的算计，也令他们的智囊团感到焦头烂额：托布鲁克沦陷了。

注释

1. 要了解勒热夫的战斗，请参见史蒂芬·牛顿编辑的《德军在俄国前线的战斗策略，1941—1945》(German Battle Tactics on the Russian Front, 1941‐1945，宾夕法尼亚州阿特格伦：Schiffer，1994 年) 中的两篇文章。奥托·舍勒特 (Otto Schellert) 的《第 253 步兵师在勒热夫地区的冬季战斗，1941—1942》(Winter Fighting of the 253rd Infantry Division in the Rzhev Area, 1941‐1942)，第 55—79 页 (作者就是该师的师长)，和奥托·德斯洛赫 (Otto Dessloch) 的《勒热夫、维亚济马和尤霍夫的冬季战斗，1941—1942》(The Winter Battle of Rzhev, Vyazma, and Yukhov, 1941‐1942)，第 81—108 页 (作者是德国空军的高级指挥官)。这两篇文章原本是"外国军事研究"丛书的一部分。牛顿还亲自将它们从德文翻译成了漂亮的英文，对任何被战后美国陆军人员匆忙炮制且往往很业余的译文搞得苦不堪言的人来说，这都是功德一件。另见史蒂芬·牛顿著，《希特勒的指挥官：陆军元帅瓦尔特·莫德尔——希特勒的爱将》(Hitler's Commander: Field Marshal Walther Model—Hitler's Favorite General，马萨诸塞州坎布里奇：Da Capo，2005 年)，其中有关于此战的可靠分析和勒热夫突出部中德军指挥官的传记。

2. 例如，可参见弗朗茨·库罗夫斯基 (Franz Kurowski) 著，《杰米扬斯克：冰天雪地中的包围圈：东线北部地段 14 个月的防御战斗》(Demjansk: Der Kessel im Eis: 14 Monate Abwehrkampf im Nordabschnitt der Ostfront，韦尔费尔斯海姆：Podzun-Pallas，2001 年)。

3. 戴维·格兰茨著，《列宁格勒战役，1941—1944》，第 183 页。

4. 克里斯蒂安·哈特曼 (Christian Hartmann) 著，《哈尔德：希特勒的总参谋长，1938—1942》(Halder: Generalstabschef Hitlers, 1938‐1942，帕德博恩：Ferdinand Schöningh，1991 年)，第 312 页。

5. 目前还没有专门研究哈尔科夫战役的学术专题著作。这毫无疑问是因为它发生的时间：由于斯大林格勒战役就在不久之后打响，哈尔科夫战役与其相比总是不太吸引人。研究者应该首先研读几份可以查阅的直接资料。最重要的资料当数戴维·格兰茨编辑的"苏军总参谋部研究"丛书中的一本——《哈尔科夫 1942：苏军视角下的哈尔科夫战役》(Kharkov, 1942: Anatomy of a Military Disaster through Soviet Eyes，萨里谢珀顿：Ian Allan，1998 年)。格兰茨毫无保留地为读者提供了这份写于 1951 年的资料，并附上了他自己言之有据的评论。要了解德方观点，可参见德国第 51 军参谋长汉斯·尔 (Hans Doerr) 的战后叙述《1942 年春哈尔科夫战役的结果》(Der Ausgang der Schlacht um Charkow im Frühjahr 1942)，它刊登在《军事科学评论》第 4 辑，第 1 期 (1954 年 1 月) 的第 9—18 页。德尔在此战中任德国第 51 军的参谋长。另外还有一份名为《1942 年攻势 (战略调查)》[1942 Offensive (Strategic Survey)] 的报告，它属于"外国军事研究"丛书 (手稿 T-14)，其中有一节涉及哈尔科夫战役 (第 90—107 页)。该报告的一份副本收藏在位于宾夕法尼亚州卡莱尔市的卡莱尔军营中的美国陆军军事历史研究所，表面看来是海因茨·冯·于尔登菲尔特将军 (General Heinz von Gyldenfeldt) 在 1948 年撰写的，但细究之下就可发现，它其实是德尔的文章的不完整英译本，但是从德文翻成的英文很别扭，有时令人不知所云。于尔登菲尔特的报告和德尔的期刊文章 (出现于六年以后) 之间的真实关系我们目前还不得而知，这个例子再一次反映出该丛书中众多资料的来源很有疑问。本书尽量在注释中同时提及这两份资料。费多尔·冯·鲍克著，《费多尔·冯·鲍克元帅战争日记，1939—1945》对于追溯此战的艰难开端和获胜过程不可或缺。另见德国官方正史，德国军事历史研究所的《德国与第二次世界大战》，第 6 卷，《全球战争：战争的扩大和主动权的易手，1941—1943》中贝恩德·魏格纳撰写的第 6 部分，"对苏战争，1942—1943 年"的第 852—861 页。在二手文献中，哈尔科夫战役常常被一笔带过。首先是约翰·埃里克森著，《通往斯大林格勒之路》中的相关章节，写得很短 (第 343—347 页)，但一如既往的精彩。在那一代学者中，要数埃里克森的文字最早把握住苏德战争的戏剧性。确实，任何后来的作者都很难写出超越这一段的短文："5 月 12 日上午，继一个小时的炮兵和航空兵火力准备之后，铁木辛哥的南北两路大军如利剑般直刺保卢斯的第 6 集团军，后者陷入了三天三夜的严重危机，在苏军一波波步兵和一排排坦克的猛攻下摇摇欲坠" (第

345 页）。当然，埃里克森严谨的治学态度也不是缺点。另请参见厄尔·齐姆克和马格纳·鲍尔著，《从莫斯科到斯大林格勒：决战东线》中有帮助的章节，在第 269—282 页。齐姆克和鲍尔的论断已经经受了时间的考验，而且这本书面向的读者群体很广，学者、军人和兵棋游戏爱好者都能从中获益。当今首屈一指的二手文献则是乔尔·海沃德著，《兵败斯大林格勒：德国空军与希特勒在东方的失败，1941—1943》，它关于哈尔科夫战役的叙述也比较简短（第 120—128 页），但对于了解 1942 年战事是必不可少的。这本书的标题其实有一定的误导性；它是一本出色的地面和空中作战行动史（甚至偶尔涉及海战）。

6. 在这场战争中，很少有比这一仗更需要地图帮助才能让读者了解作战行动的战役了。如果想概要了解这段战线的复杂演变，可参见德尔的《1942 年春哈尔科夫战役的结果》的第 10—11 页中的地图。

7. 关于苏军在伊久姆的进攻，最令人信服的分析可在格兰茨的《哈尔科夫 1942》的第 17—20 页找到，第 19 页的地图尤其值得参考。

8. 见弗朗茨·哈尔德的《战争日记》第 3 卷，《到进军斯大林格勒为止的对俄作战》中这三天的记录，具体页码是第 387—389 页。

9. 德尔的《1942 年春哈尔科夫战役的结果》第 10 页。在"外国军事研究"丛书（手稿 T-14）中没有这一段。

10. 德尔的《1942 年春哈尔科夫战役的结果》第 11 页，另见《1942 年攻势（战略调查）》的第 92 页。

11. 格兰茨编，《哈尔科夫 1942》，第 18 页。

12. 要了解国防军对多兵种合成的"战斗群"（Kampfgruppen）的成功运用，请参见詹姆斯·卢卡斯（James Lucas）著，《战斗群！第二次世界大战中德军战斗群的行动》（Battle Group! German Kampfgruppe Action of World War Two，伦敦：Arms and Armour Press，1993 年）。

13. 德尔的《1942 年春哈尔科夫战役的结果》，第 12 页。另见《1942 年攻势（战略调查）》，第 92 页。

14. 要了解苏军关于哈尔科夫攻势的策划，见格兰茨编，《哈尔科夫 1942》，第 27 页，以及齐姆克和鲍尔著，《从莫斯科到斯大林格勒》，第 269—270 页。

15. 见格兰茨编，《哈尔科夫 1942》，第 252—258 页附录 1—3 中的相关文件。

16. 要查看简短的作战行动纲要，请参见罗伯特·奇蒂诺著，《从闪电战到沙漠风暴：作战演变》第 86—87 页。

17. 格兰茨编，《哈尔科夫 1942》，第 31 页。

18. 要查看相关的文件，见鲍克著，《鲍克战争日记》，1942 年 3 月 10 日的记录（第 442—443 页）和 1942 年 3 月 31 日的记录（第 460—461 页）。要了解德军的总体策划，见齐姆克和鲍尔著，《从莫斯科到斯大林格勒》，第 272—273 页。

19. 出处同前，1942 年 4 月 23 日的记录（第 465 页）。

20. 齐姆克和鲍尔著，《从莫斯科到斯大林格勒》，第 272 页。

21. 鲍克著，《鲍克战争日记》，1942 年 4 月 25 日的记录（第 465—466 页）。

22. 出处同前，1942 年 4 月 30 日的记录（第 468 页）。

23. 约翰·埃里克森著，《通往斯大林格勒之路》，第 344 页。

24. 德文原文是"Angriff mit begrenztem Ziel"。要查看当时的作者对这一短语的使用例子，见埃里温·隆美尔所著的《无恨之战》（Krieg ohne Hass，海登海姆：Heidenheimer Zeitung，1950 年），第 126 和第 177 页。

25. 约翰·埃里克森所著的《通往斯大林格勒之路》，第 341—342 页。

26. 鲍克著，《鲍克战争日记》，1942 年 5 月 5 日的记录（第 469—470 页）。

27. 魏格纳的《对苏战争，1942—1943 年》，第 855—856 页。

28. 格兰茨编，《哈尔科夫 1942》，第 42 页。

29. 要了解苏军起初的进攻和德军反击的过程，见格兰茨编，《哈尔科夫 1942》，第 114—217 页，其中既有苏军总参谋部的原始研究，也穿插了格兰茨的评论，还有 28 幅地图。要了解双方作战行动的概要，见史蒂芬·帕特里克（Stephen B. Patrick）的《哈尔科夫：苏军的春季攻势》（Kharkov: The Soviet Spring Offensive），本文发表于《战略与战术》（Strategy and Tactics）第 68 期（1978 年 6 月）的第 4—14 页，还配有一个由史蒂芬·帕特里克和雷德蒙·西蒙森（Redmond A. Simonsen）设计的关于此战的模拟游戏。

30. 齐姆克和鲍尔著，《从莫斯科到斯大林格勒》，第 273 页。

31. 格兰茨编，《哈尔科夫 1942》，第 134 页。

32. 出处同前。

33. 见德尔的《1942 年春哈尔科夫战役的结果》，第 14 页。另见《1942 年攻势（战略调查）》，第 97 页。

34. 德军立刻就承认了这一点。例如，可参见《大德意志解放战争》，第 147 节的《哈尔科夫包围战的结束》（Abschluss der Kesselschlacht von Charkow）一文，它刊登在《军事周刊》第 126 辑，第 49 期（1942 年 6 月 5 日）的第 1405—1409 页上。该文的第 1405 页指出，与 1941 年相比，苏军对于人力的使用变得节俭了，取而代之的是大规模运用装甲车辆："因此，这一次苏军进一步放弃了以前那种人海进攻，而代之以各种武器装备，尤其是坦克，投入的数量异常庞大"（Man hat deshalb diesmal auf Massenangriffe in der bisherigen Form mehr verzichtet und statt dessen Kriegsmaterial, insbesondere Panzer, in ungewöhnlich hoher Zahl eingesetzt）。

35. 格兰茨和豪斯著，《巨人的碰撞》，第 99—101 页。

36. 格兰茨，《哈尔科夫 1942》，第 116—117 页。

37. 出处同前，第 121 页。

38. 齐姆克和鲍尔著，《从莫斯科到斯大林格勒》，第 273 页。

39. 埃里克森著，《通往斯大林格勒之路》，第 345 页。

40. 格兰茨编，《哈尔科夫 1942》，第 140—141 页。

41. 鲍克著，《鲍克战争日记》，1942 年 5 月 12 日的记录（第 474—475 页）。此外，在海沃德所著的《兵败斯大林格勒》的第 121 页又一次采用了更有感染力的翻译："这一仗要是不成功，就得成仁了！"而鲍克的原话是："这不是什么缺陷的问题，而是关系到我们的生存。"（Hier handelt sich's nicht um Schönheitsfehler, sondern um's Dasein）见瓦尔特·格利茨（Walter Görlitz）编，《保卢斯："我站在这里指挥！"》（Paulus: "Ich stehe hier auf Befehl!"，法兰克福：Bernard & Graefe, 1960 年），第 177 页。

42. 鲍克著，《鲍克战争日记》，1942 年 5 月 14 日的记录（第 477 页）。

43. 见德尔的《1942 年春哈尔科夫战役的结果》的第 15 页。另见《1942 年攻势（战略调查）》，第 101 页。

44. 海沃德著，《兵败斯大林格勒》，第 122—123 页。

45. 见弗朗茨·哈尔德著，《战争日记》第 3 卷，第 442 页中 1942 年 5 月 15 日的记录。

46. 这一说法引自德军一份关于 1942 年勒热夫战斗的情报摘要，这些战斗发生在朱可夫元帅失败的"火星行动"期间。见戴维·格兰茨著，《朱可夫的最大失败：1942 年红军在火星行动中的史诗级惨败》，第 301 页。另见作为该书基础的论文，《斯大林格勒的对照之战：火星行动（1942 年 11—12 月）：朱可夫元帅的最大失败》[Counterpoint to Stalingrad: Operation Mars

(November – December 1942): Marshal Zhukov's Greatest Defeat，堪萨斯州利文沃思堡：外国军事研究处，1997 年]。

47. 见鲍克著，《鲍克战争日记》，1942 年 5 月 16 日的记录（第 479—480 页）："很难判断克莱斯特集团军群在明天开始的进攻将会如何持续。"另见《1942 年攻势（战略调查）》，第 99—100 页。不过，在德尔的《1942 年春哈尔科夫战役的结果》中没有提及鲍克在最后一刻的犹豫。

48. 要了解第 3 装甲军在 1942 年历次战役中的作用，见埃伯哈德·冯·马肯森所著的《从布格河到高加索：对苏作战中的第 3 装甲军，1941—1942》，这是"战斗中的国防军"丛书的第 42 卷。关于哈尔科夫战役，见第 68—75 页。

49. 出处同前，第 68 页。

50. 见第 101 轻装步兵师师长汉斯·基塞尔将军（General Hans Kissel）的证言，《一个步兵师的进攻：1942 年 5 月第 101 轻装步兵师在哈尔科夫附近的春季战役中》（Angriff einer Infanteriedivision: Die 101.leichte Infanteriedivision in der Frühjahrsschlacht bei Charkow, Mai 1942，海德堡：Kurt Vowinckel，1958 年），"战斗中的国防军"丛书第 42 卷。

51. 格兰茨编，《哈尔科夫 1942》，第 139 页。这个评价来自格兰茨，而不是苏军总参谋部的研究。

52. 要了解赫鲁晓夫－斯大林在哈尔科夫战役问题上的私心，见德米特里·沃尔戈科诺夫（Dmitri Volgokonov）著，《斯大林：胜利与悲剧》（Stalin: Triumph and Tragedy，纽约：Grove Weidenfeld，1988 年），第 431—432 页。

53. 见德尔的《1942 年春哈尔科夫战役的结果》的第 16 页。另见《1942 年攻势（战略调查）》，第 103 页。

54. 齐姆克和鲍克著，《从莫斯科到斯大林格勒》，第 282 页的说法是"洛佐文卡（Lozovenka）以南"，如果是这个位置的话，那么鲍克将处于危险境地，因为他就在包围圈以东，刚好挡在苏军的突围路线上。

55. 见鲍克著，《鲍克战争日记》，1942 年 5 月 26 日的记录（第 488 页）。

56. 格兰茨编，《哈尔科夫 1942》，第 218—219 页。

57. 埃里克森著，《通往斯大林格勒之路》，第 347 页。

58. 见德尔的《1942 年春哈尔科夫战役的结果》第 18 页，另见《1942 年攻势（战略调查）》，第 106—107 页。

59. 由于和哈尔科夫战役完全一样的原因，威廉行动在很大程度上从史学领域消失了。要查看关于该行动的精彩介绍和很有帮助的地图，请参见德国官方正史中的相关章节，魏格纳的《对苏战争，1942—1943 年》一文的第 861 和第 862 页。要查看担任前锋的装甲部队提供的可读性很强的第一手史料，见马肯森所著的《从布格河到高加索》，第 76—80 页。

60. 见鲍克著，《鲍克战争日记》，1942 年 5 月 26 日的记录（第 498 页）。英译本中是"loss"（损失），而德文原版中是"Verlust"（可泛指各种损失，也可专指生命的丧失）。

61. 弗里德里库斯二号行动在一般著作中鲜有提及。读者还是可以参见德国官方正史，如魏格纳的《对苏战争，1942—1943 年》中的第 861—862 页，以及马肯森所著的《从布格河到高加索》中的第 81—84 页。

62. 转引自德国官方正史，魏格纳的作品《对苏战争，1942—1943 年》，第 860 页。

63. 出处同前，德文原文是"psychischen Erschütterungen"。

64. 出处同前。

65. 出处同前。

66. 见《大德意志解放战争》第 146 节的《哈尔科夫战役：从防御到进攻》（Die Schlacht von Charkow: Aus der Abwehr zum Angriff）一文，它刊登在《军事周刊》第 126 辑，第 48 期（1942

年 5 月 29 日）的第 1375—1379 页。引文在第 1377 页。

67. 见《大德意志解放战争》第 147 节的《哈尔科夫包围战的结束》（Abschluss der Kesselschlacht von Charkow）一文，它刊登在《军事周刊》第 126 辑，第 49 期（1942 年 6 月 5 日）的第 1405—1409 页。引文在第 1405 页。

68. 出处同前，第 1406 页。

69. 见维尔弗里德·冯·奥芬（Wilfried von Oven）的《随同某装甲师在哈尔科夫征战：今年的第一场包围战》（Mit einer Panzerdivision bei Charkow: Die erste Kesselschlacht dieses Jahre），它刊登在《国防军》第 6 辑，第 13 期（1942 年 6 月 24 日）的第 8—9 页。尤其值得一提的是文中那张引人注目的照片，它表现了此战中被俘的二十多万苏军中的一部分。

70. 见尼古劳斯·冯·贝洛（Nicolaus von Below）著，《在希特勒身边：希特勒空军副官回忆录，1937—1945》（At Hitler's Side: The Memoirs of Hitler's Luftwaffe Adjutant, 1937‑1945，伦敦：Greenhill，2001 年）。下葬者是阿道夫·许恩莱因（Adolf Hühnlein），他是参加过啤酒馆暴动的老纳粹党员，也是纳粹德国的行车与道路援助协会——国家社会主义汽车军团（Nationalsozialistisches Kraftfahrkorps）的领导人。

第四章
痛击英军：贾扎拉和托布鲁克

北非战场的"神话"要比其他任何战场都多。很多人都以为，沙漠远不只是一种"地形"，而是可以让机械化军队摆脱城镇、山峦、瓶颈地带和阻击阵地的束缚，自由自在机动的空旷之地。这里的战争有着近乎绝对的机动性，尤其对坦克来说更是如此。在文献中经常把这里的坦克比作"海上的舰船"：坦克可以随心所欲地驶向任何地点，绕过敌人的侧翼进行大胆的迂回机动，然后从荒原中突然现身，找准机会对敌人发起毁灭性的打击。[1] 按照常见的说法，由于没有了地形条件的约束，装甲部队的交锋非常纯粹，每次战斗都是棋逢对手的激烈较量。最后，在这片没有平民的环境中，敌对双方都可以清清白白地作战，既不必为占领军义务中模糊不清的道德界限担忧，也无须为镇压后方的游击队而劳神费力。在我们这个时代充满亢奋的大环境下，德国国防军中的每个军人按惯例都被描述为种族主义者和战争罪犯，唯有沙漠战争依旧享有"无恨之战"的美誉。[2]

实际上，虽然沙漠战争的形象被塑造得很有魅力，但却并无多少真实成分。沙漠不是什么美丽或浪漫的事物，它在大多数情况下只能让人感到痛苦，而在其中的战斗对敌我双方而言都是噩梦。沙漠根本不允许坦克车队自由驰骋，反而是无情地将它们约束在自己的后勤补给线上。毕竟在这个战区里，不仅是弹药和粮食，就连每一滴水都必须从外界运来。[3] 只要有一支补给船队未能完成任务，或是一队补给卡车遭遇伏击，就可能"使一个师的履带停止运转"。至于说到沙漠战争中的机动性，双方花在静态阵地（往往是精心构筑的，包括了战壕、散兵坑、带刺铁丝网和数以十万计的地雷的阵地）上的时间都要多于机动的时间。比起坦克冲锋，英军在贾扎拉防线上的"坚固箱型据点"很可能更适合代表沙漠战争的特点。最后，沙漠中当然也有平民，有成千上万人分散居住在各片战场上或其周边。不过，敌对的两军都对这些平民视而不见，即使到了今天，在关于这场发生在他们家乡的战争的故事中，依然难觅他们的踪影。

沙漠战争还造就了另一个经久不衰的神话：关于埃尔温·隆美尔的神话。在一个甲子过后，他仍然是第二次世界大战中的"明星"之一。人们为这位"沙漠之狐"书写了不计其数的传记，而他出现在银幕上的次数要比其他所有德国将领加起来还多。说实话，对成长于某个时代的人而言，他的形象将永远与英国演员詹姆斯·梅森（James Mason）融合在一起。[4] 每一个研究第二次世界大战的学者都知道隆美尔的神话。他是一个才华横溢、完全不问政治的军人。他不是纳粹分子，他在沙漠中打了一场漂亮而清白的战斗，赢得了有史以来最伟大的指挥官之一的美名。当他终于认识到自己所效忠的政权的恶魔本质之后，积极参与了刺杀元首的密谋，并在败露之后自我了断，以换取元首不加害他的亲人的承诺。

实际上，这些说法没有一条是严格符合事实的。[5] 隆美尔根本不是什么不问政治的人，他的全部事业都是建立在希特勒的宠信的基础上的，至于说他对元首的态度，或许用"崇拜"来形容才是完全合情合理的。隆美尔是希特勒的宠儿，是一个多次凭借希特勒的干预而先于比他年长（有时也比他更有资格）的候选人获得提拔的少壮军官。他指挥非洲军获得的战绩确实激动人心，但也有许多优秀的分析家认为它们终究只是毫无价值的次要事件。隆美尔对枯燥的后勤学缺乏兴趣，他酷爱战斗，他总是在战斗最激烈的时候远走高飞——所有这一切或许都是电影的好素材，但是在现代条件下出现在一个军队指挥官身上却是灾难性的，而且它们都在很大程度上促成了他在这片沙漠中的最终失败。

不过，隆美尔依然令我们着迷，这无疑是因为他身上有着太多的摩登气质。关于他的一切——他粗犷而帅气的相貌，他恰到好处的仪态，甚至包括他那副时髦的风镜——全都给他打上了我们能够本能地认出的烙印：媒体创作。纳粹宣传机构没有满足于将隆美尔塑造为一般的英雄人物，而是将他塑造成了模范的国家社会主义者和雅利安人，依靠纯粹的精神力量就能战胜拥有物质优势的敌人。而在关于自己的神话的创作过程中，隆美尔也并非只是被动的旁观者。相反，他是积极的同谋者。隆美尔最大的爱好莫过于带着一个摄影班子南征北战，他经常会因为自己的姿态不够英武或光线没有充分体现他的风采而要求重拍某些镜头。[6]
和许多与隆美尔处境相同的人一样，他与媒体的关系既帮助了他谋取私利，也最
终毁灭了他自己。在德军连战连胜的那些年，德国宣传机构把他当作国民的楷模。
当战局变得不利时，他就成了分散国民注意力的工具，用以冲淡其他更重要的战
线上越来越糟糕的消息的影响。最后，当隆美尔再也派不上任何用处时，纳粹政
权就将他彻底抛弃，并最终杀死了他。

　　不过，在"摩登"的虚饰之下，隆美尔的故事却是老一套的，他本人在很多
方面都很复古，是一个在旧普鲁士军队里将会如鱼得水的人。他的闯劲和野心，
他除了最高统治者（从前是霍亨索伦王朝的君主，后来是希特勒）之外对任何上
级出于本能的怀疑，乃至他在众多军官同僚之间引发的不信任：所有这些特质都
符合久经考验的普鲁士历史模式。腓特烈大帝手下最好的骑兵军官——指挥轻骑
兵的汉斯－约阿希姆·齐滕（Hans-Joachim Ziethen）和指挥主力骑兵的弗里德
里希·威廉·塞德利茨（Friedrich Wilhelm Seydlitz）——在职业生涯中也没有交
到几个朋友，但他们始终能得到他们最需要的那个人的信任。事实上，我们可以
把隆美尔看作最古老的普鲁士传统之一的最后继承者：他是一个野心勃勃而又精
力旺盛的外来户（他不是普鲁士人，而是祖籍施瓦本的符腾堡人[7]），虽然天纵英
才但却没有显赫出身，他决心效忠普鲁士国王，将自己的才能奉献给"马克的军队"。
符合这一描述的名将可以组成一份长长的名单，而排在首位的就是勃兰登堡的第
一个伟大的陆军元帅——格奥尔格·冯·德弗林格（Georg von Derfflinger）。这
位在费尔贝林（Fehrbellin）大破敌军的英雄是个奥地利人，本是一个打短工的水
手，穷到"付不起易北河的摆渡船钱"的年轻人。[8]他的军旅生涯是在瑞典军队中
开始的，直到年过花甲时他才加入了普鲁士军队。布吕歇尔元帅出身于梅克伦堡
（Mecklenburg）公国的一个军人世家，他在七年战争期间的 1758 年加入瑞典军队
担任骑兵军官，在 1760 年被俘后才加入普鲁士军队。[9]普鲁士王国一贯以对有才
华的外国人来者不拒而自豪。在其军官团中有着太多明显非德意志的姓氏，无论
是迪穆兰（Du Moulin）[10]、海因里西（Heinrici）[11]，还是弗朗索瓦（François）[12]，
都凸显了这一特点。这些人通常都会热情地接受普鲁士的特色，事实上他们在整
个职业生涯中都会努力使自己显得比同僚"更普鲁士"——换言之，就是表现出
异乎寻常的勇猛和冲劲，即使在一支已经特别强调这两种特质的军队里也能令人
刮目相看。

"他发疯了"：隆美尔在非洲

当隆美尔抵达非洲时，他带去了一套已经全面成熟的战法。这个男人曾在1917年的卡波雷托战役中凭借着一连串惊心动魄的山地战胜利获得了功勋勋章（蓝马克斯勋章）[13]，也曾在"黄色方案"行动中指挥第7装甲师。在法兰西会战中，隆美尔的表现与其说是像传统的师级指挥官，不如说是像执行奔袭任务的18世纪轻骑兵。历史学家通常都把注意力集中在5月14日隆美尔在迪南（Dinant）帮助自己的突击部队渡过默兹河（Meuse）时表现出的个人风采上。实际上，这场会战中最能体现他个性的时刻是5月16日夜至17日晨冲入阿韦讷（Avesnes）的行动。当时德军总司令部对装甲部队与其支援步兵之间的脱节感到越来越不安，正在努力约束装甲师的行动，隆美尔却故意关闭了自己的师级电台以避免被召回。他亲自带着自己的先头部队大胆在夜间高歌猛进，结果把正在露营的法国第5摩托化师一部打了个措手不及。法国人的车辆"像射击场的靶子一样"排列在道路两旁，隆美尔的部队在其间横冲直撞，"用所有枪炮"疯狂开火。隆美尔后来评论说，"我命令他们采用的战法，是一边高速冲进敌人阵中，一边用所有枪炮开火……取得了极好的效果。虽然这种战法使我们消耗了许多弹药，但是减少了坦克和人员的损失。敌人到现在都对这种战法束手无策。当我们像这样冲向他们时，他们的神经就会崩溃。"[14]

这是一个令人惊叹的时刻，一份德方资料将它形容为"启示录式的"，这是一个师在完全猝不及防的打击下的灭亡——而且和隆美尔一生中的许多高光时刻一样，它看起来就是一个专为电影而设计的场面。一个在阿韦讷亲历此战的德军士兵是这样描述的：

> 我在隆美尔的进军路线上从没见过这样的场面。他的坦克撞上了一个沿着同一条道路行进的法国师，干脆就马不停蹄地冲杀了过去。结果在八九千米长的道路上，散布着成百上千辆卡车和坦克，有的栽进了沟里，有的被烧成废铁，其中许多车上还留着尸体或伤员。越来越多的法国人从田野和林子里钻出来，高举双手，满脸都是令人怜悯的恐惧之色。从前方传来我军坦克开炮时短促而尖锐的轰鸣声，隆美尔正在亲自指挥坦克作战——他笔直地站在他的ACV（装甲指挥车）里，身边是两个参谋军官。他把帽子推到了后脑勺上，催促着大家继续前进。[15]

在当晚余下的时间里，隆美尔所做的事就是驱车驶向一群群法军士兵和坦克，并命令他们投降。"隆美尔用手势指示法国人放下武器，宣布战争对他们来说已经结束了。"

还没等到天亮，法国第 2 军就在恐慌中瓦解了，第 1 装甲师被彻底歼灭，另外还有分属至少五个师的部队向德军投降。隆美尔自己的部队在阿韦讷奇袭中受到的损失不过是 40 人阵亡、75 人负伤。对阿韦讷的奇袭使第 7 装甲师在法国人中间赢得了"幽灵师"（la division fantôme）的绰号，因为这支部队往往会从态势地图上消失，然后出现在最出人意料的地方。德军总司令部中的许多人，包括参谋长弗朗茨·哈尔德将军在内，都不太乐意看到自己的战斗序列里有这么一个"幽灵师"，因为该师时不时也会从德方的态势地图上消失。至于说到师长本人，"将如此成功的将领送上军事法庭是不可能的，因此隆美尔反而得到了骑士十字勋章"。[16]

在非洲的隆美尔将会与在法国的隆美尔如出一辙：化身为"自由巡行的轻骑兵"。隆美尔接到的命令，无论是来自希特勒，来自总参谋部，还是来自他名义上的上司——北非战区的司令伊塔洛·加里博尔迪将军（General Italo Gariboldi），都是明明白白、毫不含糊的。在归他指挥的部队达到一定实力前，他不应谋求对英军发动决定性的作战。[17] 他的部队本来仅仅是一支拦阻部队，作用是激励和支持意大利军队，防止他们未经一战就撤退到的黎波里。[18] 这是一个合理的要求。隆美尔最初的兵力极少，基本上只包括第 5 轻装师的侦察营和一个反坦克分遣队。该师的其余部分仍然在运输途中，而第 15 装甲师要到 5 月底才会到达非洲。这是一场没有事先谋划的战争。在 1939 年以前，德国总参谋部里几乎没有任何人设想过在欧洲以外开展大规模战争。德国陆军曾经在殖民地打过一些战斗，例如他们曾在 1904 年残酷镇压了西南非洲的赫雷罗人 [19]，第一次世界大战期间保罗·冯·莱托－福贝克将军（General Paul von Lettow-Vorbeck）还曾在德属东非领导了一场游击战。[20] 但此时这些殖民地早已一去不复返，在德军决策圈里没有一个重要人物料到会再次进行此类战斗。德军甚至基本上没有非洲的地图 [21]，在即将发生的战役中，有相当一部分是隆美尔靠着指南针和车辆里程表来指挥的。

尽管如此，隆美尔在抵达非洲时却一心想找到发动进攻的机会。此时正逢沙漠战争的关键时刻。在 2 月英军于贝达福姆（Beda Fomm）大胜意军之后，理查德·奥康纳将军（General Richard O'Connor）本可以一鼓作气将意军赶出的黎波里。然而他却失去了这个机会，因为伦敦抽走他最好的部队，并将他们送到了希腊。英军中东司令部解散了奥康纳的第 13 军，代之以菲利普·尼姆将军（General Sir Philip Neame）管辖的暮气沉沉的昔兰尼加司令部。虽然奥康纳是当时英国屈指可数的经过实战考验的战地指挥官之一，但却被提拔到了行政岗位上，担任驻埃及英军司令。而具有最丰富的沙漠作战经验的部队（第 7 装甲师），也被遣回埃及，分散驻扎在各地，从事各种杂役。代替第 7 装甲师驻扎在英军前线的欧盖莱（El Agheila）的是经验不足的第 2 装甲师。该师有一个旅装备了不少缴获的意大利造 M 13/40 坦克，这种坦克截至此时在战斗中的表现很难增强英军士兵的信心，不过它们至少装备了耐用的菲亚特发动机，因此具有比英国的"十字军"式坦克更可靠的机械性能。

隆美尔是个勇猛好斗的战将。他面对的是一批缺乏经验的敌人、一个缺乏经验的指挥官和一个不思进取的司令部。他虽然接到了明确的命令，但是他过去就有抗命的经历，而且以此为荣。在和自己的意大利友军（"公羊"装甲师、第 10 军的"博洛尼亚"步兵师与"帕维亚"步兵师）取得联系并亲自实施了初步侦察之后，他就决定发起进攻。行动开始于 3 月 24 日，德军的第 3 侦察营对英军在欧盖莱的防御阵地进行了试探性攻击，守军并未应战就撤退了。随后德军在 3 月 31 日进至布雷加港（Mersa el Brega），与英军坦克首次交手。这是一次激烈的小规模战斗，隆美尔经过精心侦察，在正面突击的同时派一部分部队在北面（也就是英军阵地与大海之间）实施侧翼包抄，然后对布雷加港隘路中的英军步兵发起向心攻击。最后第 8 机枪营的突击撕开了英军阵地，缴获 30 辆卡车和 50 辆布伦机枪装甲车，并迫使幸存的英军沿巴尔博公路（Via Balbia）仓皇逃向艾季达比亚（Agedabia）。[22] 隆美尔紧追不舍，其间仅仅为了接一些电话和电报而稍作停留，这些电话和电报来自柏林及罗马，全都是警告他不要冒进的。在艾季达比亚，隆美尔又打了一场机动战：他派第 5 轻装师的步兵和机枪部队正面进攻守军，然后又让自己的坦克绕到南边，攻击守军在沙漠一侧暴露的侧翼。[23] 在这场战斗中，他重创了皇家坦克团第 5 营，摧毁约 25 辆敌军坦克。

德军在 4 月 2 日进入艾季达比亚。虽然双方目前仅仅打了三次勉强超过团级规模的小仗，但是此时隆美尔明白，自己已经打乱了英军在昔兰尼加的整个防御部署。他的"威力侦察"（这是他说服上级让自己开展行动时所用的字眼）此时已经成为一场全面进攻。他兵分三路同时进击。在他的左路，是意大利"布雷西亚"师和第3侦察营,他们沿海岸公路行进,不断骚扰撤退中的英军。在右路,德国第5轻装师和意大利"公羊"装甲师的侦察营拉开宽广队形扫荡空旷的沙漠,穿越大昔兰尼加突出部的底部,奔向海岸公路上的德尔纳(Derna),以求切断英军退路。在这两路部队之间,隆美尔的装甲主力(第5装甲团、第5轻装师一部和"公羊"师)则向着英军在穆苏斯(Msus)和梅基利(Mechili)的补给仓库进军。[24]

　　面对如此猛攻,英军在昔兰尼加的防线土崩瓦解。德军推进过程中几乎没有发生一次战斗。左路纵队在4月2日占领艾季达比亚,4日占领班加西(Benghazi),7日占领德尔纳。中路的主力坦克纵队在4月6日抵达穆苏斯和梅基利。德军在当地缴获了英军堆积如山的各类物资,包括足以供德军走完余下的东进路程的汽油,还俘虏了英军第2装甲师的师长和他的整个指挥部。次日,该纵队的先头部队就抵达了贾扎拉。英军后方陷入一片混乱。在4月6日,德军一支摩托车侦察队在黑暗中截住了一辆显然因迷失方向而徘徊的小汽车。车上乘客正是昔兰尼加英军的指挥官尼姆将军和奥康纳将军本人,两人就这样成了德军的俘虏。[25]两位将军的被俘标志着战斗开始仅一个星期,英军在昔兰尼加的指挥系统就彻底崩溃。到了4月11日,德军已经包围沿海要塞托布鲁克,一些小部队还继续东进,占领了巴迪亚(Bardia)并到达了埃及边境上的塞卢姆(Sollum)和卡普佐堡(Fort Capuzzo)。这是一次极速机动,其距离远远超过了隆美尔熟悉的欧洲条件下的机动距离。事实上,他在不到两个星期的时间里推进了约966千米。

　　可是,这约966千米的推进有多大意义呢?虽然隆美尔通过一次大跃进冲到了埃及边境上,但此时有一个不屈的要塞位于他后方,严重威胁着他的交通线和补给线。他曾尝试在行进中夺取托布鲁克,但是惨遭失败。在复活节之战(4月10—14日)和突出部之战(4月30日—5月4日)中,第9澳大利亚师的防守者顽强地守住了阵地。雷场限制了德军的攻击路线,而支援火炮、反坦克炮和支援坦克的直瞄射击将突击部队打得落花流水,第15装甲师的师长海因里希·冯·普利特维茨将军(General Heinrich von Prittwitz)也在炮火下丧生。和过去所有伟大的德国将领一样,隆美尔精通运动战之道,但是像这样难啃的阵地却能使任何用兵如神的指挥官显得与凡人无异。[26]

　　托布鲁克不仅没有被攻克,还因为它的存在使隆美尔穿越沙漠的大进军变得毫无意义。事实上,虽然这第一次战役使隆美尔在德国以外声名鹊起,但却没能为他在柏林的指挥机构中赢得多少支持。隆美尔证明了自己是处理空间和时间问题的大师，能够以最快速度前进到他想去的任何地方，在国内产生了巨大的轰动效应和各种头条报道。但是除此之外，他取得了什么成就呢？在 4 月底，哈尔德将军把自己的军需总监弗里德里希·保卢斯将军（General Friedrich Paulus）派到了北非，他的任务是：与显然"发了疯"[27]的隆美尔会谈，设法让他恢复理智。我们很难反对总参谋长的这一判断，也无法反驳他的下述评论：

> 隆美尔已经好几天没给我们提供明确的报告了，我感觉是哪里出了问题。我在军官们的报告和个人信件中看到的所有评论都指出，隆美尔完全不能胜任他的领导职务。他成天跟着部队到处乱跑，经常发起侦察行动，浪费他的兵力。没有人能全面了解他的部队部署和他们的战斗力。[28]

虽然人们很容易把哈尔德的牢骚看作一个保守（可能还有些嫉妒）的后方官僚对勇猛过头的前线将领的抱怨，但问题没有这么简单。隆美尔的错误并非仅仅在于忽视后勤。在捉襟见肘的后勤条件下进行机动作战是普鲁士—德意志军队几个世纪以来的一贯做法，而且我们有必要指出，哈尔德的怨言中从来没有提到这个问题。1757 年，忠诚的普鲁士军人在洛伊滕赢得大胜后就在战场上露营，虽然饥肠辘辘，但还在高唱传统的赞美诗"现在我们一起感谢上帝"（Nun danket alle Gott）。[29] 同样的场景也曾出现在 1866 年柯尼希格雷茨的胜利之师身上：同一首赞美诗，同一种饥饿。[30] 在德国人眼里，"后勤"就该是行政人员竭尽所能解决的问题，战术天才们应该集中精力研究自己的机动方案。实际上，德国人甚至从来不使用"后勤"这个字眼。这支军队直到此时还在使用陈旧的"供给"一词（在德语里是 Nachschub 或 Versorgung），它的含义要比前者狭隘得多，基本上只意味着"让前线部队的干粮袋、弹药袋、饲料袋和油箱保持合理的充实程度"。[31]

国防军高层与隆美尔的争执超出了后勤范畴，它触及了作战行动本身的性质。以德国军队长期以来的战法标准衡量，隆美尔的开局进攻与通俗史书中描写的胜利进军几乎不沾边，不仅没有实现真正的突破（根本没有敌军阵地让隆美尔突破），也没有打出一次包围战（双方投入的兵力都太少，使这种战法根本不可能实现）。此外，由于隆美尔不曾威胁到英国人的核心利益，所以英国人也认为没有必要投入一支大军来防守他的进攻。缺少了这种动力，也就是缺少了几个世纪以来德国军队历次决定性作战的动力，意味着不可能有任何真正的歼灭战胜利（Vernichtungssieg）。[32] 隆美尔的袖珍军队横扫了一片广袤的荒原，但是并没有消灭什么敌人。非洲军从欧盖莱推进了约 966 千米（从其位于的黎波里的后勤基地算起则是约 1448 千米），此时正处于无路可走的危险边缘。从这个意义上来讲，虽然德国军官团的全体人员都明白，隆美尔表现出了令人满意的攻击精神，但大部分人都把他进军埃及边境的行动看作一次不成功的作战。哈尔德只不过说出了许多人的心声。

隆美尔此后的作战也同样招来了批评的目光。随着整个战区进入一段相对平静的时期，双方都看出隆美尔陷入了进退两难的窘境，他既无力攻取托布鲁克，又无法不顾托布鲁克而继续深入埃及境内。此时他的兵力已经增加到三个德国师：第 21 装甲师（原第 5 轻装师，在 1941 年 10 月升格为装甲师）、第 15 装甲师（实力在著名的“非洲军”中占据了半壁江山），以及第 90 轻装师（又名“非洲师”，该师的装备和训练都是针对沙漠条件特别定制的）。可不巧的是，英军获得增援的速度比他更快。由于英军控制着海洋和苏伊士运河，在沙漠战争中将会形成一个固定的模式：每当隆美尔获得一个军，英国人就会获得一个集团军。

在 1941 年 11 月 18 日，艾伦·坎宁安将军（General Alan Cunningham）指挥的英国第 8 集团军发起了针对隆美尔的第一次大规模进攻：十字军行动（Operation Crusader）。[33] 这是一次有两个军参加的作战行动。一支重装甲部队（第 30 军）将绕过隆美尔的南方侧翼，占领贾布尔萨利赫（Gabr Saleh），然后就地等待隆美尔来犯，让两支装甲大军进行一次大对决。在英军粉碎德军的装甲主力之后，另一支部队（主要由步兵组成的第 13 军）将正面进攻塞卢姆的轴心国阵地，并在突破之后继续推进，为托布鲁克解围。[34]

这个计划只取得了一定程度的成功。第 30 军的侧翼机动很快就遇到了麻烦。几个装甲旅前进到贾布尔萨利赫后，德军没有做出任何反应。因此，英军上下都感到相当迷茫和困惑。当位于最左侧的第 22 装甲旅终于在古比井（Bir Gubi）遇到敌军坦克时，却发现他们根本不是德军，而是“公羊”师的意军。此地很快就爆发了一张坦克大战，牵制了第 22 装甲旅几乎所有的兵力，使该旅无法按原计划与非洲军对决。不仅如此，第 22 装甲旅还缺乏沙漠作战经验，结果在意军打击和机械故障的影响下损失惨重。此外，由于第 4 装甲旅承担的是防守任务，所以能够发动进攻的就只剩下了第 7 装甲旅。该旅一路前进到贾布尔萨利赫，接着又继续开往位于西迪雷泽（Sidi Rezegh）的机场。

当第7装甲旅在11月20日接近该机场时，隆美尔伏击了他们，以非洲军几乎全部的兵力从其后方发起猛攻。德军的坦克无情地打击了英国对手，后者以装甲薄弱、火力不足的"巡洋坦克"和美造"斯图亚特"骑兵坦克（英军称其为"甜心"式）为主，遭受了惨重的损失。在战斗进行时，英军另两个装甲旅也赶到了战场。11月22日这一天，机场周边的厮杀尤其惨烈，数百辆着火的坦克冒出的浓烟使场面更加混乱。[35] 但德军最终依靠更胜一筹的训练水平占了上风，英军三个旅的残部全部退出战斗。当夜幕降临时，德军发动了最后一击，德国第15装甲师意外攻占了英国第4装甲旅的指挥部。[36] 战斗在次日达到高潮，而这一天恰逢悼亡星期日（Totensonntag），是德国人纪念第一次世界大战中死者的日子。隆美尔在西迪雷泽南郊将英军赶入口袋，从南（"公羊"师）、西（第21装甲师）、东（第15装甲师）三面向英国第7装甲师和第1南非师发起向心攻击。[37] 但是由于包围圈以外的第6新西兰旅从东面赶来救援，让相当一部分英军部队得以逃脱。此战，交战双方的损失都很大。在欧洲战场的常见条件下，实施包围战可能需要封锁2到3条主要道路。但是在沙漠中，真的需要实施360度的全方位封锁才能形成包围圈，而当时任何一支军队都无法做到这一点——隆美尔已经严重失血的部队就更不可能做到了。

尽管如此，这场战斗显然也足以让坎宁安心神不定。他开始起草让整个集团军退回埃及的命令，但他手下的两个军长——第13军的戈德温－奥斯汀将军（General R. Godwin–Austen）和第30军的威洛比·诺里将军（General Willoughby Norrie），都建议继续进攻。沉着冷静的中东司令部总司令克劳德·奥金莱克将军（General Claude Auchinleck）也支持继续进攻。[38] 第13军的正面强攻已经占领了轴心国部队从塞卢姆到海尔法亚隘口 [Halfaya Pass，被英军俗称为"地狱火"（Hellfire）隘口] 的众多轴心国阵地，而且隆美尔在西迪雷泽一带的战斗中显然也损失惨重。这些人都认为，此时的正确做法就是继续进攻，与托布鲁克守军里应外合打破包围。即使是隆美尔，也难以应付同时来自三个方向的威胁。

另一方面，隆美尔却认为悼亡星期日之战是一场重大胜利，接下来只要对敌人发动致命一击即可。在11月24日上午，他搜罗了他所能找到的所有车辆，亲自跟着他们开始了他著名的"冲向铁丝网"行动，这是一次深入英军后方的大胆摩托化突击，目标直指埃及边境的铁丝网屏障。在这次疯狂的奔袭中，他在短时间内连续攻占了英国第 30 军、第 7 装甲师、第 1 南非师、第 7 支援集群和第 7 装甲旅的指挥部，在所到之处造成一片恐慌。他甚至差点将又一名英军司令抓入自己的俘虏营，因为当时坎宁安刚好在视察第 30 军的指挥部。只是历史似乎和德国人开了一个玩笑，德国人并不知道当这次进军最终止步时，他们距离第 8 集团军指挥部和为整整四个师供应淡水的仓库只有约 24 千米。[39]

虽然读完这段历史后很难不让人感到心潮澎湃，但冲向铁丝网的行动只是隆美尔军事生涯中又一个毫无意义的著名事件之一。虽然他驱散了英军的运输部队，使多个指挥部的人员受到了终生难忘的惊吓，但英军的战斗部队并未被击退，并且继续从两个前进仓库获得补给。更糟糕的是，由于隆美尔的离去，托布鲁克守军突破了南面的杜达（Duda）悬崖，与为其解围的新西兰部队成功会师。到了 12 月 4 日，隆美尔已经别无选择，只能撤退到托布鲁克以西的贾扎拉防线。虽然英军的追击根本谈不上有力，但却胜在持续不断。由于丧失了大量物资，自身的损失也很惨重，隆美尔决定一路退回到他在 3 月开始进攻时的起点——欧盖莱。

在这个战例中，沙漠战争又一次体现了令人惊叹的机动性，数百千米的推进对双方来说都是家常便饭。虽然非洲军的推进速度通常比英军快，但交战双方都曾享受到自由奔驰的快感。然而，在这个战场有着一条铁律，任何一方都无法摆脱它的控制。长途进军不仅会使部队远离自己的铁路终点站，更会使两者相隔几个时区。补给不再仅仅是一个问题，而是全部问题。当隆美尔位于比较靠近的黎波里的欧盖莱时，他的危险性要远远大于他在东方约 966 千米外的埃及边境铁丝网前的时候。同样，英军危险性最大的时候莫过于他们背靠埃及战斗时，而他们最无力的时候莫过于刚刚占领昔兰尼加时。任何一方要想在这片战场上得到绝对的安全，都必须将对方彻底消灭。

贾扎拉

如此看来，隆美尔一回到欧盖莱就再次扭转战局也就不足为奇了。1942 年 1 月，在完成向西退却的长途跋涉，又用了短短几个星期时间重整旗鼓之后，隆美尔就重新发起了进攻。[40] 而英国人却诡异地重蹈了 1941 年的覆辙，削弱了与他对垒的部队。上一次是为了支援巴尔干半岛，这一次则是为了支撑英国在远东由于日军的一连串重拳而摇摇欲坠的局面。似乎在英德双方看来，都总有某些地方比非洲更重要。

隆美尔的第二次进攻很快就结出累累硕果。英军又一次把他们经验最丰富的部队轮换到埃及休整，并派另一支尚不成熟的部队（第1装甲师）阻挡隆美尔，而隆美尔的第一次打击就使这支英国军队陷入了困境。一支团级规模的特遣队（马克斯战斗群）绕过了英军位于海岸附近的右翼。虽然在敌军左翼迂回的非洲军主力遇到了一些麻烦（被沙漠腹地的松软沙丘所阻，未能按时到位），但马克斯战斗群则完成了绕到英军后方的任务。[41]虽然在德军企图形成的包围圈上有巨大的空隙，但是德军机动部队在后方的出没已经足以使英国第1装甲师在一片混乱中溃退了。在接下来的两个星期里，隆美尔重新占领了昔兰尼加。这次比第一次更轻松，或许是有史以来最成功的轻骑奔袭。这是一次低烈度的作战，从来没有一个编制完整的师参与战斗。整个过程中的战斗次数寥寥无几，伤亡也极小。事实上，在最后约322千米的进军中一马当先的是两支小小的特遣队：马克斯战斗群和盖斯勒战斗群。[42]到了2月6日，隆美尔已经回到紧邻昔兰尼加突出部以东的贾扎拉防线，就位于托布鲁克以西56千米处。

此时，沙漠战争中的超级机动陷入了停顿。双方都在往返疾驰中累得筋疲力尽，暂时无法继续战斗——甚至无法进行机动了。轴心国和英国的部队将会在静坐中对峙近四个月。贾扎拉阵地将会具备阵地战（Stellungskrieg）的一切特征，只不过针对沙漠条件有所调整。这里出现了战壕、散兵坑、带刺铁丝网和机枪火力点。在英军这边，坚固的"箱型据点"[43]，也就是由坦克障碍和反人员地雷组成的360度全方位密集防御阵地成了前线的主要支撑点，各个箱型据点之间的联系通道则由大片的"地雷沼泽"来保护。和沙漠战争中的所有间歇期一样，这段时间在防线后方是一片繁忙景象，因为双方都在拼命增援和补充前线部队。不过隆美尔明白，从长远来看，英国人必将赢得这场竞赛。

可是，在短期内的情况又会如何呢？在这条贾扎拉防线上，隆美尔终将赢得一场真正的胜利，而不是所谓的"班加西博彩"中那些到头来毫无意义的胜利。[44]他将在这里痛击一支真正的英国野战集团军。在此过程中，他还会使东方更远处显现出诱人的作战前景。贾扎拉的胜利不仅会最终打开通往托布鲁克的门户，还将使隆美尔有机会染指整场战争中对国防军而言诱惑力最大的战略目标之一：苏伊士运河。在1942年夏天的短短几个星期里，大英帝国的命运似乎岌岌可危。换句话说就是，隆美尔在贾扎拉的成功是连哈尔德将军都乐于见到的胜利。

策划：忒修斯行动

当然，双方的兵力对比看起来并不适合轴心国发动进攻。此时在尼尔·里奇将军（General Neil Ritchie）指挥下的英国第 8 集团军有大约 10 万人部署在约 56 千米长的前线上，在托布鲁克的兵力也与此相仿。[45] 该集团军能得到至少 900 辆坦克的支援，而且其下辖每一支部队都是全面摩托化的。[46] 英军的武器装备中也出现了新的面孔：第 1 装甲师和第 7 装甲师合计拥有 316 辆美国造的坦克，其中 149 辆是 "斯图亚特" 式轻型坦克，167 辆是 M–3 "格兰特" 式中型坦克。"斯图亚特" 式坦克是一种速度很快的小型战车，其用途显然仅限于侦察和搜索，但 "格兰特" 式坦克却是截至此时沙漠战场上出现的最优秀的装甲战车。[47] 它是在 1942 年年初为了满足美国突然对中型坦克产生的紧迫需求而匆忙投产的，其设计具有厢式运货汽车的一切典型特征。"格兰特" 式坦克的机动性并不突出，而它高如房屋的目标外形（全车高约 2.82 米）[48] 也使它在敌军炮火下无法做到靠掩体隐藏车体，只露出炮塔射击。但是，厚实的装甲使 "格兰特" 式坦克几乎不惧怕任何打击（除非是被 88 毫米高射炮直接命中）。此外，"格兰特" 式坦克还是当时火力最强大的坦克之一，配备了两种主武器：一门安装在车体侧面固定炮座上的短管 75 毫米炮和一门安装在炮塔中的 37 毫米炮。

与这支拥有强大人力与物力资源的堂堂之师对垒的是一支刚刚升格为非洲装甲集团军的部队，后者的兵力只是勉强配得上 "集团军" 这一称号。非洲装甲集团军的总体规模很小，人数不到 9 万，装甲部队也只有 560 辆坦克。而且，即便是这些很让人不好意思的数字也有一定的误导性。[49] 因为，在非洲装甲集团军的坦克中有 200 多辆是性能低劣的意大利造的 M13/40 或 M14/41——这些坦克被其乘员提心吊胆地戏称为 "移动棺材"。[50] 不仅如此，隆美尔的主力装甲车辆在质量上也开始落后于英军。隆美尔的主力战斗坦克依然是配备短管 50 毫米（40 倍口径身管）炮的三号坦克，整个战区仅仅得到了 19 辆配备性能好得多的长管 50 毫米（60 倍口径身管）炮的坦克。另外，隆美尔还有 40 辆配备短管 75 毫米炮的 4 号坦克。虽然 4 号坦克能够击毁 "格兰特" 式坦克，但前提是对方要进入自己的有效射程内，而不幸的是 "格兰特" 式坦克的有效射程远在 4 号坦克之上。德国的设计师们当时已经研制出了配备加长身管火炮的新式四号坦克，它能够在大致公平的条件下摧毁 "格兰特" 式坦克。可不巧的是，只有四辆这种新型坦克抵达了该战区，而且它们还没有配备合适的弹药。[51]

虽然物质条件看似不利，但隆美尔感到自己有一件能拉平敌我双方实力差距的法宝——英国人的战争方式是依据严格的时间表和阶段明细执行精心控制的系统化作战。因此，隆美尔必须找到一种方法来逼着英国人放弃自己的打法，从而将他们拖进他们并不适应的战斗——空旷沙漠里的机动战（das Manövrieren in der offenen Wüstenschlacht）中去。[52] 在这种战斗中，隆美尔的部队的质量优势（他们不仅在战术意识方面接受了极致的训练，而且也习惯于随机应变）将会显露无遗。期望人的因素能压倒物质因素，这正是德国人在作战行动中的一贯思维。

隆美尔的计划就是"忒修斯行动"（Operation Theseus）[53]，其目标是一举粉碎北非英军。为了实现这一目标，隆美尔将运用德国军队曾经屡试不爽的一种极端化的机动战法，这实际上非常类似于腓特烈大帝在洛伊滕之战[54]中用于对付奥地利军队的机动：以一支部队对英军阵地的中央和右翼发起声势浩大的佯攻，将敌军的注意力吸引到其正面。与此同时，一支强大的机动部队将在夜深人静之时进入东南方向的空旷沙漠，绕过英军在比尔哈基姆（Bir Hacheim）以南的左翼阵地，然后掉头北上，全速冲向海边。当英军前沿阵地上的守军从睡梦中苏醒时，将会发现自己被后方杀来的大批德军装甲部队团团包围。而英军的指挥机构、后方行政单位和后勤人员的处境将会更加危急，如果隆美尔的计划一切顺利，他们一觉醒来就得忙着逃命了。

这次进攻将从北面开始。面对贾扎拉北段阵地的是两个意大利军：第21军在北面，其下属的德国第15步兵旅部署在海岸边，两个意大利步兵师与其并列（"萨布拉塔"师居左，"特伦托"师居右）；在第21军的右侧是第10军（自左至右依次为"布雷西亚"师和"帕维亚"师）。隆美尔打算亲自率领机动部队执行南路的迂回机动，因此他将这一路佯攻部队交给路德维希·克吕韦尔将军（General Ludwig Crüwell）指挥（克吕韦尔集群），并为佯攻部队提供了非洲装甲集团军的大量炮兵资源。克吕韦尔的任务是在战役一开始就沿着通往托布鲁克的最近路线冲击英军防线的核心地带。被这些意大利军队吸引到北面的注意力、火力和坦克越多，对南路的机动就越有利。事实上，克吕韦尔接到的任务要求他在离前沿阵地不远的后方"让坦克和卡车不停地兜圈子"，从而制造出尽可能多的噪声和烟尘。[55]

在贾扎拉之战中执行迂回机动的尖刀部队集中了强大的装甲力量，可以说，这肯定是截至此时隆美尔率领过的最庞大的打击部队。位于最左侧的是意大利第 20 摩托化军（"的里雅斯特"摩托化师居左，"公羊"坦克师居右），而在其右侧的是瓦尔特·内林将军（General Walther Nehring）指挥的非洲军——格奥尔格·冯·俾斯麦将军（General Georg von Bismarck）指挥的第 21 装甲师居左，古斯塔夫·冯·韦尔斯特将军（General Gustav von Värst）指挥的第 15 装甲师居右。最后，位于轴心国进攻部队最右端的是乌尔里希·克勒曼将军（General Ulrich Kleemann）指挥的第 90 轻装师。这支轻装师还加强了三个侦察营，即第 3、第 33 和第 580 侦察营，在这次位于英军后方的危险机动过程中，该师的任务是在主力前方展开可靠的屏护网。[56]

因此，将有五个完整的师迂回英军的南方侧翼，其中包括了隆美尔拥有的几乎全部坦克。很难找到能比这更鲜明地体现德国人的"主要突击方向"（Schwerpunkt）理念的例子了，柏林军事学院教出的一代又一代学生都明白，这是成功的作战行动中不可或缺的要素。"一场没有 Schwerpunkt 的战役，"保罗·冯·兴登堡将军曾这样评论道，"就像一个没有主见的人，把一切都寄托在运气上。"[57] 如果确如此言，那么隆美尔无疑在这场战役中表现得很有主见，他将综合运用机动性、速度和突袭来粉碎一支规模更大、实力更强而且有坚固工事依托的敌军。

隆美尔所面对的英军阵地此时有了一些新的特点：英国人企图在沙漠中建立一条不可撼动的防线，使得隆美尔无论有何意向，都只能进行正面强攻。即使德军绕过位于比尔哈基姆的最南端箱型据点（由马里－皮埃尔·柯尼希将军指挥的一个自由法国旅把守），仍然要面对一连串无法迂回的英军旅级箱型据点，除了强攻别无选择。在此过程中，德军的损失将会很大，而英军的装甲部队却可以在他们进攻箱型据点时轻松杀入其后方。此外，英军的前沿防线非常坚固，可以让任何"冲向铁丝网"之类的大胆突击在后勤方面出现极大问题，而里奇已经发现后勤是隆美尔最薄弱的一个环节。

虽然如今人们对里奇将军的排兵布阵争议颇多，但这种布阵方式从表面上来看无疑是足够合理的。里奇将军并排部署了两个军：第 13 军居右，第 30 军居左，两者的分界线就是名为卡普佐小道（Trigh Capuzzo）的东西向道路。戈特将军（General W. H. E. Gott）指挥的第 13 军是一支步兵部队，该军部署在前线的部队有第 1 南非师和第 50 步兵师——任务是防守从地中海岸边一直到卡普佐小道的贾扎拉防线。诺里将军指挥的第 30 军是机动部队。诺里手下有两个装甲师：

赫伯特·拉姆斯登将军（General Herbert Lumsden）指挥的第 1 装甲师和弗兰克·梅瑟维将军（General Frank Messervy）指挥的第 7 装甲师，两者都部署在卡普佐小道以南相当远的位置。里奇必须防备德军两种可能的进攻方式：对他的右翼和中央发动的直指托布鲁克的正面强攻，或者绕过他左翼的迂回进攻。几乎所有情报都表明德军会采用前一种打法，而里奇的上司奥金莱克将军也同意这一判断。不过，事实将会证明，里奇针对另一种可能性做出的部署是十分正确的，他把自己的装甲部队放在了便于迎击敌人的一侧。[58] 但是要替英军前线的布局辩护就比较困难了。第 13 军两个步兵师的阵地确实很难啃，但是在他们南面，位于戈特艾尔瓦莱布（Got al Ualeb）箱型据点中的第 150 步兵旅与最南端的比尔哈基姆箱型据点之间有很宽的间隙。英军利用一片巨大的雷场封锁了这个间隙，但是这片雷场却基本上得不到己方部队的掩护。[59]

这里的问题并非只是集中在里奇对地形的认识上，它们还有更深层的原因。表面看来，第 8 集团军的部署似乎是比较简单的：面向西方的一条直线，后面有预备队支援。而实际上，在这片战场上英军没有一个师摆出了严整的阵型，英军部队一如既往地以在战役层面上高度分散的状态分布在这片战场上。[60] 或许这是以团为基本单位的传统的“遗迹”，不过英国陆军，尤其是坦克部队，似乎总是觉得以尽可能小的单位投入战斗是最舒心的。这样做的结果就是严重浪费资源，而且毫无必要地增加了指挥系统的复杂性，导致其反应速度跟不上即将打响的这场战役的残酷节奏。

例如，机动能力很强的第 30 军就被分散在骑士桥（Knightsbridge）、比尔哈基姆和古比井之间的广大区域里，在茫茫沙海中铺开一个大摊子，根本没有真正的防御重点。第 7 摩托化旅和第 3 印度摩托化旅被部署在了比尔哈基姆以南，成了一支位置非常突出的孤军。第 4 装甲旅位于比尔哈基姆以东，而第 22 旅位则于北面距离很远的骑士桥。因此，隆美尔可以将五个完整的师捏成一个巨大的装甲铁拳，把东一个旅西一个旅分散开来的英军部队各个击破，而英军的师级指挥官却要绞尽脑汁兼顾两三个地方的防御，从来都不能集中投入自己的全部兵力。

在这里，我们姑且以第 7 装甲师为例来进行说明。在贾扎拉之战中，第 7 装甲师拥有第 4 装甲旅、第 7 摩托化旅、第 3 印度摩托化旅、第 29 印度旅和第 1 自由法国旅这几支部队。前三支部队都是机动部队，部署在贾扎拉防线暴露的左（南）翼，准备随时与非洲装甲集团军打一场机动战。而后两支部队都是阵地战部队，被部署在箱型据点中，准备在即将打响的战役中作为静止的部队发挥作用。具体来说就是，第1自由法国旅位于前线左端，部署在比尔哈基姆箱型据点中，第29印度旅则在深远后方，部署在古比井箱型据点中。[61] 这样做带的后果就是，即便是才华远超梅瑟维将军的指挥官，要协调三个机动旅和两个守备旅也会感到力不从心。

因此，在战役前夕我们就可以看出英军失败的征兆。德军一方由20世纪最积极进取、最诡计多端的战地指挥官之一的隆美尔进行指挥，而且隆美尔终于找到了一个值得他大胆进攻的战役目标。用隆美尔自己的话来说就是，他一直追求在非洲打一场决定性战役，"歼灭迈尔迈里卡（Marmarica）地区的英军"。[62] 隆美尔知道这场全球性战争形势严峻，其他战线的兵力需求都很大，因此他可能不会再有另一次机会。隆美尔的手下有一个精通业务且极为忠诚的参谋班子，他的参谋长阿尔弗雷德·高泽将军（General Alfred Gaus）、他的作战主任（德军的常用简称是"Ia"）西格弗里德·韦斯特法尔上校（Colonel Siegfried Westphal）、他的情报主任（他的"Ic"）弗里德里希·威廉·冯·梅林津上校（Colonel Friedrich Wilhelm von Mellenthin）、非洲军参谋长弗里茨·拜尔莱因上校（Fritz Bayerlein）——全都是出类拔萃、聪明能干、精通业务的军官，而且这些人都敢于表达自己的任何意见。最重要的是，隆美尔还有一支久经沙场的部队，他们在战争的这一阶段完全不惧怕任何对手——他们多少可以算是一支常胜之师，其中基本上没有在上一年冬天经历过莫斯科城下之败的人员。隆美尔手上集中了一支大规模的装甲力量，制定了一个大胆的计划，而截至此时的战斗已经证明他的敌人完全没有打运动战的能力，更别提打战役层面的运动战了。

而在英军一方，则没有多少为作战集中兵力的措施，部队被很随意地丢进了沙漠里。人人都说他们的指挥官里奇是一个仁慈而诚实的人，只不过"相当迟钝"[63]，对隆美尔的装甲集团军将要发动的打击毫无准备。从这个意义上来说，里奇是德军在战争前三年中遇到的敌方指挥官的典型代表。如果说英国第8集团军的官兵有什么比较擅长的事，那就是在自己的指挥官造成的种种灾难之中，依然能有良好的表现。在接下来的一段日子里，他们将非常需要这种本领。

忒修斯行动：接敌行军

5月26日下午2点，北路的进攻开始了。英军机场和设施遭到了大规模炮击和猛烈空袭，随后从贾扎拉到戈特艾尔马哈塔（Got el Mahata）的英军防线遭到了意军的步兵突击。这次进攻当然打得有模有样，而且是完全按计划进行的。意军首先遭遇了防线前方的英军侦察部队，在逼迫他们缓慢地退向主阵地后，就像预先安排好的一样，下午晚些时候，刮起了一场猛烈的沙漠风暴（在当地叫"喀新风"）。此时的局势在英军看来，完全就是一场蓄谋已久的进攻遇上了坏天气。[64]为了坚定英军的这一想法，克吕韦尔命令自己的部队制造出尽可能大的噪声。德军发动了卡车的发动机，开着缴获的英军坦克在前线后面兜圈子，而且整夜都在胡乱地炮击。

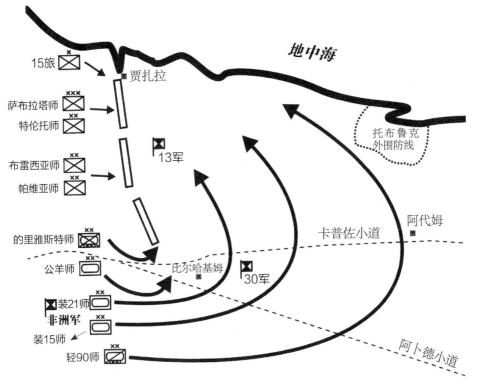

⬆ 地图5. 忒修斯行动：隆美尔攻取贾扎拉的计划，1942年5月。

　　显然，德军的这一佯攻效果很好，使英军在至关重要的几个小时里一直忽视了南方正在发生的情况。整个白天，隆美尔都在德军防线后方集结他的装甲部队。

即使英军知道该关注什么地方，这场沙漠风暴也能帮助他隐藏自己的调动。但是由于能见度下降到只有十米，德军的行军车队也遇到了大麻烦。这类作战行动中要求的严格无线电静默更使问题雪上加霜，导致不少德军部队都曾短暂迷路。机动集群在下午出发，在入夜后不久到达指定的部署区域 A，其中第 90 轻装师在夜里 6 点左右到达，第 20 摩托化军和非洲军在 7 点前后就位。此时，大约有 1 万台车辆停在英军贾扎拉防线西南方不远。接着，车队向东南方的部署区域 B 进发，它基本位于比尔哈基姆的正南方。这些车辆并没有排成经典意义上的"横队"或"纵队"，而是排成了一个巨大的方阵，用多名参战的德国军官的话来说，这"只有在沙漠中才能办到"：

坦克和配属的工兵部队在前开路（展开成雁行或波浪形队列），轻型火炮紧随其后，以便参与任何可能发生的交火，即便是远距离上的交火也不例外。反坦克部队位于侧翼，负责警戒。师级作战指挥机构带着通信器材跟在坦克队形后面，在他们后面是通信营和作战部队。有一个装甲步兵营担任后方掩护部队。[65]

这是发展到极致的沙漠战法，整整一支大军波浪式地滚滚向前，不必考虑编成在道路上行进的车队，也不必担心敌军阻截："虽然这种行军队列没有遵循任何既定模式，但是可以毫不困难地随时进行任意变换。"[66]唯一的潜在障碍出现在一个小时之前，当时第 90 轻装师配属的得力侦察部队在英军防线左（南）翼后方发现了强大的英军装甲部队。于是暗语"威尼斯"通过无线电波发送到了参加此次迂回进军的所有德军部队中：这是一条命令，要求向南行进更远距离再掉头进入英军后方。[67]

和当晚的许多命令一样，这一条命令也看似毫不费力地完成了。当尘埃落定之时，也就是 5 月 27 日凌晨 3 点左右，一个边长近 24 千米的厚实的装甲方阵已经位于英军侧翼。"装甲方阵"是军事史中常见的叫法，但真实的情况是这样的：第 20 摩托化军位于北面，德国非洲军紧随其后，第 90 轻装师殿后。他们全都位于英军右翼，形成在圆形的地球表面和高低不平的地面制约下尽可能垂直于英军防线的一个纵队。在进攻的最后准备阶段，第 20 摩托化军脱离纵队，后退到非洲军的左侧，而第 90 轻装师也移动到非洲军的右侧，整个机动过程和步兵纵队展开成横队的过程差不多。

考虑到大规模行动的高度复杂性，这次接敌行军的顺利程度在德国军队的漫长历史中可谓无出其右者，或许只有洛伊滕的机动可以与之相提并论。在这次机动中，单是两次暂停加油（在部署区域 A 和部署区域 B 各一次，后一次的目的是在大战开始前将油箱加满）中的巧妙安排就值得特别表扬。同样值得一提的是为右翼的第90 轻装师装备扬尘机器的妙招，这些机器是装在地面车辆上的飞机螺旋桨，它们能制造出一场人为的沙尘暴来模拟规模大得多的部队扬起的烟尘，从而使英军误判非洲军的真实位置。[68] 虽然 1990 年出版的德国官修正史中很少表露出对国防军的机动艺术的热爱，但相关人员行文至此也不禁发出这样的感叹："这次被梅林津称为'大进军'的夜间越野行军（Flächenmarsch）以如此庞大的部队穿越沙漠（实际正面宽度近 50 千米），是战争史上前所未有的创举。"[69]

确实，这样的行动需要系统化的精心准备。临战前的命令必须规定精确的罗盘方位、距离，以及在月光下保持每小时 10 千米的行军速度。工兵要放置装在汽油桶中的遮光灯，从而为大部队标出道路。冯·梅林津上校认为这次行军总体而言"就像一台润滑良好的机器一样运转顺畅"[70]，我们很难反驳他的观点。有利的气象条件和地面条件使全军的行军速度超过了计划，混乱和令人焦虑的情况也不可避免地一再发生。有些部队在黑暗和烟尘中失去相互的联系，而且后续部队一度与在前方开路的装甲部队拉开很大距离，好在最终都没有造成严重后果。

或许这次行军做到了足够的精确和有条不紊，但隆美尔对此的记忆却是另一回事，他日后将会认为这个夜晚的不确定性几乎大到了令人无法承受的地步。他的脑海中思绪万千，"我满怀紧张和焦虑等待着即将到来的一天，"他写道。"敌人会怎么做？他们已经做了什么？这是我头脑中反复思考的问题。"[71] 很快，隆美尔就会得到他需要的所有答案。

忒修斯行动：埃尔温·隆美尔的人生巅峰

上午 7 点，进攻开始。位于雷特玛（Retma）箱型据点（当然，这是一个还未完工的阵地）中的英国守军首当其冲。在这个美好的 5 月天的上午，这些正坐在户外晒太阳的人好奇地注视着在比尔哈基姆正东约 16 千米外的地平线上出现的一团烟云。截至此时，他们中间的每一个人都已经见识过一些奇特的天气现象和毫无征兆地刮起的风暴。但是这团烟云却在突然之间化作了他们从未见过的景象。只见各式各样的坦克和车辆——几百辆？几千辆？谁数得清？——从烟尘中开了出来。"隆美尔的部队倾巢而出，"日后其中一人对这一场面记忆犹新，"气势汹汹地直奔我们而来。"[72]

雷特玛箱型据点的两翼也出现了同样的景象。在东边的古比井附近，部署着第 7 摩托化旅（第 7 装甲师）的主力。该部有一半人员得到了久违的休息和娱乐时间，至少有一份资料称，在那个决定性的 5 月的早晨，他们正在托布鲁克游泳。在雷特玛以西，第 3 印度旅也在毫无准备的情况下遭到打击。该旅的旅长菲洛斯将军（General A. A. E. Filose）在电台里用激动的声音向第 7 装甲师报告说，"整整一个该死的德国装甲师"[73] 正在攻击他的部队。实际上攻击他的是"公羊"师的意大利造坦克，不过当时天亮不久，看错情有可原。这两个旅以及雷特玛箱型据点本身在忒修斯行动开始后几乎未经任何战斗就被打垮。第 3 印度旅的战斗日记中的最后一条记录说明了一切："箱型据点中的阵地被敌军坦克完全占领"。[74]

接下来遭遇厄运的是第 7 装甲师的其余部队。该师的第 4 装甲旅零零碎碎地分散部署在整片战役地区，充其量只能稍稍减缓德军的推进速度。德国第 15 装甲师的滚滚铁流打得第 4 装甲旅措手不及，转眼间就溃散了。当英国第 22 装甲旅接到救援兄弟部队的命令时，可救的部队已经所剩无几。德军粉碎了第 7 装甲师，而第 22 装甲旅也将大难临头。

战斗就这样继续下去。此时英军上下，尤其是第 30 军指挥部都明白，战局已经急转直下。军长诺里将军拼命想让自己的军恢复一点秩序，但是收效甚微。如今的学者都把指挥和控制问题视作在现代战场上取胜的关键，因此读者可以想象一下第 7 装甲师遇到的指挥和控制问题，尤其是师长梅瑟维将军经历的痛苦与磨难。由于第 4 装甲旅基本上已从该师的战斗序列中消失，许多官兵还在吃早饭时就被俘虏，梅瑟维和他的师指挥机关不得不从位于比尔伯伊德（Bir Beuid）附近的前进指挥部逃跑。但是他们与德军一支侦察分队的装甲汽车狭路相逢，结果梅瑟维、师参谋长和另两名参谋军官都成了阶下囚。这个消息直到当天晚上才传到第 30 军指挥部，而在第二天第 30 军又费了一番功夫才让第 8 集团军指挥部相信这是真的。

不过，这个故事并未就此结束。梅瑟维设法让俘虏自己的德军相信他只是一个小小的勤务兵，因此他受到的看管很是马虎，这使他得以在第二天成功脱逃。不久以后，在率领部队进行反击时，梅瑟维又被俘虏了。但是，只过了一天梅瑟维就再次逃脱并回到了他的指挥所。更富戏剧性的是，几天以后，在亲自前往第

8集团军指挥部报告时，梅瑟维差一点第三次被俘，他在一口枯井里躲藏了大半天才逃过了被第90轻装师的一支侦察队俘虏的命运。梅瑟维的这几次经历都不是简单的个人灾难，而是意味着英军的整整一个装甲师（在贾扎拉一共只有两个装甲师）一连几天都没有指挥官发号施令。在这场战役临近结束时，梅瑟维的集团军司令里奇将军将会下决心撤他的职。"好吧，弗兰克，我恐怕对你失去信心了，看来你运气太差。"里奇说。"你好像各方面都不对劲。"[75]

同样的话也可以用来形容此时的整个英国第8集团军。截至5月27日中午，隆美尔在贾扎拉防线后方出其不意的突然袭击已经全面开花。英军阵地的整个南翼都被撕成碎片。第8集团军的一个装甲师已经星离雨散，整个集团军的指挥体系也暂时崩溃了。集团军司令对战局还懵懂无知，他手下的军长和师长不是已经被俘就是在拼命寻找好让他们重新掌握部队的安全地点，而这个任务在沙漠条件下要比在欧洲环境中困难得多。在这里，指挥官们基本上只能在空旷的开阔地活动，完全无法防备任何驱车经过或驾机飞过的敌人。最后，第13军（第1南非师和第50师）的前沿阵地到后方托布鲁克和埃及的交通线上横亘着德军的三个师。这样的作战形势，已经具备了一场灾难性失败的全部要素。

然而，虽然此时还不明显，但实际上非洲装甲集团军已经遇到了严重的问题。在战前的策划中，隆美尔和他的幕僚考虑过与英军装甲师交战的多种可能性。进攻刚一开始就与其遭遇并不在计划之中。德军的装甲突击本该向北推进至地中海岸边，合围位于西侧的全部英军。此时这个计划已经被打乱。在左路，意军的攻击（第20摩托化军）有全盘失败的危险。"的里雅斯特"摩托化师显然没有接到"威尼斯"信号。因此，该师的迂回机动不够深远，过早掉头北上，稀里糊涂闯进了英军在贾扎拉防线南部边缘设置的雷场。此外，"公羊"装甲师没有绕过比尔哈基姆的箱型据点，而是一头撞了进去，因此也毫无进展。[76]右路的第90轻装师在东方与友邻部队相隔很远，处于完全孤立的状态，很快就遭到了来自四面八方的围攻。在中路，非洲军也不再高速冲向海岸，而是顶着英军大量装甲部队的激烈抵抗艰难前行。英军装甲车辆中为首的一种坦克形体之高大、模样之怪异，是所有德国坦克兵都前所未见的。而且，这种坦克还能在不可思议的距离上将德军坦克一辆接一辆地击穿。

几个小时之后，非洲军也遭到了来自北面和东面的攻击。原计划在第一天拿下的阿克若玛（Acroma）和阿代姆（El Adem）这两个目标此时无一落入德军之手。第 15 装甲师的师长古斯塔夫·冯·韦尔斯特将军已经被一块弹片打成重伤，该师第 33 炮兵团的团长爱德华·克拉泽曼上校（Colonel Eduard Crasemann）不得不代理师长之职。指挥第 15 装甲师显然是个危险的差事，韦尔斯特的前任普利特维茨将军已经在托布鲁克战死。隆美尔的指挥机关的各个成员此时分散于各地，都被英军火力压制得动弹不得，而前方作战部队与后勤梯队已经完全失去了联系。到了下午 6 点，隆美尔不得不承认原定计划已经失败，他向非洲军发出了信号："整队。掘壕固守。全方位防御。"[77] 一个如此崇尚进攻的指挥官在此时此刻是不可能感到快乐的。"我不会否认。"隆美尔后来写道，"在那第一个晚上，我心里非常紧张。"[78]

我们在这里可以做个有趣的假设，假如这次作战行动发生在 1939 年和 1940 年，英军或许已经土崩瓦解。但是这一次，无论从什么角度来看，英国第 13 军都没有被真正"包围"。英国第 13 军此时正游刃有余地据守在一系列坚固的箱型据点中，英国人在构筑时就考虑了全方位防御，而且储备了充足的弹药和给养。虽然英军不可能无限期地固守，但此时他们也没有放弃这些堡垒的紧迫需求。说来也怪，此时此刻对第 13 军而言，与上级指挥机关中断联系可能是再好不过了。英军高级指挥人员此时的状态只能用暂时性恐慌来形容，他们所能发出的命令几乎必然会令英军已然摇摇欲坠的态势进一步失稳。同样，部署在英军后方的第 1 装甲师也可以自行其是，而不必担心上级歇斯底里的命令（这种命令几乎肯定会使该部四处救火、疲于奔命）。值得一提的是，正是这支部队的抗击使德军的进攻锋芒大减。

因此，到了第二天，隆美尔已经处于他征战生涯中最紧张的关头。他的机动部队深陷于敌军后方，等于是自断了后勤补给线。他们身后有一条完好无损的英军防线，而他们的前方和侧翼正遭到英军装甲部队持续不断的突击。各类物资都即将耗尽，某些部队因为燃油短缺已经失去了机动能力（尤以第 15 装甲师为甚）。隆美尔打出了一场不折不扣的包围战，但是被包围的却是他自己。英军也明白这一点，而且也确实会把他的阵地称为"the cauldron"（大锅），和德语中 Kessel 一词的含义完全一致。虽然英军或许没有德军那样的传统教条，但是当围歼敌军部队的时机成熟时，他们是不会不明白的。整整一天，英军都在不断进攻。大多数时候，英军对"大锅"的攻击是由各个旅单独实施的，相互之间并无协同，但是威力已经足够可怕：毕竟英军一个旅的坦克数量相当于德军一个完整的师。[79]

双方在这样的激战中的消耗都很大，到了 5 月 28 日入夜时，隆美尔已经快要支持不住了。

很显然，非洲装甲集团军不能就这样坐以待毙。在 5 月 29 日，隆美尔亲自护送一支从比尔艾哈马特（Bir el Harmat）出发的补给车队穿越英军防线上的一个缺口。该地是连接比哈基姆以北主阵地和南方阵地的狭长"地雷沼泽"中的多个缺口之一，但是英军却没有派任何部队监视它。虽然，隆美尔此举被一些同僚斥为不符合集团军司令官身份的"轻骑兵花招"[80]，但它确实使得在英军防线东侧苦战的德国坦克兵士气大振。在接下来的两天里，又有一些小规模的运输车队穿越了意军沿卡普佐小道和阿卜德小道（Trigh El Abd）清扫出的两个缺口，并在坦克护送下到达英军防线东侧，运去了刚好足够让机动部队继续运动的燃油。

不过，这些都只是临时的补救措施。在恢复机动能力（哪怕只是暂时的）之后，隆美尔还需要一个永久解决问题的方案。此时，他又做出了整场战争中最大胆的决定之一。他命令非洲装甲集团军的反坦克部队布下一道面向东方，密布 50 毫米和 88 毫米火炮的大规模新月形防线，然后集中自己的坦克和步兵，对位于戈特艾尔瓦莱布的箱型据点及其守军第 150 旅发起了猛烈的围攻。这是一次面朝西方的进攻——也就是说，非洲装甲集团军是朝着自己原先的阵地前进。第 15 装甲师和第 21 装甲师从东方和东北方进攻该箱型据点，意大利"的里雅斯特"师从南方和西南方进攻，第 90 轻装师则从东南方进攻，他们都得到了俯冲轰炸机的大力支援。到了当天日落时，英军防线上原本第 150 旅所在的地方只留下一个大缺口，3000 名战俘、90 辆坦克和 100 门火炮落入德军手中。[81] 更重要的是，隆美尔重新建立了通到西方的稳定后勤补给线，运输卡车队不再需要坦克护送了。位于东方的英军装甲部队在这一天表现消极，只顾舔舐前几天的激战造成的伤口，而集团军指挥部似乎还茫然失措。正如一位师级指挥官所言，"没等里奇明白过来，第 150 旅就倒地出局了"。[82]

当然，在这之后还会有更多激烈的战斗，但是胜负已经不再有悬念。英军从来没有将本来具有决定性优势的兵力整合到一起，而隆美尔即使在最困难的时候也不忘将他的装甲力量集中使用。"大锅"确实是一个奇特的阵型，但事实已经证明这个阵型既能向北方和东方发动进攻，又能抵挡英军向它发起的任何冲击。英军对它的攻击通常一次投入一个团或一个旅，如果他们尝试发起更大规模的协同作战，就会搞得一团糟。6 月 5 日英军在骑士桥西南方对"大锅"实施的大规模反击就是一个经典的例子：行动计划过于复杂，具备那种由一个委员会七嘴八舌制定的计划的全部特点（而它也确实是这样制定出来的）；进攻部队之间缺乏协同；而且战术上非常愚蠢，坦克的冲锋又一次没得到其他兵种的支援。读者可以参考英国官方正史中出自普莱费尔（I.S.O. Playfair）之手的一段描述，它是同时代史书中的杰出代表：

这次行动计划分两个阶段实施。在第一阶段，隶属于布里格斯少将（Major-General H. R. Briggs）的第5印度师的第10印度步兵旅应在6月5日清晨经过一次非常猛烈的炮火准备之后夺取第一个目标。随后第32陆军坦克旅（隶属于第13军）以及配属的绿边霍华德团第7营应占领锡德拉岭（Sidra ridge）。在第二阶段，主攻部队改为梅瑟维将军的第7装甲师和配属的第9印度步兵旅（隶属于第5印度师），目标是歼灭"大锅"中的敌军。第1装甲师（其经过重整的第22装甲旅此时已编入第7装甲师，取代遭受重创的第4装甲旅）的任务是阻止敌军向北方或东北方突围，并做好向西扩大战果的准备。[83]

因此，这次反击并没有统一的指挥。布里格斯将军和梅瑟维将军只能尽力与友军协同。更有甚者，命令中还要求装甲兵和步兵分开行动，而不是相互配合："如果发生装甲战，步兵应该设法自保。他们不得妨碍第22装甲旅的机动。"[84]

这是自信的指挥官会说的话吗？梅林津合情合理地将此战称为"这场战役中最荒谬的进攻之一"。[85]因为误判德军前沿阵地的实际位置，英军的炮火准备全都打到了空无一人的沙漠里。以第10印度旅的步兵为先锋的突击在凌晨2:50开始，但事与愿违，这些步兵迎面撞上了"公羊"师的阵地。意军虽然装备粗劣，但通常的表现都很出色，"公羊"师成功顶住了英军的进攻，并争取到了足够的时间让第15装甲师和第21装甲师分别绕到了英军攻击部队的左右两翼。按照英国第22装甲旅一名坦克兵的说法，他们的计划是"在行进中消灭敌人，到'地图坐标'B104吃早饭"，但是他们很快就遭到了普莱费尔所说的"德军大半炮兵的集中射击"。[86]由于第10印度步兵旅打头阵的高地轻步兵团第2营遭到敌军反击，装甲兵很快陷入危机，更何况步兵按照命令还不能支援他们。在北面的锡德拉岭一带，第32陆军装甲旅的进攻遇到了德军反坦克部队制造的火墙和一片地图未标出的雷场的阻碍，结果以惨败而告终，参与进攻的70辆步兵坦克有50辆被丢弃在了战场上。最后，隆美尔又从自己在比尔哈基姆一带的预备队中抽出一支机动小分队，绕到英军后方发动了致命一击。战斗在次日又持续一整天，英军不仅有 4000 多人被俘，还损失了 200 辆坦克，同时也失去了挽回败局的最后一点渺茫的机会。

隆美尔在第二天发动反击，这是这场战役的又一个重要时刻。第 21 装甲师会同"公羊"师向东进击，同时第 15 装甲师从南方发起进攻，两路大军直奔骑士桥而去。在这场极为狂野的突击中，第 15 装甲师横扫了部署在比尔艾哈马特的康沃尔公爵轻步兵团，随后"与来自比尔哈基姆的其他部队和隆美尔本人会合，将英军两个师的战术指挥部、第 9 印度步兵旅的指挥部及其下属的两个营（第三营是第 9 贾特团第 3 营，它被调去加强第 4 廓尔喀团第 2 营了）、第 10 印度步兵旅的指挥部和高地轻步兵团第 2 营的残部打得一败涂地"。[87] 此时英军的"通讯和控制彻底崩溃"，没有遭到歼灭的指挥部都在仓皇逃命：第 7 装甲师逃往骑士桥，第 5 印度师逃往阿代姆。这是沙漠战争中截至此时最彻底的溃败。

由于此时英军的装甲部队已经不再构成威胁，隆美尔终于可以解决在他后方的最后一个问题——位于比尔哈基姆的自由法国箱型据点了。自从这场战役开始以来，据守该据点的自由法国旅就不断对从西方开来的本已不堪重负的非洲装甲集团军后勤车队进行袭扰，严重牵扯了隆美尔的注意力。6 月 1 日晚上，隆美尔对这个箱型据点发动的第一次突击以失败告终，6 月 6 日的第二次突击仅仅使其外围防御略有收缩。不过在这两次进攻中，隆美尔都不得不部署重兵防范外来的救援部队。现在，隆美尔终于不需要这么做了，他可以放心地集中具备压倒性优势的兵力和火力来对付这个箱型据点。对比尔哈基姆的决定性攻击开始于 6 月 10 日，第 90 轻装师、"的里雅斯特"摩托化师和以第 15 装甲师第 115 步兵团为基础组建的一支特遣队（巴德战斗群）在近 400 架"斯图卡"俯冲轰炸机、Ju–88 轰炸机和 ME 109 战斗机的支援下对它发起向心攻击。即便如此，这依然是一场艰苦的战斗（或许也是在整场战争中法国军队打得最出色的战斗之一）。但是，由于德军投入的力量实在太大，在英国第 8 集团军主力已经被击败的情况下，这样一个孤立的旅级箱型据点是不可能阻挡非洲装甲集团军的。当天晚上，大部分守军就撤出了比尔哈基姆，并竭尽所能偷越德军战线逃向东方。[88]

到了 6 月 14 日，英军明白己方已经输掉了贾扎拉战役。原有的防御体系已经土崩瓦解，他们不顾一切地试图建立一条东西走向的防线来保卫托布鲁克，阻挡正气势汹汹地从南方北上的非洲装甲集团军。为此英军进行了最后的挣扎，于6月11日夜间在骑士桥和阿代姆之间又一次以坦克部队发起进攻。但由于英军早已师老兵疲，这次进攻被士气正旺的非洲军和第90轻装师轻而易举地粉碎。而且，英军司令部对战斗的控制依然只是聊胜于无。虽然此时第8集团军的司令是里奇将军，但是奥金莱克每小时给他提一次"建议"，使他根本不可能进行有效指挥，结果造成了大量意外和误解。例如，在里奇下达撤退命令很久以后，奥金莱克依然以为自己在和他讨论撤退的可能性。

在贾扎拉之战中，我们很容易看出双方有哪些失误。德军的计划并没有将英军所有可能的部署方案都考虑在内，因此隆美尔不得不早早地放弃了它。北线的佯攻收效甚微，似乎基本没有吸引到英军的注意力。如果能多持续一整天，它或许可以发挥更大作用，吸引英军的预备队。而当双方主力开始扭打在一起时，德国和意大利的几个装甲师在第一天就钻进了口袋，在第二天就耗尽了汽油。虽然从敌军后方朝着己方防线发起进攻来重新打通补给线路是一个非常巧妙的战术应变措施，但这个战例或许永远也不会进入大多数参谋学院的教科书。哪怕英军能够最低限度地集中其装甲部队攻击"大锅"，而不是使用每次送掉一个旅的添油战术，非洲装甲集团军就极有可能在第三天或第四天遭受灭顶之灾。隆美尔在整场战役中一如既往地表现出了超凡的个人勇气，但是他却不一定能同样顺利地拿出集团军指挥官应有的表现。

不过，在评估这场战役时，还应注意一些比才华和失误更重要的因素。贾扎拉之战是德国式战争方式（即运动战，Bewegungskrieg）的经典例子。德国式战争方式的历史传承是非常明显的，我们可以很容易地追溯到由腓特烈大帝首创的机动传统：1745年在霍恩弗里德贝格（Hohenfriedeberg）绕过澳军侧翼的冒险夜行军；1757年在洛伊滕先对奥军发起正面佯攻，继而绕过其左翼实施的深远迂回；1758年在曹恩道夫绕过俄军攻击其后方的迂回机动。大多数历史著作都只用一两句话描述德军在贾扎拉的开局机动，仿佛这是天下最自然的事，然而当时根本没有其他指挥官敢于冒险在敌后进行如此激动人心的机动，世界上也没有其他军队能够如此顺利地完成这些机动。

隆美尔确实犯了一些错误。在回忆录中，他采用了异乎寻常的自辩口气来描述整场作战。他显然对军官团中关于贾扎拉之战的私下议论有所耳闻，而他也花了大量笔墨解释大胆冒险（Kühnheit）与军事赌博（militärische Hazardspiel）之间的区别。[89] 不过这种微妙的差别终究是无关紧要的，隆美尔在最初的半小时就打赢了贾扎拉之战。这是隆美尔军事生涯中的巅峰之作，是他发挥自己对机动的偏好而获得真正的歼灭战成果的唯一战例。不仅如此，在战斗过程中，沙漠之狐或许在无意中发现了关于战役级别作战行动的一条新真理。我们姑且称此为隆美尔第一法则：如果在战役之初就让整整一支坦克集团军在敌人后方中心开花，那就可以掩盖作战行动中的大量过失。

最后，让我们再次将目光聚焦在当时的战场上。此时此刻所发生的一幕幕场景在沙漠战争中已是司空见惯了：各种各样的英军车辆排成长龙，全都以最大速度向东方狂奔。隆美尔放过了这些车辆，此时他已经明白，在沙漠中实现真正的"包围"或许是不可能的。无论他的军队规模有多大，也不可能在这样空旷的地形中封锁每一条公路、小道或其他通路。更何况，再次攻打托布鲁克的时机也到了。

重返托布鲁克

和这一战场上的许多神话一样，关于隆美尔第二次攻打托布鲁克之战的大量神话至今仍在各种关于第二次世界大战的文献中歪曲着史实。当隆美尔在 1941年首次进攻这个堡垒时，他动用的兵力差不多只有一个师的规模，而且这支部队刚刚从欧盖莱高速穿越了昔兰尼加沙漠，没有真正的重武器，基本没有空中支援，获得的补给让士兵填饱肚子都很勉强，更不要说战斗了。在这样的条件下，隆美尔不仅连第 9 澳大利亚师的前哨阵地都没能突破，还遭受了惨重损失。此后隆美尔又继续对托布鲁克"围攻"了六个月，考虑到他投入的兵力实在太少，这只是一次虚有其名的围攻——也难怪哈尔德和德军总参谋部对出兵埃及的整个冒险行动感到不满。托布鲁克通过海路不断获得补给和增援，在 1941 年夏天，那里肯定没有一个人挨饿。但是，"托布鲁克围城"和它"深陷敌后"的处境使英军司令部不能不采取"解救被困守军"的措施。这正是温斯顿·丘吉尔处理 20 世纪战争的习惯思路。于是英军在 1941 年 11 月发起"十字军行动"，这场血腥的战役使德军蒙受重大损失，不得不解除对托布鲁克的围攻，但不幸的是，英军的损失同样惨重。从那以后，驻非洲英军司令部特意削弱了托布鲁克的防御力量。在1942 年，里奇和奥金莱克并未将托布鲁克视作英国不屈意志的象征，反而认为它是一个陷阱。他们不希望在将来某个时候被迫再发动一场十字军行动来为它解围。他们下定决心，如果形势逼迫第 8 集团军撤回埃及，那就放弃托布鲁克这个并无真正军事价值的城市。至少这样的策略能够腾出不少部队用于机动作战，而不是困守孤城。到了贾扎拉战役打响时，托布鲁克已经没有了 1941 年的反坦克壕沟和大面积雷场，英军为了方便进出港口已经将它们都拆除了。

因此，隆美尔在 1942 年进攻的并不是一个要塞，而是一个被漫不经心地防守的小城。守军只有一个第 2 南非师，外加第 11 印度旅和一支小规模装甲部队（第 201 禁卫旅和第 33 陆军坦克旅，前者只有一个团，而后者装备的是行动迟缓的"瓦伦丁"式和"玛蒂尔达"式步兵坦克）。此外，城中还有从贾扎拉撤下来的英军残部，例如第 1 南非师一部，以及在隆美尔完成合围时被困在城中的其他任何部队、分队乃至散兵游勇。所有这些部队的士气都很低落，和所有战争中的所有军人一样，他们知道的信息比他们通常有权知道的多得多。他们了解贾扎拉的溃败的方方面面，其中有些人不久前还是亲历者。他们知道这座小城几乎没有防御准备，而隆美尔在追击第 8 集团军的过程中已经向东推进了很远，解围部队无论如何都不可能在近期赶到。

相比之下，隆美尔却拥有整整一个装甲集团军。此时这支部队的士兵已经兴奋到了极点，而且对他们的指挥官完全信任。隆美尔不仅有非洲军的两个装甲师作为主要打击力量，有善于机动的第 90 轻装师，还有意大利的"公羊"装甲师和"的里雅斯特"摩托化师这两支精兵，以及多个意大利步兵师提供支援。虽然"萨布拉塔"师、"特伦托"师、"布雷西亚"师和"帕维亚"师的官兵在关于此战的通俗作品中几乎总是饱受诋毁（遗憾的是，还有太多的学术著作也持同样观点），但实际上他们完成了隆美尔在这场会战中交给他们的所有任务，甚至还不止于此。另外，隆美尔还得到了德国空军的大力支持（空军又一次集中力量对付一个小目标），以及足以让他敞开使用的补给物资（其中许多是在战斗过程中从英军的各个坚固箱型据点中缴获的战利品）。对于沙漠中的德军而言，这么多有利于作战的条件组合在一起是非常稀罕的事。

双方力量对比如此悬殊，以至于隆美尔可以用他喜欢的任何方式占领托布鲁克——例如，简单地一路平推。但是自古以来，德国的将军总是以一个具有鲜明特点的机动揭开大战序幕的，隆美尔第二次攻打托布鲁克的战斗也不例外。在贾扎拉战役的收尾阶段，他的机动部队已经向东方长途跃进，一路冲向埃及边境。这个机动的目的就是为了让托布鲁克守军误以为这是 1941 年那场进攻的重演，敌人将会好整以暇地对这座城市发起围攻，而他们或许还有时间准备防御。

只是，这一次将和上一次不同。在6月19日，隆美尔突然命令自己的几个装甲师以闪电般的速度掉头，重新扑向托布鲁克。这个机动是在下午晚些时候开始的，到次日清晨就已基本完成。因此托布鲁克的守军一觉醒来就又吃了一惊：非洲军不知从什么地方冒了出来，直奔城防阵地的东南面。他们在惊恐中意识到，自己正面临敌军的突击。

因此，只有一方做好了战斗准备的"第二次托布鲁克战役"是一场令人觉得索然无味的战斗。虽然包括德方资料在内的一些分析文章将这次战斗称作向心攻击，但其实根本不是那么一回事。托布鲁克周围确实形成了一个包围圈：意大利第21军在西面，第20军在南面，非洲军在东南面和东面，作为预备队的第90轻装师在南面。但实际上，这些部队中并没有多少人真正参加了战斗。在俯冲轰炸机的狂轰滥炸之后，意军和德军的炮兵很快也一起开始轰击，非洲军（第15装甲师在左，第21装甲师在右，主要由第90轻装师的步兵部队组成的门尼战斗群部署在这两者之间）对东南面一个狭小的地段发起了突击。这是第11印度旅负责的地段，隆美尔组织了强大的主要突击：一个德国装甲军把全部力量都用来对付该旅的一个营，即第5马拉塔轻步兵团第2营。该营几乎立刻被"碾碎"，但谁又能指责他们呢？

请看下面的时间线。第一批"斯图卡"俯冲轰炸机在清晨5：20到达目标上空。到了7：00，门尼战斗群已经俘虏了第5马拉塔轻步兵团第2营的一个整连。到了7：45，在突击地段已经出现了一个很宽的突破口。而9：30，非洲军的坦克已经进入英军防线内侧并呈扇形展开。虽然在各地发生了一些战斗，个别炮兵连或坦克部队进行了顽强抵抗，但他们只能稍稍减缓德军的推进速度而已。从战役角度来讲，德军已经进入清剿残敌的阶段，第21装甲师直奔托布鲁克，而第15装甲师沿着皮拉斯特里诺岭（Pilastrino ridge），在托布鲁克南面展开平行攻势。在整场战役中，德军的指挥官们始终引人注目。隆美尔一如既往地身先士卒，亲自指挥整个突击行动，不过非洲军的军长内林将军和第21装甲师的师长俾斯麦将军也陪着他一起行动。

到了中午时分，第21装甲师已经站在了位于这个小城中心的巴尔博公路上。几个小时以后，第15装甲师与其会师。托布鲁克的城防已经被粉碎，在胜利的德军面前，只剩下因为被滚滚向西的进攻铁流切断而与部队失去联系的零散敌军士兵和车辆。当天晚上，在回答第8集团军对战事进展的询问时，第2南非师不

知所措的年轻师长克洛珀将军（General H. B. Klopper）用电波发出了可能是 20
世纪最保守的陈述："局势不在掌握之中。"[90]

确实，克洛珀一点都掌握不了局势，他在第二天上午正式签署了投降书。整
场战斗像是技艺纯熟的匠人之作，结果完全不出所料，正如战争必定带来不可
预测的风险一样理所当然。德国人又抓获了一大批俘虏（包括五名将军在内的
33000 人），而他们自身的伤亡则微不足道。截至此时，英军在贾扎拉－托布鲁
克会战中的损失已逼近 10 万人大关，其中约有 6 万人被俘。轴心国方面的损失
只有英军损失数的三分之一左右，而且其中大部分是意大利人。胜利者还占领了
一系列补给仓库，其中几乎装满了食品、被服和弹药，更重要的是，还有大约
1400 吨燃油。英国的汽油将成为非洲装甲集团军在下一次大会战中的推进剂：他
们将在这一战中越过边境的铁丝网进入埃及。

国防军：1942年夏季的现状与过去

以下关于英军在贾扎拉的一次反击的描述来自第 9 印度旅的指挥官雷德利将
军（General C. W. Ridley）：

在路上，准将说明了他先前参加会议时了解到的情况。在从岸边的贾扎拉一
直延伸到比尔哈基姆的地雷沼泽中部，有一个凸向西方的大"肚子"。他说："德
国人已经在雷场中扫出了一条进入这个'肚子'的通道，正在通过这个缺口把他
们的补给车辆送到他们绕过我军南方侧翼完成大穿插的装甲部队那里。我们要封
闭这个缺口，阻止这一切……"

随后他口头下达了命令。首先第 7 装甲师将以一次"漂游"攻击进入"肚子"，
沿逆时针方向在其中兜一圈。在这个过程中，德国人将不得不派出他们留在那里
的所有装甲部队来攻击我军。因为在这个地方我军的坦克比他们多，所以我军应
该会击败他们。这一部分作战行动将由梅瑟维将军指挥。然后第 9 步兵旅（我们旅）
将沿顺时针方向运动，在"肚子"里建立三个营级箱型据点。这一部分作战行动
将由布里格斯将军指挥。弗莱彻准将（Brigadier Fletcher）请求装甲部队沿顺时针
方向，而不是逆时针方向运动。否则他的几个营在进入"肚子"时将正好遇到装
甲部队从里面出来，这会对士气造成不利影响。[91]

这段文字就像一幅讽刺漫画，淋漓尽致地展现了英国军队在非洲时的所有缺陷。其中有令出多门的问题，指挥官各为其政，还要在战斗中进行交接。有过于复杂的机动方案，要求部队按不同方向兜圈。有不同兵种的派系之见，步兵和装甲兵互相提防。实际上，在听完作战指示后回去的路上，弗莱彻对雷德利说了实话：“要是我们在参谋学院里做出了这样的计划，肯定会被开除的！”[92]

当英国人还在思索顺时针兜圈和逆时针兜圈的优点时，德国人却在有条不紊地准备从陆地和空中对托布鲁克发起无情的突击。坦克是这场大戏中的明星，不过就和那个幸福的春天中的另几场大胜一样，德国空军也集中了具备压倒性优势的力量来对付一个小目标。仅在 6 月 20 日这一天，德军飞机就针对托布鲁克出动了近 600 个架次，此外意大利皇家空军也出动了 177 个架次。德军总共只有 145 架能够出动的飞机，因此每架飞机都在这一天里执行了 3 到 4 次任务。第 10 航空军使用从希腊和克里特岛调动到北非战场的飞机，在 6 月的总出击架次不少于 7035。[93]

除了纯粹的物资优势，还有隆美尔在战役初期华丽的机动，即便是出自这样一个装腔作势成瘾的人之手，这个机动还是令人叫绝。一开始向埃及边境的疾冲让全世界都以为他打算完全忽略托布鲁克，随后的那个急停使非洲军看起来就像一头正在思考下一个猎物的食肉巨兽，接下来就是 180 度的大转弯，以最快速度冲向托布鲁克，然后马不停蹄地发起突击：这是历史上策划得最周密、最精妙的运动战（Bewegungskrieg）战例之一。

请看摘自《军事周刊》的这一段德方描述：

如果说上一年的战争让英国人多少明白了在自己的情感中需要加入疑惑和惊愕，那么过去这一个星期的战事应该能让他们对此有更深的领悟。那是一个非凡的夜晚，隆美尔突然命令他手下正在全速向东挺进的装甲师和摩托化师掉头折返。在星期天的清晨，当德国的“装甲箭头”楔入托布鲁克的防御圈时，蹲在战壕里和位于进攻路线上的英国佬除了摇头发出惊叹之外什么都做不了，仿佛他们已经承认自己输掉了这场比赛。[94]

确实，每一种比赛都有其规则，而在北非的比赛规则是，如果一支军队刚刚实施了像隆美尔的军队那样的凶猛攻击，应该需要一些时间重整旗鼓才能再次发起突击。

实际上德军在这一时期的所有会战本质上都是相似的，托布鲁克只不过是最新的例子。在刻赤、哈尔科夫、贾扎拉、托布鲁克和塞瓦斯托波尔，国防军赢得了其有史以来最具决定性的五场胜利。这是一串令人惊叹的连胜，代表着德式兵法自 15 世纪开始发展以来的一个高峰。[95] 在这一连串的胜利中，国防军俘虏了近 60 万敌人，自身的损失却很小——如果排除塞瓦斯托波尔之战，几乎可以忽略不计。而且，国防军在每一场战役中都处于数量劣势。如果说最高的军事成就是能够"以少胜多"，那么截至 1942 年，国防军似乎已经能傲视群雄。

国防军之所以能取得这一令人羡慕的胜利纪录，靠的是在作战中发扬了历史悠久的普鲁士—德意志传统。所有的作战行动都经过精心准备，具有高度的攻击精神，而且其核心是战役层面的机动，目的就是使可用兵力中的相当一部分到达对手的侧翼和后方。在达到这一目的之后，作战意图就始终如出一辙：包围敌军主力的大部或全部，对其发起经典形式的向心攻击，然后歼灭他们。在刻赤，德军精心挑选了苏军防线的左翼实施突破；在哈尔科夫的机动瞄准了苏军阵型左翼的深远后方，然后无情地楔入；在贾扎拉，隆美尔绕到英军后方发动第一轮打击之后，敌人就再也没能恢复过来；非洲军向托布鲁克东方实施了深远进军，然后突然转向；曼斯坦因在夜间横渡谢韦尔纳亚湾，绕过了当时塞瓦斯托波尔城下仍未被突破的苏军防线。总之在这一时期，德军一次又一次以出人意料的战役层面机动打击敌人，虽然以寡敌众，但却是屡战屡胜。

这些战术并不新鲜。虽然坦克和飞机给它披上了一层比较时髦的光泽，但其本质却是历史传统，这是自腓特烈大帝以来就深深刻进德国军官团思维中的作战思路。正如一位德国军官在 1942 年 7 月所写："当我们思考构成德国军事理念的决定性力量之源时，传统应该是名列前茅的。我们今天的军事组织并不是一蹴而就的。它是历经几个世纪的艰辛过程，有机地形成的。"这是诞生于古老而传统的历史母体的德国军官团的真实心声："传统与几个世纪以来发生在各地战场上的干戈往事所留下的记忆息息相关。洛伊滕与库涅斯道夫（Kunersdorf）、耶拿与奥尔施泰特，莱比锡与滑铁卢，柯尼希格雷茨与色当，坦嫩贝格与戈尔利采 - 塔尔努夫（Gorlice-Tarnów），历次辉煌胜利和让德国士兵血流成河的战役纷纷浮现在我们眼前。"[96] 换言之，刻赤与哈尔科夫、贾扎拉与托布鲁克的大胜并不是凭空产生的。它们其实是传统的一部分，一半归功于腓特烈大帝和毛奇的遗产，另一半归功于曼斯坦因、克莱斯特或隆美尔这样的天才。

尽管这些胜利都具有决定性的意义，但它们只不过是即将发生的主要战事的前奏。随着 1942 年的春天让位于酷暑，国防军将再次发起大规模攻势。蓝色行动将使这支军队到达许多德国军人以前做梦都没有想过的地方：伏尔加河畔的工业城市斯大林格勒，高加索山地中的迈科普（Maikop）油田，库班、塔曼和卡尔梅克（Kalmuk）等令人生畏的偏远地区。以及，国防军的官兵们首次涉足的、真正的未知领域：在一场机动战役中大败亏输。

注释

1. 可参见科雷利·巴尼特（Correlli Barnett）著，《沙漠将军》（The Desert Generals，布卢明顿：Indiana University Press，1982年）："1940—1943年的沙漠战争在历史上是独一无二的，它就像一场在空旷的竞技场中进行的马球比赛。除了一处例外，虽然那里没有任何道路，但是几乎整个战场都便于通行，至少对坦克来说，在那里几乎可以像舰队一样自由地机动……因此，沙漠战争是最纯粹的战争形式"（第23页）。

2. 见埃尔温·隆美尔著，《无恨之战》（Krieg ohne Hass，海登海姆：Heidenheimer Zeitung，1950年），以及约翰·比尔曼（John Bierman）和科林·史密斯（Colin Smith）著，《阿拉曼：没有仇恨的战争》（Alamein: War without Hate，伦敦：Viking，2002年）。

3. 见巴尼特所著的《沙漠将军》："但是，在这片尘土飞扬的竞技场上也没有任何粮食，水源也极少。一切都必须从外界运入。后勤补给是限制机动的主要因素"（第23页）。另见弗雷德·马奇德拉尼（Fred Majdalany）所著的《阿拉曼战役：沙漠中的堡垒》（The Battle of El Alamein: Fortress in the Sand，费城：Lippincott，1965年）："西部沙漠是一片荒无人烟的酷热空地，而非存在于浪漫想象中的金色沙丘"（第6页）。

4. 梅森曾在两部电影中饰演隆美尔，分别是1951年由亨利·哈撒韦（Henry Hathaway）执导的《沙漠之狐》（The Desert Fox）和1953年由罗伯特·怀斯（Robert Wise）执导的《沙漠之鼠》（The Desert Rats）。

5. 近年来最好的，综合了大量最新研究成果的隆美尔传记是拉尔夫·格奥尔格·罗伊特（Ralf Georg Reuth）的《隆美尔：一个传奇的终结》（Rommel: Das Ende einer Legende，慕尼黑：Piper，2004年），它最近被译成了英文《隆美尔：一个传奇的终结》（Rommel: The End of a Legend，伦敦：Haus，2005年）。同样优秀的作品是一本分析精当、文笔优美的比较传记，即丹尼斯·肖沃尔特所著的《巴顿与隆美尔：二十世纪的沙场英杰》（Patton and Rommel: Men of the War in the Twentieth Century，纽约：Berkley Caliber，2005年）。读者如果想了解隆美尔的简短履历，请参见罗伯特·奇蒂诺的《装甲部队：历史与原始资料》，第266—269页。

6. 罗伊特著，《隆美尔：一个传奇的终结》，第123—124页。

7. 要了解隆美尔的施瓦本血统的重要意义，见肖沃尔特所著的《巴顿与隆美尔：二十世纪的沙场英杰》，第25—28页。

8. 要了解德弗林格，见恩斯特·菲舍尔（Ernst Fischer）的《格奥尔格·德弗林格：人生片段》（Georg Derfflinger: Bruchstücke seines Lebensbildes），它刊登在《1894年军事周刊副刊》（Beihefte zum Militär-Wochenblatt, 1894，柏林：E. S. Mittler，1894年）的第397—451页。鲁道夫·蒂尔（Rudolf Thiel）撰写的令人着迷的个性剖析，见《普鲁士军人》（Preussische Soldaten，柏林：Paul Neff，1940年）的第15—37页。要了解对其军旅生涯的分析，见罗伯特·奇蒂诺所著的《德式兵法：从三十年战争到第三帝国》，第30—33页。

9. 见鲁道夫·达姆斯（Rudolf Dahms）的《布吕歇尔：前进将军》（Blücher, der Marschall Vorwärts，柏林：R. Hobbing，1935年），以及罗杰·帕金森（Roger Parkinson）的《轻骑将军：滑铁卢的胜利者布吕歇尔的人生》（The Hussar General: The Life of Blücher, Man of Waterloo，伦敦：P. Davies，1975年）。要了解德国专业军事界的观点，见埃伯哈德·克塞尔的《纪念12月16日布吕歇尔200周年诞辰》，它刊登在《军事科学评论》第7辑，第4期（1942年）的第303—313页。

10. 彼得·迪穆兰将军（General Peter Du Moulin）在霍恩弗里德贝格（Hohenfriedeberg）指挥了腓特烈大帝的前卫部队。见罗伯特·奇蒂诺所著的《德式兵法》第54页、57页、58页、61—62页。里夏德·迪穆兰（Richard Du Moulin）在间战时期担任了德国驻波兰使馆的武官。见罗伯特·奇蒂诺所著的《闪电战策略的演变：德国针对波兰的自卫措施》(The Evolution of Blitzkrieg Tactics: Germany Defends Itself against Poland，康涅狄格州韦斯特波特：Greenwood，1987年)，第135—137页和第152页。

11. 戈特哈德·海因里西将军 (General Gotthard Heinrici) 在法兰西会战和巴巴罗萨行动的早期阶段担任第43军的军长。他在1941—1942年可怕的冬季会战中任第4集团军司令，在1944年任第1装甲集团军司令。见约翰内斯·许尔特 (Johannes Hürter) 著，《一个德国将军在东线：戈特哈德·海因里西将军的书信和日记，1941—1942年》(Ein deutscher General an der Ostfront: Die Briefe und Tagebücher des Gotthard Heinricis, 1941–42，爱尔福特：Alan Sutton，2001年)。

12. 赫尔曼·冯·弗朗索瓦将军 (General Hermann von François) 在坦嫩贝格战役中任第1军军长，在1914年秋季会战中任第8集团军司令。请参见他的回忆录：《马恩河之战与坦嫩贝格：对战争前六周德军作战过程的反思》(Marneschlacht und Tannenberg: Betrachtungen zur deutscher Kriegsführung der ersten sechs Kriegswochen，柏林：Scherl，1920年)。

13. 要了解占领马塔尤尔山 (Mount Matajur) 的战斗，见埃尔温·隆美尔著，《步兵攻击》(Infantry Attacks，伦敦：Greenhill Books，1990年)，第218—227页。要了解隆美尔在符腾堡山地兵营 (Württemberg Gebirgs-Battaillon) 的战斗事迹的生动描写，见肖沃尔特著，《巴顿与隆美尔》，第62—79页。

14. 要了解阿韦讷的战斗，见卡尔-海因茨·弗里泽尔著，《闪电战传说：1940年西线会战》(The Blitzkrieg Legend: The 1940 Campaign in the West，安纳波利斯：Naval Institute Press，2005年)，第265—273页。引文来自第268页。

15. 一个德军士兵的评论。出处同前，第268—269页。

16. 弗里泽尔自己的评论。出处同前，第273页。

17. 在几年前，关于沙漠战争的史料似乎已被挖掘干净。关于这场战争的著作已经数以百计，但它们都渐显陈旧，而能够代替它们的新作品似乎寥寥无几。不过这种情况或许已经成为往事，因为近年来涌现了一批关于北非战场的新作。这些著作大部分是英文的，或者是从英方视角阐述事件的。例如，读者可以参见自2002年以来新一波关于阿拉曼战役的文献：乔恩·拉蒂默 (Jon Latimer) 著，《阿拉曼》(Alamein，马萨诸塞州坎布里奇：Harvard University Press，2002年)；约翰·比尔曼 (John Bierman) 和科林·史密斯 (Colin Smith) 著，《阿拉曼：没有仇恨的战争》(Alamein: War without Hate，伦敦：Viking，2002年)；斯蒂芬·邦盖 (Stephen Bungay) 著，《阿拉曼》(Alamein，伦敦：Aurum，2002年)。这些书本质上都是很相似的作品。它们的作者全都声称自己关注的是阿拉曼战役本身，实际上却都涵盖了从英国与意大利的多场交战到隆美尔最终撤至突尼斯的北非战争全过程。这些作品在对史料的分析方面都没有特别多的新意，不过它们确实善加利用了老兵的访谈。拉蒂默的作品是学术价值最高的，邦盖的《阿拉曼》和约翰·比尔曼与科林·史密斯的作品则是可靠的通俗历史，其中包含了大量或许和战役并无多少关联的细节，例如电影《英国病人》(English Patient) 的真实原型的身份，以及对沙漠战争中最流行的歌曲《莉莉·玛莲》的解构 (比尔曼和史密斯著，《阿拉曼》，第84—86页)。这三本书都非常生动地描写了在名为"鹬鸟"的阵地上发生的关键战斗，此战中英军来复枪旅第2营的区区300名步兵决定性地挫败了隆美尔在10月26日最大规模的装甲反击。如果读者想了解阿拉曼战役之后一段时间的历史，可以参见里克·阿特金森 (Rick Atkinson) 获得普利策奖的作品《破晓的军队：从挺进突尼斯到解放北非》(An Army at Dawn: The War in North Africa，纽约：Holt，2002年)，这是阿特金森的"解放三部曲"的第1卷。此外，还有英国人的同类作品，詹姆斯·霍兰德 (James Holland) 著，《我们并肩作战：美国、英国和同盟的建立》(Together We Stand: America, Britain, and the Forging of an Alliance，纽约：Hyperion，2005年)。罗宾·尼尔兰兹 (Robin Neillands) 著，《第8集团军：从北非到阿尔卑斯山将轴心国逼入绝境的沙漠胜利之师，1939—1945》(Eighth Army: The Triumphant Desert Army that Held the Axis at Bay from

North Africa to the Alps, 1939‒1945，纽约州伍德斯托克：Overlook，2004 年）是一部不同寻常的史书，它记述了一个集团军的历次战役，并同样广泛引用了老兵访谈。

除了这些以通俗为主的作品之外，还有复杂的作战行动史著作：尼尔·巴尔（Niall Barr）著，《战争的钟摆：三次阿拉曼战役》（The Pendulum of War: The Three Battles of El Alamein，纽约：Overlook Press，2005 年）很可能在今后一段时间内都是关于英军在北非沙漠中的作战行动的权威著作。同样对未来的研究特别有用的是温特（H. W. Wynter）著，《沙漠战争中的特种部队》（Special Forces in the Desert War，伦敦：Public Record Office，2001 年）。该书首次在出版物中公开了英国战时内阁历史处的温特准将（Brigadier Wynter）撰写的两份历史报告：《远程沙漠突击队的历史（1940 年 6 月至 1943 年 3 月）》[The History of the Long Range Desert Group (June 1940 to March 1943)] 和《中东和北非的特别勤务部队（1941 年 1 月至 1943 年 4 月）》[Special Service Troops in the Middle East and North Africa (January 1941 to April 1943)]。

年代较早的文献中也有不少值得查阅的精品。要了解关于整场战争从作战行动到装备的精彩概述，见乔治·福尔蒂（George Forty）著，《隆美尔的军团》（The Armies of Rommel，伦敦：Arms and Armour Press，1997 年）。另见杰克逊（W. G. F. Jackson）著，《北非之战，1940—1943》（The Battle for North Africa, 1940‒43，纽约：Mason, Charter，1975 年）；罗杰·帕金森，《沙漠中的战争》（The War in the Desert，伦敦：Hart-Davis, MacGibbon，1976 年）；罗纳德·卢因著，《非洲军的生与死》（The Life and Death of the Afrika Korps，伦敦：Batsford，1977 年）；还有亚历山大·麦基（Alexander McKee）著，《阿拉曼：超级机密与三次战役》（El Alamein: Ultra and the Three Battles，肯塔基州查塔姆：Souvenir，1991 年）。在这一史学领域，军人传记占有重要地位，考虑到这一战区指挥官们的突出个性及影响，这也并不令人奇怪。读者可参见巴尼特著，《沙漠将军》；奈杰尔·汉密尔顿（Nigel Hamilton）著，三卷本《蒙哥马利传》（Monty，伦敦：Hamish Hamilton，1981‒1986 年）；约翰·基根编，《丘吉尔的将军们》（Churchill's Generals，纽约：Grove Weidenfeld，1991 年）；罗纳德·卢因著，《作为军队指挥官的蒙哥马利》（Montgomery as Military Commander，伦敦：Batsford，1971 年）和《作为军队指挥官的隆美尔》（Rommel as Military Commander，伦敦：Batsford，1968 年）；还有肯尼思·麦克西（Kenneth Macksey）著，《隆美尔征战录》（Rommel: Battles and Campaigns，伦敦：Arms and Armour Press，1979 年）。这些著作中的精品就相关主题提出了充分质疑，因此很值得一读。不过它们往往对传主美化过度，而且它们的体裁也妨碍了它们研讨个人气质之外的问题。其他值得查阅的作品包括为数众多的回忆录，作者中既有名人也有小人物。请参见克里姆普（R. L. Crimp）著，《一个沙漠鼠的日记》（The Diary of a Desert Rat，伦敦：Leo Cooper，1971 年）；罗伯特·克里斯普著，《黄铜战车》（Brazen Chariots，纽约：Ballantine，1961 年）可能是关于这场战争的最佳回忆录；伯纳德·劳·蒙哥马利（Bernard Law Montgomery）著，《从阿拉曼到桑格罗河；从诺曼底到波罗的海》（El Alamein to the River Sangro; Normandy to the Baltic，伦敦：Barrie and Jenkins，1973 年），以及伯纳德·劳·蒙哥马利著，《蒙哥马利元帅回忆录》（Memoirs of Field-Marshal the Viscount Montgomery of Alamein，克利夫兰：World，1968 年）。

在二手文献中，迈克尔·卡弗元帅（Field Marshal Michael Carver，他在北非战争中任第 7 装甲师参谋长）的一系列作品不可不读：《托布鲁克》（Tobruk，伦敦：Batsford，1964 年）、《阿拉曼》（El Alamein，伦敦：Batsford，1962 年）和《沙漠战争中的两难：对 1940—1942 年利比亚战事的新观察》（Dilemmas of the Desert War: A New Look at the Libyan Campaign, 1940‒1942，伦敦：Batsford，1986 年）。

在数以百计的画册中，有两部精品：巴伯（A. J. Barber）所著的《非洲军》（Afrika Korps，伦敦：Bison，1977 年）和乔治·福尔蒂所著的《北非战争中的沙漠之鼠》（Desert Rats at War: North Africa，伦敦：Ian Allan，1975 年）。最后是三本特别值得一提的书，沃尔夫·黑克曼（Wolf Heckmann）所著的《隆美尔在非洲的战争》（Rommel's War in Africa，纽约州加登城：Doubleday，1981 年），从德方视角介绍了沙漠战争。汉斯‒奥托·贝伦特（Hans-Otto

Behrendt）所著的《隆美尔在沙漠战争中的情报工作，1941—1943》（Rommel's Intelligence in the Desert Campaign, 1941‑43, 伦敦：William Kimber，1985 年），是唯一专门探讨这一关键问题的著作。而艾伦·莱文（Alan J. Levine）所著的《针对隆美尔的补给线的战争，1942—1943》（Alan J. Levine, The War against Rommel's Supply Lines, 1942‑1943, 康涅狄格州韦斯特波特：Praeger，1999 年），则同样是该问题唯一的专题著作。

在德方视角的文献中，直接史料仍然是最重要的那一本：隆美尔所著的《无恨之战》。利德尔·哈特（B. H. Liddell Hart）编纂的《隆美尔战时文件》（The Rommel Papers, 纽约：Harcourt, Brace, 1953 年）是该书的英文版本，但编者将隆美尔写给妻子露西的信件穿插于全书各处，有时效果并不好。隆美尔的参谋和下级指挥官几乎人人都著书立传，产出了一大批关于北非战事的重要作品，这也从侧面反映了他们的才干。读者可以参见阿尔弗雷德·高泽（Alfred Gause，他是隆美尔的参谋长）的《1941 年的北非会战》（Der Feldzug in Nordafrika im Jahre 1941），它刊登在《军事科学评论》第 12 辑，第 10 期（1962 年 10 月）的第 592—618 页；《1942 年的北非会战》（Der Feldzug in Nordafrika im Jahre 1942），它刊登在《军事科学评论》第 12 辑，第 11 期（1962 年 11 月）的第 652—680 页；《1943 年的北非会战》（Der Feldzug in Nordafrika im Jahre 1943），它刊登在《军事科学评论》第 12 辑，第 12 期（1962 年 12 月）的第 720—728 页。隆美尔的作战参谋西格弗里德·韦斯特法尔（Siegfried Westphal）写了《被禁锢的军队》（Heer in Fesseln，波恩：Athenaum-Verlag，1950 年）和《回忆录》（Erinnerungen，柏林：Von Hase & Koehler，1975 年），其中前者有英文译本《西线的德国军队》（The German Army in the West，伦敦：Cassell，1951 年）。隆美尔的情报主任冯·梅林津写了《坦克战：第二次世界大战装甲兵运用研究》（Panzer Battles: A Study of the Employment of Armor in the Second World War，纽约：Ballantine，1956 年）。隆美尔的副官海因茨·维尔纳·施密特（Heinz Werner Schmidt）著有《随隆美尔征战大漠》（With Rommel in the Desert，纽约：Bantam，1977 年）。非洲军的军长瓦尔特·内林（Walther Nehring）写了《德国装甲兵的历史，1916 至 1945》（Die Geschichte der deutschen Panzerwaffe, 1916 bis 1945，柏林：Propyläen Verlag，1969 年）。内林的参谋长弗里茨·拜尔莱因（Fritz Bayerlein）不仅在隆美尔元帅死后帮助编纂了他的《无恨之战》，还亲笔撰写了其中的大量篇幅，包括关于十字军行动和隆美尔的第二次攻势的整个章节，即第 2 部分"坦克对决"（Duell der Panzer）的第 63—107 页（在《隆美尔战时文件》中是第 8 章，"1941—1942 年的冬季战役"的第 154—188 页）。另见布鲁斯·古德蒙松（Bruce Gudmundsson）著，《非洲军内幕》（Inside the Afrika Korps, 伦敦：Greenhill Books，1999 年），其中包含了经过编辑的《北非战争史》（History of the Campaign in North Africa）的部分章节，是"在瓦尔特·内林将军指导下为美国陆军外国军事研究项目编写的一部多卷本报告集"（第 12 页）。如果读者想看这批资料的精选集，请参见德国官修正史中的两卷：《德国与第二次世界大战》第 3 卷《地中海与东南欧：从意大利的"非参战"到美国加入战争》，尤其是伯恩德·施特格曼（Bernd Stegemann）执笔的第 5 部分，"意大利 - 德国在地中海和非洲的战争行动"（Die italienische-deutsche Kriegführung im Mittelmeer und in Afrika），第 589—682 页；以及第 6 卷《全球战争：战争的扩大和主动权的易手，1941—1943》，尤其是赖因哈德·施通普夫（Reinhard Stumpf）执笔的第 5 部分，"地中海的战争，1942—1943：北非和地中海的作战行动"（Der Krieg im Mittelmeerraum, 1942‑43: Die Operationen in Nordafrika und im mittleren Mittelmeer），第 567—757 页。另外，虽然自 2000 年来德方关于北非战争的著作产出量不如英方，但有两本重要的军人传记新作值得一读，分别是肖沃尔特所著的《巴顿与隆美尔》和罗伊特所著的《隆美尔：一个传奇的终结》。

18. 德军总参谋长弗朗茨·哈尔德将军给隆美尔的命令是这样说的："主要任务是防止格拉齐亚尼未经战斗就撤向的黎波里（Hauptaufgabe ist, Graziani dazu zu Bringen, dass er nicht kampflos auf Tripolis ausweicht）。"见弗朗茨·哈尔德所著的《战争日记》第 2 卷《从策划登陆英国到东线作战开始》（Von der geplanten Landung in England bis zum Beginn des Ostfeldzuges，斯图加特：W. Kohlhammer Verlag，1964 年）的第 272 页，1941 年 2 月 7 日的记录。另见克里斯蒂安·哈

特曼所著的《哈尔德：希特勒的总参谋长，1938—1942》，第 259—260 页。

19. 要了解近年来关于赫赫罗战争（实际是德国人镇压赫雷罗人和纳马人的起义）的研究，见伊莎贝尔·赫尔（Isabel V. Hull）著，《绝对毁灭：德意志帝国时代的军事文化和战争实践》（Absolute Destruction: Military Culture and the Practices of War in Imperial Germany，纽约州伊萨卡：Cornell University Press，2005 年），第 5—90 页。赫尔将这场战争放在她所谓的"体制极端主义"（第 1 页）背景下审视，指出德国的策划者和现场指挥官毫无必要，而且几乎不假思索地将传统的"向心作战"和"奸灭战"模式运用于这场明显不适合这类战法的冲突，导致了赫雷罗人事实上的灭绝。这一现象与其说肇因于当地指挥官洛塔尔·冯·特罗塔将军（General Lothar von Trotha）的事先策划或种族主义，不如说是肇因于德国的"军事体制文化"（第 5 页）。

20. 要了解莱托－福贝克，请参见第一手史料，保罗·冯·莱托－福贝克所著的《我的东非回忆录》（Meine erinnerungen aus Ostafrika，莱比锡：K. F. Koehler，1920 年）。如果想阅读通俗的英文著作，请参见埃德温·霍伊特（Edwin Hoyt）所著的《游击战：冯·莱托－福贝克上校与德国的东非帝国》（Guerrilla: Colonel von Lettow-Vorbeck and Germany's East African Empire，纽约：Macmillan，1981 年）。

21. 西格弗里德·韦斯特法尔的《北非战争札记，1941—1943》（Notes on the Campaign in North Africa, 1941‑1943），它刊登在《皇家联合军种学会志》（Journal of the Royal United Service Institution）第 105 辑，第 617 期（1960 年）的第 70—81 页。韦斯特法尔 1938 年在柏林的总参谋部作战处工作，曾亲自回绝了另一个部门获取北非地图的申请。"我们所有人做梦也没想到有可能在沙漠里进行战争。"他后来苦笑着说（第 1 页）。

22. 德国官方正史，施特格曼的《意大利—德国在地中海和非洲的战争行动》，第 617 页。

23. 高泽的《1941 年的北非会战》的第 598 页。

24. 关于隆美尔从欧盖莱发起的开局攻势，权威的记述是梅林津所著的《坦克战》。要查阅近年的著作，请参见福尔蒂所著的《隆美尔的军团》的第 115—119 页，以及布鲁斯·阿伦·沃森（Bruce Allen Watson）所著的《沙漠战斗：对比视角》（Desert Battle: Comparative Perspectives，康涅狄格州韦斯特波特：Praeger，1995 年），第 1—13 页。

25. 隆美尔著，《无恨之战》，第 33—34 页；隆美尔著，《隆美尔战时文件》，第 117—118 页。

26. 要查看对托布鲁克城下战斗的分析，见罗伯特·奇蒂诺著，《从闪电战到沙漠风暴：作战演变》第 52—53 页。

27. 哈尔德的原话是"这个发了疯的军人（diesen verrückt gewordenen Soldaten）"。哈尔德著，《战争日记》第 2 卷，第 377—378 页中 1941 年 4 月 23 日的记录。

28. 出处同前。

29. 这是一个令人难忘的场景，丹尼斯·肖沃特著，《腓特烈大帝的战争》，第 203 页对此有精彩的描写。

30. 见戈登·克雷格著，《柯尼希格雷茨之战：1866 年普鲁士对奥地利的胜利》，第 164 页。普军的后勤补给网在柯尼希格雷茨会战期间几近崩溃。例如，给整个第 1 集团军供应的面包是在遥远的柏林烘焙的，而普鲁士有关部门总是倾向于优先运输武器弹药等物资。见德国陆军总参谋部著，《战争史与战术研究》（Studien zur Kriegsgeschichte und Taktik），第 6 卷，《陆军伙食》（Heeresverpflegung，柏林：E. S. Mittler，1913 年），第 105 页。

31. 后勤（Logistik）一词在 1945 年之后才从西方被引入德国军事界。这一犀利的批评来自肖沃尔特所著的《巴顿与隆美尔》的第 234 页。

32. 例如，可参见赫尔穆特·冯·毛奇 1870 年的对法战争计划，其中提到"多路部队开进法国腹地，向着巴黎的大方向前进，以求与敌军主力交战"。见恩斯特·卡比施（Ernst Kabisch）的《无系统的战略》（ Systemlose Strategie ），它刊登在《军事周刊》第 125 辑，第 26 期（ 1940 年 12 月 27 日）的第 1235 页。

33. 关于十字军行动的最佳论述一全篇条理清晰、令人信服，对于一场如此混乱的作战而言，绝非易事——依旧是巴尼特著，《沙漠将军》中以艾伦·坎宁安将军的经历为主线来叙述的第 83—120 页。而最能体现此战的混乱性质的文字是克里斯普所著的《黄铜战车》，尤其是第 147—148 页的误击友军事件和第 141—142 页关于"示威"和"威力侦察"的区别的令人捧腹的议论。要了解德方观点，请参见赫尔曼·比施莱布（ Hermann Büschleb）著，《沙漠战争中的将领和坦克：1941 年秋季发生在托布鲁克外围的"十字军"战役》（ Feldherren und Panzer im Wüstenkrieg: Die Herbstschlacht "Crusader" im Vorfeld von Tobruk, 1941, 内卡格明德：Kurt Vowinckel, 1966 年），这是"战斗中的国防军"丛书的第 40 卷。

34. 巴尼特著，《沙漠将军》，第 88—89 页。

35. 见克里斯普著，《黄铜战车》，第 41—42 页。按照他的说法，整个场面就是"一团乱麻"（第 49 页）。

36. 巴尼特著，《沙漠将军》，第 101—102 页。

37. 要了解悼亡星期日之战的详情，见隆美尔所著的《无恨之战》中的"悼亡星期日的坦克战"（ Die Panzerschlacht am Totensonntag），第 74—77 页。请注意，书中这一段的作者并不是隆美尔，而是非洲军参谋长弗里茨·拜尔莱因。还可参见隆美尔所著的《隆美尔战时文件》的第 160—162 页中的相应段落。

38. 要查看关于他的优秀小传，请参见菲利普·沃纳（ Philip Warner ）的《奥金莱克》（ Auchinleck ），收录于约翰·基根编，《丘吉尔的将军们》，第 130—147 页。

39. 要了解这次"冲向铁丝网"行动，见隆美尔所著的《无恨之战》中的"奔袭埃及"（ Der Raid nach Agypten ），第 77—81 页。关于这一说法的出处，见注释 37。另见隆美尔所著的《隆美尔战时文件》中第 163—167 页的相应段落。德国官方正史，施特格曼的《意大利—德国在地中海和非洲的战争行动》，第 669—673 页和巴尼特的《沙漠将军》，第 113—116 页至今仍是关于此战的最佳二手文献。

40. 要了解贾拉之战，见隆美尔的《无恨之战》的第 109—174 页，以及隆美尔的《隆美尔战时文件》中的第 189—232 页的相应段落。此外，还可见梅林津所著的《坦克战》的第 107—137 页、高泽的《1942 年的北非会战》的第 659—667 页、内林的《德国装甲兵的历史》的第 190—199 页，以及韦斯特法尔所著的《回忆录》中的第 158—165 页。有关的官修正史质量均属上乘：德国方面见施通普夫的《地中海的战争，1942—1943》，尤其是"引发阿拉曼之战的战役（"忒修斯"行动）"[Der Feldzug nach El Alamein (Unternehman 'Theseus')]，第 595—647 页；有关英国方面，见普莱费尔（ I. S. O. Playfair）所著的《地中海与中东战场》（ The Mediterranean and Middle East ），第 3 卷，《英军气运到达最低谷》（ British Fortunes Reach their Lowest Ebb, 伦敦：皇家出版局，1960 年），尤其是第 197—252 页。在二手文献中，可参见小萨缪尔·米查姆（ Samuel W. Mitcham Jr. ）著，《隆美尔的最大胜利：沙漠之狐与托布鲁克的陷落，1942》（ Rommel's Greatest Victory: The Desert Fox and the Fall of Tobruk, 1942, 加利福尼亚州纳瓦托：Presidio, 1998 年），这是一部典型的将历史写得扣人心弦的作品。尼尔兹所著的《第 8 集团军》第 91—118 页，也有描述，但是其缺点是亲历者证言段落过长。此外，巴尼特所著的《沙漠将军》的第 121—176 页也挺不错，唯一的瑕疵是过多地纠结于奥金莱克（作者为其极力辩护）和里奇（作者对他多有指责）的人物形象。要了解更为严密的论述，请参见卡弗所著的《沙漠战争中的两难》，第 62—105 页。卡弗在其中直接反驳了巴尼特，认为他的观点"很幼稚"，见第 62—65 页。读者如果想看毫无必要地尝试重新发明轮子，结果自讨苦吃的例子，请不要错过约翰·基根编，《柯林斯第二次世界大战地图集》（ Collins Atlas of the Second World War, 密歇根州安阿伯：Borders Press, 2003 年），第 80b 页那幅几乎无法辨认的地图。

41. 要了解隆美尔的第二次战役，见德国官方正史，施特格曼的《意大利—德国在地中海和非洲的战争行动》，尤其是第 573—588 页。

42. 见同一资料中第 580 页对面的地图。

43. 要了解对方阵的批判性分析，见巴尔所著的《战争的钟摆》的第 64—65 页，他将方阵称作"英国人在沙漠中的战术下限"。

44. 或者有时可称为"穆苏斯博彩"。见卡弗著，《沙漠战争中的两难》，第 139 页。

45. 要了解里奇其人，见迈克尔·克拉斯特（Michael Craster）的《坎宁安、里奇与利斯》（Cunningham, Ritchie and Leese），收录于约翰·基根编，《丘吉尔的将军们》，第 200—224 页。

46. 这一点被隆美尔反复强调："所有这些部队都具有全面的作战能力和摩托化机动能力（Alle diese Verbände waren voll kampfkräftig und motorisiert）"，见《无恨之战》第 117 页；《全面摩托化的英军》（vollmotorisiert Briten），第 119 页；《全面摩托化的敌人》（vollmotorisierten Gegnern），第 127 页。例如，可参见隆美尔，《隆美尔战时文件》，第 195 页。

47. 要了解"格兰特"式坦克在战斗中的威力，请参见施密特著，《随隆美尔征战大漠》，尤其是题为"我的营被打垮了"的那一章（第 145—151 页）。要了解技术细节，见埃里克·格罗夫（Eric Grove）、克里斯托弗·钱特（Christopher Chant）、戴维·莱昂（David Lyon）和休·莱昂（Hugh Lyon）所著的《第二次世界大战的军用装备：坦克、飞机和海军舰艇》（The Military Hardware of World War II: Tanks, Aircraft, and Naval Vessels，纽约：Military Press，1984 年）的第 52—54 页。以及阿明·哈勒（Armin Halle）和卡洛·德曼德（Carlo Demand）所著的《坦克：战车插图史》（Tanks: An Illustrated History of Fighting Vehicles，纽约：Crescent，1971 年）的第 86—87 页。

48. 在代号为"李"的原型车上，它的炮塔顶端还有一个指挥塔，其中安装了一挺机枪，因此全车高约 3.12 米（10 英尺 3 英寸）。见道格拉斯·奈尔斯（Douglas Niles）的《鲁伟萨特岭：第一次阿拉曼战役》（Ruweisat Ridge: The First Battle of El Alamein），它刊登在《战略与战术》第 105 期（1985 年 1—2 月）：第 16—21 页的讨论，尤其是边栏小文《美制 M3 中型坦克》（US M3 Medium Tank），第 21 页。和《战略与战术》的其他各期一样，这一期也附带了一套由奈尔斯设计的兵棋游戏（"冲突模拟"）——《鲁维萨特岭》。

49. 隆美尔，《无恨之战》，第 117 页；隆美尔著，《隆美尔战时文件》，第 196 页。梅林津所著的《坦克战》，第 111 页说是 561 辆，而不是 560 辆（算上了隆美尔的指挥坦克？）。

50. 隆美尔著，《无恨之战》，第 117—118 页；隆美尔著，《隆美尔战时文件》，第 197 页（其中将"rollende Särge"翻成了"行走棺材"）。

51. 隆美尔著，《无恨之战》，第 117 页；隆美尔著，《隆美尔战时文件》，第 196 页。

52. 隆美尔著，《无恨之战》，第 114 页；隆美尔著，《隆美尔战时文件》，第 194 页。

53. 这才是正确的行动名称，而不是几乎所有关于此战的英文史书中所说的"威尼斯行动"。见德国官方正史，施特格曼的《意大利—德国在地中海和非洲的战争行动》，第 598 页注释 16。

54. 要了解关于洛伊滕之战的介绍，见丹尼斯·肖沃特尔的《机动与决断的杰作》（Masterpiece of Maneuver and Resolution），刊登在《军事史季刊》（Military History Quarterly）第 11 辑，第 3 期（1999 年春）的第 6—17 页；奇蒂诺著《德式兵法》，第 83—90 页。二手文献中的权威著作是丹尼斯·肖沃特尔所著的《腓特烈大帝的战争》中的第 192—206 页，克里斯托弗·达菲所著的《腓特烈大帝的军队》中的第 176—179 页，以及达菲所著的《腓特烈大帝的军事生涯》中的第 148—154 页。

55. 见隆美尔所著的《无恨之战》中的第 124 页，以及隆美尔所著的《隆美尔战时文件》中的第 201—202 页。实际的作战命令还规定使用"缴获的坦克和载重卡车"（Beutepanzern und schweren Kraftfahrzeugen）。见德国官方正史，施特格曼的《意大利—德国在地中海和非洲的战争行动》中的第 601 页。

56. 要了解此战中德军的详细命令，只需参见德国官方正史，施特格曼的《意大利—德国在地中海和非洲的战争行动》中的第 600—603 页，以及第 596 页对面至关重要的非洲装甲集团军部署图。这幅地图是贾扎拉战役研究的一个里程碑：它是第一幅真正准确体现了隆美尔在忒修斯行动中的意图的地图。

57. 转引自海因茨－卢德格尔·博格特（Heinz-Ludger Borgert）的《从施利芬到古德里安的地面作战的基本特点》（Grundzüge der Landkriegführung von Schlieffen bis Guderian），收录于《德国军事历史手册，1648—1939》（Handbuch zur deutschen Militärgeschichte, 1648－1939），第 9 卷《军事作战的基本特点》（Grundzüge der militärischen Kriegführung，慕尼黑：Bernard & Graefe Verlag，1979 年）的第 543 页。

58. 要了解对该部署的批评，见巴尼特所著的《沙漠将军》的第 140—141 页，作者认为里奇已经尽力了，"但是，法国谚语说得好，最美丽的姑娘也只能提供她自己拥有的东西"（第 140—143 页）。要了解对巴尼特的反驳，见卡弗所著的《沙漠战争中的两难》中的第 64—67 页，其中指出了显而易见的事实：里奇猜对了隆美尔的意图，而且针锋相对地部署了他的装甲力量。

59. 请参见一贯睿智的普莱费尔的《地中海与中东战场》，第 3 卷第 216 页，他指出"这些雷场其实是针对'沙漠中的侧翼应该延伸多远'这一问题的折中解决方案"。

60. 见梅林津著，《坦克战》，第 114 页。

61. 普莱费尔著，《地中海与中东战场》，第 3 卷第 217—219 页。

62. 隆美尔所著的《无恨之战》中的第 126 页，以及《隆美尔战时文件》中的第 202—203 页。

63. 这一评语是里奇在开罗担任南方司令部总司令奥金莱克的准将衔参谋长时，由他的顶头上司给出的。见巴尼特所著的《沙漠将军》，123 页。

64. 德国官方正史，施特格曼的《意大利—德国在地中海和非洲的战争行动》中的第 605 页。

65. 见《德军在第二次世界大战中的沙漠战经验》（German Experiences in Desert Warfare during World War II），第 2 卷，美国海军陆战队参考出版物（FMFRP）12-96-II（弗吉尼亚州匡蒂科：美国海军陆战队，1990 年），A-8-20。作者是德国国防军军需部部长阿尔弗雷德·托佩将军（General Alfred Toppe）。

66. 出处同前。

67. 德国官方正史，施特格曼的《意大利—德国在地中海和非洲的战争行动》，第 605—606 页。

68. 隆美尔所著的《无恨之战》中的第 125—126 页，以及隆美尔所著的《隆美尔战时文件》中的第 202 页。

69. 德国官方正史，施特格曼的《意大利—德国在地中海和非洲的战争行动》，第 606 页。

70. 梅林津著，《坦克战》，第 116 页。

71. 隆美尔所著的《无恨之战》中的第 128 页，以及隆美尔所著的《隆美尔战时文件》中的第 206 页。

72. 巴尼特著，《沙漠将军》，第 146 页，其中仅仅说明这是"某个目击者的原话"。

73. 普莱费尔著，《地中海与中东战场》，第 3 卷第 223 页。

74. 德国官方正史，施特格曼的《意大利—德国在地中海和非洲的战争行动》，第 609 页。

75. 巴尼特著，《沙漠将军》，第 164 页。

76. 德国官方正史，施特格曼的《意大利—德国在地中海和非洲的战争行动》，第 609 页。

77. 出处同前，第 608 页。

78. 隆美尔所著的《无恨之战》中的第 131—132 页，以及隆美尔所著的《隆美尔战时文件》中的第 208 页。

79. 见帕迪·格里菲斯著，《勇往直前：从滑铁卢到近未来的战术》（Forward into Battle: Fighting Tactics from Waterloo to the Near Future，加利福尼亚州纳瓦托：Presidio，1990 年），第 123—126 页的讨论。

80. 这个重要的评语来自阿尔贝特·凯塞林元帅（Field Marshal Albert Kesselring）。见肖沃尔特著，《巴顿与隆美尔》，第 268 页。

81. 高泽的《1942 年的北非会战》，第 662 页。

82. 巴尼特著，《沙漠将军》，第 150 页。

83. 普莱费尔著，《地中海与中东战场》，第 3 卷第 232 页。

84. 出处同前。

85. 梅林津著，《坦克战》，第 132—133 页。

86. 普莱费尔著，《地中海与中东战场》，第 3 卷第 232—233 页。

87. 出处同前，第 234 页。

88. 见高泽的《1942 年的北非会战》中的第 663—664 页，以及施特格曼的《意大利—德国在地中海和非洲的战争行动》中的第 619—620 页。

89. 隆美尔所著的《无恨之战》中的第 123 页，以及隆美尔所著的《隆美尔战时文件》中的第 201 页。

90. 普莱费尔著，《地中海与中东战场》，第 3 卷第 272 页。

91. 雷德利（C. W. Ridley）的《大锅之战》（The Battle of the Cauldron），它刊登在《陆军历史研究学会杂志》（Journal of the Society for Army Historical Research）第 68 辑，第 274 期（1990 年）的第 75—82 页，引文出自第 76 页。

92. 出处同前。

93. 见德国官方正史，施特格曼的《意大利—德国在地中海和非洲的战争行动》中的第 629 页。

94.《大德意志解放战争》，第 151 节 "对托布鲁克胜利的分析"（ Die Auswertung des Sieges von Tobruk），《军事周刊》第 127 辑，第 1 期（1942 年 7 月 3 日）的第 1—5 页。引文在第 1 页。

95. 有一篇很有启迪作用的德方视角对比分析，见迪特马尔将军（General Dittmar）的《托布鲁克与塞瓦斯托波尔》（Tobruk und Sewastopol），《军事周刊》第 127 辑，第 1 期（1942 年 7 月 3 日）的第 10—13 页。

96. 见奥伯迈尔上校（Colonel Obermayer）的《关于军事传统的思考：腓特烈大帝—毛奇—施利芬—塞克特》（Gedanken zur soldatischen Tradition: Friedrich der Grosse-Moltke-Schlieffen-Seeckt），《军事周刊》第 127 辑，第 3 期（1942 年 7 月 17 日）的第 63—66 页。引文来自第 63 页。

第五章
失算：1942 年夏季会战

北斯大林格勒真的有必要打吗？难道国防军在 1942 年夏天除了闯进一座垂死城市的废墟中自取灭亡就没有别的选择吗？发起蓝色行动（Unternehmen Blau）的决定招来了许多分析家的批评，而且反对者确实有很过硬的战略理由。如果说有一场战役的方法和目的出现了严重错配，那么它就是国防军在 1942 年的"第二次会战"。[1] 以伏尔加河、斯大林格勒和高加索山脉为目标的进军将成为最终超出国防军能力极限的一战。

可以毫不夸张地讲，德军在开始这次进攻时样样都缺。上一年冬天几近崩溃的大败留下的伤痕尚未痊愈，对此内行人可以从各种统计数据中窥见端倪。例如，国防军在苏联作战的头九个月就损失了 1073066 人。[2] 还有，总参谋部估计，截至 1942 年 10 月，兵员的补充缺口达到 28 万人，而且这是最保守的估计，其前提是战事顺利，且后续作战的伤亡相对较小。[3] 在苏联作战的第一年，德军就损失了 179000 匹军马，无论如何都不会在短期内得到补充[4]，而机动运输车的数量也少得可怜。OKH（德国陆军总司令部）5 月的一份报告指出，前锋部队中各机动师的卡车数量必须达到编制的 85%。[5] 陆军组织处的一份报告却警告说，比较现实的数字是 80%[6]，而身处一线的军官们认为实际情况还要糟糕得多。以在哈尔科夫发挥关键作用的埃瓦尔德·冯·克莱斯特元帅的第 1 装甲集团军为例，它在进入夏季作战时的卡车数量只达到编制的 40% 左右。[7]

实际上到了 1942 年已经存在两支德国国防军：一支以装甲师和摩托化师为

核心建立起来的精锐打击部队，和一支除了静态防御阵地防御外几乎百无一用的低级步兵军队。另一份写于 6 月、题为《1942 年战争潜力》的国防军总司令部报告甚至警告说，在即将打响的战役中，军队的机动能力将会"受到严重影响"，"去摩托化措施"在所难免——对一支将战役层面的机动视作生命的军队来说，这些文字真是够黑暗的。[8] 这是一个不祥之兆：在即将与恢复元气并快速机械化的红军展开大对决之际，国防军却在给它的众多侦察营换装自行车。历史学家经常提到德军在 1944—1945 年因为人力资源枯竭而不得不用老弱病残滥竽充数，但实际上这一过程早在 1942 年就已开始。1923 年出生的人员在 1941 年 4 月就被征发入伍，比正常情况提前了 18 个月，而在为了蓝色行动组建的新师团中，十八九岁的少年将在花名册中占据举足轻重的份额。[9]

也许德国新的短缺军事经济的最佳象征就是这个令德国人不快的事实：在为了执行蓝色方案而向南方增派的 41 个师中，竟有 21 个师不是德国的（其中有六个意大利师、十个匈牙利师和五个罗马尼亚师[10]）。这毫无疑问反映了德军在超大规模的战线上顾此失彼的窘境——此时这条战线北起摩尔曼斯克，南至塔甘罗格（Taganrog），长度已达 2700 多千米。给这场大规模作战的前景进一步蒙上阴影的是，德国人还不得不将自己的盟友分开，以免他们相互争斗。蓝色行动考虑到了罗马尼亚人与匈牙利人的世代仇怨，特地将显然在这一争斗中处于中立地位的意大利人安插在两者之间。还有一个不祥之兆是：有一位同盟指挥官，具体说来就是意大利将军乔瓦尼·梅塞（Giovanni Messe），他曾扬言与他的德国战友打交道的唯一方式就是"给他们的肚子来上一拳"。[11]

国防军的问题还不仅仅是资源短缺。和以往德国的许多大规模军事行动一样，这次行动也是以极端错误的情报为基础的，尤其是未能准确预判敌军的实力：德军估计苏军可调用的飞机是 6600 架，而实际上是 21681 架；他们估计自己要面对 6000 辆坦克，而真实数字是 24446 辆；德军对苏军火炮数量的估计（7800 门火炮）更是只有实际的四分之一（真实数字是 33111 门）。[12] 总而言之，1942 年的情报失误是德国历史上最严重的失误之一，只有同一批情报机构在巴巴罗萨行动准备阶段的失误可与之相提并论。

这些情况让人很想给整场行动贴上"毫无希望"的标签，而许多历史学家就是这样做的。但我们也不能忘记，德国军官团在历史上就不是要花很多时间计算胜率之后才敢于行动的团体。相反，它信奉行动并不亚于信奉理论。这个团体在20世纪最伟大的代表之一是个水平很高的知识分子，他曾经用一句简洁有力的话做了总结："要旨即行动。"[13] 这个团体的实战操作手册《军队领导学》（Die Truppenführung）更是煞费苦心地用斜体字强调了这个道理："战争中的首要准则始终是果敢的行动。上自最高指挥官，下至最年轻的士兵，每个人都应始终意识到，消极无为的害处比任何方法选择上的错误都要更严重。"[14] 多年来这个团体确实将沙恩霍斯特（Scharnhorst）、格奈森瑙（Gneisenau）和毛奇等深思熟虑者摆到了崇高的地位，但与此同时它也将格奥尔格·冯·德弗林格、格布哈特·莱贝雷希特·冯·布吕歇尔和德意志统一战争中的"红亲王"腓特烈·卡尔等猛将奉若神明。作为普鲁士军队最早的伟大将领之一，德弗林格曾把他的战争艺术提炼为一个简单的要求："任何人都不能冲在我前面。"[15] 他在暮年依然雄风不减，而他的事业最高峰就是于1675年穿越图林根森林（Thuringian Forest）的那次强行军。正是这个机动使他在费尔贝林战胜了瑞典军队，那一年他是个69岁的年轻人。

同样，有些曾与布吕歇尔共事的人宣称他从来都没有学会如何正确判读地图。他肯定从未掌握基本的书面德语；他的讲话似乎往往只包含骂人的字眼，在那个比较文雅的时代很少有这样的军官，而且他还会毫不羞愧地向战友描述自己的幻想。[16] 不过，他有可靠的参谋长为他处理工作中需要较多知识的方面，首先是沙恩霍斯特，随后是格奈森瑙。布吕歇尔的勇猛好斗与他对法国敌人的切齿痛恨一样众所周知。这些都是他在成功的指挥官生涯中体现的特色。至于说到"红亲王"，特别值得一提的是，人们即使在赞美他的时候也不得不补充一句，"这位亲王一点天赋都没有"。[17] 事实上，这样的说法也许不失公平：他对毛奇在1866年会战中的战争艺术的理解并不比不幸的奥地利指挥官、在柯尼希格雷茨大败于普军的路德维希·冯·贝内德克元帅（Field Marshal Ludwig von Benedek）强。

但是，这三个人都具备了某些直到1942年都在深刻影响着德国军官团的特点。他们崇尚进攻，他们倾向于将战争艺术简化为直接冲向最近的敌军部队并发起攻击，他们不相信任何有思虑过多之嫌的战法——在所有这些方面，他们都成了后世效仿的榜样。用鲍克元帅精挑细选的话语来说，德国军队真心相信"对出现的任何机会都要通过进攻加以利用"[18]，即使在艰难时刻，也"应该通过进攻手段来解决危机"。[19] 想得太多只是自寻烦恼，这是他们所有人的共同感受。

凯撒斯劳滕（Kaiserslautern）之战的英雄布吕歇尔后来这样批评普军指挥官

霍恩洛厄亲王（Prince Hohenlohe）的将才——"他要是少一些思考、多一些实干会更好"（weniger kalkuliert und mehr geschlagen）。他还说："对普鲁士军队来说，最合适的做法是当敌人在附近时就发起攻击。我觉得如果一个将军有机会以很小的损失歼灭敌人整支大军，但却没有抓住，那么他就应该受到指责。"[20] 布吕歇尔很少错过攻击敌人的机会。国防军总司令部自办的官方杂志《军事科学评论》（Militärwissenschaftliche Rundschau）1942 年的一篇纪念文章说，年高德劭的"前进将军"很少停下来询问，"敌人的实力有多强？"他更喜欢问一个简单得多的问题："敌人在哪？"[21]

不久以后，同一份杂志又重点介绍了腓特烈·卡尔的生平和征战，这位指挥官曾经宣称，"勇敢的指挥官比任何理论更能发挥普鲁士士兵的潜力"。在他眼中，即便是最为艰难的战役——例如 1870 年 8 月的马斯拉图尔（Mars-la-Tour）战役——也只取决于他自己的精神力量。"如果你不觉得自己会被打败，那么你永远不会输掉任何战斗——我就不觉得自己会被打败。"他后来这样说。他真心相信，无论形势看起来有多么绝望，大胆的指挥官都能够"强迫历史承认你是胜利者"。在 1871 年的勒芒（Le Mans）之战中，当战局呈现胶着，一些参谋军官建议撤退时，他又说出了这样的不朽名言："我以前从来没有后退过，现在也不会这么做。"[22]

这就是 1942 年德国军官团的心态的重要组成部分，它或许并不是自觉的意识，但确实是他们的共同感受。几个世纪以来，普鲁士—德意志军事传统培养出了成打像布吕歇尔和腓特烈·卡尔一样的指挥官，他们都是善于冲锋陷阵的硬汉，但是对于自己要冲向何方从来都不会多想。他们觉得战争无非是意志的较量。如果认为自己过去没有被打败，那么就是没有失败，如果觉得自己将来不会被打败，那么将来也不会失败。只要意志够坚定，就能战胜比自己强大的敌人。那些冷静地计算各种数字并且试图进行理性思考的人——例如历史学家们——可能很难理解这样的行动派观点，只会清楚地看到德军在 1942 年会战中的失败是不可避免的。当然，有些德国军官也赞同这个阴沉的预言。进军伏尔加河和高加索也许是个过于冒险的尝试，毕竟他们大多数人只能通过地图模糊地了解这些偏远的地区。但是他们确实也别无选择。正如一位参谋军官所言，这"也许是可以放心将国防军主力投入到一条战线上的最后一年"。[23] 虽然他们中间某些人可能还有疑虑，但他们以前从未后退过，也不打算在此时开始后退。虽然希特勒的命令如今在我们眼里很不专业，甚至很不合理，但他手下的指挥官们却觉得自己终于找到了一个可以崇拜的领袖，这个人"想得少而干得多"。

历史学家克里斯蒂安·哈特曼（Christian Hartmann）在他那本学术造诣很高的《德军总参谋长弗朗茨·哈尔德将军传记》中指出，希特勒、哈尔德和总参谋部始终存在高估德军能力和低估苏军的倾向："只要德国指挥官和德国士兵集中力量发起进攻，他们的表现就会大大优于敌人"，这是一位参谋军官的原话。哈特曼认为，这种浮夸的辞令在一定程度上是一种"宣传门面"，对一个习惯于通过自己掌握的媒体发表声明的政权来说再正常不过。他还指出，它起到了重要的"心理作用"[24]，使得德军策划人员能够无视力量对比或德国的人力危机之类令人不快的现实，和走过墓地时吹口哨壮胆是一回事。不过，对这种辞令我们也可以做出第三种更为简单的解释，不需要扯上宣传和心理学：也许希特勒、哈尔德和其他军官是真心相信这些话。

蓝色行动：策划

1942 年 4 月 5 日，希特勒发布第 41 号指令，为即将发动的夏季攻势定下了大纲。元首在作战部提交给他的草稿上亲笔做了大量修改。最终呈现在世人眼前的是一份古怪的文件。文件的开头指出，"俄国的冬季战役正在进入尾声"，德国军人可以为"一场规模巨大的防守战胜利"而庆贺了。[25] 希特勒宣布，敌军不仅遭受了惨重的人员和物质损失，还耗尽了他们本来打算用于后续作战的预备队。一旦天气和地形条件允许，就应该重新转入进攻，发挥德国军官和士兵的素质优势压倒敌人，消灭其军队的残余战斗力量，夺取对其军事经济有着最重大意义的地区。这包括北方的列宁格勒和南方的高加索地区。但由于可调用的部队和运输力量有限，国防军不得不逐一攻取这些地区，于是文件毫不含糊地指出："因此，要立即集中一切可用兵力用于南方地区的主要作战，目标是歼灭顿河前方的敌军，夺取高加索地区的油田，以及穿越高加索山脉本身。"[26] 列宁格勒地区的北方集团军群必须等待其他地方的局势发展，当这些地方能匀出足够的兵力用于进攻时，它才会迎来属于自己的绝杀之日。与此同时，中央集团军群的任务基本上就是维持现有阵地。

夏季攻势的作战计划在很多方面背离了以往的军事惯例。这些计划特别复杂，包含了一系列按严格时间表在前线各地依次开展的局部作战：

由于许多部队还没有抵达出发地，此次作战只能通过一系列相互关联、互为补充、逐次发动的进攻来实施。它们在时间上要按照先北后南的顺序精心安排，确保我军能够针对决定性地点最大限度地集中陆军和空军力量（后者尤其重要）。[27]

在德国军人的眼里，这些文字实在古怪，他们的军队可是向来以把命令写得简洁明了而自豪，把克劳塞维茨的教诲"在战争中一切都非常简单，但就连最简单的事情也是困难的"[28]奉为圭臬，而且总是把时间问题交给前线指挥官来决定的。

但是这些计划的制定者也许别无选择。德军总司令部之所以把蓝色行动设计得这么复杂，就是为了让德国空军能够每次集中力量执行一个规模相对较小的作战行动。这是在当年春天几次成功的预备性作战中最重要的经验。只有在总司令部能够将整个战区的所有航空兵力——例如一整个航空队——集中用于一次战斗时，才能确保胜利。除此之外，前线的遥远偏僻，公路网和铁路网的欠发达状态，以及国防军的严重运力缺口，都意味着在战役开始时完成蓝色行动全部参战部队的集结是不可能的。因此，当初期规模有限的进攻正在进行时，参加后续更大规模作战的部队可能还在乌克兰南部下火车。

这一做法也显著有别于过去的惯例。普鲁士—德意志传统一贯强调，部署（Aufmarsch）的重要性大于作战的其他任何方面。用毛奇的名言来说："在军队最初集结时哪怕只犯了一个错误，在整个作战过程中都是很难弥补的。"[29]身处出现了大规模军队、铁路和电报的复杂时代，他还认为最初的部署是作战行动中唯一能保持较高组织度和控制度的部分，一旦敌对双方大打出手，组织度和控制度就会不可避免地恶化。毛奇相信，"没有一个作战计划在己方与敌人主力接触后还能保持有效"。[30]一旦出现这种情况，战略就会退化为"一套应急手段"[31]，现场的指挥官将在很大程度上决定战局的走向。

但是，普鲁士—德意志战争方式的这一特征似乎也受到了蓝色行动计划的挑战。这次作战行动将以一系列规模较小但非常严密的包围战形式展开。为了实现这些包围战，计划给战地指挥官们规定了两条严格的作战指导方针：

必须避免的做法：
合围部队"关门"太晚，从而给敌人留下逃脱被歼灭命运的机会。

应当谨记的准则：

装甲部队和摩托化部队切忌推进过快或过远，与后续步兵脱节。同样，装甲部队和摩托化部队如果发现步兵部队在推进过程中遇到苦战，切不可错过援助友军的机会，必须立即针对被围苏军的后卫采取行动。[32]

对一支自诞生之日起就秉持"下级指挥官的独立性"理念的军队来说[33]，这份新指令实在不像是给习惯自由思考的军官团的作战指导方针。它更像是元首下发给雇佣打手的详细说明书。那些接受过简洁明了地发号施令的训练的德国参谋军官们肯定有这种感受。国防军总司令部的作战部副部长瓦尔特·瓦尔利蒙特将军（General Walter Warlimont）看过这份指令后惊骇不已，并抱怨"它又长又啰唆；是作战指导和众所周知的战略原则的大杂烩；它总体上是含糊不清的，在细节方面却搞得很复杂"。[34]

规模较小的包围圈也违背了传统做法，思路与巴巴罗萨行动开始时在比亚韦斯托克、明斯克、斯摩棱斯克和基辅的大规模包围圈明显不同。那几次作战虽然最终都大获成功，但都遇到了一些希特勒和他的幕僚希望避免的严重问题。为了封闭如此巨大的包围圈，机动部队通常需要在突进过程中远远领先于友军的步兵，两者往往相隔数万米的距离。因此，孤军深入的装甲师有时发现自己为了维持外层包围圈需要停留几个星期之久。有很多时候——例如斯摩棱斯克战役期间在叶利尼亚——它们为了自保不得不与试图解围的强大苏军部队进行艰苦难熬的阵地战，这绝不是适合装甲师的任务。最后，在几乎每一次这样的大规模包围战中（包围圈的大小通常相当于大型城市），都有大量苏军成功从包围圈逃出。第41号指令甚至表示，截至此时的战斗已经证明对苏联军队运用"大规模战役合围"（operativen Einschliessungen）并不合适，需要采用新的思路，目标是实现一系列更为严密的包围（enger Umklammerungen）。[35]

希特勒相信，较小的包围圈具有多种优点。虽然在每个包围圈中俘虏的绝对数量会变少，但苏军部队被围困并歼灭的比例会提高。这些包围圈的严密程度使其足以达到可控标准，让步兵能够快速赶上，从而把装甲部队解放出来去做他们最擅长的事情：快速赶往下一次机动战的战场。此外，因为现在这支新的东线军队（Ostheer）中有太多以应征的年轻人为主的部队，所以顺利完成最初的几次作战是至关重要的。"这次作战必须旗开得胜，不能让年轻的士兵受到任何挫折，"3月28日，希特勒在关于夏季攻势策划的一次长会上这样告诉他的幕僚，"年轻士兵需要特别的支持。必须在作战过程中让我们新组建的部队逐步适应敌人。"[36]

因此，蓝色行动将通过四次连续的作战来展开，它们的代号最终分别被指定为蓝色一号、蓝色二号、蓝色三号和蓝色四号。截至 6 月，只有前三次作战有详细的指令。蓝色四号行动将是对高加索地区的进攻，它也是整个作战行动存在的理由。这个德军历史上推进距离最远的战役要到 7 月 23 日才会有真正的计划，此时蓝色行动已经开始近一个月了。这种复杂的三加一式结构也要求对指挥系统做相应的更改，而把这样的事放在大规模作战行动的中途来做可能是很麻烦的。费多尔·冯·鲍克元帅的南方集团军群将在一开始负责整个作战行动，但是此后它将拆分为两个独立的实体：B 集团军群（以鲍克为司令）和 A 集团军群（威廉·冯·利斯特元帅任司令）。更麻烦的是，由于要将至少四个非德国的集团军（匈牙利第 2 集团军、意大利第 8 集团军、罗马尼亚第 3 和第 4 集团军）整合到作战中，复杂性和不确定性又会成倍增加。这些非德国的集团军不会仅仅跟随德军一路前进。他们将承担绝对重要的任务，即守护和清除计划中的包围圈，以及在沃罗涅日以南的顿河沿岸维持一条很长的静态战线，这条战线还将随着德军装甲部队的每一次跃进而延长。

即便是关于蓝色行动的最简略说明也能体现它的复杂程度，而这应该让每一个相关人员感到忧心。鲍克的南方集团军群拥有五个德国集团军，他们在北方的奥廖尔与南方的亚速海之间几乎沿直线一字排开：马克西米利安·冯·魏克斯将军指挥的第 2 集团军、赫尔曼·霍特将军指挥的第 4 装甲集团军、弗里德里希·保卢斯将军（General Friedrich Paulus）指挥的命运多舛的第 6 集团军、埃瓦尔德·冯·克莱斯特元帅指挥的第 1 装甲集团军和里夏德·劳夫将军指挥的第 17 集团军。埃里希·冯·曼斯坦因元帅指挥的第 11 集团军正在克里米亚肃清残敌，在不久以后也将加入作战。[37] 如果按照以往德军的典型做法，应该是一声令下之后就让前线的这五个集团军发起冲锋，寻找机会包围苏联守军，但希特勒和德军总司令部这次选择了精心编排、严密控制的做法。实际上，由于制定了阶段明细和时间表，蓝色行动更像是传统的英式或法式作战，而不像德式作战，它也没有向德式传统致敬的意思。在希特勒和哈尔德看来，他们曾在 1941 年尝试过比较传统的做法，强调任务式战术（Auftragstaktik）和各集团军与集团军群司令的主动性，但问题就出在这里，作战行动最后变成了一团糟。这一次，他们要大大收紧套在所有参战指挥官身上的缰绳。

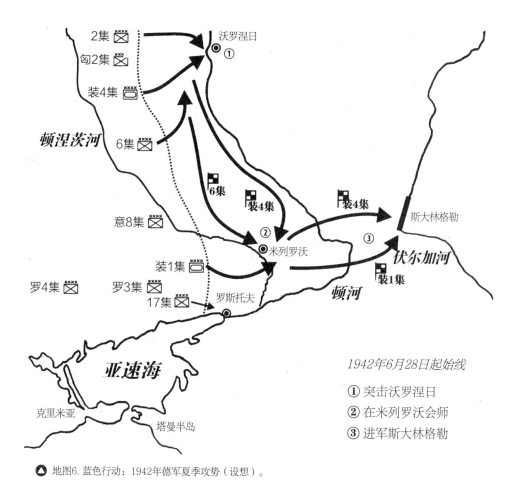

▲ 地图6. 蓝色行动：1942年德军夏季攻势（设想）。

　　蓝色行动将从北方开始。第一阶段（蓝色一号）的参战部队是位置靠北的三个集团军（第2集团军、第4装甲集团军和第6集团军）参与，外加一个盟友的集团军 [古斯塔夫·冯·亚尼将军（General Gustav von Jany）指挥的匈牙利第2集团军，它部署在第4装甲集团军和第6集团军之间]。这一阶段的作战目标是顿河对岸的大城市沃罗涅日。[38] 第2集团军、第4装甲集团军和匈牙利第2集团军（它暂时归第2集团军司令指挥，与第2集团军组成魏克斯集团军群）将从它们位于奥廖尔南郊的部署地域杀出，渡过奥斯科尔河，向东直取沃罗涅日。与此同时，第6集团军的机械化部队（第40装甲军）将从位于西南方的哈尔科夫地区北上。最后这些部队将严密合围沃罗涅日城下的苏军，而且这个包围圈的范围大小十分合适，可以让包括大量匈牙利人在内的步兵迅速接手。此时第 4 装甲集团军将继续进攻沃罗涅日城本身，随后第 2 集团军的步兵师将建立从奥廖尔到沃罗涅日的阻击阵地。这道防线将作为整个蓝色行动的屏障，在德国机动部队沿顿河右岸南下大穿插时保护其侧翼和后方。在原定计划中，行动开始日期是在 6 月中旬，而蓝色一号行动最迟应该在 7 月中旬完成。

蓝色二号行动将在十天后开始。在现代化机械作战的背景下，这个时间已经很长了，但还是老问题，德军参战部队全部到位的时间没法早太多。部署在前线上的下一个德国集团军——第 1 装甲集团军将从哈尔科夫以南地区发动突击，沿着顿涅茨河北岸前进。它将突破苏军防线，在米列罗沃一带与从北方南下的第 4 装甲集团军和第 6 集团军会师。结果将形成又一个包围圈，由于这个包围圈相当大，第 6 集团军和随第 1 集团军进军的意大利第 8 集团军（司令是伊塔洛·加里博尔迪将军）的步兵将把它再分割成两三个小包围圈。如果一切顺利，蓝色二号行动最迟将在 8 月中旬告一段落。[39]

在蓝色三号行动中，南方集团军群将一分为二。在这一阶段，第 4 装甲集团军（在左）和第 1 装甲集团军（在右）将基本朝正东方向前进，直取斯大林格勒。这两支机动打击部队都将划归新组建的 A 集团军群旗下，同属于该集团军群的还有劳夫的第 17 集团军（最初部署在前线的五个集团军中的最后一个）、意大利第 8 集团军和从克里米亚调来的曼斯坦因的第 11 集团军。B 集团军群的任务基本上是静态防御。它将从顿河右岸扩张至斯大林格勒。在蓝色三号行动完成时，B 集团军群将占领从奥廖尔经沃罗涅日至斯大林格勒的坚实防线，保护 A 集团军群的后方，让后者做好进军高加索的准备（尚未拟定计划的蓝色四号行动）。

不用说，这不是一份简单的作战说明书。蓝色行动的参战部队包括德国的五支主力机动部队和盟友的三个集团军，它们全都需要进行相当曲折的迂回机动，按照精确的时间会师，并穿越狭窄的瓶颈地带，这一切对任何指挥官的耐心都是严峻的考验，即使进修过精微奥妙的 Bewegungskrieg 艺术的人也不例外。蓝色二号行动中最重要的一步就是第 4 装甲集团军、第 6 集团军、第 1 装甲集团军和意大利第 8 集团军在位于顿涅茨河和顿河之间狭窄走廊的米列罗沃会师，如果操作不够老练，必定困难重重。在这些部队分居各地的时候，它们的补给问题已经让德军后勤部门焦头烂额了。如果要在其中至少四个集团军（大概有 65 万人和一千多辆坦克）挤在一片狭小地域的情况下为它们提供补给，整个后勤系统可能会彻底瘫痪。

除了单纯的复杂性之外，蓝色行动的目标也是个问题。在第41号指令规定的原计划中，斯大林格勒的重要性与沃罗涅日、罗斯托夫和这片地区的另外五六个大城市相比并无不同。在以单倍行距打印的五页指令中，它的名字仅仅出现在了两个段落里。在这里显然看不出任何希特勒式的执念——作战指示甚至并未要求占领这座城市。指令中第一次提到的"斯大林格勒地区"（im Raum um Stalingrad）只是作为从西北向顿河下游穿插的德军部队与从塔甘罗格地区渡过顿涅茨河和顿河下游推进的部队的会合地。第二次提及这个城市时的用语也没有明确多少，只是说"必须尽一切努力到达斯大林格勒城本身，或者至少将其纳入我军重武器的有效射程，使其无法再起到军工生产中心或交通枢纽的作用。"[40] 第41号指令留下了许多没有答案的问题。要怎么对付斯大林格勒？封锁它吗？通过炮兵与航空兵的狂轰滥炸使它屈服吗？占领并将其作为德军防御阵地的东端支撑点坚守吗？虽然指令要求"到达"斯大林格勒，却没有用任何文字暗示这座城市是蓝色行动的主要目标，或者是值得牺牲德国在东线战场上规模最大的野战集团军来夺取的目标。

即使在最有利的条件下，协调蓝色行动也是困难重重的。在任何军事行动中都有上千种出错的可能，而蓝色行动更像是同时开展三个普通军事活动的行动。更何况，即使它取得成功，粉碎了顿河以西的苏联军队，以相对较低的损失扫清了顿河的大弯曲部，渡过了顿河并抵达伏尔加河畔的斯大林格勒，那也只不过是希特勒和他的幕僚惦记的主要行动的前奏，而这个冲向高加索的作战行动此时还没有完成构思。这一切意味着夏季会战必须做到完美无瑕，而这是国防军在此前的任何一次会战中都不曾做到的。

在德军总司令部孤注一掷地发动蓝色行动时，是否曾经流露出一定程度的犹豫？春季的几次预备性作战（刻赤半岛的猎鸨行动、塞瓦斯托波尔的捕鲟行动、哈尔科夫的弗里德里库斯一号行动、沃尔昌斯克和库皮扬斯克的威廉行动和弗里德里库斯二号行动）全都拖得比预期时间长，牵制的资源也超出了预算。眼看6月一天天过去，希特勒却还是没能给国防军明确这个大规模行动的执行日期。原本该计划有望在6月15日开始被实施，但当这一天到来时，塞瓦斯托波尔仍在激战。弗里德里库斯二号行动还在等待库皮扬斯克地区季节性的暴雨停歇；事实上，蓝色行动直到 6 月 22 日才开始。每一寸光阴的流逝都给希特勒、幕僚和前线指挥官们的神经带来巨大压力。

正是在这样的背景下，一起发生于此次复杂作战前夕的事件在德军指挥系统中掀起了轩然大波。6 月 19 日，一架搭载着第 23 装甲师参谋长约阿希姆·赖歇尔少校（Major Joachim Reichel）的飞机偏离航线，降落在苏军控制区。[41] 赖歇尔违反当时的保密规定，随身携带了不少重要的正式文件，其中就包括蓝色一号行动的一整套命令和态势地图。研究过 1940 年战史的读者可能会记起一个类似的事件：搭载着一名参谋军官的德军飞机在比利时境内迫降，造成了所谓的梅赫伦事件。在那次事件中被缴获的文件重要性相当小：只是对当时军事形势的总体评估（Beurteilung der Lage）和第 2 航空队的部署指示。通过它们或许能对"黄色方案"的概要窥见一斑，但前提是让训练有素的情报分析人员进行正确而细致的解读，而当时的比利时军队毕竟还保持着中立。尽管如此，这些文件的遗失还是导致德军的作战计划被彻底推倒重来，也导致新的安全规定出台——该规定一直到 1942 年依然还有效。[42]

所谓的"赖歇尔案件"中的文件则与此大不相同：蓝色一号行动的一套详细计划被直接送到了苏军手中。德军上下对这一泄密事件的反应各不相同。高层的某些人觉得只能搁置整个作战行动，或者至少要进行大幅度修改。包括鲍克元帅和陆军总司令部中大部分人员在内的其他人则认为，当务之急是尽快发动此次作战。鲍克的意见是，无论被泄漏的情报有多详细，只要在它经过逐级上报传递到斯大林手中时作战已经发动，那么它就无关大碍：反正国防军已经在前往斯大林格勒的途中了。陆军总司令部似乎也同意这一判断，并且通知鲍克做好在 6 月 26 日发起作战的准备。此时万事俱备，只等希特勒的意见了。

在希特勒看来，赖歇尔案件暴露了比泄密更为严重的深层次问题。它再一次反映出，德国的将军们对这场战争和他个人的领导没有给予应有的重视。"将军们不听号令"[43]，这是他在许多场合咬牙切齿的抱怨，而此刻他那厚厚的怨恨账本又记上了新的一笔。正因如此，当德国军队在 1942 年夏天迎接它的命运之战时，一场伤筋动骨的高层人事改组也在进行中。第 23 装甲师的师长汉斯·冯·博伊内堡－伦斯费尔德将军（General Hans von Boineburg-Lengsfeld）被撤职。该师所属的第 40 装甲军的军长格奥尔格·施图姆将军与他的参谋长弗朗茨上校（Colonel Franz）也遭到了同样的命运。施图姆犯的错尤其严重，他在写给自己麾下各师的备忘录中谈到了某支友邻部队（第4装甲军）的作战行动的一些细节，而这份备忘录也在被缴获的文件之列。[44] 受此事件影响的并不是外围部队，而是执行开局机动的核心部队。第6集团军的司令保卢斯将军一度似乎也要步他们的后尘。他曾短暂地考虑过上军事法庭自首，但是他的上级鲍克元帅却用经典而简略的普鲁士式用语命令他打消这个念头："让你的鼻子朝着前方！"(Nehmen sie jetzt die Nase nach Vorne!) [45]——换言之，就是要他别说傻话，抬起头来朝前看。

蓝色一号和蓝色二号行动

蓝色一号

蓝色一号行动在 6 月 28 日开始被执行，德军按计划对沃罗涅日发起突击。短暂的火力准备几乎没有引来苏军的任何反应。魏克斯集团军群随即发起突击，第 2 集团军在左，第 4 装甲集团军在右，匈牙利第 2 集团军的步兵师掩护它们的南方侧翼。德军几乎在所有地方都立即取得突破，这也将成为蓝色行动所有初期进攻的固定模式。苏军在个别地方进行了零星抵抗，在其他大部分地方则完全未作抵抗——显然，国防军终于达成了战术奇袭。事实上，我们今天已经知道，斯大林认为苏军缴获的赖歇尔文件都是德军为了诱骗苏军抽调莫斯科防御部队而故意散布的假情报。和 1941 年的情况一样，斯大林又选择了无视大量正确预测到德军在南方进攻的情报（这一次这些情报来自他的西方盟友）。他和几乎所有苏军高级指挥人员都认为国防军的真正目标是苏联首都，甚至可能攻击莫斯科背后的高尔基，并为此部署了大批部队准备迎击。[46] 使他们对这一判断坚信不疑的是德军一个显然很成功的欺敌行动，它的代号是"克里姆林宫行动"（Operation Kreml），散布了许多虚假的命令、文件和无线电通信来暗示即将进军莫斯科。[47]

截至第一天中午，第 4 装甲集团军的装甲前锋（左路的第 24 装甲军和右路的第 48 装甲军）已经推进了 16 千米，到入夜时又推进了 32 千米。在这狂突猛进的第一天，以第 24 装甲师打头阵的第 48 装甲军渡过了两条河流（先是季姆河，然后是克申河），夺取了前一条河流上一座完好的铁路桥，还撕开了苏联第 13 集团军和第 40 集团军的结合部。虽然不久前德方还有种种疑虑，但这次进攻却顺利得出奇，而苏联守军看来是被这快速而猛烈的攻击打懵了。[48]

6 月 29 日，一场大雨淋透了战场，但即便如此，德军的推进速度也没有丝毫放缓。霍特继续猛进，攻占了苏联第 40 集团军的指挥部。指挥部的人员虽然成功逃脱，却不得不丢弃他们的装备，致使第 40 集团军失去指挥，在德军的进攻面前不堪一击。[49] 随着德军的装甲洪流滚滚向前，里希特霍芬的第 8 航空军横行于蓝天之上——Bf 109 战斗机将苏军飞机扫荡一空，"斯图卡"俯冲轰炸机发挥了杀伤力极强的机动炮兵的作用，HE-111 轰炸机则袭击了苏军的机场和相关设施——这一切肯定让人感到是刻赤或哈尔科夫战役的重演，只不过规模要大得多。一位历史学家称此为"国防军的高潮时刻"[50]，而这段历史无疑能给人这种感受。截至 7 月 4 日，第 4 装甲集团军已经在许多地方到达顿河，从其出发位置推进了 160 多千米，并在河对岸建立了几个桥头堡。在其左侧，第 2 集团军也不甘落后，已经占领了从利夫内（Livny）到沃罗涅日的预定防守阵地。该部不得不抵御苏军来自北面的一系列反击，这是德军计划中没有预见到的，但战局仍然很稳定。[51] 在其右侧，匈牙利第 2 集团军也在向顿河前进，只不过速度比其友邻慢得多。匈军的战术思想比较保守，重武器较少，而且缺乏空中掩护：这是所有盟友军队的通病，此时与它们打了那么多交道的德军应该对此心知肚明。[52] 尽管如此，由于苏联第 40 集团军的快速崩溃导致一些地段空门大开，匈牙利第 2 集团军还是在突破阶段完成了保护魏克斯集团军群右翼的任务。

在南方 160 多千米外，第 6 集团军按计划也应该在 6 月 28 日发起进攻，但是大雨将道路都化作了泥潭。保卢斯直到 6 月 30 日才开始行动，不过他也在创纪录的时间内击溃了当面的苏联守军（主要是苏联第 21 集团军）。几乎在每一个地方，苏军部队似乎都陷入了混乱，在某些地方甚至土崩瓦解。这肯定出乎前线指挥官们的意料。毕竟这场突破战从一开始就没有巴巴罗萨行动的巨大战略突然性。可以不夸张地讲，这就像是一道晴天霹雳击中了正在睡大觉的守军。德军指挥官们本以为蓝色行动的初期会发生一些苦战，按照他们的预计，经过短暂的阵地战（Stellungskrieg）之后，各个装甲师才会到达适合执行战役级别机动的开阔地。

然而，以上预计也只是预计而已。保卢斯在战场上从一开始就只看到一片坦途，他的部队实现突破之轻易不亚于国防军在这场战争中经历过的任何一战。第 6 集团军以第 40 装甲军 [指挥它的新任军长是盖尔·冯·施魏彭堡将军（General Geyr von Schweppenburg）] 为前锋，向着近 8 万米开外的奥斯科尔河一路挺进。第 40 装甲军中担任先锋的第 3 装甲师在第三天（7 月 1 日）下午就抵达了这条河流。[53] 第 6 集团军随即将其机动部队向北推进，于 7 月 2 日在旧奥斯科尔（Stary

Oskol）以东 40 千米外的铁路沿线与第 4 装甲集团军会师。此时苏联第 40 集团军已经陷入德军包围：这正是按计划干净利落地形成的浅近合围，后续的步兵部队轻松接管了包围圈。

截至此时，我们可以看到一场决定性的德军胜利正在酝酿中。德军的战争机器似乎运转正常，计划正在按部就班地展开。鲍克看到了战机：既然沃罗涅日城下的苏联守军已经陷入包围，那就是时候出手了。"直取沃罗涅日，不要瞻前顾后，"他在 7 月 1 日这样告诫第 4 装甲集团军的霍特将军。[54] 霍特随即引军渡过顿河，并在 7 月 4 日抵达沃罗涅日的近郊。泥泞而拥塞的道路给他的部队造成的阻碍比其他任何因素都大。他的部队在这里也遇到了不可避免的小困难：城中匆忙组织的几个"工人民兵营"在德军的侦察报告中被说成了苏军步兵部队。而报告中提到的一些在与苏军作战时始终值得重视的"野战工事"其实是无人防守的。霍特在 7 月 5 日谨慎地做了试探——他很清楚坦克集团军被卷入城市战的危险性——次日第 4 装甲集团军就进入了这座几乎不设防的城市。[55] 在他的左侧，第 2 集团军在强度似乎逐渐减弱的苏军攻击下岿然不动；在他的右侧，匈牙利军队已经推进到顿河，与他并肩作战。在南方更远处，第 6 集团军刚刚包围了苏军一个完整的集团军。霍特本人已经到了顿河对岸，而苏联红军的大部分兵力还在顿河以西。苏联最高统帅部似乎昏了头脑，还在大张旗鼓地应对德军对莫斯科子虚乌有的威胁。在真正的激战前线，苏军从来就不擅长的指挥和控制似乎变得比通常水平更差了。事实上，在许多地方都出现了全面崩溃的迹象，因而蓝色行动截至当时都没有遇到任何意料之中的有组织抵抗。也许希特勒是对的——"俄国人完了。"他当时就是这么对哈尔德说的。[56]

蓝色二号：作战破产

和这场战争中太多的先例一样，就在这个关键的时刻，在国防军即将攫取其最大的战果之时，局势却开始分崩离析。这种情况是很多原因造成的：既是一如既往的命运使然，也可归因于总司令部中的犹豫不决和优柔寡断，以及总参谋部与前线指挥机关之间的大量摩擦。敌军的行为也是促成这一情况的原因之一，而这一点很容易被人忽略。不过最重要的原因还是一条铁律：既然德军企图在兵力不足、补给不足且"去摩托化"的条件下打一场超远距离的大规模机动战，那么局面必然会变得不可收拾。

因为蓝色行动中容许德军犯错的余地实在太小，所以一些看似不起眼的细节——例如在行动开局阶段一些微不足道的事件——都可能造成严重的不利影响。具体说来，问题出在北线，也就是第 4 装甲集团军向沃罗涅日进军过程中的头几天。霍特是德国军队中一流的装甲部队指挥官，但他也是一个出了名的悲观主义者，总是"阴郁地等待一切"。[57] 他对这次沃罗涅日作战一点也不喜欢。他可以轻松地打到那里，可是谁知道他会在那里遇到什么呢？因此他集中了整个装甲集团军的兵力来对付这个目标，还花了两天时间来准备大规模的地面突击，结果打进去以后才发现这是一座几乎不设防的城市。

他的集团军群司令鲍克也是名声在外：众所周知他是喜欢给手下的集团军指挥官很大自主权的人，用哈尔德的话来说，他"把自己变成了他们的附庸"。[58] 这两种理念（霍特的独立指挥观念和鲍克对此的宽容）曾经是德国军队的优点，但此时却被认为是缺陷。鲍克对于攻打沃罗涅日的任务没有意见。征服这座城市是青史留名的捷径，而鲍克对荣誉的渴望不亚于东线战场上的其他任何德国军官。不过，他对北部地段的形势确实有所保留。或许一直以来霍特的谨慎感染了他，不过战场上的一些事件也起了一定作用。鲍克刚刚把第 2 集团军部署到侧翼，它就反复遭到包括大量装甲部队在内的苏军持续攻击。这些部队不是 1941 年的红军，而是哈尔科夫式的新型军队。它的战法或许依然笨拙而死板，但是它拥有充足的坦克和重武器，可以成为任何军队的劲敌。而且，侦察报告还提到，顿河对岸有苏军大部队集结，可能对霍特的南方侧翼构成严重威胁。

按照计划此时应该开始蓝色二号行动，但是鲍克却突然没了把握。他真的应该让霍特的第 4 装甲集团军急速南下，只依靠第 2 集团军保护其后方、匈牙利人保护其侧翼吗？由于在 1941 年有过不愉快的经历，他比任何人都清楚对位于自己侧翼且实力完好的苏军大部队暂时不加理会是多么危险。在很多情况下，这种做法会使他永远失去对付他们的机会。他也亲身经历了哈尔科夫战役，知道苏军装甲部队的大举进攻是多么可怕，又会引发多么严重的恐慌。第 2 集团军也许还顶得住，但是匈牙利军队很可能招架不住。这位元帅一时间犹豫不决。最终鲍克决定，不让整个第 4 装甲集团军南下，而是一次调走一个军，直到局势明朗为止。

在希特勒设于东普鲁士的指挥部"狼穴"中，除了鲍克的犹豫引发了轩然大波外，在这里同样也发生了一场大战。虽然各类文献中通常将此描写为希特勒与其参谋军官之间的争斗，但它实际上触及了更为基本的问题。争斗的一方是以一线军官的独立性为基础的传统德军指挥制度，其代表人物是各集团军的指挥官们；另一方是集中权力、施行严格控制的新制度，其代表人物就是希特勒和哈尔德。

在蓝色行动最初的那几天，霍特和鲍克都是严格按照传统习惯进行决策的：能进则进，该停就停，从来不需要等待上级的命令。几个世纪以来，根据独立自主的决定使自己指挥的军团乃至全军实施大有疑问，甚至非常冒险的机动的德军指挥官多得数不胜数：柯尼希格雷茨战役中的"红亲王"；普法战争开始时的卡尔·冯·施泰因梅茨将军；1870年沃尔特（Wörth）战役前的胡戈·冯·基希巴赫将军（General Hugo von Kirchbach）；或许还有一个经典的例子，就是坦嫩贝格会战期间那位不可救药的赫尔曼·冯·弗朗索瓦将军。虽然这类人把军队当作自己的个人财产随心所欲地处置，但因此被撤职者的数量却要好算得多：零人。远比这更为普遍的情况是，他们因为表现出积极主动、勇于进取的精神而得到晋升。

然而此时却有了一种新的制度，它诞生于一个痛苦时期：1941年莫斯科的严冬。当时国防军的正面防线被打垮，侧翼遭到苏军重兵部队的深远迂回，又因为天气恶劣和补给断绝几乎失去机动能力，正处于生死存亡的危急关头。它的指挥官们一时间惊慌失措，在如何继续作战的问题上产生了巨大的混乱。希特勒在此时出手干预，用他著名的"就地坚守令"挽救了危局。这一做法确实奏效了，而证明了自己的希特勒也以撤换一大批前线指挥官的方式赞美了自己的才华。

希特勒与将军们的争斗是众所周知的。但比较鲜为人知的是，在这场斗争中德军总参谋部站在了希特勒一边，尤其是总参谋长弗朗茨·冯·哈尔德将军。在1942年1月6日下发给各集团军群及集团军参谋长的一系列指令中，他强调更严格的指挥制度势在必行，而这套制度要坚定不移地以希特勒的意志为基础。把任务托付给下级指挥官并任由其选择完成方式的做法不仅是藐视总司令部的意图，而且"严重不利于整体战局"。他要求他们从此以后下达意义明确、毫不含糊的命令。"军人服从命令的天职没有给下级指挥部留下自作主张的余地。相反，它要求下级根据发出命令的上级的意图以最好最迅速的方式执行命令。"[59]不仅如此，他还提醒大家，只要德国军队尚未完成重建连贯战线的艰巨任务，对总司令部的命令就要严格按照最详细的战术细节来执行。

这就是1942年德军总司令部与前线产生矛盾的背景。在希特勒和哈尔德眼里，作战行动的过程看起来已经很令人苦恼了。在蓝色行动中，最重要的就是速度，尤其是第 4 装甲集团军能以多快的速度从北方南下。占领沃罗涅日并不重要，反而会使装甲部队有陷入阵地战的危险。无论是哈尔德还是希特勒，都认为霍特一头冲向这座城市的行动是毫无意义、不可理喻的；事实上，他们都说这是"草率之举"。[60] 在 7 月 2 日，也就是此次作战的第 6 天，哈尔德和鲍克进行了对话。鲍克对自己听到的内容大吃一惊："我得知总司令部再也不认为占领沃罗涅日有任何决定性的重要意义！"他在当晚写道，"这可真新鲜。"[61]

鲍克确实没说错，他只要援引第 41 号指令中的相关文字就能证明，因为其中提到了"占领沃罗涅日"。很显然，前线和后方在如何继续作战的问题产生了一定的分歧，而这起因于一个简单的事实：作战计划没有考虑到苏军在沃罗涅日地区任何形式的反击。希特勒在 7 月 3 日亲自飞赴鲍克位于波尔塔瓦的指挥部，与他面对面讨论了这个问题。希特勒提醒这位元帅，不要在沃罗涅日与敌人过多纠缠。会谈的气氛显然是热情友好的，鲍克后来形容这是一次相当通情达理的对话："在关于沃罗涅日的对话结束时，我对元首说，'我对刚才说的话是这么理解的，如果我可以轻松地或不经战斗就占领沃罗涅日，那么我就应该占领它，但是我不能为了占领这座城市而让自己陷入大规模的战斗中。'元首点头确认了我的理解。"[62] 鲍克认为自己忠实地执行了这个命令。沃罗涅日在战役的第 10 天落入德军之手，苏军仅仅进行了微弱的抵抗。这可不是什么小镇或边防哨所。它是距离鲍克的出发阵地 160 多千米的大城市。

另一方面，希特勒却认为自己被愚弄了。他认为鲍克完全无视了他的命令，把南方集团军群的很大一部分装甲部队用在了慢吞吞地打进沃罗涅日的战斗中。日后当他回顾这段往事时，会对自己的亲信抱怨说，"在沃罗涅日丧失的 48 个小时"是至关重要的。[63] 希特勒和哈尔德都无法理解霍特在攻取这座城市时的小心谨慎，也无法理解鲍克为何不愿把这座城市交给步兵处理，而让霍特的集团军（是整个集团军，而不是其中一部）执行预定的南下任务。

仔细分析这一事件会发现，问题并不是出在具体的行动上，进军沃罗涅日或装甲部队在此后的转向都不是重点。在某种意义上，这四个当事人都没有错，至少他们都能提出充分的理由为自己辩护。在沃罗涅日应该留下多少战略掩护部队？它们需要防守多久？这些问题没有简单的答案。希特勒和哈尔德要求鲍克迅速行动是很有道理的。时间在军事行动中向来是宝贵的，在这次作战中尤其宝贵。霍特和鲍克没有理解的是，现在这种新的战争方式要求他们在做出每个小小的作战决定时都请求上级许可。他们接受的是完全不同的教育。对部队进行集中的严密控制是其他军队的作战方式，而"下级指挥官的独立性"虽然会带来种种问题，但却无疑在以往的战争中带来了丰厚的回报。第24装甲军在沃罗涅日多停留一天还是少停留一天不会对战争产生什么决定性的影响；无论如何，这个问题应该由现场的指挥官来决定。因此，这场争论牵扯到的问题其实比沃罗涅日大得多——德国的战争究竟该怎么打：是由前线的将士们决定，还是由后方的参谋部决定？

导致这场冲突加剧的是它极具戏剧性的背景：东线的苏联军队露出了明显的崩溃迹象。虽然鲍克担心遭到反击，但德军在战役初期向沃罗涅日的突击还是轻松撕开了苏军防线。霍特的突进几乎没有遭到任何抵抗，最终拿下了一座近乎不设防的城市，只不过在该城以北和一些东部城区受到了苏军的强大压力。但是，真正让人觉察到战场上出现了惊人现象的还是第6集团军的攻击：与保卢斯对峙的苏联军队与其说是在败退，不如说是在土崩瓦解。保卢斯进攻的是苏军花了六个月时间、动用数百万士兵修建的防御阵地，但是他基本上不费吹灰之力就实现了突破。在整条广阔的战线上，德军的侦察机飞行员到处都能看到人员、车辆和装备组成的长龙匆匆向东退却。

起初鲍克欣喜若狂，他写道："第6集团军和第4装甲集团军的当面之敌都已被击败，敌人的一点残余力量都没有剩下。敌人在任何地方都没能组织起新的防线。不管在哪里受到攻击，他们的抵抗都会迅速崩溃，然后就是逃跑。从他们的撤退中看不出有什么目的或计划。东线战争进行到现在，还从来不曾在任何地方观察到敌军出现如此显著的瓦解迹象。"[64] 在这一时期，德军总参谋部和前线将领经常意见不一，但至少在此时，哈尔德也萌生了同样的想法：

> 目前之所以还没有完全查明敌人的实际情况，可能是存在两种可能。要么是我们高估了敌人，我军的进攻已经将他们彻底打垮，要么是他们在按计划撤退，或者至少是企图避免在1942年就迎来最终的灭亡。元首看过来自国外的情报后认为，铁木辛哥是在打一场"弹性"防御战。我对此很是怀疑。如果他没有感到极度震惊的话，是不可能就这样从A集团军群当面的坚固筑垒地域"弹性地"撤退的。[65]

接着哈尔德表示，此时应该"催促第6集团军继续进攻并让第1装甲集团军做好准备，这两项工作都要以尽可能快的节奏进行"。当时德军指挥部中确实弥漫着洋洋得意的气氛，或许也是这场战争中的最后一次。

苏军这样的表现，客气点说，是极其反常的。如今有很多历史学家认为，红军为了应对蓝色行动而实施了"战略撤退"，撤退令不是来自新任苏军总参谋长华西列夫斯基，就是来自斯大林本人。这种说法听起来很有道理。在德军先发制人的打击下避其锋芒。撑过最严重的——姑且这么说吧，头两个星期，或者头一个月——然后做好反击的准备。但是那些亲历者描述的却是另一番景象：苏军陷入彻底的混乱，指挥和控制全面崩溃，士兵们大规模地逃亡，许多装备被遗弃。"战略撤退"（或者换一种常用的术语，叫"弹性防御"）也许只是一种委婉的说法，被用来掩盖令人不快的现实：红军上下各级有许多指战员都认为，自己还没有做好在天气晴朗、地面坚实的条件下与国防军硬碰硬较量的准备。他们知道这样的情景会在多么短的时间内发生：德军装甲部队出人意料地在看似安全的侧翼或后方突然杀出，恐怖的包围圈随即形成。他们可不想加入上一年被俘的数百万战友的行列，因此他们就用脚投票，选择了一种新的战略。

这是两种很难调和的观点：战略撤退还是崩溃？实际情况很可能是兼具这两者的要素。很明显，苏军高级指挥机关在一开始应对德军的猛攻时，确实曾下令实施某种撤退行动。但同样明显的是，下级指挥机关（可能是自师级以下）无法在这一过程中保持对部队的控制，在某些地方出现了全面的指挥瘫痪。至少，德军是这么认为的。按照第40装甲军参谋长（后来担任B集团军群参谋长）卡尔·瓦格纳将军（General Carl Wagener）的说法，"无序撤退的现象完全是下级指挥体系的缺陷造成的。撤退是一种复杂的作战形式，而下级指挥人员并未掌握它。但是，俄国人无论如何都不曾失去战役层面的指挥和控制（die operative Führung）。"看起来高层确实有一个作战计划："不用主力部队迎战，而是让它们有组织地避免决定性的交战。"[66]

确实，如果说苏军是在冷静有序地撤退，那么就很难想象苏军最高统帅部会发布威胁枪毙逃兵和装病逃差者的命令，这未免和大环境太格格不入。然而这样的情况就在7月28日发生了，斯大林著名的第227号命令"不得后退一步！"（Ни шагу назад!）反映了当时军中的风气：它宣布要将懦夫就地处决，把逃避职责的人抓起来编成惩戒营，还要建立"督战队"，其任务是确保发生动摇的部队坚守阵地，必要时可以使用鸣枪和刺刀驱赶的手段（其实自1941年以来，内务人民委员部就有成千上万的部队人员在干着同样的工作）。[67] 对斯大林来说，这是一段艰难的岁月，而从他以往的表现来看，他的反应并不令人意外。

虽然在攻势作战的背景下，敌军的消失通常是好消息，但是苏军这次快速的东逃却威胁到了蓝色方案的整个作战设想。如果敌军不愿"合作"，那么国防军就很难打出一连串的围歼战。在1941年，苏军不仅在边境上部署重兵，而且只要有可能就会对德军实施反冲锋，结果他们为此付出了沉重的代价——走进战俘营的人员达到了空前绝后的数字。而此刻，在蓝色二号行动即将开始、第1装甲集团军准备进入战场之际，德军却面临着没有敌方部队可以包围的窘境。鲍克已经能预见到将要发生的情况：包含了德军在前线大部分装甲力量的两个装甲大兵团（第4装甲集团军和第1装甲集团军）以迅雷不及掩耳之势发起大胆的向心机动，结果却一无所获。这就是德国人所谓的"一拳打空"（Luftstoss）。说实话，看到鲍克哀叹上级是在要求他"包围（Einkesseln）已经不在那里的敌人"[68]，我们简直都要同情他了。他在7月8日注视地图时发现，短短一个星期前还那么有利的形势此时却让他一点也高兴不起来："我在中午给哈尔德拍发了一份电报，告诉他在第6集团军的整个正面以及南方，敌人无疑正在全线撤退，按照陆军总司令部目前的部署，我军的两路合围很可能什么都捞不到。"事实上，他已经得出了这样的结论："在我看来，蓝色二号行动已经完了。"[69]

这个结论还有待后面的事实来证明。在作战行动已经出现失控倾向、苏军即将逃出罗网之际，希特勒和哈尔德下令实施蓝色二号行动。它比原计划提前了许多——事实上，提前了整整两个星期。在7月9日上午，克莱斯特元帅的第1装甲集团军在利西昌斯克（Lisichansk）两侧越过行动起始线，飞速渡过顿涅茨河，然后做了一个急转弯，直奔东北方而去。[70] 随着克莱斯特的参战，新的指挥安排也开始生效。南方集团军群此时被一分为二：B集团军群（由鲍克元帅指挥，按照原计划仅承担相对静态的侧翼保护任务）和A集团军群（由利斯特元帅指挥，负责快速突向斯大林格勒和高加索）。

此后几天的作战进程如果不是发生在战争背景下，就只能被形容为一场喜剧。最初的命令要求第6集团军和第4装甲集团军在维索恰诺夫卡（Vysochanovka）一带会师，但是哈尔德写下的这道命令墨迹未干就过时了。由于第6集团军的推进速度远比预期快，它的前锋第40装甲军到达维索恰诺夫卡以南的时间将大大早于第1装甲集团军。于是在第二天，部队接到了新的命令：克莱斯特将向正东的米列罗沃前进，以求在更偏南的地点与友军会师。但是这个设想也没能实现：第4装甲集团军此时又陷入困境，尤其是难以保证其先头部队的燃油供应。它已经连续作战12天，推进了近40万米的距离，事实上有好几个师已经因为缺乏燃油而失去机动能力。因此，在7月11日晚些时候，第1装甲集团军又接到了三天内第三组新的作战目标。[71]这一次它要将前进方向略微向右调整，以其左翼攻取米列罗沃，右翼则直取顿涅茨河上的重要渡口卡缅斯克（Kamensk）。

对克莱斯特来说，蓝色二号行动的开局就是一场噩梦：目标一变再变，电传打字机不断传来新的命令，这让他感觉自己并不是第1装甲集团军真正的司令官。此时前线的所有指挥官——鲍克、利斯特和他们手下的集团军司令们——都很清楚，以米列罗沃作为机动目标的唯一结果就是超大规模的交通堵塞。当然，如果这一带有具备相当规模的苏军部队，那么它们的存在可以使德军各部相互保持一定的距离。但是由于苏军不愿扮演敌人分配的角色，德军的机动也就失去了战术意义。在7月15日，三个集团军的先头部队在米列罗沃周围按时会合。在实施向心进攻的过程中，他们遭遇了一路又一路以最高速度向东方和东南方狂奔的苏军行军纵队。这不是包围战，而是行军路线相互垂直的几路大军交替穿插，充满了混乱的场面。第40装甲军参谋长瓦格纳将军这样描述了他目睹的景象：

> 虽然各师的先头部队顺利击溃了许多撤退中的敌方行军纵队，但是我军实施所有运动时都遭到了敌军针对我侧翼和后方越来越强的攻击，因为俄国人都在千方百计地自西向东突围。主要补给线路（Rollbahnen）被一而再，再而三地切断，军需品只能依靠有武装护卫的车队来运输。这就是战斗部队开始被燃油短缺困扰的原因。电话通信线路也经常被切断，我们只能通过电台来指挥。军长只能乘坐"鹳"式（轻型飞机）视察部队。[72]

因为第40军下属的装甲师（第3装甲师和第23装甲师）在向米列罗沃进军时是孤军深入，所以它们无力阻止从身边经过的苏军洪流。和此前两个星期的战斗一样，德军在米列罗沃抓到的俘虏数量非常少，可能只有4万人。[73]

以其他任何军队的标准来衡量，国防军在这两个星期里取得的战绩——占领了一大片具有极高价值的敌国领土，而且可能抓获了10万名俘虏——都是一场辉煌的胜利。但是，德国人的军事行动目标历来都不是攻城略地，而是歼灭敌军，但这个俘虏数字又远远低于预期。此时每个人都已经明白，蓝色行动的整个作战计划，这个分阶段发起进攻、多路向心机动、把大型包围圈分割成若干小包围圈的高度复杂的方案，已经遭到了可悲的失败。事实上，按照此时的作战态势，它只能被形容为一团糟。包括两个装甲集团军和第6集团军的一个机械化军（第40军）在内的庞大装甲部队在米列罗沃周边挤作一团，而实力较弱、人数也远不及它们的步兵机动部队位于侧翼，与它们拉开了很大距离。鲍克元帅就针对这一问题向陆军总司令部发出了怨言。[74] 这种态势或多或少是与国防军截至此时的战争方式背道而驰的。在先前所有的战役中，机动部队都被部署在两翼，随时准备迂回到敌人的侧翼和后方，而步兵则负责正面突击。显然这次作战出了大问题，是时候进行检讨——或者找人背黑锅了。

第一个倒下的人就是鲍克自己。他在7月17日"引咎辞职"，罪名是将装甲部队在沃罗涅日停留太久（这个指控怎么看都很奇怪）。这是他在这场战争中第二次去职；上一次是在莫斯科城下，与这一次仅仅相隔七个月。B集团军群的指挥权转到了魏克斯将军手中，但有趣的是，他和鲍克一样，曾坚定地认为占领并守住沃罗涅日是很有必要的。除此之外，原定的蓝色三号行动，也就是以三个集团军（第4装甲集团军、第6集团军和第1装甲集团军）进军斯大林格勒的计划被彻底废弃。这一作战行动的本意是建立一套稳固的防线，以保护向高加索进军的德军部队后方。但它的前提是在顿河大弯曲部以西歼灭红军主力，而这已经再也不可能了。蓝色行动已经破产。如果我们从7月2日算起，那么到"米列罗沃包围圈"被肃清为止，它总共只持续了18天。

进军罗斯托夫及其后方

虽然问题已是如此严重，但在米列罗沃之战过后的几个星期里发生的一切却更令人震惊。国防军的处境进一步恶化，它迷失在辽阔的顿河大弯曲部中，徒劳无功地寻找着可以歼灭的苏军部队。这可不是能让德国人夸耀的一幕：一支规模庞大且依然实力超强的军队为了追杀敌军四处出击，然而全是白费力气。它先是转向东方和东南方，接着又转到南方和西南方。在每个新方向上它都一无所获，于是它决定进一步深入敌国腹地来找寻猎物。

这第二个作战阶段始于一份粗略的情报，内容是大批苏军越过顿河下游，逃到了罗斯托夫以东。此时国防军的装甲部队在米列罗沃一带过于集中，要把它们解放出来并向南投入机动作战，说起来容易做起来难。最终元首的指挥部发出了新的指令，要求第1装甲集团军实施追击。令人难以置信的是，这意味着该部将再次渡过顿涅茨河，从北面向罗斯托夫进军。与此同时，同样被编入利斯特的A集团军群的第4装甲集团军也接到命令，要向南方和东南方前进，分别占领位于罗斯托夫东北105千米和145千米处的顿河渡口康斯坦丁诺夫卡（Konstantinovka）和齐姆良斯卡亚（Zymlyanskaya）。霍特要渡过顿河，然后向右（也就是向西）转弯，包围位于顿河以南的苏军部队。劳夫将军的第17集团军和罗马尼亚第3集团军（合编为"劳夫集团军群"）将从西面推进并完成合围。[75]

不出所料的是，新的机动方案被执行得很完美。近三年来，国防军一直在实施这类作战，他们确实把它搞成了一门科学。克莱斯特再次渡过了他在几个星期前强渡的河流，霍特也渡过顿河，在南岸建立起一连串桥头堡，使他的集团军本已令人钦佩的行军里程又增加了近240千米，而劳夫的多国联合部队也从出发地沿着米乌斯河向东一路推进。这是一次经典的分进合击，是"由多路军队实施的作战"，同类的作战在德国军事史上已经出现过许多次。罗斯托夫于7月23日落入德军之手，这是它在一年内第二次被他们征服。[76]战斗很轻松——遗憾的是，实在太轻松了。而这也是应该的：守卫这座城市的苏军部队大部分已经溜之大吉。[77]

德军的情报又一次出了差错。顿河以南并没有苏军大部队，至少在如此偏西的位置没有。这是又一次令人痛苦的扑空，而且令人惋惜的是，这次行动连一个正式的代号都没有，以至于现代的军事学院都无法对它进行较为细致的研究。这只不过是又一次的"一拳打空"（Luftstoss），又一个空空如也的包围圈。这是一支坚持传统战法的军队创造的一个经典战例，然而此时却有越来越多的证据表明，这种战法已经再也不能奏效了。

埃伯哈德·冯·马肯森将军的第3装甲军又一次担当了克莱斯特的开路先锋，而他对进军罗斯托夫的作战行动的描述与其说是战斗报告，不如说是旅行见闻录。[78]在完成攻击库皮扬斯克的弗里德里库斯二号行动后，由于侦察表明第1装甲集团军当面的苏军正在撤退，第3装甲军未及喘息就再次投入了战斗。正因如此，该军（包括第14装甲师、第22装甲师、第1山地师、第11军军部，以及配属的第76步兵师和第295步兵师）在7月9日发起进攻时处于严重缺编和急需整补的状态。特别是第14装甲师的许多部队，在接到越过起始线的命令时还在斯大林诺（Stalino）休整。马肯森面前只有苏军的一些后卫部队，他的整个军在第三天就前进到顿涅茨河，并在利西昌斯克两侧过河。接下来的四天里该军一路东进，马不停蹄地越过艾达尔河（Aidar River）和杰尔库尔河（Derkul River），并且不断与如潮水般从北边南下的苏军行军纵队发生遭遇战。[79] 由于装甲部队推进节奏过快，第11军下属各师很快就被甩在后方脱离了视线，而第1山地师也重新被编入了集团军的预备队。在14日，传来新的命令：转向东南，在卡缅斯克和白卡利特瓦（Forschstadt）之间重返顿涅茨河岸边。

调转方向以后，该军渡过格卢博卡亚河（Glubokaya River），切断了河谷中重要的南北向铁路线。此时一趟又一趟南下的列车相当绝望地钻入第3装甲军的火网，不少俘虏和战利品落入该军之手，其中包括一个飞机场和15架完好的飞机，它们显然是在苏军的疯狂逃亡中被遗忘的。到了7月15日，马肯森已经又一次来到顿涅茨河边。第二次横渡这条河流并不是那么轻松。当地的河流宽度比第3军情报部门报告的数字大了一倍，苏军业已成功破坏视野中的所有桥梁，而所有传统辎重队伍中速度最慢的舟桥部队被远远甩在后头，无法及时赶到。第3装甲军不得不在卡利特文斯卡亚（Kalitwenskaya）架起一座应急便桥（Kriegsbrücke），经过加固以后，它在7月16日已可供两个装甲师的坦克过河。但是除了架桥花了不少时间外，部队手中的架桥材料也只够加固一座桥，因此第14装甲师不得不在第22装甲师后面排队等候过河。最终这两个师在17日都再次越过了顿涅茨河，但是很快就遇上了将道路变成一片泥泞的大雨。在这支艰难行进的部队前方还有一条河流——昆德留奇亚河（Kundrjutschia）。当它们在19日到达河边时，发现这里的桥梁同样遭到破坏，还有一道大坝也被苏军炸毁了。瓢泼大雨更是给这条河流带来了高涨的洪峰。

马肯森在7月20日过河，继续向着西南方的罗斯托夫挺进。他在21日不得不越过另一条河流——图兹洛夫河（Tuslov）。在新切尔卡斯克（Novocherkassk），他实施了一个漂亮的小规模机动，先让第14装甲师摆出正面进攻这座城市的架势，然后突然迂回到左翼将其包围，从而将苏联守军赶出了罗斯托夫东北方最后一道适合防御的阵地。第22装甲师则参与了罗斯托夫的战斗，与来自西面的第17集团军和来自南面的第4装甲集团军一同攻克了该城。这不仅是国防军第二次征服罗斯托夫，对马肯森本人来说也是第二次。

第3装甲军两次渡过顿涅茨河的行动堪称是1942年夏季会战的缩影。德军

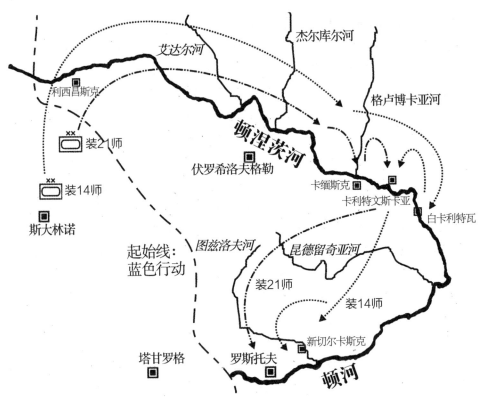

🔺 地图7. 马肯森的进军：蓝色行动中的第3装甲军，1942年7月。

在此战中有快如闪电的机动、作风顽强的百战之师，还有积极进取的指挥官，最终经过近 400 千米的长途跋涉却徒劳无功。马肯森本人提供的俘虏数字是 33450 人。考虑到当时战场环境混乱，敌方行军纵队相互争道，而德军又始终在高速运动，这是一个令人钦佩的数字，但却完全达不到歼灭战的标准。第 3 装甲军在近两个星期的高速运动战中的总损失只有 251 人死亡和 1134 人负伤，这足以证明马肯森在此次行动中遇到的战斗是多么稀少。[80]

事后剖析

随着鲍克去职，哈尔德日益被边缘化，希特勒牢牢掌握了作战行动的控制权。虽然总参谋长这些年来确实犯过不少错误，但希特勒的表现要比他糟糕得多。他的直觉和大胆曾经为他带来巨大成功（1940年西线会战就是一例），但这些优点却不能取代专业的训练或教育，他在指挥规模如此庞大的战役时完全是茫然失措的。我们已经看到了他在给第1装甲集团军下达指示时的朝令夕改。与此同时他对克里米亚的曼斯坦因第11集团军的调度也是大有问题。按照原计划，该集团军应该在攻克塞瓦斯托波尔之后就撤出半岛，占据南方集团军群在米乌斯河沿岸的最右（南）翼，但此时它却接到了准备实施"布吕歇尔行动"（Operation Blücher）的指示，也就是要横渡刻赤海峡，对新罗西斯克（Novorossisk）和库班半岛发起两栖突击。这个行动将要配合针对石油城市迈科普的空降作战实施。第11集团军登陆后，将组成南下高加索的德军部队的最右翼。为了实施布吕歇尔行动，德军参谋人员做了大量准备工作，但到头来都是白费力气。因为希特勒在最后一刻决定让第11集团军北上，参与又一次攻占列宁格勒的尝试，而这个行动最后也胎死腹中。[81]

在接下来的几个星期里，德军的作战特点就是始终不能集中力量追求一个目标，不过把这些都归咎于元首实在过于草率了。不要说希特勒或哈尔德，就算布吕歇尔将军复生，他也没有什么神机妙算能解决国防军此时面对的作战问题。国防军占领了一片广大的区域，也将自己有限的燃油供应和运输能力消耗了一大块。它不能在顿涅茨克和顿河之间一马平川的辽阔原野上就此止步，当然它也完全不打算撤退到更适合防守的阵地上。在它面前是一片巨大的虚空，显然直到顿河岸边都没有苏联军队。唯一现实的选择就是继续前进。

放在德国军队悠久的历史背景下看，蓝色行动是其中规模最大的一次以计划落空为结局的作战行动。这次行动取得了一定程度的胜利，但德军的参谋军官都认为它是一次"平凡"的胜利。它占领了一大片敌国领土，但是却没能歼灭敌国的军队。它就是德国古老的军中谚语："在胜利之后，要把头盔系紧些"（Nach dem Siege binde den Helm fester）[82] 所描述的那种胜利——那种意味着后面的战斗还多得很的胜利。

这场灾难的原因不是个别的决策，也不是每一场大规模作战中都会发生的指挥官之间的争执。[83] 它和霍特在沃罗涅日的逗留以及鲍克对第2集团军侧翼安全的担忧关系不大。它和希特勒对鲍克的怒火以及他在蓝色二号行动中对第1装甲集团军的笨拙指挥关系也不大。事实上，具有无可挑剔的专业素养的哈尔德对这两个决定都是默认的。当然，无论是有意为之还是集体盲动，苏军的逃跑确实在一定程度上促成了这个结局。蓝色行动计划没有考虑到这一点，而德军新建立的自上而下的集中指挥体系也失去了应对这一变化的灵活和敏感。前线指挥官在实施任何大规模行动前，都必须等待来自狼穴，甚或来自希特勒在文尼察（Vinnitsa）的新作战指挥部（代号是"狼人"）的指示，对世界上其他军队的指挥官来说这都是习以为常的，然而对鲍克、霍特和克莱斯特等人来说这却是全新且陌生的体验。

由于硬件的缺失，指挥和控制问题似乎比以往更为严重。能够用来完成任务的机动部队太少，而国防军需要完成的任务，说实话，实在多得可怕。各个装甲师必须朝沃罗涅日快速挺进，然后占领这座城市，将它变为北方侧翼的防御支撑点。然后它们必须迅速南下，沿途制造出一系列小规模包围圈。在歼灭位于顿河大弯曲部的苏联军队之后，它们又必须协调一致地向东方开展多路进军，直奔伏尔加河。最后，在占领或封锁斯大林格勒之后，它们又必须原地调头，南下进军高加索。即便没有苏军的抵抗，这些行军距离也是让人望而生畏的。

霍特的第4装甲集团军的负担尤其沉重。在其他集团军出发之前，它就已经朝东方的沃罗涅日挺进了160千米，以米列罗沃为目标的突进使它的行程又增加了320千米。无论在什么情况下，一个坦克集团军在两周内机动480千米都是令人钦佩的壮举，我们必须给它一切应有的赞许。但遗憾的是，它在这一机动中大部分时间都是直奔南方，而不是敌人所在的东方。霍特把自己的集团军的大量动能消耗在了一场位于国防军千里东方防线前方的横向大扯动中。他在这场战役开始时位于南方集团军群的最左翼，在战役结束时却到了最右翼。这个机动本身虽然很了不起，但完全是徒劳。

再以蓝色一号行动开局阶段中的第40装甲军为例。它不仅经历了临阵换将的风波，而且它在作战开始时是严重缺编的。它的两个装甲师（第3装甲师和第23装甲师）各有90辆坦克，而它的第29（摩托化）师只有50辆。第23装甲师运气欠佳，进攻的是苏军前线少数几个有重兵把守的地段之一，遭遇了密集的雷场和躲在出发阵地对面高地上半埋工事中的坦克，结果经过五天战斗，它的坦克只剩下35辆。到第一个星期结束时，这个"装甲"军可作战的坦克总数已经不满100辆。[84] 在突破第一道河流防线（奥斯科尔河）之后，该军的一部分按原定计划左转与霍特会师，另一部分则不得不按照第六集团军的命令沿顿河向东方和东南方前进；希特勒和总司令部又命令它做了第三次转向，南下米列罗沃。"尽

管命令说现在的主要突击方向在南方，
这个军却在同时朝着三个方向的不同
目标前进，搞不好这些目标一个都实
现不了"[85]，该军参谋长瓦格纳将军这
样写道。不过这种多方向的机动很快
就成了无关紧要的问题——这个军的
汽油用完了。

　　蓝色行动的计划能做得更好吗？
当然可以。国防军能够更有效地执行它
吗？也毫无疑问。所有的战役在纸面
上都比在现实中漂亮。但是归根到底，
这场作战的失败原因无非是一个严重
的数学问题。无论花费多少笔墨来论
述它的根本缺陷，蓝色行动的任何问
题——它的复杂性、它的规模、它的
机动方案——都不是多投入千把辆坦

🔺 和1939—1941年国防军的众多敌人一样，
这些南斯拉夫士兵基本上在战争刚开始时就出
局了（照片来自国防军出版的《雪绒花部队在
南斯拉夫》）。

🔺 德军的反坦克炮正在普雷瓦列（Prevalje）附近轰击南斯拉夫军队的一座地堡（照片来自国防军出
版的《雪绒花部队在南斯拉夫》）。

🔺 生存优势。形象丑陋的美制M-3坦克在沙漠战场上发挥了平衡局势的重要作用。要是没有它,英国第8集团军几乎肯定会在贾扎拉被歼灭。这张照片上的坦克采用了带有指挥塔的原版"李"式配置(美国陆军坦克及机动车辆司令部)。

🔺 国防军步兵正在享受一些难得的休憩时光,1942年摄于塞瓦斯托波尔的别耳别克谷地(照片来自国防军总司令部发行的《我们征服了克里米亚》,第141页)。

🔺 谢韦尔纳亚湾北岸的德军突击部队,1942年6月(照片来自国防军总司令部发行的《我们征服了克里米亚》,第172页)。

注释

1. 关于斯大林格勒城争夺战的文献可谓汗牛充栋，而关于终结此战的苏军反攻的著作也不计其数。但是，对导致此战的复杂会战（蓝色行动）的研究却很欠缺，往往只能在全景式战史中找到一两句陈词滥调式的描述。关于这个主题，有三部作品是不可不读的。首先是汉斯·德尔撰写的第一手史料，《进squared斯大林格勒之战：试述某次战役》（Der Feldzug nach Stalingrad: Versuch eines operativen Überblickes，达姆施塔特：E. S. Mittler，1955 年）。有趣的是，德尔在书中的一句话几乎出现在了每一本涉及斯大林格勒之战的书中（本书也不例外）：那就是他对发生在这座城市里的战斗特点的描述［"丈量距离的单位从千米换成了米，总参谋部地图让位于城市地图"（Der Kilometer als Masseinheit wich dem Meter, die Generalstabskarte dem Stadtplan），第 52 页］。实际上，城市战根本不是该书的主题。秉承德军传统的德尔更感兴趣的是导致城市战的战役背景（德尔称其为 Vorgeschichte，意指"由来"，第 15 页），也就是在开阔原野中发生的持续几个星期的运动战，正是这一战使国防军在斯大林格勒（以及高加索）陷入了如此窘境。第二本不可不读的著作是德国官方正史——《德国与第二次世界大战》（由德国军事历史研究所编纂）的第 6 卷（《全球战争：战争的扩大和主动权的易手，1941—1943》）的第 6 部分（由贝恩德·魏格纳撰写）——《对苏战争，1942—1943 年》。尤其请参见《希特勒的"第二次会战"：军事理念与战略基础》（Hitlers "zweiter Feldzug"：Militärische Konzep- tion und strategtische Grundlagen）（第 761—815 页）和《夏季攻势的开始》（Der Beginn der Sommeroffensive）（第 868—898 页）。第三本重要著作也是当今关于该主题最好的英文研究作品，即乔尔·海沃德所著的《兵败斯大林格勒：德国空军与希特勒在东方的失败，1941—1943》——光看书名，也许有人会以为它讲的只是空中作战，实际上它还包含了对陆战、空战和海战的相互影响的细致分析。该书治学严谨，文笔老练，在迄今为止已出版的关于东线战争的著作中可以名列前十。

除了这三部作品外，还可以参见三本西方最早的关于苏德战争的作品，其作者分别是波兰人、瑞士人和法国人。由瓦迪斯瓦夫·安德斯（Wladyslaw Anders）所著，《希特勒在俄国的失败》（Hitler's Defeat in Russia，芝加哥：H. Regnery Co.，1953 年），第 81—158 页对这一战役做了中肯而且经得起时间考验的分析，同样的评价或许也适用于由莱德雷上校（Colonel E. Lederrey）所著的，《德国在东方的失败：战争中的苏联军队，1941—1945》（Germany's Defeat in the East: The Soviet Armies at War, 1941‐1945，伦敦陆军部，1955 年）一书。不过，由奥古斯丁·纪尧姆将军（General Augustin Guillaume）所撰写的第三本书《苏德战争，1941—1945》（The German-Russian War, 1941‐1945，伦敦：陆军部，1956 年）需要小心对待，因为作者引用的数字往往看起来很荒谬，例如他提到德军在斯大林格勒损失 1500 辆坦克，战死 18 万人（第 22 页）。下列著作依然很有价值：厄尔·齐姆克和马格纳·鲍尔著，《从莫斯科到斯大林格勒：决战东线》，第 283—397 页；约翰·埃里克森，《通往斯大林格勒之路》，第 343—393 页；瓦尔特·克尔（Walter Kerr）著，《斯大林格勒的秘密》（The Secret of Stalingrad，纽约州加登城：Doubleday，1978 年）。利用价值较少的著作有马修·库珀著，《德国军队 1933—1945》，它一共只用了六页篇幅（第 415—421 页）论述这场战役；以及艾伦·克拉克（Alan Clark）著，《巴巴罗萨：苏德战争，1941—1945》（Barbarossa: The Russian German Conflict, 1941‐45，纽约：Quill，1985 年），第 204—219 页，其中的记述特别凌乱。德语的二手文献包括卡尔海因里希·里克尔（Karlheinrich Rieker）著，《输掉世界大战的人：苏德战争中决定性的几个月，1942—1943》（Ein Mann verliert einen Weltkrieg: Die entscheidenden Monate des deutsch-russischen Krieges, 1942‐1943，美因河畔法兰克福：Fridericus-Verlag，1955 年），它提供了有趣的作战分析；还有吉多·克诺普（Guido Knopp）著，《斯大林格勒：电视片》（Stalingrad: Das Drama，慕尼黑：Bertelsmann，2002 年），这是一本由历史学家兼电视名人撰写的通俗历史著作，但包含了多得惊人的作战细节。

2. 弗朗茨·哈尔德著，《战争日记》第 3 卷，《到进军斯大林格勒为止的对俄作战》第 418 页中 1942 年 3 月 25 日的记录。

3. 德国官方正史，魏格纳著，《对苏战争，1942—1943 年》，第 6 卷第 779 页。

4. 齐姆克和鲍尔著，《从莫斯科到斯大林格勒》，第 293 页。

5. 见乔治·布劳著，《德军在俄国的战役——策划与作战，1940—1942》，美国陆军部宣传册 20-261a，第 137 页。该书是"德军报告"丛书的一部分。布劳根据被俘德军将领的手稿写成此书，手稿的作者包括担任德军总参谋长至 1942 年的弗朗茨·哈尔德将军、戈特哈德·海因里希将军"等人"（第 iii 页）。书中关于此次攻势的准备工作的记述很出色（德国作者们显然利用了他们在策划阶段的备忘录），但是对实际作战过程的描写过于简略。

6. 出处同前，第 138 页。

7. 出处同前，第 149—150 页。

8. 瓦尔特·瓦尔利蒙特著，《希特勒指挥部内幕，1939—1945》，第 239—240 页。瓦尔利蒙特在 1939 至 1944 年担任国防军总司令部的作战部副部长。

9. 齐姆克和鲍尔著，《从莫斯科到斯大林格勒》，第 294 页；瓦尔利蒙特著，《希特勒指挥部内幕》，第 240 页。另见安德烈亚斯·孔茨著，《六十年前：第 6 集团军在斯大林格勒的毁灭》，《军事历史》第 4 期（2002 年）：第 8—17 页，尤其是第 10 页顶上的照片。

10. 布劳著，《德军在俄国的战役》，第 126 页。

11. 出自加莱亚佐·齐亚诺伯爵（Count Galeazzo Ciano）的日记，转引自理查德·迪纳尔多著，《德国与轴心阵营诸国：从联盟到崩溃》，第 136 页。

12. 见德国官方正史，魏格纳著，《对苏战争，1942—1943 年》，第 6 卷第 806 页上题为"德国对苏联 1942 年工业产量的估计"（Die deutsche Einschätzung der sowjetischen Industrieproduktion des Jahres 1942）的表格。

13. 此人就是汉斯·冯·塞克特将军（General Hans von Seeckt），而德语原文是"Das Wesentliche ist die Tat！"见《军事周刊》第 125 辑，第 43 期（1941 年 4 月 25 日）的封面，它就是为了纪念塞克特诞辰七十五周年而设计的。关于这位将军的权威著作是詹姆斯·科勒姆著，《闪电战的根源：汉斯·冯·塞克特与德国军事改革》（The Roots of Blitzkrieg: Hans von Seeckt and German Military Reform，劳伦斯：University Press of Kansas，1992 年）。另见罗伯特·奇蒂诺著，《闪电战策略的演变：德国针对波兰的自卫措施》。要了解战争期间德国人对于塞克特的观点，见弗里茨·波尔（Fritz Pohl）著，《冯·塞克特大将与护围军》（Generaloberst von Seeckt und die Reichswehr），《军事周刊》第 127 辑，第 25 期（1942 年 12 月 18 日）：第 673—678 页。

14. 德语原文是"Untätigkeit belastet schwerer als ein Fehlgreifen in der Wahl der Mittel"。见布鲁斯·康德尔（Bruce Condell）和达维德·宗贝茨基著，《论德国战争艺术：军队领导》（On the German Art of War: Truppenführung，科罗拉多州博尔德：Lynne Rienner，2001 年），第 15 段，第 19 页。

15. 罗伯特·奇蒂诺著，《德式兵法：从三十年战争到第三帝国》，第 32 页。

16. 关于布吕歇尔看不懂地图的史实，可参见他的俄国战友亚历山大·德朗热隆将军（General Alexandre de Langeron）的证言。埃伯哈德·克塞尔著，《纪念 12 月 16 日布吕歇尔诞辰 200 周年》，《军事科学评论》第 7 辑，第 4 期（1942 年）：第 309—310 页。

17. "Der Prinz was überhaupt kein Genie."见弗尔斯特中尉著，《腓特烈·卡尔亲王》，《军事科学评论》第 8 辑，第 2 期（1943 年）：第 89 页。

18. 费多尔·冯·鲍克著，《费多尔·冯·鲍克元帅战争日记，1939—1945》，第 413 页中 1942 年 1 月 28 日的记录。

19. 出处同前，1942 年 1 月 31 日的记录（第 416 页）。

20. 克塞尔著，《布吕歇尔》，第 305 页。

21. 出处同前，第312页。

22. 以上引文都来自弗尔斯特著，《腓特烈·卡尔亲王》，第90—91页。

23. 这个军官就是库尔特·冯·蒂佩尔斯基希。转引自德国官方正史，魏格纳著，《对苏战争，1942—1943年》，第6卷第776页。

24. 克里斯蒂安·哈特曼著，《哈尔德：希特勒的总参谋长，1938—1942》，第319页。

25. 要了解第41号指令，见瓦尔特·胡巴奇（Walther Hubatsch）著，《希特勒关于战争行动的指示，1939—1945》（Hitlers Weisungen für die Kriegführung, 1939‑1945，科布伦茨：Bernard & Graefe，1983年），第183—191页。

26. 第41号指令，"总体意图"（Allgemeine Absicht），胡巴奇著，《希特勒的指示》，第184页。

27. 第41号指令，"东线的主要作战"（Die Hauptoperation an der Ostfront），胡巴奇著，《希特勒的指示》，第185页。

28. 卡尔·冯·克劳塞维茨著，《战争论》（On War），迈克尔·霍华德和彼得·帕雷特（Peter Paret）编译本，（普林斯顿：Princeton University Press，1976年），第1篇，第7章，"战争中的阻力"（Friction in War），第119页。

29. 请参见一部不可不读的著作：丹尼尔·休斯编，《毛奇军事文选》，第91页。

30. 这是一个常见的翻译。休斯编，《毛奇军事文选》，第92页的译法是："因此，没有一个作战计划在己方与敌人主力首次接触后还有任何把握保证有效。"

31. "战略就是一套应急手段"（Die strategie ist ein System der Aushilfen）。见《陆军元帅冯·施利芬伯爵论普鲁士—德意志军队的名将》（Generalfeldmarschall Graf von Schlieffen über den grossen Feldherren der preussisch-deutschen Armee），《军事周刊》第125辑，第17期（1940年10月25日）：第805—807页。有关这一观点的一般性讨论，见同一期战时杂志上的路德维希将军著，《作为导师的毛奇》（Moltke als Erzieher），《军事周刊》第125辑，第17期（1940年10月25日）：第802—804页。

32. 第41号指令，"东线的主要作战"，胡巴奇著，《希特勒的指示》，第185页。

33. 见米勒·勒布尼茨上校（Colonel Müller-Loebnitz）著，《领导意志与下级指挥官的独立性》（Führerwille und Selbständigkeit der Unterführer），第1部分，《军事周刊》第122辑，第22期（1937年11月26日）和第2部分，《军事周刊》第122辑，第23期（1937年12月3日）：第1431—1434页。另见韦策尔将军（General Wetzell）的卷首社论，《从德国将领的精神说起》（Vom Geist deutscher Feldherren），《军事周刊》第123辑，第20期（1938年11月11日）：第1273—1279页。

34. 瓦尔利蒙特著，《希特勒指挥部内幕》，第231页。另见德国副总参谋长金特·布卢门特里特将军（General Günther Blumentritt）的评论，他哀叹"这些命令过于冗长——与我们接受的训练正好相反。它们经常使用浮夸的语言和形容词最高级，违背了短小精悍、简明扼要的老式文风的一切原则"。巴兹尔·利德尔·哈特著，《德国将领对话录》（The German Generals Talk，纽约：Quill，1979年）第197页。

35. 第41号指令，"东线的主要作战"，胡巴奇著，《希特勒的指示》，第185页。

36. 弗朗茨·哈尔德著，《战争日记》第3卷，第420页中1942年3月28日的记录。另见齐姆克和鲍尔著，《从莫斯科到斯大林格勒》，第290页。

37. 要想对蓝色行动进行充分的研究，少了一系列地图是不行的，但并非所有地图都是可信的。请参见德尔著，《进军斯大林格勒之战》附录中23幅全面而详细的示意图。关于此次作战的开始阶段，见示意图1，《根据4月5日第41号元首指令所做的计划》（Plan gemäss Führerweisung Nr. 41 vom 5. April）。

38. "此次突破的目标是占领沃罗涅日本身。" 第 41 号指令，"东线的主要作战"，胡巴奇著，《希特勒的指示》，第 186 页。

39. 海沃德著，《兵败斯大林格勒》，第 22—25 页清晰地说明了这个复杂的作战行动；齐姆克和鲍尔著，《从莫斯科到斯大林格勒》，第 286—290 页也很有帮助。

40. 第 41 号指令，"东线的主要作战"，胡巴奇著，《希特勒的指示》，第 186 页。

41. 要了解赖歇尔案件，见德国官方正史，魏格纳著，《对苏战争，1942—1943 年》，第 6 卷第 868—869 页。另见杰弗里·朱克斯著，《希特勒的斯大林格勒决策》（Hitler's Stalingrad Decisions，伯克利：University of California Press，1985 年），第 31—33 页中令人信服的记述。

42. 让·范维尔肯休森（Jean Vanwelkenhuyzen）著，《1940 年 1 月的危机》（Die Krise vom January 1940），《军事科学评论》第 5 辑，第 2 期（1955 年 2 月）：第 66—90 页至今仍是关于梅赫伦事件的最佳作品。

43. 德国官方正史，魏格纳著，《对苏战争，1942—1943 年》，第 6 卷第 868—869 页。

44. 鲍克著，《鲍克战争日记》，1942 年 6 月 25 日的记录，第 505—506 页。

45. 原话不易翻译。齐姆克和鲍尔著，《从莫斯科到斯大林格勒》采用的是直译："让你的鼻子指着前方，朝前走。"鲍克著，《鲍克战争日记》，1942 年 6 月 28 日的记录则译作："管好你手头的事吧！"

46. 埃里克森著，《通往斯大林格勒之路》，第 338—342 页；格兰茨和豪斯著，《巨人的碰撞》，第 105—106 页。

47. 齐姆克和鲍尔著，《从莫斯科到斯大林格勒》，第 228—230 页事实上提供了现有文献中唯一一证实克里姆林宫行动的讨论。

48. 德国官方正史，魏格纳著，《对苏战争，1942—1943 年》，第 6 卷第 875。另见德尔著，《进军斯大林格勒之战》附录中的示意图 2，"魏克斯集团军群在沃罗涅日的突破和第 40 装甲军在南面的转向"（Durchbruch der Armeegruppe Weichs auf Woronesh und Abdrehen des XXXX. Pz Korps nach Süden）。

49. 埃里克森著，《通往斯大林格勒之路》，第 356 页。

50. 克拉克著，《巴巴罗萨》中第 204—219 页关于蓝色行动的章节标题。

51. 要了解苏军在沃罗涅日一带早早开始而且始终不曾真正停止的反击，见戴维·格兰茨著，《苏德战争中被遗忘的战役（1941—1945），第 7 部分：夏季会战（1942 年 5 月 12 日至 11 月 18 日）：沃罗涅日，1942 年 7 月》[Forgotten Battles of the German-Soviet War (1941 - 1945), Part 7: The Summer Campaign (12 May - 18 November 1942): Voronezh, July 1942]，《斯拉夫军事研究杂志》第 14 辑，第 3 期（2001 年 9 月）：第 150—220 页。

52. 要了解匈牙利第 2 集团军的艰苦努力，见海因茨·黑尔默特（Heinz Helmert）和赫尔穆特·奥托（Helmut Otto）著，《从匈牙利第 2 集团军的部署看第二次世界大战中希特勒德国的联合作战》（Zur Koalitionskriegsführung Hitler-Deutschlands im zweiten Weltkrieg am Beispiel des Einsatzes der ungarischen 2. Armee），《军事历史杂志》（Zeitschrift für Militärgeschichte）第 2 辑，第 3 期（1963 年）：第 320—339 页。

53. 要了解关于第 6 集团军前锋进攻过程的第一手史料，见卡尔·瓦格纳（Carl Wagener）著，《第 40 装甲军从哈尔科夫向高加索的进击，1942 年 7—8 月》（Der Vorstoss des XXXX. Panzerkorps von Charkow zum Kaukasus, July - August 1942），第 1 部分，《军事科学评论》第 5 辑，第 9 期（1955 年 9 月）：第 397—407 页。

54. 鲍克著，《鲍克战争日记》，1942 年 7 月 1 日的记录，第 510 页。

55. 齐姆克和鲍尔著，《从莫斯科到斯大林格勒》，第 339—340 页。

56. 转引自杰弗里·罗伯茨（Geoffrey Roberts）著，《斯大林格勒的胜利》（Victory at Stalingrad，伦敦：Longman，2002年），第60页。

57. 哈尔德著，《战争日记》第3卷，第474页中1942年7月6日的记录。要查看霍特的小传，见罗伯特·奇蒂诺著，《装甲部队：历史与原始资料》，第246—248页。

58. 哈尔德著，《战争日记》第3卷，第474页中1942年7月6日的记录。要查看鲍克的小传，见奇蒂诺著，《装甲部队》，第224页。

59. 见奇蒂诺著，《德式兵法》，第301—305页的讨论。

60. 原话是"霍特冲向沃罗涅日的固执行动"（das sture Losrennen Hoths auf Woronesh），见哈尔德著，《战争日记》第3卷，第474页中1942年7月5日的记录。

61. 鲍克著，《鲍克战争日记》，1942年7月2日的记录，第512页。

62. 出处同前，1943年3月22日的记录（第539页）。

63. 出处同前，第540页。

64. 转引自齐姆克和鲍尔著，《从莫斯科到斯大林格勒》，第339页。

65. 哈尔德著，《战争日记》第3卷，第475页中1942年7月6日的记录。

66. 瓦格纳著，《第40装甲军的进击》，第1部分，第407页。

67. 理查德·奥弗里（Richard Overy）著，《俄罗斯的战争：苏俄战争史，1914—1945》（Russia's War: A History of the Soviet War Effort, 1914 - 1945，纽约：Penguin，1998年），第158—161页对这道命令做了特别好的阐述。

68. 原文是"Einen gegner einzukesseln, der nicht mehr da ist"。鲍克著，《鲍克战争日记》，1942年7月7日的记录，第520页。另见德国官方正史，魏格纳著，《对苏战争，1942—1943年》，第6卷第881页。

69. 鲍克著，《鲍克战争日记》，1942年7月8日的记录，第520页。

70. 见德尔著，《进军斯大林格勒之战》，第19—20页。

71. 见齐姆克和鲍尔著，《从莫斯科到斯大林格勒》，第346页。

72. 瓦格纳著，《第40装甲军的进击》，第1部分，第405页。

73. 要了解针对米列罗沃的机动，见德尔著，《进军斯大林格勒之战》附录中的示意图3，"接到元首7月13日命令时的形势"（Lage beim Eintreffen des Führerbefehls vom 13. 7.）。

74. 鲍克著，《鲍克战争日记》，1942年7月12日和7月13日的记录，第525—526页。

75. 见德尔著，《进军斯大林格勒之战》附录中的示意图3，"7月13日的形势"（Lage 13. 7.）。

76. 要了解罗斯托夫的战斗，见贝恩德·奥弗许斯（Bernd Overhues）、金特·皮尔茨（Günther Pilz）和布鲁诺·瓦斯克（Bruno Waske）著，《越过街垒：对罗斯托夫的突击》（Über die Barrikaden: Der Sturm auf Rostow），《国防军》第6辑，第17期（1942年8月19日）：第6—9页。

77. 要了解对"罗斯托夫'包围战'"的轻蔑评价，见德尔著，《进军斯大林格勒之战》，第22—24页。

78. 见直接史料，埃伯哈德·冯·马肯森著，《从布格河到高加索：对苏作战中的第3装甲军，1941-1942》，尤其是《第二次进军罗斯托夫，1942年6月27日至7月25日》（Zum zweiten Mal gen Rostow, 27.6. - 25.7. 1942），第85—90页。

79. 出处同前，第86—87页。

80. 出处同前，第90页。

81. 要了解第 11 集团军后来的"解体"，请参见直接史料，埃里希·冯·曼斯坦因著，《失去的胜利》，第 260—261 页。

82. 转引自瓦格纳著，《第 40 装甲军的进击》，第 1 部分，第 407 页。

83. 德尔著，《进军斯大林格勒之战》，第 24 页注释 11。

84. 瓦格纳著，《第 40 装甲军的进击》，第 1 部分，第 398—399 页。

85. 出处同前，第 405 页。

第六章
强弩之末：北非

如果隆美尔在攻克托布鲁克之后止步于埃及边境，那真是再合理不过[1]。他急需一段时间的休息，整个非洲装甲集团军也是如此。该集团军已经在贾扎拉和托布鲁克获胜，但是正如他日后所写，这是靠着"利用最后一点储备力量"才做到的[2]，它"一连几个星期与在人力和物力上都占据优势的敌人进行了艰苦卓绝的斗争"。如今我们可以在读过这段文字之后，与隆美尔来一番纸上谈兵——在塞卢姆阵地停止前进，等待增援、补充和补给；耐心等待运输船队到达；充实部队的编制；花一些时间让新来的步兵和装甲兵融入部队——让柏林和罗马的空降兵小伙子们最终实施策划已久的针对马耳他的攻击（"赫拉克勒斯行动"，与1941年针对克里特岛的墨丘利行动相仿）[3]。最后，在完成部队的整补并确保海上补给线之后，再发兵攻入埃及。

事后看来，这都是很好的建议。事实上，在隆美尔之上的几乎每一个指挥机构都已经采纳了这样的建议。德国陆军总司令部和意大利最高司令部给他的命令都要求他在胜利拿下托布鲁克之后止步于埃及边境，在塞卢姆至西迪欧麦尔（Sidi Omar）一线转入防御[4]，且应该在那里等待针对马耳他的意德联合空降作战。这一行动需要动用轴心国在地中海部署的大部分空中和海上力量。等到这个行动结束后，有了安全的补给线并可以稳定地积累人员和装备，隆美尔才能对埃及发动入侵。阿尔贝特·凯塞林元帅（Field Marshal Albert Kesselring）也确实在6月21日飞抵非洲与隆美尔会谈，以确保他还记得正确的作战顺序：先取马耳他，再攻埃及。凯塞林可不是那种不屑于施加一点压力的人。如果隆美尔拒绝合作，那么说不定他某天早上一觉醒来，就会发现德国空军在北非的所有部队都被调回了西西里。[5]

其实隆美尔已经拿定了主意。此时他正处于个人和职业生涯的顶点，是一个"站在人生中的权力最高峰"[6]的人，刚刚才给英国第8集团军带去了战争中最沉重的打击，还沉浸在胜利的喜悦中。贾扎拉之战并不是"班加西博彩"的重演，不是利用轻装部队在昔兰尼加突出地带来回拉锯的、毫无意义的奔波，而是一次将英军赶出坚固防御阵地、杀得他们四散奔逃，并在一天之内就攻克托布鲁克的辉煌胜利。最近的晋升使他成为陆军中最年轻的元帅，而且与其他人有着相当大的年龄差距[7]，他正踌躇满志地站在埃及边境上，思忖着在他眼里肯定是一片光明的作战前景。在他面前有几个分量十足的战略目标：亚历山大港、尼罗河三角洲和苏伊士运河。在他和这些目标之间，显然除了一群残兵败将之外空无一物。看来隆美尔已经打破了沙漠战争中的均势，正是这一均势使双方在过去两年都没能达成各自的目标。

事实上，早在与凯塞林会商之时，他已经起草了让非洲装甲集团军进入埃及的命令，并在给获胜的部下发去的贺电中宣布了这项决定。"托布鲁克要塞已经投降，"他在6月21日上午9:45写道，"所有部队应重新集结，做好继续前进的准备。"[8]当天晚上，他给墨索里尼发了一份电报，说明"部队的状态和士气、当前因为缴获敌资而得到改善的供给状况，以及敌军目前的弱点，都允许我军深入埃及腹地进行追击。"[9]希特勒则接见了隆美尔派出的个人联络官，后者当面向他提出了同样的意见。

这一手似乎见效了。希特勒在6月23日对墨索里尼表示，攻克托布鲁克是个转折点。他说，英国第8集团军"实际上已经被歼灭"，现在正是"以最快的速度坚决无情地扩大战果"的时候。[10]对一位指挥官来说，"胜利女神只会提供一次机会。"[11]如果说希特勒只有一件很擅长的事，那么就是说服墨索里尼。于是两位独裁者一致同意将进攻马耳他的行动推迟到9月——换言之，就是无限期搁置。原先要求在边境停止前进的命令确实合情合理，但是真心希望隆美尔服从这些命令的人却没有一个对他的举动多加关注。

德国官方历史倾向于用新派的观点解释所有这些问题，对一本出版于1990年的著作来说，这确实是唯一适宜的态度。不过，对于隆美尔的决定，它的评价可谓恰到好处："因此，隆美尔是依靠指挥官的军事经验来打仗的，这一做法源于普鲁士—德国的带兵传统。一支暂时处于弱势的军队可以通过出其不意的攻击、巧妙的作战、协同良好而灵活多变的指挥、对敌军的充分了解和更胜一筹的武器来克服自身的弱点，战胜实力比自己高出一定程度的对手。"[12] 沙漠确实是现代坦克战术的理想战场，而英国军队因为"装甲车辆良莠不齐"，又具有"优柔寡断和按部就班作战的特性"，在很多方面可以说是个理想的对手。但是，地形特点和英国军队的作战素质都不重要。进军埃及的决定也并非源于埃尔温·隆美尔的个人野心，而是有着更深层的原因——在它背后是 300 年的德国军事史。

进入埃及：马特鲁港的序曲

　　6 月 23 日夜间，非洲装甲集团军越过边境铁丝网，在从大海到马达莱纳堡（Fort Maddalena）的宽广正面上进入埃及。其实它此时并不是一支兵强马壮的雄师。按照隆美尔的说法，非洲军的两个师总共只有 50 辆坦克。[13] 他的情报主任梅林津提供的"不容乐观的低水平数字"或许更准确：44 辆坦克。[14] 他主要的盟友部队，也就是意大利第 20 摩托化军（"公羊"师和"利托里奥"师）总共只有 14 辆坦克和大约 2000 名步兵。他的后勤更是一塌糊涂。6 月是个糟糕的月份，只有 3000 吨物资被运过地中海（而预算需求是 60000 吨，这一预算在北非战争中自始至终都未曾落实）。[15] 托布鲁克仓库中的大量战利品帮助填补了缺口，尤其是燃油的缺口，但隆美尔从这头"母牛"身上也只能挤一次奶而已。如果轴心国动用更多航空力量，或许能够持续压制马耳他岛，使补给航道保持畅通，但是到了 1942 年 6 月，其他战线对航空兵的需求已经远远超过地中海——国防军眼看就要发起蓝色行动。无论如何，他的后勤问题不会有任何改善，而这个问题在他离开非洲后所写的回忆录中体现的重要性很可能远远超过他当初所做出的决策。

　　由于英军还在逃跑，隆美尔在埃及战役的最初几天进展迅速。意大利第 10 军和第 21 军的步兵师在左翼沿着海岸公路前进。意大利第 20 摩托化军（"的里雅斯特"的摩托化步兵师和"公羊"装甲师）则在靠近沙漠的侧翼推进。非洲军（第 15 装甲师和第 21 装甲师）占据中路，第 90 轻装师在主力部队前方开道。[16] 这是一段高歌猛进的日子，第一天就推进了至少 160 千米。前方没有一支像样的英军部队，但隆美尔注意到英国沙漠航空队的空袭次数明显增加。他一如既往地风驰电掣，然而虽然如此快的推进速度有很多优点，却也有不少缺点，其一就是会脱离己方战斗机的掩护范围。要不是隆美尔的部队在战役的这一阶段有一个异乎寻常的特点，空袭造成的损失可能会比实际大得多——此时隆美尔军中装备的英军车辆实在太多，可能占到他的卡车总数的 85%——以至于英国轰炸机经常把他的车队当成友军而放弃攻击。上当的不仅仅是英国飞行员。还在从贾扎拉和托布鲁克撤退的英军掉队士兵发现，和这种"英国"车队走得太近是很危险的，不少人就因此成了俘虏。友军误击事件也偶尔发生，尤其是意大利军队在看到这种异国式样的车队呼啸而过时难免有过激反应。就连隆美尔本人也有困惑的时候："没法分辨敌我，因为双方都在用英国汽车。"[17]

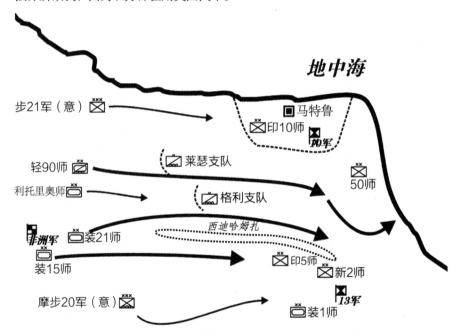

🔺 地图8. 中央突破：非洲装甲集团军进攻马特鲁港，1942年6月26—27日。

在入侵行动仅仅开始两天后，非洲装甲集团军就已逼近它的第一个战役目标：马特鲁港（Mersa Matruh）要塞。经过仓促得几乎名不副实的侦察之后，隆美尔命令他的幕僚做好在次日（6月26日）发起突击的准备。他认为自己已经摸清了英军的实力，而且对他们的作战计划也了解得一清二楚。他毫不怀疑，英军会把四个主力师（第5印度师、第10印度师、第2新西兰师和英国第50师）部署在坚固工事中，而第 1 装甲师将负责靠近沙漠的侧翼，可能部署在西迪哈姆扎（Sidi Hamza）峭壁一带。因此，他的计划是运用非洲军击退第 1 装甲师，然后包围马特鲁港内的英军步兵师。[18]

和沙漠战争中常见的情况一样，隆美尔对英军作战意图的判断是完全错误的。军队在进行防御战时有多种部署方式：可以在前线平均分配兵力，并将预备队置于中央，也可以加强某个侧翼，或者收缩侧翼，使其与正面部队成 90 度夹角，并相应地部署预备队。在马特鲁港，英军却发明了一种全新的部署方式：在两个侧翼部署重兵，而在防线中央基本不部署任何兵力，只有一道纵深很小的雷场。[19] 直到今天我们都很难知道这个部署的用意，事实上，只能将这种笨拙的部署解释为当时英军司令部中号令混乱的体现。克劳德·奥金莱克将军不久前刚把里奇将军撤职，自任第 8 集团军司令。这个集团军此时还在匆忙而无序地撤退，或许已经是在溃逃，指望它拿出合理的策划、明智的部署和顽强的防守或许是太过苛求了。

因此，与隆美尔的估计正相反，里奇－奥金莱克指挥班子把第 10 军（下辖第 10 印度师和第 50 师）部署在北面的马特鲁港城内，并在其周边布设了大量地雷。在马特鲁港南方约 16 千米外的西迪哈姆扎峭壁远端，则部署了第 13 军（第 2 新西兰师、第 5 印度师和第 1 装甲师）。这两个防区之间的区域几乎没有防守部队。该区域的前线有一道仓促布设的雷场，雷场后方的缺口中有两支弱小的机动部队巡逻，它们的代号分别是"莱瑟支队"（Leathercol）和"格利支队"（Gleecol），都是以第 29 步兵旅的几个营为基础组建起来的。[20] 一如先前的多次战役，梅林津所说的英国人"对分散的渴望"[21] 在这里又一次表现得淋漓尽致。同样似曾相识的是各部队接到的命令，不仅令人困惑，甚至自相矛盾。里奇原本打算在马特鲁港坚守，但是这个"防御行动"[22] 此时却变成了迟滞行动。他为了实施静态作战而准备的防御阵地，包括雷场和其他工事在内，此时都突然变成了"流动防御"[23] 的阵地。奥金莱克的意图是"让所有部队保持流动性和机动性，从各个方向打击敌人"。[24] 为此，英军各师都被改编成所谓的旅集群，它们基本上以一两个炮兵连为核心，辅以乘坐卡车机动的步兵，用作对付德军装甲突破战术的机动部队。[25] 由此造成的混乱是无穷无尽的。两个军都接到了在必要时"迅猛大胆地攻击敌军侧翼"来支援友军的命令，而这种战术通常只出现在与敌军决战时。[26] 另一方面，每个军也都接到了在战局不利时要全面撤退、避免被包围的命令，这又是迟滞行动中的常见战术——总之，按照奥金莱克的命令，第8集团军要避免"被困在马特鲁"。[27]

按照如此混乱的指示作战超出了英军在战争这一阶段的能力。[28]或许这也超出了任何一场战争中任何一支军队的能力。隆美尔以第90轻装师揭开进攻序幕，它的车队"首尾相接"[29]排成一线，小心翼翼地在雷场中试探道路。但是，英国第13军的一份情报总结却提到，德军大摇大摆地穿越了雷场，并没有花费工夫寻找通道，而地雷也没有爆炸。[30]很难调和这两种互相矛盾的说法。但无论如何，第90轻装师轻松驱散了莱瑟支队，几乎没有正眼瞧过它。紧随其后推进的第21装甲师也对格利支队如法炮制。隆美尔的攻击打中了英军防御最弱的环节，一举突破守备力量薄弱的防线中段，将他的两个师插入了英军分散的两翼之间。梅林津认为这一成功的打击"纯粹是靠运气"[31]，在某种意义上他是正确的，因为德军并没有进行过细致的侦察。但我们同样可以说，英军指挥机构的人事变动导致他们的部署处处都是破绽，防线中央只不过是其中之一。

和隆美尔的所有得意之战一样，非洲装甲集团军又一次在最初的几个小时就奠定了胜局，而它的成功依靠的是战役层面的大胆机动。在第二天，也就是6月27日，德军扩大了战果。第90轻装师急速东进，击溃多支英军小部队，然后左转弯奔向海岸，同时第21装甲师一路冲杀，绕过了第2新西兰师在西迪哈姆扎峭壁上明卡尔凯姆（Minqar Qaim）阵地的右翼。最终第21装甲师绕到英军后方，从东面向其发起攻击。[32]由于德军部队正好卡在通往开罗的交通线上，此时英军的两个军似乎都被包围了。

但它们真的被包围了吗？沙漠战争进行到这一阶段，英军在物质方面基本上已经全面胜过敌军，和贾扎拉之战一样，接下来的几天会发生一些激烈的战斗。在隆美尔发起这场战役时，他的部队已经是久经战阵的疲惫之师。他没有给这支部队任何喘息机会就把它派到埃及，而它的供给链又是千疮百孔，在过去三天里还遭到了猛烈的轰炸。在重压之下，部队疲态尽显。例如，第21装甲师总计只有"23辆坦克和600名非常疲惫的步兵"。[33]隆美尔亲自率领他们作战，因此他们的攻势一度非常凶猛，仿佛兵力比实际情况多得多，但这种诡计的作用也只能到此为止。在马特鲁港东面，第90轻装师包围了英国第10军，但仅仅是最低限度的围困：德军的这个师此时只能勉强凑起1500名步兵。或许仅仅是因为德军大部队出现在意想不到的地方而引发混乱；或许是因为先前的败仗造成士气低落；又或许完全出于对隆美尔的恐惧，反正英军士兵在这场战役中除了留在原地朝面前出现的任何目标射击之外，几乎什么都没有干——但他们的射击也没什么准头。德军依旧拿不出任何办法来对付"格兰特"式坦克，在北非这种坦克可以在光天化日之下横行无忌，而且它们在英国第 1 装甲师中数量充足。在南面，德国第 15 装甲师在第二天花了大半天时间硬啃第 1 装甲师位于峭壁以南的阵地。但最终结果却是德军不仅寸步未进，反而遭受了重大损失。事实上，如果我们看一下第一天战斗结束时的马特鲁港战场，可以同样公平地认为：隆美尔打头阵的两个师自己陷入了包围，和它们在贾扎拉之战中的经历如出一辙。[34]

对德军来说，幸运的是英军对隆美尔的底细也是两眼一抹黑，甚至还不如隆美尔对他们的了解。到了 6 月 27 日下午，英国第 13 军的军长威廉·戈特将军已经觉得自己受够了。戈特是一个优秀的军官，但因为经历了太多的失败，此时他感到心力交瘁。[35] 他知道有一支德军部队（可能是整整一个装甲师）绕到东边包围了他的侧翼和后方，而他口袋里还装着奥金莱克将军的严厉命令，要求他宁可撤退也不能被包围。于是他下令向后方再撤退 80 千米，转移到尚在修筑中的位于富卡（Fuka）的阵地。[36] 于是包括第 1 装甲师在内，戈特的三个师开始奉命后撤。德军在它们后方的拦截部队是第 21 装甲师，它此时的规模只相当于一个战斗群，自然完全拦不住英军的洪流：第 1 装甲师与它脱离战斗，从它的南面绕了过去，第 5 印度师从北面绕行，第 2 新西兰师则直接冲过了它的阵地。新西兰人突围时正赶上第 21 装甲师的部分部队在睡觉，结果双方就在深夜里发生了短兵相接的战斗，当时的战斗非常血腥。后来德方指称第 2 新西兰师在突围过程中冲垮了德军一个野战医院，用刺刀屠杀了不少伤员，这个说法显然是符合事实的。[37] 由于隆美尔还在战场上，第 21 装甲师以比较快的速度重整旗鼓，第二天就一路追击逃跑的英军，到达了富卡防线。它在当地的峭壁上停止前进，临崖远眺，可以看到似乎是英军下一道阵地的建设工地。

到了 6 月 29 日上午，戈特的第 13 军已经成功逃脱。但不幸的是，虽然奥金莱克的命令明确要求两个军一起撤退，但第 13 军撤退的消息却没有传到第 10 军。英军的内部通信完全是一塌糊涂，经常出现命令忘了署名[38]、作战行动说明模棱两可[39]，以及电台设备故障频繁等问题。[40] 因此，第 10 军仍然在马特鲁港坚守阵地。第 10 军对友邻部队的撤退一无所知，直到次日上午才收到代表撤退的暗语"长枪"。这是这场战争中经典的"卖队友"事件之一，引发了当时和后世的许多争论。

无论第10军的军长霍尔姆斯将军（W. G. Holmes）原本是如何打算的，此时他除了效仿友军外别无选择。当天晚上，第10军也开始向南方和东方突围。仅仅由第90轻装师的几个营组成的松散包围圈同样无法在马特鲁港周边起到任何严密的围堵作用，第10军的大量部队在当晚成功逃脱。尽管如此，这仍然是英军在沙漠战争中经历的最痛苦的时刻之一。下面是德国第361步兵团（第90轻装师）目睹的英军撤退情景：

挤满了步兵的卡车排成长龙，企图沿着离我们只有500米的公路逃走。一场可怕的屠杀随即上演。"88"炮、野战炮和机枪纷纷向这些卡车倾泻火力。打头的卡车一个侧滑后翻倒在地。后面的卡车接连撞了上去。一些车辆被死死堵在这堆残骸里，另一些则拼命想绕过去。

最后指挥高射炮的军官说了一声，"停止射击！"他的脸色看上去就像生了病一样。公路上满满当当地挤着一大片车辆，在一片黑色烟幕的笼罩下熊熊燃烧。大家一个接一个地放下了手中的机枪。阵地下面，一些幸存者正在向东狂奔；小巧的侦察车则穿过旷野跑路。

团长马克斯上校（Colonel Marcks）过来了，他显然不明白我们为什么停止射击。"厌烦了吗？"他问自己的一个部下。"你自己看吧，上校先生！"对方回答。马克斯看了看下面公路上的惨状。"明白你的意思了。"说完他就走开了。[41]

另一路英军的运气稍好一些，它无意中撞上了非洲装甲集团军的前进指挥部，逼得一众参谋军官动用了自己的防身武器。梅林津就不得不操起一支冲锋枪[42]，而隆美尔也和战斗有了过于亲密的接触。这场交火"激烈到非同一般的程度"，他写道：

在很短的时间里，我自己的指挥所就被燃烧的车辆包围，还遭到英国人不断的射击。过了一阵，我终于受不了了。我命令我的指挥部向西南撤退。那个晚上的混乱状况是无法想象的。皇家空军轰炸了自己人，双方都在对友军开火，四面八方都有曳光弹落下。[43]

这场疯狂的混战并未就此结束，一些撤退的部队在狂奔之后钻进了第21装甲师设下的新陷阱，此时该师已经挡在东方的富卡前方。例如，第 10 印度师就有 1600 人被俘，还损失了大批运输车辆，但第 10 军的其余部队还是成功地从第 21 装甲师的阵地上冲了过去，这是该师的拦截在两天内第二次被突破。[44]

马特鲁港之战的最后一幕是轴心国对这个要塞本身的进攻。第一次进攻尝试是在 6 月 28 日，结果未能得手。第二天，第 90 轻装师在东面，意大利第 21 军在西面，对马特鲁港发动了向心攻击。虽然英国第 10 军的许多部队已经连夜逃离，但还是有相当一部分部队留了下来，成为德军的俘虏，他们的人数在 6000 左右，此外还有数量异常多的物资和装备被缴获。在这场战役中，德军总共俘房 8000 英军。他们自身的损失微不足道，但由于部队规模越来越小，任何损失都会变得越来越难以承受。

当马特鲁港的尘埃落定时，英军又一次被击溃，并乱哄哄地涌向东方。非洲装甲集团军突破了又一道既设阵地，再度证明了自己精于战役层面的机动艺术。英军显然在某些方面有所进步，尤其是在物资方面，而他们的航空兵和装甲兵给德军造成的损失要比以往的战斗大得多。隆美尔把非洲装甲集团军压榨得太狠，以至于有时它看起来会自己散架。但是只要英国第 8 集团军不想被彻底赶出非洲，它就必须在某个时刻、某处战场上顶住冲击。

冲向阿拉曼

即使在这个以迅猛机动和神速推进而闻名的战区，此时的战斗节奏也是令人目不暇接的。英军决定不在富卡坚守，而是进一步撤退到阿拉曼阵地。不到两天时间，一直对他们紧追不舍的隆美尔也到达了该地。在沙漠战争中，他向来以尽量靠前指挥而闻名，但他的这一爱好在任何时候都不像此时这样突出。也许他正沉浸在兴奋中，也许他意识到了自己的时间有限。无论如何，在这场战争中经常很难判断谁是领导者，谁又是下属——"我们从电台广播中听说，"他写道，"英国人正在全面撤出哈内什（Haneish）要塞"：

我立刻下令围捕撤退中的英国佬。我们抓获了数量可观的俘虏。在富卡东南几千米外，第 90 轻装师突然遭到来自东南方向的英军的炮火打击，还有一辆装甲汽车在观测弹着点。我们迅速调来几门火炮，赶走了敌人的装甲汽车。敌人的炮火逐渐沉寂下来。我们继续行军。前进了几千米以后，我们遇到了一些小片雷场，它们夹在公路两边的大型雷场中间。在我和另几个人将它们清理掉之后，我们的车队又继续前进。黄昏时我们距离达巴（El Daba）只有 10 千米了。我们能听到东方传来爆炸的巨响。英国人炸掉了他们储备的物资，这让我们非常恼火，因为那些物资在我们手里能派上很好的用场。

"总有一些时候，"他得出结论，"指挥官应该和士兵们在一起，而不是和参谋们在一起。"说什么"光靠营长就能让士兵保持士气是一派胡言。军官的阶级越高，能够发挥的表率作用就越大。"[45] 到了 6 月 30 日，隆美尔已经到达英军的阿拉曼阵地西侧边缘。和在马特鲁港一样，他打算速战速决，在行进中进攻这个新的阵地，一鼓作气实现突破。这样的战法以前屡试不爽，他毫不怀疑这一次也能奏效。

但是，这一次老办法却不灵了。问题有一部分是奇特的地形造成的，它为奥金莱克提供了一个十分理想的瓶颈地带，夹在大海和盖塔拉洼地（Qattara Depression）之间，只有 60 多千米宽。但是隆美尔在阿拉曼的止步并非只是地理决定论的体现。事实上，就在上个月，国防军就在刻赤前方宽度与阿拉曼防线相差无几的巴尔巴赫阵地击败了数量多得多的苏联军队。从那次战役可以得出的经验是：一支实力不俗、运用得当的装甲部队，在足够的空中力量支援下，可以通过突破防线上精心选择的地段并向左或向右转弯来实现对敌军的侧翼攻击。四天前在马特鲁港，隆美尔也实施了这样的行动。而且，阿拉曼阵地虽然狭窄，却几乎没有给守军提供任何可依托的防护。它是一片平坦程度不亚于地球上其他任何地方的原野。虽然在许多关于阿拉曼战役的文字中都会提到这座"山"或那座"岭"，但它们简直配不上这样的称谓：例如，谢因山（Deir el Shein）仅比海平面高出 40 米；鲁维萨特岭（Ruweisat ridge）海拔仅 66 米，哈勒法山（Alam Halfa）也仅有 132 米高。[46] 从德方视角来看，这里的地形肯定没有什么真正令人担心的地方。这里正是"适合坦克机动的地区"的实例，因此或许也是为非洲装甲集团军而设的狩猎场。

还有一个重要得多的因素决定着阿拉曼阵地的稳固程度，那就是防守它的部队。这里是第 8 集团军大复苏的起点。它刚刚经历了这场战争中最疯狂的一次撤退——在十天内后撤了 560 千米。[47] 如此磨难足以摧毁一支内部凝聚力较差的队伍，但如果英国人没有从灾难中恢复的惊人本领，他们早就输掉这场战争了。先是敦刻尔克、挪威、希腊、克里特——民间一度流传着英国远征军的缩写"BEF"

代表"每隔两个星期就撤退"（back every fortnight）的说法。[48] 此刻它又增添了在贾扎拉、托布鲁克和马特鲁港被打得丢盔弃甲的纪录。但奥金莱克认为：在阿拉曼集结备战的部队与其说是士气低落，不如说是"困惑不解"[49]，丘吉尔也会同意这个看法——"士兵们的情绪非常高涨，所有人似乎都充满自信和自豪，但对自己一次次与胜利失之交臂都感到困惑不解。"[50] 日后，有人会将这一看法提炼为很有丘吉尔特色的言辞来表述"勇敢无畏却茫然无措"的状态。[51] 这些人知道他们的武器（"格兰特"式坦克和六磅反坦克炮）终于能够胜任战斗了，而且这方面的情况还会越来越好。他们能看到新部队和新装备源源不断运抵前线的壮观场面。他们中间有些人已经听到传言，说是美国人紧急组织的一个运输船队正在匆匆赶往苏伊士。这个船队运送的是原本要分发给美国第1装甲师的装备，其中包括300辆全新的 M-4"谢尔曼"式坦克和100辆105毫米自行榴弹炮（另一种外观丑陋但实用高效的美造战车，因为机枪手的战位形似布道坛，而被戏称为"牧师"）。还有传言称，美国的 B-24"解放者"式轰炸机也正在被运往巴勒斯坦。[52] 这一切慷慨的馈赠超出了第8集团军老兵们最狂野的梦想，久经沙场的他们都清楚如此强大的火力对于德国非洲军意味着什么。

将要在阿拉曼死战不退的部队是非同寻常的。它是由两股不同的人员和装备的洪流交汇而成的。其中有些部队，例如第51（高地）师、第44（伦敦周围各郡）师或第18印度旅，是第一次来到这个战区。这确实是个问题，因为它们未曾体验过错综复杂的沙漠战。但另一方面也有好处：它们也没有受到隆美尔神话的影响。另一支新到的部队是第9澳大利亚师，它已经在1941年的托布鲁克战斗中与德军交过手。此外还有一些撤退的部队，例如第1装甲师和第50师，它们在贾扎拉遭受了沉重打击，需要一些时间来恢复元气。其他撤退的部队，尤其是第2新西兰师，则昂首挺胸地开进了在新防线上的阵地。这个师并不觉得自己受了多大的挫折。毕竟它刚刚做到了在这场战争中没有几个师能做到的事：冲垮一个德国装甲师的阵地。隆美尔本人也认为这些新西兰人是一支精英部队，对于在马特鲁港放跑了他们表示深感遗憾："我真想看到这个师在我们的战俘营里，而不是又一次出现在我军阵前。"[53]

奥金莱克需要把这两类部队整合到一起。这位第8集团军的司令从未灰心丧气，也从未失去过他麾下大部分军官的尊重。对于如何在更平等的基础上迎战德军，他已经有了一些很好的主意。或许其中最重要的一个（至少在即将发生的战斗中意义最为重大），就是把第 8 集团军几乎所有的炮兵都集中到自己手下统一调度。[54] 这是隆美尔在很久以前就完成的工作，也正因为如此，非洲装甲集团军似乎总能在决定性的地点拥有火力优势，即使火炮数量远不及对手也不例外。

另一方的情况又如何呢？将非洲装甲集团军在会战这一阶段的状态形容为油尽灯枯是个很诱人的想法，而许多历史学家确实就是这么做的。该集团军已经机动了太长时间，士兵们已经力不从心，装备也眼看就要散架了，而且各级官兵中有很多都清楚地记得，隆美尔曾经说过，只要拿下托布鲁克并打到埃及边境，他们就能休息一两个月。[55] 在隆美尔第一次进攻阿拉曼阵地时，他一共只能凑出50 辆左右的坦克，这个数字对一支顶着"装甲集团军"名号的部队来说实在很奇怪。人力情况则更为糟糕，编制为 15000 人的师分别只有 1500 到 2000 人不等。至于说到航空力量，非洲装甲集团军早就跑出了它的掩护范围，这也是在一个星期内推进 480 千米的代价之一。当然，包括各类人员和装备的援军已经在路上，但是它必须从托布鲁克甚至更远的的黎波里长途跋涉。克劳塞维茨曾经说过，每次战役都有一个"顶点"，是进攻方所能到达的最远点，过了它就不能继续前进了。他的这个论点也许正确，也许不正确，但如果真有这样的顶点，那么隆美尔已经在 6 月下旬到达了。

何况就连克劳塞维茨也可能出错。他肯定从未考虑过类似于这场战役的情况。自从贾扎拉战役以来，非洲装甲集团军实施了有史以来速度最快的追击，在这一过程中占领了敌军的数十个物资仓库。当非洲装甲集团军逼近阿拉曼时，它已经拥有大约 6000 辆从英军手中缴获的卡车，其中大部分是加拿大造的福特汽车。缴获的英国 25 磅野战炮及弹药装备了许多炮兵部队；士兵们吃着英军的口粮，卡车也在烧着英军的汽油。或许缴获的物资能够将顶点无限延后，但事实上，用一位现代权威学者的话来说，隆美尔和大多数德军前线指挥官一样，如以顶点作参照，那么"始终居于错误的一侧"。[56] 而德国官修史书在 1990 年回顾这些决定性的岁月时也认为："隆美尔相信自己的决定是正确的。他拒绝接受任何反对意见，而且再次身体力行地贯彻他在过去这一年半所奉行并且得到德军总司令部支持的原则：以攻为守，或许就能赢到最后。"如果就此止步，那意味着"放弃在托布鲁克的胜利成果，拱手让出主动权——隆美尔的最大优势"。[57]

无论如何，所有这些关于顶点、部队疲劳程度和后勤的问题都是次要的。纵观历史，没有多少德军指挥官在面对这种局面时会转入防御。他们所受的训练和调教通常都会激励他们奋不顾身地冲向眼前的任何障碍，尤其是在目标具有重大战略价值或者可能给他们带来荣耀时。在任何情况下都表现出攻击精神的将军往往能得到军事历史学家的青睐，而那些采取了较为谨慎的做法的人往往会湮没无闻。隆美尔的职业声誉至今在各类文献中还那么高，这在很大程度上是因为他习惯于无视客观条件发起进攻。即使在全世界最崇尚进攻的军官团中，他也是一个异类，或许是那些试图胜过圈内人的外来者的典范——在 1941 年年初抵达非洲时，他只带了略多于一个团的兵力，他进攻了；在十字军行动中他遭到沉重打击，被赶过昔兰尼加突出地带，而且在 1942 年 1 月看似已被打垮，他进攻了；在贾扎拉他面对英军的一条筑垒防线，他还是进攻了——托布鲁克、马特鲁港……无论作战形势提出怎样的问题，隆美尔做出的回答始终不变。既然他以前在自己的部队元气大伤、人困马乏之时也对当面的英军发动了一系列沉重打击，那么就没有理由认为他在阿拉曼时会有什么不同：如果士兵们觉得累了，那好，等他们到了开罗就可以休息了。

机动的终结：第一次阿拉曼战役（1942年7月）

隆美尔的进攻计划并不是特别新颖，几天前他就对英军用过同样的招数。如今他又一次在草草侦察后就立刻发起突击。这一次第 90 轻装师将会一马当先，突破第 8 集团军防御阵地的中央，绕过阿拉曼箱型据点的南面，然后左转突向海边，将该据点孤立。非洲装甲集团军的其余部队（非洲军和紧随其后的意大利第 20 摩托化军）将会在该师之后发起进攻，然后向右转弯，包围为英军装甲部队的主力。隆美尔很清楚自己指挥的部队规模是多么小，也清楚靠它真正粉碎筑垒防线的机会是多么渺茫。在 7 月 1 日战斗开始时，他总共只有 52 辆能够作战的坦克，而且几乎全都是三号坦克。但他还是觉得，只要自己能够击穿英军主防线，然后切断英军的交通线，对方的防御就会崩溃，第 8 集团军将会和在马特鲁港一样"仓皇逃跑"。

事实上，这些设想基本上无一实现。进攻在 7 月 1 日凌晨 3:15 开始，几乎是在刚开始就立刻遭受到挫折。第 90 轻装师绕过阿拉曼箱型据点冲向海滩的机动远没有计划中那么顺利，它以大大慢于预期的速度穿过一片流动沙丘，随后就像捅了马蜂窝一样遭到英军炮火集中射击。这些炮火来自第 1、第 2 和第 3 南非旅据守的一排月牙形阵地，其协同之密切证明奥金莱克将火炮集中归属集团军控

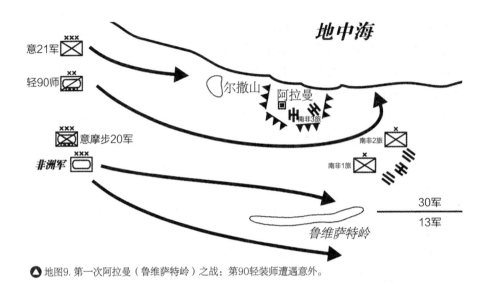

🔺 地图9. 第一次阿拉曼（鲁维萨特岭）之战：第90轻装师遭遇意外。

制的新制度大获成功。炮击也完全出乎德国人的意料，他们以为阿拉曼城本身只有第50师的残兵败将把守，这个师早已在贾扎拉遭到他们无情的踩躏。而实际上，第50师此时正在尼罗河三角洲作为预备队接受整补。

到了7:30，进攻部队在如此可怕的打击下已经寸步难行。在中午前后，他们企图转到南面继续进攻，但是英军炮兵在德军运动过程中及时完成了再次测距。雨点般的炮弹再度落下，这一回第90轻装师身经百战的老兵队伍中出现了一些非同寻常的情况：

> 恐慌情绪在这个师的队列中爆发（15:30），幸亏师长和参谋长通过积极的行动及时制止。在敌军炮火越来越猛烈的打击下，辎重车队匆忙后退，甚至有些战斗部队也跟着后退。但是各战斗群的指挥官成功地让自己的大部分士兵继续面朝敌人，并且将一些已经逃跑的士兵也赶了回去。[58]

虽然这个师的组织尚能维系，但即使隆美尔到场，也无法让它重新前进。隆美尔在当天晚些时候赶往前线观察部队进展（结果刚好躲过一次针对他的指挥部的空袭），发现问题严重：

英军猛烈的炮火又一次击中我们的队列。英国人的炮弹从北、东、南三个方向呼啸着砸向我们。英国高射炮打出的曳光弹在队伍中间嗖嗖掠过。在猛烈到极点的炮火打击下，进攻陷入停顿。我们以尽可能快的速度疏散身边的车辆，然后找掩体躲避。英国人的炮弹一发接一发在我们附近爆炸。[59]

实际上，他和他的参谋军官弗里茨·拜尔莱因上校不得不匍匐在地面上，足有两个小时动弹不得。虽然隆美尔向来有靠前指挥的习惯，但对一个第二次世界大战中的集团军指挥官来说，这种情况还是很少见的。

非洲军负责的主要攻击也是一场灾难。该军的两个师到达出发阵地的时间都比计划晚了三个小时，这是因为它们突然遭遇了一场沙尘暴，而且遇到一系列意外险峻的陡坡，一度不得不挤在同一条小径上前进。进攻直到早晨 6:00 才开始，但更多的问题还在后面。原以为在艾卜耶德山（Deir el Abyad）有一处敌军阵地，但事实并非如此。原以为东方数千米外谢因山的一处阵地无人把守，实际上却有新到战场而且毫无沙漠战经验的第 18 印度旅重兵布防。非洲军的军长瓦尔特·内林将军选择了强攻这个箱型据点——他的两个师已经出发得晚了，不能再为这个据点多耗时间。他的突击成功了——说实话，在沙漠战争中英军没有一个孤立的箱型据点能顶住德军的突击——还抓获了大约 1200 名俘虏。但是德军为此遭受了极为惨重的损失：18 辆坦克被击毁，占隆美尔的全部坦克力量的 35%（总共 52 辆）。[60]

第一天战斗结束时，隆美尔已经深深楔入英军重兵把守的阵地。考虑到他在兵力上处于劣势，这是一个很不错的成绩。[61]他的意大利第 21 军面对着阿拉曼箱型据点的西面；第 90 轻装师位于该据点的东南方，非洲军位于第 90 师的右侧，而处于非洲装甲集团军最右翼的是意大利第 20（摩托化）军。尽管如此，在部队停止前进时，还远未达成突破。隆美尔和他的幕僚都明白，要打赢这场战役只能依靠机动，而无法仰仗强于对手的兵力或火力。可是现在机动已经失败了。计划中的两个包围圈无一成型，而战斗已经有转变为火力比拼的迹象——这是非洲装甲集团军必败无疑的消耗战。如果多下点功夫进行侦察，可以缓解当天出现的几个最严重的问题，例如可以发现谢因山箱型据点的印度旅或摸清阿拉曼城本身的守军实力，但这也会给英军更多时间进行防御准备。总之，隆美尔面临的问题没有简单的解决方案——事实上是完全无解。

第二天，非洲军试图继续推进，用经典的德国军事术语表述就是"将侵入扩大为突破"（den Einbruch zum Durchbruch zu erweitern）。[62] 不过它不会再按原计划向东南方转弯来包围第13军，而是要按照新的命令沿鲁维萨特岭向正东前进大约8千米，然后转弯北上。它将与第90轻装师配合，冲向海岸公路，切断阿拉曼守军的退路。在隆美尔和非洲军北上的同时，意大利第20摩托化军（"公羊"师、"利托里奥"师和"的里雅斯特"师）将保护非洲装甲集团军的南翼。

这个计划也彻底失败了。德军的两个装甲师刚开始行动，就与英国第1装甲师狭路相逢。第1装甲师依托其在鲁维萨特岭上的阵地，用坦克火力打得德军寸步难行。英军一支名为"罗伯支队"的小规模机动部队也发挥了突出的作用，它是由来自第10印度师各部的少量火炮和步兵组成的。虽然它只是个试验性的编组，但却表明了第8集团军正在朝着奥金莱克提高机动性的理想前进。[63] 非洲军虽然经过苦战前进了6千米左右，但是始终没能转弯北上。第90轻装师则全天都被凶残的炮火压制，没有取得任何进展。

隆美尔在7月3日做了最后一次尝试。这一次他没有玩什么花样。非洲装甲集团军集中了其全部的机动力量（包括五个师，即德国的第15装甲师、第21装甲师、第90轻装师，以及意大利的"公羊"装甲师和"利托里奥"装甲师），企图把它们当作攻城锤打出一条通道，实现包围阿拉曼箱型据点的目标。这一尝试很快就惨遭失败。由于隆美尔带着非洲军向东面和北面进击，在南面阿卜杜勒山（Qaret el Abd）上箱型据点中未受冲击的第2新西兰师便派出了多支机动部队袭扰他的南方侧翼。其中两支部队攻击了位于非洲装甲集团军最右翼的"公羊"师，通过正面进攻和侧翼包抄相配合的打法将其击溃。在短短一个小时的战斗中，新西兰人几乎将"公羊"师的所有师属火炮一扫而空，并使该师的大部分坦克失去了战斗力。[64] 非洲军的运气也好不到哪里去。它又一次在鲁维萨特岭撞上了铜墙铁壁（第1南非旅和第22装甲旅），虽然它成功占领了这座山岭最西端的一段，却还是没能实现隆美尔需要的突破。

这是一个重要的时刻，或许在整场沙漠战争中都具有重要意义。由于东南北三个方向都有强大英军部队，天空中也布满了英军的飞机，非洲装甲集团军终于要停止推进、挖掘工事并转入防御了。轴心国军队经过三天猛攻，仅仅收获了一块楔入英军防线的危险突出部，它位于阿拉曼和阿卜杜勒山这两个箱型据点之间，或者从战术角度讲，位于北面的英国第30军（阿拉曼守备部队）和南面的第13

军（机动部队）之间。此时在夜幕的掩护下，隆美尔将自己的装甲部队（总共只有 26 辆坦克还能行动）撤下前线，用意大利步兵师替换了它们。后者出现在前线只能意味着一件事：运动战告一段落了。

在此后的两个星期里，双方你来我往，将会一直围绕着这几个阵地拉锯：阿拉曼、鲁维萨特岭、阿卜杜勒山。从本质上讲，这是两套作战计划的较量。隆美尔试图再度开始向东推进，他把主要突击方向放在英军阵地的中央或南翼。只要达成突破，他就可以继续向东推进，或者恢复迂回到海岸的原计划。另一方面，奥金莱克已经看出了非洲装甲集团军的弱点：在阿拉曼以西维持战线的几个意大利师。奥金莱克以新近赶到的第 9 澳大利亚师为主力，在 7 月 10 日上午直接沿着海岸公路和铁路线发起进攻。在此处防守前沿阵地的是意大利"萨布拉塔"师。暴风骤雨般的火力准备加上澳大利亚步兵一贯出色的作战素质，很快就在防线上撕开了一个大口子。即使对意大利军队来说，这也是沙漠战争中罕见的情况：整整一个师被敌军一鼓作气歼灭。意大利步兵组成的长龙很快像潮水一样涌向后方，他们纷纷丢弃装备，也把一切军纪都抛在脑后。澳大利亚人追着他们向西方和南方前进，席卷了"萨布拉塔"师的炮兵阵地，并占领了阿拉曼箱型据点以西接近地的制高点尔撒山（Tel el Eisa）。[65] 尔撒山失守对德军来说是一场真正的危机：如果澳大利亚人从阿拉曼冲出来，控制海岸公路，那么非洲装甲集团军就完了。事实上，集团军指挥部就设在前线后方几千米外的海岸公路旁，因此参谋军官们不得不再次拿起武器建立梅林津所说的"简陋的战线"[66]，在 88 毫米高射炮和还在开赴前线的小股步兵单位加强下抵挡敌军。隆美尔最终遏制了这一威胁，但这完全是因为第 15 装甲师急速北上堵住了缺口。当天晚些时候，德军的增援开始抵达：他们是第 164 步兵师第 382 步兵团的主力。隆美尔原本打算将这支生力军用于继续进攻，此时却不得不把它填进战线上由于"萨布拉塔"师消失而形成的缺口。[67]

奥金莱克在接下来的几个星期里还将巧妙地运用这种招数。双方将会发生一系列混战，但基本上都是基于同一个模式稍加变化而已。在 7 月 11 日，澳大利亚人袭击了意大利的"里雅斯特"师；在 7 月 14 日夜至 15 日晨，第 2 新西兰师和第 5 印度旅也对鲁维萨特岭上据守防线的"布雷西亚"师和"帕维亚"师（意大利第 10 军）如法炮制。这次进攻被英国人称作"第一次鲁维萨特岭之战"——两个意大利师都遭到毁灭性打击，大约有 2000 人被俘，占到第 10 军步兵部队的一大半。为了从毁灭的危机中拯救意大利人，隆美尔不得不一点一点地放弃自己的突破计划。

这并不意味着英国第8集团军突然之间就掌握了机动战的精妙技艺。这些进攻的意图与其说是实现突破或包围，不如说是迫使隆美尔援救意大利军队。这些打击是短促、猛烈而无情的，而且得到了炮兵和航空兵的大力支援。由于计划或意外，进攻部队偶尔会迎面撞上德军的阵地，而这种情况基本上总是会造成灾难性后果。例如在7月22日，英军发动了一次代号为"辉煌行动"（Operation Splendour，或称"第一次鲁维萨特岭之战"）的进攻，按计划应由第6新西兰旅、第161印度旅和新近从英国赶来的第23装甲旅协同攻击。这次进攻很快就出了问题——新西兰旅没能得到上级承诺的坦克支援，孤军发起攻击，结果在夜间遭到德国第15装甲师和第21装甲师夹击，损失惨重。据新西兰官方战史称，敌军的火力似乎来自除了正面之外的所有方向：

> 一些人认为敌军的火力打击是精心选择、很有针对性的；德国人小心地选出联络军官的坦克加以消灭，接着打击六磅炮和二磅炮，然后是迫击炮和机枪。这肯定不符合事实。当时目标区域仍然被黑暗笼罩，尽管有燃烧的卡车照亮战场，要在一大群目标中选择特定目标加以打击基本上是不可能的。从德国人的角度来看，将火力倾泻到那个区域就已足够。基本上每一发子弹和炮弹都不会落空。[68]

最后德军俘虏了第6新西兰旅的许多官兵，旅长乔治·克利夫顿准将（Brigadier George Clifton）也在其中。[69]

按照新西兰官方战史的说法，辉煌行动是"一连串的灾难"。[70]当第23装甲旅的坦克终于到达战场时，它们也只能孤军奋战。这是一次"真正的巴拉克拉瓦之战"[71]，是没有步兵和炮兵支援的、毫无意义的冲锋。两个营齐头并进（皇家坦克团第40营在左，皇家坦克团第46营在右），径直冲进了德军的一片雷场，然后在德军反坦克炮和支援火炮恐怖的弹雨下覆灭。这个旅的坦克都是Mark III型步兵坦克，绰号"瓦伦丁"。它们的最高时速只有区区24千米，主炮是早已过时的二磅炮，在这类攻坚战中毫无用武之地。全旅的106辆坦克在短短四个小时的战斗中损失了整整100辆，其中9辆是被德军一门缴获自苏联的76.2毫米反坦克炮击毁的。[72]英国人正在赢得补给和物质的比拼，而且更多的美国援助还在路上。

他们已经学会了如何击溃意军，也学会了如何应用这种战术试探出隆美尔的弱点。但是这远不足以赢得战争。

再战哈勒法山

隆美尔是在以他习惯的老套路作战，而他的部下也做到了指挥官所要求的一切，但是他的心情却越来越阴沉。这段日子留下的各种资料——司令部的会议记录，他与空军的阿尔贝特·凯塞林将军的讨论，以及他与妻子兼知己露西（Lu）的通信——都能证明他沮丧乃至抑郁。这不仅仅是尼罗河或苏伊士运河可望而不可即的感觉，也不是个人的挫败感。这还是一种作战层面的挫败感，是打不出他的个人爱好和训练所要求的那种战争的无力感。他用标准的德国式军事语言进行了描述：

> 前线现在已经固定下来。从战术角度讲，英国人正如鱼得水，因为他们的强项就是运用与现代形式的步兵战斗和阵地战相适应的战法。在步兵坦克和大炮的掩护下进行局部进攻是他们的特长……既然我们无法绕过阿拉曼这个位置，战争就变成了这样一种形态：双方都具备大量的经验和理论知识，但是任何一方都拿不出革命性的或是对方从未见识过的战法。在这种阵地战中，胜负取决于哪一方射出了更多的弹药。[73]

在经典的德国军事著作中，阵地（Stellung）一词总是有着等而下之的意味。在这里我们能读出一种感伤的味道，就好像一个精于画肖像的画家不得不靠画房子来养家糊口，或是一个擅长创作交响乐的作曲家要靠编写广告歌曲来维持生计。对任何德国指挥官来说，打阵地战都是大材小用，对隆美尔来说尤其如此。

在 8 月的大部分时间里，沙漠中的战火暂时平息，这是这场战争中定期出现的间隙之一，因为双方都打光了弹药，不得不等待补给。毫无疑问，任何人都会根据这段时间的情况来判断谁在后勤战中占了上风。德国人得到的情报表明，一支又一支的护航船队正在离开美国，绕过好望角（Cape of Good Hope）开往苏伊士运河，意味着美国人被隆美尔进军埃及的行动所刺激，正在大举援助英国第 8 集团军。非洲装甲集团军也在恢复，或许速度稍慢，但效果也是显而易见的。到了 8 月中旬，隆美尔已经能将 229 辆德国坦克和 243 辆意大利坦克投入作战，仅仅一个月前这种奢侈还是不可想象的，那时候整个集团军可以作战的车辆只剩十来辆。[74] 他知道，此时此刻很可能是他的给养、装备和弹药数量与敌军差距最小的时候。

在隆美尔和他的幕僚看来，似乎已经出现了一个机会窗口。美国护航船队至少还要花一两个月时间才能到达港口、卸下物资，并运往前线。到了9月中旬，英国人将在非洲战场上拥有压倒性的优势。"我们还有几个星期的时间，"隆美尔写道，"趁着托布鲁克陷落后美国人向第8集团军许诺的巨额援助还没有到达非洲的土地。"[75] 实力对比依然不利。参谋们认为，英军在坦克数量上拥有3:1的优势（实际上他们高估了英军的装甲力量），在飞机数量上有5:1的优势（这倒是准确的）。尽管如此，这已经是非洲装甲集团军所能期待的最好机会了。

因此隆美尔决定进攻。这是一个很有特色的决定，既反映了他自己的个性，也反映了他所代表的历史传统。他在各方面都是以寡敌众。他必须突破敌人的坚固阵地，但对面的英军在航空兵、装甲兵和炮兵方面都拥有巨大优势，这几个兵种正是在沙漠战中决定胜负的兵种。如果此次作战不能在短时间内取得重大胜利，燃油短缺的问题几乎必然会影响他的机动力。空军元帅阿尔贝特·凯塞林已经向他保证每天空运约34万升（90000加仑）燃油，但就连隆美尔都对这个数字持怀疑态度，更不要说他的参谋们。最后，和以往一样，他需要在严格的时间限制下作战。8月里，他一方面在为新的进攻做准备，一方面也在不断向柏林索要更多装备：更多装备长管50毫米主炮的"特种"三号坦克，二十门100毫米炮，一百门50毫米反坦克炮，以及一千辆卡车。用新近出版的德国官方历史的话来说，这都是"做梦"；国防军正在把自己拥有的一切装备送往东线。[76]

隆美尔和他的参谋都不是妄想狂。他们能够看清现实的局势。"我应该强调一点，以冷静的军事观点来看，"梅林津后来写道，"非洲装甲集团军司令部并不相信我军能够打到尼罗河。"[77] 但是它也不能干坐在阿拉曼任由皇家空军没日没夜地轰炸。参谋们讨论过主动撤退的方案，也就是把步兵部队撤回后方，让装甲和摩托化部队留在前线。这可以让隆美尔发挥他的看家本领：实施机动作战。并且，这还能够让英国人失去他们新发现的制胜王牌：盯着意大利人打。但是主动撤退对非洲装甲集团军来说也是一张不能打的牌。这个集团军很少采取这样的行动，即使有充分理由这样做也不例外。更何况，此时德国第1装甲集团军已经开始了进军苏联高加索地区的行动，可能还会进一步打到波斯。此时请求希特勒批准从中东的重要前进阵地后撤实在不合时宜。

最后，虽然"冷静的军事观点"表明这次进攻将会失败，但发展了几个世纪的运动战就是为了颠覆这种理性算计而生的。在这次作战中，隆美尔想要重演贾扎拉之战。整个非洲装甲集团军，或者至少是其机动部队，将要通过号称无法通行的阿拉曼阵地南翼，插入英军左翼和后方的纵深。这个战术机动将首先从针对英军阵地正面的几路佯攻开始。这个任务将由第 164 步兵团以及意大利的"特伦托"师和"博洛尼亚"师承担，他们将要给英军指挥机关制造出马特鲁港和第一次阿拉曼战役中的正面进攻再度重演的假象，将英军的注意力吸引到西面。但是在德军战线的南端纵深，这次行动的主力军正在集结。第 90 轻装师、意大利第 20（摩托化）军（"公羊"装甲师、"利托里奥"装甲师、"的里雅斯特"摩托化师）、非洲军（第 21 装甲师和第 15 装甲师）和一个"侦察集群"（由两支侦察分遣队组成，即第 3 和第 33 侦察营）由北向南一字排开，它们的任务是穿越英军防线最左端的雷场，深入英军后方，然后做一个向左的大转弯。

因此从最左端的第 90 轻装师到最右端的侦察集群，轴心国机械化部队摆出了强大的阵容，准备扑向位于东北偏北方向的目标。非洲装甲集团军将要前进至哈勒法山东部，然后冲向大海，插到英国第 8 集团军与开罗之间。虽然隆美尔并不指望一下子就包围整个第 8 集团军，但他认为这样的威胁足以促使英军做出应对，尤其是派出装甲师反击。只要非洲军与它们交战并歼灭之，这一仗就打赢了。第 8 集团军的其余部队此时将只能选择撤退，而非洲装甲集团军将会开始追击：第 21 装甲师将进军亚历山大港，第 15 装甲师和第 90 轻装师则进军开罗。[78]——这是一个野心勃勃的计划，用隆美尔的话来说，它建立在"英军指挥机关和部队反应迟缓"的基础上。德军凭借更胜一筹的机动能力将给英军造成"作战完结的既成事实"。[79]

隆美尔的对手是第 8 集团军的新任司令官伯纳德·劳·蒙哥马利将军（General Bernard Law Montgomery）。[80]虽然各种史书大肆渲染，但是我们很难看出走马换将使这个集团军发生了什么显著的变化。事实上，当隆美尔发动进攻时，蒙哥马利才到任两个星期而已。他的防御部署几乎和奥金莱克在 7 月 1 日的部署一模一样：从北面的阿拉曼到南面的盖塔拉洼地摆出一条近乎笔直的防线，唯一的例外是阿拉曼西边由于澳大利亚人在第一次战役中夺取尔撒山而形成的小突出部。他同样把以步兵为主的第 30 军放在北面，机动力较强的第 13 军放在南面。从北到南的各个师级防御地段分别属于第 9 澳大利亚师、第 1 南非师、第 5 印度师、第

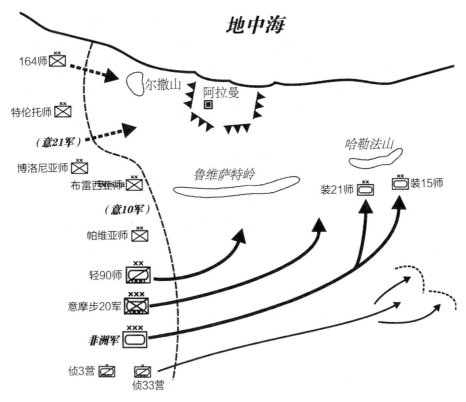

● 地图10. 沙漠中的最后一搏：非洲装甲集团军在哈勒法山，1942年8月30日。

2 新西兰师和第 7 装甲师。与第一次战役的最大不同是，英军部署中保留了一支规模很大的预备队，由第 10 装甲师和第 44 师组成。这是近期英国人力物力的大幅增长和蒙哥马利异常谨慎的个性所致。

　　和上一次战役一样，此战中德军又进行了最后一次匆忙的侦察，因此隆美尔对自己面临的敌情只有很模糊的认识——看来某些东西是永远不会改变的。他相信英军阵地的南段只有"单薄的雷场"掩护。[81] 实际上，雷场的宽度大大超过他的预料，而雷场背后的防御部队由第 7 摩托化旅（第 7 装甲师）和第 4 轻型装甲旅的装甲汽车组成，也远比他预料的强。国防军在研究机动方案时越是细心，它花在侦察之类不那么吸引人的任务上的时间就越少。这不是隆美尔个人的缺点，也不是参谋们业务不精，而是几个世纪以来德军战争方式中的系统性问题。

哈勒法山之战（或者叫"第二次阿拉曼战役"）开始于 8 月 30 日夜间。在黑暗的掩护下，几个机动师完成集结，在前线南段新西兰师左翼与希迈马特山（Qaret el Himeimat）之间宽达 12 千米的正面上并排展开。隆美尔所谓的"进攻集群"（第 90 轻装师、第 20 摩托化军、非洲军）将按照某位权威学者所说的"无情的时间表"[82] 展开行动，晚上 10:00 出发，趁夜在雷场中开出通道，在黎明前向东疾驰 40 到 50 千米（几乎相当于前往亚历山大港的里程的一半）。非洲军将在哈马姆（El Hammam）西南方转向，然后冲向海岸。所有这些行动都要在一次"疯狂冲刺"[83] 中一鼓作气完成——这确实是一个非同凡响的机动。

或者，至少在计划里是这样的。实际上，上述情况几乎无一实现。德军发现英军的雷场比预想中难啃得多。满月为德军的排雷分队提供了良好的照明条件，却也使它们在第 2 新西兰师（位于北面）和第 7 装甲师（位于东面）的炮兵眼中成为明显的靶子。这些炮兵对德军突击部队的定位都精确得不可思议，仿佛早就测量好了一样。第 90 轻装师再次成为炮击的主要受害者。工兵和步兵们尝试了三次才在雷场中开辟出第一批通道，而非洲装甲集团军在这一过程中损失了不少时间和人员。在几个机动师进入通道之后，它们就遭到了皇家空军的猛烈轰炸。到了 8 月 31 日凌晨 3:00，隆美尔已经接到前线传来的第一批报告。虽然细节仍不明朗，但是显然进攻集群的进展与预定的时间表相差很远。不要说 50 千米，它此时与出发地的距离连 16 千米都不到。英军的火力越来越猛，进攻集群损失惨重——第 21 装甲师的师长格奥尔格·冯·俾斯麦将军已在阵前殒命，而第 90 轻装师的师长（乌尔里希·克勒曼将军）和非洲军的军长（内林将军）双双身负重伤。[84]

隆美尔明白，这次机动已经失败。进攻已经丧失了突然性的优势。他写道"英国人现在知道我们在哪里了"[85]，而他们将会采取有效的反制措施。事实上，他曾经短暂考虑过彻底结束进攻并转入防御。但是在采取这个令他厌恶的行动之前，他决定去非洲军的前线亲眼看看情况。他和非洲军的代理指挥官——参谋长拜尔莱因上校进行了商议。拜尔莱因刚刚度过一个难熬的夜晚。他先后遭到炮击和轰炸，并目睹自己的军长受了重伤。但是他也突破了敌军的前沿防线，因此他觉得没有必要中止进攻。经过短暂的对话之后，隆美尔下令继续实施作战。

但是，计划不能不作调整。德军已经不可能在原定宽度的正面上推进。这一计划的前提是英国第 8 集团军被蒙在鼓里，而不是像现在这样很可能已经有所警觉。当然，缩小进攻正面也有一定的缺点。这样做将无法产生装甲部队在英军后方横行无忌的震撼效应。战场将会被压缩到比原计划小得多的区域，考虑到英军的空中优势，这将带来很大问题。最后，这一调整将迫使德军机动部队直接翻越哈勒法山，而不是绕过它，但英军在如此突出的制高点上肯定布置了重兵。

然而，这一调整根本不会得到实施。事实上，德军的大部分部队直到次日上午9:30才突破雷场。位于进攻集群最左端的第90轻装师所起的作用无非是充当北部的支点而已。在意大利第20（摩托化）军中，由于排雷装备老旧且短缺，士兵们往往不得不用自己的刺刀在沙子里探查地雷。[86] 他们撞上的是第2新西兰师的左翼阵地，始终没能取得彻底的突破，因此没有对东方发生的决定性交战起到什么作用。非洲军的两个师确实继续前进了，这是因为沙漠中必然会出现的随机沙尘暴帮了它们的忙，突然之间就为它们屏蔽了英军地空部队的干扰。但是，他们始终没能赶上原定的时间表。

直到当天下午晚些时候，拜尔莱因才做好转向的准备，而非洲军直到入夜以后才开始北上奔向哈勒法山——它在哈勒法山又遇到了大麻烦：山岭上有由第44步兵师和第22装甲旅把守的坚固阵地。阵地上密布支援火炮和六磅反坦克炮，甚至还有50来辆布置在推土机挖出的半埋工事中的"格兰特"式坦克。考虑到"格兰特"式坦克高大的外形，这确实是个了不起的工程壮举。双方开始对决时的场面也许很适合拍成电影。那是在下午5:00左右。突然从沙尘暴中冒出来的德军以第21装甲师居左、第15装甲师居右，直奔哈勒法山而来。为首的是二十来辆新式的四号"特种"坦克，它们的长身管75毫米炮不断喷吐火舌。当这些非洲装甲集团军的精华逼近山岭西段的132高地时，英军阵地突然迸发出各种火力——坦克、反坦克炮和支援火炮纷纷加入战斗。冲锋的德军坦克停止了前进，纷纷散开队形，企图机动到更好的射击位置。很快双方队列中就以近乎相同的速度出现损失，这样的消耗战持续了近两个小时。德军的火力相当凶猛，尤其是新型的四号坦克给对手造成了不小的损失，多亏皇家苏格兰龙骑兵团的坦克及时赶到，带着震耳欲聋的轰鸣翻过山脊，堵住了英军战线上的一个大缺口，这才稳定住了局势。[87] 当夜幕降临时，眼看参战的100辆坦克损失了22辆以后依然突破无望，德军不得不退出战斗。本来是一次极为大胆的运动战经典战例，却演变成了一幕阵地战。在德国军队的传统词典中，"拼消耗"的意思等同于吃败仗。事实上，德军强调机动战的全部意义就在于避免和拥有数量优势的敌人拼消耗。

哈勒法山的战斗并没有就此结束。第二天（9月1日）上午，隆美尔下令再次进攻132高地，但是因为燃油短缺，只能由第15装甲师单独出击。这次进攻又被英军的顽强抵抗所阻止。此时英国第8装甲旅和第23装甲旅都已经来到这座山上，与第22装甲旅并肩作战。沙漠战争打了一年多，英军终于有一个完整的坦克师（第10装甲师）被集中起来投入战斗。在当天的其余时间和整个次日（9月2日），非洲装甲集团军都因为缺乏燃油而寸步难行。它的两个装甲师不得不在哈勒法山以南不远处摆出密集的刺猬阵固守，此处位于英军防线后方大约24到32千米，而且英国空军的轰炸持续不断。[88]夜间的轰炸尤其恐怖：每当镁光照明弹照亮夜空，极为准确的高爆炸弹就接踵而至。在几乎毫无起伏的平原上，德军除了偶尔出现的狭长散兵壕外很难找到任何掩体。隆美尔在9月2日夜间对非洲军的视察险些以悲剧收场——从晚上10:00到午夜，英军轰炸机至少在德军头顶上出现了六次。在一次爆炸中，一块约20.3厘米（8英寸）长的弹片击穿刚好摆在地上的一把铲子，将它抛向隆美尔所在的临时战壕，使得灼热的金属微粒撒了这位陆军元帅一身。

我们通常依据"火力和机动"来定义战争，但是这种战争只有火力，因为机动已经彻底中断了：

> 英国人的战斗轰炸机一次又一次地从低空攻击我的队伍，给他们造成了特别严重的巡视。大批车辆停在沙漠里熊熊燃烧。
>
> 在下午，我转移了我的指挥所，并再次考虑是否应该终止这次战役，特别是在这种糟糕的补给条件下。整整一天，英国轰炸机部队在战场上的空袭没有停止过。敌人的炮兵发射了大量炮弹，至少十倍于我们射出的数量。大部队的机动、行军时间表的确定和协调——这些事情看来是再也没有可能了。[89]

第二天，隆美尔决定撤退。这是分阶段进行的，到了9月6日，轴心国部队基本上回到了他们的出发地，不过他们依然占领着原英军雷场以东的许多阵地。按照德军士兵们的说法，这是一次"六日竞赛"（Sechs–Tagerennen，原指著名的柏林自行车赛事），是让他们以最快速度全体退回起点的赛跑。[90]

此时英军也许能够一举肃清德国军队在非洲的残余力量，9月1日和2日的机会尤其好。但是蒙哥马利满足于待在原地打击他的对手，而不是冒险进行任何突击，毫无必要地让已经赢得的胜利从手中溜走。在9月3日，尽管种种迹象表明非洲装甲集团军正在撤退，他还是很干脆地放跑了敌人。在拥有巨大物资优势的条件下依托坚固阵地自保是教科书上最简单的打法，但是蒙哥马利不会冒任何风险。在哈勒法山，第8集团军战术之保守不亚于历史上的任何军队。它只有在绝对必要的情况下才实施机动，而且绝对没有实施过战役层面的机动。虽然有一些中小规模的部队表现活跃，例如在南线，第7装甲师的机动战役集群就在整个战役期间不断袭扰通过雷场通道开赴前线的德军补给车队。但是，像第10装甲师这样较大规模的部队却只是稳坐在拥有良好射界的防御阵地里不断射击而已。而最终的事实证明这已足够。

沙漠中的失败

哈勒法山之战为国防军提供了一种令人不快的新体验：不得不在持续不断，而且几乎无法对抗的空袭下作战的绝望感。隆美尔本人认为这个"第三维度"是盟军优势的关键。"这次进攻失败了，"他写道：

> 都是因为皇家空军不间断猛烈空袭，他们事实上主宰了天空，使我的集团军在地面上寸步难行，无法进行任何顺利的调动和适时的突击……
>
> 在这些作战行动中，我们获得了一条重要的经验，它将会影响日后所有的行动策划，或许还会影响我们实施作战的整套方式。如果敌人有强大的力量统治着天空，可以动用重型轰炸机实施大规模空袭，而且不受我们自身防空力量的干扰，那么战役和战术的可能性就实在太小了。

隆美尔认为，和控制天空的敌人作战，就好比"丛林里钻出来的土著军队与现代欧洲军队作战，作战条件和胜利概率都是一样的"。[91]

空中力量似乎很适合制造出比地面战斗更漂亮的数字指标，而在哈勒法山之战中，这样的指标比比皆是。比如，皇家空军仅在第一个晚上就将38吨高爆炸弹和燃烧弹投到了非洲装甲集团军头上[92]，而在9月2日夜里又连续进行了7个小时的轰炸。[93]又比如，从8月31日到9月4日，共有15600颗炸弹落在宽不过12到15千米、纵深8到10千米的目标区域中，平均每平方千米落弹100颗。[94]或许我们还可举出数字"3"为例，这是作战开始后的数小时内因为英军的轰炸和炮击而伤亡的德国将军数量：俾斯麦、克勒曼和内林。隆美尔以毫厘之差与死神擦肩而过，如果他也丢了性命，那么英军就大获全胜了。德军在这片战场上总共只有四名前线将领。

无论从哪个指标来看，国防军在哈勒法山都好好领教了同盟国的新型战争方式。在这里，传统的德国作战方式第一次遭遇了大同盟的威力：英国人可靠的战场控制能力与美国人近乎无限的工业产量相结合的威力。除了赢得物资竞争之外，同盟国还在情报战中赢得了决定性的胜利。隆美尔不知道的是，他在这一时期发出的每一封电报都会在数小时内被破译、解读并传递到蒙哥马利手上。这位英军指挥官利用这笔"情报横财"的帮助做出了这场战役中的许多决定——例如，决定预备队的部署地点。哈勒法山上强大的英军部队并不是碰巧出现在那里的，近期针对轴心国运输船异常成功的空袭也不是无的放矢。"超级机密"确实已经参与了战争。

所有这些因素构成了一个强大的组合，任何机动方案，无论多么精妙，都是远不足以与之对抗的。与这场战争中的许多战役相比，德军的损失还是相当轻微的，总计不过3000人：570人死亡，1800人负伤，570人被俘，还损失55辆坦克和700台其他车辆。但是这些数字并不能反映真实情况。国防军在这一仗中无助地置身于一片荒野之中，被源源不断的"波士顿""大青花鱼"和"惠灵顿"式轰炸机炸得"寸步难行"，它失去的是比人员和装备宝贵得多的东西，是它的历史认同感和它作为军事力量的战斗能力的核心：它的机动能力。

注释

1. 请参见德国军事历史研究所编纂的德国官方二战史《德国与第二次世界大战》，第 6 卷，《全球战争：战争的扩大和主动权的易手，1941—1943》，尤其是赖因哈德·施通普夫执笔的第 5 部分，《地中海的战争，1942—1943：北非和地中海的作战行动》，第 567—757 页，这一引文来自第 650 页。

2. 原话是 "…unter Anspannung der letzten Kräfte"。见埃尔温·隆美尔著，《无恨之战》。这是由前非洲军参谋长弗里茨·拜尔莱因编纂（并撰写部分章节）的回忆录。利德尔·哈特编纂的《隆美尔战时文件》是该书的英文版本，但编者将隆美尔写给妻子露西的信件穿插于全书各处，有时能帮助读者理解，有时却只能令人厌烦。

3. 整场战争中争议最多的话题之一就是轴心国不攻打马耳他的决定。英方资料倾向于强调这个岛屿在击败隆美尔的过程中发挥的重要作用；大部分德方资料则认为轴心国没有足够的兵力来进攻它；历史学家马丁·范克勒韦尔德则独树一帜，认为隆美尔失败的原因是缺乏在非洲内陆的交通手段，而不是以马耳他为基地狩猎轴心国运输船队的英国军舰和飞机。要查看某位顶尖的历史学家的讨论，见道格拉斯·波尔奇（Douglas Porch）著，《胜利之路：第二次世界大战中的地中海战场》（The Path to Victory: The Mediterranean Theater in World War II，纽约：Farrar, Straus & Giroux，2004 年），第 281—282 页。要查看有关的文献，见德国官方历史，施通普夫著，《地中海的战争，1942—1943：北非和地中海的作战行动》，第 6 卷第 588—594 页的 "马耳他的战斗，1941 年 12 月至 1942 年 5 月 21 日" 和第 6 卷第 751—757 页的 "补给问题"；马丁·范克勒韦尔德著，《战争供给：从华伦斯坦到巴顿的后勤》（Supplying War: Logistics from Wallenstein to Patton，剑桥：Cambridge University Press，1977 年），第 195—196 页、198—201 页；英国官方历史，普莱费尔著，《地中海与中东战场》，第 3 卷，《英军气运到达最低谷》，尤其是第 177—195 页的 "马耳他受到的最大考验，1942 年 4—5 月"；以及欣斯利（F. H. Hinsley）等人著，三卷本《第二次世界大战中英国情报机构对战略和战役的影响》（British Intelligence in the Second World War: Its Influence on Strategy and Operations，剑桥：Cambridge University Press，1979—1988 年），尤其是第 2 卷第 417—424 页。

4. 阿尔弗雷德·高泽（非洲装甲集团军的参谋长）著，《1942 年的北非会战》，《军事科学评论》第 12 辑，第 11 期（1962 年 11 月）：第 652—680 页。尤其请参见第 667—668 页。

5. 冯·梅林津（非洲装甲集团军的情报主任）著，《坦克战：第二次世界大战装甲兵运用研究》，第 149—150 页。

6. 西格弗里德·韦斯特法尔（隆美尔的作战参谋）著，《北非战争札记，1941—1943》，《皇家联合军种学会志》第 105 辑，第 617 期（1960 年）：第 70—81 页。引文见第 77 页。

7. 德国官方历史，施通普夫著，《地中海的战争，1942—1943：北非和地中海的作战行动》，第 6 卷第 636—637 页。隆美尔在六个月前刚刚晋升为大将。

8. 梅林津著，《坦克战》，第 149 页。

9. 出处同前，第 150 页。

10. 德国官方历史，施通普夫著，《地中海的战争，1942—1943：北非和地中海的作战行动》，第 6 卷第 634 页。

11. 见瓦尔特·瓦利蒙特（1939—1944 年任国防军总司令部的作战部副部长）著，《希特勒指挥部内幕，1939—1945》，第 241 页。另见德国官方历史，施通普夫著，《地中海的战争，1942—1943：北非和地中海的作战行动》，第 6 卷第 634 页。

12. 德国官方历史，施通普夫著，《地中海的战争，1942—1943：北非和地中海的作战行动》，第 6 卷第 644 页。

13. 隆美尔著，《无恨之战》，第 167 页；隆美尔著，《隆美尔战时文件》，第 236 页。

14. 梅林津著，《坦克战》，第 152 页。

15. 隆美尔著，《无恨之战》，第 177 页；隆美尔著，《隆美尔战时文件》，第 243 页。高泽著，《1942 年的北非会战》，第 668 页提供的 5 月运输量是 30000 吨，这是德国空军对马耳他的打击达到最高峰的时候。

16. 对此次作战行动的最佳记述是德国官方历史，施通普夫著，《地中海的战争，1942—1943：北非和地中海的作战行动》，尤其是"进军阿拉曼"一节，第 6 卷第 637—642 页，以及第 629 页对面帮助极大的地图。另见普莱费尔著，《地中海与中东战场》，第 3 卷，尤其是"撤向阿拉曼"一节，第 277—297 页，和第 283 页对面的地图 31。

17. 关于英式车辆使沙漠航空队和英国行军纵队误判敌我的史实，见隆美尔著，《无恨之战》，第 167 页；和隆美尔著，《隆美尔战时文件》，第 236 页。关于使意军误判的史实，见隆美尔著，《无恨之战》，第 172 页；隆美尔著，《隆美尔战时文件》，第 240 页。

18. 要了解德军情报部门对马特鲁港英军部署错谬百出的认识，请参见直接史料，即情报主任梅林津的《坦克战》，第 152—153 页。

19. 要了解史家对英军在马特鲁港的部署的批评——其实没有人为其辩护——请参见普莱费尔著，《地中海与中东战场》，第 3 卷第 284—289 页；科雷利·巴尼特著，《沙漠将军》，第 168—170 页；尼尔·巴尔著，《战争的钟摆：三次阿拉曼战役》，第 26—30 页；巴里·皮特（Barrie Pitt）著，《战争的熔炉：阿拉曼的 1942 年》（The Crucible of War: Year of Alamein, 1942, 伦敦，Jonathan Cape，1982 年），第 115—129 页；以及一直以来的权威之作，迈克尔·卡弗著，《沙漠战争中的两难：对 1940—1942 年利比亚战事的新观察》，第 124—128 页。马特鲁港之战也经常被人遗忘，这是因为它发生在贾扎拉—托布鲁克和阿拉曼这两场精彩的大战之间。例如，在约翰·比尔曼和科林·史密斯著，《阿拉曼：没有仇恨的战争》这样高水平的著作中，就完全不见关于此战的记述。

20. 巴尔著，《战争的钟摆》，第 26—27 页。

21. 梅林津著，《坦克战》，第 152 页注释 22。另见波尔奇著，《胜利之路》，第 299 页："里奇和奥金莱克没能把第 8 集团军捏合成一个有机的整体。英国的将军们实在是聪明过头了，他们把好好的部队拆散，然后重新组合成'旅集群'和'战役集群'，这一切操作都是以提高灵活性的名义进行的。"

22. 中东防务委员会提供的里奇命令档案。转引自巴尔著，《战争的钟摆》，第 22 页。

23. 转引自普莱费尔著，《地中海与中东战场》，第 3 卷第 287 页。

24. 出处同前，第 286 页。

25. 出处同前，第 287 页。

26. 转引自巴尼特著，《沙漠将军》，第 186 页。

27. 转引自巴尔著，《战争的钟摆》，第 26 页。

28. 见皮特著，《战争的熔炉》，第 119—120 页；卡弗著，《沙漠战争中的两难》，第 127—128 页。对于英军在马特鲁港的备战，尤其是奥金莱克所起的作用，在普莱费尔著，《地中海与中东战场》，第 3 卷第 287 页有一段经典的评价："无论流动战术是否适合当时的形势，它们肯定是新生事物，完全没有经过实践。多年来英军关于撤退的战术原则一贯强调必须避免一切具有运动战性质的做法。因此第 8 集团军要面临许多令人无所适从的改变。它的司令已遭到撤换；它正在来势汹汹的敌人面前撤退；在它勉强做好打一种战斗的准备时却奉命要打另一种战斗；而就在这一片混乱之中，它被要求改变自己的组织和战术。不过没等任何重组工作完成，敌人就发起进攻，终结了这一令人无法把握的局面。"

29. 普莱费尔著，《地中海与中东战场》，第 3 卷第 289 页。

30. 转引自巴尔著，《战争的钟摆》，第 28 页。

31. 梅林津著，《坦克战》，第 154 页。

32. 见皮特著，《战争的熔炉》，第 121—122 页。

33. 梅林津著，《坦克战》，第 155 页。

34. 要了解关于"谁包围了谁"的问题的不同见解，请参见梅林津著，《坦克战》，第 156 页，他认为第 90 轻装师"基本上无力解决被它如此冒失地'切断'的英国第 10 军"。皮特著，《战争的熔炉》，第 122 页则提到，第 21 装甲师针对第 2 新西兰师侧翼的机动只是让人产生了该师被切断的"纸面印象"。巴尼特著，《沙漠将军》，第 188 页："隆美尔的进攻只是一种花哨的欺骗手法。"

35. 请参见卡弗著，《阿拉曼》，第 29—31 页，其中细致研究了戈特的个性，评价直率而公允。

36. 普莱费尔著，《地中海与中东战场》，第 3 卷第 290—292 页。

37. 要了解关于这一指控的详细讨论，见德国官方历史，施通普夫著，《地中海的战争，1942—1943：北非和地中海的作战行动》，第 6 卷第 640—641 页注释 240。

38. 有一份第 10 军发出的电报和一份被第 2 新西兰师接收的电报，都写得含混不清。"两份电报都令人费解，无法查到发件人是谁，只不过从两者对'我'一词的用法可以看出，发件人很可能是戈特将军。"普莱费尔著，《地中海与中东战场》，第 3 卷第 292 页。

39. "戈特其实是在告诉新西兰师的弗赖伯格将军（General Freyberg），他如果想撤退，就可以撤退。"巴尼特著，《沙漠将军》，第 189 页。

40. "不幸的是，第 2 新西兰师的运输车队已经被第 21 装甲师赶走，而且用电台联系不上。"巴尔著，《战争的钟摆》，第 29 页。

41. 关于这幅令人难忘的景象，见沃尔夫·黑克曼著，《隆美尔在非洲的战争》，第 289 页。黑克曼是个愤世嫉俗的现代作家，他对隆美尔、非洲军和整个沙漠战争做了毫不留情的批判，彻底剥除了神话的光环。他这种针对德国读者的写法犀利、有趣且令他们恼火——而且往往是三种感觉交织在一起。即使仅考虑其独特性，它也是关于北非战场的少数不容错过的杰作之一。

42. 梅林津著，《坦克战》，第 157 页。

43. 隆美尔著，《无恨之战》，第 170 页；隆美尔著，《隆美尔战时文件》，第 238 页。

44. 德国官方历史，施通普夫著，《地中海的战争，1942—1943：北非和地中海的作战行动》，第 6 卷第 641 页。

45. 隆美尔著，《无恨之战》，第 172—173 页；隆美尔著，《隆美尔战时文件》，第 240 页。

46. 德国官方历史，施通普夫著，《地中海的战争，1942—1943：北非和地中海的作战行动》，第 6 卷第 651 页。

47. 波尔奇著，《胜利之路》，第 286 页；高泽著，《1942 年的北非会战》，第 671 页给出的"从托布鲁克到前线"的距离是 550 千米（合 341 英里）。

48. 波尔奇著，《胜利之路》，第 321 页。

49. 转引自巴尼特著，《沙漠将军》，第 192 页。

50. 温斯顿·丘吉尔著，《第二次世界大战回忆录》第 4 卷《命运之枢机》，第 459 页。

51. "brave but baffled"，卡弗著，《阿拉曼》中某章的标题，第 27—40 页。

52. 巴尔著，《战争的钟摆》，第 30 页。

53. 隆美尔著，《无恨之战》，第 171—172 页；隆美尔著，《隆美尔战时文件》，第 230—240 页。

54. 关于这个至关重要的话题，巴尔著，《战争的钟摆》，第 51—56 页提供的信息最为丰富。

55. 普莱费尔著，《地中海与中东战场》，第 3 卷第 331 页。

56. 波尔奇著，《胜利之路》，第 281 页。

57. 德国官方历史，施通普夫著，《地中海的战争，1942—1943：北非和地中海的作战行动》，第 6 卷第 646—647 页。

58. 转引自巴尔著，《战争的钟摆》，第 81 页。

59. 隆美尔著，《无恨之战》，第 182 页；隆美尔著，《隆美尔战时文件》，第 246 页。

60. 巴尔著，《战争的钟摆》，第 80 页。

61. 见隆美尔著，《无恨之战》，第 180 页对面的地图 1.-3.7.42。虽然此书中的地图很粗糙，但它们好就好在从战役层面（师级和军级）展现了这些战斗——换句话说，就是体现了训练有素的德军指挥官看待事物的方式——因此比其他许多著作中制作精美的地图更有用。例如，读者可以对比普莱费尔著，《地中海与中东战场》，第 3 卷第 331 页对面的地图。

62. 德国官方历史，施通普夫著，《地中海的战争，1942—1943：北非和地中海的作战行动》，第 6 卷第 656 页。

63. 要了解罗伯支队成功（但也很惨烈）的战斗的全部细节，见巴尔著，《战争的钟摆》，第 86 页。

64. 关于"公羊"师的溃败，经典资料是新西兰官方历史，斯库拉（J. L. Scoullar）著，《埃及之战：1942 年夏季》（Battle for Egypt: The Summer of 1942，惠灵顿：War History Branch，1955 年），第 16 章，"公羊师的败北"（Defeat of Ariete Division），第 167—177 页。

65. 要了解"萨布拉塔"师在尔撒山（又名"耶稣山"）的覆灭，见巴尔著，《战争的钟摆》，第 105—117 页，尤其要注意的是作者彻底批驳了澳军参谋长埃里克·多尔曼 - 史密斯将军（General Eric Dorman-Smith）的主张，即认为这次进攻多少体现了巴兹尔·利德尔·哈特的"间接路线"的说法（第 109—111 页）。另见普莱费尔著，《地中海与中东战场》，第 3 卷第 345—346 页。

66. 梅林津著，《坦克战》，第 164—165 页。

67. 非洲装甲集团军在此战中遭受了一个无法弥补的损失，那就是第 621 无线电侦听连的被俘，这个连是隆美尔获取关于敌军意图和部署的情报的主要来源。它部署在意军后方，位于"尔撒山附近可能过于靠前的作战地点"——事实上，就在前沿阵地以西 5486 到 6400 米（6000 到 7000 码）处——结果在"萨布拉塔"师瓦解后就"受到冲击并被歼灭"。要了解第 621 连的大体情况，见汉斯 - 奥托·贝伦特（本人就是情报军官）著，《隆美尔在沙漠战争中的情报工作，1941—1943》。关于该连被俘的经过，见第 168—187 页。

68. 斯库拉著，《埃及之战》，第 353 页。另见巴尔著，《战争的钟摆》，第 151—174 页关于这次行动的整整一章。

69. 他伪装成普通士兵，花了一整个白天帮助照料伤员，然后趁夜逃了出来。但是一个月后又在哈勒法山再次被俘。见隆美尔著，《无恨之战》，第 218 页；隆美尔著，《隆美尔战时文件》，第 281—282 页。

70. 原文是"succession of disasters"，这是斯库拉著，《埃及之战》，第 352—363 页关于辉煌行动的章节标题。

71. 梅林津著，《坦克战》，第 169 页。译注：这里指的是克里米亚战争中英军轻骑旅在错误指挥下强攻俄军炮兵阵地失败的事件。

72. 由于在这一天的突出表现，年仅 19 岁、长着一张娃娃脸的炮手金特·哈尔姆（Günther Halm）获得了骑士十字勋章。见黑克曼著，《隆美尔在非洲的战争》，尤其是"皇家坦克团第 40 营的覆灭"（The Destruction of the 40th Royal Tank Regiment），第 299—303 页。

73. 隆美尔著，《无恨之战》，第 190 页；隆美尔著，《隆美尔战时文件》，第 254 页。

74. 梅林津著，《坦克战》，第 172 页。

75. 隆美尔著，《无恨之战》，第 199—200 页；隆美尔著，《隆美尔战时文件》，第 264 页。

76. 德国官方历史，施通普夫著，《地中海的战争，1942—1943：北非和地中海的作战行动》，第 6 卷第 670 页。

77. 梅林津著，《坦克战》，第 172 页。

78. 要了解关于隆美尔在哈勒法山的作战计划的德方资料，见德国官方历史，施通普夫著，《地中海的战争，1942—1943：北非和地中海的作战行动》，第 6 卷第 678—680 页；高泽著，《1942 年的北非会战》，第 672—674 页；梅林津著，《坦克战》，第 170—174 页；隆美尔著，《无恨之战》，第 207—210 页；隆美尔著，《隆美尔战时文件》，第 272—275 页。

79. 隆美尔著，《无恨之战》，第 209 页；隆美尔著，《隆美尔战时文件》，第 274 页。

80. 读者如果想看可靠的生平简介，请参见迈克尔·卡弗著，《蒙哥马利》，收录于约翰·基根编，《丘吉尔的将军们》，第 148—165 页；以及罗伯特·奇蒂诺著，《装甲部队：历史与原始资料》，第 258—261 页。奈杰尔·汉密尔顿著，三卷本《蒙哥马利传》至今仍是权威的蒙哥马利传记。在英语著作中，弗雷德·马奇德拉尼著，《阿拉曼战役：沙漠中的堡垒》，第 46—48 页是很好的入门读物。该书是 Lippincott 出版社的"历史上的重大战役"（Great Battles of History）丛书的一部分，而这一丛书至今仍是一个开卷有益的作战行动史系列，值得以某种形式再版。

81. 这是隆美尔著，《隆美尔战时文件》，第 273 页中的说法；隆美尔著，《无恨之战》，第 208 页的德语原文或许要含蓄一点："nur verhältnismässig leicht zu überwindende Minenanlagen（只有比较容易克服的雷场）。"

82. 马奇德拉尼著，《阿拉曼战役》，第 48 页。

83. "Im rasanten Vorstoss"，这是内林将军的说法。转引自德国官方历史，施通普夫著，《地中海的战争，1942—1943：北非和地中海的作战行动》，第 6 卷第 679 页。

84. 马奇德拉尼著，《阿拉曼战役》，第 48—61 页；和巴尔著，《战争的钟摆》，第 218—252 页都是描写哈勒法山之战的杰作。梅林津著，《坦克战》，第 174—177 页的影响力也非同一般。

85. "Die Briten wussten nun, wo wir stehen。"隆美尔著，《无恨之战》，第 212 页。隆美尔著，《隆美尔战时文件》，第 277 页则是："敌人现在知道我们在哪里了。"

86. 丹尼斯·肖沃尔特著，《巴顿与隆美尔：二十世纪的沙场英杰》，第 283 页。

87. 要了解苏格兰龙骑兵团戏剧性的救援，见马奇德拉尼著，《阿拉曼战役》，第 54—56 页。如果想看更详细的描述，见巴尔著，《战争的钟摆》，第 230—231 页。

88. 要了解空中力量在沙漠战争中所起的作用，有一篇研究细致、包含大量数据表格的综述，请参见迈克尔·坎宁安（Michael Cunningham）著，《北非空中战争，1940—1943》，《战略与战术》第 198 期（1999 年 7—8 月）：第 20—38 页。

89. 隆美尔著，《无恨之战》，第 215 页；隆美尔著，《隆美尔战时文件》，第 279 页。

90. 要了解 6 日竞赛的赛制，见戈登·克雷格著，《1866—1945 年的德国》（Germany, 1866 - 1945，牛津：Oxford University Press，1978 年），第 496—497 页。

91. 隆美尔著，《无恨之战》，第 219—220 页、223 页；隆美尔著，《隆美尔战时文件》，第 283 页、285 页。

92. 巴尔著，《战争的钟摆》，第 226 页。

93. 西格弗里德·韦斯特法尔著，《回忆录》，第 170 页。

94. 德国官方历史，施通普夫著，《地中海的战争，1942—1943：北非和地中海的作战行动》，第 6 卷第 685 页。

第七章
师老兵疲：高加索与斯大林格勒

尽管沙漠战争至今仍能令我们产生浓厚兴趣，但是在1942年德军的任务列表中，它的优先级是很低的。希特勒明白，在非洲发生的任何事件都不可能直接威胁德国，他只会偶尔拿英国军队在那里的损失说笑。[1]《军事周刊》的编辑们作为军中意见的可靠代言人，对那个战区同样缺乏重视。在攻克托布鲁克和进军埃及带来的短暂兴奋之后，这份杂志对1942年夏末的隆美尔几乎漠不关心。那里的战役显然陷入了僵局，退化成了这份杂志以轻蔑口吻提及的"局部交战"和"炮战及侦察队的零星冲突"。[2]值得一提的是，隆美尔对哈勒法山的最后一次大规模突击甚至没能在《军事周刊》的每周新闻报道中获得只言片语的记述。

东线的战争就是另一回事了。在这里，国防军正在书写其历史中新的史诗篇章。在由顿河、伏尔加河和高加索山脉围成的大致呈三角形的区域中，国防军将获得弥补蓝色行动令人困惑的失败的最后一次机会。夏季会战的前两个阶段（蓝色一号和蓝色二号行动）都以打击落空（Luftstoss）告终，前者是在米列罗沃，后者是在罗斯托夫。对于接受了"向心作战"和"包围战"艺术训练的军官们来说，这是一个职业耻辱。或许就像希特勒猜测的那样，苏军正在以新的、更有弹性的方式作战[3]，他们聪明地避开了德军的三板斧，为的是重整旗鼓，在未来某个时候发动反击。或许就像斯大林的命令"不得后退一步！"[4]看起来所暗示的那样，红军只不过是在德军打击下分崩离析，为了避免被包围而最终仓皇逃窜。无论是哪种情况，既然红军在开局阶段极少应战，蓝色行动的整个作战基础也就不复存在了，国防军有一到两个星期似乎完全不知所措。战役开始后仅仅两个星期，希特勒就将战区指挥官——南方集团军群司令费多尔·冯·鲍克元帅撤了职，理由据说是他对装甲部队指挥不当。

蓝色行动已经失败，但是国防军仍有机会补救——因为此时一切都尚未成定局。当然，它的补给和交通状况很糟糕，但这是过去 300 年来德国每一次重大军事行动的常态。它面对的是数量远超于己的敌军，其部署在顿河沿岸和高加索地区的力量最终将达到大约 20 个集团军，但这种情况也不是什么新鲜事。德国情报机构大大低估了敌人的实力，这又是以往战争中的常态。但是国防军由九个装甲师组成的坦克部队依然实力完整，战斗部队的内在凝聚力达到前所未有的高度，它的多兵种联合作战能力也未见下降。在它面前有两种可能：它可以在这片辽阔战场的某个地方打一场歼灭战，或许还能借此赢得战争；或者它也可能失败，从而不可避免地输掉战争。经历夏季种种令人失望的事件之后，1942 年的秋季将是东线决一死战的时刻。

会战继续：双重攻势

7 月 23 日，鉴于蓝色行动已然破产，希特勒发布了第 45 号指令。[5] 这个由元首本人和他在国防军总司令部（OKW）中的亲信小团体起草的指令开篇就做出了全然不合时宜的胜利宣言："经过一场持续时间略微超过三个星期的战役，我为东线南部战区确定的宏大目标已经大体实现。铁木辛哥的军队中只有一些实力孱弱的部队逃脱包围，到达了顿河南岸。"[6] 希特勒表示，显然苏军统帅部很可能会从高加索为这些残存的部队提供增援，而且由于"敌军在斯大林格勒地区的集结还在继续进行"，国防军此时必须同时解决这两个问题。A 集团军将在"雪绒花行动"（Operation Edelweiss）中进军高加索，而 B 集团军群将前往斯大林格勒——"苍鹭行动"（Operation Fischreiher）。

虽然原本的蓝色行动计划就是以最终进军高加索为目标，但它这一作战行动放在后续阶段进行，而且规定了开始这一行动的两个先决条件。第一，国防军必须在顿河以西歼灭苏军主力。第二，它必须在伏尔加河沿岸的斯大林格勒或该城附近建立一道阻击阵地。在参与了斯大林格勒之战的第 51 军精明务实的军长瓦尔特·冯·塞德利茨将军（General Walther von Seydlitz）看来，"这两个作战行动的顺序是很明确的：斯大林格勒在先，高加索在后"。[7] 实际上，在这次作战行动开始后的第一个月里，德军并未实现这两个先决条件中的任何一个。苏军为了避免被歼灭已经逃之夭夭，而第 6 集团军此时甚至还未渡过顿河，更不要说到达伏尔加河。因此，希特勒是在国防军已经未能实现蓝色行动中相对简单的目标的情况下，又命令它同时进军斯大林格勒和高加索。这意味着原来的作战行动被一分为二（德语里叫 Aufspaltung）[8]，从而分散了国防军本已贫乏的资源。

雪绒花行动将是主要攻势。[9] 威廉·利斯特元帅指挥的 A 集团军群将以下辖的五个集团军渡过顿河下游，其正面从亚速海一直延伸至东边的康斯坦丁诺夫卡和齐姆良斯卡亚桥头堡，宽达 193 千米。[10] 彼得·杜米特雷斯库将军指挥的罗马尼亚第 3 集团军与里夏德·劳夫将军指挥的第 17 集团军将构成右翼，沿着亚速

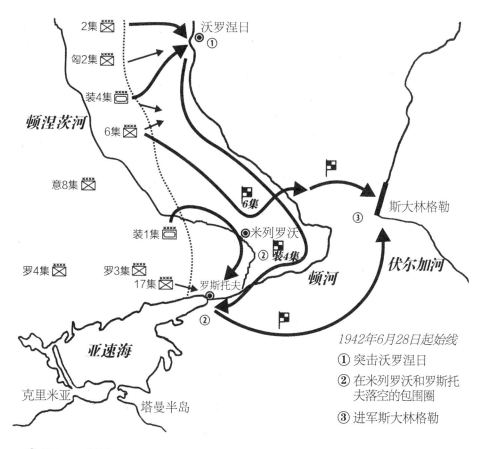

地图11. 混乱的作战：国防军的夏季攻势，1942年。

海岸边进军。两个装甲集团军将部署于内陆一侧：埃瓦尔德·冯·克莱斯特元帅指挥的第 1 装甲集团军居中，赫尔曼·霍特将军指挥的第 4 装甲集团军位于最左侧。在罗马尼亚第 3 集团军和德国第 17 集团军牵制住当面苏军之后，装甲集团军就有机会完成迂回，制造出一系列大规模包围圈，"包围并歼灭罗斯托夫以南和东南方向的敌军"。[11] 至关重要的一点是在当地歼灭守军，以免他们后撤到从新罗西斯克以南延伸至巴库（Baku）以北、大致呈西北—东南走向的崇山峻岭中。任何人都不曾设想过在大山里开展大规模会战，事实上，如果出现这种情况，那么这场会战很可能就失败了。

在歼灭当面苏军之后，A 集团军群要占领整个黑海东岸——它需要控制高加索山脚下的港口阿纳帕（Anapa）和新罗西斯克，然后必须穿越高山隘口到达图阿普谢和苏呼米（Suchumi）[12]，而翻越高加索山之后，它还需要南下进军巴统（Batum）。占领这些港口将会使苏军在这一带海域残存的舰队无法进入黑海活动，也将使德国的补给能够通过海路运入，这一点对于这片道路状况恶劣的多山地区来说是至关重要的。埃里希·冯·曼斯坦因元帅的第 11 集团军将渡过刻赤海峡在塔曼半岛登陆，协力完成这最后阶段的作战。在全部五个集团军都集结于这一战区后，A 集团军群将要做好进一步深入中亚的准备，以占领位于西边的迈科普和位于遥远东方的格罗兹尼（Grozny）的油田。它需控制格鲁吉亚和奥塞梯军用公路（这是仅有的两条可供机动车辆使用的穿越高加索山的通道）[13]，然后占领第三座大型石油城市——里海岸边的巴库，结束雪绒花行动。

这一作战的地理尺度是巨大的——巴库距离罗斯托夫约有 1126 千米（和罗斯托夫到华沙的距离差不多）[14]，而在完成这次会战之后，国防军的战线将拉长到 4100 千米。[15] 高加索地区的面积大致相当于德奥合并之前的德国，而且不同地方气候、降雨量和温度的差异极大。[16] 虽然石油是德国人调集这么多集团军参战的主要原因，但这一地区也包含了一些苏联最富饶的农业区域（库班河流域），更不用说还有全苏联的第五大和第九大城市（分别是巴库和第比利斯）。[17] 基于以上所有原因，苏军必然会在此严防死守。

在 A 集团军群南下的同时，B 集团军群（马克西米利安·冯·魏克斯将军）将要向着东方的斯大林格勒挺进。由于大部分机动部队都集中在 A 集团军群，斯大林格勒作战最初的兵力投入是很小的。参加这一作战的基本上只有一个集团军，即第 6 集团军（弗里德里希·保卢斯将军）。它确实是个超大号的集团军，下辖六个军，其中两个是机械化军（第 14 装甲军和第 24 装甲军）。但是考虑到它要完成的任务，很难说它的规模已经够大。首先，它必须肃清顿河大弯曲部的苏军，然后渡过这条大河，前进到顿河与伏尔加河之间的陆桥。在从西面逼近斯大林格勒之后，按照第 45 号指令的说法，它要"粉碎集中于当地的敌军，占领城区，并封锁顿河与伏尔加河之间的陆桥以及顿河本身"。[18]B 集团军群的其他部队（第 2 集团军、匈牙利第 2 集团军和意大利第 9 集团军）将扮演静止的角色，即在第 6 集团军进军伏尔加河的过程中，在其身后保护逐渐拉长的左翼。

占领一座位于 1610 千米后勤补给线末端的大城市已经是非常艰巨的任务，但是第 45 号指令却又一次提出了更多要求。B 集团军群的最终目标比斯大林格勒更远，是在南方的里海岸边："为与此配合，机动部队应沿伏尔加河进军，任务是突破至阿斯特拉罕（Astrakhan），以同样的方式阻断伏尔加河大动脉。"[19] 在这一命令下发时，第 6 集团军在顿河沿岸的阵地距离斯大林格勒 280 千米。而到阿斯特拉罕的距离还要再增加 400 千米。如果第 6 集团军真能打到阿斯特拉罕，那就意味着保卢斯在一个会战季度中推进了近 1610 千米。这必然是一次值得大书特书的远征。

高加索地区的作战：大穿插

利斯特的 A 集团军群在罗斯托夫稍作喘息后就开始冲进高加索。有两个装甲集团军并肩作战，还有德军在东线的很大一部分运输卡车参与，雪绒花行动确实一鸣惊人，立刻产生了震撼效果。如果把它单纯地视作急行军演习，那么它在头三个星期里就很可能已经成为德国军队史上最成功的行动。

雪绒花行动开始于 7 月 26 日，参战德军在某些地方轻松撕开苏军的薄弱防线，在另一些地方甚至兵不血刃地取得突破，很快就开始在开阔的地形上全速前进。几乎每一份关于这场战役的资料都强调，对德军来说主要的障碍是酷热的天气（连续多日温度都在 100 华氏度以上），而不是苏联守军的抵抗。在西面，罗马尼亚第 3 集团军和德国第 17 集团军在亚速海边一路推进。它们进展迅速，很快就逼近叶亚河（Eja River），并于 8 月 1 日在库晓夫斯卡亚（Kushchevskaya）建立了桥头堡。到了 8 月 9 日，罗马尼亚人已经占领了他们的第一个作战目标——小城叶伊斯克（Ejsk）。[20] 紧邻他们左侧的德国第 17 集团军的前锋第 5 军飞速穿过巴甫洛夫斯卡亚（Pavlovskaya），马不停蹄地一路杀到库班河畔的克拉斯诺达尔（Krasnodar）铁路枢纽站——他们在第一个星期就从出发地前进了240千米。

对步兵部队来说，这样的行军状态已经足够惊人，但克莱斯特的第1装甲集团军（三个装甲军、两个步兵军和一个山地军）的开局跃进更是不可思议——它在160多千米宽的正面上兵分三路向南推进，第一天就渡过马内奇河（Manych River）进入了亚洲。克莱斯特的右路纵队（第52装甲军、第3装甲军和第44军）到8月3日已经逼近库班河，接着于8月6日在克鲁泡特金（Kropotkin）和阿尔马维尔（Armavir）之间过河。此时这三个军向着西南方向前进，汇聚于迈科普，并在8月9日夺取了这座石油城。该集团军的中路纵队（第49山地军和第40装甲军）则向着库班河上游进军。山地兵们于8月11日在切尔克斯克（Cherkessk）过河，随后南下直奔大高加索山脉和其中的最高峰——厄尔布鲁士峰（Mount Elbrus）。第40装甲军从其位于齐姆良斯卡亚的桥头堡出发，实施了距离最远的一次跃进：它以一天48千米以上的速度横穿草原，经过普罗列塔尔斯卡亚（Proletarskaya）和伏罗希洛夫斯克（Voroshilovsk），在8月10日到达皮亚季戈尔斯克（Piatigorsk），然后继续奔向另一个大型石油城市格罗兹尼前方的最后一道天然屏障——捷列克河（Terek River）。此时它距离自己的出发地已有近482千米。[21] 最后，负责掩护集团军左翼的第52军沿着马内奇河两岸奔向东南，进入荒凉的卡尔梅克草原（Kalmuk Steppe）。截至8月1日，它已经到达近321千米外的季夫诺耶（Divnoe）和埃利斯塔（Elista）。

在这个开局穿插的过程中，国防军轻松击破处于分崩离析中的苏联南方方面军各部（第18、12、37、51、56集团军），将它们的顿河防线冲得七零八落。最高统帅部大本营随即在7月28日将该地区的防御部队重新编组为"北高加索方面军"，由布琼尼元帅任司令员。这个方面军由一批残兵败将加上大量匆忙训练的新兵组成，在战斗中从未表现出像样的凝聚力，而它无能的司令员也帮不了什么忙。它在8月间连续遭到重创，最终在9月3日被解散。[22] 虽然红军已经学会了避免落入德军的包围圈，但其实德军在这个开局阶段基本上也没有打包围战的意思，而是倾向于尽量快速凶猛地推进。这一方法看起来很有成效，例如，利斯特元帅就认为，开局阶段的打击非常成功，因此雪绒花行动已经进入了扫荡残敌和追击的阶段。当时他曾表示："如果以充足的机动兵力向东南方向快速穿插，那么在到达巴库之前都不会遭遇严重的抵抗。"[23]

如果对德军在开局阶段的机械化突击做一番更细致的考察，我们可以了解

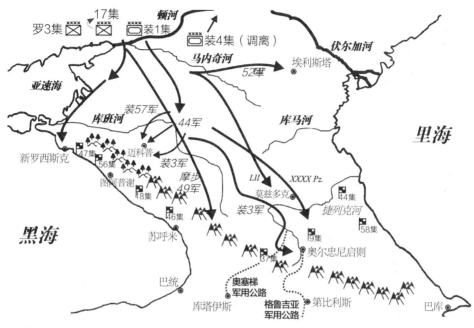

● 地图12. 石油战争：A集团军群在高加索的大穿插。

它在最初几周遭遇的困难和体会到的兴奋。第 1 装甲集团军的尖刀是埃伯哈德·冯·马肯森将军指挥的第 3 装甲军，此人在作风上就是他勇冠三军的父亲的翻版——行动第 1 天就从顿河桥头堡大举杀出，在小城斯波尔内（Sporny）以西的斯沃博达（Swoboda）村附近渡过马内奇河。[24] 因此他是在这场战争中第一个进入亚洲的德军指挥官。[25] 马肯森手上并没有真正的装甲师——战争进行到这一阶段，德军中的"装甲军"一词含义很广——其实他指挥的是两个摩托化步兵师，即第 16 师和"大德意志"师。为了"踩着败退的俄国人的脚后跟追击"[26]，他命令部队拼尽全力快速推进。虽然他的重型车辆不多，但这对他来说帮助大于妨碍，反而使他能够指挥部下进行快速机动。在第二天他取得了更大进展：第 3 装甲军扫清了马内奇河的北岸，又在河对岸的诺沃肖洛夫卡（Novoselovka）建立起另一个桥头堡。

　　斯波尔内就是他的主力部队要拿下的第一个目标，而此时在这个城镇的两侧他已掌握了两个渡口。但倒霉的是，当他的先头部队到达斯波尔内时，苏军已经爆破了该城以南的重要水坝。马内奇河在这个季节的宽度通常只有 40 米，但随着大坝垮塌，它突然就变成了一条真正的大河——宽达 3 千米左右。就连应急便桥都跨不过如此宽广的水域，因此马肯森只能命令所有火炮和重装备转到城镇两侧的小渡口过河。直到 7 月 28 日，第 3 装甲军的主力才渡过马内奇河。与此同时，他的工兵也放弃了修复大坝的努力，最终只在缺口上架了一座桥而已。

7 月 31 日早晨，第 3 装甲军又开始进军。此时第 16 摩托化步兵师再次担任前锋，用马肯森的话来说，它成功完成了"一次大跃进"。他说自己起初只是"在追击撤退的敌军"，但是先头部队不久就遭逢意外，闯入了火炮和重武器射出的弹雨中。[27] 在高加索会战的这一阶段，这种情况时常出现。苏联军队似乎在逃跑的冲动和射击的欲望之间摇摆不定，德军与他们的遭遇几乎每一次都充满不确定性。尽管如此，第 16 摩托化步兵师还是快速推进，穿过名为"巨人"的巨大集体农庄[28]，冲向重要交通枢纽萨利斯克（Ssalsk）。夺取萨利斯克将会切断连接高加索和斯大林格勒的主要铁路线。德军总司令部此时调走了"大德意志"师，使其驻扎在马内奇河以北，而马肯森"久经考验的老部队"第 13 装甲师（特劳戈特·赫尔将军（General Traugott Herr））在 8 月 1 日回到了他的装甲军的建制中。[29]

这两个师逼近萨利斯克后，在 8 月 1 日攻克该城，并立即在桑达塔河（Ssandata）和拉瑟普纳亚河（Rassypnaya）对岸建立起桥头堡。次日部队继续推进。第 3 装甲军以第 13 装甲师打头阵，第 16 摩托化师紧随其后，夺取了新亚历山德罗夫斯卡亚（Novo–Alexandrovskaya），切断了经过克鲁泡特金和伏罗希洛夫斯克的铁路，并缴获了大量物资和弹药。在 8 月 3 日，第 3 装甲军到达库班河畔的阿尔马维尔。经过一番激战，它攻占了这座城镇和附近的一个机场，缴获 50 架可以作战的飞机。[30] 此时它作为左路的突击箭头，与中路的第 44 军和右路的第 57 装甲军展开分进合击，目标都是迈科普。

但是在进军途中也有一些值得一提的战斗。当第 13 装甲师的突击集群顺利攻破阿尔马维尔北郊一道匆忙建立的防御阵地时，苏军也成功爆破了横跨库班河的公路大桥。这次爆炸使一辆德国坦克在这条河流的南岸陷入孤立无援的境地。马肯森称它为"一个尚在萌芽状态的桥头堡"。[31] 这辆孤独地滞留在库班河南岸的坦克可以说是高加索全体德军的刀尖，因此其乘员毫无疑问会选择更为尖刻的字眼来形容自己的处境。不过，不久以后就有一些人员和坦克乘坐渡船过河，到了晚上危机就已过去，马肯森的桥头堡终于建立起来了。

　　到这个时候，马肯森已经发现战斗中出现了新的动向。苏军的自信心和实力都在增强，终于开始有力地抗击德军进攻了——位于库班河北岸的德军部队遭到苏军猛烈的炮击和空袭，而当地守军也在充分利用河岸边茂盛的植被进行战斗。接下来的几天，战斗打得很艰苦，德军的损失也很大。马肯森明白这不是着急将部队送过河去的时候。用他的话来说，必须"按部就班"（planmässig）地展开行动。因此在第二天（8月4日），他花了一整天时间架设横跨库班河而且足以让他的坦克过河的桥梁。由于架桥器材数量较少，水流又很湍急，而苏军的抵抗强度也越来越令人不安，这个任务执行起来很不轻松。不过在第二天，第13装甲师还是从其桥头堡大举出击，奔向西南，又开始了一连串看起来没有止境的江河横渡行动。这一次横亘在面前的是急流奔涌的拉巴河（Laba），该师于8月6日到达河畔的库尔干纳亚（Kurgannaya）；第3装甲军左翼的第16摩托化师也赶了上来，到达了同一条河流边的拉宾斯卡亚（Labinskaya）。苏军同样破坏了这条河上的所有桥梁，因此第3装甲军的推进又一次被迟滞。第13装甲师的侦察部队随后花了48小时寻找浅滩和可以利用的道路，第16摩托化师则在扎索夫斯卡亚（Ssassovskaya）以南数千米外发现了一座完好的铁路桥，于是第3装甲军在8月8日恢复了前进。[32]

　　马肯森在8月9日率部参与了针对迈科普的突击，标志着意义重大的第15天成为此次战役的高潮日。这是一次用兵有方的作战，同时运用了奇兵（穿着内务人民委员部制服的小股德国士兵潜入城市传播互相矛盾的命令，还有一个排的"勃兰登堡人"特种部队开着苏军的卡车执行任务）和正兵（集团军群火炮的集中轰击和"斯图卡"俯冲轰炸机不间断的猛烈空袭）。[33]赫尔将军的第13装甲师发挥了至关重要的作用——抢在苏军爆破前夺占了公路铁桥。当晚在城里的街道上发生激战，第3装甲军的后卫部队则与还在不顾一切地向南方和东南方撤退的苏军部队进行了几乎一刻不停的血腥搏斗。8月10日，苏军在迈科普的抵抗告一段落。自从17天前战役开始以来，马肯森的装甲军已经推进了近400千米。如果仅以机械化部队在平坦地形上的理论突击能力衡量，这个速度并不快。但是，考虑到这个军实际通过的复杂地形，这完全称得上是一个壮举。国防军已经进入了油田。

　　马肯森本人也承认迈科普是某种意义上的顶点，标志着作战的机动阶段的结束。在此后几天的出城追击中，第16摩托化师已经进入了山地。"到了这个时候，机械化部队在地形坎坷、丛林密布的山地中只能以非常缓慢的速度前进。他们再也不能发挥自己的独特素质了。"此时该让轻装部队（猎兵营和山地兵）接管战斗了。它们的到来将会让第3装甲军能够腾出手来"执行其他更为合适的任务"。[34]

或许这个时候应该中断一下叙述，讨论几个应该关注的问题了。迈科普只不过是1942年会战原计划的战略目标之一，按照计划，德军应该在顿河大弯曲部歼灭苏军主力，征服斯大林格勒，并夺取石油城市（这个目标实际已经实现）。说到这一关节处，我们照例要指出，迈科普已经被撤退的苏军彻底破坏。不止一处炼油厂和油罐区被付之一炬，这也成为高歌猛进的德军官兵永生难忘的景象。[35] 对迈科普的破坏是由训练有素的工程师和技术员完成的。地面上的设施完全化作一片废墟，而破坏小组甚至还把混凝土浇到了油井里。用一位德国官员的话来说，这是"彻底破坏的经典实例"。[36] 但是，虽然这番景象肯定令油田的新主人非常郁闷，但是让迈科普油田重新出油只是一个工程问题，并不需要什么奇迹，而搞工程向来就是德国人的特长。来自帝国本土的专家组成一个6500多人的油田技术旅，几乎在迈科普被占领后立刻抵达现场，只要他们有足够的重型设备和时间，就能够让迈科普油田恢复生产。[37] 遗憾的是，这两种资源的量远远称不上"足够"。

无论如何，国防军还是占领了一座石油城市，而且随着部队云集于距格罗兹尼不到160千米的捷列克河边，似乎第二座石油城市也即将成为它的囊中之物。高加索的公路上已经满是南下的长龙：德军的坦克，撤退中的苏军车队，以及令人心酸的数十万难民队伍都挤在这些公路上，朝着南方和东方前进。[38] 不仅如此，德军还有整整一个集团军尚未出现在这片战场上。埃里希·冯·曼斯坦因元帅的第11集团军此时仍在克里米亚，正准备横渡刻赤海峡。五个集团军的分进合击虽然不可避免地要面临种种后勤困难，却也必定会给这片孤立地区的苏联守军造成巨大压力，有可能将它们彻底打垮。后世历史学家都倾向于认为德军在高加索战役的失败是不可避免的。但是如果时光倒流到1942年8月中旬，我们对当时苏军将士的意见做一番调查，结果一定会很有趣。说实话，当时看起来高加索换新主人的可能性非常大。

高加索地区的作战：受阻

在8月下旬，形势却发生了突变。在高加索作战的第二阶段，就好像战神突然下凡，对整条战线上的德军都施加了阻力。一度以最快速度前进的德军部队突然发现自己的速度减慢到近乎爬行。从机动战到阵地战乃至僵持战的转换之快一直被视作这场会战的主要特点。用德军的术语来说，运动战转瞬间就让位于阵地战。

这是由多种原因造成的。首先是因为国防军此时实施的双重作战的奇特性质。当利斯特的大军向着南方山地猛冲时，对斯大林格勒的进军却陷入停顿。由于大部分可用的燃油和运输车辆都被用于高加索，B 集团军群受困于严重的后勤问题，而且遭遇了越来越庞大的苏军部队。面对这种严重的作战问题，在 8 月 1 日，也就是雪绒花行动开始不到一个星期的时候，希特勒和德军总司令部决定反转作战优先次序，将进攻斯大林格勒定为新的主要突击。[39]这个决定立刻影响到了德军的战斗序列——霍特的第 4 装甲集团军所属的集团军群从 “A” 改为 “B”，也就是说，它要从高加索抽身，转而北上斯大林格勒。[40]

这确实是一重大事件，是一次大规模作战在开始不到一个星期后的全面反转。虽然通常人们都把这一错误归罪于希特勒，但这并不是他个人的独断专行。哈尔德和德军总参谋部从一开始就对高加索作战缺乏热情，在第 45 号指令下达后，他们花了整整一个星期的时间劝说希特勒将斯大林格勒定为国防军首先攻打的目标。他们的理由是东进可以获得更好的地形条件，而且后勤补给的难度也要大大低于进军山地的作战。哈尔德在 7 月 24 日首次建议搁置希特勒钟爱的高加索攻略计划，代之以更为传统的进军斯大林格勒的作战，但由于希特勒与德军总司令部关系紧张，这一建议自然得不到采纳。直到集结于斯大林格勒地区的苏军重兵集团使德军不能不有所动作时，希特勒才默许了这个建议。而随后他又一如既往地试图将其粉饰为他个人一贯的主张。在 7 月 30 日，希特勒在国防军总司令部中安插的作战主任约德尔将军以夸张的语气宣布，“高加索的命运将在斯大林格勒决定”。从哈尔德的日记中可以明显体会到他对这一切的愤怒之情。[41]——他已经把同样的意见强调了一个星期。

随着霍特被抽调至斯大林格勒方向，曼施坦因的第 11 集团军被装上火车运往列宁格勒前线，A 集团军群的规模大不如前。按照第 45 号指令的构想，它应该是由五个集团军组成的巨无霸，但此时它却只有三个集团军：第 1 装甲集团军、第 17 集团军和罗马尼亚第 3 集团军。要不了多久，由于参加斯大林格勒作战的部队侧翼不断拉长，而这座城市本身又成为需要不断投入更多生力军的大熔炉，

A 集团军群还将失去罗马尼亚军队。因此，五个集团军变成了两个，而多路大军参与的进军高加索作战也因此被简化（或许简化过头了）：第 17 集团军在西，进攻黑海港口新罗西斯克、图阿普谢和苏呼米；第 1 装甲集团军在东，冲向捷列克河和格罗兹尼的油田。两路大军间隔近 482 千米，相互之间连最低限度的支援都做不到，而且在战役开始后的第三个星期就遭遇了苏军日益顽强的抵抗。[42]

失去主攻地位还意味着军需品、弹药、人员补充的优先级都被降低，尤其严重的是燃油供应。例如，在占领迈科普之后，第 1 装甲集团军转向了东方。马肯森的第 3 装甲军需要进军小城伊谢尔斯卡亚（Ischerskaya），它是捷列克河上的一个渡口，也是进攻格罗兹尼的合适出发地。马肯森在 8 月 16 日接到命令，随即率部高速行进（这位优秀的装甲指挥官显然只会用这种速度进攻）。他在 8 月 16 日和 17 日进展顺利，接着就在第三天一早用光了所有汽油。虽然他的顶头上司克莱斯特安排了后勤部队快速补充，但马肯森的这个军还是干等了足足四天，而格罗兹尼的普通市民们就利用这段至关重要的时间疯狂地在城市周边构筑防御工事：地堡、火炮掩体和反坦克壕。在 8 月 22 日，马肯森终于等来了足够让一个师推进一天的汽油，于是第 13 装甲师终于到达了伊谢尔斯卡亚。"燃油的短缺使我军的任何后续机动都无法实施，"马肯森写道，"我们本来能够取得多大的战果啊！"[43]

除了燃油之外，雪绒花行动还失去了许多航空兵力。随着空军的大部分飞机被调往北面的斯大林格勒地段，德军的推进速度减慢到近乎爬行也就不足为奇了。不仅如此，由于国防军已经从少数可使用的机场前出数百千米，基础设施又不堪重负，留在南方的空军部队的作战效能也大打折扣。按照在这一时期被反复证明的规律，将大量兵力集中于一个主要突击方向的德国空军是可怕的战争机器，但如果它的兵力分散于两个相隔很远的方向上，那就不足为惧了。更何况，在德国空军实力大减的同时，苏联红空军（VVS）却在朝着相反的方向发展。到了 8 月中旬，德军的战地报告已经开始提及苏军对地攻击机的影响。装甲厚重的伊尔–2 "斯图莫维克" 强击机将在此后的几个星期越来越频繁地翱翔于高加索的天空。[44]

就以位于第 17 集团军最左翼的第 5 军为例。它的第一个目标是库班河畔的石油化工城市克拉斯诺达尔。这个军轻松抵达了该城近郊，但随后却与苏联第 56 集团军苦战数天，才在 8 月 9 日攻占了这座城市。下一个任务要求第 5 军渡过库班河向西南方向进发，与罗马尼亚第 3 集团军合作夺取黑海港口阿纳帕、新罗西斯克和图阿普谢。第 5 军一开始就发现推进难度大大增加。由于撤退的苏军破坏了克拉斯诺达尔的桥梁，第 5 军花了足足五天时间才在该城两侧的库班河对岸建立起桥头堡。过河之后，它又发现自己要面对苏军从新罗西斯克调来的预备队组成的纵深密集梯次防御，以及利斯特元帅所说的"敌军在空中的绝对优势"。[45]第 5 军按时开始了对苏军防线的强攻，以克雷姆斯卡亚（Krymskaya）为目标奋力冲杀，但是在地面苏军的强大兵力、日益活跃的红空军和国防军截至此时遇到的最困难地形的共同作用下，这一地区的机动战终于走到了尽头。

在讨论高加索会战时我们确实不能忽视自然条件，尤其是天气和地形。当地在 8 月的气温一直超过 100 华氏度。苏军优秀的"斯图莫维克"飞行员瓦西里·叶梅利亚年科（Vasily Emelianenko）就是当地人，但连他都说这种炎热是"令人难耐的"。他的飞机的装甲部分烫得无法触摸，而散热器中的水在他滑行到跑道时就已经沸腾。[46]在当地的泥土路面上，逼人的暑气蒸腾起大团尘土，形成看似悬浮在空中的呛人尘雾，将没有得到精心保护的一切——人员、机器、马匹、食物——都染上一层黄色。

至于地形，唯一在这方面具备与雪绒花行动近似的作战难度的会战是 1935—1936 年的意大利征服埃塞俄比亚之战。在国防军的南下过程中，它仿佛是在逐渐远离文明世界。按照德国官方正史的说法，这片区域是"重峦叠嶂的原始森林，从未经过采伐，只有几条被踏出来的人行小道穿越其中"。"部队只能依靠不在山洪暴发时节的溪流和江河作为主要通道。"[47]战术问题是可想而知的，但地形在后勤和交通方面引发的问题却几乎是不可想象的。例如，野战厨房不经过艰辛的长途跋涉和攀爬就无法前出足够距离来供应军粮。食物很少能准时送到前线，而且在送达时似乎从来都不会带有热气。运送弹药的卡车根本无法行动，于是就出现了高度机械化的军队依靠骡马将大炮和迫击炮弹药运上前线的奇观，不过日后同盟国军队在意大利的作战将会证明，这并非是这种景象在这场战争中最后一次出现。不堪重负的可怜牲畜们在会战过程中任劳任怨，并陆陆续续地死去。伤兵们也是如此——道路的崎岖意味着重伤员根本无法被送到后方：他们的伤势即便不能令他们当场身亡，也必定会在转运途中夺去他们的生命。[48]轻伤员的命运也好不到哪里去。他们在到达后方前必须经历漫长而痛苦的噩梦之旅，频繁地走走停停，忍受磕碰和颠簸，而在战斗进入山地之后，他们往往不得不靠自己的战友或者苏军战俘背着撤下火线。[49]由于该地区为数稀少的城镇都被用作指挥部和突击部队集结地，大部分一线士兵只能风餐露宿，忍受雨雪侵袭。当然，他们还要对付苏军。随着前线推进到大山脚下，对方的抵抗也开始变得猛烈。这里的地形对守军而言是隐藏炮位和突然实施火力伏击的理想场所，而德军也开始频繁领教这两种战法。

因此，在这种种困难的影响下，A 集团军群的进攻在 8 月下旬变得举步维艰，最终彻底停下了脚步。黑海港口阿纳帕在 8 月 31 日落入罗马尼亚军队之手，执行此次作战的是在 1942 军 5 月的刻赤追击战中立下大功的拉杜·科内将军。和猎鸨行动时一样，科内再次指挥了一支"分遣队"，也就是由罗马尼亚第 5 骑兵师和第 9 骑兵师的机动部队组成的机动战斗群。阿纳帕作战中有个很有意思的细节：科内在该城的纳苏洛沃高地（Nassurovo heights）时缴获了两个连的 150 毫米大炮，然后用它们轰击港口，为他的突击部队提供了至关重要的火力支援。[50]

在 9 月 2 日，规模大大缩水的登陆作战"布吕歇尔二号"行动终于在塔曼半岛沿岸实施，德国第 42 军冒着苏军猛烈的岸炮火力渡过了海峡。到了 9 月 5 日，这个半岛已经落入德国人之手。第二天，德国第 5 军和罗马尼亚骑兵军对重要的黑海港口新罗西斯克发起进攻，击破城外的苏军防御并占领了港区。[51]但是，苏军又一次拒绝放弃中心城区，于是双方又打了四天激烈的巷战。即使在德军占领这座城市之后，苏军依然控制着港湾的一片海岸和南面的山地，后者就是高加索山脉本身在这一区域的起点。

到了 8 月下旬，德军在高加索的阵地已经形成一个巨大的突出部，从顿河下游跨越库班河延伸至山区。德军在中央地带取得了巨大进展，但是第 17 集团军的推进全面受阻，而且包括重要港口图阿普谢和苏呼米在内，黑海的大段海岸线仍掌握在苏军手中。第 17 集团军自右至左的布阵如下：第 5 军位于新罗西斯克，第 57 装甲军和第 44（猎兵）军兵锋直指图阿普谢，第 49 山地军则对苏呼米虎视眈眈。从地图上看，国防军似乎只要向着海岸做一个简单冲刺，就能拿下后两个港口。希特勒无疑就是这么想的，他在 8 月中旬给第 17 集团军下达了攻击它们的命令。然而事实证明，这次进攻并没有打成闪电般的突击，而是成了艰苦缓慢的拉锯战。到图阿普谢和苏呼米的直线距离或许只有 30 千米左右，然而当地是多山的区域——要进军图阿普谢，就必须克服被德国人称为森林山地（Waldkaukasus）的地形，而山地军对苏呼米的攻击则必须穿越高山山地

（Hochkaukasus）中崎岖难行的隘口。尤其是后者，需要在崇山峻岭中穿过多个隘口才能进入开阔地；结果德军从一开始就遭遇苦战，损失惨重。前线的士兵们都发现，先前在开阔地上表现极不稳定的红军到了山地中却恢复了镇定。除此之外，德军的时间也所剩无几。最迟到 9 月底，这些山口大部分都会被大雪封闭。[52]

　　这些作战进展缓慢，尤其是和前两个星期的战斗形成鲜明对照，导致希特勒的文尼察指挥部中本已紧张的气氛进一步恶化。结果，元首一如既往地和前线指挥官利斯特元帅发生了大量毫无意义的摩擦。在研究过地图、燃油状况和日益捉襟见肘的兵力之后，利斯特要求将第 49 山地军后撤以缩短战线，只留一些小部队监视高山中的隘口，同时集中兵力突击图阿普谢。我们或许可以将他的建议称作问题的"小解决"方案。[53] 而希特勒却不失本色地要求同时进攻图阿普谢和苏呼米，这个决定导致第 17 集团军的兵力被严重分散；事实上，单是第 49 山地军的战线就已经拉长到近 321 千米。处境日益窘迫的第 4 山地师面对苏军越来越大的压力，已经不得不后撤一段距离。[54]

　　希特勒以他特有的方式对这些指挥上的分歧做出了反应。因为他相信自己的决定不可能出错，所以问题肯定是出在他的将军们和他们"敷衍了事的指挥"上。[55] 在元首的文尼察指挥部里上演了多次激烈的争吵，而令人窒息的暑热更是起了火上浇油的作用。[56] 哈尔德在战争日记中的评论越来越尖刻，而希特勒也毫不示弱。有一次他公然嘲笑哈尔德是在办公室里"坐着同样的转椅"度过了第一次世界大战，与此同时其他人（包括他自己）却一直在战场上浴血奋战。[57] 还有一次，在得知第 1 山地师的一队志愿者不辞辛劳地登上了高加索山脉的最高峰——厄尔布鲁士峰时，他竟然大发雷霆，因为虽然这是一次毫无坏处的宣传行动，却偏偏发生在他下令将每一个士兵、每一件武器都集中用于进军苏呼米的作战之后。[58] 在 9 月 9 日，希特勒解除了利斯特的指挥权，越俎代庖地指挥起 A 集团军群。过了几个星期，在 9 月 24 日，他又撤销了哈尔德的总参谋长之职，代之以库尔特·蔡茨勒将军（General Kurt Zeitzler），后者是比前任狂热得多的纳粹党人，但也有一定的才干。[59]

　　不出所料的是，新的指挥班子发现自己在突破前线和重新为机动战创造条件方面并不能做得比利斯特更好。即使在希特勒按照利斯特的建议把进攻方向仅限于图阿普谢之后，德军的突击还是像利斯特曾经警告过的那样，在山区陷入了僵局。接下来的三个月里，在这条战线上确实再也没有机动可言。这是一种极致的阵地战，一支机械化大军在一片大山里进退维谷。对德军而言，在如此崎岖的地形下集中足够的进攻力量几乎是不可能的。部署在南方和西方的沿海平原中的苏军却拥有大得多的行动自由，更何况他们的后勤补给也更为方便和安全。

到了 9 月底，在高加索与德军对峙的苏军部队已经形成一道铜墙铁壁。秋列涅夫将军（General I. V. Tyulenev）指挥的高加索方面军下辖至少八个集团军，只不过由于部队规模庞大、作战地域广阔，该方面军又不得不划分为黑海集群和北方集群，各包含四个集团军。前者下辖第 47 集团军、第 56 集团军、第 18 集团军和第 46 集团军，全部挤在从新罗西斯克南郊经图阿普谢至苏呼米的沿海狭长地带中，当面之敌都是同一支德军部队：德国第 17 集团军。[60] 后者下辖沿捷列克河一线布防的第 37 集团军、第 9 集团军和第 44 集团军，以及在里海岸边的马哈奇卡拉（Makhachkala）作为预备队的第 58 集团军。与这四个集团军对峙的同样只有一个德国集团军，即第 1 装甲集团军。这是典型的阵地战局面。苏军并没有真正的侧翼，德军的装甲师必须先在某个地方打开突破口，然后才能考虑战役层面的机动。

尽管兵力对比已经非常不利于国防军，后勤状况也不断朝着灾难的方向恶化，但国防军的老战法依然偶有闪光。随着夏去秋至，黑海前线在低温下彻底静止，高加索会战的重心转移到了东方的捷列克河沿岸。这条河是当地最后的一条大河，它水深流急，岩石密布的陡峭河岸掩护着多个重要目标：格罗兹尼和奥尔忠尼启则（Ordzhonokidze）这两座城市，以及奥塞梯和格鲁吉亚军用公路。[61] 这些公路是仅有的两条可以通行机动车的山间通道，国防军只要掌握了它们，就可以有效控制高加索。事实上，19 世纪的俄国沙皇也是出于同样的目的修筑了这两条公路，而奥尔忠尼启则的原名是弗拉季高加索（Vladikavkaz），意思就是"高加索的主宰"。格鲁吉亚公路尤其重要。它从奥尔忠尼启则一直通到第比利斯，德军通过它可以高速穿越群山，到达巴库储量丰富的油田，从而夺取整场会战中最大的潜在战利品。

到了 10 月，第 1 装甲集团军已经将它剩余的作战力量全部集中在捷列克河沿岸。马肯森的第 3 装甲军居右，第 52 军居中，第 40 装甲军居左，位于莫兹多克（Mozdok）。在 10 月 25 日，第 3 装甲军发动了高加索会战中最后几次经过精心策划的大规模进攻之一，目标是在纳尔奇克（Nalchik）附近及其东方包围苏联第37集团军。[62] 马肯森将罗马尼亚第2山地师置于自己的右翼，而将第3装甲军的大部分主力（第13装甲师、第23装甲师和第370步兵师）置于左翼。罗马尼亚人将首先进攻，在苏军防线上打开一个缺口，并将他们的注意力吸引到正面。在次日，两个装甲师组成的攻击集群将会楔入苏军右翼，在防线上撕开突破口并包围守军。一旦实现了这个目标，第3装甲军就将全体向左（东）转向，进军奥尔忠尼启则。

　　这次作战完全按计划进行。国防军即便遭到严重削弱，即便是缺油、缺人、缺坦克，而且在稀薄的高原空气下作战，依然能偶尔打出运动战。它的盟友也并非只有自保的本领。罗马尼亚人在10月25日会同德军的一个营（第99山地兵团第1营）开始进攻。[63] 他们共同冲进巴克桑河（Baksan River）沿岸的苏军营垒，并突破了苏联第37集团军的前线，渡过三条湍急的河流 [巴克桑河、切格姆河（Chegem）和乌尔万河（Urvan）] 冲向纳尔奇克。德军的俯冲轰炸机为进攻提供了有力支援，摧毁了纳尔奇克附近的第37集团军指挥部，从而取得了战争中最

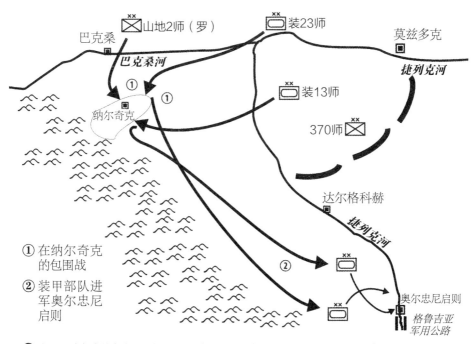

🔺 地图13. 高加索的末路：马肯森对奥尔忠尼启则的进军。

重大的战果之一。这一打击导致第 37 集团军在敌军开始进攻后至关重要的头几个小时内群龙无首。[64] 次日夜间，德军两个装甲师借着月光发起进攻，渡过捷列克河，达成了完全的突然性。很快它们就切断了纳尔奇克城外的公路，使国防军完成了整个高加索战役会战中为数不多的包围圈之一，不过它还是要在纳尔奇克城中经过一天的激烈巷战才能结束苏军的抵抗。在战斗开始后的几天里，苏军被俘人数约在 11000 人左右。

截至此时，用国防军最喜欢的比喻来说，这场作战"执行得就像精密钟表一样"。[65] 第 37 集团军的一部分幸存者步履艰难地撤向奥尔忠尼启则，其他人则显然忘记了军纪，直接逃进南方的山区。

此时两个装甲师向左转弯，朝正东方向前进，而位于右侧的群山则形成了一道保护它们侧翼的屏障。第 23 装甲师居右，第 13 装甲师居左，这次进军令人回想起国防军在这一区域依然有足够实力加强战役主要突击方向的日子。在 10 月 27 日和 28 日，德军装甲部队连续突破多条河流——列斯肯河（Lesken）、乌鲁赫河（Urukh）、奇科拉河（Chikola）——苏军不是没有意愿就是没有能力在它们前方组织连贯的防线。

到了 10 月 29 日，它们已经到达位于奥塞梯军用公路起点处的阿尔东河（Ardon River）。克莱斯特认为这是"永远不会再次出现的机会"[66]，他下定决心要抓住它。在 11 月 1 日，第 23 装甲师占领阿拉吉尔（Alagir），封锁奥塞梯公路，为国防军提供了进入高加索西南区域，并经库塔伊斯（Kutais）到达巴库的可能。[67] 与此同时，第 13 装甲师也在冲击第 3 装甲军的战役目标：奥尔忠尼启则和格鲁吉亚军用公路。克莱斯特命令该师在行进中夺取奥尔忠尼启则。当天晚上，第 13 装甲师的先头部队距离这座城市已经不到 16 千米。它已经在途中打了一些硬仗，而且就在前一天，它的师长戈特将军（General Gott）头部受了重伤。在新师长赫尔穆特·冯·舍瓦勒里将军（General Helmut von der Chevallerie）的指挥下，它在此后的一个星期里冒着苏军日益加强的抵抗继续推进；事实上，由于苏军火力实在太猛，新师长最终不得不搭乘坦克到达自己的新指挥所。[68] 在 11 月 2 日，第 13 装甲师拿下了距离奥尔忠尼启则不过 8 千米的吉泽利（Gizel）。属于第 37 集团军一部的守军明白局势已到危急关头，他们在一个近卫步兵军、两个坦克旅和五个反坦克团的强大支援下死战不退。马肯森就像赛马骑师一样巧妙驾驭着自己的装甲师，他先把第 23 装甲师部署在第 13 装甲师右侧，然后又把它调到左侧，不断寻找敌军防线的空隙。[69] 它们距离奥尔忠尼启则越来越近。每前进一步都会遭到激烈的抵抗，第 13 装甲师的补给公路也遭到来自山中苏军炮兵阵地的直瞄射击，后方和前线一样损失惨重。

把两支军队的鏖战比喻为两个遍体鳞伤的战士互殴是军事史书中最老套的陈词滥调之一，但确实能完美形容这里的战斗。这是一个关于肉体潜力以及精神潜力的问题：谁更能顶得住压力？这是 20 世纪最有史诗色彩的地面肉搏战之一。它具备了一切要素：刺骨的严寒，纷飞的暴雪，以及背景中巍然屹立的壮美山岭和冰川。对双方来说，公路网都不能满足需要，因此车队往往不得不挤在狭窄的支路上，被敌军的战斗轰炸机轻松猎杀。[70] "斯图卡"和"斯图莫维克"很少能找到比这里的敌军更划算的成群目标，因此双方的损失都高得可怕。

到了 11 月 3 日，第 13 装甲师已经在山岳地带杀开一条血路，距离奥尔忠尼启则只有两千米了。此时在一线与敌军厮杀的仅仅是几个营而已，德军整个高加索会战的重任都压在了它们身上。根据记录，它们是左路的第 66 团第 2 营，右路的第 93 团第 2 营，以及在左后方担任第二梯队的第 66 团第 1 营。部署在这些突击部队后面的是第 99 山地兵团第 1 营、第 203 突击炮营和第 627 工兵营。[71] 最后一支部队的任务至关重要：在攻克奥尔忠尼启则之际迅速前出，打通格鲁吉亚军用公路。

在接下来的几天里，德军的进展是以百米计的——在 11 月 4 日前进了六百米，在 11 月 5 日又推进了几百米。此时战斗已经变成了地堡爆破战，德军的突击部队不得不在密密麻麻的工事、地堡和碉堡之间开辟通道。推进速度确实慢得令人难以忍受，不过别忘了，进攻者也不需要推进多远。一波波德国空军的飞机还在天上不断轰鸣，给苏军前线和后方带来浩劫，并且蹂躏着这座城市本身。马克森的预备队在一个星期前就消耗殆尽，但他也无法想象苏军能有好日子过，他们的处境应该只会更糟。

然而他想错了。在 11 月 6 日，苏军针对第 13 装甲师过于突出的先头部队发动了反攻，这是他们在整个捷列克河战役中第一次真正集中兵力打击敌人。[72] 步兵和 T-34 坦克混编的攻击集群轻松撕开德军单薄如窗纸的侧翼防线，开始迂回到该师主力的后方，并在此过程中击溃该师的大量辎重部队，切断其战斗部队的后勤补给线。针对德军左翼的牵制攻击则拖住了第 23 装甲师和罗马尼亚第 2 山地师，使它们无法及时支援第 13 装甲师。德军已经没有可用于挽回战局的预备队，而且在接下来的三天时间里，猛烈的暴风雪导致德国空军集体趴窝。事实上，第13装甲师此时的余力只够做最后一搏：向西突出即将形成的包围圈。经过一番调兵遣将，调动了党卫军"维京"师等部队提供支援后，突围命令在11月9日下达。第一批突围的车队由坦克组成，在它们打开缺口之后，满载伤员的卡车队也冲了出去。不出两天，遭受重创的第13装甲师就退回了安全地带，也就是德军一侧的战线。对奥尔忠尼启则的进攻失败了，同样以失败而告终的还有进攻格罗兹尼油田的行动——以及高加索会战本身。

可是它距离成功曾经是那么近！想想这一连串数字吧。把德军一个集团军群下属的五个集团军削减为三个，接着进一步削减为两个。给它分配一个荒谬的任务，比方说在1900千米长的补给线末端推进1100千米，而且在此过程中要在世界上最恶劣的地形下对付敌人的八个集团军。使各个师的人员和坦克都消耗到不足正常编制的50%。然后又消耗到33%。让他们差不多一个星期才能吃上一顿热饭。剥夺专业军官团的指挥权，把他们交给一个半路出家、独断专行的战略家来指挥，再把他们丢进冰点以下的气温和约61厘米（两英尺）深的积雪中。把所有这些因素综合在一起，会得到什么结果？并不是一场不可避免的失败，而是一个进取心十足的装甲军在距离目标不足2000米的地方，在仍然挣扎着迈步前进时功亏一篑。克劳塞维茨说得好："战争是充满不确定性的领域。"[73]

进军斯大林格勒：扫清顿河流域

与高加索地区错综复杂的厮杀相比，进军斯大林格勒的作战行动要好懂得多。[74]它最初只是一个德国集团军（第6集团军）向着东方的直线冲刺。由于是次要方向的作战行动，这个集团军分配到的兵力和军需品都不足，而且它很快就发现在前往斯大林格勒的路上要面对无尽的苦恼。集团军司令弗里德里希·保卢斯将军刚刚开始进攻，就因为燃油短缺而不得不止步。而且在他当面的苏军集结了大量兵力，对德军在东线的整体态势构成威胁，导致总司令部立刻更改了任务优先次序。于是斯大林格勒成为主要目标——这下轮到高加索的指挥官们为缺乏燃油、运输工具和关注而悲叹了。

这座城市就这样突然成为整个联合作战行动的核心——控制高加索的锁钥，"关系到未来整个战局的关键"[75]（这是一位参谋军官的说法）——但这件事本身却颇有讽刺意味。在蓝色行动的原计划中，斯大林格勒的重要性无疑只能排在第二等。第 1 装甲集团军司令冯·克莱斯特元帅在战后这样评论，"与主要目标相比，占领斯大林格勒是次要的。它的意义仅仅在于，它是顿河和伏尔加河之间的瓶颈地带中一个方便防守的位置，我们可以在那里阻挡从东面过来的俄军对我军侧翼的攻击……"他语带苦涩地补充说，"起初斯大林格勒对我们来说只不过是地图上的一个名字。"[76]

确实，几乎所有参战者都一致认为，如果德军愿意的话，本来在 7 月下旬就可以占领斯大林格勒。当时苏军正在组建新的斯大林格勒方面军，但是集结后备兵力和构筑防御工事的工作基本上还没有开始。[77] 霍特的第 4 装甲集团军可以长驱直入攻下这座城市——距离确实很远，但途中没有什么阻碍，而一旦霍特下定决心，他的机动速度是不会比其他任何集团军司令慢的。我们还是来看一下冯·克莱斯特元帅的评论吧：

当时第 4 装甲集团军在我左侧，正朝着那个方向推进。它本可以在 7 月底兵不血刃地占领斯大林格勒，可是它却被调到南面来帮助我渡过顿河。我并不需要它的帮助，而它起到的作用仅仅是堵塞了我正在使用的道路而已。当它重新调头北上时，已经过去了两个星期，俄国人刚好来得及在斯大林格勒集结足以阻拦它的部队。[78]

实际上，截至 7 月中旬，霍特、克莱斯特和保卢斯等人的部队都已纠缠在一起，形成了这场会战中由装甲部队组成的第二个巨大死结（哈尔德称其为 Zusammenballung[79]）：第一个是在空空如也的罗斯托夫包围圈周边形成的。当时他们全都无法脱身。

当保卢斯终于能够上路时，他把自己的部队分成两路，向东进入了顿河大弯曲部。在他的左路（北路），是古斯塔夫·冯·维特斯海姆将军（General Gustav von Wietersheim）指挥的第 14 装甲军，其下辖的第 16 装甲师、第 3 摩托化师和第 60 摩托化师沿顿河南岸绕行。在右路（南路）是他的集团军的主攻部队：维利巴尔德·冯·朗格曼将军（General Willibald von Langermann）指挥的第 24 装甲军，下辖第 24 装甲师、第 76 步兵师和第 295 步兵师；瓦尔特·冯·塞德利茨－库尔茨巴赫将军指挥的第 51 军，下辖第 4 师和第 71 师。南路部队经莫罗佐夫斯克（Morozovsk）推进，目标直指奇尔河（Chir）与顿河的交汇处。

被这两路突击夹在中间的是苏军的两个仍在顿河西岸战斗的集团军：第 62 集团军在右，第 64 集团军在左。它们在右岸控制着一个相当大的桥头堡，北起卡拉奇（Kalach），南至下奇尔斯卡亚（Nizhne Chirskaya），宽约 64 千米，纵深 32 千米。无论这两个集团军在 6 月下旬出过什么问题，此时看来它们的军心已经开始稳固，因此德军进展缓慢。虽然保卢斯仍在前进，但是考虑到他的后勤状况，能做到这一点就很不容易了。在 7 月的最后一个星期里，他每个小时给上级打一次电话，都是在恳求提供更多坦克、更多弹药、更多燃油。他特别担心的一个问题是缺少步兵；如果战役进行到最后需要攻打斯大林格勒城本身，那么他的步兵数量是远远不够的。[80]

到了 7 月 26 日，第 6 集团军已经寸步难行。它的先头部队一连两天没有得到燃油补充，而总司令部也没有就何时解决这一问题做出承诺。燃油短缺将使保卢斯在近十天的时间里陷入瘫痪状态，与此同时苏军正在心急火燎地加强他们在顿河大弯曲部和斯大林格勒的防御。这是一段令第 6 集团军感到非常不安的时间，而更糟糕的是，苏军还发起了他们在 1942 年会战中最初的真正意义上的反击之一。参与这次反击的是第 1 坦克集团军和第 4 坦克集团军，不过两者都没能投入全部兵力。[81] 但它们得到了强大的空中支援，因此德军有一两天时间陷入危机，几乎失去了机动能力的第 14 装甲军不得不在数量庞大的苏军坦克攻击下打一场艰苦的防御战。虽然德军成功击退了苏军的突击，却也用掉了最后一滴汽油。[82] 尽管第 6 集团军距离斯大林格勒只有 200 千米左右，但以此时的前进速度来看，这座城市就像月亮一样遥不可及。

在总司令部决定将斯大林格勒改为新的战役主要突击方向后，最先发生的变化就是第 4 装甲集团军的到来。虽说读者大概很乐于想象霍特如何风驰电掣地穿越一马平川的卡尔梅克草原（Kalmyk steppe）奔向斯大林格勒，但实际上他驰援保卢斯的行动与此相去甚远。霍特的集团军在燃油供应优先级名单上只能排到第三，位列第 6 集团军（不久前才升为第一）和第 1 装甲集团军（第二）之后。他此时的机动能力远远不如夏季会战初期，而且这种状况将一直持续到会战结束。但无论如何，随着第 6 集团军从西边的顿河大弯曲部推进，而加入了 B 集团军群的霍特又从南方和西南方北上，这两个集团军终于针对斯大林格勒发起了某种程度的向心攻击。

直到 8 月 7 日，新近补充了燃油的第 6 集团军才能再次发起进攻。首要目标是仍位于顿河大弯曲部中的苏军，它们此时已有相当规模。保卢斯让自己的两个装甲军（第14和第24装甲军）担任先锋。前者从左侧绕行并掉头南下，后者则迂回到右侧并转弯北上，两支装甲箭头就这样深深楔入苏军在顿河对岸的桥头堡的侧翼和后方。德国空军的大力支援摧毁了守军身后几乎每一座桥梁，切断了他们的撤退路线。8月8日清晨，两路装甲突击部队在卡拉奇的顿河渡口西南方不远处会师。在此过程中，它们已将苏联第62集团军和第1坦克集团军的大量兵力困在一个严密的包围圈中。在接下来的两天里，德军通过地面向心攻击和有力的空中支援使包围圈不可逆转地缩小。包围圈中的道路挤满了一眼望不到头的苏军车队，它们不顾一切地向东行驶，到了顿河渡口才发现桥梁都已被摧毁。对德军的轰炸机和俯冲轰炸机来说，这样的目标是很难错过的：两个苏联集团军的大半兵力都聚在了宽不到6千米的狭小地带中。苏军在顿河东岸的炮兵支援下，乘夜进行了各个方向的突围尝试——包括西南方、东方和东北方。但是他们的努力全都失败了，最终在德军空地火力的联合绞杀下被粉碎。这场杀戮是骇人听闻的，而考虑到这片狭小地域中的兵力密度，这样的结果却实属必然。[83]

　　如今几乎被遗忘的卡拉奇包围战是1942年会战中第一次真正意义上的包围战，它也使希特勒的指挥部对日后的战役产生了很高的期望。截至8月11日卡拉奇包围圈被肃清为止，德军又抓获了35000名俘虏，并缴获270辆坦克和560门火炮。考虑到德军对包围圈的空袭强度和密度，苏军的总损失肯定还要比这些数字高得多。如果再加上前一个星期在顿河大弯曲部的战果，那么德军总共抓获了57000名俘虏，并摧毁及缴获了近1000辆坦克。

通向斯大林格勒之路

　　虽然常有资料宣称卡拉奇的战斗最终肃清了顿河大弯曲部的苏军，但事实却并非如此。在保卢斯的北方（左）侧翼仍有一些讨厌的苏军桥头堡，其中最值得注意的是位于绥拉菲摩维奇（Serafimovich）、克列茨卡亚（Kletskaya）和克列缅斯卡亚（Kremenskaya）的桥头堡。保卢斯草草发动了几次消除它们的尝试，但都徒劳无功。[84] 他既没有时间也匀不出足够兵力来对付它们，何况他在东方还有更重要的事务。而国防军在这场战争中终将一而再，再而三地学到一条教训：只要苏军的桥头堡没有被消除，那么它必然在日后带来严重后果。[85] 这条规律没有例外。

不过，随着顿河大弯曲部的大规模作战告一段落，保卢斯终于可以渡河并前往斯大林格勒了。直达路线是从卡拉奇一路东进，但鉴于苏军已经料到德军会朝这个方向突击，保卢斯认为他们很可能在这条路线上部署了重兵。于是他决定不沿这条显而易见的路线正面强攻，而是进行迂回机动。他将第14装甲军调到顿河大弯曲部的东北角，让它于8月21日在韦尔佳奇（Vertyachiy）过了河。[86] 接下来的两天里，该军穿越了顿河和伏尔加河之间56千米宽的陆桥。此时改由马丁·菲比希将军（General Martin Fiebig）指挥的第8航空军派出了大量飞机支援地面部队的每一步推进。"从清晨起，我们就不断在担任前锋的装甲部队上空盘旋，用我们的炸弹和机枪帮助他们前进。"某俯冲轰炸机中队的中队长这样说。[87] 到了8月23日下午，汉斯·胡贝将军（General Hans Hube）指挥的第16装甲师已经顺利穿插到伏尔加河岸边，抵达了斯大林格勒的北部郊区。这是一个令人钦佩的成就，但也蕴含着一定的危险性。胡贝所占领的区域与其说是一片防御阵地，不如说是一条通向伏尔加河的狭窄走廊。事实上，苏军的反击很快就将他的孤军封闭在一个包围圈里。这是一个近乎灾难的转折，形势要求德国空军进行大规模干预，给袭扰胡贝后方的苏军部队造成沉重打击，从而为第51军的救援行动创造机会。

就在胡贝到达伏尔加河的那天晚上，德国空军的飞机成群结队地出现在斯大林格勒上空。这是自巴巴罗萨行动第一天以来它实施的最大规模空袭。[88] 近600架轰炸机参与了此次空袭，几乎是德军在南方战线的全部航空力量，而且其中有许多飞机一夜出击两次，多的甚至达到三次。大规模使用燃烧弹引发的大火在64千米外都能看到，这座城市的大片街区因此化作废墟，罹难者数量惊人。虽然几乎可以肯定，流行文献中40000人死亡的估算数字是偏高的，但也许最保险的说法是：总之死难者已经够多了。[89] 这是一个宣言，国防军在用这种一夜毁城的方式向斯大林格勒和全世界宣告——它已经兵临城下。

在保卢斯从顿河向这座城市前进之际，霍特也正从南方北上。正如保卢斯已经发现的，接近斯大林格勒的道路并不平坦。对第4装甲集团军来说，障碍既包括燃油和弹药的稀缺，也包括苏联第57集团军的顽强抵抗。霍特沿着萨利斯克-斯大林格勒铁路线穿越一马平川的草原，渡过阿克赛河（Aksai River），向着东北方一路推进到斯大林格勒以南约48千米处。在这个位于阿克赛河和米什科瓦河（Mishkova River）之间的地方，苏军成功迟滞了他的前进，并在几天后将他挡在京古塔（Tinguta）北郊一排筑有坚固工事的山丘下。这对德军来说是个严重的问题，这次两路攻势的关键就是两支人马要大致在同一时间到达斯大林格勒，使守军陷入首尾不能兼顾的困境。

　　和保卢斯一样，霍特决定运用战役层面的机动来实现靠死打硬拼无法实现的目标。从8月29日起，他调来罗马尼亚第6军接管位于京古塔的战线，然后将他的机动部队（第48装甲军和第4军）撤到深远的后方。他派遣它们向西北方实施大范围的包抄机动，迂回到距离进攻受阻处约16千米的地方，然后命令它们掉头向东北方的斯大林格勒冲去。他在加夫里洛夫卡（Gavrilovka）渡过卡尔波夫卡河（Karpovka River），然后向北挺进，在9月2日与第6集团军的部队取得了联系。和保卢斯抵达时一样，德军轰炸机在9月3日以针对斯大林格勒的又一次大规模空袭宣告了霍特的到来，这次"针对已经化作废墟的城市的24小时不间断空袭"使城中瓦砾横飞，又杀害了成千上万的平民，还差一点炸死了斯大林格勒城内苏军的总指挥——重建的第62集团军的司令员崔可夫将军（General V. I. Chuikov）。[90]

　　德军的两个集团军已经会师，战线在斯大林格勒城下又重新连成了一片。问题是，接下来怎么办？除了两个星期前在卡拉奇的包围战外，它们没能在这座城市之外围歼苏军的任何主力部队。苏联第62集团军和第64集团军的残部都在斯大林格勒，前者在其北部固守，后者则把守南部。如果空袭的目的是打垮守军和平民的士气，那么德军很快就会清楚地看出，这一目的并未达成。斯大林的最高副统帅朱可夫将军在不久前抵达这一战区。他立即开始着手制定反击计划。这次反击开始于9月5日，第24集团军、近卫第1集团军和第66集团军猛攻伏尔加河边德军依然狭窄的突破通道的北方侧翼。最终苏军未能达成反击目标，原因是多种多样的：重武器短缺；不同兵种之间协同不力，特别是大规模的火力准备与步兵和坦克的突击配合得不好；匆忙而草率的策划工作使多个步兵师不得不在48千米的行军后立刻转入进攻。尽管如此，它还是吸引了第6集团军进攻斯大林格勒的兵力，为崔可夫和第62集团军又争取了至关重要的一天时间来整顿防御。

　　这是一个重要的决断时刻。在德军两个集团军面前，是一座拥有60万人口的大城市和一个大型重工业基地。仅仅在几个月前，德军为了攻克比它小得多的塞瓦斯托波尔城就损失了大约75000人，对德军来说，这是当年春天最血腥的一次鏖战，远远超过其他战役。除此之外，斯大林格勒还给德军提出了几个不同寻常的地理难题。这座城市并不是围绕某个中心点呈放射状分布的一系列街区，而是沿着伏尔加河右岸延伸近 48 千米的一条狭长的城市化地带，就像铁道枕木一样笔直。因此，从作战行动的角度来看，与其说它是一座城市，不如说它是一个位于伏尔加河西岸的狭长而坚固的桥头堡。德军根本无法对它实施围攻——在它身后是一条大河，河对岸有一支庞大的炮兵力量可以随心所欲地干预战斗，而在这些炮兵身后是幅员辽阔、安全稳固，而且正在快速工业化的苏联腹地。

在这场战争中，国防军并不是第一次闯入这样的死胡同。要想继续前进，就不能不陷入城市战的泥潭。在德军指挥机构中，自希特勒以下，包括哈尔德、总参谋部人员和前线指挥官在内，所有人都明白城市战意味着什么。他们钟爱的战争方式——运动战（Bewegungskrieg）将不可避免地退化为阵地战（Stellungskrieg），最终变为堡垒战（Festungskrieg）：缓慢而血腥地攻打拥有坚固工事的区域。事实上，希特勒和他的幕僚在 1942 年设计出一整套复杂的战役流程就是为了避免这种局面。没有人乐于接受在一片建筑密集区域对付整整一个苏联集团军的任务，至少保卢斯将军肯定不想这么做。但另一方面，德军又不能简单地绕过斯大林格勒，就这样止步于城下也是不可能的——毕竟保卢斯和霍特正双双处于漫长而脆弱的战线末端。

面对三种令人不快的备选方案，忆及腓特烈大帝、布吕歇尔和毛奇，国防军做出了唯一与它的历史和传统相称的决定。9 月 5 日，大炮发出怒吼，坦克隆隆前进，"斯图卡"尖啸着飞临上空——对斯大林格勒的总攻开始了。

城中血战

在第一次总攻中，战线的各个地段都发生了激战。[91] 霍特的第 4 装甲集团军的前锋（第 48 装甲军）足足花了五天时间才在库珀罗斯诺耶（Kuporosnoye）附近抵达伏尔加河边，将斯大林格勒分割成两半：一边是工业区和市中心，另一边是南部郊区。更重要的是，霍特的突击撕开了北面的第 62 集团军与南面的第 64 集团军的结合部，从此崔可夫的集团军不得不在斯大林格勒城内孤军奋战。在 9 月 13 日，国防军再次兵分两路发起突击，第 48 装甲军（为了让一位指挥官统一指挥攻城战，此时它已经转入保卢斯的第 6 集团军）试图从南面楔入城区，而第 51 军则从北面和西面进行同样的尝试。这两个军组成的战斗序列此后将一直保持不变，在战役层面上对斯大林格勒之战的描述或许也只需要提及这一序列而已。

然而这已不再是战役层面的作战。这不是军与军或师与师之间的战斗，而是班与班之间以轻武器和重机枪为主导的战斗，甚至表现为现代军事行动中最罕见的形式——肉搏战。在这里，曾在夏天一口气猛冲数万米的德国军人们不得不绞尽脑汁思考，如何从街道的一边冲到另一边而不被敌人的弹雨撂倒。双方争夺的焦点不是整个省份或整条山脉，而是个别阵地或建筑："捷尔任斯基"拖拉机厂、巨型谷仓、伏特加酒厂，或是被苏军称为"马马耶夫岗"的古代墓地（在德军的地图上只是平平无奇的"102 高地"）。关于斯大林格勒之战最著名的一句文学修辞出自第 52 军参谋长汉斯·德尔将军（General Hans Doerr）的手笔。他写道："在斯大林格勒，'丈量距离的单位从千米换成了米，总参谋部地图让位于城市地图。'"[92] 由于无法使用坦克（至少无法大规模使用），斯大林格勒必然要成为一场属于步兵的战斗。主要的机动部队第 48 装甲军很快就退居次席，而塞德利茨的第 51 军最终在事实上变成了一个步兵集团军。在最高峰时，它下辖至少九个师，可能是整场战争中规模最大的一个"军"。[93] 斯大林格勒之战确实是一场堡垒战，但由于双方都时不时利用下水道网络作为在市区内相对安全的机动手段，或许某个不知名的德国士兵杜撰的术语"老鼠战"（Rattenkrieg）更适合用来形容它。[94]

在接下来的两个月里，双方就在一座沦为废墟的城市展开巷战，战斗、流血和死去，营造了一个血流成河的世纪中最为突出的末世景象之一。崔可夫接到的命令很简单，至少在概念上是如此。虽然只能得到最低限度的增援，但他必须不惜一切代价守住这座城市。他不折不扣地执行了命令，始终在这座伏尔加河畔的城市中控制着一条不断变窄的区域，保护着他赖以获得援军和补给的渡场（实际上渡河的都是小船、快艇和驳船——只要能浮在水面上就行）。伏尔加河的河岸并不是沙滩，而是高大而陡峭的悬崖，第 62 集团军就依靠在悬崖上打洞生存了下来，同时也给德军提出了这场战役所特有的又一个战术难题。[95]

这并不是说守军就没有恐慌的时候。事实上，在足足持续两个月的巷战中，至少有一个星期是危急万分的。例如，在第一次总攻期间，德军突击队在 9 月 14 日攻占了马马耶夫岗的山顶，并乘势冲向伏尔加河，冒着炮火占领了中央登陆场。他们一度距离 62 集团军的指挥部不到 800 码——在城市战中这个距离要比听起来长，但仍然近到令人不安。崔可夫最后还是把战局扳了回来，但这只是因为他动用了自己最后的战术预备队（一个不满编的坦克旅），并且把伏尔加河对岸的近卫第 13 师调了上来。这个师的官兵在身经百战的师长罗季姆采夫将军（General

A. I. Rodimtsev）率领下冒着炽烈的炮火渡河，一拨一拨地投入战斗。在加入战斗的第一天，这个师遭受了 30% 的伤亡，把德军从马马耶夫岗赶了回去。[96] 不到一个星期，它的伤亡率就上升到 80%。至少崔可夫在他后来的回忆录中非常肯定地写道："我要说句实话，要是没有罗季姆采夫师，这座城市大概在 9 月中旬就会完全落入敌人手里。" [97]

在 10 月 14 日，德军又发起了一次大规模突击，矛头直指"捷尔任斯基"拖拉机厂。[98] 虽然这个名称可能只会让人联想起一座厂房或大楼，但它实际上是一个庞大的工业中心——其规模相当于底特律（Detroit）城外的福特里弗鲁日工厂（Ford River Rouge plant）。参与这次进攻的有第 14 装甲师、第 305 步兵师和第 389 步兵师的部队，它们总共只推进了一千米。但是这次进攻使崔可夫的整个阵地岌岌可危，因为前线到伏尔加河的距离只有 3 千米。他的整个集团军，包括指挥部在内，都遭到了德国空军的无情打击。德军飞机在这一天出击了 1250 个架次，但在地面人员看来似乎还要多得多，崔可夫本人就声称这个数字大概达到了 3000。[99] 在接下来的几天里，德军将拖拉机厂中苏军的抵抗据点逐一拔除，接着掉头南下，冲向他们的下一组目标："街垒"火炮厂、面包厂和"红十月"炼钢厂。在伏尔加河边有一座孤立的四层公寓楼，因为率部在此防守的红军中士而得名"巴甫洛夫大楼"，它为阻止德军突破到伏尔加河发挥了至关重要的作用，在其中发生的战斗是异常惨烈的。

德军拥有火力优势，但是苏军步兵却以大量充满想象力的办法与之对抗。崔可夫的部下不得不将地形和隐蔽的优势发挥到极致，逼迫国防军接受一种它在训练上和思想上都没有做好准备的战斗方式：近战。最重要的战术创新就是贴近德军——苏军坚守的阵地与德军距离极近，导致后者因为害怕自己的阵地挨炸而不敢呼叫飞机和火炮打击。[100] 在这样的条件下，双方的损失都是巨大的。不仅如此，德军很快就发现他们在白天攻占的许多前沿目标到了夜里就无法立足。由于苏军的战斗小组利用这座城市里纵横交错的冲沟和隘谷悄悄渗透，前沿阵地上的德军步兵经常面临被切断的威胁，只好放弃许多经过苦战才占领的阵地，等到第二天再设法夺回。

到了 9 月中旬，用约德尔将军的话来说，第 6 集团军已经"事实上征服了"斯大林格勒。[101] 它还占领了大约 6 千米长的伏尔加河岸，主要位于北部的工业区。它已无情地将第 62 集团军逼退至筑有坚固工事的河岸边，并且在战斗过程中将崔可夫的部队分割成三个部分。然而它也耗尽了自己的最后一份气力。保卢斯不得不在仍然"有进攻能力"（angriffsfähig）的部队清单中划去一个又一个师的番号：第79步兵师、第94步兵师、第305步兵师、第14装甲师和第24装甲师。[102]

尽管如此，国防军还是打算孤注一掷。在11月初，伏尔加河开始封冻。河中的浮冰给航行带来很大困难，尤其不利于那种给崔可夫的集团军运送补给和援兵的小船。在德军看来，这是再发动一次突击的良机，因此他们打算在北部工厂区实施最后一次作战，目标是"拉祖尔"化工厂和该厂所在地的铁路大环线（"网球拍"）。参加"胡贝图斯行动"（Operation Hubertus）的部队将包括八个工兵营，不过和东线德军的每一支部队一样，其中多个营是严重缺编的。[103] 他们不是纯粹意义上的步兵，并没有受过火力协同和机动方面的训练。他们的特长是破坏工事和使用炸药、重装备及火焰喷射器。他们将负责开辟道路，而跟随他们前进的将是一些身经百战但来源复杂、由步兵和近似步兵的单位拼凑起来的部队：事实上任何身强力壮的官兵都被包括在其中，他们是保卢斯和塞德利茨从充斥战斗序列的残破师团中竭尽所能搜刮来的。

这次进攻始于11月11日。在第6集团军工兵主任约瑟夫·林登少校（Major Josef Linden）的统一指挥下，工兵们以残酷无情的高效将苏军阵地一个接一个地爆破和焚毁。他们都精于破坏之道，但是却无法取得战术突破。由于要背负沉重的装备，他们没有快速机动的能力，而即使他们在筑垒地带开出了狭窄的通道，也没有足够的步兵能通过突破口进攻。在11月15日夜里，第62集团军又在宽广正面上发动反击，导致德军在前几天占领的所有地区都有丢失的危险，塞德利茨在投入最后几个步兵营后才击退了苏军。总而言之，胡贝图斯行动在付出重大伤亡之后只取得了少得可怜的进展——可以说是具体而微的斯大林格勒战役。

国防军确实已经砸烂了斯大林格勒，但是在这个过程中自身也被砸烂了。崔可夫的集团军虽遭重创却依然存在，继续据守着26千米长的伏尔加河河岸。次日，也就是11月16日，这座城市下了第一场雪。第二天，希特勒给保卢斯发了一道正式的"元首令"（Führerbefehl），要求其对斯大林格勒的所有团级和团以上指挥官宣读：

我很清楚斯大林格勒战斗的艰辛和我军战斗力量的衰减。但是由于伏尔加河浮冰的缘故，俄国人的困难比我们更大。如果我军能充分利用这段时间，将来就可以少流很多血。

因此，我期待各级官兵和过去的很多时候一样，再一次拿出他们曾经展现过的勇气和闯劲（Schneid），在火炮厂和炼钢厂地带冲杀到伏尔加河边，占领这几处城区。

保卢斯向元首保证自己将会尽力："我坚信，"他在答复中说，"这道命令将会给我们英勇的将士带来新的鼓舞！"[104]

仅仅两天之后的 11 月 19 日，南方战线就天翻地覆。

总结：1942 年的双重会战

在实施了声势浩大、风驰电掣的机动，征服了巍峨的雪山和砸烂了整座城市之后，德军在 1942 年几次会战中最终取得的战役成果是一个"巨大的突出部"。它横跨战线南部，"从黑海延伸到高加索的雪山，又延伸到作为苏联经济大动脉的两条河流——伏尔加河和顿河"。[105] 国防军推进了近 1600 千米，但是除了迈科普之外，却没能取得原计划中的任何一个目标。它抓获了 625000 名俘虏（这个数字取自德军总参谋部东线外军处 7 月和 8 月两个月份的报告，仅仅统计到双重攻势初期为止），摧毁或缴获了 7000 辆坦克，还缴获了多达 416 架飞机，几乎相当于当时一个航空队的规模。尽管如此，和 1941 年俘虏 400 万人的战绩相比，这些数字还是远远不如，对苏联的人力储备而言也微不足道。实际上，那份报告的结尾就提出了不乐观的观点："俄国人在夏秋两季会战结束时的损失并未超过他们自己的估计，因此俄国军队在冬季会战开始时虽然实力会有所减弱，却不会受到致命影响。"[106] 在给敌军造成这些损失的同时，德军自身也遭受了毁灭性的打击：仅在 8 月就伤亡 200000 人。这个惊人的月度损失数字创了东线战争开始一年多以来的新高。因此，国防军此时的状况是无法凭借它所能支配的资源维持下去的。事实上此时已经可以明显看出，苏联南方地区德军的生存不能仅仅依赖第三帝国自身的力量，而是要越来越多地依赖盟友和卫星国的力量——意大利军队、匈牙利军队和罗马尼亚军队。

没错，此时德国的生存要依赖罗马尼亚和匈牙利。对 1942 年会战的传统分析都把这个烂摊子归咎于希特勒——同时进攻斯大林格勒和高加索这两个相距很远的目标是军事外行的典型决策。希特勒对战略缺乏最基本的理解，他命令国防军同时朝多个方向进军，企图不分先后地一次性达成所有目标，还开除了想要对他讲道理的职业参谋军官。有一份权威的资料声称，希特勒的分兵举动犯下了"天字第一号战术错误"[107]，触犯了神圣不可欺的战争法则，还有一份资料则说，他在苏军前途最为暗淡的时刻下达第 45 号指令，"无意中拯救了斯大林"。[108]

在哈尔德和德军总参谋部看来，第 45 号指令可不仅仅是个错误而已。它的问题是更为根本的，因为它触犯了德国军队在战役层面作战方式上的传统戒律。这条戒律被参谋军官们挂在嘴上的时候实在太多，以至于成了他们所有人都习以为常的某种"口号"（Schlagwort）：作战行动必须是"向心的"（konzentrisch），也就是说，"军队的各个部分"（getrennter Heeresteile）必须始终相向而行。[109] 向心机动的目标是找到敌人，将其咬住，然后同时从正面、侧翼和后方发起攻击。这是一种精微奥妙、很难掌握的作战信条，要求以非常分散的方式部署军队，然后让各部在战场上自动连成一片。正如毛奇曾经指出的，必须做到"分进合击"[110]，而几个世纪以来，德国的前线军官和参谋军官接受的训练都使他们对这种战法情有独钟。如果各支部队配合的时机稍有差错，比如有一支部队行动迟缓而友军却急如烈火，或者天公不作美，或者某座关键的桥梁意外被大水冲毁，都可能导致作战计划落空，甚至有更为严重的后果。1914 年的西线会战，尤其是那慕尔一带的战斗，就是这种战法出错的经典例证，它使德军错过了取得决定性胜利的最佳机会。[111] 但如果计划执行顺利，那就可以像 1870 年的色当战役一样，在一个下午就打赢一场战争。

但是按照第 45 号指令发起的两个作战却违背了这条戒律。实际上，它们恰好是这条戒律的反面：exzentrisch（德语中的这个词比英语中的同义词 "eccentric" 有更多技术含义）。[112] 依照希特勒的战略要求，德国军队的主力，也就是 A 集团军群和 B 集团军群，将在进军过程中逐渐远离彼此。对斯大林格勒的进军和对高加索的突击是无法相互支援的。除了争抢兵力和燃油之外，这两者之间没有任何关联。随着两路大军之间的空隙越拉越大，危险是显而易见的。说实话，即便是没有学过战略的人都能在地图上看出来：两边的脆弱侧翼都拉长到了数万米。在即将到来的秋季，两个集团军群之间一度出现宽达 322 千米的空隙，如此大的区域只有一个驻扎在位于卡尔梅克草原中央的孤立据点埃利斯塔的第 16 摩托化师负责巡逻。正是这样的战术脱节，而不是什么物质或后勤因素，使后来的作战成为德国军事史上独一无二的奇观。

虽然归咎于希特勒是个很诱人的想法，但如此强调个人作用的解释终究是太过简单化了。这些问题与其说是个人决策造成的，不如说是系统性问题的结果。它们是以有限资源在辽阔的苏联国土上进行战争的代价。在这片战场上，军事行动所涉及的距离实在太长，因此产生问题是必然的。在这场战争中，作战行动朝着离心作战发展的趋势至少已经出现过两次。巴巴罗萨行动开始前，三个集团军群在大德意志和波兰境内的集结地域排出了紧密的队形。但是在作战开始后，由于北方集团军群基本上朝着正北方的波罗的海沿岸地区和列宁格勒进军，而南方集团军群通过喀尔巴阡－普里皮亚季瓶颈地带进入乌克兰的广阔原野，几个星期之内战线就拉长了将近一倍。各集团军群之间越来越大的空隙在战斗过程中引发了严重的问题。希特勒在 8 月中旬将装甲部队调到北方和南方侧翼就是为了解决整个总参谋部都看出来的问题。这一举措的结果就是 9 月在基辅的大规模包围战。

同样，在 1941 年 10 月的台风行动初期，也出现了一系列类似的离心作战机动。总体而言，中央集团军群的目标是莫斯科，但是它无疑没有做到决定性地集中兵力。在南面，古德里安的第 2 装甲集团军应该进军图拉，因为那是基本位于莫斯科正南方的关键铁路枢纽。但与此同时，他却不得不分出大量兵力维持布良斯克的大规模包围圈。为了保护此次作战的侧翼，他还必须派部队向东南方向挺进，占领库尔斯克（Kursk）。古德里安是一个足智多谋（或许称得上才华横溢）的坦克指挥官，但就连他也想不出同时朝三个方向机动的明智办法。而在中央集团军群的另一翼，第 9 集团军和第 3 装甲集群组成的强大战役集群接到了将进攻方向调整到接近正北方向的命令，为的是与北方集团军群暴露的南翼连成一片。

同样的情况也发生在 1942 年夏末。看一看哈尔德在这段日子的战争日记就能真切感受到他的愤怒。他以前也和希特勒有过争执，但是他对 7 月 23 日的第 45 号指令的反应与以往大不相同。他批评说，"就连希特勒这样的外行人也能一眼看出，把机动部队堆砌在罗斯托夫周边是毫无意义的。""始终存在的低估敌军能力的倾向正在逐渐发展为各种怪诞的形式，而且已经变得很危险了。这让人越来越无法忍受。任何人都不能说这里做过什么严肃的工作。这种所谓的'指挥'的特点是对即时产生的印象做出病态的反应，完全没有关于指挥体制及其局限性的判断力。"[113] 几天以后，他又以嘲弄的口吻将约德尔将军和元首在国防军总司令部的私人幕僚称作"光鲜的团体"，并将希特勒在高加索会战开局阶段的战术决策斥为"瞎胡闹，而他自己也知道"。[114]

说实话，用"所谓的指挥""病态"和"瞎胡闹"来形容希特勒的军事水平都是恰如其分的。按照德国官方正史的说法，他的作战决策非但是"违反常规的"（这有可能具备某些优势，在 1940 年就是如此），更是"不专业和有缺陷的"。[115]但是尽管哈尔德在当时和战后都坚决反对这些决策，他却显然拿不出任何可取而代之的办法。和希特勒一样，在 1941 年和 1942 年，他都严重低估了红军的作战能力——此时他却用"怪诞"和"危险"来形容这些判断。事实上他曾经认为国防军在最初的 14 天内就打赢了巴巴罗萨行动，而且在蓝色行动开始一个星期之后，他也曾热烈赞成希特勒"俄国人已经完了"的评价。他从一开始就在夏季攻势的构思中扮演了关键角色，因此他要为这个行动的策划负很大一部分责任，而且在灾难的头两个星期正是他在主持大局。此时眼看大错已成，他只好千方百计地进行修补。他提出的建议本质上是让国防军先集中兵力打下斯大林格勒，然后再处理高加索，这当然是一种理想的教科书式解决方案。然而事已至此，或许任何教科书都救不了国防军了。

无论当时是谁在指挥，也无论总参谋部向前线下达什么命令，苏联的国土还是那样辽阔，德国军队在人员、物资和装备上的资源也还是那样有限。以东线德军的规模，要在进军莫斯科、斯大林格勒或高加索油田的过程中占领每一个目标、警戒每一条道路和保护每一个受威胁的侧翼，显然是不可能的。无论执掌大权的是希特勒还是哈尔德，是外行人还是训练有素的专业人士，作战行动都会在某个时刻单纯由于地理因素而趋向于"离心"。任何以顿涅茨河沿岸为起点、以顿河大弯曲部和更远区域为目标的作战行动都会理所当然地使部队失去集中兵力对付单一目标的可能。希特勒的双重会战是一个很糟糕的应对方案，但是哈尔德单路进攻斯大林格勒的方案同样会孕育灾难，因为这样会在北面和南面都形成巨大而不稳的侧翼，而且只能靠罗马尼亚人、意大利人和匈牙利人来保护。换言之，即将发生的灾难并非只是 1942 年夏天一系列个人决定的结果。它有着更为根本和系统性的原因。对苏联的战争进行到这一阶段，给国防军造成的重负已经远远超出了传统德式兵法的承载能力。

🔺 国防军又征服了斯大林格勒的一座工厂，但是争夺这座城市的战斗还在继续，1942年10月。
——图为作者的收藏。

◀ 父与子。

左图：
奥古斯特·冯·马肯森元帅。

右图：
他的儿子埃伯哈德。这两位两次世界大战中最成功的德国战地指挥官都有着典型的坚毅目光。

——图为作者的收藏。

🔺 战争后期国防军的灾星：一辆美制M-4"谢尔曼"式坦克，它显然拥有无穷无尽的弹药供给。
——图为乔安娜·韦基亚雷利·斯科特（Joanna Vecchiarelli Scott）的收藏。

🔺国防军之折戟沉沙。在通往黑海港口图阿普谢的路上，德国山地兵的埋骨之地。
——图为作者的收藏。

🔺 即使在这场影像记录多如牛毛的战争中，这些德国山地兵在高山山地的照片依然是引人注目的。孤独的德国哨兵在通向苏呼米之路上的桑查罗山口（Santsharo Pass）巡逻。——图为作者的收藏。

注释

1. 令人难以置信的是，被他取笑的事件竟然还包括了这样一条："在讨论中，元首笑话了英国人，说他们把每个犯了错的将军撤职，结果妨害了军队的决策自由。"希特勒在这里提到的显然是不久前被解职的第 8 集团军司令尼尔·里奇将军。请参见费多尔·冯·鲍克著，《费多尔·冯·鲍克元帅战争日记，1939—1945》，第 513 页中关于 1942 年 7 月 3 日的记录。让人感叹命运无常的是，听他说出这番评论的军官在短短十天后自己也遭遇了撤职的命运。

2. 关于"局部交战"（örtliche Gefechtstätigkeit），见《大德意志解放战争》，第 154 节——"埃及的局势"（Die Lage in Ägypten），该文发表于《军事周刊》第 127 辑，第 4 期（1942 年 7 月 24 日）第 83—86 页。引文在第 86 页。关于"炮战及侦察队的零星冲突"（Artillerietätigkeit und vereinzelter Spähtruppzusammenstösse），见《大德意志解放战争》，第 154 节——"1942 年 8 月 2 日至 8 日的军事和政治事件"（Die militärischen und politischen Ereignisse vom 2. bis 8. August 1942），该文发表于《军事周刊》第 127 辑，第 7 期（1942 年 8 月 14 日）：第 169—173 页。

3. 见弗朗茨·哈尔德著，《战争日记》第 3 卷，《到进军斯大林格勒为止的对俄作战》第 475 页中 1942 年 7 月 6 日的记录。

4. 见凯瑟琳·梅里戴尔著，《伊万的战争：苏联红军中的生与死，1939—1945》，第 155—160 页。

5. 要了解第 45 号指令，见瓦尔特·胡巴奇著，《希特勒关于战争行动的指示，1939—1945》，第 196—200 页。另见汉斯·德尔著，《进军斯大林格勒之战：试述某次战役》，第 124—126 页。

6. 第 45 号指令的引言，胡巴奇著，《希特勒的指示》，第 196 页。

7. 瓦尔特·冯·塞德利茨著，《斯大林格勒：战斗与结果：回忆录》（Stalingrad: Konflikt und Konsequenz: Erinnerungen，奥尔登堡：Stalling，1977 年），第 169 页。

8. 见德国官方正史，德国军事历史研究所编纂，《德国与第二次世界大战》，第 6 卷，《全球战争：战争的扩大和主动权的易手，1941—1943》，由贝恩德·魏格纳撰写的第 6 部分，"对苏战争，1942—1943 年"，尤其是第 6 卷第 887 页，"攻势的拆分"（Die Aufspaltung der Offensive）。最早使用这一字眼的是费多尔·冯·鲍克元帅，不过他所说的拆分更多的是指南方集团军群在蓝色行动中被提前拆分为 A 集团军群和 B 集团军群，可想而知，他很反对这一拆分，因为这削弱了他自己的兵权。见鲍克著，《鲍克战争日记》，1942 年 7 月 5 日的记录，第 517 页。

9. 作为一场具有如此惊天动地的重要意义的会战——事实上，这是人类第一次为争夺石油而战——雪绒花行动的相关文献却颇为稀少。这是因为这场会战的地理环境太偏僻，也没有大规模的高潮战斗可作为突出代表，而且全程发生于斯大林格勒战役期间，完全掩盖于北方的种种戏剧性事件的阴影之下。按照军事史学中被用烂的术语，它属于"被遗忘的战争"。在大众通俗读物中，也许有两本著作可以算是标杆之作，但它们对这场会战却只是一笔带过：艾伦·克拉克著，《巴巴罗萨：苏德战争，1941—1945》（Barbarossa: The Russian German Conflict, 1941‑45，纽约：Quill，1985 年），初版是 1965 年发行的；以及马修·库珀著，《德国军队 1933—1945》（The German Army, 1933‑1945，密歇根州切尔西：Scarborough House，1978 年）。说实话，"迈科普"和"高加索"这两个地名甚至都没有出现在库珀的索引里。约翰·基根著，《第二次世界大战》（The Second World War，纽约：Penguin，2005 年）只用了一个段落描写整场会战。

当前最好的英语资料是乔·海沃德著，《兵败斯大林格勒：德国空军与希特勒在东方的失败，1941—1943》（Stopped at Stalingrad: The Luftwaffe and Hitler's Defeat in the East, 1941‑1943，劳伦斯：University Press of Kansas，1998 年）中专门描写这场会战的章节，第 152—182 页。海沃德的写作重点是空中作战，但他在其中穿插了大量关于地面战斗的分析。同样不可不读的是厄尔·齐姆克和马格纳·鲍尔著，《从莫斯科到斯大林格勒：决战东线》（Moscow to Stalingrad: Decision in the East，华盛顿哥伦比亚特区：Center of Military History，1987 年）中的简短章节

"雪绒花行动"（Operation Edelweiss），第 366—381 页；约翰·埃里克森著，《通往斯大林格勒之路》（The Road to Stalingrad，纽约：Harper & Row，1975 年），第 376—381 页提供了关于苏军在这一地区复杂的指挥体系的有益细节。威廉·蒂克（Wilhelm Tieke）著，《高加索与石油：德国与苏联在高加索的战争，1942—1943》（The Caucasus and the Oil: The German-Soviet War in the Caucasus, 1942-43，温尼伯：J. J. Fedorowicz，1995 年），其篇幅巨大，内容庞杂，但遗憾的是太缺乏条理，不能作为这一主题的决定性著作。它是出版于 1970 年的德语原著的英译本，太过执着于战斗中的战术细节，足以令任何想获得战役层面的宏观图景的读者失望，而且全书缺少索引也是个严重的疏漏。要了解德语资料，请首先阅读德国官方正史，第 6 卷，由魏格纳撰写的第 6 部分，"对苏战争，1942—1943 年"。尤其是第 5 章，"在高加索的攻势"（Die Offensive in den Kaukasus），第 6 卷第 927—961 页。另见罗兰·卡尔特内格（Roland Kaltenegger）著，《山地兵在高加索："雪绒花"行动，1942—1943》（Gebirgsjäger im Kaukasus: Die Operation "Edelweiss," 1942-43，格拉茨：Leopold Stocker，1997 年），这是出自新闻记者之手的精彩记述。顾名思义，此书着重描写的是山地兵部队，而不是机动部队，文字中包含大量未加修饰和未经分析的亲历者证言（例如，第 110—132 页的 22 页都是阿尔弗雷德·里希特军士长的战争日记）。另外，它同样缺少索引，这导致它的利用价值大大下降。

除了这些凤毛麟角的著作之外，研究者还必须查询一批相当晦涩难懂的德语文献才能了解德军在高加索地区作战情况的全貌。它们几乎全都和卡尔特内格的著作一样，把重点放在了山地兵部队的行动上。在少数已出版的第一手资料中，鲁道夫·康拉德（Rudolf Konrad）和吕姆勒（E. W. Rümmler）著，《争夺高加索》（Kampf um den Kaukasus，慕尼黑：Copress，1955 年）是一份很有用的简介。康拉德在会战期间任第 49 山地军的军长，因此该书的写作重点必然仅限于他所在的地段和争夺黑海海港口的战斗；吕姆勒曾是战地摄影记者，他为这本书贡献了很有意思的影集。还有一部作品也提供了很有价值的照片，即亚历克斯·布赫纳（Alex Buchner）著，《德国山地部队，1939—1945：图片档案》（Die deutsche Gebirgstruppe, 1939-1945: Eine Bilddokumentation，多尔海姆：Podzun，1971 年）。德国山地部队中最著名的登山家是约瑟夫·马丁·鲍尔（Josef Martin Bauer），他可能也是这场会战中最著名的德国士兵。他是 8 月 21 日登上高加索山脉最高峰——厄尔布鲁士峰（Mount Elbrus）的志愿者小队的成员。他对这个重大时刻的记述《高加索冒险记》（Kaukasisches Abenteuer，埃斯林根：Bechtle，1950 年）至今仍在德国广为流传。但是这本书对于研究这场战役的作战行动的价值就和征服这座山峰对于作战行动的价值差不多。鲍尔也是著述颇丰的散文家和小说家，在他的作品中可以参见他的东线战争日记《诺盖之鹤：东线战场日记摘抄》（Die Kraniche der Nogaia: Tagebuchblätter aus dem Feldzug im Osten，慕尼黑：R. Piper，1942 年），以及《极地重生》（As Far as My Feet Will Carry Me，约克郡莫利：Elmfield Press，1957 年），后者是基于现实而创作的小说，讲述一个德国军人"克莱门斯·福雷尔"被苏军俘虏后徒步穿越西伯利亚脱逃的故事。如果读者想了解广阔战线上没有山地部队参与的其他地段，就必须依赖埃伯哈德·冯·马肯森著，《从布格河到高加索：对苏作战中的第 3 装甲军，1941—1942》（Vom Bug zum Kaukasus: Das III. Panzerkorps im Feldzug gegen Sowjetrussland, 1941-1942，内卡格明德：Kurt Vowinckel，1967 年）中一些篇幅相当短的记述，尤其是"前往迈科普"（Nach Maikop），第 91—95 页和"战斗在捷列克地区"（Kämpfe im Terek-Gebiet），第 96—111 页；还有某装甲部队的参谋长撰写的文章，卡尔·瓦格纳（Carl Wagener）著，《第 40 装甲军从哈尔科夫向高加索的进击，1942 年 7—8 月》（Der Vorstoss des XXXX. Panzerkorps von Charkow zum Kaukasus, July - August 1942），第 2 部分，《军事科学评论》第 5 辑，第 10 期（1959 年 10 月）：第 447—458 页。另两部作品也有一定帮助。请参见卡尔海因里希·里克尔（Karlheinrich Rieker）著，《输掉世界大战的人：苏德战争中决定性的几个月，1942—1943》（Ein Mann verliert einen Weltkrieg: Die entscheidenden Monate des deutsch-russischen Krieges, 1942-1943，美因河畔法兰克福：Fridericus-Verlag，1955 年）中的相关段落，对了解全局概况很有价值。最后是约阿希姆·霍夫曼（Joachim Hoffmann）著，《高加索，1942—1943：德国军队与苏联的东方民族》（Kaukasien, 1942-1943: Das deutsche Heer und die Orientvölker der Sowjetunion，弗赖堡：

Rombach Verlag，1991 年），其中包含了德国针对这一地区大约四十个民族和宗教群体的政策的有趣细节，还讲述了当地近 100000 名与德军并肩作战的志愿者的情况，这些人往往组成独立的民族营，例如第 450 突厥斯坦营和第 804 阿塞拜疆营。如果想了解这一主题的更多相关信息，请参见阿尔贝特·耶洛舍克（Albert Jeloschek）、弗里德里希·里希特（Friedrich Richter）、埃伦费里德·许特（Ehrenfried Schütte）和约翰内斯·泽姆勒（Johannes Semler）著，《来自高加索的志愿者：帮助德国作战的格鲁吉亚人、亚美尼亚人、车臣人等："贝格曼特别联合会"及其创始人特奥多尔·奥伯伦德尔》（Freiwillige vom Kaukasus: Georgier, Armenier, Tschetschenen u. a. auf deutscher Seite: Der "Sonderverband Bergmann" und sein Gründer Theodor Oberländer，格拉茨：Leopold Stocker，2003 年）。

总而言之，应该有人根据德语资料和（或）俄语资料，为高加索会战写一部新的专题学术著作。

10. 海沃德著，《兵败斯大林格勒》，第 152 页。

11. 第 45 号指令，"后续作战的目标"（Ziele der weiteren Operationen），胡巴奇著，《希特勒的指示》，第 197 页。

12. 康拉德森和吕姆勒著，《争夺高加索》第 19 页有关于图阿普谢和苏呼米前方的"高山隘口"（Hochpässe）的信息，还有一幅很有用的地图。

13. 要了解德方关于格鲁吉亚军用公路（Grusinische Heerstrasse）和奥塞梯军用公路（Ossetische Heerstrasse）的军事情报，见蒂克著，《高加索与石油》，第 229—230 页。另见劳伦斯·米切尔（Laurence Mitchell）新近发表的文章，《通向高加索的大路：探索格鲁吉亚军用公路》（The High Road to the Caucasus: Exploring the Georgian Military Highway），《欧洲探秘》（Hidden Europe），第 9 期（2006 年 7 月）：第 2—7 页。

14. 海沃德著，《兵败斯大林格勒》，第 149 页。

15. 德尔著，《进军斯大林格勒之战》，第 27 页。

16. 见"高加索"（Kaukasien），《军事周刊》第 126 辑，第 23 期（1941 年 12 月 5 日）：第 643—645 页。

17. 出处同前，第 645 页。

18. 第 45 号指令，"后续作战的目标"，胡巴奇著，《希特勒的指示》，第 197 页。

19. 出处同前。

20. 德国官方正史，魏格纳著，《对苏战争，1942—1943 年》，第 6 卷第 930—931 页。另见第 6 卷第 932 页对面的地图，它是已出版的最准确的雪绒花行动作战地图。

21. 要了解第 40 装甲军向捷列克河的大穿插，见瓦格纳著，《第 40 装甲军的进击》，第 2 部分，第 447—453 页。

22. 要了解苏军在高加索地区的指挥体系，见齐姆克和鲍尔著，《从莫斯科到斯大林格勒》，第 367—368 页；埃里克森著，《通往斯大林格勒之路》，第 376—377 页。

23. 转引自齐姆克和鲍尔著，《从莫斯科到斯大林格勒》，第 370 页。

24. 马肯森著，《从布格河到高加索》，第 91 页。

25. 这对德国人来说具有巨大的宣传价值，单是官方发布的渡河照片数量就足以证明这一点。"德国士兵跨过顿河下游及其支流，在这场战争中第一次踏上了亚洲的土地（Mit dem Schritt über den Unterlauf des Don und seine Nebenflüsse haben deutsche Soldaten zum erstenmal in diesem Kriege asiatischen Boden betreten）。"这是《国防军》第 6 辑，第 18 期（1942 年 9 月 2 日）：第 2 页上的照片"马内奇河—水坝：欧洲与亚洲的边界"（Manytsch-Damm: Grenze Europa Asien）的说明文字。另见马肯森著，《从布格河到高加索》，第 91 页；以及海沃德著，《兵败斯大林格勒》，第 155 页。

26. 德语原文是 "Dem weichenden Russen auf den Fersen zu bleiben"。马肯森著，《从布格河到高加索》，第 91 页。

27. 原文是 "在 31 日，第 16 摩托化师追着撤退的敌军进行了大跃进，但随后就与得到大炮和重武器加强的敌人发生了激战（Am 31. macht die 16. Inf. Div. einen gross Sprung vorwärts, zunächst weichendem Feind folgend, dann mit einem an Artl. und schweren Waffen starken Feind hart kämpfend）"。马肯森著，《从布格河到高加索》，第 92 页。

28. 这是一个 "模范的国营农场"，拥有 "约 3035 平方千米（75 万英亩）土地，还有自己的实验室、商店和加工厂"。齐姆克和鲍尔著，《从莫斯科到斯大林格勒》，第 366 页。

29. 马肯森著，《从布格河到高加索》，第 92 页。

30. 蒂克著，《高加索与石油》，第 52 页。

31. 原文是 "Die Hauptsache aber: ein Brückenkopf ist im Keim vorhanden"。马肯森著，《从布格河到高加索》，第 92 页。

32. 出处同前，第 94 页。

33. 要了解迈科普的战斗，见蒂克著，《高加索与石油》，第 57—61 页。

34. 马肯森著，《从布格河到高加索》，第 95 页。

35. 齐姆克和鲍尔著，《从莫斯科到斯大林格勒》，第 370—371 页称，第 1 装甲集团军 "浩浩荡荡地过河，然后转向西进迈科普，无论白天黑夜，他们都能依靠高达数百米的大片火焰指引方向"。

36. 转引自德国官方正史，魏格纳著，《对苏战争，1942—1943 年》，第 6 卷第 943 页。

37. 这个油田技术旅的前锋 "拉德先遣队" 实际上在行军途中还遭到了 "敌军掉队士兵" 的攻击。见蒂克著，《高加索与石油》，第 60—61 页。要了解该旅的总体情况，见德国官方正史，魏格纳著，《对苏战争，1942—1943 年》，第 6 卷第 942—943 页，以及海沃德著，《兵败斯大林格勒》，第 159—160 页。

38. 在关于高加索会战的各类文献中都提到了这一点。例如，请参见亚历山大·沃思（Alexander Werth）著，《战争中的俄国，1941—1945》（Russia at War, 1941-1945，纽约：Carroll & Graf, 1964 年），第 565—566 页；瓦尔特·克尔著，《斯大林格勒的秘密》，第 99 页；以及埃里克森著，《通往斯大林格勒之路》，第 378 页。

39. 关于这个重大转变的第一手资料是哈尔德著，《战争日记》第 3 卷，尤其是从 7 月 23 日到 7 月 30 日的记录，第 488—494 页。另见瓦尔特·瓦尔利蒙特著，《希特勒指挥部内幕，1939—1945》，第 248—250 页中精彩的详细叙述，以及齐姆克和鲍尔著，《从莫斯科到斯大林格勒》，第 362—365 页。

40. 这样一来，德军在两个突击方向上就各有两个集团军，这样平均分配兵力的做法习惯于 "主要突击" 思维的德国参谋军官很不以为然。要了解对这一问题的透彻批评，见德尔著，《进军斯大林格勒之战》，第 30 页（"因此，随着希特勒下达 7 月 30 日的新命令，最后一点残存的正确作战理念也被抛弃了"）。

41. 哈尔德的原话是，约德尔做出这番宣言时 "mir grössen Tönen"（"用了装腔作势的语气"）。哈尔德著，《战争日记》第 3 卷第 493 页中 7 月 30 日的记录。

42. 如果想简要了解德军前进受阻和苏军恢复元气的经过，可参见格哈德·魏因贝格著，《战火中的世界：第二次世界大战全史》第二版，第 415—417 页中精彩的介绍。

43. 马肯森著，《从布格河到高加索》，第 96 页（"进军捷列克河"），还附有地图。

44. 关于苏联空军在高加索的对地支援作战的第一手史料，请参见 "斯图莫维克" 飞行员瓦西里·叶梅利亚年科（Vasily B. Emelianenko）的回忆录《抗击卐字的红星：一个苏联飞行员在东线的经历》

（Red Star against the Swastika: The Story of a Soviet Pilot over the Eastern Front，伦敦：Greenhiill，2005 年）。

45. 转引自德国官方正史，魏格纳著，《对苏战争，1942—1943 年》，第 6 卷第 935 页。

46. 叶梅利亚年科著，《抗击卐字的红星：一个苏联飞行员在东线的经历》，第 125 页。

47. 德国官方正史，魏格纳著，《对苏战争，1942—1943 年》，第 6 卷第 938 页。

48. 见德国官方正史，魏格纳著，《对苏战争，1942—1943 年》，第 6 卷第 935—939 页对 A 集团军群作战主任于尔登菲尔特将军的报告的大段摘录。

49. 康拉德和吕姆勒著，《争夺高加索》，第 31 页。

50. 海沃德著，《兵败斯大林格勒》，第 168 页。读者如果想看优秀的科内传记，请参见网站"World War2.ro：第二次世界大战中的罗马尼亚武装力量"（World War2.ro: Romanian Armed Forces in the Second World War），网址是 http://www.worldwar2.ro/generali/?article=102。

51. 要了解新罗西斯克的战斗，见埃里克森著，《通往斯大林格勒之路》，第 379—381 页。

52. 康拉德和吕姆勒著，《争夺高加索》，第 34 页。

53. 关于这个问题的最佳讨论见海沃德著，《兵败斯大林格勒》，第 170—171 页。

54. 见康拉德和吕姆勒著，《争夺高加索》，第 29—35 页中康拉德将军（第 49 山地军军长）与希特勒的对话。

55. 瓦尔利蒙特著，《希特勒指挥部内幕》，第 254 页。

56. 关于文尼察的"9 月危机"和蔡茨勒继任总参谋长的经过，见杰弗里·梅加吉著，《希特勒总司令部揭秘》，第 179—189 页；克里斯蒂安·哈特著，《哈尔德：希特勒的总参谋长，1938—1942》，第 329—342 页；以及瓦尔利蒙特著，《希特勒指挥部内幕》，第 252—264 页。

57. 要了解令人不快的这一幕，请参见希特勒的陆军副官格哈尔·恩格尔（Gerhard Engel）著，《希特勒的陆军副官，1938—1943：恩格尔少校的笔记》（Heeresadjutant bei Hitler, 1938–1943: Aufzeichnun- gen des Major Engels，斯图加特：Deutsche Verlags-Anstalt，1974 年），第 124—125 页中 1942 年 8 月 27 日的日记。当时哈尔德争辩说，士兵们正在高加索受苦和死去，这是因为他们的指挥官连更明智地部署他们的最简单决定都无权作出。希特勒听后勃然大怒："你想怎么样，哈尔德先生？你坐着同样的转椅度过了第一次世界大战，你连一个黑色战伤奖章都没有，就凭你也配和我说士兵们是什么情况吗？（Was wollen Sie, Herr Halder, der Sie nur, auch im ersten Weltkrieg, auf demselben Drehschemel sassen, mir über Truppe [sic] erzählen, Sie, der Sie nicht einmal das schwarze Verw abzeichen tragen？）"（译注：德军的战伤奖章分为三等，黑色是最低的一等，在对敌作战中负伤一次即可获取）瓦尔利蒙特著，《希特勒指挥部内幕》，第 252 页中的文字与此稍有差异。

58. 见阿尔贝特·施佩尔（Albert Speer）著，《第三帝国内幕》（Inside the Third Reich，伦敦：Spheere，1971 年），第 332 页；以及尼古劳斯·冯·贝洛著，《在希特勒身边：希特勒空军副官回忆录，1937—1945》，第 150 页。

59. 海沃德著，《兵败斯大林格勒》，第 171 页说他是"一个狂热的纳粹党徒，不过也是个很有活力的领导者，具有特别出色的组织能力"。梅加吉著，《希特勒总司令部揭秘》，第 183—184 页的态度则比较严厉，认为蔡茨勒的"自信和积极到了冲动鲁莽的地步"，还认为他当上总参谋长主要靠的是"强调意志的重要性以及不加掩饰地效忠于希特勒"。

60. 齐姆克和鲍尔著，《从莫斯科到斯大林格勒》，第 374 页则称黑海集群中没有第 46 集团军，却有第 12 集团军。

61. 海沃德著，《兵败斯大林格勒》，第 166—167 页。

62. 要了解纳尔奇克－奥尔忠尼启则战役，请参见直接史料，马肯森著，《从布格河到高加索》，第 102—111 页；以及蒂克著，《高加索与石油》，第 221—237 页。海沃德著，《兵败斯大林格勒》，第 174—176 页中的记述也特别有价值。

63. 马肯森著，《从布格河到高加索》，第 103 页。

64. 叶梅利亚年科著，《抗击卐字的红星：一个苏联飞行员在东线的经历》，第 187 页。

65. 马肯森著，《从布格河到高加索》，第 103 页。

66. 齐姆克和鲍尔著，《从莫斯科到斯大林格勒》，第 453—454 页。

67. 马肯森著，《从布格河到高加索》，第 105 页。

68. 蒂克著，《高加索与石油》，第 234 页。

69. 请参见马肯森著，《从布格河到高加索》，第 104 页的地图。

70. 见《大德意志解放战争》，第 170 节，"在图阿普谢和捷列克的进展"（Bei Tuapse und am Terek Raumgewinn），《军事周刊》第 127 辑，第 20 期（1942 年 11 月 13 日）：第 527—531 页，尤其是第 529—530 页。

71. 蒂克著，《高加索与石油》，第 230 页。

72. 马肯森著，《从布格河到高加索》，第 107—108 页；海沃德著，《兵败斯大林格勒》，第 175—176 页。

73. 卡尔·冯·克劳塞维茨著，《战争论》，迈克尔·霍华德和彼得·帕雷特编译本，第 101 页。

74. 关于斯大林格勒战役的文献多得数不胜数。但其中大部分关注的是发生在这座城市内部的战斗和后来的苏军大反攻，而不是国防军在开阔原野上一路推进到斯大林格勒的作战行动。要了解这些作战行动，有三份不可或缺的资料：汉斯·德尔著，《进军斯大林格勒之战》，作者在这场战役中担任第 52 军的参谋长；德国官方正史，魏格纳著，《对苏战争，1942—1943 年》，尤其是"进军伏尔加河"（Vorstoss zur Volga），第 6 卷 962—976 页和"城市外围的战斗"（Der Kampf um der Stadt），第 6 卷第 976—997 页；以及海沃德著，《兵败斯大林格勒》。

75. 瓦尔利蒙特著，《希特勒指挥部内幕》，第 250 页。

76. 利德尔·哈特著，《德国将领对话录》，第 199 页。

77. 要了解 7 月和 8 月苏军在斯大林格勒的防御情况，见路易斯·罗通多（Louis Rotundo）编，《斯大林格勒之战：1943 年苏军总参谋部研究》（Battle for Stalingrad: The 1943 Soviet General Staff Study，华盛顿特区：Pergamon-Brassey's，1989 年），第 45—46 页。

78. 利德尔·哈特著，《德国将领对话录》，第 204—205 页。

79. 哈尔德著，《战争日记》第 3 卷第 489 页中 1942 年 7 月 23 日的记录。

80. 第 6 集团军的参谋长施密特将军（General Schmidt）曾经反复警告说，"能用于攻打斯大林格勒的步兵实在太少（dass für die Schlacht bei Stalingrad zu wenig Infanterie vorhanden ist）。"德国官方正史，魏格纳著，《对苏战争，1942—1943 年》，第 6 卷第 963 页。

81. 格兰茨和豪斯著，《巨人的碰撞》，第 121 页。

82. 齐姆克和鲍尔著，《从莫斯科到斯大林格勒》，第 357—358 页。

83. 关于卡拉奇包围战的地图和叙述，见"卡拉奇以西顿河畔弧形地带的战斗"（Die Schlacht im Don-Bogen westlich Kalatsch），《国防军》第 6 辑，第 18 期（1942 年 9 月 2 日）：第 19 页。要了解德尔所说的第 6 集团军"在开阔地带的最后一场胜利"，见《进军斯大林格勒之战》，第 40—41 页。

84. 德国官方正史，魏格纳著，《对苏战争，1942—1943 年》，第 6 卷第 962 页。

85. 红军具有"随时随地占领桥头堡"的偏好，而这些桥头堡"必定会在非常短暂的时间内成长为可怕的危险地点"，有关论述见冯·梅林津，《坦克战：第二次世界大战装甲兵运用研究》，第222—223 页。梅林津在 1942 年 11 月下旬被任命为第 48 装甲军的参谋长。

86. 要了解穿插到伏尔加河的行动，见海沃德著，《兵败斯大林格勒》，第 187—188 页；德尔著，《进军斯大林格勒之战》，第 44—45 页和示意图 11，"第 6 集团军对斯大林格勒的进攻"（Angriff der 6. Armee auf Stalingrad）；以及齐姆克和鲍尔著，《从莫斯科到斯大林格勒》，第 384 页。

87. 赫伯特·帕布斯特上尉（Captain Herbert Pabst）语，转引自海沃德著，《兵败斯大林格勒》，第 187—188 页。

88. 每一份关于斯大林格勒之战的资料都突出描写了这座城市遭受的第一次大规模空袭。如果想了解空袭产生的巨大冲击，请参见艾伦·克拉克著，《巴巴罗萨：苏德战争，1941—1945》，第216—217 页："效果是惊人的。几乎每一幢木质建筑——包括市郊占地数英亩的工人居住区——都被烧毁，65 千米开外的人都能借着火光读报。"要了解作战细节，见海沃德著，《兵败斯大林格勒》，第188—189 页。

89. 特别是我们身处当代，考虑到盟军对德国城市的空袭——由上千架 B-17 和 B-24 轰炸机执行的袭击任务——中的伤亡统计数字老被不断向下修正，这样的说法就更显得正确了。如今我们已经看到专家指出，在德累斯顿（Dresden）被天火焚毁的过程中，死亡的平民仅仅有 25000 人而已。如果事实确实如此，那么就很难想象，规模小得多的德国空军在斯大林格勒投下盟军轰炸机投弹量的零头就能造成 4 万平民死亡。关于德累斯顿轰炸的旧文献先是采用了纳粹宣传机构夸大的估算数据，后来又经历了冷战思维下的刻意筛选。德累斯顿位于东德地区，过去苏联宣传机构习惯于大肆渲染这场据说造成 25 万人死亡的轰炸，将它作为体现西方资本主义者残酷冷血本质的例证。例如，读者可以参见戴维·欧文（David Irving）著，《德累斯顿的毁灭》（The Destruction of Dresden，伦敦：Kimber，1963 年）；以及德累斯顿市长瓦尔特·魏道尔（Walter Weidauer）的著作《德累斯顿炼狱》（Inferno Dresden，东柏林：Dietz，1966 年）。到了 20 世纪 80 年代，伤亡数字就大大缩水。请参见亚历山大·麦基著，《德累斯顿 1945：恶魔的火柴盒》（Dresden, 1945: The Devil's Tinderbox，伦敦：Souvenir，1982 年），书中估算的死亡数字是 35000—40000。要了解关于德累斯顿轰炸的最新论述，见弗雷德里克·泰勒（Frederick Taylor）著，《德累斯顿：1945 年 2 月13 日星期二》（Dresden: Tuesday, February 13, 1945，纽约：HarperCollins，2004 年），尤其是书中的附录 B "死亡统计"（Counting the Dead），第 443—448 页。要查看反映关于德累斯顿轰炸的新观点的学术论文集，见保罗·艾迪生（Paul Addison）和杰里米·克朗（Jeremy A. Crang）编，《火焰风暴：1945 年德累斯顿大轰炸》（Firestorm: The Bombing of Dresden, 1945，芝加哥：Ivan R. Dee，2006 年。其中特别有用的几篇论文是：塞巴斯蒂安·科克斯（Sebastian Cox）著，《德累斯顿空袭：原因和经过》（The Dresden Raids: Why and How），第 123—142 页；以及唐纳德·布洛克萨姆（Donald Bloxham）著，《作为战争罪行的德累斯顿轰炸》（Dresden as a War Crime），第 180—208 页。25000 人的数字来自奥弗里著，《战后争议》（The Post-War Debate），第 137 页。对于究竟应该如何看待盟军的轰炸行动以及轰炸中的德国受害者，德国国内至今仍在激烈争论，读者可参见洛塔尔·克特纳克（Lothar Kettenacker）编，《受害民族？关于 1940—1945 年大轰炸的新争论》（Ein Volk von Opfern? Die neue Debatte um den Bombenkrieg, 1940‐45，柏林：Rohwohlt，2003 年），尤其是这几篇文章：霍斯特·博格（Horst Boog）著，《巨大的恐怖画卷》（Kolossalgemälde des Schreckens），第 131—136 页；汉斯－乌尔里希·韦勒（Hans-Ulrich Wehler）著，《既种恶因，必有恶果》（Wer sind sät, wird Sturm ernten），第 140—144 页；以及汉斯·莫姆森（Hans Mommsen）著，《道义·战略·毁灭》（Moralisch, strategisch, zerstörerisch），第 145—151 页。海沃德著，《兵败斯大林格勒》，第 188 页给出了看似合理的估算数字，即约有 25000 人死于斯大林格勒空袭。

90. 海沃德著，《兵败斯大林格勒》，第 191 页。

91. 关于斯大林格勒城内巷战的文献浩如烟海。它们有着五花八门的体裁和篇幅，从小说到单纯的战斗记述，再到严肃的学术研究，各种层次应有尽有。需要谨慎阅读和参考的苏方直接资料包括朱可夫元帅的证言，即由哈里森·索尔兹伯里（Harrison E. Salisbury）编纂的《朱可夫元帅的伟大战役》（Marshal Zhukov's Greatest Battles，纽约：Harper & Row，1969 年）；以及崔可夫的回忆录《斯大林格勒保卫战》（The Battle for Stalingrad，纽约：Holt, Rinehart and Winston，1964年），后者是被引用最广的关于此战的著作之一。另外可参见罗遍多编，《斯大林格勒之战：1943 年苏军总参谋部研究》，但顾名思义，它是一份官方的内部军用档案，即便是博学的读者也会感到它读起来艰涩异常。作为对比，可以参见戴维·格兰茨编，《哈尔科夫 1942：苏军视角下的哈尔科夫战役》。它同样是苏军总参谋部关于哈尔科夫之战的研究档案，但也包含了许多格兰茨的评论和修订内容作为导读，因此总体利用价值要大得多。至于德军方面，出于显而易见的原因，希特勒、哈尔德、蔡茨勒和保卢斯都从未写过关于此战的完整记述。瓦尔特·格利茨编，《保卢斯："我站在这里指挥！"》实际上出自编辑者格利茨之手，远远算不上是保卢斯的作品，只不过前者确实能够翻阅保卢斯的《遗物、信件和档案》（Nachlass, Briefen, und Dokumentation），而且得到了元帅家属的合作。尽管如此，它确实翻印了许多相关的文件，单凭这个理由就值得一读。研究者只要下一番功夫搜索，几乎可以找到在这座城市内部及周边战斗过的每一支德军部队的战史。按照这类文献的规律，其中有一些的利用价值特别大，但这些战史几乎无一例外地翻印了足够数量的档案、命令和战斗详报，因此都值得一读。例如，读者可参见罗尔夫·格拉姆斯（Rolf Grams）著，《第 14 装甲师，1940—1945：应第14 装甲师遗族会之托发表》（Die 14. Panzer Division, 1940-1945: Herausgegeben im Auftrag der Traditionsgemeinschaft der 14. Panzer Division，巴特瑙海姆：Podzun，1957 年）；沃尔夫冈·韦尔滕（Wolfgang Werthen）著，《第 16 装甲师的历史：1939—1945：第 16 装甲师暨步兵师战友会发表》（Geschichte der 16. Panzer Division, 1939 - 1945: Herausgegeben vom Kameradschaftsbund 16. Panzer- und Infanterie-Division，巴特瑙海姆：Podzun，1958 年）；以及约亨·勒泽（Jochen Löser）著，《痛苦的义务：第 76（柏林—勃兰登堡）步兵师的战斗与毁灭 》（Bittere Pflicht: Kampf und Untergang der 76 (Berlin-Brandenburgischen) Infanterie-Division，奥斯纳布吕克：Biblio Verlag，1988 年），尤其是最后一本，充满了各种作战细节，特别有助于了解从顿河到伏尔加河的艰苦历程。

新闻报道和通俗历史读物也值得阅读。首先是亚历山大·沃思著，《斯大林格勒之年：历史记录及对俄国人的心态、方法和政策的研究》（The Year of Stalingrad: An Historical Record and a Study of Russian Mentality, Methods and Policies，伦敦：Hamish Hamilton，1946 年），作者是英国广播公司和伦敦《星期日泰晤士报》的记者。这本书带有时代的烙印，但是书中的评断历经几十个春秋后依然有着惊人的正确性。读者尤其应该参见书中列举的德军未能占领这座城市的"六大原因"（第 196—197 页）。德国方面与之相对应的著作是海因茨·施勒特（Heinz Schröter）著，《斯大林格勒》（Stalingrad，纽约：E. P. Dutton，1958 年），作者是这场战役中第 6 集团军的随军记者。这本书是德文原著《斯大林格勒……"直至最后一弹"》（Stalingrad…"Bis zur letzten Patrone"，伦格里希：Kleins Druck- und Verlags-Anstalt，1953 年）的英译本。它是一份非常写实的报告，与德国战地记者钟爱的慷慨激昂过头的英雄主义文风相去甚远。也正因如此，纳粹宣传部长约瑟夫·戈培尔在战争期间禁止了该书的出版。读者可能也猜到了，它特别关注德国士兵在战役期间的苦难："他们蜷缩在他们的坑洞中，周边是脆弱的冻土坑壁，以及一个个碉堡的废墟。他们捕捉着老鼠，等待着不可避免的厄运，撰写着家书，担心着自己的口粮，观察着功勋卓著的飞行员们在头顶上展开空中格斗，并在目睹满载伤员的德国运输机被俄国战斗机打得起火坠落时悲痛不已"（第 112 页）。近来又涌现了一部新闻工作者的纪实之作，即安东尼·比弗（Antony Beevor）和卢巴·维诺格拉多娃（Luba Vinogradova）编纂的《战争中的一位作家：瓦西里·格罗斯曼与红军，1941—1945》（A Writer at War: Vasily Grossman with the Red Army, 1941-1945，纽约：Pantheon，2005 年），该作使格罗斯曼作为东线战场"残酷战争真相"的最悲天悯人的见证者之一恢复了应有的地位。要了解他关于斯大林格勒战斗的记述，见第 110—212 页。

在通俗历史作品中，埃德温·霍伊特著，《199 天：斯大林格勒战役》（199 Days: The Battle of Stalingrad，纽约：Tor，1993 年）是这位高产作家可读性极强的纪实文学系列的代表作，同样值得一看的还有他的《斯大林的战争：悲剧与胜利，1941—1945》（Stalin's War: Tragedy and Triumph, 1941-1945，纽约：Cooper Square Press，2003 年）中关于斯大林格勒的章节。通过霍伊特的著作了解第二次世界大战的美国人可能比其他撰写同样题材的美国作家的读者总数还多。与他地位相当的英国作家是罗纳德·塞思（Ronald Seth），他的《斯大林格勒：无法回头的临界点：1942 年 8 月—1943 年 2 月的战斗经过》（Stalingrad: Point of No Return: The Story of the Battle, August 1942-February 1943，纽约：Coward-McKann，1959 年）通篇都是叙述，几乎不含任何分析，也没有原始档案。威廉·克雷格（William Craig）著，《兵临城下：斯大林格勒之战》（Enemy at the Gates: The Battle for Stalingrad，纽约：Reader's Digest Press，1973 年）不失为一部可读性很强的佳作，它没有采用围绕主题或时间顺序展开的写法，而是由许多松散片段组成，其中的一个片段（苏联王牌狙击手瓦西里·扎伊采夫（Vasily Zaitsev）的故事）后来被改编为 2001 年上映的电影《兵临城下》（一译《决战中的较量》），由裘德·洛（Jude Law）、埃德·哈里斯（Ed Harris）和蕾切尔·薇姿（Rachel Weisz）主演。还有几部作品比这几本书的利用价值大一些，但因为对档案和文献的引用不足而仍然必须被归入通俗读物之列，它们是塔兰特（V. E. Tarrant）著，《斯大林格勒：苦难剖析》（Stalingrad: Anatomy of an Agony，伦敦：Leo Cooper，1992 年）；以及关于这场战役的最新作，安东尼·比弗著，《斯大林格勒》（Stalingrad，伦敦：Viking，1998 年）。尤其是后者，如果在治学态度上更严谨一些，本来完全可以算作学术著作的：它从新发现的苏方资料中挖掘了大量信息，其研究成果足以吸引学者，而优美的文笔又为它赢得了广大普通读者的青睐。它将在今后的许多年里被公认为关于这场战役的纪实文学作品的标杆。读者如果想看照片，请参见海因茨·贝格希克尔（Heinz Bergschicker）著，《斯大林格勒：照片中的记录》（Stalingrad: Eine Chronik in Bildern，东柏林：Verlag der Nation，1960 年）。

其他的通俗作品则良莠不齐。例如，可参见两本比较式著作：鲍耶·贝尔（J. Bowyer Bell）著，《围城：七座被围攻的城市》（Besieged: Seven Cities under Siege，费城：Chilton Books，1966 年），这是一部很不成功的作品，它莫名其妙地将斯大林格勒的战斗与第一次阿以战争中的耶路撒冷之战和战后苏联对柏林的封锁（而不是 1945 年苏军攻克柏林的战役）相提并论；约翰·安塔尔（John Antal）和布拉德利·格里克（Bradley Gericke）编，《城市战：从第二次世界大战到越南战争的城市战历史选编》（City Fights: Selected Histories of Urban Combat from World War II to Vietnam，纽约：Ballantine，2003 年）相比之下重点更为明确。书中由埃里克·沃尔特斯（Eric M. Walters）执笔的"斯大林格勒 1942：凭借意志、武器和一块手表"（Stalingrad, 1942: With Will, Weapon, and a Watch）（第 27—92 页）对巷战做了精彩的叙述，但缺点是过于依赖来自兵棋里的少数内容驳杂的资料。从两个确凿无疑的迹象可以看出，此战在西方人的历史意识中占据了特殊的地位。首先是关于这一题材的作品上升到了茶几摆设书（译注：指通常被摆在茶几上充门面的大开本精美画册）的地位。读者可以参见威尔·福勒（Will Fowler）著，《斯大林格勒：生死攸关的七天：1942 年 10 月德军占领这座城市的最后一次绝望尝试》（Stalingrad: The Vital 7 Days: The Germans' Last Desperate Attempt to Capture the City, October 1942，肯特郡斯泰普尔赫斯特：Spellmount，2005 年），这本书图文并茂，还有大量边栏注释和表格。其实全书只有一章叙述了 10 月的战斗（"最后一次绝望尝试"），而重点是发生在 11 月的、有大量工兵参加的真正最后一次突击——"胡贝图斯行动"（Operation Hubertus）。第二个迹象是一档电视特别节目。请参见吉多·克诺普（Guido Knopp）著，《斯大林格勒：电视片》（Stalingrad: Das Drama，慕尼黑：Bertelsmann，2002 年），它是伴随德国电视二台的同名剧集推出的手册。

迄今为止，关于斯大林格勒之战的最佳学术著作依然是曼弗雷德·克里希（Manfred Kehrig）著，《斯大林格勒：关于这场战役的分析和档案》（Stalingrad: Analyse und Dokumentation einer Schlacht，斯图加特：Deutsche Verlags-Anstalt，1974 年），该书对细节的关注和精辟的分析是无与伦比的，而且收录了至少 68 份涉及这场战役的至关重要的档案（第 548—638 页）。另一份不可不读的资料是雅努什·皮耶卡尔凯维奇著，《斯大林格勒：战役剖析》（Stalingrad: Anatomie einer Schlacht，慕尼黑：Südwest Verlag，1977 年），作者延续了他在关于莫斯科战役和德军征服巴尔干之战的专题著作中的写法，成功地将作战行动分析、照片和档案资料结合在一起。另外还请参见齐姆克和鲍尔著，《从莫斯科到斯大林格勒》，第 383—397 和 458—477 页；埃里克森著，《通往斯大林格勒之路》，第 387—464 页；海沃德著，《兵败斯大林格勒》，第 183—221 页；以及德国官方正史，魏格纳著，《对苏战争，1942—1943 年》，第 6 卷第 976—997 页。还有一篇为普通德国读者而写的最新学术研究成果总结，即安德烈亚斯·孔茨著，《六十年前：第 6 集团军在斯大林格勒的毁灭》（Vor sechzig Jahren: Der Untergang der 6. Armee in Stalingrad），《军事历史》2002 年第 4 期：第 8—17 页。

在 1980 年代，德国国内兴起了一个新的学术流派，它对分析作战行动的兴趣比较少，却着眼于将斯大林格勒战役放在更广泛的社会背景下来研究。要了解这一派的观点，最好先阅读沃尔夫拉姆·韦特和格尔德·于贝舍尔编纂的论文集《斯大林格勒：关于一场战役的神话与现实》（Stalingrad: Mythos und Wirklichkeit einer Schlacht，美因河畔法兰克福：Fischer Taschenbuch Verlag，1992 年），它强调了历史记忆与日常生活传说的问题。例如，读者可以参见韦特本人的论文"被描绘为'英雄史诗'的大量死亡：纳粹宣传中的斯大林格勒"（Das Massensterben als 'Heldenepos'：Stalingrad in der NS-Propaganda），第 43—60 页；罗斯玛丽·帕帕多普洛斯－基利乌斯（Rosemarie Papadopoulos-Killius）著，"对死亡概念的操弄"（Die Verarbeitung von Todesahnungen），第 146—159 页；以及汉斯·约阿希姆·施勒德（Hans Joachim Schröder）著，"浩劫中的日常生活"（Alltag der Katastrophen），第 168—177 页。对研究作战行动的历史学家而言更有利用价值的是格尔德·于贝舍尔著，《德国史学中的斯大林格勒战役》（Die Schlacht von Stalingrad in der deutschen Historiographie），第 192—204 页；曼弗雷德·克里希著，《德国将军的回忆录中所反映的斯大林格勒之战》（Stalingrad im Spiegel der Memoiren deutscher Generale），第 205—213 页；以及霍斯特·吉茨（Horst Giertz）著，《苏联史学中的斯大林格勒战役》（Die Schlacht von Stalingrad in der sowjetischen Historiographie），第 214—220 页。这类关于斯大林格勒之战的新历史有一种很有特色的表现形式，那就是以书写"战壕真实"的记述为目的，将包围圈中德军士兵所写的信件结集出版。这方面的代表作有维多·施普拉特（Wido Spratte）编，《斯大林格勒：哈拉尔德·布勒克中尉的战地信件》（Stalingrad: Feldpostbriefe des Oberleutnants Harald Bleker，奥斯纳布吕克：Wennner，2000 年）；以及延斯·埃伯特（Jens Ebert）编，《来自斯大林格勒的战地信件》（Feldpostbriefe aus Stalingrad，格丁根：Wallstein，2003 年）。读者如果想从整体了解这一现象，请参见韦特和于贝舍尔编，《斯大林格勒》中的马丁·洪堡（Martin Humburg）著，《斯大林格勒士兵战地信件的重要性》（Die Bedeutung der Feldpost für die Soldaten in Stalingrad），第 68—79 页。关于斯大林格勒的其他"小人物"历史文献还有沃尔夫冈·海丁（Wolfgang Haidin）著，《斯大林格勒：从战场和俘虏营生还：来自约瑟夫·舍内格尔的回忆》（Stalingrad: Kampf und Gefangenschaft überlebt: Aus den Lebenserinnerungen des Josef Schönegger，施泰尔：Ennsthaler，1995 年）；以及卡尔·许德科普夫（Carl Schüddekopf）著，《包围圈中：来自斯大林格勒的故事》（Im Kessel: Erzählen von Stalingrad，慕尼黑：2002 年）。由于显而易见的原因，德国人永远也不会像美国人一样，书写一部纪念"最伟大的一代"的作品，但是这几部作品——以及在德国流传的成百上千的类似著作——同样可以满足广大读者，让他们了解到普通德国士兵的人性一面。当然，在学术性较强的出版物中，这一群体的历史声誉通常都会遭到严厉抨击。读者如果想了解对第 6 集团军的典型反面观点，请参见贝恩德·博尔（Bernd Boll）和汉斯·萨夫里安（Hans Safrian）著，《进军斯大林格勒途中：第 6 集团军在 1941—1942 年》（On the Way to Stalingrad: The 6th Army in 1941-1942），它收录于汉内斯·黑尔和克劳斯·瑙曼编，《灭绝战：第二次世界大战中的德国军队，1941—1944》（War of Extermination: The German Military in World War II，1941-1944，纽约：Berghahn，2000 年），第 237—271 页："但是细察之下就会发现，时至今日，在关于斯大林格勒之战的叙述中仍然充斥着紧扣'受害者'主题的叙事，从历史角度来看这恰恰起到了使国家社会主义遗毒继续流传的作用"（第 237 页）。

最后，如果想查看看关于过去 25 年中不同时段的"斯大林格勒问题动态"的报告，请参见格哈德·弗尔斯特（Gerhard Förster）著，《关于斯大林格勒战役中的战争艺术的一些问题》（Einige Fragen der Kriegskunst während der Stalingrader Schlacht），《军事历史》第 22 辑，第 1 期（1983 年）：第 5—15 页；卡尔－海因茨·施米克（Karl-Heinz Schmick）著，《第二次世界大战与斯大林格勒：集体讨论》（Der Zweite Weltkrieg und Stalingrad: Sammelbesprechungen），《政治季刊》（Politische Vierteljahresschrift）第 34 辑，第 4 期（1993 年）：第 700—716 页；以及贝恩德·乌尔里希（Bernd Ulrich）的小册子《斯大林格勒》（Stalingrad，慕尼黑：C. H. Beck，2005 年）。

92. 关于德尔的这句经典，见《进军斯大林格勒之战》，第 52 页。

93. 要了解第 51 军的活动，见直接资料，瓦尔特·冯·塞德利茨著，《斯大林格勒》，第 160 页。

94. 见塔兰特著，《斯大林格勒》，第 74—80 页的部分，以及比弗著，《斯大林格勒》，第 145—165 页的章节。

95. 见塞德利茨著，《斯大林格勒》，第 254—255 页的描写，那是德军俘虏第一次被带到伏尔加河岸边。

96. 比弗著，《斯大林格勒》，第 135 页。

97. 崔可夫著，《斯大林格勒保卫战》，第 205 页。但是从崔可夫的其他记述可以明显看出，他对苏联宣传机关单单强调罗季姆采夫师功绩的做法很不满，因为在保卫斯大林格勒的战斗中做出牺牲的其他部队实在太多了（第 205—206 页）。

98. 关于 10 月战斗的最佳记述是带有丰富插图的福勒著，《斯大林格勒》，第 70—134 页。

99. 崔可夫著，《斯大林格勒保卫战》，第 180 页；海沃德著，《兵败斯大林格勒》，第 211 页。崔可夫声称"约有 180 辆坦克突破了若卢杰夫第 37 师的防线"，但考虑到德军此时能够调用的坦克比较少，这显然是不可能的。

100. 格兰茨和豪斯著，《巨人的碰撞》，第 122—123 页。沃尔特斯著，《斯大林格勒 1942》，第 29 页认为崔可夫的战术思想"就是诱使德军持续进攻，取得一个又一个战术胜利，但就是无法征服整个斯大林格勒"；这种说法很荒谬，它所假设的指挥和控制水平在 1942 年根本不存在，或许在任何时代都不存在。

101. 转引自德国官方正史，魏格纳著，《对苏战争，1942—1943 年》，第 6 卷第 994 页。希特勒的说法则比约德尔更明确："我们基本上已经拿下它了，"他在 11 月 8 日纪念啤酒馆暴动的仪式上发表一年一度的啤酒馆演说时对一群"老战士"这样说道，"只剩几块很小的地方还没搞定。"希特勒又补充说，部队的进展本来可以更快，但是他想避免"第二个凡尔登"。见比弗著，《斯大林格勒》，第 213 页。

102. 德国官方正史，魏格纳著，《对苏战争，1942—1943 年》，第 6 卷第 995 页。

103. 关于胡贝图斯行动，已出版的资料很少，但往往对这场战役的细枝末节都了如指掌的历史发烧友们却奉献了大量作品。目前的最佳资料是沃尔夫·赫珀（Wolf Höpper）著，《胡贝图斯行动：柳德尼科夫在斯大林格勒的背水一战》（Operation Hubertus: Ljudnikows Last Stand in Stalingrad），可在 http://www.flamesofwar.com/ Article.asp?ArticleID=1032 查阅。

104. 在塞德利茨著，《斯大林格勒》，第 167 页带着苦涩的意味抄录了这封电文。

105.《大德意志解放战争》，第 173 节，《从高加索到涅瓦河，苏军的进攻均告失败》（Sowjetangriffe vom Kaukasus bis zur Newa abgewiesen），《军事周刊》第 127 辑，第 23 期（1942 年 12 月 4 日）：第 613—617 页。引文来自第 613 页。

106. 见德国官方正史，魏格纳著，《对苏战争，1942—1943 年》，第 6 卷第 957 页中援引的数字。

107. 齐姆克和鲍尔著，《从莫斯科到斯大林格勒》，第 359 页。

108. 格兰茨和豪斯著，《巨人的碰撞》，第 120 页。

109. 关于这方面的最佳资料是一篇蕴含着丰富的作战见解的论文，请参见由瓦尔德马·爱尔福特中将（Lieutenant General Waldemar Erfurth）执笔并分四期连载的文章《军队各部分的联合作战行动》（Das Zusammenwirken getrennter Heeresteile），《军事科学评论》第 4 辑，第 1—4 期（1939 年）。

110. 德语原文是 "Getrennt marschieren, vereint schlagen"。见路德维希将军著，《作为导师的毛奇》，《军事周刊》第 125 辑，第 17 期（1940 年 10 月 25 日）：第 802—804 页。

111. 要了解那慕尔战斗，见罗伯特·奇蒂诺著，《德式兵法：从三十年战争到第三帝国》，第 208—218 页。

112. 例如，请参见为纪念利斯特元帅八十诞辰而写的文章，赫尔曼·弗奇著，《陆军元帅利斯特 80 华诞》（Generalfeldmarschall List 80 Jahre Alt），《军事科学评论》第 10 辑，第 5 期（1960 年 5 月）：第 235—236 页："1942 年，利斯特元帅被任命为 A 集团军群的司令，接受了政治上错误、军事上欠考虑的进攻高加索任务，目标是通过征服高加索的油田来迫使俄国屈服。空间与兵力之间的错配和军事外行希特勒提出的错误的离心作战路线使这次作战从一开始就前景黯淡（Das Jahr 1942 stellte den Generalfeldmarschall List an die Spitze der Heeresgruppe A, die die politisch falsch gesehene und militärisch unzulänglich bedachte Aufgabe erhielt, in den Kaukasus vorzustossen, um Russland durch Eroberung der kaukasischen Ölquellen zur Entscheidung zu zwingen. Das Missverhältnis zwischen Raum und Kräftezuteilung und der falsche exzentrische Ansatz der Operation durch den militärischen Laien Hitler gab der ganzen Operation von vorherein kaum Aussicht auf Erfolg）"（第 236 页）。另见魏因贝格著，《战火中的世界》，第 415—416 页，作者有 "希特勒在这组离心作战中的个人作用" 的提法，以德国方式使用了这个词。

113. 哈尔德著，《战争日记》第 3 卷第 489 页中 1942 年 7 月 23 日的记录。

114. 出处同前，1942 年 7 月 30 日的记录（第 3 卷第 493—494 页）。德语原文是 "ausgekochter Unsinn"。

115. 见德国官方正史，魏格纳著，《对苏战争，1942—1943 年》，第 6 卷第 954 页。德语原文是 "oft genug nicht nur unkonventioneller, sondern auch unprofes- sioneller und fehlerhafter operativer Entschlüsse Hitlers"。

第八章
终结：阿拉曼与斯大林格勒

到了 1942 年深秋，国防军的大进军已经陷于停顿。此时它静坐于阿拉曼、斯大林格勒和高加索这三条远隔千山万水的战线上，不复昔日之勇。它已经拼尽了全力，它的物资也已消耗殆尽，它最后的人员和装备储备都已消失——而它的对手正在紧锣密鼓地策划着将令它招架不住的反击。毫无疑问，在总参谋部和前线都有德国军官凝视地图，对自己陷入的困境摇头苦笑。他们全都上过同样的军校，都受益于同样的军事教育。他们全都读过伟大的普鲁士军事理论家卡尔·冯·克劳塞维茨的著作，特别是他的传世经典《战争论》。[1] 毫无疑问，在很久以前的课堂上学到的某些术语此时正浮现在他们的脑海中，因为它们显然正适合用来描述眼前态势地图上三场失败的战役。也许他们正在懊悔过去没有对这些字眼多加关注。

例如，《战争论》中有个"阻力"[2] 的概念，指的是能令设计得极其精妙的作战计划逐渐破产，令训练水平顶尖的军队遭受挫败的因素。对一支走上战场的军队而言，在细小环节上的差错很快就会累积成大问题，使得即便是最简单的事情看起来也困难无比。在 1942 年的会战中就出现了许多阻力，大到所谓的"赖歇尔事件"和希特勒与鲍克就沃罗涅日产生的分歧，小到在纳尔奇克附近击中赫尔将军后脑勺的那块弹片。有个"战争迷雾"[3] 的概念，指的是在任何军事事业中都存在的基本的不确定性，它会导致各种意外和突然转折。国防军在苏联的整个夏季攻势都是以红军会就地抗击为基础的。然而红军却选择了放弃，宁可逃跑也不愿被包围，于是德军的作战计划就再也没有缓过劲来。有个"防守的优势"[4]概念，即便是劣等的军队也能依靠它战胜比自己强大、勇敢的对手。在一个虚构的、没有地形限制的环境中，隆美尔和非洲军可以轻松战胜英国第8集团军，可是那又如何？战争不是根据时髦值来决定胜负的。在双方实际交战的狭窄而逼仄的地形中，英军的表现不比对手差。另外还有全书最著名的论断，克劳塞维茨认为战争是"政治通过另一种手段的延续"[5]，因而必须放在一定的政治背景下进行。从这个意义来讲，到1942年已经有许多德国军官能清楚地看出第三帝国正在走向失败。美国的援助和装备已经稳住了英军在北非的战局，而且显然还有更多援助正在路上。

最后，在1942年10月研究北非、伏尔加河和高加索地图的所有德国军官的脑海中还会跳出另一个来自克劳塞维茨的术语。即便他们最近没有读过克劳塞维茨，这个字眼也是他们耳熟能详的。它在间战时期曾经反复出现在德国军队的专业文献中，尤其是关于1914年那次在马恩河畔以灾难告终的会战的研究论文中。正因如此，对德国军官团的大多数成员来说，它带有不祥的意味。这个术语就叫作"顶点"（Kulminationspunkt）。

顶点和之后？

关于顶点的讨论在《战争论》中出现得比较晚，位于全书八篇中的第七篇"进攻"中。[6]和克劳塞维茨提出的许多概念一样，它看似浅显易懂，用短短一句话就能说明，然而作者随后就对它做了严密到极致的分析。这个概念可以简述如下：一切攻势都会逐渐减弱，而且前进得越远，这种情况就会越快发生。克劳塞维茨解释说，每一次进攻作战本身都蕴含着自我毁灭的可能性。任何连胜都不可能永远持续下去，而且不一定能够"让胜利者彻底打垮敌人"。[7]在战役过程中，双方军队的实力会因为战斗的胜负、己方相对于敌方的伤亡、重要盟友的加入或离去、士气的波动以及其他许多因素而不断变化。在某一时刻，胜利方最初的优势，也就是"物质力量和精神力量的总优势"将会减弱。此时，起初推动着部队成功进攻的优势将会消失，原本大有希望的战役将会陷入僵局。很显然，指挥官能够认清顶点是好事。当顶点出现时，最好停止进攻并巩固阵地，甚至可以后撤到更适合防守的地形上。否则，军队就可能陷入徒劳追求可望而不可即的目标的困境。

遗憾的是，和克劳塞维茨的所有理论一样，认清顶点可不像看起来那么容易。

有许多变数会产生影响。某些因素往往会使进攻方的力量增强，而另一些因素则会使其减弱。克劳塞维茨列举了七个前一类因素和五个后一类因素。例如，对进攻方有利的因素包括：获胜方受到的损失通常比遭遇失败并溃逃的防守方少得多；防守方不得不放弃一些宝贵的"固定资产"，例如军火库、物资仓库和桥梁；他们还会将土地和资源让给不断推进的敌人；进攻方不仅能占领敌方的土地，还能获得宝贵的资源，可以用来支援后续作战。克劳塞维茨提醒我们，对任何一方来说，失去或夺得的资源对战局产生影响都需要时间："对于后两个因素应该指出的是，它们极少对战斗中的部队产生立竿见影的效果。它们是缓慢而间接地起作用的。因此不应该为了追求它们而做过多努力，结果反而将自己置于危险的境地。"[8] 另外，随着防守方的形势变得越来越绝望，盟友为了止损可能弃它而去。最后，不断的失败可能使防守方士气低落、战力下降。随着入侵的军队深入国土腹地，它可能会开始丧失凝聚力。但是对进攻方来说这一优势显现的前提是"部队已经推进了一定距离，而且敌国的地理构造提供了将某些地区与其他地区隔离开来的机会。然后这些地区就会像受到紧密束缚的树枝一样很快枯萎"。[9]

　　所有这些描述都在 1942 年德军的进攻中一一应验，且准确得有些可怕。德军在 1942 年春夏两季给英国和苏联军队造成了严重损失，远远大于他们自身遭受的损失。他们在北非和苏联夺取了许多"固定资产"，包括托布鲁克、顿巴斯和石油城市迈科普。他们还获取了不计其数的资源，而且确实在很大程度上利用敌人的财富满足了自身需求：英国的汽油、加拿大的福特卡车、苏联的 76.2 毫米反坦克炮。就连克劳塞维茨关于夺来的资源往往不能对前线产生"立竿见影的效果"的告诫也完全适用于德军对高加索油田的占领。同样适用的还有不要因此"将自己置于危险的境地"的警告，以及他的另一条评论："总的来讲，利用敌方资源与利用己方资源相比，效果既没有那么迅速，也不是那么可靠。"

　　克劳塞维茨对进攻方丧失力量的原因的分析尤其有预见性。他指出，入侵他国的军队会发现有许多紧迫的任务要做。例如，它可能需要围困或突击敌军的要塞，为此必须从主力野战部队中抽调兵力。它需要继续深入敌国领土，而"战区的性质"也会随之改变："它会成为很有敌意的地方，必须派部队占领，因为只有被占领的那些地区才会被入侵者所控制；可是这会给军队的整个战争机器造成重重困难，而这些困难将不可避免地削弱整个机器的效能。"[10] 入侵者在敌国领土中每前进一步，就会与自己的后勤基地远离一步，与此同时防守方却在退却中靠近了自己的基地。被拉长的不仅仅是距离，还有交通线，而战略侧翼也会因此变得过长且易遭攻击。进攻方推进越远，问题就越严重："所有这一切都会令前进中的军队每前进一步都增加一种新的负担，因此，假如它开始进攻时并未具备非常巨大的优势，就会觉得自己的行动自由逐渐消失，进攻力量越来越弱。"克劳塞维茨指出，这会导致进攻方的不安全感日益加剧，军队会"对自己的处境感到忧虑"。[11]

即使战局对进攻方非常有利，敌人看起来已经到了总崩溃的边缘，依然存在"威胁防守方的危险促使盟友向它伸出援手"的可能。不仅如此，防守方也可能在"胜利方出现松懈"的同时以"更大的努力"应对威胁："敌人有时会因为恐惧和惊慌而放下手中的武器，有时却会受到热情的激励而奋勇拿起武器，并在第一次失败后进行比以往激烈得多的抵抗。"克劳塞维茨指出，确定敌人会出现哪种反应并不容易，需要认真研究其"人民和政府的特性"，以及"国家的性质及其政治关系"。[12]

克劳塞维茨运用了他的全部才学来讨论最微妙的问题：什么时候应该将进攻战役继续下去，什么时候又该停止。对指挥官来说，有许多需要他判断和权衡的因素：

> 这么说吧，他必须推测：敌人的军队经我第一次打击后，是会坚定意志，更为顽强地进行抵抗，还是好像一个博洛尼亚瓶一样只要伤及其表面，立刻就会粉碎；需要推测敌人战区内一些补给来源地被封锁和一些交通线被切断后，会在多大程度上削弱和瘫痪敌人；要推测敌人在遭到沉重打击后会因为伤痛而一蹶不振，还是会像一头受了伤的公牛那样狂怒起来；要推测其他国家会感到恐惧还是义愤，是否有哪些政治联盟会解体或建立起来。[13]

事实上，正因为如此，大多数统帅"宁愿在远离目标的地方停下来，而不愿意冒险离目标太近；而有些具有出色的勇敢和高度的进取精神的统帅常常又超过了目标，结果反而达不到目的"。

这是一个非常突出的悖论，而它或许特别适合用于1942年的战局：一支进攻中的军队可以连战连捷，粉碎挡在前进道路上的每一股敌军，但是它必须认识到，每前进一步都会使自己锐气渐消，失去那些起初令自己所向披靡的特性。什么时候应该停止进攻？克劳塞维茨承认，任何人都不曾看到过明明白白地标示着"顶点"的预警征兆，但他也指出了一种耐人寻味的可能性："甚至可能会发生这样的情况：进攻者在进攻所特有的精神力量的支持下，虽然已经精疲力竭，却还是像拉着沉重东西上山的马一样，感到继续前进比停下来的困难还要少些。"[14]

在 1942 年，就有不少像这样赶马上山的人，其中之一是第 40 装甲军的参谋长卡尔·瓦格纳将军。他的军在 1942 年 7 月底已经渡过了顿河和尼古拉耶夫卡河（Nikolajewka），接着在 10 月又以最大速度南进，渡过一条又一条河流：马内奇河、库班河、库马河（Kuma），最终在捷列克河对岸的伊谢尔斯卡亚建立起一个桥头堡。没有什么能够阻挡它前进，它似乎已经稳操胜券。然而我们都已知道，由于物质供应枯竭，空中支援消失（因为德国空军已北上斯大林格勒），苏军又调来大量援兵，前线很快转入僵持。第 40 装甲军起初在一个月内一口气推进了643 千米；随后在该军所处地段，对峙的两军有整整四个月都寸步难进。瓦格纳看出了不少征兆：

> 送到前线的补给越来越稀少，只能勉强满足最低需求；部队的混乱程度有增无减；分散在广大的区域中；许多单位完全失去了机动能力；敌人的抵抗不断增强，而且掌握了空中优势；我军战斗力明显衰退，装备故障频出，士兵们丧失了战斗意志，因为战斗从先前的速战速胜转变为按部就班的缓慢形式，这对他们打击很大。由于以上种种原因，司令部变得神经质而且不断犯错，总是担心后方和侧翼，总是喊着要士兵们拿出勇气的空话，却不愿投入他们所支配的必要战斗资源。

事实上，瓦格纳指出，"如果指挥机关只能依赖士兵的勇气打仗，那么它一定做错了什么"。[15] 这句话一针见血地指出了 1942 年秋季德军的状况。确实有什么地方出错了。国防军就像一匹拉着重物上山的马一样，早就应该停下脚步，却还在不断前进。

但是，就连克劳塞维茨也会对 1942 年秋天的战局惊叹不已。谁能料到，双方集中兵力展开的机械化大会战，数百万士兵和数千坦克飞机在数十万平方公里的战场展开时间和空间错综复杂的作战行动，最终竟然在距奥尔忠尼启则不到 2千米，或者距伏尔加河 0.4 千米，或者与亚历山大港仅仅相隔 24 千米开阔沙漠的地方偃旗息鼓？在这全部的三场会战中，国防军的攻势曾有过五六次或短或长的暂停，主要原因都是燃料短缺。它有好多次越过了潜在的顶点，但不知为何总有余力继续推进。即便到了最后，在斯大林格勒的胡贝图斯行动中，在不得不用战斗工兵顶替消耗殆尽的步兵之后，它还是能够鼓起余勇战斗。

军事理论家的使命是尽可能提出放之四海而皆准的规律，而克劳塞维茨为了创立"战争的形而上学"所做的尝试可能是其中意义最为重大、影响最为深远的。但是1942年历次会战的实际过程应该给我们敲响了警钟：不可迷信《战争论》，也不可将顶点这样复杂的概念当作过分简化的时髦词来理解。如果说国防军在1942年证明了什么，那就是一支军队即使越过了顶点，依然有可能极具危险性。

英式兵法：阿拉曼战役的策划

10月下旬，英国第8集团军在阿拉曼主动发起大规模进攻。史学家历来倾向于强调蒙哥马利小心谨慎、细致周到的特性。在第二次世界大战的将星录中，性如烈火的猛将占了绝对多数，除他之外，绝对找不出第二个人会将自己的战争艺术描述为具备"承受痛苦并针对每一种可预见的变故做好准备的无限能力"。事实上，他曾表示这是"战争中一切胜利的基础"，没有这种能力的人注定会失败。[16]这种吹毛求疵地关注细节的态度当然很容易被人嘲讽，但他其实没有说错，战争进行到这个时候，谨慎是英军指挥官必不可少的素质。如果再按照不成熟的作战计划打出一场败仗，结果很可能是灾难性的。

尽管在人员、坦克、飞机、卡车和火炮上都拥有压倒优势，蒙哥马利还是计划将"轻足行动"（Operation Lightfoot）打成一场有条不紊、缓慢推进的消耗战。为此多年来他一直被偏好欣赏大胆机动的通俗作家和军事历史学家口诛笔伐，然而谁都不能否认这样一个事实：战场地形——北接大海，南临盖塔拉洼地，轴心国部队在两者之间布下密不透风的防线——使他基本上不可能采用任何其他办法，至少在战役的开始阶段是不可能的。批评蒙哥马利在阿拉曼战役中的布阵和用兵的众多分析家从未提出过更好的建议。他的对手就是机动战大师埃尔温·隆美尔，比任何人都清楚在这一片战场上实现突破有多困难。下面就是"沙漠之狐"本人针对这片瓶颈地带的战斗特点发表的意见：

在西部沙漠的其他所有地段，都可以利用机动部队绕过南方侧翼，迂回到敌人后方，通过机动战法求得决战的机会。正因为我们这片战区总是存在暴露的侧翼，才会一次又一次出现全新的态势。但是在阿拉曼前线就不一样了。进攻方第一次遇到了必须强行突破的局面，因此防守方有可能在阵地上坚守足够长的时间，从而调来机动预备队投入战斗。防守方拥有一定的战术优势，因为它可以修筑工事，并用地雷保护自己，而进攻方却很容易被躲在工事的防守方用火力杀伤。在其他阵地上，例如在1941—1942年的塞卢姆和1942年的贾扎拉，战斗的形式是纯粹的运动战，无论进攻还是防守方都占不到便宜。双方的坦克和其他车辆都是在沙漠里无遮无掩地交战。[17]

事实上，隆美尔在这一地段两次尝试机动都失败了，既然非洲装甲集团军也无法通过机动来解开盖塔拉洼地的难题，那么几乎可以肯定第8集团军也做不到这一点。值得一提的是，蒙哥马利对问题的描述几乎和隆美尔完全一致。他给轻足行动定下的目标是："第一——在敌军阵地上打开一个突破口。第二——让拥有强大的装甲和机动部队的第10军通过这个口子进入敌军控制区。第三——向纵深发展，以求歼灭隆美尔的部队。"他也知道，这必然是"一个艰巨的任务"。[18]

因此，和英军在两次世界大战中的许多重大战役一样[大家首先想到的可能就是康布雷（Cambrai）和亚眠（Amiens）的大规模坦克突破]，轻足行动基本上不需要地图也能解释清楚。英军的参战部队从贾扎拉的两个军增加到了三个军：奥利弗·利斯将军（General Oliver Leese）指挥的第30军在北，从海岸到鲁维萨特岭南侧部署了五个步兵师；布莱恩·霍罗克斯将军（General Brian Horrocks）指挥的第13军在南，从鲁维萨特岭到盖塔拉洼地部署了两个师；赫伯特·拉姆斯登将军指挥的第10军包含两个装甲师，紧跟在第30军后面。主攻将发生在北侧，第30军的四个主攻师（第9澳大利亚师、第51高地师、第2新西兰师和第1南非师）将承担这一重任。他们将在极为狭窄的正面发起进攻，在飞机、大炮和步兵坦克的大规模支援下硬生生砸开隆美尔的前沿阵地，穿过大约8千米密布雷场、铁丝网和坚固据点的防御地带。用蒙哥马利的话来说，这是"闯入"阶段，它的目标是"打通两条穿越敌军阵地和雷场的走廊"。[19]

在闯入之后是第二阶段："突破"，不过在此战的背景下需要对这个术语做详细的解释。第10军的两个坦克师（第1装甲师和第10装甲师）将会穿过这两条新开通的走廊进入德军后方。蒙哥马利无意在此寻求装甲部队之间的决战。实际上，他设计这一装甲突击行动的主要目的是阻止隆美尔派出非洲军攻击英军步兵部队，让后者从容地将意大利步兵师逐一歼灭。第2阶段将要花费很长时间。蒙哥马利预计它是持续至少一星期的"缠斗"，而整个战役的持续时间也不过是10

到 12 天。他还强调，自己并不打算用一场大规模保卫战歼灭非洲装甲集团军，而是要按部就班地慢慢解决它。他使用的字眼是"碾碎"。他计划"要阻挡或遏制住敌装甲部队，同时我军要系统地消灭敌军防御体系中负责守卫阵地的步兵师。要通过一种'碾碎'的过程歼灭这些非装甲部队，从侧翼和后方攻击敌人并切断他们的补给。"[20] 他的计划确实很有深意。蒙哥马利的目的就是逼迫隆美尔打一场阵地战。这位德军指挥官不可能坐视英军碾碎意军。他除了发起反击来援救盟友外别无选择，在这一过程中他必须冲击英军以坦克、飞机、火炮和反坦克火力织成的严密火网，而他在哈勒法山就是被这样的火力组合打败的。

在北边发生这些作战行动的同时，第 13 军（第 50 师、第 44 师、第 1 自由法国旅、第 7 装甲师）也在要南边发起进攻。这一部分计划似乎有些概念上的混淆，主要是蒙哥马利造成的。这一进攻行动的目标是位于轴心国阵地右后方的塔卡高原（Taqa Plateau）。但与此同时，第 13 军也接到了不能付出重大伤亡的命令，尤其是第 7 装甲师需要保证自身实力"完整"，以便参与轻足行动后期的机动作战。为了强化此处作战的牵制作用，英军还开展了一个彻头彻尾的欺敌行动：伯特伦行动（Operation Bertram）。在 10 月 18 日，第 10 军全体出动，大张旗鼓地进入鲁维萨特岭以南的阵地。这一举动立即被德军情报机关发现。然而在接下来的四个晚上，第 10 军又悄悄回到北线，在阵地上留下全军几乎每一台车辆的帆布复制品，包括 400 辆假坦克和 2000 辆假卡车，以及一整套假的临时物资仓库，甚至铺设了长达 32 千米的假输油管道。最后，英军还组织了一些假指挥部（尤其是第 7 装甲师的指挥部），喋喋不休地相互收发电讯，留下可被轻易察觉的电报交流痕迹。[21]

接下来，作战计划强调要"有条不紊地取得进展"，目的是"一点一点地、缓慢而切实地"歼灭敌人。[22] 但是，公平地说，这个计划对"闯入""突破"和"碾碎"之后该如何行动几乎没有任何考虑。蒙哥马利曾经告诉不止一个军官，他打算出动第 10 军的装甲师作为追击部队（corps de chasse），向德军后方的纵深扩大战果。[23] 至于它们在到达德军后方时究竟该做些什么，应该朝哪里前进，如何补充燃油，蒙哥马利基本上未作说明。当然蒙哥马利也有他的道理，如果作战在前三个阶段就失败了，那就没有理由花很多时间谋划扩大战果阶段的细节。

从本质上讲，轻足行动的起因要比阿拉曼阵地的独特地形或蒙哥马利个人的谨慎作风更深更复杂。大不列颠在战争的头两年一直孤独地对抗着德国，而到了

1942 年，它已经深感力不从心：既缺能源又缺资源，但最重要的还是缺人。在战争后三年的战斗中，它将始终惦记着一个事实：如果再失去一个集团军，就很可能无法用新的部队取而代之。在第一次世界大战中，英国军队曾经研究出了对付德国军队的有效策略。此时，它似乎正在无意识地回归这种策略。它已经明白，自己在机动上不可能胜过国防军；即便只是尝试着这样做，也会酿成灾难。阿拉曼将是一场按固定套路展开的战役，在双方阵地都相对静止的前提下，按照精心安排的时间表和严格划定的阶段分界线实施的谨慎攻势。设计这种战法的目的就是确保作战行动有条不紊地缓慢执行。第 8 集团军将会在精心准备之后发起进攻，步兵将会得到坦克、飞机和大炮的大力支援。在各步兵师突入德军防线之后，它们将就地坚守，顶住德军必然发动的反击，然后将整套流程再重复一遍。[24] 这种战法或许缺乏灵气，但是对大多数在战时感到资源和人口匮乏的列强来说是完全合乎情理的。因此，第 8 集团军在阿拉曼并非只是发动了一场攻势而已；它是在回归具有鲜明英国特色的战争方式。

非洲装甲集团军在阿拉曼

面临这一虽缺乏想象力却声势浩大的猛攻，非洲装甲集团军在一条精心构筑的线形防御阵地中摆开阵势，并在阵地前方埋设了无数地雷。隆美尔暂时退出了舞台。在非洲征战 18 个月后，他的健康——也许首先是他的情感健康——出了问题。他在 9 月 23 日动身前往欧洲疗养（不过他也不失本色地开了一个记者招待会，宣布德军很快就会打到亚历山大港）。[25] 他下次回到非洲将是在接到噩耗之后：英军在 10 月 23 日发动了进攻。

事实上，虽然他具有不可否认的才华，但他即使在场也不能改变什么。他能做的事实在太少了。当时非洲装甲集团军采取的是拖延待变的战略，而等待从来就不是隆美尔的专长。代替他指挥的格奥尔格·施图姆将军并没有过人的才智，但他是一个可靠的职业军人，应该是严格遵守了隆美尔关于防御准备的指示。他也是一个失宠的军官。1942 年 6 月赖歇尔事件发生时，他是第 40 装甲军（第 6集团军）的军长。他因为该事件遭到撤职和军法审判，此时被调到非洲算是某种形式的缓刑。为了恢复"失去的荣誉"，他需要向希特勒证明自己。[26]

但这并非易事，而且北非整体战局很可能已经没有希望。此时的供给水平只能勉强满足部队的最低需要，而同样的问题困扰着 1942 年秋天国防军的全部三条陷入僵局的战线。更何况，就算有再多的军需物资运到前线，其中也不太可能包括已经在非洲装甲集团军的运输中占据主力地位的英制和美制卡车的零配件。人力状况也好不到哪里去。在哈勒法山之战前，隆美尔曾估计战场上的四个德国师（第15装甲师、第21装甲师、第90轻装师和第164师）大约缺少33%的编制兵员；四个师合计只能凑出34000人。此外，新近抵达战场的德国第164师和拉姆克伞兵旅都是靠两条腿机动的步兵。他们到达时没有带来任何车辆，因此给友军的运输车队造成了很大压力。

联合作战带来的种种问题也暴露无遗。在隆美尔高歌猛进时，德军与盟友之间的分歧曾一度消失。随着他陷入进退维谷的窘境，它们又重新出现了。按人头计算，各意大利师的兵力仅仅占了非洲装甲集团军的1/3左右（82000德国人加42000意大利人）。但由于意大利最高司令部掌管着地中海的运输，意大利军队得到的物资数量是德军的三倍。例如，"皮斯托亚"师在8月初被运抵北非。按计划它只在利比亚负责安全的后方治安任务，并不参与前线作战，但是该师的大约400台车辆却一连几个星期占用了很大一部分的船只运力。与此同时，像德国第164师这样已经上了前线的部队却几乎得不到任何车辆的补充——整个8月只有60辆而已。[27]

如果当初在哈勒法山获胜，这些后勤问题当然能迎刃而解，但是既然这一仗失败了，问题就只会变得更糟。据隆美尔本人估计，在1942年的前八个月，非洲装甲集团军只得到12万吨物资，仅仅是其"绝对最低需求"的40%。[28]他自己曾向罗马和柏林提出要在9月得到3万吨物资，10月再获得3万吨，并且称此为"成功顶住英军即将发起的进攻的必要条件"[29]，然而战争进行到这个时候，这样的要求只能是白日做梦。他向希特勒提出的请求恰好赶上了一个不幸的时间：斯大林格勒的战斗就在此时显露出打成僵局的苗头。

此时，疲劳、物资短缺和伙食粗劣等因素也开始严重影响非洲装甲集团军的健康状况。病倒的人并非只有隆美尔。由于长期缺少饮用水，数以千计的士兵躺在了病榻上。大多数人急需去欧洲休息疗养，然而此刻他们根本不可能有这种奢侈。军官们也被病痛折磨：韦斯特法尔和许多人一样，因为得了黄疸病而面色蜡黄；梅林津则因为患阿米巴痢疾日渐消瘦。[30]在隆美尔身上似乎这两种病的症状都有一点，而且他还有严重的血压问题（无疑是精神压力诱发的），以及令人苦恼的慢性鼻窦炎。[31]

严重的后勤问题，靠不住的同盟，长达 1900 千米的交通线，还有各种病痛的折磨——这就是阿拉曼战役开始前非洲装甲集团军的面貌。这一仗不可能是运动战。德军无论人员还是装备都不适合打运动战，而英军根本就没有打运动战的意向。正如隆美尔所承认的，他们偏好有系统、有条理、很折磨人的打法："我们绝对明白，英国的军事机器非常适合执行这种任务，因为它的整套训练体制就是建立在第一次世界大战的物资战（Materialschlachten）基础上。技术发展当然对这种战争形式有一定影响，但是它们没有带来革命性变化。"英军在运动战中众所周知的缺陷在这"即将打响的阵地战和突破战"中将变得无关紧要，因为他们的坦克只要起到支援步兵的作用就好。在这样的战斗中，发挥突出作用的将是"澳大利亚和新西兰步兵的优秀素质，而且英国人将会充分利用他们的炮兵"。[32]

在隆美尔看来，要顶住敌人即将发起的进攻只有一个办法。主要防线（Hauptkampflinie）中的步兵部队必须坚决守住阵地，即使在英军最猛烈的攻击下，也要坚持尽可能长的时间。他们的目标不仅仅是与阵地共存亡，还要为机动预备队提供投入战斗并封闭突破口的时间。虽然在一般情况下步兵也许只需要坚持一两个小时，但是考虑到这些机动部队的反击将在敌机控制的天空下进行，实际需要坚持的时间可能会长得多。为了给前线争取更多时间，非洲装甲集团军构建了它力所能及的最大纵深的防御体系。前沿防线只有以少数兵力控制的前哨阵地，而主要防线在其后方一到两千米处，其自身的纵深也有两三千米。在主要防线后方就是几个装甲师，它们可以从自己的阵地用直瞄火力支援防御。一旦从敌人的进攻中判明其主要突击方向，部署在南北两侧的机动师就将尽快赶到相应地点将其击退。此外还有一片巨大的雷场串联起整条防线。

地雷是一种完美的解决方案：是非常适合这支饥肠辘辘的军队使用的廉价武器。近 50 万枚地雷被埋设在德军主要阵地的前方、周围乃至后方。它们组成了若干巨大的"箱型雷区"（Minenkästen），在地图上用字母标示（从南至北是 A 到 L）。[33] 虽然名称类似，但它们与英军在贾扎拉阵地上有守军驻扎和全向防御能力的"箱型据点"不是一回事。它们只是被动的迟滞手段，用途是减缓进攻者的推进速度，为机动部队争取机动到位的时间。任何防御阵地都不是坚不可破的，这种阵地当然也不是，但是无论进攻方的实力有多强，地雷都能够保证轴心国的阵地不被一口气突破。这基本上是非洲装甲集团军此时能够采取的最有效的防御措施。

关于轴心国部队的实际部署倒没有什么可说的。在阵地攻防战中，部队必须排成一字长蛇阵,这个战例也是如此。前线阵地都由步兵负责:第21军(意大利"博洛尼亚"师和"特伦托"师、德国第164步兵师,以及半个拉姆克伞兵旅)在北部地段,第10军("布雷西亚"师、"的里雅斯特"摩托化师、"闪电"伞兵师和另外半个拉姆克伞兵旅)在南部地段。在所有这些前沿步兵阵地中,用德军单位"约束"意军单位的习惯被发扬到了极致。只要有可能,每个意大利营的左右两翼都各有一个德国营,尽管这些意大利营仍然隶属于它们正常的上级部队。虽然这种做法肯定起到了巩固防御的作用,但是从指挥和控制的角度来讲简直是噩梦,而且由于德意两军仍然依靠自身的辎重车队提供补给,这就给后勤也出了难题。[34]

在前线后方是非洲军和第20(摩托化)军的机动部队:第15装甲师和"利托里奥"装甲师在北;第21装甲师和"公羊"装甲师在南。它们的任务是以尽可能积极主动的方式应对敌军的突破,用施图姆将军的话来说,就是"在正面顶住敌人,同时使用装甲部队发动钳形反击,包围并歼灭之。非洲军和第20(摩托化)军的战斗群⋯⋯可能需要穿过我们的雷场向东运动并发起向心攻击,使钳形运动达到尽可能好的效果"。[35] 第90轻装师在北面沿着海岸部署,以防范英军的登陆行动,鉴于9月13—14日英军曾以突击小队在托布鲁克、班加西和巴尔切(Barce)实施了一系列失败的登陆行动,这样的防范措施是很重要的。炮兵并没有集中部署(因为这会给敌机提供极好的目标),而是尽可能均匀地分散在前线后方。整个防御方案没有重点,也不打算猜测英军可能攻击前线的哪个地段。非洲装甲集团军只需要坐等敌人来袭,然后见招拆招。考虑到头上有盟军强大的空军力量,它除此之外也确实做不了什么。

如果说隆美尔和轴心国在非洲的整个指挥机关都在紧张地注视着天空,后人也很难指责他们。确实,早在蒙哥马利发动攻势之前,他们在这一地区的弱点就已经暴露无遗。在10月19日,英美航空兵部队利用适宜飞行的天气,开始了又一次昼夜不间断的空袭战役。轴心国在富卡和达巴的机场和前进基地成为主要目标。虽然美英飞机摧毁的敌机未必很多,但是它们迫使轴心国地勤人员忙了一整夜,严重影响了轴心国飞机的出勤率。结果是:在英军进攻的第一天,第8集团军的头顶上没有出现一架轴心国飞机。空中优势化作了绝对制空权。

战斗:轻足行动和增压行动

对于参加了这场"第三次阿拉曼战役"的任何人,尤其是德国或意大利士兵来说，如果他们除了无尽的爆炸之外什么都不记得，那也是情有可原的[36]，因为这是所有亲历者的主要印象。在 10 月 23 日月光明亮的夜晚，德国时间晚上 10:40，这场战役通过大规模的炮火准备揭开序幕。文献中对这次炮击的传统说法是"一千门火炮的弹幕射击"。[37] 实际的火炮数量是 892 门[38]，但是对于在炮火之下的人来说，这很可能像是万炮齐鸣。英军精心安排了每门大炮的射击时间，使它们并不是在同一时间开火，但是所有炮弹都会在同一个瞬间落到守军的阵地上，参考点就是由英国广播公司发送的一系列时间信号。按照蒙哥马利自己的说法，他要么是在炮击过程中一直呼呼大睡，要么是在前线亲自观察自己的杰作——显然他也吃不准哪个更有英雄气概——他形容这场炮击是"奇妙的景象，和 1914—1918 年大战中的进攻相似……整条前线突然炮火齐发，时间配合得非常美妙，效果也是惊人的"。[39] 德国第 164 师的师长隆格豪森将军（General Lungerhausen）则说得更有诗意：那"就像一个巨人挥拳击桌"。[40]

头 15 分钟的炮击是为了反炮兵，而轴心国的炮兵也始终没能从这次打击中恢复过来。德军每个由四门火炮组成的炮兵分队都经受了一百发炮弹（4.5 或 5.5 英寸口径）的可怕洗礼。这次炮击不仅摧毁了不少德军火炮，更重要的是破坏了集团军指挥部与炮兵之间的通信联络，使遭到炮击的阵地上所有人都深受震动。"我们在非洲还从未经历过这样的密集炮火（Trommelfeuer），"隆美尔写道，"而这种炮火在阿拉曼的战斗中将贯穿始终。"[41] 几分钟后，随着英国航空兵加入战团，火力打击更是上升到白热化的程度。在接下来的六个小时里，一波波"惠灵顿"式轰炸机横行于空中，又对已确认的轴心国炮兵阵地投下 125 吨炸弹。

德军对这阵弹雨的反应出奇地消极。虽然部分原因是当时的混乱和震惊暂时破坏了非洲装甲集团军的指挥和控制，但这种反应也是他们有意为之。施图姆将军明白，己方各种口径的炮弹都严重短缺，因此他此时特意命令部队不得还击。德军炮兵甚至一反常规，没有对已经发现的英军集结地域开火。这一切发生时身在欧洲的隆美尔后来会把施图姆的决定说成是一个错误，而德国官方正史也同意他的评价。[42] 他们很可能是正确的。尽管这一战的胜负在我们看来早已注定，但当时第 8 集团军还从未在攻击非洲装甲集团军的战役中取得无可争议的胜利，而后者只要有少数炮弹击中精心选择的目标，就很可能严重挫伤进攻方的士气。但我们也要为施图姆说句公道话，他根本不知道战场上的确切情况。起初从前线和炮兵阵地传来的报告都寥寥无几；比起向指挥部报告，遭到轰击的部队有更重大的问题需要处理。更何况，在战斗开始后最初半小时左右就将集团军有限的炮弹储备消耗掉一大部分并非长久之计，所以我们很难批评施图姆不做这样的选择。真正的问题不是开火与否的决定，而是逼着指挥官从一开始就做这种抉择的弹药短缺。

在最初的 15 分钟过后，英军炮兵将火力转向前沿阵地上的目标，并持续轰击到天亮。这是发起第一波步兵突击的信号。攻击正面狭窄得令人难以置信：四个齐装满员的师挤在不到 9 千米宽的地段中。两小时后，随着蒙哥马利投入第 10 军，突击的英军又增加了两个装甲师。这里没有什么精妙的战术，没有真正的突袭，只有一支让陷入瘫痪的对手感受到了排山倒海的力量的军队，哪怕这种印象只是暂时的。一刻不停的炮击将非洲装甲集团军的许多电话线路和电台炸成碎片，而装有特殊电子设备的轰炸机则不断干扰已经发送到空中的电讯。主要防线上的守军顶着头上的弹雨面对势不可挡的强敌，守着断掉的电话线或被打坏的电台设备无助地等待不会到来的命令，他们根本没有获胜的机会。这场大屠杀非常可怕，隆美尔的说法是"我们的前哨部队一直战斗到弹药耗尽，然后或死或降"[43]，既简单明了，又意味深长。以意大利第 62 步兵团（"特伦托"师）为代表的一些部队已经纷纷逃往后方。自贾扎拉战役来的六个月里他们已经忍受了很多苦难——众寡悬殊的战斗，隆美尔强人所难的要求，还有腐败的军粮——但这样的战斗还是超出了他们的心理极限。而以德国第 382 掷弹兵团第 2 营（第 164 步兵师）为代表的另一些部队则战斗到了最后，也就是说，它们在数百门英军火炮的集中轰击下消失了。

到了第二天上午，主要防线北段已经有大片阵地落入英军手中。澳大利亚第 9 师和第 51 高地师既没有遭到德军炮火干扰，也几乎没有遭到德军前哨部队的阻挠，以锐不可当之势在标号为 J 和 L 的箱型雷区中开出通道。在这一过程中，它们驱散或消灭了被火力准备打残的几个营的守军。此时德国第 15 装甲师和"利托里奥"师已经在北部发起了局部反击。反击部队冒着英军狂风骤雨般的炮击和轰炸，救出了在夜间战斗中被包围的第 382 掷弹兵团的另一个营，并暂时恢复了这一地段的态势。然而它付出的代价是巨大的。到了 10 月 25 日，它的 119 辆坦克中只剩下 31 辆还能作战。考虑到战役开始时非洲军的坦克总共只有 234 辆，被击毁的 88 辆坦克占了总数的 40% 左右，这样的损失是灾难性的。

对德军来说，真正的问题还是在指挥和控制方面。直到 10 月 24 日上午，他们依旧没有判明总体形势。德国人知道敌人已经发起进攻，而且伴随着异常猛烈的炮火支援。但是从主要防线传来的具体报告还是太少。因此，施图姆决定学一回隆美尔，上前线近距离观察战局。此时他很可能还惦记着挽回个人名誉和官复原职的事。集团军的指挥部设在海岸公路旁，只比第 90 轻装师的指挥部靠后数千米，但是他的临时参谋长韦斯特法尔将军还是建议他按照隆美尔的习惯，带上一辆护卫的装甲车和一辆通信车一起去前线。然而施图姆认为这是多此一举。他轻装简从，只带着他的情报参谋比希廷上校（Colonel Büchting）和司机沃尔夫下士（Corporal Wolf）出发，开始了本来只需要一个小时就能往返的旅行。在这段短途旅程的某个地方，他的汽车遭到射击，子弹可能来自英军的战斗轰炸机，也可能来自埋伏起来的第 9 澳大利亚师的步兵。比希廷头部中弹，当场身亡。沃尔夫情急之下驾驶汽车来了个 180 度的急转，显然就是这个动作将施图姆甩出了车外，而司机却并未察觉。[44] 后来人们找到这位将军的遗体，发现他是死于心脏病发作，起因可能是敌人的袭击，也可能是这次车祸。

此时对德国人来说战局还是不够明朗，当施图姆还在失踪者名单上时，非洲装甲集团军被临时交给非洲军的军长威廉·里特尔·冯·托马将军（General Wilhelm Ritter von Thoma），而隆美尔直到 10 月 24 日晚些时候才接到返回非洲的命令。他在 10 月 25 日黄昏时分才到达自己的指挥部，此时战斗已经打了近 48 个小时。从一些资料来看，他的回归确实振奋了整个集团军的士气。有一个英军战俘回忆说，抓住他的德国人告诉他，这一仗他们赢定了：因为隆美尔已经回来了。[45] 然而要挽回整体的败局为时已晚。蒙哥马利的作战早已进入"碾碎"阶段，德军装甲部队在北线未能给敌人任何决定性的打击，而整个非洲装甲集团军的瓦解也早已开始。虽然此时隆美尔和整个司令部都能一眼看出英军的主要突击是在北面，但他们对此却无能为力。由于缺少燃油，集中装甲部队进行大规模反击的原计划已不可能实施。

10 月 25 日午夜将至时，隆美尔做出了他在这场战役中的一个重大决定。他命令第 21 装甲师从位于南段防线后方的阵地北上。[46] 他知道这是一次有去无回的行动，而这些坦克兵们无疑也知道。他们的燃油连让他们到达目的地都勉强，更不用说在到达后实施大量机动或战斗。至于在战况不利时撤退：显然就没有可能。隆美尔和托马这样训练有素的德国军官很清楚自己提出的是什么要求：要第 21 装甲师发动死亡冲锋（Totenritt）。[47]

300

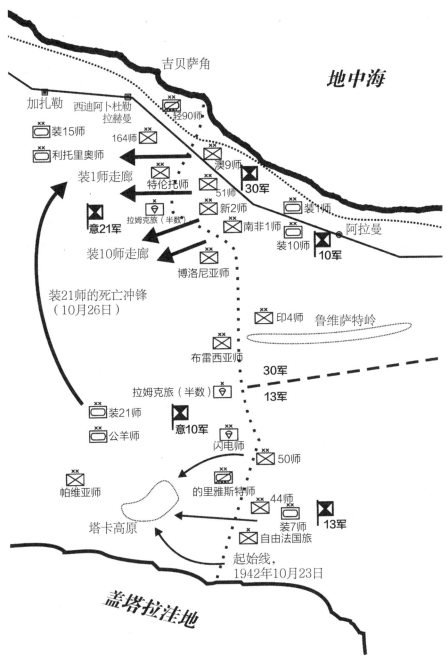

地图14. 国防军之折戟沉沙（一）：盟军在阿拉曼的进攻，1942年10月。

截至此时，战斗集中于北部地段的几个小型阵地一带：28 号高地（英军称其为"腰子岭"），还有它周边在英军地图上被标为"鹬鸟"和"丘鹬"的阵地。[48]虽然关于阿拉曼战役的记述往往将重点放在大量短兵相接的战斗细节上，对战役大势的关注则少得多，但其实这个问题的答案始终是确凿无疑的。用隆美尔的著名评语来说，这确实是一场"没有希望的战斗"。[49]四个步兵师和两个装备着崭新的 M4"谢尔曼"式坦克的装甲师在非洲装甲集团军的防线上精心选出一段加以蚕食。面对协同出色的持续炮击和昼夜不停的轰炸，所有抵抗都是徒劳的。虽然双方的物质损失都很大，但英军突击部队一直持续着虽缓慢却不可阻挡的向西推进。这就是德国人对这场战斗的看法。尽管英军在 10 月 28—29 日曾暂时停止突击以作喘息，但战役进程也没有因此受到丝毫影响。英军的炮击和轰炸从未停止，显然蒙哥马利只是在重整突击部队，为最后一击做准备而已。而隆美尔已经下令侦察位于后方大约 80 千米外的富卡阵地，准备实施此时已经显得不可避免的撤退。

这种认为失败早已注定的绝望观点与英方战史截然相反。后者倾向于强调第 8 集团军遇到的问题。第 30 军的"闯入"速度远远低于计划要求，主要原因是德军箱型雷区的厚度和密度出乎意料。结果，第 10 军的装甲师在第一个夜晚投入战斗后并没有达成突破，反而导致了近乎不可思议的混乱，士兵和坦克乱哄哄地挤作一团。如果德军在当天夜里能出动空军部队，或者能以充足的炮弹实施集中炮击，那么他们将找到一片有无数目标的理想靶场：英军的六个师正聚集在一小块可能只有 8 千米见方的区域中。由于伦敦方面一再催促他突破敌军防线，蒙哥马利那众所周知的沉着镇静也稍稍露出了破绽。他不得不督促自己的装甲指挥官拉姆斯登将军加紧行动，而他在 10 月 29 日的日记也表明他得出了一个或许明显得令人吃惊的结论："在某处取得突破正成为当务之急。"[50] 正是在这种紧迫感的驱使下，他决定重新集中自己的装甲部队，将第 7 装甲师也投入战场，在北线发起全力突击，即"增压行动"（Operation Supercharge）。

这场行动开始于 11 月 2 日凌晨 1:00，采用了此时英军已经习惯的模式：持续七个小时的空袭和三个小时的无情炮击。接着三个完整的装甲师与新西兰师的步兵联手，在位于箱型雷区 J 的西北角的 28 高地两侧发起突击。两路大军在高爆炮弹组成的钢铁幕墙背后徐徐前进，侧翼还有厚厚的人造烟幕掩护。原计划要求他们向西北方向进攻并突破至海岸公路，但由于情报显示当地有第 90 轻装师的主力，蒙哥马利又将进攻方向改到西南。据德国官方正史记载，英军装甲部队在短时间内连续打垮了第155团（第90轻装师）、意大利狙击兵团一部、意大利第65步兵团（"的里雅斯特"师）和德国第155掷弹兵团（第15装甲师）的一个营。[51]

接下来的两天里充满了戏剧性的事件，从情感的角度讲，恰如其分地将这片战场上持续18个月的战斗推向了高潮。在11月2日，隆美尔将意大利第20（摩托化）军和"公羊"装甲师调往北线。南线的防御此时只能依靠第10军那几个虚弱的步兵师了：它们毫无机动能力，几乎断了补给，而且陆续有逃兵溜出阵地逃向后方。非洲军可以作战的坦克下降到区区30辆，已经再也无力独自支撑北线的危局。非洲装甲集团军到了崩溃的边缘，隆美尔已经开始将一部分部队撤下阵地，准备开始撤退。

但是他刚刚发布开始撤退的命令，指挥部里就炸响了另一种形式的炸弹。在下午1:30，希特勒发来一道命令，断然禁止任何撤退，连战术撤退也不例外。他命令非洲装甲集团军"坚守阵地，不得后退一步，把能抽调的每一门大炮、每一个士兵都投入战斗"。这道命令还宣称，"虽然敌人占有优势，但其力量必然也已枯竭。强者战胜比自己规模更大的敌军在历史上早有先例。但是你必须向你的部下指出，出路只有一条，不是通向胜利，就是通向死亡。"[52]

于是隆美尔中途停止了他的撤退，而我们可以认为这一事件标志着非洲装甲集团军的崩溃。虽不在撤退中但肯定没有做好迎击敌军准备的非洲军于11月4日下午在曼斯弗拉山（Tel el Mansfra）遭到英国第1装甲师猛攻，猝不及防之下损失惨重，第15装甲师右翼被冲散，第21装甲师的残部被粉碎。到了这个时候，这两支部队只是徒有"装甲师"之名；第21装甲师只剩20辆可以作战的坦克，而且在接下来的两天里被逐一击毁。在第1装甲师左侧，英国第7装甲师横扫了已经处于崩溃晚期的意大利第20（摩托化）军。在南面，"博洛尼亚"步兵师本来已经按照原先的命令开始撤退，而在11月3日，它要么就是来不及翻译，要么就是故意无视了坚守阵地的命令。当天晚上，该师军官曾经试图将部队带回防线，但是毫无结果，全师就这样土崩瓦解。在这个可怕的日子里，最后的打击落在了意大利"公羊"装甲师头上。该师因为燃油短缺，不得不分阶段北上。在11月3日它终于到达目的地，正赶上英国第8集团军突进的装甲洪流，被就地包围和歼灭。[53]这场战役就这样结束了。

　　这道坚守令很适合放在最后讨论。隆美尔声称自己接到命令时大吃一惊，他后来写道："我们都好像挨了当头一棒，这是我在非洲战争中第一次感到不知所措。"[54] 但是他肯定早已知道，此时像这样生硬的命令早已成为东线战场的常态。更何况，他以前肯定也听到过与这道命令类似的措辞。因为这正是 1940 年和 1941 年使他在德国家喻户晓的宣传运动的中心思想。按照最新的隆美尔传记的说法，纳粹的宣传机器一贯把他刻画为"意志坚强，而不太喜欢冷静算计的人"，他能够"战胜拥有物质优势的敌人，或者至少与他们势均力敌"。从这个意义上讲，他已经成为"国家社会主义军队领导的模范"。[55] 正是这种作为希特勒爱将的名望给这位元帅招来了众多军方同僚的憎恶，哈尔德曾愤怒地指责他在非洲"发疯了"，而约德尔更是在战后（在纽伦堡审判中）将整场北非战争蔑称为"隆美尔在北非的小小游猎"。[56]

　　事实上，这道坚守令代表了最根深蒂固的普鲁士—德国军事传统之一的最后挣扎：在追求胜利的道路上，把意志拔高到所有其他因素之上。从普鲁士军队创立之初——例如 1656 年它在华沙与瑞典军队联手战胜人数比它们多得多的波兰军队——它就是一支嘲笑概率论、轻视传统算计、无视数量对比的军队。[57] 腓特烈大帝毕生都是这样打仗的。如果他喜欢对胜率进行理智的计算，那么他生平的那些伟大战役一场都不会发生，更不用说打赢。霍恩弗里德贝格、罗斯巴赫、洛伊滕：大帝在这些辉煌的胜利中击败的都是拥有巨大数量优势、能调动比他多好多倍的资源的强敌。约克将军在 1813 年成功渡过易北河，为在莱比锡之役中击败拿破仑立下头功，但如果考虑到拿破仑掉过头来击溃他的可能性，那么这也是一次极其不理智的行动。如果伟大的毛奇在 1866 年采用了精打细算的思路，那么几乎可以肯定他的打法绝不会是兵分三路入侵波西米亚，每一路都与友军相隔很远，而且兵力都少于当面的奥地利北方集团军。

　　也许这些奇迹般的胜利确实都存在解释，有一些隐藏的因素使获胜的希望并不像表面上那么渺茫。但问题在于，普鲁士军队和后来的德意志军队都是这样看待自身历史的：在一系列以弱胜强的战斗中，最重要的获胜因素就是指挥官坚强不屈的意志。而隆美尔在 1942 年 11 月 3 日接到坚守令时却表现出对这一理念的抗拒，还称那天是"历史上最值得纪念的日子之一"。[58] 此举不仅暴露了他对普鲁士历史的无知（不难理解，毕竟他是个符腾堡人），也给德国军事史最古老的传统画上了终止符。这支军队并未改变，但是隆美尔却变了。在西方盟国势不可挡的标志性力量，也就是昼夜不停的空袭下，他感到很无奈。他看到了训练有素、身经百战的士兵在空袭影响下惊恐地逃散。他看到了不需要担心下一批炮弹从何而来的炮兵进行连续七小时的狂轰滥炸能起到什么效果。北非标志着一个新时代的到来：立足于个人技艺、传统精神和旧时技术的德式兵法第一次遭遇了新型的对手，后者诞生于由工业化大生产和对科技的无限信心组成的不同母体。在阿拉曼，德式兵法落入机器之神的巨掌中无力挣脱。

苏式兵法：天王星行动的策划

希特勒给隆美尔的坚守令墨迹未干，苏联红军就发起了整场战争中对国防军打击最沉重的作战：天王星行动，也就是在斯大林格勒南北两翼的大反攻。[59] 正如阿拉曼战役让国防军遇到了一种它无法有效破解的战争方式，苏军在斯大林格勒的反攻也是如此。在这里，同样有一种独特的作战文化在起作用。苏联红军是新旧元素的奇特混合体。它的第一批指挥官有许多来自沙俄的旧军队。它还继承了两条互相独立的作战传统，而此两者都源于这个国家巨大的国土面积。其一是按照 1916 年布鲁西洛夫攻势的样式，以大量步兵部队在几个互不相连的地段实施宽广正面的进攻。与此同时，还有一条更强调机动的纵深打击传统，即将长途奔袭的骑兵作为游击军来使用。[60]

但是红军在这些旧传统之上又叠加了几种新的传统。间战时期是苏俄军事思想极为活跃的时代，因为革命既为新思想的出现扫清了障碍，也为图哈切夫斯基元帅（Marshal M. N. Tukhachevsky）和伊塞尔森（G. S. Isserson）等少壮派的上升创造了条件。他们根据布尔什维克在俄国内战中的经验总结出了一套新的思想：强调进攻作战重于防守；对新技术持开放态度；而其中最重要的可能是一种"连续作战"的理论。这种理论认为现代军队规模太大、承受打击的能力也太强，像拿破仑或毛奇那样通过一场大决战就将其歼灭是不可能的。因此必须通过接二连三的一系列大规模进攻作战来打击敌人。[61] 图哈切夫斯基的设想是，运用由步兵、坦克、炮兵混编而成的强大"突击集群"在极为狭窄的正面取得突破。然后具有高机动性的装甲和骑兵集群作为第二波和第三波（梯队）应该向着敌人后方地域的纵深发展，在空军和空降兵部队的支援下，不断朝突破方向投入新的生力军。这是一种新的军事学说，是一种强调机动但又要求严密组织的设想，它的名字是"大纵深战役"。也许最为重要的是，伊塞尔森作为 20 世纪 30 年代伏龙芝军事学院中的创新旗手之一，提出了将大纵深战役与连续作战这两种理念结合起来："未来的大纵深作战将不会表现为一系列间断作战中的单一环节，而是表现为贯穿所有军事活动的连续系列。"[62]

在那之后，大纵深战役理论历经几度沉浮。图哈切夫斯基因为与斯大林发生了冲突，最终和红军的很大一部分高级军官一起消失在大清洗中。而在战争的头六个月，这支军队在国防军的打击下溃不成军，但最终奇迹般地熬过了那段可怕的时期。最高统帅部大本营在 1942 年 1 月发布的第 3 号指令重拾了图哈切夫斯基和伊塞尔森的思想，但除了 5 月在哈尔科夫那次灾难性的进攻之外，它们还没有得到过真正的试验。在那次惨败之后，红军大多数时间都在忙着逃跑，后来才通过防守站稳脚跟。它还没有发动过任何意义上的大规模攻势。

以朱可夫为代表的指挥员们将会发现，他们的新学说很少能像理论上那样顺利地贯彻。苏联红军几乎从未达到过指令中所要求的集中程度。不过，在历次战役中的兵力数字还是够惊人的。以斯大林格勒反攻为例，西南方面军在其前线上不到 10% 的地段集中了一半的步兵师、全部坦克军和骑兵军、85% 的炮兵，以及全部的火箭炮兵和航空兵。按身管计，进攻地段的火炮密度达到了每千米 70 门。方面军的突击部队是罗曼年科将军（General P. L. Romanenko）指挥的第 5 坦克集团军，部署在 35 千米宽的正面上。其中 25 千米的地段仅由两个步兵师负责防守。在第 5 坦克集团军宽仅十千米的主要突击方向上，部署了前后各两个步兵师组成的第一梯队，以及由一个坦克旅和两个坦克军组成的第二梯队，还有一个骑兵军担任预备队。[63] 这就是苏军作战艺术的新面貌：强大的兵力成梯次配置，准备实施突破、发展和纵深发展。

当然，为了增加成功概率，苏军集结的这支庞大力量主要将矛头对准了罗马尼亚军队。天王星行动的计划是针对异乎寻常的作战态势制定的。费多尔·冯·鲍克元帅最早提到的德军攻势拆分（Aufspaltung）产生了荒诞的结果。德军的两路攻击箭头都深深陷入苏联腹地，一路在斯大林格勒，另一路则远在高加索。在这些攻击箭头的侧翼，部署着轴心阵营的卫星国部队。从沃罗涅日到斯大林格勒有很长的路程，但是如果读者在 1942 年 11 月去实地走一走，会发现一路上的德国人像珍稀动物一样罕见，而且基本上见不到任何德国主力部队。在这一作战地段，自左至右依次是古斯塔夫·冯·亚尼将军指挥的匈牙利第 2 集团军、伊塔洛·加里博尔迪将军指挥的意大利第 8 集团军和彼得·杜米特雷斯库将军指挥的罗马尼亚第3集团军。[64] 罗马尼亚人防守的前线几乎有160千米长，"战术态势很不利，基本没有改善，而且几乎得不到掩护"。德国第4装甲集团军右侧的态势则更糟。由康斯坦丁·康斯坦丁内斯库将军（General Constantin Constantinescu）指挥的罗马尼亚第4集团军在这里置身于一马平川的卡尔梅克草原中，没有任何天险可以依托。它把守的阵地越是深入草原腹地就越显稀疏，最后干脆消失无踪。整条前线上有许多地段根本没有成建制的单位，只有少数侦察部队，有些师的防守正面宽达80千米。整个集团军只有34门重型反坦克炮。[65]

这些卫星国军队都有一些吃苦耐劳的士兵和能干的指挥官，在战况顺利时，它们或许都能够承担静态防御任务。[66] 但截至此时，经历了几个月漫长而艰苦的会战，用一位专家的话来说，它们已经彻底成为"残破之师"。[67] 由于严重缺乏机动车、火炮和反坦克武器，而且仅拥有最低限度的航空力量，它们完全不适合承担国防军强加的重任。"指挥罗马尼亚部队的德国指挥机关必须接受一个令人不快的事实：敌人只要以中等强度的火力实施打击，即使不发动进攻，也足以使这些部队后退"，霍特将军在9月30日这样写道，而他的这个评价似乎很公道。[68] 为了改善这一状况，德军总司令部采取了一些三心二意的举措，利用未直接参与前线战斗的官兵组建了所谓的应急部队（Alarmeinheiten），让他们准备"在战况不利时履行辅助义务"，这里说的就是在某个卫星国的军队被苏军突破时。德国空军新组建的训练水平低下、装备聊胜于无的"野战师"也开始赶赴这一战区。[69]

总司令部更重要的一个举措是将费迪南德·海姆将军（General Ferdinand Heim）指挥的第48装甲军部署在罗马尼亚第3集团军身后。这个军提供了一道理论上的保险，但是它和此时德军的许多装甲部队一样，实际上基本没有装甲力量。虽然下辖德国第22装甲师、罗马尼亚第1装甲师和德国第14装甲师一部，但全军只能勉强凑出一个团的坦克。以第22装甲师为例，整个师只有45辆坦克，而且大部分是轻型的。它一直在担任预备队，因此连续几个星期都没有得到燃油供应，只能困守在驻地。读者如果住在北方，曾经在冬天尝试过发动汽车，一定会对该部迎击苏军突破时遭遇的困境感到同情。[70] 罗马尼亚第1装甲师的窘况则犹有过之；它总共只有40辆坦克，而且全都是捷克生产的老旧车型。

苏军的作战计划相当简单。两路大军将在斯大林格勒北侧和南侧发动钳形攻势，相向对进，会师于顿河畔，从而包围德国第6集团军，可能的话还要包围第

4 装甲集团军的一部分。[71]虽然红军此时正在复兴大纵深作战，但这一战它并不打算走得那么远。负责北路突击的是瓦图京将军（General N. F. Vatutin）指挥的西南方面军。他手上有两个集团军，即罗曼年科的第 5 坦克集团军和奇斯佳科夫将军（General I. M. Chistiakov）指挥的第 21 集团军，它们并排部署在顿河对岸，分别位于绥拉菲摩维奇和克列茨卡亚桥头堡。一旦它们的步兵突击集群撕开罗马尼亚第 3 集团军的薄弱防线，机动部队就将通过突破口进入敌后。随后第 1 坦克军和第 26 坦克军（隶属于第 5 坦克集团军）以及第 4 坦克军和近卫第 3 骑兵军（隶属于第 21 集团军）将立即转向东南，向着顿河前进，从北面和西面包围斯大林格勒。最后的一支机动部队（隶属于第 5 坦克集团军的第 8 骑兵军）将与主力分离，向西南方挺进，从而保护新形成的包围圈，组织敌人的解围尝试。南路突击部队将是叶廖缅科将军（General A. I. Eremenko）指挥的斯大林格勒方面军。在这里，苏联第 51 集团军和第 57 集团军将突破罗马尼亚第 4 集团军的防线。机动部队（第 13 坦克军和第 4 机械化军）将向右（西北方向）急转，与从北方南下的第 5 坦克集团军会合。两路大军的会师地点将是顿河畔的卡拉奇镇。最后的一个骑兵军（第 4 骑兵军）将在这一地段为包围圈提供外层保护。

　　战争中从来没有确定的事，天王星行动也远不像史书所写，从一开始结局就已注定。德军就在这一地区遇到了太多的困难：人力物力贫乏，公路运输效率低下，而铁路运输几乎是空白。苏军也只能依靠两条单线铁路满足参加此战的三个方面军（西南方面军、斯大林格勒方面军和在这两者之间的顿河方面军）的需求。这意味着苏军遇到的困难之一是部分参战部队不得不行军 200 到 280 千米赶赴战场。[72]作战时间表非常苛刻。虽然红军对于在两条战线上歼灭罗马尼亚军队信心十足，但实际上花费的时间大大长于原计划。天王星行动计划要求第 5 坦克集团军（西南方面军）在行动开始后的第 3 天完成 110 千米的进军，到达卡拉奇；第 4 机械化军（斯大林格勒方面军）只需要推进 80 千米，但是它只有两天时间。而且由于进军距离不一，两路作战的开始时间不得不错开，也就是说西南方面军要比友军提前一天发动进攻。

　　当天王星行动最终发动时，德军总司令部对它丝毫不感意外。如今人们都对苏军的 маскировка（伪装）技巧津津乐道：假冒的电台发出大量通信，预备队在不具决定性的地段穿梭往返，造成正在准备进攻的假象，而真正的行动细节就连突击部队也要到最后一刻才能知道。但这些技巧这一次似乎都没有起到多大作用。任何一个德国军官都明白，在长长的顿河侧翼随时可能爆发危险。希特勒和哈尔德早在 8 月就讨论过这一点，并提到了俄国内战期间斯大林在顿河下游战斗中表现出的指挥艺术。苏军的准备工作是显而易见的，也被德军记录在案。[73] 但是在这个战例中，预先的警告似乎并没有转化成预先的准备，国防军基本上没有针对苏军可能的进攻采取任何预防措施。

这个问题在很大程度上是此时德军深陷斯大林格勒泥潭的事实造成的。就在苏军进攻的前夜，保卢斯还筹划着在这座城市里继续进攻。也许当时在德军总司令部里，包括希特勒在内的所有人都有某种听天由命的想法，认为眼下只能走一步算一步。不过德军之所以缺乏针对性准备，还有另一个原因：此时他们的选择已经很有限了。国防军究竟能如何应对这种威胁？从第六集团军抽调更多步兵部署到侧翼吗？根本抽不出来。从斯大林格勒全面撤退吗？不要说在政治上不可能，考虑到第六集团军此时有限的机动能力，这样的行动执行起来要比大多数人想象的难得多。把机动部队解放出来，准备打一场机动战吗？仅存的燃油连进行战术机动都勉强。也许面对某些作战态势，根本就没有什么办法。

天王星行动：斯大林格勒包围圈的形成

11 月 19 日早晨 5:00，苏军的反攻以对罗马尼亚第 3 集团军的全线大规模炮击拉开序幕。[74]50 分钟以后，西南方面军位于右翼的第 5 坦克集团军一部和位于左翼的第 21 集团军一部分别从各自在顿河对岸的桥头堡杀出。短短几个小时内，它们就将罗马尼亚第 3 集团军的前线冲得七零八落。第 5 坦克集团军的进攻矛头指向博利绍伊（Bolshoi）镇，径直冲进了罗马尼亚第 2 军（第 9 步兵师和第 14 步兵师分居左右，第 7 骑兵师担任预备队）防区的心脏地带。步兵的第一波冲击就撕开了罗军前沿阵地上两个师的结合部。很快这两个师就在一片混乱中丢下阵地逃跑，第 5 坦克集团军的机动部队（第 1 坦克军和第 26 坦克军）通过突击步兵打开的缺口长驱直入，横扫了罗军的炮兵阵地。到了夜里，罗马尼亚第 2 军原来的防线上已经出现一个宽 19 千米、纵深 32 千米的大口子。

第 21 集团军也取得了类似的成功，它从克列茨卡亚桥头堡迅猛出击，撕开了罗马尼亚第 4 军（第 13 步兵师和第 1 骑兵师分居左右，第 15 步兵师担任预备队）的防线，并同样在午饭时间前冲进了罗军的炮兵阵地。罗马尼亚第 15 师为封闭突破口发动的反击毫无效果。而在第 2 军和第 4 军之间，倒霉的罗马尼亚第

5 军陷入了苏军两个集团军的合围。包围圈中的罗军还包括两翼被打垮的部队的残部，它们在罗马尼亚第 6 步兵师师长米哈伊尔·拉斯克尔将军（General Mihail Lascar）的有力领导下，坚持了数日之久。当"拉斯克尔集团"在 11 月 23 日最终投降时，苏军俘虏了大约 27000 人，但包围圈中还是有一些部队成功向南突围。

　　虽然在苏军进攻之初遭受打击的主要是罗马尼亚人，但德军也难以做出有效的应对。在两个遭到苏军进攻的地段，德国空军都因为天气恶劣而无法出动，这个因素对苏军快速攻击得手起了不小的作用。当天德军唯一真正的行动是由在罗马尼亚第 3 集团军身后担任预备队的第 48 装甲军实施的。[75] 该军的军长海姆将军很早就意识到了敌方这次进攻的严重性。最初的报告都强调来自克列茨卡亚桥头堡的苏军威胁很大，因此到了上午 9:30，他已经决定向西北发起反击，以封闭突破口。命令在上午 10:35 传达到他手下的各师。就在部队刚刚开始机动时，从集团军群司令部又传来了新的命令。这些命令指出苏军的主要突击是在西北方的博利绍伊附近，并非常正确地指示他对此进行反制。海姆尽责地改变了自己的前进方向，为此他实施了一个艰难的左转弯，却导致两个师在这片几乎没有道路的荒凉地带分道扬镳。他的这个军本来就在协同上存在严重问题（因为是一个德国装甲师和一个罗马尼亚装甲师搭档），又几乎没有任何燃油储备，经过这一折腾，两个师走上了两个不同的方向。海姆只能掌握他的德国师，而罗马尼亚第 1 装甲师直接从他的态势地图上消失了。他失去了与这个师的无线电联系，而且几经努力都无法恢复。德方资料倾向于将这个问题归结为罗马尼亚人缺乏战斗精神；罗方则强调恶劣的天气条件。客观来看，两种因素的影响可能兼而有之。

　　第 48 装甲军按时出发，在结冰的道路上一步一滑地前进。到了夜幕降临时，两个师都遭到第 5 坦克集团军集中兵力的大举猛攻。由于苏军坦克楔入两个师之间并迂回到侧翼，此时两个师都面临被包围的严重危险。在第二天，也就是 11 月 20 日，它们全天都在奋力抵挡苏军坦克的反复攻击，直到入夜时才冲破阻拦向南突围。

　　任何读者如果一直看到这里，基本上都可以猜到该部接下来会采取的行动，但恰在此时（晚上 10:00），新的命令又传到第 48 装甲军的指挥部：立即再次向北进发，解救位于顿河沿岸拉斯波平斯卡亚（Raspopinskaya）附近包围圈中的拉斯克尔集团。11 月 21 日清晨，该部刚刚上路就遇到了不久前才被它摆脱的敌军坦克部队，不得不再一次面临被包围的危险。而到了这个时候，它的燃油已经基

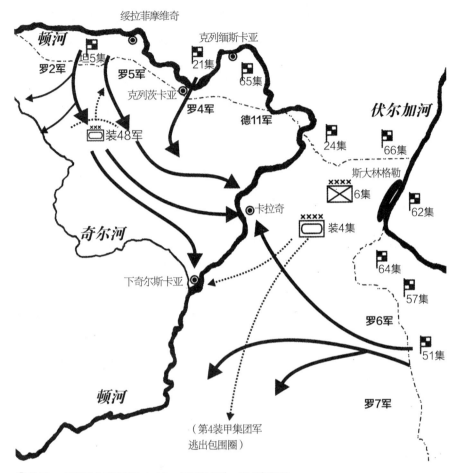

● 地图15. 国防军之折戟沉沙（二）：天王星行动，1942年11月。

本耗尽。此后从希特勒指挥部发来的电报时而要它北上，时而要它朝东北方向前进，时而又命令它就地坚守。直到11月26日，它的两个师才成功会合，然后且战且退，回到安全的奇尔河西岸。有一位德国军官因此发出了令人很难反驳的哀叹，"顿河沿岸的预备队被毫无意义地消耗掉了。"[76]

　　苏军进攻的消息显然对斯大林格勒城内的第6集团军并未产生什么影响。顿河畔的博利绍伊与它相距遥远，集团军司令部早已习惯此类警报，认为当地的罗马尼亚军队和（或）预备队一定会处理。但是，B集团军群的司令魏克斯将军关注的是更大地域的态势地图，他立刻认识到了问题的严重性。于是他命令保卢斯从斯大林格勒的战斗中抽调机动部队，让它们快速赶往西方应对苏军的突破。从理论上讲，这道命令应该能调动一支强大的力量：第 3 摩托化步兵师、第 60 摩托化步兵师、第 14 装甲师、第 16 装甲师和第 24 装甲师。但是第 6 集团军的指挥部只要研究一下实情就会明白，燃油短缺使这些机动部队无一能够及时干预受威胁地区的战局——换句话说，在三四天内绝不可能赶到。[77] 倒霉的是，战局的恶化速度远比这要快。在接下来的两天里，苏军两个集团军的机动部队全力急进，径直扑向东南方向的卡拉奇。在第一天完成突破后，它们就加大油门并换到高速档，一路上只遭遇了微弱的抵抗。它们平均每天推进 56 千米（一些部队甚至达到 64 千米），并简单地绕过任何潜在的抵抗据点，在 11 月 22 日就到达了卡拉奇近郊。与此同时，第 8 骑兵军也成功扫清西边的奇尔河一线，为计划中的斯大林格勒包围圈的外层打好了基础。这次进军过程肯定大大出乎第 8 骑兵军的意料。这片地区大致位于斯大林格勒德军部队后方 180 千米，但是除了军需仓库、医院、地图仓库等通常该有的后方设施外，却没有多少敌军部队。

斯大林格勒方面军也以类似的方式在南线完成了突破。他们比友军晚一天发起进攻，轻而易举就冲破了罗马尼亚第 4 集团军的防守。在苏军进攻中首当其冲的是罗马尼亚第 6 军，它只有五个兵力空虚的步兵师，而且分散在长而单薄的防线上。该部防区位于别克托夫卡（Beketovka）以南，当地有一连串水深不大的湖泊，但它们基本上没能令第 51 集团军 [司令员是特鲁法诺夫将军（General N. I. Trufanov）] 和第 57 集团军 [司令员是托尔布欣将军（General F. I. Tolbukhin）] 的前进步伐减慢分毫。在这一地段的作战中，苏军同样进行了排山倒海的火力准备，同样以步兵突击集群实施最初的突击，也同样以强大的机械化第二梯队向纵深发展。进攻开始于早晨 6:00，几个小时之内，罗马尼亚第 6 军防线中央的两个步兵师：左侧的第 18 师和右侧的第 1 师的结合部就被突破。苏军在这一地段先是朝着正西方向进攻，在坦克部队到达普洛多维托耶（Plodovitoe）后，就立即向右急转。此时苏联第 4 机械化军通过突破口，扫荡了罗军的炮兵，然后转到西北方向，朝卡拉奇进发。与此同时，第 4 骑兵军与主力分离，朝西南方向前进，形成包围圈的外层。

由于这一地段没有德军的主力部队，苏军在这里遇到的抵抗比北线还少。理论上讲，罗马尼亚第 4 集团军是归德国第 4 装甲集团军指挥的。但是此时霍特的集团军处境也很凄惨。它下属的部队包括三个军：两个罗马尼亚军和一个德国军（第4军）；后者下辖三个师，但其中一个也是罗马尼亚师（第20步兵师）。霍特还有两个摩托化师：第29师和第16师，然而此时它们已经算不上真正的摩托化部队，两者合计能够出动的坦克可能只有20辆。他的第4装甲集团军已经连一个装甲师都没有了。

在接下来的两天里，这条战线上发生连番大战，但几乎所有战斗都是苏军主动进攻。德军的部队不是被牵制在斯大林格勒城内，就是因为燃油不足只能缓慢机动。在11月22日，苏联第5坦克集团军的前锋——第26坦克军开到了卡拉奇。鉴于德军如果成功爆破至关重要的顿河公路桥，将会严重影响苏军的作战时间表，第26坦克军的军长罗金将军（General A. G. Rodin）向城中派出一支小规模先遣队：以区区五辆T-34坦克为首的两个摩托化步兵连。它们亮着大灯进入卡拉奇，冲向公路桥，不等被搞糊涂的德国守军反应过来就完成了夺桥任务。第二天，第26坦克军的先头部队一路南下，与北上的第4机械化军在卡尔波夫卡河畔会师，正式封闭了斯大林格勒包围圈。巧的是，这一重大事件就发生在一个名叫苏维埃茨基（Sovietsky）的小村。

斯大林格勒城中的德国第6集团军陷入了严重的困境。保卢斯在11月22日晚上给B集团军群的报告中使用了"被包围"（eingeschlossen）一词[78]，不过此时对于该集团军是否确实被包围还存在一些争议。但它无疑是被周围的敌人困住（umstellt）了。[79] 对于该集团军接下来该如何行动，德军内部同样意见不一，但希特勒在当天发给保卢斯的两份电报终结了争议：第6集团军应该留在原地。[80]几天之内，它就建立起一条面朝西方的防线，与原来朝向东方的防线并存。按照德军的惯用说法，它摆出了一个"刺猬阵"，此时它开始考虑自己所能选择的方案：第一种选择是尝试从包围圈内部向外突围，第二种选择是让外部友军发起进攻来解围，而它自己需要冒险依靠空运获得补给。

终结：冬季风暴

这两种选择都不是特别理想。除了保卢斯的21个师（在战役开始时有315000人，不过此时人数已经大大下降）外，在斯大林格勒包围圈里还有一大批人员众多的其他部队：一个集团军部和五个军部；第4装甲集团军的相当一部分部队（属于该集团军的德国第4军和第29摩托化师）；两个完整的罗马尼亚师；

一支克罗地亚部队（第 369 加强步兵团）；至少 149 个独立单位，包括集团军直属炮兵分队、工程营和治安部队；最后，还有大约 2 万名为第 6 集团军做杂役的苏联平民"志愿者"（Hilfswilligen），他们肯定清楚，如果包围圈被清除，自己落到内务人民委员部手里会有什么下场。此外，还有一个人值得一提：保卢斯将军本人，他可能是唯一乘飞机进入包围圈并留在其中的德国将军，而 11 月 22 日他还在下奇尔斯卡亚的指挥部里。

　　苏方策划者本来只打算包围 9 万左右的敌人，但这个包围圈中的敌军规模大大超过了他们的预想，也使得德方指挥人员所能选择的对策方案立刻被一一排除。突围是国防军领导层的第一选择，支持它的人有：总参谋长库尔特·蔡茨勒将军；保卢斯本人；里希特霍芬将军和德国空军的其他得力干将；[81] 包围圈中第 51 军性如烈火的军长塞德利茨将军。[82] 当时塞德利茨把自己手下的师级指挥官召集起来，告诉他们眼前只有两个选择。这一仗"不是布热济内（Brzeziny）就是坎尼"。[83] 撰写于 1955 年的德方第一部关于此战的战役研究著作推荐这一选择，而至今关于此战的文献也时常附和其意见。[84] 但是，突围行动的难度要大大超过许多分析家的设想。第 6 集团军几乎所有的战斗力量都深陷于斯大林格勒城中，而且该集团军的补给、燃油和运输状况也到了灾难的边缘。[85] 例如，保卢斯早就将第 6 集团军的运输主力——军马送到了别处。更何况，还有两个举足轻重的大人物出言反对突围尝试：一个是希特勒，另一个特别关键，因为他打破了职业军人清一色支持突围的局面，此人就是刚刚走马上任的战区指挥官埃里希·冯·曼斯坦因元帅。[86]

　　由于以上所有原因，突围方案很快就让位于攻势解围方案，而包围圈中的部队将要依靠空运坚持到陆地走廊打通为止。然而，很快就有许多困难暴露出来。根据第 6 集团军指挥部在 12 月 18 日提交的一份报告，被围部队的就餐人数是 246000 人。在当时，全世界没有一支空军拥有每天为 25 万人运送足够口粮的空运能力，更不用说给一支现代化军队提供持续抗击 360 度全方位进逼的敌人所需的弹药和备用零件。而恰好在这个时候，国防军还在紧急将部队空运到北非，以加强希特勒所承诺的"突尼斯桥头堡"。因此，一向宝贵的空运资源变得比以往任何时候更为稀缺。而且，由于苏军新发起的攻势使前线不断后退，德国空军又不得不放弃一个又一个机场，到包围圈的往返航程也相应延长，从 320 千米增加到 800 千米以上。在进攻包围圈的苏军攻占皮托姆尼克（Pitomnik）、古姆拉克（Gumrak）和斯大林格勒斯基（Stalingradskiy）的机场之后，继续实施空运的德国空军只能改为空投货物。空运行动自始至终缺少足够的战斗机掩护，因此在苏军飞机攻击下损失惨重。根据一份苏方资料，德军在空运期间损失了 672 架 Ju-52 运输机；[87] 德方给出的数字则是 266 架。[88] 无论采信哪一方的数据，抑或折中考虑，都可认为德国空军在斯大林格勒也遭遇了一场大败。即便是较低的德方数字，也占了德国空军运输机总数的三分之一。总而言之，空运的物资数量是不断缩水的。第 6 集团军每天需要的物资至少是 500 到 750 吨。[89] 而德国空军总司令赫尔曼·戈林或空军参谋长汉斯·耶顺内克将军（General Hans Jeschonnek）许诺的是 350 吨左右。[90] 总参谋长蔡茨勒称这一许诺是"吹牛"[91]，里希特霍芬则警告说，每日的空运量很难达到 300 吨。[92] 而在包围战期间，实际的空运量仅仅是每天 117 吨出头。[93]

如果国防军能够快速发起解围行动的话，就算是这点数量可能也足够了。在 11 月下旬，德军总司令部解散了 B 集团军群，代之以新组建的顿河集团军群。希特勒指定的司令人选是全军最有作战天赋的指挥官之一埃里希·冯·曼斯坦因元帅，在战争头三年一次又一次证明了自己的悍将。但即便是曼斯坦因也难为无米之炊，无法依靠总司令部当作援军提供给他的杂牌应急部队和空军野战师发起解围攻势。当地唯一真正的战役预备队是第 48 装甲军，但它已经在天王星行动的最初几天因为苏方的打击和德方的优柔寡断而变得残破不堪。

从这一事实足以看出德军在这片战场上的战斗力量下降到了何种地步：为了实施代号为"冬季风暴"（Wintergewitter）的解围攻势，曼斯坦因找遍整个国防军也只能凑出一个仅包含两个师的军。[94] 这个军就是弗里德里希·基希纳将军（General Friedrich Kirchner）指挥的第 57 装甲军。该军被编入第 4 装甲集团军，于 12 月初集结在斯大林格勒西南约 145 千米外的科捷利尼科沃（Kotelnikovo），而此时苏军已经大大收紧了对第 6 集团军的包围。该军下辖在高加索历经苦战、急需休整的第 23 装甲师，以及在法国提前结束休整、奉命开赴东线的第 6 装甲师。在当时当地，似乎没有一个负责人认为这支部队足以冒着敌军在正面的强大抵抗，而且不顾此时已司空见惯的侧翼暴露风险推进 145 千米。有人建议以第 17 装甲师（"霍利特独立集群"的一部分）作为第二路突击部队，在行动开始后渡过顿河发起助攻，打击苏军的右翼纵深。但是苏军在奇尔河沿线施加的压力实在令人不安，因此这个师的参战很成问题。

这场进攻开始于 12 月 12 日，开局足够顺利。除了通常的战术变化外它并没有真正的突然性，也没有真正的机动可言。两个师沿着铁路线从科捷利尼科沃出发，径直奔向东北方，第 6 装甲师在铁路线左侧，第 23 装甲师在右侧。德军一开始就冲破了苏军防御阵地（右侧是第 302 步兵师，左侧是第 126 步兵师），当晚到达第一条河流防线（阿克赛河）。在全军经验最丰富、业务最精通的坦克指挥官之一艾哈德·劳斯将军（General Eberhard Raus）指挥下，第 6 装甲师一马当先，在战斗中一如既往地表现出色。[95] 但是，第 23 装甲师从一开始就充其量只能承担掩护侧翼的任务，毕竟它此时只有 30 辆坦克。

因此，在充满希望的开局之后，德军的前进速度就不出意料地减慢了。苏军迅速将以近卫第 2 集团军为主的援军调至这一地段，而且在德军进攻的第二天就开始重拳打击突破部队的侧翼。在苏军两个完整的机械化军参战（第 4 机械化军在右，第 13 机械化军在左）的情况下，上库姆斯基（Verchne Kumskiy）村一带发生了持续近一个星期的激烈阵地战。这种战斗正是缺乏步兵的德军部队特别不擅长的。随着天气由好转差，德军部队不得不在战斗中时刻关心油量计，而苏军的抵抗也非常激烈。就在第 6 装甲师缓慢推进时，第 23 装甲师位于阿克赛河沿岸的桥头堡在 12 月 17 日几乎失守。第 17 装甲师于 18 日加入战团，出现在第 6 装甲师左侧，并帮助后者在次日突破了上库姆斯基阵地。此时德军坦克继续北上，前进至下一条河流防线（米什科瓦河），但是已无法将大量兵力送到河对岸。

虽然此时"冬季风暴"已经吹到距斯大林格勒只有 55 千米的地方，但是它也已经耗尽了能量。苏军的兵力一天天增强，德军的损失飞速上升，而强大的装甲反击使德军突破部队的两翼都受到威胁。几天以后（12 月 23 日），将第 6 装甲师调至北方的决定宣告了冬季风暴行动的结果。有些人认为这个决定浪费了挽救斯大林格勒德军的最后机会，劳斯无疑就持这种看法，但事实上德军别无选择。[96] 他和他的坦克需要去北方处理新的紧急事态：又一支卫星国部队（意大利第 8 集团军）在苏军代号为"小土星"的作战行动中土崩瓦解。

苏联红军终于扭转了战局。三年来，德国国防军就像一个严厉的教师，给邻国军队上了几十堂违背自己意愿的运动战课，并且给几乎所有学生打出了不及格的分数。此时，"这位教师"却突然发现自己也需要进学校修习了。这所学校里没有选修课，事实上也不能选择课程或专业。和许多新生一样，"这位教师"也感到自己很难跟上教授的进度。这是一个由苏联军队率先开拓的陌生研究领域，在国防军眼里全都是莫名其妙的内容。它叫做"连续作战"。

注释

1. 有关克劳塞维茨思想的最佳简介，可参见彼得·帕雷特的两篇文章：《克劳塞维茨与19世纪》（Clausewitz and the Nineteenth Century），收录于迈克尔·霍华德编，《战争的理论与实践》（The Theory and Practice of War, 布卢明顿：Indiana University Press, 1965年），第21—42页；和《克劳塞维茨》（Clausewitz），收录于彼得·帕雷特编，《从马基雅维利到核能时代的现代战略缔造者》（Makers of Modern Strategy From Machiavelli to the Nuclear Age, 普林斯顿：Princeton University Press, 1986年），第186—213页。虽然年代有些早，但仍然很有利用价值的是汉斯·罗特费尔斯（Hans Rothfels）著，《克劳塞维茨》（Clausewitz），收录于爱德华·米德·厄尔（Edward Mead Earle）编，《现代战略的缔造者：从马基雅维利到希特勒的军事思想》（Makers of Modern Strategy: Mili- tary Thought from Machiavelli to Hitler, 纽约：Atheneum, 1966年），第93—113页。最近一波研究克劳塞维茨的热潮发生在20世纪90年代初，毫无疑问是源于冷战突如其来的意外结束，以及对新的战略见解的需求。例如，可参见马丁·范克勒韦尔德著，《战争的转型》（The Transformation of War, 纽约：Free Press, 1991年）；阿扎·加特（Azar Gat）著，《军事思想的起源：从启蒙时代到克劳塞维茨》（The Origins of Military Thought: From the Enlightenment to Clausewitz, 牛津：Oxford University Press, 1992年）；以及彼得·帕雷特著，《理解战争：关于克劳塞维茨和军事强国历史的随笔集》（Understanding War: Essays on Clausewitz and the History of Military Power, 普林斯顿：Princeton University Press, 1992年）。另见布莱恩·沙利文（Brian R. Sullivan）著，《情报与反恐：克劳塞维茨式历史分析》（Intelligence and Counter-Terrorism: A Clausewitzian-Historical Analysis），《情报史杂志》（Journal of Intelligence History）第3辑，第1期（2003年）：第1—18页，该文直接将克劳塞维茨的思想运用于"9·11"事件后的大环境；以及乔恩·哲郎·隅田（Jon Tetsuro Sumida）著，《〈战争论〉中的历史与理论的关系：克劳塞维茨的理想及其意义》（The Relationship of History and Theory in On War: The Clausewitzian Ideal and its Implications），《军事历史期刊》第65辑，第2期（2001年4月）：第333—354页，他指出克劳塞维茨将历史与理论综合起来论述是有着重要目的的：帮助从未上过战场的军官"克服与关键作战决策相伴的道德两难，从而提高其从实际经验中学习的能力"。另请参见两部关于解读克劳塞维茨思想的问题的著作，克里斯托弗·巴斯福德（Christopher Bassford）著，《克劳塞维茨在英语世界：英国和美国对克劳塞维茨思想的接受，1815—1945》（Clausewitz in English: The Reception of Clausewitz in Britain and America, 1815‑1945, 牛津：Oxford University Press, 1994年）；和贝阿特丽策·霍伊泽尔（Beatrice Heuser）著，《读懂克劳塞维茨》（Reading Clausewitz, 纽约：Random House, 2002年）。有关克劳塞维茨与传统德国军事实践的关系的讨论，见罗伯特·奇蒂诺著，《德式兵法：从三十年战争到第三帝国》，第143—147页。

2. 《战争论》的标准英译本是迈克尔·霍华德和彼得·帕雷特译译的版本（普林斯顿：Princeton University Press, 1976年），其中包含了帕雷特、霍华德和伯纳德·布罗迪（Bernard Brodie）的推介短文。关于"Ibid., book 7, chap. 22, 566."，见第1篇，第7章，第119—121页。

3. 克劳塞维茨著，《战争论》，第2篇，第2章，第140页。

4. 出处同前，第6篇，第1章，第358页。

5. 出处同前，第1篇，第1章，第87页。

6. 出处同前，第7篇，第4章，"进攻力量的减弱"（The Diminishing Force of the Attack），第527页；第5章，"进攻的顶点"（The Culminating Point of the Attack）第28页；以及第22章，"胜利的顶点"（The Culminating Point of Victory），第566—573页。

7. 出处同前，第7篇，第22章，第566页。

8. 出处同前，第7篇，第22章，第567—568页。

9. 出处同前，第7篇，第22章，第568页。

10. 出处同前，第 7 篇，第 22 章，第 567 页。

11. 出处同前，第 7 篇，第 22 章，第 568—569 页。

12. 出处同前，第 7 篇，第 22 章，第 569 页。

13. 出处同前，第 7 篇，第 22 章，第 572—573 页。

14. 出处同前，第 7 篇，第 22 章，第 572 页。

15. 卡尔·瓦格纳著，《第 40 装甲军从哈尔科夫向高加索的进击，1942 年 7—8 月》，第 2 部分，《军事科学评论》第 5 辑，第 10 期（1959 年 10 月）：第 447—458 页。引文在第 458 页。

16. 伯纳德·劳·蒙哥马利著，《蒙哥马利元帅回忆录》，第 352 页。根据记录，他还说过，"我知道在许多人眼里我是个很讨厌的家伙。我认为这种看法很可能是正确的"（第 178 页）。

17. 最后一句的德语原文是"Denn die Panzer und Fahrzeuge beider Gegner standen gleich offen in der Wüste"，隆美尔著，《无恨之战》，第 239—240 页；另见隆美尔著，利德尔·哈特编，《隆美尔战时文件》，第 297—298 页，文字照例与前者有细微出入。

18. 蒙哥马利著，《蒙哥马利元帅回忆录》，第 116 页。关于阿拉曼战役的总体情况，还可参见吉尔·爱德华兹（Jill Edwards）编，《再论阿拉曼：阿拉曼战役及其历史意义》（Al-Alamein Revisited: The Battle of al-Alamein and Its Historical Implications，开罗：American University in Cairo，2000 年）。此书是 1998 年 5 月 2 日在开罗美国大学举办的座谈会的论文集，其中包括迈克尔·霍华德的简介文章《阿拉曼之战》（The Battle of al-Alamein），第 3—12 页，以及一些不可不读的优秀论文，如雷蒙多·卢拉吉（Raimondo Luraghi）著，《阿拉曼战役中的意大利军队："钢铁的大军，钢铁的心"》（Italian Forces at the Battle of al-Alamein: 'Ferrea Mole, Ferreo Cuore'），第 13—31 页；彼得·利德尔（Peter Liddle）著，《抢救关于北非战争经历的证言》（Rescuing the Testimony of the North Africa Campaign Experience），第 32—42 页。另见从德方视角对这场战役的全面分析，即托马斯·舍本（Thomas Scheben）著，《对 1941—1942 年北非战争的德方观点：立体的洲际战争》（The German Perspective of War in North Africa, 1940‑42: Three-dimensional, Intercontinental Warfare），第 55—98 页。

19. 蒙哥马利著，《蒙哥马利元帅回忆录》，第 116 页。要了解轻足行动备受争议的计划，尤其是蒙哥马利改变战斗结构的决定，见尼尔·巴尔著，《战争的钟摆：三次阿拉曼战役》，第 274—275 页。

20. 蒙哥马利著，《蒙哥马利元帅回忆录》，第 119 页。

21. 代号为"伯特伦行动"的欺骗计划是精心设计的，要了解各种细节，见蒙哥马利著，《蒙哥马利元帅回忆录》，第 121—122 页；迈克尔·卡弗著，《阿拉曼》，第 93—95 页；道格拉斯·波尔奇著，《胜利之路：第二次世界大战中的地中海战场》，第 312—314 页；以及尼尔·巴尔著，《战争的钟摆：三次阿拉曼战役》，第 299—301 页，他援引了一份英方文件，其大意是伯特伦行动是"军事史上无与伦比的"一次欺骗行动。不过，在各种文献中都找不到什么证据能证明它对战役本身的进程产生了重大影响。

22. 见蒙哥马利在 10 月 19 日向第 13 军及第 30 军、10 月 20 日向第 10 军的军官们交代任务时使用的笔记，蒙哥马利著，《蒙哥马利元帅回忆录》，第 127 页。

23. 波尔奇著，《胜利之路》，第 300 页："他（蒙哥马利）对条顿式军事组织做出的一种妥协便是将三个装甲师和一个步兵师编成被他称为 corps de chasse 的部队，并给它们装备罗斯福赠送的美制'谢尔曼'式坦克"，这一创新之举"显然是受到了非洲军的启发"。

24. 要了解英军在第一次世界大战期间缓慢而痛苦、但最终取得成功的战术发展过程，请参见谢尔福德·比德韦尔（Shelford Bidwell）和多米尼克·格雷厄姆（Dominick Graham）著，《火力：1904—1945 年英国军队的武器和理论》（Fire-Power: British Army Weapons and Theories of War, 1904-1945，伦敦：Allen and Unwin，1982 年）；以及蒂姆·特拉弗斯（Tim Travers）的大量著作，包括《杀戮之地：英国军队、西线和现代战争的出现，1900—1918》（The Killing

Ground: The British Army, the Western Front, and the Emergence of Modern Warfare, 1900–1918, 伦敦 : Allen and Unwin, 1987 年);《1918 年西线英军战略和战术的演变 : 总司令部、人力和技术》(The Evolution of British Strategy and Tactics on the Western Front in 1918: GHQ, Manpower, and Technology),《军事历史期刊》第 54 辑, 第 2 期 (1990 年 4 月): 第 173—200 页 ;《1918 年的坦克能成为英国远征军的制胜法宝吗？》(Could the Tanks of 1918 Have Been War-Winners for the British Expeditionary Force?),《现代史杂志》第 27 辑, 第 3 期 (1992 年 7 月): 第 389—406 页 ;《战争是如何打赢的 : 1917—1918 年西线英国军队的指挥和技术》(How the War Was Won: Com- mand and Technology in the British Army on the Western Front, 1917-1918, 纽约 : Routledge, 1992 年); 以及《英国军队中的指挥和领导模式 : 1915 年加利波利模式》(Command and Leadership Styles in the British Army: The 1915 Gallipoli Model),《现代史杂志》第 29 辑, 第 3 期 (1994 年 7 月): 第 403—442 页。另见罗宾·普赖尔 (Robin Prior) 和特雷弗·威尔逊 (Trevor Wilson) 著,《帕斯尚德尔战役 : 不为人知的故事》(Passchendaele: The Untold Story, 康涅狄格州纽黑文 : Yale University Press, 1996 年), 第 197—198 页关于 "零敲碎打" 作战的讨论。

25. 他告诉与会的各国记者 : "如今我们距离亚历山大港和开罗只有一百千米, 而且已经控制了埃及的门户——并打算就此展开行动！(Heute stehen wir hundert Kilometer vor Alexandria und Kairo, und haben das Tor Ägyptens in der Hand—and zwar mit der Absicht, hier zu handeln!)"见拉尔夫·格奥尔格·罗伊特著,《隆美尔 : 一个传奇的终结》, 第 187 页。

26. 这一泄密事件使关于蓝色行动的计划文件落入苏军之手。见第 5 章第 2 节, "蓝色行动:策划"。按照德国官方正史的说法, 他是个 "被军事法庭定罪的人, 背负着很大压力, 为了自保必须在希特勒关注下证明自己" (kriegsgerichtlich Verurteilter unter dem Zwang, sich vor den Augen Hitlers bewähren zu müssen)。见德国官方正史, 德国军事历史研究所编纂,《德国与第二次世界大战》, 第 6 卷,《全球战争 : 战争的扩大和主动权的易手, 1941—1943》, 尤其是赖因哈德·施通普夫执笔的第 5 部分, "地中海的战争, 1942—1943 : 北非和地中海的作战行动"; 第 567—757 页。关于施图姆的引文在第 6 卷第 691 页。

27. 隆美尔著,《无恨之战》, 第 202—204 页 ; 隆美尔著,《隆美尔战时文件》, 第 266—267 页。

28. 隆美尔著,《无恨之战》, 第 202—204 页 ; 隆美尔著,《隆美尔战时文件》, 第 266—267 页。

29. 这句话可以在隆美尔著,《隆美尔战时文件》, 第 294 页找到, 但是在隆美尔著,《无恨之战》中却查不到 (如果有的话, 应该在第 236 页)。

30. 卡弗著,《阿拉曼》, 第 101 页。另见冯·梅林津著,《坦克战:第二次世界大战装甲兵运用研究》, 第 177 页。

31. 沃尔夫·黑克曼著,《隆美尔在非洲的战争》, 第 320 页给出了隆美尔的医生的诊断书 : "陆军元帅隆美尔有严重的低血压症状, 而且有晕厥发作的倾向。他目前的身体状况可归结于持续了相当长时间的胃肠疾病, 而最近几个星期过大的生理和心理压力又加重了病情, 更何况这里的气候条件对他的健康也很不利。"

32. 隆美尔著,《无恨之战》, 第 241 页 ; 隆美尔著,《隆美尔战时文件》, 第 298—299 页。

33. 要了解 Minekästen, 见德国官方正史, 施通普夫著,《地中海的战争》, 第 6 卷第 699 页;尼尔·巴尔著,《战争的钟摆 : 三次阿拉曼战役》, 第 276 页提供了轴心国地雷的精确数字 : 445358 枚。

34. 波尔奇著,《胜利之路》, 第 311 页。

35. 尼尔·巴尔著,《战争的钟摆 : 三次阿拉曼战役》, 第 305 页对施图姆的部署做出了比之前所有文献高得多的评价 : "非洲装甲集团军绝对不是一支坐以待毙的消极军队。"

36. 每一部第二次世界大战史都会提到阿拉曼战役, 其中约翰·基根著,《第二次世界大战》, 第 336—341 页的记述是简明扼要的典范。肯尼思·麦克西著,《坦克对坦克:图说 20 世纪装甲战斗》(Tank

Versus Tank: The Illustrated Story of Armored Battlefield Conflict in the Twentieth Century，纽约：Barnes & Noble，1999 年），第 102—104 页提供了关于参战的坦克装甲车辆的资料；帕迪·格里菲斯著，《勇往直前：从滑铁卢到近未来的战术》，第 111—115 页则介绍了步兵和反坦克部队。要了解作战行动细节，请参见尼尔·巴尔著，《战争的钟摆：三次阿拉曼战役》，第 307—405 页，这是目前关于该战役最好的记述；评论家彼得·斯坦利（Peter Stanley）在《历史上的战争》第 13 辑，第 2 期（2006 年）：第 272—273 页称巴尔"不愧为巴里·皮特或科雷利·巴尼特的后继者"，尤其赞赏他对至今仍未得到充分发掘的澳大利亚档案的应用。皮特的《战争的熔炉：阿拉曼的 1942 年》，第 297—253 页和巴尼特的《沙漠将军》，第 249—313 页中的记述至今仍有极高的利用价值。其中后者对蒙哥马利在阿拉曼的指挥艺术提出了尖锐批评，这也是该书的主题。作为 Lippincott 出版社可读性很强的"历史上的重大战役"丛书的一部分，弗雷德·马奇德拉尼著，《阿拉曼战役：沙漠中的堡垒》，第 46—48 页至今仍值得一读。迈克尔·卡弗是这场战役的亲历者，他的《沙漠战争中的两难：对 1940—1942 年利比亚战事的新观察》和《阿拉曼》都很有价值，前者列举了导致阿拉曼之战的各种因素，后者则提醒研究者不要要"事后聪明"（第 195—205 页）。另一些有价值的著作属于阿拉曼文献的"2002 年浪潮"，都是为纪念该战役 60 周年而出版的：乔恩·拉蒂默著，《阿拉曼》；约翰·比尔曼和科林·史密斯著，《阿拉曼：没有仇恨的战争》；斯蒂芬·邦盖著，《阿拉曼》。最后，还有罗宾·尼尔兰兹著，《第 8 集团军：从北非到阿尔卑斯山将轴心国逼入绝境的沙漠胜利之师，1939—1945》，它是一部通俗史书，很好地利用了老兵访谈记录。

　　在德国方面，经典的著作是隆美尔著，《无恨之战》，包括"风暴来袭"（Der Orkan bricht los），第 244—254 页，"寸土必争"（Ein Ringen um jeden Meter），第 254—263 页，以及"……不胜即死"（…zum Siege order zum Tode），第 263—275 页；隆美尔著，《隆美尔战时文件》中的相应篇章是第 300—334 页，还有两张很有帮助的表格，是关于德国空军出击次数和德意军队战斗力量的（在第 335—336 页）。下列著作至今仍有不可估量的价值：阿尔弗雷德·高泽（非洲装甲集团军的参谋长）著，《1942 年的北非会战》，《军事科学评论》第 12 辑，第 11 期（1962 年 11 月）：第 652—680 页，尤其是第 674—677 页；西格弗里德·韦斯特法尔（隆美尔的作战参谋）著，《西线的德国军队》，第 118—121 页和《回忆录》，第 173—180 页；隆美尔的副官海因茨·维尔纳·施密特写的《随隆美尔征战大漠》，第 196—200 页；以及非洲军的军长瓦尔特·内林写的《德国装甲兵的历史，1916 至 1945》，第 205—211 页。梅林津当时已经离开这一战区，因此他的《坦克战》中遗憾地未能描写阿拉曼之战。在某些情况下也需要查阅官方正史。要了解细致到营级的部队位置，见普莱费尔著，《地中海与中东战场》，第 4 卷，《在非洲的轴心国部队的覆灭》（The Destruction of the Axis forces in Africa，伦敦：皇家出版局，1966 年），尤其是第 31—79 页，包括第 2 章，"阿拉曼：闯入轻足和缠斗"（El Alamein: The Break-In Lightfoot and Dog-Fight），第 31—52 页，以及第 3 章，"阿拉曼：继续缠斗和突破"（El Alamein: the Dog-Fight Continued and the Break-Out），第 53—79 页。关于德国方面，见德国官方正史，施通普夫著，《地中海的战争》，尤其是"第三次战役：阿拉曼的决战（1942 年 10 月 23 日至 11 月 4 日）"[Die dritte Schlacht: Entscheidung bei El Alamein (23. Oktober bis 4. November 1942)]，第 6 卷第 688—709 页。

　　37. 韦斯特法尔著，《西线的德国军队》，第 119 页。

　　38. 见尼尔·巴尔著，《战争的钟摆：三次阿拉曼战役》，第 276 页；马奇德拉尼著，《阿拉曼战役》早在 1965 年就纠正了传统说法，"只有不到 900 门大炮"（第 82 页）。

　　39. 尼尔·巴尔著，《战争的钟摆：三次阿拉曼战役》，第 309 页。

　　40. 比尔曼和史密斯著，《阿拉曼》，第 276 页。

　　41. 隆美尔著，《无恨之战》，第 245 页；隆美尔著，《隆美尔战时文件》，第 302 页。

　　42. 隆美尔著，《无恨之战》，第 246—247 页；隆美尔著，《隆美尔战时文件》，第 303 页。德国官方正史的结论是："这是一个严重的错误，它使英军部队在很大程度上能够不受干扰地发起进攻（Ein schwerer Fehler, der es den britischen Verbänden ermöglichte, ziemlich ungestört zum

Angriff anzutreten)."德国官方正史，施通普夫著，《地中海的战争》，第 6 卷第 699 页。

43. 隆美尔著，《无恨之战》，第 245 页；隆美尔著，《隆美尔战时文件》，第 302 页。

44. 施图姆之死实在太有戏剧性，基本上每个作者都忍不住要在书里提一下。例如，马奇德拉尼著，《阿拉曼战役》，第 92 页就很有代表性。

45. 比尔曼和史密斯著，《阿拉曼》，第 287 页。

46. 隆美尔著，《无恨之战》，第 252 页；隆美尔著，《隆美尔战时文件》，第 308 页；马奇德拉尼著，《阿拉曼战役》，第 109 页。

47.Totenritt 是普鲁士军队历史上最著名的事件之一：1870 年 8 月 16 日在马斯拉图尔战役中，第 12 骑兵旅在弗里德里希·威廉·冯·布雷多将军（General Friedrich Wilhelm von Bredow）率领下发动的一次骑兵冲锋。在接到冲击法国第 6 军火炮阵地的命令后，布雷多的答复是，"不惜一切代价完成任务"（Koste es, was er wolle）。见杰弗里·瓦夫罗著，《普法战争：1870—1871 年德国对法国的征服》，第 138—163 页、168 页；以及奇蒂诺著，《德式兵法》，第 174—175 页、190 页。

48. 似乎学者们对这些很不起眼的地貌特征的确切性质还存在一定程度的认知混乱，有人说它们是一片略微凹陷的洼地，也有人说那里是一座小山或丘陵。见彼得·斯坦利对尼尔·巴尔著，《战争的钟摆：三次阿拉曼战役》的书评，登载于《历史上的战争》第 13 辑，第 2 期（2006 年）：第 272—273 页。

49. "Schlacht ohne Hoffnung"，隆美尔著，《无恨之战》，第 5 节，第 225—283 页；隆美尔著，《隆美尔战时文件》，第 14 章，第 287—326 页；尼尔·巴尔著，《战争的钟摆：三次阿拉曼战役》，第 16 章，第 332—358 页都以此作为标题。

50. 尼尔·巴尔著，《战争的钟摆：三次阿拉曼战役》，第 369 页。

51. 德国官方正史，施通普夫著，《地中海的战争》，第 6 卷第 704 页。

52. 隆美尔著，《无恨之战》，第 268 页逐字引述了命令全文；隆美尔著，《隆美尔战时文件》，第 321 页则提到，在隆美尔的文件中找到了"该命令的简要版本"。

53. 关于"公羊"师的覆灭，见卢拉吉著，《阿拉曼战役中的意大利军队》，第 27—28 页中的记述。

54. 德语原文是 "Wir waren alle wie vor den Kopf geschlagen und ich wusste das erste Mal während des afrikanischen Feldzuges nicht, was ich tun soll"。隆美尔著，《无恨之战》，第 268 页；隆美尔著，《隆美尔战时文件》，第 321 页。

55. 拉尔夫·格奥尔格·罗伊特著，《隆美尔：一个传奇的终结》，第 121—122 页。德语原文是"意志的化身"（Willensmensch）。

56. 出处同前，第 188 页。

57. 要了解几乎被人遗忘的 1656 年华沙之战，请参见罗伯特·弗罗斯特（Robert I. Frost）著，《北方战争：北欧的战争、国家和议会，1558—1721 年》（The Northern Wars: War, State, and Soviet in Northeastern Europe, 1558‐1721，埃塞克斯：Longman，2000 年），第 173—176 页；另见奇蒂诺著，《德式兵法》，第 7—14 页。

58. "Einer der denkwürdigsten Tage in der Geschichte。"隆美尔著，《无恨之战》，第 268 页；隆美尔著，《隆美尔战时文件》，第 321 页。

59. 和巷战一样，苏军的反攻也是被关于斯大林格勒战役的资料大书特书的重头戏。但是直到不久前，能够查阅苏方档案的学者都寥寥无几。仅仅出于这个原因，即便是格兰茨和豪斯著，《巨人的碰撞：苏联红军如何打败希特勒》，第 129—147 页相对简短的记述，"天王星行动：第 6 集团军的覆灭"（Operation Uranus: The Destruction of 6th Army）第 129—147 页也是现有文献中的重要资料，而且至今仍适合作为研究的起点。

　　我们正在等待格兰茨完成一部关于斯大林格勒战役的鸿篇巨制，那将足以和他关于列宁格勒和库尔斯克战役的专题著作并列。关于此战有两份苏方的直接资料是随手可得且至今仍值得查询的，那就是朱可夫元帅原著，哈里森·索尔兹伯里编纂的《朱可夫元帅的伟大战役》，第 105—194 页，尤其是第 10 章，"斯大林格勒反击"（Stalingrad Strikes Back），第 174—194 页；以及安德烈·叶廖缅科元帅（Marshal Andrei Yeremenko）著，《斯大林格勒战役》（Battle of Stalingrad），收录于《希特勒的败仗：东线俄国将领关于第二次世界大战的第一手记述》，第 62—75 页。德军方面有两份资料不可不读，即汉斯·德尔著，《进军斯大林格勒之战：试述某次战役》，第 62—83 页；以及曼弗雷德·克里希著，《斯大林格勒：关于这场战役的分析和档案》，特别是第 2 节，"第 6 集团军被围"（Die Einschliessung der 6. Armee），第 129—303 页。按出版顺序排列，最好的英语作战记述是：约翰·埃里克森著，《通往斯大林格勒之路》，第 394—472 页；厄尔·齐姆克和马格纳·鲍尔著，《从莫斯科到斯大林格勒：决战东线》，第 468—477 页；安东尼·比弗著，《斯大林格勒》，第 239—265 页；以及乔尔·海沃德著，《兵败斯大林格勒：德国空军与希特勒在东方的失败，1941—1943》，第 222—233 页。

　　60. 例如，可参见布鲁斯·门宁（Bruce Menning）著，《俄国和苏联军事史上的纵深打击》（The Deep Strike in Russian and Soviet Military History），《苏联军事研究杂志》（Journal of Soviet Military Studies）第 1 辑，第 1 期（1988 年 4 月）：第 9—28 页。

　　61. 关于这些军事学术发展的最佳著作是理查德·哈里森（Richard W. Harrison）著，《俄式兵法：作战艺术，1904—1940 年》（The Russian Way of War: Operational Art, 1904–1940, 劳伦斯：University Press of Kansas, 2001 年），尤其是第 34—35 页、157—168 页。要了解图哈切夫斯基，见萨莉·施特克尔（Sally Stoecker）著，《锻造斯大林的军队：图哈切夫斯基元帅与军事革新中的政治斗争》（Forging Stalin's Army: Marshal Tukhachevsky and the Politics of Military Innovation, 科罗拉多州博尔德：Westview Press, 1998 年）。要了解苏军在间战时期的军事理论和技术探索，见玛丽·哈贝克（Mary R. Habeck）著，《钢铁风暴：德国和苏联的装甲战术学说发展，1919—1939》（Storm of Steel: The Development of Armor Doctrine in Germany and the Soviet Union, 1919–1939, 纽约州伊萨卡：Cornell University Press，2003 年）。

　　62. 学术界需要一部全面的伊塞尔森传记。要了解这位关键人物在 20 世纪 90 年代美国的军事学说争论中的重要性，见弗雷德里克·卡根（Frederick Kagan）的文章，《军事学说与现代战争：关于新版 FM 100–5 手册的说明》（Army Doctrine and Modern War: Notes toward a New Edition of FM 100–5），《参数》（Parameters）第 27 辑，第 1 期（1997 年春）：第 134—151 页。

　　63. 克里希著，《斯大林格勒》，第 124 页注释 390。

　　64. 要了解多国联合作战对斯大林格勒战役的影响，见理查德·迪纳尔多著，《德国与轴心阵营诸国：从联盟到崩溃》，第 136—157 页；要了解斯大林格勒战役对轴心联盟的影响，见于尔根·弗尔斯特著，《斯大林格勒：联盟的裂痕》（Stalingrad: Risse im Bündnis, 弗赖堡：Rombach, 1975 年）。

　　65. 见德国官方正史，魏格纳著，《对苏战争，1942—1943 年》，第 6 卷第 1008—1010 页。

　　66. 要了解关于罗马尼亚军队的公正评价，而不是埃里希·冯·曼斯坦因将军的陈词滥调，请参见克里希著，《斯大林格勒》，第 62—63 页："罗马尼亚士兵多为农家子弟，性情纯良，坚忍不拔，吃苦耐劳"（Der rumänische Soldat enstammte in der Regel dem Bauernstand und war gutmätig, ausdau- ernd und anspruchlos）。

　　67. 格兰茨和豪斯著，《巨人的碰撞》，第 130 页。

　　68. 齐姆克和鲍尔著，《从莫斯科到斯大林格勒》，第 458 页。

　　69. 关于对德国空军野战师及其"较低的作战价值"的评价，见德国官方正史，魏格纳著，《对苏战争，1942–1943 年》，第 6 卷第 1011—1012 页。

　　70. 比弗著，《斯大林格勒》，第 231 页和海沃德著，《兵败斯大林格勒》，第 227—228 页都提到，有老鼠为了躲避冬天的严寒而栖身于第 22 装甲师的坦克里，还咬破了车内电缆的绝缘层，导致不少坦克无法起动。

71. 格兰茨和豪斯著，《巨人的碰撞》，第 132—134 页。

72. 克里希著，《斯大林格勒》，第 126—127 页。

73. 最值得一提的是，东线外军处的莱因哈特·盖伦上校在 1942 年 11 月 12 日的一份报告中预测，"敌人将在不久的将来针对罗马尼亚第 3 集团军发起进攻，目标是切断通往斯大林格勒的铁路线"。转引自齐姆克和鲍尔著，《从莫斯科到斯大林格勒》，第 457 页。

74. 关于苏军南北两路突击的作战细节，最好的资料是克里希著，《斯大林格勒》，第 131—148 页。

75. 要了解海姆将军和第 48 装甲军经历的磨难，见德尔著，《进军斯大林格勒之战》，第 63—66 页；以及克里希著，《斯大林格勒》，第 132—133 页。迪纳多著，《德国与轴心阵营诸国》，第 150—153 页有一段细节丰富、研究细致的记述，可能是这方面最好的英语资料。

76. 德尔著，《进军斯大林格勒之战》，第 64 页。

77. 克里希著，《斯大林格勒》，第 136—137 页。德尔著，《进军斯大林格勒之战》，第 65 页抄录了魏克斯的命令原文。

78. 见保卢斯电报的开场白，这封读来令人不寒而栗的电报被全文抄录在克里希著，《斯大林格勒》，第 559—560 页的附录中："集团军已被包围。虽经英勇抵抗，整个扎里扎塔尔、从苏维埃茨到卡拉奇的铁路线、卡拉奇当地的顿河大桥，以及顿河西岸到戈卢宾斯卡亚、奥斯金斯基和克赖尼的高地还是落入了俄军之手。"

79. 见德尔著，《进军斯大林格勒之战》，第 70 页："'集团军已被包围。'——这种说法不是十分准确。该集团军是被困住了。"

80. 德尔著，《进军斯大林格勒之战》，第 70 页也给出了元首的两道命令的正文。第一道是："司令官应带上他的参谋部前往斯大林格勒。第 6 集团军应就地坚守，等待后续命令。(Der O.B. begibt sich mit seinem Stab nach Stalingrad. Die 6. Armee igelt sich ein and wartet weitere Befehle ab.)"第二道是："第 6 集团军应就地坚守，等待外来救援。"

81. 要了解德国空军军官们的意见，见海沃德著，《兵败斯大林格勒》，第 233—246 页。

82. 要了解塞德利茨将军经历的磨难，请参见他本人的回忆录，瓦尔特·冯·塞德利茨著，《斯大林格勒：战斗与结果：回忆录》。虽然他因为在被俘后与苏军合作而一度遭到军官同僚的一致鄙视，但在现代历史学家笔下他得到了温和得多的对待。请参见汉斯·马滕斯（Hans Martens）著，《冯·塞德利茨将军，1942—1945：冲突分析》(General von Seydlitz, 1942-1945: Analyse eines Konflikts, 东柏林：Von Kloeden, 1971 年)；以及利奥尼德·雷辛（Leonid Reschin）著，《夹在两个阵营之间的将军：瓦尔特·冯·塞德利茨在苏联战俘营和监狱中，1942—1955》(General zwischen den Fronten: Walter von Seydlitz in sowjetischer Kriegsgefangenschaft und Haft, 1942-1955, 柏林：Edition q, 1995 年)。

83. 这句话的意思是，被包围的集团军要么突围（布热济内就是 1914 年 11 月罗兹战役中被围的德国第 25 后备军成功突围的地方），要么就像公元前 216 年在坎尼被汉尼拔击败的罗马军队一样全军覆灭。塞德利茨著，《斯大林格勒》，第 189 页。

84. 德尔著，《进军斯大林格勒之战》。作为一个受过传统训练的参谋军官，德尔认为，在斯大林格勒一役中选择突围还是固守待援都没有太大关系，真正的问题是包围圈中的指挥官们被剥夺了"行动自由"(Handlungsfreiheit)，而保卢斯将军又默认了这一点。读者尤其应该参见第 117—119 页。

85. 见格兰茨和豪斯著，《巨人的碰撞》，第 134 页，其中对突围的意见提出了理由充分的反驳："且不说这种意见违背了希特勒的意愿，它还假设了保卢斯拥有充足的后勤实力，而实际并非如此。在围攻斯大林格勒期间，他的部队自始至终依靠着一条脆弱的补给线作战，此时正缺乏独力突围所需的燃油、弹药和交通工具。此外，苏联最高统帅部大本营还掌握着强大的预备队，足以阻止德军的援兵或斯大林格勒被围部队的突围行动。"

86. 关于这个问题的直接资料是埃里希·冯·曼斯坦因著，《失去的胜利》，尤其是第 12 章，"斯大林格勒的悲剧"，第 289—366 页。

对于包围圈中部队的覆灭，曼斯坦因认为责任上在希特勒，下在第 6 集团军。保卢斯因为决定不配合解围部队的攻势行动，更是被他猛烈抨击。并不是所有人都同意曼斯坦因的解释。请参见约阿希姆·维德尔（Joachim Wieder）著，《斯大林格勒与军人的责任》（Stalingrad und die Verantwortung des Soldaten，慕尼黑：Nymphenburger，1962 年）；以及该书的扩展和更新版本，约阿希姆·维德尔和海因里希·冯·艾因西德尔伯爵（Heinrich Graf von Einsiedel）著，《斯大林格勒：地狱的回忆》（Stalingrad: Memories of Hell，伦敦：Arms and Armour Press，1993 年）。

维德尔在此战中被苏军俘虏并生还，他在 1962 年写下了自己的回忆录；艾因西德尔曾是德国空军中尉，被俘后加入了反纳粹的"自由德国全国委员会"，他在 1993 年帮助编辑了前者回忆录的新版，其中用大量篇幅驳斥了曼斯坦因。读者尤其应该参见"50 年后的批判评价"一节，第 134—178 页。要了解关于这些问题的精彩综述，见曼弗雷德·克里希著，《德国将军的回忆录中所反映的斯大林格勒之战》，收录于沃尔夫拉姆·韦特和格尔德·于贝尔编纂的《斯大林格勒：关于一场战役的神话与现实》，第 205—213 页。

87. 格兰茨和豪斯著，《巨人的碰撞》，第 136 页。

88. 海沃德著，《兵败斯大林格勒》，第 310 页。

89. 关于这一估算，见海沃德著，《兵败斯大林格勒》，第 235 页。

90. 见德国官方正史，魏格纳著，《对苏战争，1942—1943 年》，第 6 卷第 1011—1012、1044 页；以及海沃德著，《兵败斯大林格勒》，第 234—235 页，他严厉批评了耶顺内克欠考虑的许诺。德尔著，《进军斯大林格勒之战》，第 108—109 页认为更现实的需求量是每天 946 吨。

91. 见约翰内斯·菲舍尔（Johannes Fischer）著，《关于向斯大林格勒空运的决定：第三帝国军方领导人所起作用》（Über den Entschluss zur Luftversorgung Stalingrads: Ein Beitrag zur militärischen Führung im Dritten Reich），《军事历史通讯》（Militärgeschichtliches Mitteilungen）第 2 辑（1969 年）：第 7—67 页。引语在第 12 页。塔兰特著，《斯大林格勒：苦难剖析》，第 141 页。

92. 齐姆克和鲍尔著，《从莫斯科到斯大林格勒》，第 477 页。

93. 海沃德著，《兵败斯大林格勒》，第 310 页。要了解德国空军在日渐困难的空运行动中为了使可用飞机保持足够数量而做的奋斗，见汉斯－德特勒夫·赫胡特·冯·罗登（Hans-Detlef Herhudt von Rohden）著，《为斯大林格勒而战的德国空军》（Die Luftwaffe ringt um Stalingrad，威斯巴登：Limes，1950 年），尤其是第 99—106 页。

94. 要了解冬季风暴行动，见"战斗中的国防军"丛书的第 10 卷，霍斯特·沙伊贝特（Horst Scheibert）著，《距离斯大林格勒——48 千米！1942 年 12 月第 6 装甲师的救援行动》（ach Stalingrad-48 Kilometer! Der Entsatzvorstoss der 6. Panzerdivision, Dezember 1942，海德堡：Kurt Vowinckel，1956 年）；以及它的扩展版本，《救援斯大林格勒的尝试：一场坦克战的文字和照片记录：1942 年 12 月的第 57 装甲军》（Entsatzversuch Stalingrad: Dokumentation einer Panzerschlacht in Wort und Bild: Das LVII. Panzerkorps im Dezember 1942，内卡格明德：Kurt Vowinckel，1968 年）。

95. 要了解第 6 装甲师在解围行动中的战斗历程，请参见师长艾哈德·劳斯的回忆录，它目前出版了两个版本。分别是艾哈德·劳斯原著，史蒂芬·牛顿编译的《装甲司令：艾哈德·劳斯大将东线回忆录》，第 137—184 页，以及彼得·楚拉斯著，《坦克在东线：艾哈德·劳斯大将和他的装甲师在俄国，1941—1945》，第 104—171 页。这两本书本质上提供的都是劳斯战后交给美军讯问人员的同一份报告。前者对劳斯给美军的报告原文做了更好的翻译，后者则有比较好的地图。两位编者都全盘接受了劳斯的说法，没有对他自命为战争中最伟大的坦克指挥官的证词提出任何批评。

96. 劳斯著，《装甲司令》，第 183 页中的："下至基层军官都明白，这无疑标志着斯大林格勒的失败"；楚拉斯著，《坦克在东线》，第 170 页注释 30："这一行动无疑给斯大林格勒的德军部队下了死亡判决。"

后记：
国防军之折戟沉沙

有时历史仿佛真是被缪斯女神克利俄所掌控，在某种充满诗意的神圣力量引导下向着更为奇特、更具戏剧性的方向发展。但即便克利俄将她的异想天开发挥到极致，也不可能写出比 1942 年的战事更为奇妙的情节。对国防军来说，这段交战时期是以德国军队有史以来最伟大的几场胜利之战拉开序幕的：它们是刻赤、哈尔科夫和贾扎拉。这些战役是在 1942 年 5 月的几个星期里接连发生的。接着，在 6 月，国防军又以攻克军事重镇塞瓦斯托波尔的胜利为这段成功的时期强势收官。但是仅仅六个月之后，在所有参战者都经历仿佛持续几次人生的煎熬时刻之后，这一年的战斗以德军遭受两场空前绝后的决定性失败而告终：那就是阿拉曼和斯大林格勒。这两次重大失败同样只相隔几个星期而已。正当埃尔温·隆美尔元帅的装甲集团军（此时在垂死挣扎中已改编为"德意装甲集团军"）丢盔弃甲地横穿北非、前往它在突尼斯的最终归宿时，苏联第 5 坦克集团军也浩浩荡荡地冲破了罗马尼亚军队在顿河沿岸的单薄防线。

这两场重大事件，特别是它们几乎重合的时间点，代表的不仅仅是单纯的军事失利。德国军队在以往的战争中也有过未能实现目标的时候，何况到达斯大林格勒、高加索或苏伊士运河都需要推进太长的距离，德国人在当时还可拿这个理由聊以自慰。它也不是单纯的败北——德意志军队在历史上打过的败仗数不胜数，多得可以写一本书：腓特烈大帝有过科林和库涅斯道夫；拿破仑时代的普鲁士军队有过耶拿和奥尔施泰特；第一次世界大战中有过凡尔登和亚眠。阿拉曼－斯大林格勒的双重失败也不能被单纯视作第二次世界大战的"转折点"。这场战争的规模超过了以往的任何战争，冲突遍及陆地、海洋和天空，从冰天雪地的北极圈到酷热难忍的缅甸丛林，有数以亿计的人口被卷入其中。认为它在某个独立的事件中发生了"转折"的观点至少也是值得商榷的。[1]

在 1942 年夏季和秋季会战中发生的事件有着远比这更为重要的意义。在这短暂的六个月里，一整套有着数百年历史的战争方式走到了穷途末路。德国军队的传统是以机动为本的运动战，是认为"战争是一种艺术，是一种自由的创造性活动"[2]的理念，是对下级指挥官在自身能力范围内的独立性的尊崇；所有这些基本信念在这六个月的时间里都遭到了沉重打击，事实上已被证明不再有效。德国军队习惯的运动战在苏联广袤的战场空间里遭遇了失败；特别是在南方战线，它遇到了它在本质上无法应对的挑战。面对北非和伏尔加河畔发生的事件，将战争视作艺术的理念也很难维持。在这些战场上，敌人的军队冷眼静观国防军使出华丽的看家机动本领，然后以压倒性的物质优势将它碾作齑粉：成群结队的坦克，布满天空的飞机，每千米 70 门的大炮。德军在这两个战场上的失败看起来毫无艺术可言，倒像是金属加工课上的实习：各种原材料无奈地在钻床上被撕成碎片。

在德国军官团眼里，夏季会战之初以及后来在顿河沿岸和秋季在高加索的那几场小规模包围战似乎是令人失望的：2 万俘虏？3 万？战争初期德国装甲部队只要一个上午就能取得这样的战果。而实际上，日后国防军只要还能打出这种水平的包围战，就足以令他们甘之如饴。虽然这些胜利看似不大，却是绵延 300 年、从大选帝侯到费多尔·冯·鲍克元帅的德军战役级胜利历史的最后辉煌。尽管此时还无人发现，但 1942 年确实标志着德国军事史上一个时代的结束：包围战，这种再也不能适应现代条件的战争方式寿终正寝了。

作为运动战的另一个方面，独立指挥也"死"于 1942 年。在阿拉曼和斯大林格勒，它的缺位都是显而易见的。新式通信技术曾是国防军早期胜利中不可或缺的要素，此时却展现了它的负面效应。即使是远在天边、瞬息万变的作战行动，无线电台也能让总司令部得到精准而实时的认识。它也使得总参谋部和政治领袖等人能够进行极为细致的干预，从战地指挥官的角度来看，这真是可憎得无以复加。正如一位德国参谋军官所言：

因为有了现代化的通信和情报手段，军队的最高指挥机构几乎可以不间断地与下级指挥官交流意见。但是这种技术优势也带来了心理上的劣势。具体而言，这导致上级司令部过于频繁地干预下属军队的指挥。这也导致许多集团军指挥官用总司令部的意见取代了自己的决定。这对于战争艺术并无增益。[3]

的确，在沙漠中的隆美尔接到的荒谬的"就地坚守令"中，以及希特勒和利斯特元帅关于如何攻取相对次要的黑海港口图阿普谢的连续争论中，可以明显看出德军在1942年的指挥方式的新特点。勃兰登堡—普鲁士历史上的第一位元帅格奥尔格·冯·德弗林格很可能宁愿和他的君主大选帝侯挥拳相向，也不愿忍受这样的屈辱。无独有偶，在曹恩道夫之战的危急关头，腓特烈大帝命令自己的骑兵指挥官弗里德里希·威廉·冯·塞德利茨立即在陷入苦战的普鲁士步兵左侧实施反击。当发现反击迟迟没有发动时，普鲁士国王派出一名传令官找到塞德利茨，命令后者立即出击，并威胁将严惩抗命行为。但是，塞德利茨是只有在断定时机成熟后才会行动的指挥官。他当时做出的回答是普鲁士军队历史上最著名的格言之一，被柏林军事学院的每一个毕业生牢记在心，无疑也被1942年前线的每一个德国指挥官视作座右铭之一。塞德利茨是这样对国王的传令官说的："告诉陛下，这一仗打完后我的脑袋任他处置，但是目前，还请他恩准我用这个脑袋为他效力。"[4]

到了1942年，这样的日子显然是一去不复返了。希特勒在战事正酣时就摘掉了不少脑袋：鲍克、利斯特、哈尔德，更不用说还有第48装甲军可怜的军长海姆将军。在斯大林格勒包围圈内漫长的挣扎中，这种新制度体现得极其明显。保卢斯和第6集团军也许被切断了后勤补给，但是他们与外界的通信显然未被切断。从希特勒第一次做出干预（他在11月22日命令"第六集团军就地坚守，等待后续命令"）一直到最后一次（在1月24日拒绝批准该部投降），元首始终是斯大林格勒包围圈事实上的指挥官。我们指出这一事实并不是为了给保卢斯开脱罪责，他在这场灾难发生前的指挥确实很平庸，在被包围后的表现也很是奇特，既有听天由命的成分，又有对元首的曲意逢迎。"你这是在对死人说话"，他曾生气地对一个想向他解释空运难题的空军军官这样说道。[5]说实话，保卢斯有可能真心欢迎希特勒的干预，他是在借此逃避自己在这场灾难中应承担的责任。把灵活指挥的概念称作"下级指挥官的独立性"也好，称作"战术"也罢，将它扼杀的都不是希特勒，而是无线电台。如果战场上的将军再也不能命令部队撤退，那当然很不幸，但此时的情况已经荒谬到了这种程度：指挥官只要没有得到千里之外某人的许可，就无权命令自己的部队投降。

但是，和任何根深蒂固的历史现象一样，运动战这种战术没有那么容易过时。它既抗拒着希特勒的个性缺陷，也抗拒着对它不利的复杂系统性因素。战役态势地图上那些阴魂不散的箭头将永远钉在我们的历史意识的地图上，提醒我们它曾经有多么接近成功：第13装甲师在一位新官上任的师长指挥下，距离奥尔忠尼启则只有数千米之遥，而且还在继续前进；胡贝的第3装甲师从顿河桥头堡长驱直入，一鼓作气冲向伏尔加河，打到了斯大林格勒郊区的北部边缘；背着火焰喷射器和炸药包的德国工兵将苏军的防御阵地一个接一个炸成碎片，冷酷地推进到距离河岸不过数百码的地方；隆美尔在哈勒法山的右翼与亚历山大港的距离也仅仅是装甲汽车半小时的行程而已。很少有一支败军之师的前锋能够前进到距其战略目标近得如此令人心焦的地步。

到头来，1942年最惊人的一面不是希特勒分散兵力的愚蠢，也不是离心作战的明显失策。[6]而是国防军在追逐1942年的目标时无一例外地功亏一篑的荒诞。它的目标是：在苏伊士运河将大英帝国分割成两半，并为进军中东铺平道路；夺取苏联的主要油田、最富饶的农田和很大一部分工业。如果这些目标都实现了，它就能在这场战争中最终获胜吗？很可能不行。毕竟它还要对付美国和曼哈顿计划。这会给大同盟造成严重问题吗？毫无疑问。

在国防军总司令部编辑并发行的《军事科学评论》杂志1944年第一期的卷首文章中，编辑部做出了令人吃惊的宣告。这份杂志将不再刊登关于当时正在进行的战争的文章："在1943战争年度发行的最后几期《军事科学评论》中，我们提出了这份杂志是否能够以及如何克服战争带来的种种困难而继续发行的问题。读者从这1944年第一期的目录就可看出我们所做的决定。"[7]

确实如此。以希特勒写于1930年的文章《护国军与德国政治》（Reichswehr und deutsche Politik）[8]为首，这一期杂志登载的全是早年的历史资料，有不少是从其他资料抄录的。对这样一份杂志来说，这是一个很大的退步，要知道，一个世纪以来它一直站在军事科学发展的前沿，而且在20世纪30年代曾经构思了许多新奇有趣的方法来研究坦克、飞机和无线电等新技术对现代战场的影响。

按照编辑们的说法，做出这个决定不仅仅是因为一份总参谋部的杂志要想发表关于正在进行的战争的文章会遇到各种显而易见的困难。有关这场战争的个别战斗或战役的文章"在我们的读者中间得到的关注很有限"，一个特别重要的原因是这份杂志发现此时还无法对这些题材做出任何带有批评性质或能引起争论的论述。因此编委会决定，"在今后发行的《军事科学评论》中，将比以往任何时候都更为重视对军事历史主题的处理。"[9]读者以往曾经指出，而此时似乎也在强调这样的意见：按照现状来看，"历史"对国防军而言是一个很好的研究领域。大家可以在这个领域讨论令人舒适的传统话题，例如"下级指挥官的独立性"[10]（以及这种独立性的确切界限）；[11]在战役中识别"顶点"的重要性（以及德军在1914年马恩河会战中错过顶点的遗憾）；[12]布吕歇尔的乐观主义对于普鲁士军队挺过耶拿战役后的黑暗时期所起的作用（"布吕歇尔和格奈森瑙在熬过祖国最黑暗的岁月之后担任了战时的要职。他们的灵魂也在灾厄的课堂中得到锤炼。但是拥有伟大心灵的人学会了漠视无关痛痒和琐碎的细节……"）；[13]坚韧的精神（Beharrlichkeit）在进攻中的必要性[14]——总之，就是按照普鲁士和德意志军队自身的传统分析，成就了它几个世纪以来的辉煌的一切要素。

我们或许还可以补充一点：在1944年年初，历史无疑是比现实更友好的归宿，因为杂志的读者在现实中不得不面对许多棘手的问题：国防军在乌克兰和白俄罗斯都已摆出防守姿态，对面规模越发庞大的苏军必然会在这一年实施有力打击；强大的英美联军可能很快就会在西欧登陆；同盟国对敌国大城市的轰炸已经如火如荼地展开。如果你是1944年的德军指挥官或参谋军官，无疑有一千零一件麻烦事需要操心。也许这期杂志中唯一真正呼应了德国军队此时困境的文章就是法国皇帝拿破仑亲自执笔的一篇短文，它说明了军队在陷入重围时的正确应对方法。[15]这让人难免生出遐想：也许这期杂志有几本被飞机运进了第聂伯河西南的科尔松（Korsun）包围圈，在那里，德国第11军和第42军正在四面八方步步紧逼的苏军枪口下挣扎求生。

但是，从另一个层面来看，面对德军武运的急转直下，总司令部选择埋首于自身的历史似乎又是合理的。这是一场从一开始就按照传统路线进行的战争。尽管有着种种现代技术的装点，作战原则却还是老一套，而它们都深深扎根于普鲁士和德意志第二帝国的历史。就对传统德式兵法弱点的认识而言，隆美尔也许是国防军里现代色彩最浓的将军，但听听他是怎么描述自己和自己的作战艺术的："塞德利茨和齐滕的时代回来了。我们必须从骑兵的角度看待战争——像指挥骑兵中队一样指挥坦克部队。要从行驶的坦克上发号施令，就像过去坐在马鞍上发号施令一样。"[16] 这些名字——塞德利茨、齐滕、布吕歇尔、毛奇和其他十来位名将——在德军对这场正在进行的战争的分析中出现了一次又一次。尽管隆美尔没有自比塞德利茨，却自有其他人乐于代劳。他自己的情报主任梅林津上校就曾经形容他是"装甲军的塞德利茨"[17]，1940 年 6 月从非洲战区广播的一个电台节目也宣称："元首的个人信条是，'任何没有击败我的事物只会让我变得更强大，'这也是在我们这里指挥作战的塞德利茨与他的勇士们发出的战斗口号。"[18]

在地中海战区的德国空军官方杂志《南方之鹰》(Adler im Süden)上发表的一篇颂词中，也能明显看到这种历史与现实的关联："如果在色当没有毛奇，在坦嫩贝格没有兴登堡，在滑铁卢没有布吕歇尔和格奈森瑙……历史会是什么样？如果在北非的战斗中，没有了隆美尔将军光芒四射的指挥艺术，又会怎样？"[19] 我们还可以拿希特勒做例子：得知斯大林格勒德军被包围后，在回到东普鲁士的那天晚上，他在想什么？在研究突围的可能性？研究即将实施的空运行动的具体形式吗？研究在解围攻势中可能的战斗序列吗？事后看来都不是。他冥思苦想的不是未来，而是历史："我们一定要在灾难中表现出坚强的品质，"他对总参谋长库尔特·蔡茨勒将军这样说，"我们一定要铭记腓特烈大帝。"[20]

确实，在这场战争的后期，当希特勒首次得到美国总统富兰克林·罗斯福的死讯时，他在这个戏剧性时刻的表现也许不只是逢场作戏。当时历史似乎就要重演了。正如女沙皇伊丽莎白一世之死在最后关头拯救了腓特烈大帝的普鲁士，罗斯福之死或许也能拯救希特勒的德国。希特勒的一生有过许多身份：穷困潦倒的画家、千百万人的偶像、狂热的理论家、超级屠夫。但是在那一瞬间，当最后一缕希望的微光在元首地堡中一闪而过时，他就是不折不扣的霍亨索伦王朝末代君主。

历史学家奥默·巴尔托夫(Omer Bartov)曾描述过在东线作战过程中国防军的"去现代化"。[21] 在他的论点的具体界限内，他是正确的。残酷的战斗撕裂了这支军队内部的现代化社会和人情纽带，由此形成的真空被针对希特勒的个人崇拜和国家社会主义凶残的种族主义意识形态所填补。但是，如果把话题严格限制在这支军队的作战特点上，那么"去现代化"就不是一个合适的提法。国防军在作战层面上从未去现代化。它的基本战役和理念是重视指挥官的天才和意志，而轻视物质因素，这从一开始就谈不上有多么现代化。

注释

1. 要了解对 1942 年的"转折点"持一定怀疑态度的论点，请参见德国官方正史，德国军事历史研究所编纂，《德国与第二次世界大战》，第 6 卷，《全球战争：战争的扩大和主动权的易手，1941—1943》，由贝恩德·魏格纳撰写的第 6 部分，"对苏战争，1942—1943 年"，第 1100—1102 页："有一种在来源各异的文献中被反复宣传的观点，认为斯大林格勒之战是一个转折，甚至是整个第二次世界大战的转折点，但这种观点至少在许多方面是很有疑问的，因为它暗示一场胜利在望的战争会突然变得无法取胜，然而这是无稽之谈"（第 1101 页）。

2. 德军手册《军队领导学》的开场白。见布鲁斯·康德尔和达维德·宗贝茨著，《论德国战争艺术：军队领导》，第 1 段，第 17 页。

3. 汉斯·德尔著，《进军斯大林格勒之战：试述某次战役》，第 117 页。

4. 罗伯特·奇蒂诺著，《德式兵法：从三十年战争到第三帝国》，第 100 页。虽然这个故事广为流传，但它很可能是杜撰的。克里斯托弗·达菲著，《腓特烈大帝的军事生涯》，第 167 页提到，它直到 1797 年才首次出现在布兰肯贝格（Blankenberg）撰写的野史传记《冯·塞德利茨大人的个性与生平》（Karakter- und Lebensgeschichte des Herrn von Seydlitz）中。

5. 转引自乔尔·海沃德著，《兵败斯大林格勒：德国空军与希特勒在东方的失败，1941—1943》，第 303 页。

6. 许多文献提到了这一点，例如请参见瓦尔特·冯·塞德利茨著，《斯大林格勒：战斗与结果：回忆录》，第 171 页："1942 年的夏季攻势是在追求两个相隔很远的离心作战目标，由于突击师团不足，这两个目标只可能一先一后地实现。"

7. 见瓦尔特·舍夫将军（General Walter Scherff）著，《1944 战争年度导言》（Geleitwort zum Kriegsjahrgang 1944），《军事科学评论》第 9 辑，第 1 期（1944 年）：第 1—2 页。舍夫是元首的御用军事历史学家，而且显然在许多参谋军官眼里名声不佳。见瓦尔特·瓦尔利蒙特著，《希特勒指挥部内幕，1939—1945》，第 231 页和第 615 页注释 10。

8. 阿道夫·希特勒（Adolf Hitler）著，《护国军与德国政治》（Reichswehr und deutsche Politik），《军事科学评论》第 9 辑，第 1 期（1944 年）：第 3—13 页。

9. 舍夫著，《1944 战争年度导言》，第 1 页。

10. 科尔马·冯·德·戈尔茨男爵著，《指挥官与其下属》（Der Feldherr und seine Unterführer），《军事科学评论》第 9 辑，第 2 期（1944 年）：第 98—100 页。

11. 埃里希·韦尼格（Erich Weniger）著，《下级指挥官的独立性及其限制》（Die Selbständigkeit der Unterführer und ihre Grenzen），《军事科学评论》第 9 辑，第 2 期（1944 年）：第 101—115 页。

12. 冯·奇希维茨将军（General von Tschischwitz）著，《陆战中的进攻顶点》（Der Kulminationspunkt des Angriffs im Landkriege），第 1 部分，《军事科学评论》第 7 辑，第 4 期（1942 年）：第 3—13 页，和第 2 部分，《军事科学评论》第 8 辑，第 1 期（1943 年）：第 15—35 页。

13. 胡戈·冯·弗赖塔格－洛林霍芬男爵著，《战争中的乐观主义》（Optimismus im Kriege），《军事科学评论》第 9 辑，第 2 期（1944 年）：第 84—96 页。

14. 贝克－布罗伊希特上尉（Captain Beck-Broichsitter）著，《论进攻中的坚韧精神》（Über die Beharrlichkeit im Angriff），《军事科学评论》第 9 辑，第 1 期（1944 年）：第 57—64 页。

15.《拿破仑一世论部队在被包围时的应对措施》（Napoleon I. Über das Verhalten eingeschlossener Truppen），《军事科学评论》第 9 辑，第 1 期（1944 年）:第 65—66 页。请注意，瓦尔特·格利茨在他 1960 年出版的关于弗里德里希·冯·保卢斯将军与斯大林格勒战役的著作《保卢斯：

"我站在这里指挥！"》，第 90—91 页也抄录了拿破仑的这篇短文。

16. 德语原文是 "Die Zeit eines Seydlitz und Zieten ist wiedergekommen. Wir müssen den heutigen Krieg vom Kavallerie-Standpunkt sehen-Panzereinheiten wie Schwadronen führen. Befehle im fahrenden Panzer wie früher aus dem Sattel geben"。拉尔夫·格奥尔格·罗伊特著，《隆美尔：一个传奇的终结》，第 136 页。关于对当代军人进行历史情境化处理的主题，请参见汉 - 亨宁·冯·霍尔岑多夫将军（General Han-Henning von Holtzendorff）的报告 "1941—1942 年隆美尔在非洲成功的原因"（Reasons for Rommel's Success in Afrika [sic], 1941-1942），"外国军事研究" 丛书（手稿 D-024），尤其是第 31—34 页，其中将隆美尔与汉尼拔的指挥艺术做了对比。这份报告的副本以及这套庞大丛书的其余部分都收藏在位于宾夕法尼亚州卡莱尔市的卡莱尔军营中的美国陆军军事历史研究所。

17. 冯·梅林津著，《坦克战：第二次世界大战装甲兵运用研究》，第 51 页。

18. 罗伊特著，《隆美尔》，第 156—157 页。

19. 转引自罗伊特著，《隆美尔》，第 172 页。

20. 转引自海沃德著，《兵败斯大林格勒》，第 245 页。要进一步了解腓特烈大帝对于第二次世界大战期间德国军方策划者的重要意义，请参见前总参谋长弗朗茨·哈尔德将军 1951 年写给金特·布卢门特里特将军的一封信："（一个美国历史学家提出的）关于最近这场战争在什么时候败局已定的问题是毫无意义的。战争是一种政治行为，只要在政治上还有机会，在军事上就不是全无希望的。正如七年战争所证明的，这样的机会甚至可能出人意料地降临。因此正确答案永远是：战争只有在一方放弃的时候才会失败。"转引自杰弗里·梅加吉著，《希特勒总司令部揭秘》，第 181 页。

21. 见奥默·巴尔托夫著，《东线 1941—1945：德国军队与战争的野蛮化》（The Eastern Front, 1941-1945: German Troops and the Barbarisation of Warfare，纽约，St. Martin's Press，1986 年），以及他的《希特勒的军队：第三帝国的军人、纳粹党人和战争》（Hitler's Army: Soldiers, Nazis and War in the Third Reich，纽约：Oxford University Press，1991 年），尤其是头两章："前线的去现代化"（The Demodernization of the Front）和 "初级群体的毁灭"（The Destruction of the Primary Group）（第 12—58 页）。另见斯蒂芬·弗里茨（Stephen G. Fritz）著，《前线士兵：第二次世界大战中的德国军人》（Frontsoldaten: The German Soldier in World War II，University Press of Kentucky，1995 年），尤其是第 8 章 "尝试改变世界"（Trying to Change the World），第 187—218 页，它发现国民群体（Volksgemeinschaft）中的纳粹意识形态是新的战斗凝聚力来源。 要了解将德军的出色战斗表现归因于士兵训练与小团体凝聚力的开创性著作，见马丁·范克勒韦尔德著，《战斗力：德国与美国军队的表现，1939—1945》（Fighting Power: German and U.S. Army Performance, 1939-1945，康涅狄格州韦斯特波特：Greenwood，1982 年）："换言之，德国军队建构于战士个人的社交需求和心理需求的基础上"（第 164 页）。另见威廉森·默里著，《德国军队效能》，这是他以前发表的论文的选集，主要讨论德国的空军。要了解更广泛的图景，请参见书中的 "德国军队效能问题，1900—1945"（The Problem of German Military Effectiveness, 1900—1945）（第 1—38 页）和 "军队结构、闪电战策略与经济困难：纳粹在 20 世纪 30 年代的大战略"（Force Structure, Blitzkrieg Strategy, and Economic Difficulties: Nazi Grand Strategy in the 1930s）（第 217—228 页）："当 1918 年和 1945 年的尘埃落定时，德国军方两次证明了自己在政治上是愚昧的，战略上是无能的"（第 31 页）。

参考资料

- "1942 年攻势（战略调查）" [1942 Offensive (Strategic Survey)]，"外国军事研究"丛书。手稿 T-14。收藏在位于宾夕法尼亚州卡莱尔市的卡莱尔军营中的美国陆军军事历史研究所。

- 保罗·艾迪生（Paul Addison）和杰里米·克朗（Jeremy A. Crang）编，《火焰风暴：1945 年德累斯顿大轰炸》（Firestorm: The Bombing of Dresden, 1945，芝加哥：Ivan R. Dee，2006 年）。

- 《空降作战：德方评价》（Airborne Operations: A German Appraisal，华盛顿哥伦比亚特区：Center of Military History，1989 年）。

- 《作为先头部队中的工兵》（Als pioniere bei der Vorausabteilung），收录于《我们征服了克里米亚：克里米亚集团军士兵报告》（Wir erobern die Krim: Soldaten der Krim-Armee berichten，诺伊施塔特：Pfälzische Verlagsanstalt，1943 年）。

- 瓦迪斯瓦夫·安德斯（Wladyslaw Anders）著，《希特勒在俄国的失败》（Hitler's Defeat in Russia，芝加哥：H. Regnery Co.，1953 年）。

- 约翰·安塔尔（John F. Antal）著，《25 号行动：国防军对南斯拉夫的征服》（Operation 25: The Wehrmacht's Conquest of Yugoslavia），收录于小理查德·胡克编，《机动作战战例选编》（Maneuver Warfare: An Anthology，加利福尼亚州诺瓦托：Presidio，1993 年）。

- 约翰·安塔尔（John Antal）和布拉德利·格里克（Bradley Gericke）编，《城市战：从第二次世界大战到越南战争的城市战历史选编》（City Fights: Selected Histories of Urban Combat from World War II to Vietnam，纽约：Ballantine，2003 年）。

- 罗伯特·阿斯普雷（Robert B. Asprey）著，《拿破仑·波拿巴统治时期》（The Reign of Napoleon Bonaparte，纽约：Basic Books，2001 年）。

- 里克·阿特金森（Rick Atkinson）著，《破晓的军队：从挺进突尼斯到解放北非》（An Army at Dawn: The War in North Africa，纽约：Holt，2002 年）。

- 汉森·鲍德温（Hanson Baldwin）著，《胜仗与败仗：第二次世界大战中的重大战役》（Battles Lost and Won: Great Campaigns of World War II，纽约：Harper & Row，1966 年）。

- 巴伯（A. J. Barber）著，《非洲军》（Afrika Korps，伦敦：Bison，1977 年）。

- 科雷利·巴尼特（Correlli Barnett）著，《沙漠将军》（The Desert Generals，布卢明顿：Indiana University Press，1982 年）。

- 尼尔·巴尔（Niall Barr）著，《战争的钟摆：三次阿拉曼战役》（The Pendulum of War: The Three Battles of El Alamein，纽约：Overlook Press，2005 年）。

- 奥默·巴尔托夫（Omer Bartov）著，《东线 1941—1945：德国军队与战争的野蛮化》（The Eastern Front, 1941—1945: German Troops and the Barbarisation of Warfare，纽约，St. Martin's Press，1986 年）。

- 《希特勒的军队：第三帝国的军人、纳粹党人和战争》（Hitler's Army: Soldiers, Nazis and War in the Third Reich，纽约：Oxford University Press，1991 年）。

- 《究竟是谁的历史？国防军与德国史学》（Whose History Is it Anyway? The Wehrmacht and German Historiography）。收录于汉内斯·黑尔和克劳斯·瑙曼编，《灭绝战：第二次世界大战中的德国军队，1941-1944》（War of Extermination: The German Military in World War II, 1941—1944，纽约：Berghahn，2000 年）。

- 克里斯托弗·巴斯福德（Christopher Bassford）著，《克劳塞维茨在英语世界：英国和美国对克劳塞维茨思想的接受，1815—1945》（Clausewitz in English: The Reception of Clausewitz in Britain and America, 1815—1945，牛津：Oxford University Press，1994 年）。

- 约瑟夫·马丁·鲍尔（Josef Martin Bauer）著，《极地重生》（As Far as My Feet Will Carry Me，约克郡莫利：Elmfield Press，1957年）。

- 《高加索冒险记》（Kaukasisches Abenteuer，埃斯林根：Bechtle，1950年）。

- 《诺盖之鹤：东线战场日记摘抄》（Die Kraniche der Nogaia: Tagebuchblätter aus dem Feldzug im Osten，慕尼黑：R. Piper，1942年）。

- 罗杰·博蒙特（Roger A. Beaumont）著，《论德国国防军的秘诀》（On the Wehrmacht Mystique），《军事评论》第66辑，第7期（1986年）。

- 贝克-布罗伊希特上尉（Captain Beck-Broichsitter）著，《论进攻中的坚韧精神》（Über die Beharrlichkeit im Angriff），《军事科学评论》第9辑，第1期（1944年）。

- 安东尼·比弗（Antony Beevor）著，《斯大林格勒》（Stalingrad，伦敦：Viking，1998年）。

- 安东尼·比弗和卢巴·维诺格拉多娃（Luba Vinogradova）编，《战争中的一位作家：瓦西里·格罗斯曼与红军，1941—1945》（A Writer at War: Vasily Grossman with the Red Army, 1941—1945，纽约：Pantheon，2005年）。

- 汉斯-奥托·贝伦特（Hans-Otto Behrendt）著，《隆美尔在沙漠战争中的情报工作，1941—1943》（Rommel's Intelligence in the Desert Campaign, 1941—1943，伦敦：William Kimber，1985年）。

- 鲍耶·贝尔（J. Bowyer Bell）著，《围城：七座被围攻的城市》（Besieged: Seven Cities under Siege，费城：Chilton Books，1966年）。

- 尼古劳斯·冯·贝洛（Nicolaus von Below）著，《在希特勒身边：希特勒空军副官回忆录，1937—1945》（At Hitler's Side: The Memoirs of Hitler's Luftwaffe Adjutant, 1937-1945，伦敦：Greenhill，2001年）。

- 海因茨·贝格希克尔（Heinz Bergschicker）著，《斯大林格勒：照片中的记录》（Stalingrad: Eine Chronik in Bildern，东柏林：Verlag der Nation，1960年）。

- 弗里德里希·贝尔特考（Friedrich Bertkau）著，《机械化合成集团的通信技术指导》（Die nachrichtentechnische Führung mechanisierter Verbände），《军事周刊》第120辑，第15期（1935年10月18日）。

- 列夫·别济缅斯基著，《苏联情报机关与1941年战争的开端》（Der sowjetische Nachrichtendienst und Kriegsbeginn von 1941），收录于格尔德·于舍尔和列夫·别济缅斯基编，《1941年德国对苏联的进攻：关于预防性战争理论的争论》（Der deutsche Angriff auf die Sowjetunion, 1941: Die Kontroverse um die Präventivkriegsthese，达姆施塔特：Primus，1998年）。

- 戈特洛布·赫伯特·比德曼（Gottlob Herbert Bidermann）著，《致命打击：一个德国士兵的苏德战争回忆录》（In Deadly Combat: A German Soldier's Memoir of the Eastern Front，劳伦斯：University Press of Kansas，2000年）。

- 谢尔福德·比德韦尔（Shelford Bidwell）和多米尼克·格雷厄姆（Dominick Graham）著，《火力：1904—1945年英国军队的武器和理论》（Fire-Power: British Army Weapons and Theories of War, 1904–1945，伦敦：Allen and Unwin，1982年）。

- 约翰·比尔曼（John Bierman）和科林·史密斯（Colin Smith）著，《阿拉曼：没有仇恨的战争》（Alamein: War without Hate，伦敦：Viking，2002年）。

- 比格少校（Major Bigge）著，《论下级指挥官在战争中的自主行动》（Über Selbstthätigkeit der Unterführer im Kriege），载于《军事周刊副刊》（Beihefte zum Militär-Wochenblatt，柏林：E. S. Mittler，1894年）。

- 乔治·布劳著，《德军在俄国的战役—策划与作战，1940—1942》，美国陆军部宣传册20-261a（The German Campaign in Russia—Planning and Operation, 1940–1942, Department of the Army Pamphlet 20—261a，华盛顿哥伦比亚特区：美国陆军部，1955年）。

- 《德军在巴尔干的战役（1941年春）》，美国陆军部宣传册20—260（The German Campaign in the Balkans ,Spring 1941, Department of the Army Pamphlet 20-260，华盛顿哥伦比亚特区：美国陆

军部，1953 年）。

- 唐纳德·布洛克萨姆（Donald Bloxham）著，"作为战争罪行的德累斯顿轰炸"（Dresden as a War Crime），收录于保罗·艾迪生和杰里米·克朗编，《火焰风暴：1945 年德累斯顿大轰炸》（Firestorm: The Bombing of Dresden, 1945，芝加哥：Ivan R. Dee，2006 年）。

- 冯·布卢默将军（General von Blume）著，《指挥官在战争中的自主行动》（Selbstthätigkeit der Führer im Kriege），载于《军事周刊副刊》（柏林：E. S. Mittler，1896 年）。

- 费多尔·冯·鲍克（Fedor von Bock）著，《费多尔·冯·鲍克元帅战争日记，1939—1945》（Generalfeldmarschall Fedor von Bock: The War Diary, 1939–1945，宾夕法尼亚州阿特格伦：Schiffer Military History，1996 年）。

- 贝恩德·博尔（Bernd Boll）和汉斯·萨夫里安（Hans Safrian）著，《进军斯大林格勒途中：第 6 集团军在 1941—1942 年》（On the Way to Stalingrad: The 6th Army in 1941–1942），收录于汉内斯·黑尔和克劳斯·瑙曼编，《灭绝战：第二次世界大战中的德国军队，1941—1944》（War of Extermination: The German Military in World War II, 1941–1944，纽约：Berghahn，2000 年）。

- 霍斯特·博格（Horst Boog）著，《巨大的恐怖画卷》（Kolossalgemälde des Schreckens），收录于洛塔尔·克特纳克编，《受害民族？关于 1940—1945 年大轰炸的新争论》（Ein Volk von Opfern? Die neue Debatte um den Bombenkrieg, 1940–1945，柏林：Rohwohlt，2003 年）。

- 《作战指示：空军》（Die Operationsführung: Die Luftwaffe），收录于德国军事历史研究所（Militärgeschichtliches Forschungsamt），《德国与第二次世界大战》，第 4 卷，《进攻苏联》（Das Deutsche Reich und Der Zweite Weltkrieg, vol. 4, Der Angriff auf die Sowjetunion，斯图加特：Deutsche Verlags-Anstalt，1983 年）。

- 海因茨 - 卢德格尔·博格特（Heinz-Ludger Borgert）著，《从施利芬到古德里安的地面作战的基本特点》（Grundzüge der Landkriegführung von Schlieffen bis Guderian），收录于《德国军事历史手册，1648—1939》（Handbuch zur deutschen Militärgeschichte, 1648–1939），第 9 卷，《军事作战的基本特点》（Grundzüge der militärischen Kriegführung，慕尼黑：Bernard & Graefe Verlag，1979 年）。

- 罗德里克·布雷思韦特（Rodric Braithwaite）著，《莫斯科 1941》（Moscow, 1941，纽约：Knopf，2006）。

- 布劳恩中校（Lieutenant Colonel Braun）著，《战略进攻》（Der strategische Überfall），《军事周刊》第 123 辑，第 18 期（1938 年 10 月 28 日）。

- 布劳恩（M. Braun）著，《刻赤及珊瑚海战斗的精神意义》（Die Schlachten auf Kertsch und im Korallenmeer in ihrer mor- alischen Bedeutung），《军事周刊》第 126 辑，第 49 期（1942 年 6 月 5 日）。

- 埃里克·多恩·布罗泽（Eric Dorn Brose）著，《德皇的军队：机器时代德国军事技术的政治因素，1870—1918》（The Kaiser's Army: The Politics of Military Technology in Germany during the Machine Age, 1870–1918，牛津：Oxford University Press，2001 年）。

- 亚历克斯·布赫纳（Alex Buchner）著，《德国山地部队，1939—1945：图片档案》（Die deutsche Gebirgstruppe, 1939–1945: Eine Bilddokumentation，多尔海姆：Podzun，1971 年）。

- 阿登·布霍尔茨（Arden Bucholz）的《毛奇与德国的战争，1864—1871》（Moltke and the German Wars, 1864–1871，纽约：Palgrave，2001 年）。

- 克里斯托弗·巴克利（Christopher Buckley）著，《希腊与克里特 1941》（Greece and Crete, 1941，伦敦：H. M. Stationery Office，1952 年）。

- 斯蒂芬·邦盖（Stephen Bungay）著，《阿拉曼》（Alamein，伦敦：Aurum，2002 年）。

- 赫尔穆特·布克哈特（Helmut Burckhardt）著，《使用大型坦克还是大量装甲防护不足的坦克进攻》（Grosstanks oder Massenangriff mit unzureichend gepanzerten Tanks），《军事周刊》第 122 辑，第 3 期（1937 年 7 月 16 日）。

336

- 赫尔曼·比施莱布（Hermann Büschleb）著，《沙漠战争中的将领和坦克：1941 年秋季发生在托布鲁克外围的"十字军"战役》(Feldherren und Panzer im Wüstenkrieg: Die Herbstschlacht "Crusader" im Vorfeld von Tobruk, 1941，内卡格明德：Kurt Vowinckel，1966 年）。
- 迈克尔·卡弗著，《沙漠战争中的两难：对 1940—1942 年利比亚战事的新观察》(Dilemmas of the Desert War: A New Look at the Libyan Campaign, 1940–1942，伦敦：Batsford，1986 年）。
- 《阿拉曼》(El Alamein，伦敦：Batsford，1962 年）。
- 《蒙哥马利》(Montgomery)，收录于约翰·基根编，《丘吉尔的将军们》(Churchill's Generals，纽约：Grove Weidenfeld，1991 年）。
- 《托布鲁克》(Tobruk，伦敦：Batsford，1964 年）。
- 戴维·钱德勒（David G. Chandler）著，《拿破仑战记》(The Campaigns of Napoleon，纽约：Macmillan，1966 年）。
- 冯·肖尔蒂茨上校（Colonel von Choltitz）著，《一个勃兰登堡团在谢韦尔纳亚湾》(Ein Brandenburgisches Regiment an der Ssewernaja-Bucht)，收录于《我们征服了克里米亚：克里米亚集团军士兵报告》(Wir erobern die Krim: Soldaten der Krim-Armee berichten，诺伊施塔特：Pfälzische Verlagsanstalt，1943 年）。
- 崔可夫（V. I. Chuikov）著，《斯大林格勒保卫战》(The Battle for Stalingrad，纽约：Holt, Rinehart and Winston，1964 年）。
- 温斯顿·丘吉尔著，《马尔伯勒：生平与时代》(Marlborough: His Life and Times，芝加哥：University of Chicago Press，2002 年）。
- 《第二次世界大战回忆录》第 3 卷《伟大的同盟》(The Second World War, vol. 3, The Grand Alliance，波士顿：Houghton Mifflin，1951 年）。
- 《第二次世界大战回忆录》第 4 卷《命运之枢机》(一译《命运的关键》)(The Second World War, vol. 4, The Hinge of Fate，波士顿：Houghton Mifflin，1950 年）。
- 罗伯特·奇蒂诺著，《装甲部队：历史与原始资料》(Armored Forces: History and Sourcebook，康涅狄格州韦斯特波特：Greenwood Press，1994 年）。
- 《从闪电战到沙漠风暴：作战演变》(Blitzkrieg to Desert Storm: The Evolution of Operational Warfare，劳伦斯：University Press of Kansas，2004 年）。
- 《闪电战策略的演变：德国针对波兰的自卫措施》(The Evolution of Blitzkrieg Tactics: Germany Defends Itself against Poland，康涅狄格州韦斯特波特：Greenwood，1987 年）。
- 《德式兵法：从三十年战争到第三帝国》(The German Way of War: From the Thirty Years' War to the Third Reich，劳伦斯：University Press of Kansas，2005 年）。
- 《通向闪电战之路：1920—1939 年德国军队的军事学说与训练》(The Path to Blitzkrieg: Doctrine and Training in the German Army, 1920–1939，科罗拉多州博尔德：Lynne Rienner，1999 年）。
- 《追求决定性胜利：从僵持到欧洲的闪电战，1899—1940》(Quest for Decisive Victory: From Stalemate to Blitzkrieg in Europe, 1899–1940，劳伦斯：University Press of Kansas，2002 年）。
- 亚当·克拉森（Adam R. A. Claasen）著，《希特勒的北方战争：德国空军注定失败的战役，1940—1945》(Hitler's Northern War: The Luftwaffe's Ill-Fated Campaign, 1940–1945，劳伦斯：University Press of Kansas，2001 年）。
- 艾伦·克拉克（Alan Clark）著，《巴巴罗萨：苏德战争，1941—1945》(Barbarossa: The Russian German Conflict, 1941–1945，纽约：Quill，1985 年）。
- 卡尔·冯·克劳塞维茨（Carl von Clausewitz）著，《战争论》(On War)，迈克尔·霍华德和彼得·帕雷特（Peter Paret）编译本，(普林斯顿：Princeton University Press，1976 年）。
- 布鲁斯·康德尔（Bruce Condell）和达维德·宗贝茨基（David T. Zabecki）著，《论德国战争艺术：军队领导》(On the German Art of War: Truppenführung，科罗拉多州博尔德：Lynne Rienner，2001 年）。

- 康斯坦丁尼上校（Colonel Constantini）著，《1942 年 5 月至 7 月在克里米亚的作战》（Operations en Crimée de mai à juillet 1942），《军史评论》（Revue Historique de l'Armée）第 21 辑，第 1 期（1965 年）。
- 马修·库珀（Matthew Cooper）著，《德国军队 1933—1945》（The German Army, 1933–1945，密歇根州切尔西：Scarborough House，1978 年）。
- 詹姆斯·科勒姆（James S. Corum）著，《德军在挪威的三军联合作战》（The German Campaign in Norway as a Joint Operation），《战略研究杂志》（Journal of Strategic Studies）第 21 辑，第 4 期（1998 年）。
- 《德国空军：创造战役级空中作战，1918—1940》（The Luftwaffe: Creating the Operational Air War, 1918–1940，劳伦斯：University Press of Kansas，1997）。
- 《闪电战的根源：汉斯·冯·塞克特与德国军事改革》（The Roots of Blitzkrieg: Hans von Seeckt and German Military Reform，劳伦斯：University Press of Kansas，1992 年）。
- 塞巴斯蒂安·科克斯（Sebastian Cox）著，《德累斯顿空袭：原因和经过》（The Dresden Raids: Why and How），收录于保罗·艾迪生和杰里米·克朗编，《火焰风暴：1945 年德累斯顿大轰炸》（Firestorm: The Bombing of Dresden, 1945，芝加哥：Ivan R. Dee，2006 年）。
- 戈登·克雷格（Gordon A. Craig）著，《柯尼希格雷茨之战：1866 年普鲁士对奥地利的胜利》（The Battle of Königgrätz: Prussia's Victory over Austria, 1866，费城：Lippincott，1964 年）。
- 《1866—1945 年的德国》（Germany, 1866–1945，牛津：Oxford University Press，1978 年）。
- 威廉·克雷格（William Craig）著，《兵临城下：斯大林格勒之战》（Enemy at the Gates: The Battle for Stalingrad，纽约：Reader's Digest Press，1973 年）
- 迈克尔·克拉斯特（Michael Craster）著，《坎宁安、里奇与利斯》（Cunningham, Ritchie and Leese），收录于约翰·基根编，《丘吉尔的将军们》（Churchill's Generals，纽约：Grove Weidenfeld，1991 年）。
- 马丁·范克勒韦尔德（Martin van Creveld）著，《战斗力：德国与美国军队的表现，1939—1945》（Fighting Power: German and U.S. Army Performance, 1939–1945，康涅狄格州韦斯特波特：Greenwood，1982 年）。
- 《关于借鉴德国国防军及其他》（On Learning from the Wehrmacht and Other Things），《军事评论》第 68 辑，第 1 期（1988 年）。
- 《战争供给：从华伦斯坦到巴顿的后勤》（Supplying War: Logistics from Wallenstein to Patton，剑桥：Cambridge University Press，1977 年）。
- 《战争的转型》（The Transformation of War，纽约：Free Press，1991 年）。
- 克里姆普（R. L. Crimp）著，《一个沙漠鼠的日记》（The Diary of a Desert Rat，伦敦：Leo Cooper，1971 年）。
- 罗伯特·克里斯普（Robert Crisp）著，《黄铜战车》（Brazen Chariots，纽约：Ballantine，1961 年）。
- 《诸神不仁》（The Gods Were Neutral，伦敦：Frederick Muller，1960 年）。
- 查尔斯·克鲁克香克（Charles Cruickshank）著，《希腊 1940—1941》（Greece, 1940–1941，伦敦：Davis-Poynter，1976 年）。
- 迈克尔·坎宁安（Michael Cunningham）著，《北非空中战争，1940—1943》（Air War North Africa, 1940–1943），《战略与战术》第 198 期（1999 年 7—8 月）。
- 鲁道夫·达姆斯（Rudolf Dahms）著，《布吕歇尔：前进将军》（Blücher, der Marschall Vorwärts，柏林：R. Hobbing，1935 年）。
- 德尼克尔上校（Colonel Däniker）著，《两年来德国的战略》（Zwei Jahre deutsche Strategie），《军事周刊》第 126 辑，第 23 期（1941 年 11 月 25 日）。
- 达文（D. M. Davin）著，《克里特：新西兰第二次世界大战正史，1939—1945》（Crete: Official

History of New Zealand in the Second World War，新西兰惠灵顿：War History Branch，1953 年）。

- 夏尔·德博利厄将军（General W. Charles de Beaulieu）著，《进军列宁格勒：波罗的海国家，1941 年 6—9 月》（Drive to Leningrad: The Baltic States, June–September 1941），《第二次世界大战史》（History of the Second World War），第 23 期（1978 年）。

- 《第 4 装甲集群对列宁格勒的进军》（Der Vorstoss der Panzergruppe 4 auf Leningrad，内卡格明德：Kurt Rowinckel Verlag，1961 年）。

- 威廉·戴斯特（Wilhelm Deist）著，《通向意识形态战争之路：德国 1918—1945》（The Road to Ideological War: Germany, 1918–1945），收录于威廉森·默里、麦格雷戈·诺克斯和阿尔文·伯恩斯坦编，《战略的形成：统治者、国家与战争》（The Making of Strategy: Rulers, States, and War，剑桥：Cambridge University Press，1994 年）。

- 汉斯·德尔布吕克（Hans Delbrück）著，《历史和政治随笔》（Historische und Politische Aufsätze，柏林：Georg Stilke，1907 年）。

- 奥托·德斯洛赫（Otto Dessloch）著，《勒热夫、维亚济马和尤霍夫的冬季战斗，1941—1942》（The Winter Battle of Rzhev, Vyazma, and Yukhov, 1941–1942），收录于史蒂芬·牛顿编，《德军在俄国前线的战斗策略，1941—1945》（German Battle Tactics on the Russian Front, 1941–1945，宾夕法尼亚州阿特格伦：Schiffer，1994 年）。

- 《1939 年德国的自卫战争》（Deutschlands Abwehrkrieg von 1939），第 1 部分，"9 月 1—9 日东线战事"（Die Ereignisse im Osten vom 1. bis 9. September），《军事周刊》第 124 辑，第 12 期（1939 年 9 月 15 日）。第 2 部分，"9 月 9—16 日东线战事"（Die Ereignisse im Osten vom 9. September bis 16. September），《军事周刊》第 124 辑，第 13 期（1939 年 9 月 22 日）。第 3 部分，"9 月 17—24 日波兰战事"（Die Ereignisse in Polen vom 17. bis 24. September），《军事周刊》第 124 辑，第 14 期（1939 年 10 月 1 日）。

- 理查德·迪纳尔多（Richard L. DiNardo）著，《德国与轴心阵营诸国：从联盟到崩溃》（Germany and the Axis Powers: From Coalition to Collapse，劳伦斯：University Press of Kansas，2005 年）。

- 理查德·迪纳尔多著，《机械化铁军还是不合时宜的军队？军马与第二次世界大战中的德国军队》（Mechanized Juggernaut or Military Anachronism? Horses and the German Army of World War II，康涅狄格州韦斯特波特：Greenwood，1991 年）。

- 理查德·迪纳尔多和奥斯汀·贝（Austin Bay）著，《德国军队中的畜力运输》（Horse-Drawn Transport in the German Army），《现代史杂志》（Journal of Contemporary History）第 23 辑，第 1 期（1988 年）。

- 迪特里希上尉（Captain Dittrich）著，《巴尔巴赫阵地的突破》（Einbruch in die Parpatsch-Stellung），收录于《我们征服了克里米亚：克里米亚集团军士兵报告》（Wir erobern die Krim: Soldaten der Krim-Armee berichten，诺伊施塔特：Pfälzische Verlagsanstalt，1943 年）。

- 《鞑靼壕沟与彼列科普》（Tartaren-Graben und Perekop），收录于《我们征服了克里米亚：克里米亚集团军士兵报告》（Wir erobern die Krim: Soldaten der Krim-Armee berichten，诺伊施塔特：Pfälzische Verlagsanstalt，1943 年）。

- 迪特马尔将军（General Dittmar）著，《托布鲁克与塞瓦斯托波尔》（Tobruk und Sewastopol），《军事周刊》第 127 辑，第 1 期（1942 年 7 月 3 日）。

- 《师的管理和指挥技巧》（Divisionsführung und Befehlstechnik），《军事周刊》第 116 辑，第 44 期（1932 年 5 月 18 日）。

- 汉斯·德尔（Hans Doerr）著，《1942 年春哈尔科夫战役的结果》（Der Ausgang der Schlacht um Charkow im Frühjahr 1942），《军事科学评论》第 4 辑，第 1 期（1954 年 1 月）。

- 《进军斯大林格勒之战：试述某次战役》（Der Feldzug nach Stalingrad: Versuch eines operativen Überblickes，达姆施塔特：E. S. Mittler，1955 年）。

- 克劳斯·德林（Klaus Döring）著，《堡垒中的土匪》（Banden am Werk），收录于《我们征服了克里米亚：克里米亚集团军士兵报告》（Wir erobern die Krim: Soldaten der Krim-Armee berichten，诺伊施塔特：Pfälzische Verlagsanstalt，1943 年）。

- 罗伯特·道蒂（Robert A. Doughty）著，《崩溃点：色当与法国的沦陷，1940》（The Breaking Point: Sedan and the Fall of France, 1940，康涅狄格州哈姆登：Archon，1990 年）。

- 克里斯托弗·达菲著，《腓特烈大帝的军队》（The Army of Frederick the Great，伦敦：David & Charles，1974 年）。

- 《腓特烈大帝的军事生涯》（Frederick the Great: A Military Life，伦敦：Routledge and Kegan Paul，1985 年）。

- 詹姆斯·达菲（James Duffy）著，《目标美国：希特勒攻击美国的计划》（Target America: Hitler's Plan to Attack the United States，康涅狄格州韦斯特波特：Praeger，2004 年）。

- 亚历山德鲁·迪蒂（Alesandru Dutu）著，《塞瓦斯托波尔围城战中的罗马尼亚军队（1941 年 10 月—1942 年 7 月）》（The Romanian Troops in the Siege of Sevastopol (October 1941–July 1942)），《国际军事史杂志》（Revue Internationale d'Histoire Militaire）第 77 辑（1992 年）。

- 切斯特·伊萨姆（Chester V. Easum）著，《普鲁士的亨利亲王：腓特烈大帝的弟弟》（Prince Henry of Prussia: Brother of Frederick the Great，康涅狄格州韦斯特波特：Greenwood Press，1971 年）。

- 延斯·埃伯特（Jens Ebert）编，《来自斯大林格勒的战地信件》（Feldpostbriefe aus Stalingrad，格丁根：Wallstein，2003 年）。

- 安图利奥·埃切瓦里亚二世（Antulio J. Echevarria II）著，《克劳塞维茨之后：第一次世界大战前的德国军事思想家》（After Clausewitz: German Military Thinkers before the Great War，劳伦斯：University Press of Kansas，2000 年）。

- 《正确看待 Auftragstaktik》（Auftragstaktik: In Its Proper Perspective），《军事评论》第 66 辑，第 10 期（1986 年 10 月）。

- 《评特伦斯·朱伯 < 德军的战争策划 > 一书》（Review of Terence Zuber, German War Planning），《军事历史期刊》（Journal of Military History）第 69 辑，第 4 期（2005 年 10 月）。

- 吉尔·爱德华兹（Jill Edwards）编，《再论阿拉曼：阿拉曼战役及其历史意义》（Al-Alamein Revisited: The Battle of al-Alamein and Its Historical Implications，开罗：American University in Cairo，2000 年）。

- 路德维希·冯·艾曼斯贝格尔将军（General Ludwig von Eimannsberger）著，《装甲战术》（Panzertaktik）第 1 部分，《军事周刊》第 120 辑，第 23 期（1935 年 12 月 18 日）；第二部分，《军事周刊》第 120 辑，第 24 期（1935 年 12 月 25 日）。

- 瓦西里·叶梅利亚年科（Vasily B. Emelianenko）著，《抗击卐字的红星：一个苏联飞行员在东线的经历》（Red Star against the Swastika: The Story of a Soviet Pilot over the Eastern Front，伦敦：Greenhiill，2005 年）。

- 格哈德·恩格尔（Gerhard Engel）著，《希特勒的陆军副官，1938—1943：恩格尔少校的笔记》（Heeresadjutant bei Hitler, 1938–1943: Aufzeichnun- gen des Major Engels，斯图加特：Deutsche Verlags-Anstalt，1974 年）。

- 瓦尔德马·爱尔福特（Waldemar Erfurth）著，《军队各部分的联合作战行动》（Das Zusammenwirken getrennter Heeresteile），《军事科学评论》第 4 辑，第 1—4 期（1939 年）。

- 约翰·埃里克森（John Erickson）著，《通往柏林之路：斯大林对德战争史续编》（The Road to Berlin: Continuing the History of Stalin's War with Germany，科罗拉多州博尔德：Westview Press，1983 年）。

- 《通往斯大林格勒之路》（The Road to Stalingrad，纽约：Harper & Row，1975 年）。

- 埃里希·冯·法金汉（Erich von Falkenhayn）著，《1916/1917 年第 9 集团军对罗马尼亚和俄国军队的战役》（Der Feldzug der 9. Armee gegen die Rumänen und Russen, 1916/1917，柏林：E.

S. Mittler，1921 年）。

- 恩斯特·菲舍尔（Ernst Fischer）著，《格奥尔格·德弗林格：人生片段》(Georg Derfflinger: Bruchstücke seines Lebensbildes)，《1894 年军事周刊副刊》(Beihefte zum Militär-Wochenblatt, 1894，柏林：E. S. Mittler，1894 年）。

- 约翰内斯·菲舍尔（Johannes Fischer）著，《关于向斯大林格勒空运的决定：第三帝国军方领导人所起作用》(Über den Entschluss zur Luftversorgung Stalingrads: Ein Beitrag zur militärischen Führung im Dritten Reich)，《军事历史通讯》(Militärgeschichtliches Mitteilungen) 第 2 辑（1969 年）。

- 弗尔斯特中尉(Lieutenant Foerster)著，《腓特烈·卡尔亲王》(Prinz Friedrich Karl)，《军事科学评论》第 8 辑，第 2 期（1943 年）。

- 赫尔曼·弗奇著，《陆军元帅利斯特 80 华诞》(Generalfeldmarschall List 80 Jahre Alt)，《军事科学评论》第 10 辑，第 5 期（1960 年 5 月）。

- 特奥多尔·冯塔内（Theodor Fontane）著，《1866 年德意志战争》第 2 卷《德国中西部的战役》(Der deutsche Krieg von, 1866, vol. 2, Der Feldzug in West- und Mitteldeutschland，柏林：R. v. Decker，1871 年）。

- 格哈德·弗尔斯特（Gerhard Förster）著，《关于斯大林格勒战役中的战争艺术的一些问题》(Einige Fragen der Kriegskunst während der Stalingrader Schlacht)，《军事历史》第 22 辑，第 1 期（1983 年）。

- 于尔根·弗尔斯特（Jürgen Förster）著，《斯大林格勒：联盟的裂痕》(Stalingrad: Risse im Bündnis，弗赖堡：Rombach，1975 年）。

- 《作为征服与灭绝战争的"巴巴罗萨"行动》(Das Unternehmen 'Barbarossa' als Eroberungs- und Vernichtungskrieg)，收录于德国军事历史研究所，《德国与第二次世界大战》，第 4 卷，《进攻苏联》(Das Deutsche Reich und Der Zweite Weltkrieg, vol. 4, Der Angriff auf die Sowjetunion，斯图加特：Deutsche Verlags-Anstalt，1983 年）。

- 乔治·福蒂（George Forty）著，《隆美尔的军团》(The Armies of Rommel，伦敦：Arms and Armour Press，1997 年）。

- 《北非战争中的沙漠之鼠》(Desert Rats at War: North Africa，伦敦：Ian Allan，1975 年）。

- 威尔·福勒（Will Fowler）著，《斯大林格勒：生死攸关的七天：1942 年 10 月德军占领这座城市的最后一次绝望尝试》(Stalingrad: The Vital 7 Days: The Germans' Last Desperate Attempt to Capture the City, October 1942，肯特郡斯泰普尔赫斯特：Spellmount，2005 年）。

- 赫尔曼·冯·弗朗索瓦（Hermann von François）著，《马恩河之战与坦嫩贝格：对战争前六周德军作战过程的反思》(Marneschlacht und Tannenberg: Betrachtungen zur deutscher Kriegsführung der ersten sechs Kriegswochen，柏林：Scherl，1920 年）。

- 胡戈·冯·弗赖塔格 - 洛林霍芬男爵（Hugo Freiherr von Freytag-Loringhoven）著，《指挥官的重要意义：名将的思考与行动》(Feldherrengrösse: Von Denken und Handeln hervorragender Heerführer，柏林：E. S. Mittler，1922 年）。

- 《战争中的乐观主义》(Optimismus im Kriege)，《军事科学评论》第 9 辑，第 2 期（1944 年）。

- 卡尔 - 海因茨·弗里泽尔（Karl-Heinz Frieser）著，《闪电战传说：1940 年西线会战》(The Blitzkrieg Legend: The 1940 Campaign in the West，安纳波利斯：Naval Institute Press，2005 年）。

- 斯蒂芬·弗里茨（Stephen G. Fritz）著，《前线士兵：第二次世界大战中的德国军人》(Frontsoldaten: The German Soldier in World War II，University Press of Kentucky，1995 年）。

- 罗伯特·弗罗斯特（Robert I. Frost）著，《北方战争：北欧的战争、国家和议会，1558—1721 年》(The Northern Wars: War, State, and Soviet in Northeastern Europe, 1558–1721，埃塞克斯：Longman，2000 年）。

- 阿扎·加特（Azar Gat）著，《军事思想的起源：从启蒙时代到克劳塞维茨》(The Origins of Military Thought: From the Enlightenment to Clausewitz，牛津：Oxford University Press，1992 年）。

- 高尔上校（Colonel Gaul）著，《在法国的闪电战》（Der Blitzkrieg in Frankreich），《军事周刊》第 125 辑，第 35 期（1941 年 2 月 28 日）。
- 《1941 年 10 月至 1942 年 7 月苏俄军队在克里米亚和塞瓦斯托波尔一带作战行动简述》（Kurze Darstellung der sowjetrussischen Kämpfe auf der Krim und um Sewastopol vom Oktober 1941 bis July 1942），《军事科学评论》第 8 辑，第 2 期（1942 年）。
- 阿尔弗雷德·高泽（Alfred Gause）著，《1941 年的北非会战》（Der Feldzug in Nordafrika im Jahre 1941），《军事科学评论》第 12 辑，第 10 期（1962 年 10 月）。
- 《1942 年的北非会战》（Der Feldzug in Nordafrika im Jahre 1942），《军事科学评论》第 12 辑，第 11 期（1962 年 11 月）。
- 《1943 年的北非会战》（Der Feldzug in Nordafrika im Jahre 1943），《军事科学评论》第 12 辑，第 12 期（1962 年 12 月）。
- 埃吉德·格林（Egid Gehring）编，《雪绒花部队在南斯拉夫：一个山地师的经历》（Unterm Edelweiss in Jugoslawien: Aus den Erlebnissen einer Gebirgsdivision，慕尼黑：Franz Eher，1941 年）。
- 《陆军元帅冯·施利芬伯爵论普鲁士—德意志军队的名将》（Generalfeldmarschall Graf von Schlieffen über den grossen Feldherren der preussisch-deutschen Armee），《军事周刊》第 125 辑，第 17 期（1940 年 10 月 25 日）。
- 《德军在第二次世界大战中的沙漠战经验》（German Experiences in Desert Warfare during World War II），第 2 卷，美国海军陆战队参考出版物（FMFRP）12-96-II（弗吉尼亚州匡蒂科：美国海军陆战队，1990 年）。
- 德国总参谋部著，《腓特烈大帝的战争》，第 3 部，《七年战争》，第 5 卷，《哈斯滕贝克与罗斯巴赫》（Die Kriege Friedrichs des Grossen, pt. 3, Die siebenjährige Krieg, vol. 5, Hastenbeck und Rossbach, 柏林：Ernst Mittler，1903 年）。
- 《战争史与战术研究》（Studien zur Kriegsgeschichte und Taktik），第 6 卷，《陆军伙食》（Heeresverpflegung, 柏林：E. S. Mittler，1913 年）。
- 霍斯特·吉茨（Horst Giertz）著，《苏联史学中的斯大林格勒战役》（Die Schlacht von Stalingrad in der sowjetischen Historiographie），收录于沃尔夫拉姆·韦特和格尔德·于贝舍尔编，《斯大林格勒：关于一场战役的神话与现实》（Stalingrad: Mythos und Wirklichkeit einer Schlacht，美因河畔法兰克福：Fischer Taschenbuch Verlag，1992 年）。
- 戴维·格兰茨（David M. Glantz）著，《列宁格勒战役，1941—1944》（The Battle for Leningrad, 1941–1944, 劳伦斯：University Press of Kansas，2002 年）。
- 《巨人重生：战争中的苏联红军，1941—1943》（Colossus Reborn: The Red Army at War, 1941–1943, 劳伦斯：University Press of Kansas，2005 年）。
- 《巨人重生姊妹篇》（Companion to Colossus Reborn，劳伦斯：University Press of Kansas，2005 年）。
- 《斯大林格勒的对照之战：火星行动（1942 年 11—12 月）：朱可夫元帅的最大失败》[Counterpoint to Stalingrad: Operation Mars (November–December 1942): Marshal Zhukov's Greatest Defeat, 堪萨斯州利文沃思堡：外国军事研究处，1997 年]。
- 《苏德战争中被遗忘的战役（1941—1945），第 6 部分：冬季会战（1941 年 12 月 5 日至 1942 年 4 月）：克里米亚反攻及其影响》[Forgotten Battles of the German-Soviet War (1941–45), Part 6: The Winter Campaign (5 December 1941–April 1942): The Crimean Counteroffensive and Reflections],《斯拉夫军事研究杂志》（Journal of Slavic Military Studies）第 14 辑，第 1 期（2001 年 3 月）。
- 《苏德战争中被遗忘的战役（1941—1945），第 7 部分：夏季会战（1942 年 5 月 12 日至 11 月 18 日）：沃罗涅日，1942 年 7 月》[Forgotten Battles of the German-Soviet War (1941– 1945), Part 7:

The Summer Campaign (12 May–18 November 1942): Voronezh, July 1942]，《斯拉夫军事研究杂志》第 14 辑，第 3 期（2001 年 9 月）。

- 《泥足巨人：苏德战争前夕的苏联军队》（Stumbling Colossus: The Red Army on the Eve of World War II，劳伦斯：University Press of Kansas，1998 年）。

- 《朱可夫的最大失败：1942 年红军在火星行动中的史诗级惨败》（Zhukov's Greatest Defeat: The Red Army's Epic Disaster in Operation Mars, 1942，劳伦斯：University Press of Kansas，1999 年）。

- 《哈尔科夫 1942：苏军视角下的哈尔科夫战役》（Kharkov, 1942: Anatomy of a Military Disaster through Soviet Eyes，萨里谢珀顿：Ian Allan，1998 年）。

- 戴维·格兰茨和乔纳森·豪斯（Jonathan House）著，《库尔斯克战役》（The Battle of Kursk，劳伦斯：University Press of Kansas，1999 年）。

- 《巨人的碰撞：苏联红军如何打败希特勒》（When Titans Clashed: How the Red Army Stopped Hitler，劳伦斯：University Press of Kansas，1995 年）。

- 科尔马·冯·德·戈尔茨男爵（Colmar Baron von der Goltz）著，《指挥官与其下属》（Der Feldherr und seine Unterführer），《军事科学评论》第 9 辑，第 2 期（1944 年）。

- 《从耶拿到埃劳：旧普鲁士军队的耻辱与洗雪》（Jena to Eylau: The Disgrace and the Redemption of the Old-Prussian Army，纽约：E. P. Dutton，1913 年）。

- 瓦尔特·格利茨（Walter Görlitz）编，《保卢斯："我站在这里指挥！"》（Paulus: "Ich stehe hier auf Befehl!"，法兰克福：Bernard & Graefe，1960 年）。

- 罗尔夫·格拉姆斯（Rolf Grams）著，《第 14 装甲师，1940—1945：应第 14 装甲师遗族会之托发表》（Die 14. Panzer Division, 1940–1945: Herausgegeben im Auftrag der Traditionsgemeinschaft der 14. Panzer Division，巴特瑙海姆：Podzun，1957 年）。

- 唐纳德·格林伍德（Donald J. Greenwood）设计，《转折点—斯大林格勒》（Turning Point—Stalingrad，巴尔的摩：Avalon Hill Game Company，1989 年）。

- 曼弗雷德·格里尔（Manfred Griehl）著，《美国上空的德国空军：第二次世界大战中轰炸美国的秘密计划》（Luftwaffe over America: The Secret Plans to Bomb the United States in World War II，伦敦：Greenhill，2004 年）。

- 帕迪·格里菲斯著，《勇往直前：从滑铁卢到近未来的战术》（Forward into Battle: Fighting Tactics from Waterloo to the Near Future，加利福尼亚州纳瓦托：Presidio，1990 年）。

- 《高加索上空的铁翼：莱昂纳多行动》（Wings over the Caucasus: Operation Leonardo），收录于彼得·楚拉斯编，《希特勒获胜：第二次世界大战的另类决策》（Hitler Triumphant: Alternate Decisions of World War II，伦敦：Greenhill，2006 年）。

- 《大德意志解放战争》（Grossdeutschlands Freiheitskrieg），第 88 节，"一周的胜利"（Eine Woche der Siege），《军事周刊》第 125 辑，第 42 期（1941 年 4 月 18 日）。

- 《大德意志解放战争》（Grossdeutschlands Freiheitskrieg），第 89 节，"南斯拉夫的投降·克罗地亚的独立·希腊前线的突破"（Kapitulation Jugoslawiens. Kroatien selbständig. Durchbruch durch die Front in Griechenland），《军事周刊》第 125 辑，第 43 期（1941 年 4 月 25 日）。

- 《大德意志解放战争》（Grossdeutschlands Freiheitskrieg），第 90 节，"希腊军队主力投降·占领雅典和科林斯"（Kapitulation der griechischen Hauptarmee. Athen und Korinth besetzt），《军事周刊》第 125 辑，第 44 期（1941 年 5 月 2 日）。

- 《大德意志解放战争》（Grossdeutschlands Freiheitskrieg），第 91 节，"结束在希腊的战斗"（Abschluss der Kämpfe in Griechenland），《军事周刊》第 125 辑，第 45 期（1941 年 5 月 9 日）。

- 《大德意志解放战争》（Grossdeutschlands Freiheitskrieg），第 120 节，"东线作战五个月以后"（Nach fünf Monaten Ostfeldzug），《军事周刊》第 126 辑，第 22 期（1941 年 11 月 28 日）。

- 《大德意志解放战争》（Grossdeutschlands Freiheitskrieg），第 128 节，"防御中的攻击精神"（Offensivgeist in der Defensive），《军事周刊》第 126 辑，第 30 期（1942 年 1 月 23 日）。

- 《大德意志解放战争》(Grossdeutschlands Freiheitskrieg)，第 145 节，"德军在克里米亚的春季作战" (Die deutsche Frühjahrsoperation auf der Krim)，《军事周刊》第 126 辑，第 47 期（1942 年 5 月 22 日）。

- 《大德意志解放战争》(Grossdeutschlands Freiheitskrieg)，第 146 节，"刻赤，春季的第一场歼灭战" (Kertsch, die erste Vernichtungsschlacht des Frühjahrs)，《军事周刊》第 126 辑，第 48 期（1942 年 5 月 29 日）。

- 《大德意志解放战争》(Grossdeutschlands Freiheitskrieg)，第 146 节，"哈尔科夫战役：从防御到进攻"（Die Schlacht von Charkow: Aus der Abwehr zum Angriff)，《军事周刊》第 126 辑，第 48 期（1942 年 5 月 29 日）。

- 《大德意志解放战争》(Grossdeutschlands Freiheitskrieg)，第 147 节，"哈尔科夫包围战的结束" (Abschluss der Kesselschlacht von Charkow)，《军事周刊》第 126 辑，第 49 期（1942 年 6 月 5 日）。

- 《大德意志解放战争》(Grossdeutschlands Freiheitskrieg)，第 151 节，"对托布鲁克胜利的分析"(Die Auswertung des Sieges von Tobruk)，《军事周刊》第 127 辑，第 1 期（1942 年 7 月 3 日）。

- 《大德意志解放战争》(Grossdeutschlands Freiheitskrieg)，第 152 节，"攻克塞瓦斯托波尔"(Der Fall von Sewastopol)，《军事周刊》第 127 辑，第 2 期（1942 年 6 月 19 日）。

- 《大德意志解放战争》(Grossdeutschlands Freiheitskrieg)，第 154 节，"埃及的局势"（Die Lage in Ägypten)，《军事周刊》第 127 辑，第 4 期（1942 年 7 月 24 日）。

- 《大德意志解放战争》(Grossdeutschlands Freiheitskrieg)，第 154 节，"1942 年 8 月 2 日至 8 日的军事和政治事件"(Die militärischen und politischen Ereignisse vom 2. bis 8. August 1942)，《军事周刊》第 127 辑，第 7 期（1942 年 8 月 14 日）。

- 《大德意志解放战争》(Grossdeutschlands Freiheitskrieg)，第 170 节，"在图阿普谢和捷列克的进展"(Bei Tuapse und am Terek Raumgewinn)，《军事周刊》第 127 辑，第 20 期（1942 年 11 月 13 日）。

- 《大德意志解放战争》(Grossdeutschlands Freiheitskrieg)，第 173 节，"从高加索到涅瓦河，苏军的进攻均告失败"(Sowjetangriffe vom Kaukasus bis zur Newa abgewiesen)，《军事周刊》第 127 辑，第 23 期（1942 年 12 月 4 日）。

- 格罗塞尔中士（Sergeant Grosser）著，《渡过谢韦尔纳亚湾》，收录于《我们征服了克里米亚：克里米亚集团军士兵报告》(Wir erobern die Krim: Soldaten der Krim-Armee berichten，诺伊施塔特：Pfälzische Verlagsanstalt，1943 年）。

- 埃里克·格罗夫（Eric Grove）、克里斯托弗·钱特（Christopher Chant）、戴维·莱昂（David Lyon）和休·莱昂(Hugh Lyon)著，《第二次世界大战的军用装备：坦克、飞机和海军舰艇》(TheMilitary Hardware of World War II: Tanks, Aircraft, and Naval Vessels，纽约：Military Press，1984 年）。

- 海因茨·古德里安（Heinz Guderian）著，《注意—坦克！装甲兵的发展、战术和作战潜力》(Achtung—Panzer! The Development of Armored Forces, Their Tactics, and Operational Potential，伦敦：Arms and Armour Press，1992 年）。

- "摩托化部队"（Kraftfahrtruppen)，《军事科学评论》(Militärwissenschaftliche Rundschau)第 1 辑，第 1 期（1936 年）。

- 《闪击英雄》（Panzer Leader，纽约：Ballantine，1957 年）。

- 《装甲部队及其与其他兵种的协同》(Die Panzertruppen und ihr Zusammenwirken mit den anderen Waffen)，《军事科学评论》第 1 辑，第 5 期（1936 年）。

- 奥古斯丁·纪尧姆著，《苏德战争，1941—1945》（The German-Russian War, 1941–1945，伦敦：陆军部，1956 年）。

- 布鲁斯·古德蒙松（Bruce Gudmundsson）著，《非洲军内幕》（Inside the Afrika Korps，伦敦：Greenhill Books，1999 年）。

- 杰弗里·冈斯堡（Jeffrey A. Gunsburg）著，《分裂与战败：法军最高指挥部与 1940 年西线的失败》(Divided and Conquered: The French High Command and the Defeat in the West, 1940，康涅

狄格州韦斯特波特：Greenwood Press，1979 年)。

- 玛丽·哈贝克 (Mary R. Habeck) 著，《钢铁风暴：德国和苏联的装甲战术学说发展，1919—1939》(Storm of Steel: The Development of Armor Doctrine in Germany and the Soviet Union, 1919-1939, 纽约州伊萨卡：Cornell University Press，2003 年)。

- 格特·哈贝丹克 (Gert Habedanck) 著，《我们从大陆上撵走了汤米》(Wir fegten den Tommy vom Kontinent)，收录于德国国防军总司令部编，《国防军：为了欧洲的自由》(Die Wehrmacht: Um die Freiheit Europas, 柏林：Verlag "Die Wehrmacht"，1941 年)。

- 沃尔夫冈·海丁 (Wolfgang Haidin) 著，《斯大林格勒：从战场和俘虏营生还：来自约瑟夫·舍内格尔的回忆》(Stalingrad: Kampf und Gefangenschaft überlebt: Aus den Lebenserinnerungen des Josef Schönegger, 施泰尔：Ennsthaler，1995 年)。

- 弗朗茨·哈尔德 (Franz Halder) 著，《战争日记》第 2 卷，《从策划登陆英国到东线作战开始》(Kriegstagebuch. Volume 2. Von der geplanten Landung in England bis zum Beginn des Ostfeldzuges, 斯图加特：W. Kohlhammer Verlag，1964 年)。

- 《战争日记》第 3 卷，《到进军斯大林格勒为止的对俄作战》(Kriegstagebuch, vol. 3, Der Russlandfeldzug bis zum Marsch auf Stalingrad, 斯图加特：W. Kohlhammer Verlag, 1964)。

- 阿明·哈勒 (Armin Halle) 和卡洛·德曼德 (Carlo Demand) 著，《坦克：战车插图史》(Tanks: An Illustrated History of Fighting Vehicles, 纽约：Crescent，1971 年)。

- 汉堡社会研究所 (Hamburger Institut für Sozialforschung) 编，《国防军的罪恶：灭绝战的方方面面，1941—1944》(Verbrechen der Wehrmacht: Dimensionen des Vernichtungskrieges, 1941-1944, 汉堡：Hamburger Edition，2002 年)。

- 奈杰尔·汉密尔顿 (Nigel Hamilton) 著，三卷本《蒙哥马利传》(Monty, 伦敦：Hamish Hamilton，1981-1986 年)。

- 雅各布·李·哈姆里克 (Jacob Lee Hamric) 著，《德国的决定性胜利：1916 年法金汉的罗马尼亚之战》(Germany's Decisive Victory: Falkenhayn's Campaign in Romania, 1916, 硕士论文，东密歇根大学，2004 年)。

- 哈里斯 (J. Harris) 著，《人员、理念和坦克：英国军事思想与装甲兵，1903—1939 年》(Men, Ideas, and Tanks: British Military Thought and Armoured Forces, 1903-1939, 曼彻斯特：Manchester University Press, 1995 年)。

- 理查德·哈里森 (Richard W. Harrison) 著，《俄式兵法：作战艺术，1904—1940 年》(The Russian Way of War: Operational Art, 1904-1940, 劳伦斯：University Press of Kansas，2001 年)。

- 克里斯蒂安·哈特曼 (Christian Hartmann) 著，《哈尔德：希特勒的总参谋长，1938—1942》(Halder: Generalstabschef Hitlers, 1938-1942, 帕德博恩：Ferdinand Schöningh，1991 年)。

- 赫尔维·豪夫勒 (Hervie Haufler) 著，《从未存在的间谍网：伪装成纳粹间谍的同盟国双重间谍的真实故事》(The Spies Who Never Were: The True Story of the Nazi Spies Who Were Actually Allied Double Agents, 纽约：NAL Caliber，2006 年)。

- 魏尔纳·豪普特 (Werner Haupt) 编，《南方集团军群：国防军在俄国，1941—1945》(Army Group South: The Wehrmacht in Russia, 1941-1945, 宾夕法尼亚州阿特格伦：Schiffer，1998 年)。

- 乔尔·海沃德 (Joel S. A. Hayward) 著，《早期联合作战案例研究：对国防军 1942 年克里米亚会战的分析》(A Case Study in Early Joint Warfare: An Analysis of the Wehrmacht's Crimean Campaign of 1942)，《斯拉夫军事研究杂志》第 22 辑，第 4 期（1999 年 12 月）。

- 《兵败斯大林格勒：德国空军与希特勒在东方的失败，1941—1943》(Stopped at Stalingrad: The Luftwaffe and Hitler's Defeat in the East, 1941-1943, 劳伦斯：University Press of Kansas，1998 年)。

- 《冯·里希特霍芬的"巨型火魔法"：1942 年德国空军在刻赤战役中的作用》(Von Richtofen's 'Giant Fire-Magic': The Luftwaffe's Contribution to the Battle of Kerch, 1942)，《斯拉夫军事研究杂志》

第 10 辑，第 2 期（1997 年 6 月）。

- 沃尔夫·黑克曼（Wolf Heckmann）著，《隆美尔在非洲的战争》（Rommel's War in Africa，纽约州加登城：Doubleday，1981 年）。

- 汉内斯·黑尔（Hannes Heer）和克劳斯·瑙曼（Klaus Naumann）编，《灭绝战：国防军的罪恶，1941—1944》（Vernichtungskrieg: Verbrechen der Wehrmacht, 1941–1944，汉堡：Edition，1995 年）。

- 《灭绝战：第二次世界大战中的德国军队，1941—1944》（War of Extermination: The German Military in World War II, 1941–1944，纽约：Berghahn，2000 年）。

- 希腊陆军总参谋部编，《1940—1941 年希意和希德战争史略：陆地作战》（An Abridged History of the Greek-Italian and Greek- German War, 1940–1941: Land Operations，雅典：Army History Directorate，1997 年）。

- 海因茨·黑尔默特（Heinz Helmert）和赫尔穆特·奥托（Helmut Otto）著，《从匈牙利第 2 集团军的部署看第二次世界大战中希特勒德国的联合作战》（Zur Koalitionskriegsführung Hitler-Deutschlands im zweiten Weltkrieg am Beispiel des Einsatzes der ungarischen 2. Armee），《军事历史杂志》（Zeitschrift für Militärgeschichte）第 2 辑，第 3 期（1963 年）。

- 西格弗里德·亨里齐（Sigfrid Henrici）著，《萨拉热窝 1941：一个摩托化师的奔袭式进攻》（Sarajevo 1941: Der raidartige Vorstoss einer mot. Division），《军事科学评论》第 10 辑，第 4 期（1960 年 4 月）。

- 莱奥·黑普（Leo Hepp）著，《1941 年巴尔干会战中的第 12 集团军》（Die 12. Armee im Balkanfeldzug 1941），《军事科学评论》第 5 辑，第 5 期（1955 年 5 月）。

- 霍尔格·赫维希（Holger H. Herwig）著，《第一次世界大战：德国与奥匈，1914—1918》（The First World War: Germany and Austria-Hungary, 1914–1918，伦敦：Arnold，1997 年）。

- 贝阿特丽策·霍伊泽尔（Beatrice Heuser）著，《读懂克劳塞维茨》（Reading Clausewitz，纽约：Random House，2002 年）。

- 弗里德里希·奥古斯特·冯·德·海特男爵（Baron Friedrich August von der Heydte）著，《代达罗斯归来：克里特 1941》（Daedalus Returned: Crete, 1941，伦敦：Hutchinson，1958）。

- 金特·海辛中尉（Lieutenant Günther Heysing）著，《战斗工兵在巴尔干》（Pionere auf dem Balkan），收录于德国国防军总司令部编，《国防军：为了欧洲的自由》（Die Wehrmacht: Um die Freiheit Europas，柏林：Verlag "Die Wehrmacht"，1941 年）。

- 罗宾·海厄姆（Robin Higham）著，《灾难日记：英国援希作战，1940—1941》（Diary of a Disaster: British Aid to Greece, 1940–1941，列克星敦：University Press of Kentucky，1986 年）。

- 欣斯利（F. H. Hinsley）等人著，三卷本《第二次世界大战中英国情报机构对战略和战役的影响》（British Intelligence in the Second World War: Its Influence on Strategy and Operations，剑桥：Cambridge University Press，1979—1988 年）。

- 阿道夫·希特勒（Adolf Hitler）著，《护国军与德国政治》（Reichswehr und deutsche Politik），《军事科学评论》第 9 辑，第 1 期（1944 年）。

- 约阿希姆·霍夫曼（Joachim Hoffmann）著，《高加索，1942—1943：德国军队与苏联的东方民族》（Kaukasien, 1942–43: Das deutsche Heer und die Orientvölker der Sowjetunion，弗赖堡：Rombach Verlag，1991 年）。

- 詹姆斯·霍兰德（James Holland）著，《我们并肩作战：美国、英国和同盟的建立》（Together We Stand: America, Britain, and the Forging of an Alliance，纽约：Hyperion，2005 年）。

- 汉 - 亨宁·冯·霍尔岑多夫将军（General Han-Henning von Holtzendorff）著，《1941—1942 年隆美尔在非洲成功的原因》（Reasons for Rommel's Success in Afrika [sic], 1941–1942），"外国军事研究"丛书（手稿 D-024），收藏在位于宾夕法尼亚州卡莱尔市的卡莱尔军营中的美国陆军军事历史研究所。

- 沃尔夫·赫珀（Wolf Höpper）著，"胡贝图斯行动：柳德尼科夫在斯大林格勒的背水一战"（Operation

Hubertus: Ljudnikows Last Stand in Stalingrad），可在 http://www.flamesofwar.com/ Article. asp?ArticleID=1032 查阅。

- 阿利斯泰尔·霍恩（Alistair Horne）著，《如何输掉一场战役：法国 1940》（To Lose a Battle: France, 1940，波士顿：Little, Brown，1969 年）。
- 迈克尔·霍华德（Michael Howard）著，《阿拉曼之战》（The Battle of al-Alamein），收录于吉尔·爱德华兹编，《再论阿拉曼：阿拉曼战役及其历史意义》（Al-Alamein Revisited: The Battle of al-Alamein and Its Historical Implications，开罗：American University in Cairo，2000 年）。
- 《普法战争》（The Franco-Prussian War，纽约：Macmillan，1962 年）。
- 《战争的理论与实践》（The Theory and Practice of War，布卢明顿：Indiana University Press，1965 年）。
- 埃德温·霍伊特（Edwin Hoyt）著，《199 天：斯大林格勒战役》（199 Days: The Battle of Stalingrad，纽约：Tor，1993 年）。
- 《游击战：冯·莱托 - 福贝克上校与德国的东非帝国》（Guerrilla: Colonel von Lettow-Vorbeck and Germany's East African Empire，纽约：Macmillan，1981 年）。
- 《斯大林的战争：悲剧与胜利，1941—1945》（Stalin's War: Tragedy and Triumph, 1941–1945，纽约：Cooper Square Press，2003 年）。
- 瓦尔特·胡巴奇（Walther Hubatsch）著，《希特勒关于战争行动的指示，1939—1945》（Hitlers Weisungen für die Kriegführung, 1939–1945，科布伦茨：Bernard & Graefe，1983 年）。
- 丹尼尔·休斯（Daniel J. Hughes）著，《关于德国军事历史的迷思》（Abuses of German Military History），《军事评论》第 66 辑，第 12 期（1986 年 12 月）。
- 《毛奇军事文选》（Moltke on the Art of War: Selected Writings，加利福尼亚州诺瓦托：Presidio，1993 年）。
- 伊莎贝尔·赫尔（Isabel V. Hull）著，《绝对毁灭：德意志帝国的军事文化与战争实践》（Absolute Destruction: Military Culture and the Practices of War in Imperial Germany，纽约州伊萨卡：Cornell University Press，2005 年）。
- 马丁·洪堡（Martin Humburg）著，《斯大林格勒士兵战地信件的重要性》（Die Bedeutung der Feldpost für die Soldaten in Stalingrad），收录于沃尔夫拉姆·韦特和格尔德·于贝舍尔编，《斯大林格勒：关于一场战役的神话与现实》（Stalingrad: Mythos und Wirklichkeit einer Schlacht，美因河畔法兰克福：Fischer Taschenbuch Verlag，1992 年）。
- 海因茨·欣格尔（Heinz Hünger）和恩斯特·埃里希·施特拉斯尔（Ernst Erich Strassl）著，《在希腊的斗智斗勇》（Kampf und Intrige um Griechenland，慕尼黑：Franz Eher，1942 年）。
- 约翰内斯·许特（Johannes Hürter）著，《一个德国将军在东线：戈特哈德·海因里西将军的书信和日记，1941—1942 年》（Ein deutscher General an der Ostfront: Die Briefe und Tagebücher des Gotthard Heinricis, 1941–42，爱尔福特：Alan Sutton，2001 年）。
- 戴维·欧文（David Irving）著，《德累斯顿的毁灭》（The Destruction of Dresden，伦敦：Kimber，1963 年）。
- 杰克逊（W. G. F. Jackson）著，《北非之战，1940—1943》（The Battle for North Africa, 1940–43，纽约：Mason, Charter，1975 年）。
- 汉斯 - 阿道夫·雅各布森（Hans-Adolf Jacobsen）著，《黄色方案：围绕 1940 年德军西线进攻作战计划的争斗》（Fall Gelb: Der Kampf um den deutschen Operationsplan zur Westoffensive 1940，威斯巴登：F. Steiner，1957 年）。
- 《希特勒关于西线作战的计划》（Hitlers Gedanken zur Kriegführung im Westen），《军事科学评论》（Wehrwissenschaftliche Rundschau）第 5 辑，第 10 期（1955 年 10 月）。
- 库尔特·雅尼（Curt Jany）著，《普鲁士王家军队史（截至 1807 年）》，第 2 卷，《腓特烈大帝的军队 1740-1763》（Geschichte der königlich preussischen Armee bis zum Jahre 1807, vol. 2, Die

Armee Friedrichs des Grossen 1740 bis 1763，柏林：Karl Siegismund，1928 年）。

- 阿尔贝特·耶洛舍克（Albert Jeloschek）、弗里德里希·里希特（Friedrich Richter）、埃伦费里德·许特（Ehrenfried Schütte）和约翰内斯·泽姆勒（Johannes Semler）著，《来自高加索的志愿者：帮助德国作战的格鲁吉亚人、亚美尼亚人、车臣人等："贝格曼特别联合会"及其创始人特奥多尔·奥伯伦德尔》（Freiwillige vom Kaukasus: Georgier, Armenier, Tschetschenen u. a. auf deutscher Seite: Der "Sonderverband Bergmann" und sein Gründer Theodor Oberländer，格拉茨：Leopold Stocker，2003 年）。

- 杰弗里·朱克斯（Geoffrey Jukes）著，《巴巴罗萨：进军哈尔科夫：乌克兰，1941 年 9—12 月》（Barbarossa: Drive to Kharkov: Ukraine, September–December 1941），《第二次世界大战史》，第 23 期（1978 年）。

- 《进军基辅：乌克兰，1941 年 6 月 23 日—9 月 18 日》（Drive to Kiev: Ukraine, June 23–September 18, 1941），《第二次世界大战史》，第 22 期（1978 年）。

- 《希特勒的斯大林格勒决策》（Hitler's Stalingrad Decisions，伯克利：University of California Press，1985 年）。

- 《斯大林格勒：转折点》（Stalingrad: The Turning Point，纽约：Ballantine，1968 年）。

- 恩斯特·卡比施（Ernst Kabisch）著，《无系统的战略》（Systemlose Strategie），《军事周刊》第 125 辑，第 26 期（1940 年 12 月 27 日）。

- 弗雷德里克·卡根（Frederick Kagan）著，《军事学说与现代战争：关于新版 FM 100-5 手册的说明》（Army Doctrine and Modern War: Notes toward a New Edition of FM 100-5），《参数》（Parameters）第 27 辑，第 1 期（1997 年春）。

- 卡勒特下士（Corporal Kahlert）著，《巴尔巴赫阵地被突破了》（Die Parpatsch-Stellung wird durchbrochen），收录于《我们征服了克里米亚：克里米亚集团军士兵报告》（Wir erobern die Krim: Soldaten der Krim-Armee berichten，诺伊施塔特：Pfälzische Verlagsanstalt，1943 年）。

- 罗兰·卡尔特内格（Roland Kaltenegger）著，《山地兵在高加索："雪绒花"行动，1942—1943》（Gebirgsjäger im Kaukasus: Die Operation "Edelweiss," 1942–43，格拉茨：Leopold Stocker，1997 年）。

- 约翰·基根（John Keegan）著，《第二次世界大战》（The Second World War，纽约：Penguin，2005 年）。

- 《丘吉尔的将军们》（Churchill's Generals，纽约：Grove Weidenfeld，1991 年）。

- 《柯林斯第二次世界大战地图集》（Collins Atlas of the Second World War，密歇根州安阿伯：Borders Press，2003 年）。

- 曼弗雷德·克里希（Manfred Kehrig）著，《斯大林格勒：关于这场战役的分析和档案》（Stalingrad: Analyse und Dokumentation einer Schlacht，斯图加特：Deutsche Verlags-Anstalt，1974 年）。

- 曼弗雷德·克里希著，《德国将军的回忆录中所反映的斯大林格勒之战》（Stalingrad im Spiegel der Memoiren deutscher Generale），收录于沃尔夫拉姆·韦特和格尔德·于贝舍尔编，《斯大林格勒：关于一场战役的神话与现实》（Stalingrad: Mythos und Wirklichkeit einer Schlacht，美因河畔法兰克福：Fischer Taschenbuch Verlag，1992 年）。

- 戴维·基思利（David M. Keithly）著，《铁十字·绿新月·黑金：进军印度河》（Black Cross, Green Crescent, Black Gold: The Drive to the Indus），收录于彼得·楚斯拉斯编，《希特勒获胜：第二次世界大战的另类决策》（Hitler Triumphant: Alternate Decisions of World War II，伦敦：Greenhill，2006 年）。

- 罗伯特·肯尼迪（Robert M. Kennedy）著，《1941—1944 年德军在巴尔干半岛的反游击战》，美国陆军部宣传册 20—243（German Antiguerrilla Operations in the Balkans, 1941–44, Department of the Army Pamphlet 20-243，华盛顿哥伦比亚特区：陆军部，1954 年）。

- 《1939 年德军在波兰的会战》，美国陆军部宣传册 20—255（The German Campaign in Poland,

348

1939, Department of the Army Pamphlet 20-255，华盛顿哥伦比亚特区：陆军部，1956 年）。

- 瓦尔特·克尔（Walter Kerr）著，《斯大林格勒的秘密》（The Secret of Stalingrad，纽约州加登城：Doubleday，1978 年）。

- 伊恩·克肖（Ian Kershaw）著，《希特勒传》，第 2 卷，《天罚》（Hitler, vol. 2, Nemesis，纽约：Norton，2000 年）。

- 埃伯哈德·克塞尔（Eberhard Kessel）著，《纪念 12 月 16 日布吕歇尔诞辰 200 周年》（Blücher: Zum 200. Geburtstag am 16. Dezember），《军事科学评论》第 7 辑，第 4 期（1942 年）。

- 洛塔尔·克特纳克（Lothar Kettenacker）编，《受害民族？关于 1940—1945 年大轰炸的新争论》（Ein Volk von Opfern? Die neue Debatte um den Bombenkrieg, 1940–45，柏林：Rohwohlt，2003 年）。

- 汉斯·基塞尔（Hans Kissel）著，《一个步兵师的进攻：1942 年 5 月第 101 轻装步兵师在哈尔科夫附近的春季战役中》（Angriff einer Infanteriedivision: Die 101.leichte Infanteriedivision in der Frühjahrsschlacht bei Charkow, Mai 1942，海德堡：Kurt Vowinckel，1958 年）。

- 《初遇 T-34》（Die ersten T-34），《军事科学评论》第 5 辑，第 3 期（1955 年 3 月）。

- 恩斯特·克林克（Ernst Klink）著，《作战指示：陆军与海军》（Die Operationsführung: Heer und Kriegsmarine），收录于德国军事历史研究所，《德国与第二次世界大战》，第 4 卷，《进攻苏联》（Das Deutsche Reich und Der Zweite Weltkrieg, vol. 4, Der Angriff auf die Sowjetunion，斯图加特：Deutsche Verlags-Anstalt，1983 年）。

- 克吕曼下士（Corporal Klümann）著，《向黑海进军》（Marsch ans Schwarze Meer），收录于《我们征服的克里米亚：克里米亚集团军士兵报告》（Wir erobern die Krim: Soldaten der Krim-Armee berichten，诺伊施塔特：Pfälzische Verlagsanstalt，1943 年）。

- 吉多·克诺普（Guido Knopp）著，《斯大林格勒：电视片》（Stalingrad: Das Drama，慕尼黑：Bertelsmann，2002 年）。

- 麦格雷戈·诺克斯和威廉森·默里编，《军事革命动态，1300—2050》（The Dynamics of Military Revolution, 1300–2050，剑桥：Cambridge University Press，2001 年）。

- 科恩中校（Lieutenant Colonel Köhn）著，《"闪电战"中的步兵》（Die Infanterie im 'Blitzkrieg'），《军事周刊》第 125 辑，第 5 期（1940 年 8 月 2 日）。

- 科尔贝中尉（Lieutenant Kolbe）著，《……赶回海里》（…ins Meer zurückzuwerfen），收录于《我们征服了克里米亚：克里米亚集团军士兵报告》（Wir erobern die Krim: Soldaten der Krim-Armee berichten，诺伊施塔特：Pfälzische Verlagsanstalt，1943 年）。

- 鲁道夫·康拉德（Rudolf Konrad）和吕姆勒（E. W. Rümmler）著，《争夺高加索》（Kampf um den Kaukasus，慕尼黑：Copress，1955 年）。

- 哈里·屈格勒（Harry Kügler）著，《与山中土匪的战斗》（Gefecht mit Banden im Gebirge），收录于《我们征服了克里米亚：克里米亚集团军士兵报告》（Wir erobern die Krim: Soldaten der Krim-Armee berichten，诺伊施塔特：Pfälzische Verlagsanstalt，1943 年）。

- 安德烈亚斯·孔茨（Andreas Kunz）著，《六十年前：第 6 集团军在斯大林格勒的毁灭》（Vor sechzig Jahren: Der Untergang der 6. Armee in Stalingrad），《军事历史》（Militärgeschichte）2002 年第 4 期。

- 弗朗茨·库罗夫斯基（Franz Kurowski）著，《杰米扬斯克：冰天雪地中的包围圈：东线北部地段 14 个月的防御战斗》（Demjansk: Der Kessel im Eis: 14 Monate Abwehrkampf im Nordabschnitt der Ostfront，韦尔费尔斯海姆：Podzun-Pallas，2001 年）。

- 赫伯特·拉达（Herbert Ladda）著，《高加索集团军的大流血》（Der Aderlass der Kaukasusarmee），《国防军》（Die Wehrmacht）第 6 辑，第 5 期（1942 年 3 月）。

- 罗伯特·拉森（Robert H. Larson）著，《英国陆军与装甲战理论》（The British Army and the Theory of Armored Warfare，纽瓦克：University of Delaware Press，1984 年）。

- 乔恩·拉蒂默（Jon Latimer）著，《阿拉曼》（Alamein，马萨诸塞州坎布里奇：Harvard

University Press，2002 年）。

- 莱德雷上校（Colonel E. Lederrey）著，《德国在东方的失败：战争中的苏联军队，1941—1945》（Germany's Defeat in the East: The Soviet Armies at War, 1941– 1945, 伦敦：陆军部，1955 年）。

- 奥斯卡·冯·莱托 - 福贝克（Oscar von Lettow-Vorbeck）著，《1866 年德意志战争史》第 1 卷《加施泰因 - 朗根萨尔察》（Geschichte des Krieges von 1866 in Deutschland, vol. 1, Gastein-Langensalza，柏林：E. S. Mittler，1896 年）。

- 保罗·冯·莱托 - 福贝克（Paul von Lettow-Vorbeck）著，《我的东非回忆录》（Meine erinnerungen aus Ostafrika，莱比锡：K. F. Koehler，1920 年）。

- 艾伦·莱文（Alan J. Levine）著，《针对隆美尔的补给线的战争，1942—1943》（Alan J. Levine, The War against Rommel's Supply Lines, 1942–1943, 康涅狄格州韦斯特波特：Praeger，1999 年）。

- 罗纳德·卢因（Ronald Lewin）著，《非洲军的生与死》（The Life and Death of the Afrika Korps，伦敦：Batsford，1977 年）。

- 《作为军队指挥官的蒙哥马利》（Montgomery as Military Commander，伦敦：Batsford，1971 年）。

- 《作为军队指挥官的隆美尔》（Rommel as Military Commander，伦敦：Batsford，1968 年）。

- 《超级机密参战：基于官方档案对第二次世界大战中最大秘密的首次论述》（Ultra Goes to War: The First Account of World War II's Greatest Secret Based on Official Documents，纽约：McGraw-Hill，1978 年）。

- 彼得·利德尔（Peter Liddle）著，《抢救关于北非战争经历的证言》（Rescuing the Testimony of the North Africa Campaign Experience），收录于吉尔·爱德华兹，《再论阿拉曼：阿拉曼战役及其历史意义》（Al-Alamein Revisited: The Battle of al-Alamein and Its Historical Implications，开罗：American University in Cairo，2000 年）。

- 利德尔·哈特（B. H. Liddell Hart）著，《德国将领对话录》（The German Generals Talk，纽约：Quill，1979 年）。

- 约亨·勒泽（Jochen Löser）著，《痛苦的义务：第 76（柏林 - 勃兰登堡）步兵师的战斗与毁灭》[Bittere Pflicht: Kampf und Untergang der 76 (Berlin-Brandenburgischen) Infanterie-Division，奥斯纳布吕克：Biblio Verlag，1988 年]。

- 詹姆斯·卢卡斯（James Lucas）著，《战斗群！第二次世界大战中德军战斗群的行动》（Battle Group! German Kampfgruppe Action of World War Two，伦敦：Arms and Armour Press，1993 年）。

- 路德维希将军（General Ludwig）著，《作为导师的毛奇》（Moltke als Erzieher），《军事周刊》第 125 辑，第 17 期（1940 年 10 月 25 日）。

- 《考虑时间因素的内线和外线作战》（Die Operation auf der inneren und der äusseren Linie im Lichte underer Zeit），《军事周刊》第 126 辑，第 1 期（1941 年 7 月 4 日）。

- 约翰·卢卡奇（John Lukacs）著，《1941 年 6 月：希特勒与斯大林》（June 1941: Hitler and Stalin，康涅狄格州纽黑文：Yale University Press，2006 年）。

- 雷蒙多·卢拉吉（Raimondo Luraghi）著，《阿拉曼战役中的意大利军队："钢铁的大军，钢铁的心"》（Italian Forces at the Battle of al-Alamein: "Ferrea Mole, Ferreo Cuore"），收录于吉尔·爱德华兹编，《再论阿拉曼：阿拉曼战役及其历史意义》（Al-Alamein Revisited: The Battle of al-Alamein and Its Historical Implications，开罗：American University in Cairo，2000 年）。

- 马赫尔少校（Major Macher）著，《占领丹麦》（Die Besetzung Dänemarks），《军事周刊》第 125 辑，第 45 期（1941 年 5 月 9 日）。

- 埃伯哈德·冯·马肯森（Eberhard von Mackensen）著，《从布格河到高加索：对苏作战中的第 3 装甲军，1941—1942》（Vom Bug zum Kaukasus: Das III. Panzerkorps im Feldzug gegen Sowjetrussland, 1941–42，内卡格明德：Kurt Vowinckel，1967 年）。

- 肯尼思·麦克西（Kenneth Macksey）著，《隆美尔征战录》（Rommel: Battles and Campaigns，伦敦：Arms and Armour Press，1979 年）。

- 《坦克对坦克：图说 20 世纪装甲战斗》（Tank Versus Tank: The Illustrated Story of Armored Battlefield Conflict in the Twentieth Century，纽约：Barnes & Noble，1999 年）。
- 弗雷德·马奇德拉尼（Fred Majdalany）著，《阿拉曼战役：沙漠中的堡垒》（The Battle of El Alamein: Fortress in the Sand，费城：Lippincott，1965 年）。
- 埃里希·冯·曼斯坦因（Erich von Manstein）著，《失去的胜利》（Lost Victories，加利福尼亚州诺瓦托：Presidio，1982 年）。
- 《马内奇河—水坝：欧洲与亚洲的边界》（Manytsch—Damm: Grenze Europa Asien）。《国防军》第 6 辑，第 18 期（1942 年 9 月 2 日）。
- 汉斯·马滕斯（Hans Martens）著，《冯·塞德利茨将军，1942—1945：冲突分析》（General von Seydlitz, 1942–1945: Analyse eines Konflikts，东柏林：Von Kloeden，1971 年）。
- 莫德上校（Colonel F. N. Maude）著，《1806：耶拿会战》（1806: The Jena Campaign，伦敦：Swan Sonnenschein，1909 年）。
- 《耶拿会战 1806》（The Jena Campaign, 1806，伦敦：Greenhill，1998 年）。
- 麦克利蒙特（W. G. McGlymont）著，《出征希腊》（To Greece，新西兰惠灵顿：War History Branch，1959 年）。
- 亚历山大·麦基（Alexander McKee）著，《德累斯顿 1945：恶魔的火柴盒》（Dresden, 1945: The Devil's Tinderbox，伦敦：Souvenir，1982 年）.《阿拉曼：超级机密与三次战役》（El Alamein: Ultra and the Three Battles，肯塔基州查塔姆：Souvenir，1991 年）。
- 帕特·麦克塔格特（Pat McTaggart）著，《波兰 1939》（Poland '39），《指挥》（Command）第 17 期（1992 年 7—8 月）。
- 《斯摩棱斯克 - 叶利尼亚：抗击闪电战》（Smolensk-Yelnia: Blunting the Blitzkrieg），《指挥》第 21 期（1993 年 3—4 月）。
- 杰弗里·梅加吉（Geoffrey P. Megargee）著，《希特勒总司令部揭秘》（Inside Hitler's High Command，劳伦斯：University Press of Kansas，2000 年）。
- 《灭绝战争：东线的战斗和种族屠杀，1941》（War of Annihilation: Combat and Genocide on the Eastern Front, 1941，纽约：Rowman & Littlefield，2006 年）。
- 金特·迈因霍尔德（Günter Meinhold）著，《1942 年 5 月 8—11 日突破巴尔巴赫防线战斗中的第 123 步兵团》（123rd Infantry Regiment in the Breakthrough Battle for the Parpach Position, 8–11 May 1942），"外国军事研究"丛书（手稿 D-264）。收藏在位于宾夕法尼亚州卡莱尔市的卡莱尔军营中的美国陆军军事历史研究所。
- 弗里德里希·威廉·冯·梅林津（Friedrich Wilhelm von Mellenthin）著，《坦克战：第二次世界大战装甲兵运用研究》（Panzer Battles: A Study of the Employment of Armor in the Second World War，纽约：Ballantine，1956 年）。
- 布鲁斯·门宁（Bruce Menning）著，《俄国和苏联军事史上的纵深打击》（The Deep Strike in Russian and Soviet Military History），《苏联军事研究杂志》（Journal of Soviet Military Studies）第 1 辑，第 1 期（1988 年 4 月）。
- 凯瑟琳·梅里戴尔（Catherine Merridale）著，《伊万的战争：苏联红军中的生与死，1939—1945》（Ivan's War: Life and Death in the Red Army, 1939–1945，纽约：Metropolitan Books，2006 年）。
- 曼弗雷德·梅塞施密特（Manfred Messerschmidt）著，《前进防御：纽伦堡法庭的＜将军备忘录＞》（Forward Defense: The 'Memorandum of the Generals' for the Nuremberg Court），收录于汉内斯·黑尔和克劳斯·瑙曼编，《灭绝战：第二次世界大战中的德国军队，1941—1944》（War of Extermination: The German Military in World War II, 1941–1944，纽约：Berghahn，2000 年）。
- "Militärgeschichte: Bremen und Umland（不来梅及周边地区军事史）"。网址是：http://www.historic.de。
- 德国军事历史研究所（Militärgeschichtliches Forschungsamt），《德国与第二次世界大战》，第 2 卷，

《欧洲大陆上霸权的建立》(Das Deutsche Reich und Der Zweite Weltkrieg, vol. 2, Die Errichtung der hegemonie auf dem Europäischen Kontinent，斯图加特：Deutsche Verlags-Anstalt，1979 年)。

- 第 3 卷，《地中海与东南欧：从意大利的"非参战"到美国加入战争》(Der Mittelmeerraum und Südosteuropa: Von der "non-belligeranza" Italiens bis zum Kriegseintritt der Vereinigten Staaten，斯图加特：Deutsche Verlags-Anstalt，1984 年)。

- 第 4 卷，《进攻苏联》(Der Angriff auf die Sowjetunion，斯图加特：Deutsche Verlags-Anstalt，1983 年)。

- 第 6 卷，《全球战争：战争的扩大和主动权的易手，1941—1943》(Das Deutsche Reich und Der Zweite Weltkrieg, vol. 6, Der Globale Krieg: Die Ausweitung zum Weltkrieg und der Wechsel der Initiative, 1941–1943，斯图加特：Deutsche Verlags-Anstalt，1990 年)。

- 唐纳德·米勒（Donald L. Miller）著，《空中英豪：美国第八航空队对纳粹德国的空中之战》(Donald L. Miller, Masters of the Air: America's Bomber Boys Who Fought the Air War against Nazi Germany，纽约：Simon & Schuster，2006 年)。

- 小萨缪尔·米查姆（Samuel W. Mitcham Jr.）著，《隆美尔的最大胜利：沙漠之狐与托布鲁克的陷落，1942》(Rommel's Greatest Victory: The Desert Fox and the Fall of Tobruk, 1942，加利福尼亚州纳瓦托：Presidio，1998 年)。

- 劳伦斯·米切尔（Laurence Mitchell）著，《通向高加索的大路：探索格鲁吉亚军用公路》(The High Road to the Caucasus: Exploring the Georgian Military Highway)，《欧洲探秘》(Hidden Europe)，第 9 期（2006 年 7 月）。

- 赫尔穆特·冯·毛奇（Helmuth von Moltke）著，《1870—1871 年普法战争》(The Franco-German War of 1870–71，纽约：Howard Fertig，1988 年)。

- 汉斯·莫姆森（Hans Mommsen）著，《道义·战略·毁灭》(Moralisch, strategisch, zerstörerisch)，收录于洛塔尔·克特纳克编，《受害民族？关于 1940—1945 年大轰炸的新争论》(Ein Volk von Opfern? Die neue Debatte um den Bombenkrieg, 1940–45，柏林：Rowohlt，2003 年)。

- 伯纳德·劳·蒙哥马利（Bernard Law Montgomery）著，《从阿拉曼到桑格罗河；从诺曼底到波罗的海》(El Alamein to the River Sangro; Normandy to the Baltic，伦敦：Barrie and Jenkins，1973 年)。

- 《蒙哥马利元帅回忆录》(Memoirs of Field-Marshal the Viscount Montgomery of Alamein，克利夫兰：World，1968 年)。

- 汉斯-奥托·米莱森（Hans-Otto Mühleisen）著，《克里特 1941：1941 年 5 月至 6 月 1 日的墨丘利行动》(Kreta, 1941: Das Unternehemen Merkur, Mai–1. Juni 1941，弗赖堡：Rombach，1968 年)。

- 理查德·马勒（Richard Muller）著，《德国的对俄空中战争》(The German Air War in Russia，巴尔的摩：Nautical and Aviation Publishing，1992 年)。

- 罗尔夫-迪特尔·米勒（Rolf-Dieter Müller）和格尔德·于贝舍尔（Gerd R. Überschär）著，《希特勒的东方战争，1941—1945：研究报告》(Hitlers Krieg im Osten, 1941–1945: Ein Forschungsbericht，达姆施塔特：Wissenschaftliche Buchgesellschaft，2000 年)。

- 米勒·勒布尼茨上校（Colonel Müller-Loebnitz）著，《领导意志与下级指挥官的独立性》(Führerwille und Selbständigkeit der Unterführer)，第 1 部分，《军事周刊》第 122 辑，第 22 期（1937 年 11 月 26 日）。第 2 部分，《军事周刊》第 122 辑，第 23 期（1937 年 12 月 3 日）。

- 威廉森·默里（Williamson Murray）著，《军队结构、闪电战策略与经济困难：纳粹在 20 世纪 30 年代的大战略》(Force Structure, Blitzkrieg Strategy, and Economic Difficulties: Nazi Grand Strategy in the 1930s)。收录于《德国军队效能》(German Military Effectiveness，巴尔的摩：Nautical & Aviation Publishing Company of America，1992 年)。

- 《德国军队效能》(German Military Effectiveness，巴尔的摩：Nautical & Aviation Publishing Company of America，1992 年)。

- 《德国空军，1933—1945：失败的战略》(The Luftwaffe, 1933–45: Strategy for Defeat，华盛顿哥

伦比亚特区：Brassey's，1996 年）。

- 《1940 年 5 月：德国 RMA 的偶然性和脆弱性》（May 1940: Contingency and Fragility of the German RMA），收录于麦格雷戈·诺克斯和威廉森·默里编，《军事革命动态，1300—2050》（The Dynamics of Military Revolution, 1300-2050，剑桥：Cambridge University Press，2001 年）。

- 《德国军队效能问题，1900—1945》（The Problem of German Military Effectiveness, 1900–1945），收录于《德国军队效能》（German Military Effectiveness，巴尔的摩：Nautical & Aviation Publishing Company of America，1992 年）。

- 《拿破仑一世论部队在被包围时的应对措施》（Napoleon I. Über das Verhalten eingeschlossener Truppen），《军事科学评论》第 9 辑，第 1 期（1944 年）。

- 克劳斯·瑙曼（Klaus Naumann）著，《"清白"的国防军：关于某个神话的苏方历史》（The 'Unblemished' Wehrmacht: The Soviet History of a Myth），收录于汉内斯·黑尔和克劳斯·瑙曼编，《灭绝战：第二次世界大战中的德国军队，1941—1944》（War of Extermination: The German Military in World War II, 1941–1944，纽约：Berghahn，2000 年）。

- 瓦尔特·内林（Walther Nehring）著，《德国装甲兵的历史，1916 至 1945》（Die Geschichte der deutschen Panzerwaffe, 1916 bis 1945，柏林：Propyläen Verlag，1969 年）。

- 罗宾·尼尔兰兹（Robin Neillands）著，《第 8 集团军：从北非到阿尔卑斯山将轴心国逼入绝境的沙漠胜利之师，1939—1945》（Eighth Army: The Triumphant Desert Army that Held the Axis at Bay from North Africa to the Alps, 1939–1945，纽约州伍德斯托克：Overlook，2004 年）。

- 史蒂芬·牛顿（Stephen H. Newton）编，《德军在俄国前线的战斗策略，1941—1945》（German Battle Tactics on the Russian Front, 1941–1945，宾夕法尼亚州阿特格伦：Schiffer，1994 年）。

- 《希特勒的指挥官：陆军元帅瓦尔特·莫德尔—希特勒的爱将》（Hitler's Commander: Field Marshal Walther Model-Hitler's Favorite General，马萨诸塞州坎布里奇：Da Capo，2005 年）。

- 道格拉斯·奈尔斯（Douglas Niles）著，《鲁埃萨特岭：第一次阿拉曼战役》（Ruweisat Ridge: The First Battle of El Alamein），《战略与战术》第 105 期（1985 年 1—2 月）。

- 维克托·尼楚（Victor Nitu）著，《曼斯坦因的罗马尼亚军队在克里米亚》（Manstein's Romanians in the Crimea），网址是 http://www.feldgrau.com/articles.phpID=75。

- 德国国防军总司令部（Oberkommando der Wehrmacht）编，《国防军：为了欧洲的自由》（Die Wehrmacht: Um die Freiheit Europas，柏林：Verlag "Die Wehrmacht"，1941 年）。

- 奥伯迈尔上校（Colonel Obermayer）著，《关于军事传统的思考：腓特烈大帝—毛奇—施利芬—塞克特》（Gedanken zur soldatischen Tradition: Friedrich der Grosse-Moltke-Schlieffen-Seeckt），《军事周刊》第 127 辑，第 3 期（1942 年 7 月 17 日）。

- 理查德·奥戈凯维奇（Richard M. Ogorkiewicz）著，《装甲部队：装甲兵及其车辆的历史》（Armoured Forces: A History of Armoured Forces and Their Vehicles，纽约：Arco，1970 年）。

- 《奥林匹斯山—温泉关—雅典》（Olymp-Thermopylen-Athen），收录于德国国防军总司令部编，《国防军：为了欧洲的自由》（Die Wehrmacht: Um die Freiheit Europas，柏林：Verlag "Die Wehrmacht"，1941 年）。

- 维尔弗里德·冯·奥芬（Wilfried von Oven）著，《随同某装甲师在哈尔科夫征战：今年的第一场包围战》（Mit einer Panzerdivision bei Charkow: Die erste Kesselschlacht dieses Jahre），《国防军》第 6 辑，第 13 期（1942 年 6 月 24 日）。

- 贝恩德·奥弗许斯（Bernd Overhues）、金特·皮尔茨（Günther Pilz）和布鲁诺·瓦斯克（Bruno Waske）著，《越过街垒：对罗斯托夫的突击》（Über die Barrikaden: Der Sturm auf Rostow），《国防军》第 6 辑，第 17 期（1942 年 8 月 19 日）。

- 理查德·奥弗里（Richard Overy）著，《战后争议》（The Post-War Debate），收录于保罗·艾迪生和杰里米·克朗编，《火焰风暴：1945 年德累斯顿大轰炸》（Firestorm: The Bombing of Dresden, 1945，芝加哥：Ivan R. Dee，2006 年）。

- 《俄罗斯的战争：苏俄战争史，1914—1945》（Russia's War: A History of the Soviet War Effort, 1914–1945，纽约：Penguin，1998 年）。

- 艾伦·帕尔默（Alan Palmer）著，《惩罚行动》（Operation Punishment），《第二次世界大战史》（History of the Second World War），第 14 期（1978 年）。

- 罗斯玛丽·帕帕多普洛斯 - 基利乌斯（Rosemarie Papadopoulos-Killius）著，《对死亡概念的操弄》（Die Verarbeitung von Todesahnungen），收录于沃尔夫拉姆·韦特和格尔德·于贝舍尔编，《斯大林格勒：关于一场战役的神话与现实》（Stalingrad: Mythos und Wirklichkeit einer Schlacht, 美因河畔法兰克福：Fischer Taschenbuch Verlag，1992 年）。

- 亚历山大·帕帕戈斯（Alexander Papagos）著，《希腊之战，1940—1941》（The Battle of Greece, 1940–1941，雅典：Hellenic Publishing，1949 年）。

- 彼得·帕雷特（Peter Paret）著，《克劳塞维茨》（Clausewitz），收录于彼得·帕雷特编，《从马基雅维利到核能时代的现代战略缔造者》（Makers of Modern Strategy From Machiavelli to the Nuclear Age，普林斯顿：Princeton University Press，1986 年）。

- 《克劳塞维茨与 19 世纪》（Clausewitz and the Nineteenth Century），收录于迈克尔·霍华德编，《战争的理论与实践》（The Theory and Practice of War，布卢明顿：Indiana University Press，1965 年）。

- 《理解战争：关于克劳塞维茨和军事强国历史的随笔集》（Understanding War: Essays on Clausewitz and the History of Military Power，普林斯顿：Princeton University Press，1992 年）。

- 罗杰·帕金森（Roger Parkinson）著，《轻骑将军：滑铁卢的胜利者布吕歇尔的人生》（The Hussar General: The Life of Blücher, Man of Waterloo，伦敦：P. Davies，1975 年）。

- 《沙漠中的战争》（The War in the Desert，伦敦：Hart-Davis, MacGibbon，1976 年）。

- 史蒂芬·帕特里克（Stephen B. Patrick）著，《哈尔科夫：苏军的春季攻势》（Kharkov: The Soviet Spring Offensive），《战略与战术》（Strategy and Tactics）第 68 期（1978 年 6 月）。

- 尼斯·彼得森（Nis Petersen）著，《德军装甲部队在西线的绝妙突破使波军像幼童一样被歼灭》（Polens Vernichtung als Vorschule für den genialen Durch- bruch der deutschen Panzerwaffe im Westen），《军事周刊》第 125 辑，第 10 期（1940 年 9 月 6 日）。

- 洛雷纳·彼得（F. Loraine Petre）著，《1806 年拿破仑征服普鲁士》（Napoleon's Conquest of Prussia, 1806，伦敦：John Lane，1914 年）。

- 雅努什·皮耶卡尔凯维奇（Janusz Piekalkiewicz）著，《巴尔干之战》（Krieg auf dem Balkan，慕尼黑：Südwest Verlag，1984 年）。

- 《斯大林格勒：战役剖析》（Stalingrad: Anatomie einer Schlacht，慕尼黑：Südwest Verlag，1977 年）。

- 巴里·皮特（Barrie Pitt）著，《战争的熔炉：阿拉曼的 1942 年》（The Crucible of War: Year of Alamein, 1942，伦敦，Jonathan Cape，1982 年）。

- 普莱费尔（I. S. O. Playfair）著，《地中海与中东战场》（The Mediterranean and Middle East），第 3 卷，《英军气运到达最低谷》（British Fortunes Reach their Lowest Ebb，伦敦：皇家出版局，1960 年）。

- 第 4 卷，《在非洲的轴心国部队的覆灭》（The Destruction of the Axis forces in Africa，伦敦：皇家出版局，1966 年）。

- 康斯坦丁·普列沙诺夫（Constantine Pleshakov）著，《斯大林的蠢行：第二次世界大战在东线悲剧的头十天》（Stalin's Folly: The Tragic First Ten Days of the World War II on the Eastern Front，波士顿：Houghton Mifflin，2005 年）。

- 弗里茨·波尔（Fritz Pohl）著，《冯·塞克特大将与护国军》（Generaloberst von Seeckt und die Reichswehr），《军事周刊》第 127 辑，第 25 期（1942 年 12 月 18 日）。

- 波纳特中校（Lieutenant Colonel Ponath）著，《二十年前的大事：突入罗马尼亚平原》（Aus grosser Zeit vor zwanzig Jahren: Der Einbruch in die rumänische Ebene），《军事周刊》第 121 辑，第 21 期（1936 年 12 月 4 日）。

- 《战史、战术和教学评价中的 1914 年坦嫩贝格战役》(Die Schlacht bei Tannenberg 1914 in kriegsgeschichtlicher, taktischer, und erzieherischer Auswertung)，《军事周刊》(Militär-Wochenblatt) 第 124 辑，第 8 期（1939 年 8 月 18 日）。

- 《针对合算的即时目标的火力急袭：罗马尼亚会战中 1916 年 11 月 20 日至 12 月 6 日皮希特营在塞维林堡和旧堡的战斗》(Feuerüberfälle gegen lohnende Augenblicksziele: Kämpfe der Abteilung Picht (verst. I./I.R. 148) vom 20.11. bis 6.12. 1916 bei Turnu-Severin und am Alt in der Schlacht in Rumänien)，《军事周刊》第 112 辑，第 35 期（1928 年 3 月 18 日）。

- 道格拉斯·波尔奇（Douglas Porch）著，《胜利之路：第二次世界大战中的地中海战场》(The Path to Victory: The Mediterranean Theater in World War II，纽约：Farrar, Straus & Giroux，2004 年)。

- 约翰·普拉多斯（John Prados）著，《经略西班牙：菲利克斯行动》(The Spanish Gambit: Operation Felix)，收录于彼得·楚拉斯编，《希特勒获胜：第二次世界大战的另类决策》(Hitler Triumphant: Alternate Decisions of World War II，伦敦：Greenhill，2006 年)。

- 罗宾·普赖尔（Robin Prior）和特雷弗·威尔逊（Trevor Wilson）著，《帕斯尚德尔战役：不为人知的故事》(Passchendaele: The Untold Story，康涅狄格州纽黑文：Yale University Press，1996 年)。

- 埃里希·雷德尔（Erich Raeder）著，《海军元帅》(Grand Admiral，纽约：Da Capo Press，2001 年)。

- 拉特克利夫（R. A. Ratcliff）著，《智力的妄想：埃尼格玛、超级机密与安全密码的终结》(Delusions of Intelligence: Enigma, Ultra, and the End of Secure Ciphers，剑桥：Cambridge University Press，2006 年)。

- 艾哈德·劳斯（Erhard Raus）著，《装甲司令：艾哈德·劳斯大将东线回忆录》(Panzer Operations: The Eastern Front Memoir of Erhard Raus, 1941–1945，纽约：Da Capo，2003 年)。

- 汉斯·雷兴贝格（Hans Rechenberg）著，《空降兵在东南欧》(Fallschirmjäger im Südösten)，收录于德国国防军总司令部编，《国防军：为了欧洲的自由》(Die Wehrmacht: Um die Freiheit Europas，柏林：Verlag "Die Wehrmacht"，1941 年)。

- 扬·菲利普·雷姆茨马（Jan Philipp Reemtsma）著，《灭绝战争的概念》(The Concept of the War of Annihilation)，收录于汉内斯·黑尔和克劳斯·瑙曼编，《灭绝战：第二次世界大战中的德国军队，1941—1944》(War of Extermination: The German Military in World War II, 1941–1944，纽约：Berghahn，2000 年)。

- 赫尔穆特·莱因哈特（Hellmuth Reinhardt）著，《德国军队东线作战选编（战役）》[Selected German Army Operations on the Eastern Front (Operational)]，"外国军事研究丛书"（手稿 P-143a)。收藏在位于宾夕法尼亚州卡莱尔市的卡莱尔军营中的美国陆军军事历史研究所。

- 阿道夫·赖尼克著，《德国陆军，1921—1934：目的、训练与教学方法以及勤务安排》(Das Reichsheer, 1921–1934: Ziele, Methoden der Ausbildung und Erziehung sowie der Dienstgestaltung，奥斯纳布吕克：Biblio Verlag，1986 年)。

- 利奥尼德·雷辛（Leonid Reschin）著，《夹在两个阵营之间的将军：瓦尔特·冯·塞德利茨在苏联战俘营和监狱中，1942—1955》(General zwischen den Fronten: Walter von Seydlitz in sowjetischer Kriegsgefangenschaft und Haft, 1942–1955，柏林：Edition q，1995 年)。

- 拉尔夫·格奥尔格·罗伊特（Ralf Georg Reuth）著，《隆美尔：一个传奇的终结》(Rommel: Das Ende einer Legende，慕尼黑：Piper，2004 年)。

- 《隆美尔：一个传奇的终结》(Rommel: The End of a Legend，伦敦：Haus，2005 年)。

- 戴维·雷诺兹（David Reynolds）著，《掌控历史：丘吉尔在第二次世界大战中的战斗和写作》(In Command of History: Churchill Fighting and Writing the Second World War，纽约：Random House，2005 年)。

- 雷德利（C. W. Ridley）著，《大锅之战》(The Battle of the Cauldron)，《陆军历史研究学会杂志》(Journal of the Society for Army Historical Research) 第 68 辑，第 274 期（1990 年）。

- 卡尔海因里希·里克尔（Karlheinrich Rieker）著，《输掉世界大战的人：苏德战争中决定性的几个月，1942—1943》（Ein Mann verliert einen Weltkrieg: Die entscheidenden Monate des deutsch-russischen Krieges, 1942–43，美因河畔法兰克福：Fridericus-Verlag，1955 年）。

- 杰弗里·罗伯茨（Geoffrey Roberts）著，《斯大林格勒的胜利》（Victory at Stalingrad，伦敦：Longman，2002 年）。

- 汉斯‐德特勒夫·赫胡特·冯·罗登（Hans-Detlef Herhudt von Rohden）著，《为斯大林格勒而战的德国空军》（Die Luftwaffe ringt um Stalingrad，威斯巴登：Limes，1950 年）。

- 埃德加·勒里希特（Edgar Röhricht）著，《1941 年巴尔干会战》（Der Balkanfeldzug 1941），《军事科学评论》第 12 辑，第 4 期（1962 年 4 月）。

- 尼古拉·罗曼尼切夫（Nikolaj Romaničev）著，《反击苏联的军事计划》（Militärische Pläne eines Gegenschlags der UdSSR），收录于格尔德·于贝舍尔和列夫·别济缅斯基编，《1941 年德国对苏联的进攻：关于预防性战争理论的争论》（Der deutsche Angriff auf die Sowjetunion, 1941: Die Kontroverse um die Präventivkriegsthese，达姆施塔特：Primus，1998 年）。

- 埃尔温·隆美尔（Erwin Rommel）著，《步兵攻击》（Infantry Attacks，伦敦：Greenhill Books，1990 年）。

- 《无恨之战》（Krieg ohne Hass，海登海姆：Heidenheimer Zeitung，1950 年）。

- 利德尔·哈特编，《隆美尔战时文件》（The Rommel Papers，纽约：Harcourt, Brace，1953 年）。

- 威廉·罗斯巴赫（Wilhelm Rossbach）著，《刻赤—哈尔科夫：制空权在进攻和防守中》（Kertsch-Charkow: Luftherrschaft aus dem Angriff und aus der Verteidigung），《军事周刊》第 126 辑，第 52 期（1942 年 6 月 26 日）。

- 亚历山大·罗西诺（Alexander B. Rossino）著，《希特勒闪击波兰：闪电战、意识形态与暴行》（Hitler Strikes Poland: Blitzkrieg, Ideology, and Atrocity，劳伦斯：University Press of Kansas，2003 年）。

- 弗洛里安·罗特布鲁斯特（Florian K. Rothbrust）著，《古德里安的第 19 装甲军与法兰西之战：1940 年 5 月在阿登的突破》（Guderian's XIXth Panzer Corps and the Battle of France: Breakthrough in the Ardennes, May 1940，康涅狄格州韦斯特波特：Praeger，1990 年）。

- 汉斯·罗特费尔斯（Hans Rothfels）著，《克劳塞维茨》（Clausewitz），收录于爱德华·米德·厄尔编，《现代战略的缔造者：从马基雅维利到希特勒的军事思想》（Makers of Modern Strategy: Mili- tary Thought from Machiavelli to Hitler，纽约：Atheneum，1966 年）。

- 路易斯·罗通多（Louis Rotundo）编，《斯大林格勒之战：1943 年苏军总参谋部研究》（Battle for Stalingrad: The 1943 Soviet General Staff Study，华盛顿特区：Pergamon-Brassey's，1989 年）。

- 托马斯·舍本（Thomas Scheben）著，《对 1941—1942 年北非战争的德方观点：立体的洲际战争》（The German Perspective of War in North Africa, 1940–42: Three-dimensional, Intercontinental Warfare），收录于吉尔·爱德华兹编，《再论阿拉曼：阿拉曼战役及其历史意义》（Al-Alamein Revisited: The Battle of al-Alamein and Its Historical Implications，开罗：American University in Cairo，2000 年）。

- 霍斯特·沙伊贝特（Horst Scheibert）著，《救援斯大林格勒的尝试：一场坦克战的文字和照片记录：1942 年 12 月的第 57 装甲军》（Entsatzversuch Stalingrad: Dokumentation einer Panzerschlacht in Wort und Bild: Das LVII. Panzerkorps im Dezember 1942，内卡格明德：Kurt Vowinckel，1968 年）。

- 《距离斯大林格勒—48 千米！1942 年 12 月第 6 装甲师的救援行动》（ach Stalingrad— 48 Kilometer! Der Entsatzvorstoss der 6. Panzerdivision, Dezember 1942，海德堡：Kurt Vowinckel，1956 年）。

- 克里斯托弗·舍勒（Christopher Scheller）著，《步兵攻击彼列科普》（Infanterie vor Perekop），收录于《我们征服了克里米亚：克里米亚集团军士兵报告》（Wir erobern die Krim: Soldaten der Krim-Armee berichten，诺伊施塔特：Pfälzische Verlagsanstalt，1943 年）。

- 奥托·舍勒特（Otto Schellert）著，《第 253 步兵师在勒热夫地区的冬季战斗，1941—1942》（Winter Fighting of the 253rd Infantry Division in the Rzhev Area, 1941–1942）。收录于史蒂芬·牛顿编，《德军在俄国前线的战斗策略，1941—1945》（German Battle Tactics on the Russian Front, 1941–1945，宾夕法尼亚州阿特格伦：Schiffer，1994 年）。

- 瓦尔特·舍夫（Walter Scherff）著，《1944 战争年度导言》（Geleitwort zum Kriegsjahrgang 1944），《军事科学评论》第 9 辑，第 1 期（1944 年）。

- 《卡拉奇以西顿河畔弧形地带的战斗》（Die Schlacht im Don-Bogen westlich Kalatsch），《国防军》第 6 辑，第 18 期（1942 年 9 月 2 日）。

- 卡尔 - 海因茨·施米克（Karl-Heinz Schmick）著，《第二次世界大战与斯大林格勒：集体讨论》（Der Zweite Weltkrieg und Stalingrad: Sammelbesprechungen），《政治季刊》（Politische Vierteljahresschrift）第 34 辑，第 4 期（1993 年）。

- 克劳斯·施米德尔（Klaus Schmider）著，《南斯拉夫游击战，1941—1944》（Partisanenkrieg in Jugoslawien, 1941–1944，汉堡：Hamburg: E. S. Mittler，2002 年）。

- 海因茨·维尔纳·施密特（Heinz Werner Schmidt）著，《随隆美尔征战大漠》（With Rommel in the Desert，纽约：Bantam，1977 年）。

- 里夏德·施密特（Richard Schmitt）著，二卷本《七年战争中统兵作战的亨利亲王》（Prinz Heinrich als Feldherr im Siebenjährigen Kriege，格赖夫斯瓦尔德：Julius Abel，1885–1899 年）。

- 汉斯·约阿希姆·施勒德（Hans Joachim Schröder）著，《浩劫中的日常生活》（Alltag der Katastrophen），收录于沃尔夫拉姆·韦特和格尔德·于贝舍尔编，《斯大林格勒：关于一场战役的神话与现实》（Stalingrad: Mythos und Wirklichkeit einer Schlacht，美因河畔法兰克福：Fischer Taschenbuch Verlag，1992 年）。

- 海因茨·施勒特（Heinz Schröter）著，《斯大林格勒》（Stalingrad，纽约：E. P. Dutton，1958 年）。

- 《斯大林格勒……"直至最后一弹"》（Stalingrad…"Bis zur letzten Patrone"，伦格里希：Kleins Druck- und Verlags-Anstalt，1953 年）。

- 卡尔·许德科普夫（Carl Schüddekopf）著，《包围圈中：来自斯大林格勒的故事》（Im Kessel: Erzählen von Stalingrad，慕尼黑：2002 年）。

- 克劳斯·弗里德里希·许勒尔（Klaus A. Friedrich Schüler）著，《对俄战争中的后勤：铁路在德军进攻苏联的策划、准备和截至莫斯科城下冬季危机为止的执行过程中所起的作用，1941—1942》（Logistik im Russlandfeldzug: Dsie Rolle der Eisenbahn bei Planung, Vorbereitung und Durchführung des deutschen Angriffs auf die Sowjetunion bis zur Krise vor Moskau im Winter, 1941–1942，法兰克福：Peter Lang, 1987）。

- 弗里德里希·舒尔茨（Friedrich Schulz）著，《争夺克里米亚》（Battle for Crimea），"外国军事研究"丛书（手稿 T-20）。收藏在位于宾夕法尼亚州卡莱尔市的卡莱尔军营中的美国陆军军事历史研究所。

- 斯库拉（J. L. Scoullar）著，《埃及之战：1942 年夏季》（Battle for Egypt: The Summer of 1942，惠灵顿：War History Branch，1955 年）。

- 康拉德·赛布特（Conrad Seibt）著，《1941 年 5 月克里特作战》（Einsatz Kreta Mai 1941），"德军报告"丛书 B-641。驻欧美军司令部：外军研究处，日期不详。

- 罗纳德·塞思（Ronald Seth）著，《斯大林格勒：无法回头的临界点：1942 年 8 月—1943 年 2 月的战斗经过》（Stalingrad: Point of No Return: The Story of the Battle, August 1942–February 1943，纽约：Coward-McKann，1959 年）。

- 瓦尔特·冯·塞德利茨（Walther von Seydlitz）著，《斯大林格勒:战斗与结果:回忆录》（Stalingrad: Konflikt und Konsequenz: Erinnerungen，奥尔登堡：Stalling，1977 年）。

- 本·谢泼德（Ben Shepherd）著，《野蛮东线的战争：德国军队与苏联游击队》（War in the Wild East: The German Army and Soviet Partisans，马萨诸塞州坎布里奇：Harvard University Press，2004 年）。

- 克里斯托弗·肖尔斯（Christopher Shores）、布赖恩·卡尔（Brian Cull）和尼古拉·马利齐亚（Nicola Malizia）著，《1940—1941 年南斯拉夫、希腊和克里特岛的空中作战》（Air War for Yugoslavia, Greece and Crete, 1940–41，伦敦：Grub Street，1987 年）。

- 丹尼斯·肖沃特尔（Dennis Showalter）著，《机动与决断的杰作》（Masterpiece of Maneuver and Resolution），《军事史季刊》（Military History Quarterly）第 11 辑，第 3 期（1999 年春）。

- 《作战行动史形式的军事史：德国范式和美国范式》（Militärgeschichte als Operationsgeschichte: Deutsche und amerikanische Paradigmen），收录于本亚明·齐曼和托马斯·屈内编，《何为军事史？》（Was ist Militärgeschichte?，帕德博恩：Ferdinand Schöningh，2000 年）。

- 《巴顿与隆美尔：二十世纪的沙场英杰》（Patton and Rommel: Men of the War in the Twentieth Century，纽约：Berkley Caliber，2005 年）。

- 《坦嫩贝格：两个帝国的较量》（Tannenberg: Clash of Empires，华盛顿哥伦比亚特区：Brassey's，2004 年）。

- 《腓特烈大帝的战争》（Wars of Frederick the Great，伦敦：Longman，1996 年）。

- 《德国统一战争》（Wars of German Unification，伦敦：Arnold，2004 年）。

- 肯尼思·斯列皮扬（Kenneth Slepyan）著，《斯大林的游击队：第二次世界大战中的苏联游击队》（Stalin's Guerrillas: Soviet Partisans in World War II，劳伦斯：University Press of Kansas，2006 年）。

- 瓦西里·索科洛夫斯基（Vasili Sokolovsky）著，《莫斯科战役》（The Battle of Moscow）。收录于《希特勒的败仗：东线俄国将领关于第二次世界大战的第一手记述》（Battles Hitler Lost: First-Person Accounts of World War II by Russian General on the Eastern Front，纽约：Richardson & Steirman，1986 年）。

- 凯文·索特尔（Kevin Soutor）著，《遏制赤潮："德军报告"丛书及其对美军防御学说的影响，1948—1954》（To Stem the Red Tide: The German Report Series and its Effect on American Defense Doctrine, 1948–1954），《军事历史期刊》第 57 辑，第 4 期（1993 年 10 月）。

- 瓦尔特·施潘嫩克雷布斯（Walter Spannenkrebs）著，《战车攻击》（Angriff mit Kampfwagen，奥尔登堡：Gerhard Stalling，1939 年）。

- "步兵与坦克"（Infanterie und Panzer），《军事周刊》第 123 辑，第 7 期（1938 年 8 月 12 日）。

- 阿尔贝特·施佩尔（Albert Speer）著，《第三帝国内幕》（Inside the Third Reich，伦敦：Spheere，1971 年）。

- 维多·施普拉特（Wido Spratte）编，《斯大林格勒：哈拉尔德·布勒克中尉的战地信件》（Stalingrad: Feldpostbriefe des Oberleutnants Harald Bleker，奥斯纳布吕克：Wennner，2000 年）。

- 汉斯·斯蒂茨（Hans Steets）著，《山地兵在诺盖草原》（Gebirgsjäger in der nogaischen Steppe，海德堡：Kurt Vowinckel，1956 年）。

- 伯恩德·施特格曼（Bernd Stegemann）著，《意大利—德国在地中海和非洲的战争行动》（Die italienische-deutsche Kriegführung im Mittelmeer und in Afrika），收录于德国军事历史研究所，《德国与第二次世界大战》，第 3 卷，《地中海与东南欧：从意大利的"非参战"到美国加入战争》（Das Deutsche Reich und Der Zweite Weltkrieg. Volume 3. Der Mit- telmeerraum und Südosteuropa: Von der "non belligeranza" Italiens bis zum Kriegs- eintritt der Vereinigten Staaten，斯图加特：Deutsche Verlags-Anstalt，1984 年）。

- 赫尔曼·施特格曼（Hermann Stegemann）著，《大战史》（Geschichte des Krieges，斯图加特：Deutsche Verlags-Anstalt，1918 年）。

- 伊恩·麦克杜格尔·格恩里·斯图尔特（Ian McDougall Guthrie Stewart）著，《1941 年 5 月 20 日 -6 月 1 日克里特岛争夺战：一个错失良机的故事》（The Struggle for Crete 20 May–1 June 1941: A Story of Lost Opportunity，伦敦：Oxford University Press，1966 年）。

- 萨莉·施特克尔（Sally Stoecker）著，《锻造斯大林的军队：图哈切夫斯基元帅与军事革新中的政治斗争》(Forging Stalin's Army: Marshal Tukhachevsky and the Politics of Military Innovation，科罗拉多州博尔德：Westview Press，1998 年)。

- 斯托尔菲（R. H. S. Stolfi）著，《希特勒的装甲部队在东线：第二次世界大战新解》(Hitler's Panzers East: World War II Reinterpreted，诺曼：University of Oklahoma Press，1992 年)。

- 诺曼·斯通（Norman Stone）著，《东线 1914—1917》(The Eastern Front, 1914–1917，伦敦：Hodder and Stoughton，1975 年)。

- 赖因哈德·施通普夫（Reinhard Stumpf）著，《地中海的战争，1942—1943：北非和地中海的作战行动》(Der Krieg im Mittelmeerraum, 1942–1943: Die Operationen in Nordafrika und im mittleren Mittelmeer)，收录于德国军事历史研究所，《德国与第二次世界大战》，第 6 卷，《全球战争：战争的扩大和主动权的易手，1941—1943》(Das Deutsche Reich und Der Zweite Weltkrieg, vol. 6, Der Globale Krieg: Die Ausweitung zum Weltkrieg und der Wechsel der Initiative, 1941–1943，斯图加特：Deutsche Verlags-Anstalt，1990 年)。

- 布莱恩·沙利文（Brian R. Sullivan）著，《情报与反恐：克劳塞维茨式历史分析》(Intelligence and Counter-Terrorism: A Clausewitzian-Historical Analysis)，《情报史杂志》(Journal of Intelligence History) 第 3 辑，第 1 期（2003 年)。

- 乔恩·哲郎·隅田（Jon Tetsuro Sumida）著，《<战争论> 中的历史与理论的关系：克劳塞维茨的理想及其意义》(The Relationship of History and Theory in On War: The Clausewitzian Ideal and its Implications)，《军事历史期刊》第 65 辑，第 2 期（2001 年 4 月)。

- 斯威廷（C. G. Sweeting）著，《鲜血与钢铁：德军征服塞瓦斯托波尔》(Blood and Iron: The German Conquest of Sevastopol，华盛顿哥伦比亚特区：Brassey's，2004 年)。

- 兰迪·塔尔博特（Randy R. Talbot）著，《赫尔曼·冯·弗朗索瓦将军与 1914 年 8 月坦嫩贝格战役中的军级作战》(General Hermann von François and Corps-Level Operations during the Tannenberg Campaign, August 1914，硕士论文，东密歇根大学，1999 年)。

- 塔兰特（V. E. Tarrant）著，《斯大林格勒：苦难剖析》(Stalingrad: Anatomy of an Agony，伦敦：Leo Cooper，1992 年)。

- 弗雷德里克·泰勒（Frederick Taylor）著，《德累斯顿：1945 年 2 月 13 日星期二》(Dresden: Tuesday, February 13, 1945，纽约：HarperCollins，2004 年)。

- 鲁道夫·泰斯（Rudolf Theiss）著，《世界历史中的坦克》(Der Panzer in der Weltgeschichte)，《军事周刊》第 125 辑，第 15 期（1940 年 10 月 11 日)。

- 鲁道夫·蒂尔（Rudolf Thiel）著，《普鲁士军人》(Preussische Soldaten，柏林：Paul Neff，1940 年)。

- 威廉·蒂克（Wilhelm Tieke）著，《高加索与石油：德国与苏联在高加索的战争，1942—1943》(The Caucasus and the Oil: The German-Soviet War in the Caucasus, 1942–1943，温尼伯：J. J. Fedorowicz，1995 年)。

- 冯·蒂施维茨将军（General von Tieschowitz）著，《东南欧会战》(Der Feldzug im Südosten)，收录于德国国防军总司令部编，《国防军：为了欧洲的自由》(Die Wehrmacht: Um die Freiheit Europas，柏林：Verlag "Die Wehrmacht"，1941 年)。

- 库尔特·冯·蒂佩尔斯基希（Kurt von Tippelskirch）著，《1941 年德军的巴尔干会战》(Der deutsche Balkanfeldzug 1941)，《军事科学评论》第 5 辑，第 2 期（1955 年 2 月)。

- 蒂姆·特拉弗斯（Tim Travers）著，《英国军队中的指挥和领导模式：1915 年加利波利模式》(Command and Leadership Styles in the British Army: The 1915 Gallipoli Model)，《现代史杂志》第 29 辑，第 3 期（1994 年 7 月)。

- 《1918 年的坦克能成为英国远征军的制胜法宝吗？》(Could the Tanks of 1918 Have Been War-Winners for the British Expeditionary Force?)，《现代史杂志》第 27 辑，第 3 期（1992 年 7 月)。

- 《1918 年西线英军战略和战术的演变：总司令部、人力和技术》(The Evolution of British Strategy and Tactics on the Western Front in 1918: GHQ, Manpower, and Technology)，《军事历史期刊》

第 54 辑，第 2 期（1990 年 4 月）。

- 《战争是如何打赢的：1917—1918 年西线英国军队的指挥和技术》（How the War Was Won: Com- mand and Technology in the British Army on the Western Front, 1917–1918，纽约：Routledge，1992 年）。

- 《杀戮之地：英国军队、西线和现代战争的出现，1900—1918》（The Killing Ground: The British Army, the Western Front, and the Emergence of Modern Warfare, 1900–1918，伦敦：Allen and Unwin，1987 年）。

- 《陆军战史，战例 9：塞维林堡 1916》（Truppen-Kriegsgeschichte, Beispiel 9: Turnu Severin 1916），分两部分刊载，《军事周刊》第 123 辑，第 17—18 期（1938 年 10 月 21 日和 1938 年 10 月 28 日）。

- 冯·奇希维茨将军（General von Tschischwitz）著，《陆战中的进攻顶点》（Der Kulminationspunkt des Angriffs im Landkriege）。第 1 部分，《军事科学评论》第 7 辑，第 4 期。第 2 部分，《军事科学评论》第 8 辑，第 1 期（1943 年）。

- 彼得·楚拉斯（Peter G. Tsouras）著，《坦克在东线：艾哈德·劳斯大将和他的装甲师在俄国，1941—1945》（Panzers on the Eastern Front: General Erhard Raus and His Panzer Divisions in Russia, 1941–1945，伦敦：Greenhill，2002 年）。

- 《希特勒获胜：第二次世界大战的另类决策》（Hitler Triumphant: Alternate Decisions of World War II，伦敦：Greenhill，2006 年）。

- 《1941 年 4 月希腊军队和英国远征军作战概况》（Ein Überblick über die Operationen des griechischen Heeres und des britischen Expeditionskorps im April 1941）。第 1 部分，"希腊军队的防御计划，联军的动员和部署"（Die griechischen Verteidigungspläne, die Mobilmachung und der Aufmarsch der verbündeten Streitkräfte），《军事科学评论》第 8 辑，第 1 期（1943 年）。

- 《1941 年 4 月希腊军队和英国远征军作战概况》。第 2 部分，"截至英国远征军撤离希腊为止的联军作战"（Die Operationen der verbündeten Streitkräfte bis zum Rückzuge des britischen Expeditionskorps aus Griechenland），《军事科学评论》第 8 辑，第 2 期（1943 年）。

- 《1941 年 4 月南斯拉夫军队作战概况（根据南斯拉夫资料）》[Ein Überblick über die Operationen des jugoslawischen Heeres im April 1941 (Dargestellt nach jugoslawischen Quellen)]。第 1 部分，"动员和 4 月 6-8 日的战斗"（Die Mobilmachung und die Kämpfe vom 6. bis 8. April），《军事科学评论》第 7 辑，第 3 期（1942 年）。

- 《1941 年 4 月南斯拉夫军队作战概况（根据南斯拉夫资料）》。第 2 部分，"从 4 月 9 日至 4 月 17 日停战时的战斗"（Die Kämpfe vom 9. April bis zum Abschluss des Waffenstillstandes am 17. April），《军事科学评论》第 7 辑，第 4 期（1942 年）。

- 格尔德·于贝舍尔（Gerd R. Überschär）著，《德国史学中的斯大林格勒战役》（Die Schlacht von Stalingrad in der deutschen Historiographie），收录于沃尔夫拉姆·韦特和格尔德·于贝舍尔编，《斯大林格勒：关于一场战役的神话与现实》（Stalingrad: Mythos und Wirklichkeit einer Schlacht，美因河畔法兰克福：Fischer Taschenbuch Verlag，1992 年）。

- 格尔德·于贝舍尔和列夫·别济缅斯基编，《1941 年德国对苏联的进攻：关于预防性战争理论的争论》（Der deutsche Angriff auf die Sowjetunion, 1941: Die Kontroverse um die Präventivkriegsthese，达姆施塔特：Primus，1998 年）。

- 贝恩德·乌尔里希（Bernd Ulrich）著，《斯大林格勒》（Stalingrad，慕尼黑：C. H. Beck，2005 年）。

- 汉斯·翁布赖特（Hans Umbreit）著，《西欧霸权争夺战》（Der Kampf um die Vormachtstellung in Westeuropa）。收录于德国军事历史研究所，《德国与第二次世界大战》，第 2 卷，《欧洲大陆上霸权的建立》（Das Deutsche Reich und Der Zweite Weltkrieg, vol. 2, Die Errichtung der hegemonie auf dem Europäischen Kontinent，斯图加特：Deutsche Verlags-Anstalt，1979 年）。

- 让·范维尔肯休森（Jean Vanwelkenhuyzen）著，《1940 年 1 月的危机》（Die Krise vom January 1940），《军事科学评论》第 5 辑，第 2 期（1955 年 2 月）。

- 哈尔·沃恩（Hal Vaughan）著，《罗斯福的十二使徒：为北非登陆铺平道路的间谍们》（FDR's 12 Apostles: The Spies Who Paved the Way for the Invasion of North Africa，康涅狄格州吉尔福德：Lyons Press，2006 年）。

- 德特勒夫·福格尔（Detlef Vogel）著，《德国在巴尔干的干涉行动》（Das Eingreifen Deutschlands auf dem Balkan）。收录于德国军事历史研究所（Militärgeschichtliches Forschungsamt），《德国与第二次世界大战》，第 3 卷，《地中海与东南欧：从意大利的"非参战"到美国加入战争》（Der Mittelmeerraum und Südosteuropa: Von der "non-belligeranza" Italiens bis zum Kriegseintritt der Vereinigten Staaten，斯图加特：Deutsche Verlags-Anstalt，1984 年）。

- 威廉·福格茨-雷茨（William Voigts-Rhetz）著，《说明》（Erklärung），《军事周刊》第 84 辑，第 37 期（1889 年 4 月 26 日）。

- 德米特里·沃尔戈科诺夫（Dmitri Volgokonov）著，《斯大林：胜利与悲剧》（Stalin: Triumph and Tragedy，纽约：Grove Weidenfeld，1988 年）。

- 卡尔·瓦格纳（Carl Wagener）著，《第 40 装甲军从哈尔科夫向高加索的进击，1942 年 7—8 月》（Der Vorstoss des XXXX. Panzerkorps von Charkow zum Kaukasus, July–August 1942），第 1 部分，《军事科学评论》第 5 辑，第 9 期（1955 年 9 月）。

- 《第 40 装甲军从哈尔科夫向高加索的进击，1942 年 7—8 月》。第 2 部分，《军事科学评论》第 5 辑，第 10 期（1959 年 10 月）。

- 埃里克·沃尔特斯（Eric M. Walters）著，《斯大林格勒 1942：凭借意志、武器和一块手表》（Stalingrad, 1942: With Will, Weapon, and a Watch）。收录于约翰·安塔尔和布拉德利·格里克编，《城市战：从第二次世界大战到越南战争的城市战历史选编》（City Fights: Selected Histories of Urban Combat from World War II to Vietnam，纽约：Ballantine，2003 年）。

- 瓦尔特·瓦尔利蒙特（Walter Warlimont）著，《希特勒指挥部内幕，1939—1945》（Inside Hitler's Headquarters, 1939–45，加利福尼亚州诺瓦托：Presidio，1964 年）。

- 菲利普·沃纳（Philip Warner）著，《奥金莱克》（Auchinleck），收录于约翰·基根编，《丘吉尔的将军们》（Churchill's Generals，纽约：Grove Weidenfeld，1991 年）。

- 布鲁斯·阿伦·沃森（Bruce Allen Watson）著，《沙漠战斗：对比视角》（Desert Battle: Comparative Perspectives，康涅狄格州韦斯特波特：Praeger，1995 年）。

- 杰弗里·瓦夫罗（Geoffrey Wawro）著，《普奥战争：1866 年奥地利与普鲁士和意大利的战争》（The Austro-Prussian War: Austria's War With Prussia and Italy in 1866，剑桥：Cambridge University Press，1996 年）。

- 《普法战争：1870—1871 年德国对法国的征服》（The Franco-Prussian War: The German Conquest of France in 1870–1871，剑桥：Cambridge University Press，2003 年）。

- 贝恩德·魏格纳（Bernd Wegner）著，《对苏战争，1942—1943 年》（Der Krieg gegen die Sowjetunion, 1942–43），收录于德国军事历史研究所，《德国与第二次世界大战》，第 6 卷，《全球战争：战争的扩大和主动权的易手，1941—1943》（Das Deutsche Reich und Der Zweite Weltkrieg, vol. 6, Der Globale Krieg: Die Ausweitung zum Weltkrieg und der Wechsel der Initiative, 1941–1943，斯图加特：Deutsche Verlags-Anstalt，1990 年）。

- 《为何需要作战行动史？》（Wozu Operationsgeschichte），收录于本亚明·齐曼和托马斯·屈内编，《何为军事史？》（Was ist Militärgeschichte?，帕德博恩：Ferdinand Schöningh，2000 年）。

- 汉斯-乌尔里希·韦勒（Hans-Ulrich Wehler）著，《既种恶因，必有恶果》（Wer sind sät, wird Sturm ernten），收录于洛塔尔·克特纳克编，《受害民族？关于 1940—1945 年大轰炸的新争论》（Ein Volk von Opfern? Die neue Debatte um den Bombenkrieg, 1940–45，柏林：Rohwohlt，2003 年）。

- 瓦尔特·魏道尔（Walter Weidauer）著，《德累斯顿炼狱》（Inferno Dresden，东柏林：Dietz，1966 年）。

- 格哈德·魏因贝格（Gerhard Weinberg）著，《战火中的世界：第二次世界大战全史》第二版，（A World at Arms: A Global History of World War II, 2nd ed.，剑桥：Cambridge University Press，2005 年）。

- 埃里希·韦尼格（Erich Weniger）著，《下级指挥官的独立性及其限制》（Die Selbständigkeit der Unterführer und ihre Grenzen），《军事科学评论》第 9 辑，第 2 期（1944 年）。

- 亚历山大·沃思（Alexander Werth）著，《战争中的俄国，1941—1945》（Russia at War, 1941–1945，纽约：Carroll & Graf，1964 年）。

- 《斯大林格勒之年：历史记录及对俄国人的心态、方法和政策的研究》（The Year of Stalingrad: An Historical Record and a Study of Russian Mentality, Methods and Policies，伦敦：Hamish Hamilton，1946 年。

- 沃尔夫冈·韦尔滕（Wolfgang Werthen）著，《第 16 装甲师的历史：1939—1945：第 16 装甲师暨步兵师战友会发表》（Geschichte der 16. Panzer Division, 1939–1945: Herausgegeben vom Kameradschaftsbund 16. Panzer- und Infanterie-Division，巴特瑙海姆：Podzun，1958 年）。

- 爱德华·韦斯特曼（Edward B. Westermann）著，《高射炮：德国的对空防御，1914—1945》（Flak: German Anti-Aircraft Defenses, 1914–1945，劳伦斯：University Press of Kansas，2001 年）。

- 《希特勒的保安队：东线的种族战争》（Hitler's Police Battalions: Enforcing Racial War in the East，劳伦斯：University Press of Kansas，2005 年）。

- 西格弗里德·韦斯特法尔（Siegfried Westphal）著，《回忆录》（Erinnerungen，柏林：Von Hase & Koehler，1975 年）。

- 《西线的德国军队》（The German Army in the West，伦敦：Cassell，1951 年）。

- 《被禁锢的军队》（Heer in Fesseln，波恩：Athenaum-Verlag，1950 年）。

- 《北非战争札记，1941—1943》（Notes on the Campaign in North Africa, 1941–1943），《皇家联合军种学会志》（Journal of the Royal United Service Institution）第 105 辑，第 617 期（1960 年）。

- 沃尔夫拉姆·韦特（Wolfram Wette）著，《被描绘为"英雄史诗"的大量死亡：纳粹宣传中的斯大林格勒》（Das Massensterben als 'Heldenepos'：Stalingrad in der NS-Propaganda）。收录于沃尔夫拉姆·韦特和格尔德·于贝舍尔编，《斯大林格勒：关于一场战役的神话与现实》（Stalingrad: Mythos und Wirklichkeit einer Schlacht，美因河畔法兰克福：Fischer Taschenbuch Verlag，1992 年）。

- 《纳粹宣传的预防性战争理论的强盗实质》（Die NS-Propagandathese vom angeblichen Präventivkriegscharakter der Überfalls），收录于格尔德·于贝舍尔和列夫·别济缅斯基编，《1941 年德国对苏联的进攻：关于预防性战争理论的争论》（Der deutsche Angriff auf die Sowjetunion, 1941: Die Kontroverse um die Präventivkriegsthese，达姆施塔特：Primus，1998 年）。

- 《国防军：历史、神话、现实》（The Wehrmacht: History, Myth, Reality，马萨诸塞州坎布里奇：Harvard University Press，2006 年）。

- 沃尔夫拉姆·韦特和格尔德·于贝舍尔编，《斯大林格勒：关于一场战役的神话与现实》（Stalingrad: Mythos und Wirklichkeit einer Schlacht，美因河畔法兰克福：Fischer Taschenbuch Verlag，1992 年）。

- 格奥尔格·韦策尔（Georg Wetzell）著，《从德国将领的精神说起》（Vom Geist deutscher Feldherren），《军事周刊》第 123 辑，第 20 期（1938 年 11 月 11 日）。

- 约阿希姆·维德尔（Joachim Wieder）著，《斯大林格勒与军人的责任》（Stalingrad und die Verantwortung des Soldaten，慕尼黑：Nymphenburger，1962 年）。

- 约阿希姆·维德尔和海因里希·冯·艾因西尔伯爵（Heinrich Graf von Einsiedel）著，《斯大林格勒：地狱的回忆》（Stalingrad: Memories of Hell，伦敦：Arms and Armour Press，1993 年）。

- 凯思琳·布鲁姆·威廉斯（Kathleen Broome Williams）著，《秘密武器：大西洋之战中的美国高频测向装置》（Secret Weapons: U.S. High-Frequency Direction Finding in the Battle of the Atlantic，安纳波利斯：Naval Institute Press，1996）。

- 马修·威林厄姆（Matthew Willingham）著，《危险的承诺：争夺希腊与克里特岛的战斗，1940—1941》（Perilous Commitments: The Battle for Greece and Crete, 1940–1941，肯塔基州斯泰普尔赫斯特：Spellmount，2005 年）。

- 温特博特姆（F. W. Winterbotham）著，《超级机密》（The Ultra Secret，纽约：Dell，1974 年）。
- 哈罗德·温顿（Harold R. Winton）著，《改变一支军队：陆军上将约翰·伯内特 - 斯图亚特爵士与英国装甲兵军事学说，1927—1938》（To Change an Army: General Sir John Burnett-Stuart and British Armored Doctrine, 1927–1938，劳伦斯：University Press of Kansas，1988 年）。
- 《World War2.ro：第二次世界大战中的罗马尼亚武装力量》（World War2.ro: Romanian Armed Forces in the Second World War）。网址是 http://www.worldwar2.ro/generali/?article=102。
- 艾伦·威克斯（Alan Wykes）著，《1942— 转折点》（1942—The Turning Point，伦敦：Macdonald，1972 年）。
- 温特（H. W. Wynter）著，《沙漠战争中的特种部队》（Special Forces in the Desert War，伦敦：Public Record Office，2001 年）。
- 安德烈·叶廖缅科（Andrei Yeremenko）著，《斯大林格勒战役》（Battle of Stalingrad）。收录于《希特勒的败仗：东线俄国将领关于第二次世界大战的第一手记述》（Battles Hitler Lost: First-Person Accounts of World War II by Russian General on the Eastern Front，纽约：Richardson & Steirman，1986 年）。
- 达维德·宗贝茨基（David T. Zabecki）著，《入侵波兰：一场战争的首次战役》（Invasion of Poland: Campaign that Launched a War），《二战》（World War II）第 14 辑，第 3 期（1999 年 9 月）。
- 史蒂文·扎洛加（Steven Zaloga）和维克特里·马德伊（Victory Madej）著，《波兰战役》（The Polish Campaign，纽约：Hippocrene，1991 年）。
- 安德鲁·扎潘蒂斯（Andrew L. Zapantis）著，《希特勒的巴尔干会战与对苏联的入侵》（Hitler's Balkan Campaign and the Invasion of the USSR，博尔德：East European Monographs，1987 年）。
- 朱可夫（G. K. Zhukov）著，哈里森·索尔兹伯里（Harrison E. Salisbury）编，《朱可夫元帅的伟大战役》（Marshal Zhukov's Greatest Battles，纽约：Harper & Row，1969 年）。
- 厄尔·齐姆克（Earl F. Ziemke）著，《从斯大林格勒到柏林：德军在东线的失败》（Stalingrad to Berlin: The German Defeat in the East，华盛顿哥伦比亚特区：Center of Military History，1968 年）。
- 厄尔·齐姆克和马格纳·鲍尔（Magna E. Bauer）著，《从莫斯科到斯大林格勒：决战东线》（Moscow to Stalingrad: Decision in the East，华盛顿哥伦比亚特区：Center of Military History，1987 年）。
- 特伦斯·朱伯（Terence Zuber）编，《1871—1914 年德军的战争策划：史料和解读》（German War Planning, 1891–1914: Sources and Interpretations，纽约州罗切斯特：Boydell Press，2004）。
- 《发明施利芬计划：1871—1914 年德军的战争策划》（Inventing the Schlieffen Plan: German War Planning, 1871–1914，牛津：Oxford University Press，2002 年）。
- 《施利芬计划反思》（The Schlieffen Plan Reconsidered），《历史上的战争》（War in History）第 6 辑，第 3 期（1999 年 7 月）。